中国电力科学研究院科技专著出版基金资助

能源互联网基础

BASIS OF ENERGY INTERNET

张 晶 李 彬 陈宋宋 等 编著

中国电力出版社
CHINA ELECTRIC POWER PRESS

内 容 提 要

能源互联网，是以可再生能源为优先，电力能源为基础，各种能源协同、供给与消费协同、集中式与分布式协同、大众参与的新型生态化能源系统。能源互联网是智能电网的演进和升级，是能源电力系统发展的更高阶段。利用能源互联网，可提高可再生能源比重，促进互联网与能源系统的深度融合，实现多能源的有效互补和高效利用。

本书分为七章，采用技术专题的形式，从基本概念、战略与规划、技术标准、关键技术、设备与系统、智慧生态、示范应用等多个方面入手，对能源互联网专业基础知识做了全面的介绍。

本书定位于能源互联网专业级的入门书，可供能源互联网研究和应用的人员使用，可作为电力企业、制造商、服务商的初级技术培训教材，也可作为高校师生学习能源互联网知识的教材和参考用书。

图书在版编目（CIP）数据

能源互联网基础/张晶等编著．—北京：中国电力出版社，2022.3

ISBN 978-7-5198-6179-7

Ⅰ．①能…　Ⅱ．①张…　Ⅲ．①互联网络—应用—能源—发展　Ⅳ．①F407.2-39

中国版本图书馆 CIP 数据核字（2021）第 236118 号

出版发行：中国电力出版社
地　　址：北京市东城区北京站西街 19 号（邮政编码 100005）
网　　址：http://www.cepp.sgcc.com.cn
责任编辑：孙　芳（010-63412381）
责任校对：黄　蓓　郝军燕　李　楠
装帧设计：赵丽媛
责任印制：吴　迪

印　　刷：三河市万龙印装有限公司
版　　次：2022 年 3 月第一版
印　　次：2022 年 3 月北京第一次印刷
开　　本：787 毫米×1092 毫米　16 开本
印　　张：22
字　　数：516 千字
印　　张：0001—1000 册
定　　价：98.00 元

版 权 专 有　侵 权 必 究

本书如有印装质量问题，我社营销中心负责退换

编　写　组

组　　长　张　晶

副 组 长　李　彬　陈宋宋

成　　员　（按姓氏笔画排列）

王　伟　王　婷　代照亮　代　攀　祁　兵

李童佳　刘　瑞　阮冬玲　余向前　苏向敬

杜晓兵　赵美龙　周　颖　钟　博　高志远

徐　程　崔　明　康建东　韩　笑　谢　俊

谢宏伟　董朝阳　雷煜卿　解鸿斌　戴朝波

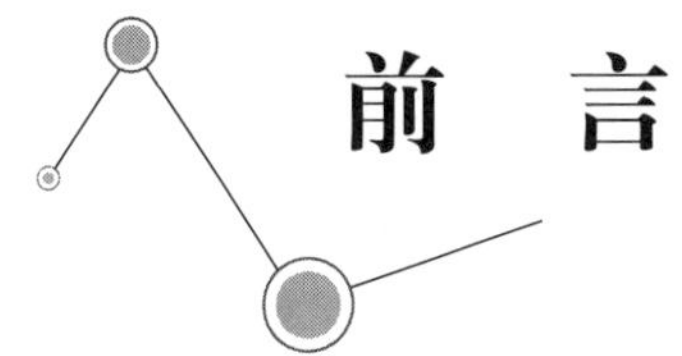

前　言

能源是经济社会发展的重要物质基础。中国经济经过 30 年高速增长，能源生产量及消耗量已跃居世界第一，仅煤炭消费量就占全球的 50%。2020 年 9 月 22 日，习近平主席在第七十五届联合国大会一般性辩论上郑重宣布，“中国将提高国家自主贡献力度，采取更加有力的政策和措施，二氧化碳排放力争 2030 年前达到峰值，努力争取 2060 年前实现碳中和。”为响应习近平主席号召，积极应对碳排放带来的全球气候变化问题，国家电网有限公司于 2021 年 3 月发布其“碳达峰、碳中和”行动方案，提出电网是连接电力生产和消费的重要网络平台，是能源转型的中心，是电力系统碳减排的核心枢纽，并计划进一步推动电网向能源互联网升级，到 2025 年，初步建成国际领先的能源互联网。

早在 2015 年，习近平总书记在联合国发展峰会上倡导探讨构建全球能源互联网，推动以清洁和绿色方式满足全球电力需求。能源互联网的持续发展，集能源传输、资源配置、信息交互、智能服务、市场交易于一体，既是未来能源系统发展的重要趋势，也是通过推动多能协调互补进而推动清洁能源消纳、实现能源行业碳减排的重要手段。能源互联网是智能电网的扩展和延伸，是以智能电网为基础，以消纳新能源为目标，采用先进的信息及通信技术及电力电子技术，通过分布式动态能量管理系统对分布式能源设备实施广域优化协调控制，实现冷、热、气、水、电等多种能源互补，提高用能效率的新型生态化能源系统。未来，能源互联网的发展将以“双碳”达标为方向，以绿色、低碳、互联、价值为目标，完善能源互联网顶层设计，研究基于“云大物移智链”的能源互联网关键技术，构建实现电、热、气多类型能源的源—网—荷—储多环节互联互通、互济互动。依托能源互联网，探索商业模式创新，开展网、源、荷一体化运营示范。

本书共分为七章，第一章阐述了能源互联网发展背景、基本概念、基本架构、意义及效益分析等；第二章分析了能源互联网的驱动力和发展战略，解读了相关政策和规划；第三章介绍了能源互联网相关标准机构、标准体系和重要标准；第四章从六个方向阐述了能源互联网关键技术；第五章阐述了能源互联网设备与系统；第六章描述了能源与智慧生活的方方面面；第七章介绍了能源互联网相关的示范应用工程。

本书的编写目的主要是为能源互联网建设提供参考与服务。力求做到内容新颖、知识全面、概念准确、通俗易懂、实用性强、适应面广。本书编写过程中，参考了国内外大量的技术文献，并结合作者开展的相关科研成果和工程实践，为广大读者开阔视野、了解学习能源互联网知识提供了一本快速入门的专业级技术读本。

在本书的大纲框架制定、专题选题和初稿讨论过程中，得到中国能源研究会副秘书长王凡、东南大学教授汤奕、中国电科院新能源中心张占奎等专家的指导，在本书专题的编写过程中，得到了华北电力大学通信技术研究所师生的热心帮助，本书的专题讨论、资料收集和编辑校对，得到了吴泽志、胡纯瑾、李含嵩、杨雪莹、李启明、朱睿、田珂、白雪峰、张崇崇、潘雨情、刘宇轩、王京菊、李志超、李悦欣等同学的大力协助，在此一并表示感谢！

由于编著者水平有限，书中疏漏之处在所难免，敬请广大读者批评指正。

编著者

2021 年 11 月

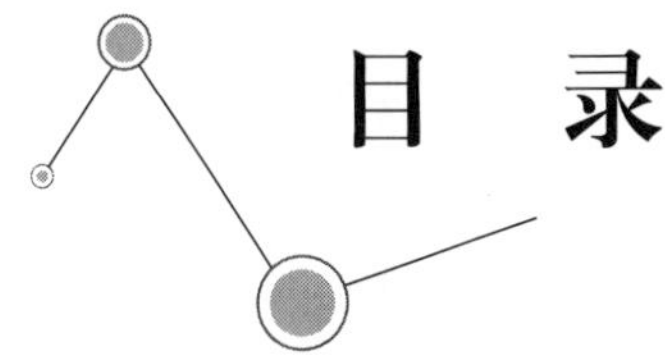

目 录

第一章 能源互联网概述

能源互联网是智能电网的演进和发展，是能源电力发展的高级阶段。随着气候变化、能源转型、数字化变革、电力市场化的展开，能源互联网已成为当前国内外研究的热点。能源互联网以智能电网为基础，将充分融合“云大物移智链”等先进信息网络技术，支撑清洁能源的大规模、无障碍并网，保障大电网安全稳定运行，提升能源综合利用效率，促进多种能源优化互补，实现绿色能源电力清洁低碳转型。

本章介绍了能源互联网的发展背景，描述了各方对能源互联网的理解和由此形成的概念，分析了其主要特征和基本架构，总结了能源互联网的发展意义，开展了能源互联网效益分析。

1.1 能源互联网发展背景

20 世纪 70 年代，Richard Buckminster Fuller 提出了世界电能网络（world electrical energy grid）的构想，成为能源互联网概念的雏形。1986 年，Peter Meisen 创立了全球能源网络研究院（global energy network institute，GENI），旨在通过国与国之间的电力输电线路充分利用全球丰富的可再生能源。这一时期互联网的发展刚刚起步，相关形态、理念等还远不成熟，处于向能源网学习的阶段。

2003 年美加“8・14”大停电后，《经济学人》于 2004 年发表了《Building the Energy Internet》，标志着现代能源互联网研究的开始。文章首次提出要借鉴互联网自愈和即插即用的特点及技术，建设智能化、自动化、自愈化的能源互联网（Energy Internet），将传统电网转变为智能、响应和自愈的数字网络，支持分布式发电和储能设备的接入，以减少大停电的发生及其影响。此后，能源互联网的概念愈发多元化。

2008 年起，德国、美国、日本、欧盟等国家和地区相继开展能源互联网的研究探索。如德国启动 E-Energy 项目，成为首个进行能源互联网概念研究探索的国家。美国启动未来可再生能源传输和管理项目（future renewable electric energy delivery and management，FREEDM），日本推广“数字电网”（Digital Grid）计划，欧盟启动未来智能能源互联网（future internet for smart energy，FINSENY）项目等。与此同时，我国也对能源互联网概念进行了初步探索，开展了系列研究，取得了积极成果。

2011 年，美国学者杰里米・里夫金（Jeremy Rifkin）在其著作《第三次工业革命：新经济模式如何改变世界》（The Third Industrial Revolution；How Lateral Power is Transforming Energy，the Economy，and the World）一书中，具象化了能源互联网的概念，即构建能源生产民主化、能源分配分享互联网化的能源体系，实现以“可再生能源＋互联网”为基础的能源共享网络，掀起了能源互联网的新一轮全球热潮。

各国都在积极推进能源互联网的相关研究，我国能源互联网研究与实践大举发力，对在世界范围内能源互联网的深化认识起到了支撑作用。随着中国经济的快速发展和人口的增长，对能源的需求量越来越大，能源消耗大幅增加、传统能源资源日益减少，已经不能满足国民经济发展的需要。因此国家主席习近平于 2020 年 12 月在气候雄心峰会上宣布：到 2030 年，非化石能源占一次能源消费比重将达到 25%左右，风电、太阳能发电总装机容量将达到 12 亿 kW 以上。

随着国家“互联网＋”战略的提出，明确了互联网与传统产业融合发展的方向，利用互联网思维提高可再生能源比例及能源使用效率，已经成为能源新经济新业态的主流思路。目前，我国正处在能源行业的转型阶段，随着“创新驱动发展”战略的提出和能源革命、新一轮电改的实行，能源行业正发生着一系列重大的变化与创新。

在物理能源系统层面，多种能源集成与融合，供给侧和需求侧的充分互动成为重要探索方向。在供能侧，风、光、煤、油、气、电等多种能源正在朝综合优化方向发展，协同效应开始出现；集中式与分布式供能合理组合，综合能源供应成为新的发展趋势。在用能侧，供电、供气、供水、供热等传统独立能源供应方式正在模糊边界，走向集成整合；充电、储能、智能电器等新型的用电、用能设施数量开始快速增长，给传统能源系统带来了更高的灵活性要求。用户侧的这种变化就是所谓的“综合能源服务（狭义）”，它强调的是面向用户的多种能源融合、集成优化。

在数字信息网络层面，“云大物移智链”等信息通信新技术也正在与物理能源系统走向集成，工业化与信息化“两化融合”方兴未艾。为了支持传统能源系统的安全经济运行，以数据采集与监视控制系统（supervisory control and data acquisition，SCADA）为基础的自动化系统已经广泛覆盖，这就是经常会被提及的“OT 技术”（operational technology，OT），具体指的能源电力的运营技术，确保能源生产正常进行的专业技术。随着信息化技术的发展，传统线下设备运维、能量运行、能源交易、营销管理等业务正在走向线上化，这是通常意义上的“业务信息化、企业数字化”，强调的是规范化、标准化、流程化的线下业务获得信息系统支撑。与此同时，互联网新技术的成熟与成本的降低正在引发新的变化：①能源企业与社会信息化基础增强，传统的局部与本地化 OT 系统开始与端连接；②更大范围内的设备开始互联后，设备状态与业务管理之间的连接更加及时；③在此基础上，更大范围的能源优化成为可能，并正在成为现实，进而引发更多的设备连接与数据采集需求。

“能源互联网”反映的就是上面的这一趋势变化。在专业服务层面，随着电力市场为代表的体制改革推进，用户侧的关注点正在从“能源获得”向“能源服务”转变，采用互联网思维，开拓探索新模式、新业态成为新的浪潮。

1.2 能源互联网基本概念

能源互联网是由智能电网演进发展而来的，智能电网是能源互联网的基础。能源互联网与智能电网的区别主要表现在：①智能电网的物理实体主要是电力系统，而能源互联网的物理实体由电力系统、交通系统、天然气网络及信息网络共同构成；②在智能电网中，能量只能以电能形式传输和使用；而在能源互联网中，能量可在电能、化学能、热能等多种形式间相互转化；③目前，智能电网研究对于分布式发电、储能和可控负荷等分布式设备主要采取局部消纳和控制。在能源互联网中，由于分布式设备数量庞大，研究重点将由局部消纳向广域协调转变；④智能电网的信息系统以传统的工业控制系统为主体，而在能源互联网中，互联网等开放式信息网络将发挥更大作用。

能源互联网是能源系统的高级形态，对其探索与研究至今已有40多年的历史，大致经历了孕育提出、多元探索、认识深化三个阶段。在能源互联网的概念发展过程中，先期各方关注重点不同，大体可归集为两大“流派”，即“互联网改造能源系统”派和“多能互补、源网荷储协调”派。两个流派实际分别强调了“能源互联形成网”和“能源＋互联网”两方面内容。尽管认识的侧重点有所不同，但未来随着两大流派交集不断加强、并集不断丰富，能源互联网建设会凝聚形成越来越多的发展共识。“互联网改造能源系统”派主要针对能源系统灵活性不足的问题，通过借鉴互联网开放对等的理念及体系架构，对能源系统关键设备、形态架构、运行方式进行深刻变革，实现分布式能源、电动汽车等接入后海量主体的即插即用和能量信息双向流动。代表为里夫金提出能源互联网概念、美国FREEDM概念，日本的Digital Grid概念等。“多能互补、源网荷储协调”派主要针对能源系统低质量、低效率问题，通过信息技术促进多种能源之间的相互替代和综合优化，以及能源系统上下游之间的协调运行，提升能源系统的效率和安全稳定性。代表为欧盟FINSENY概念、德国E-Energy概念、我国的新奥泛能网、智能能源网等。

两大流派分别强调了“能源互联形成网”和“能源＋互联网”两方面内容。尽管认识的侧重点有所不同，但都属于能源互联网的内涵范畴，即一是将先进信息通信技术应用到能源领域，实现信息网络和能源网络的“两网融合”；二是以电为枢纽，利用多能转换打破能源子系统之间以及能源行业与交通、建筑等行业之间的壁垒，将一个集中、单向、生产者控制的能源系统，转变成集中式与分布式协同、能流双向快速变化、主体互动的新型智慧能源系统；三是通过能源、信息和市场的紧密耦合，以支撑可再生能源大规模开发利用和综合能效提升为目标，满足用户个性化、定制化能源需求。

能源互联网作为能源电力系统发展的更高阶段，是一个正在发展中的内涵外延丰富、包容性很强的概念。国家电网有限公司认为能源互联网是以电为中心，以坚强智能电网为基础平台，将先进信息通信技术、控制技术与先进能源技术深度融合应用，支撑能源电力清洁低碳转型、能源综合利用效率优化和多元主体灵活便捷接入，具有清洁低碳、安全可靠、广泛互联、高效互动、智能开放等特征的智慧能源系统。清洁低碳，即能源生产、传输、消费等各环节绿色环保，适应清洁能源高比例接入，实现清洁能源充分消纳。安全可靠，即系统结构坚强、运行安全稳定，预防抵御事故风险能力和自愈能力强，实现能源稳定可靠供应。广泛互联，即能源网络分布宽广，集中式、分布式等各类设施及主体广泛接入，跨地域、跨能源品种互通互济，能源系统与信息系统、社会系统融合发展。高效互动，即能源配置和综合利用效率高，经济效益好，多能互补、源网荷储协调，各类主体友好互动。智能开放，即具备灵敏感知、智慧决策、精准控制等能力，数字化智能化水平高，各类设施“即插即用”，服务用户多元需求，推动市场开放，打造共赢生态。

技术上，能源互联网加快实现技术进步与融合发展，“云大物移智链”等先进信息通信技术在能源电力系统广泛应用，多能转换技术、协调运行技术、用户互动技术等能源互联网技术全面升级，系统呈现数字化、自动化、智能化等特点。形态上，能源互联网网架结构坚强、分布宽广，集中式能源系统、分布式能源系统、各种储能设施和各类用户友好互联，各类能源系统互通互济，并与社会系统融合发展。功能上，能源互联网具有强大的资源配置能力和服务支撑能力，有效支撑可再生能源大规模开发利用和各类能源设施“即插即用”，实现“源网荷储”协调互动，保障个性化、综合化、智慧化服务需求，促进能源新业态新模式发展。

1.3 能源互联网的主要特征

能源互联网是以电为中心，以坚强智能电网为基础平台，深度融合先进能源技术、现代信息通信技术和控制技术，实现多能互补、智能互动、广泛互联的智慧能源网络。

随着新能源高比例接入、新型用能设备广泛应用、“云大物移智链”等信息通信新技术与电网深度融合，电网的物理特性、运行模式、市场形态等都发生了深刻变化，正在加快向能源互联网演进。站在能源转型和绿色发展战略高度和视角，能源互联网应具备“广泛互联、安全高效、开放共享”的技术特征。

一是广泛互联，系统拥有庞大的规模和多类型接入主体，电网成为能源综合利用的枢纽、资源优化配置的平台。在现代能源体系中，电力逐渐处于中心地位，电网在能源汇集传输和转换利用中成为枢纽，能够推动电力、冷、热、氢能、化学能等各类能源互联互通，实现全社会能源综合利用效率最优。同时，由于电网的网络属性，能量和信息可实现交互，电网能够成为能源配置平台、综合服务平台和新业务、新业态、新模式培育发展平台，支撑新能源、大型水火电源基地集约开发，支撑分布式能源、微电网、储能、交互式用能设施等接入，充分利用能源、负荷的时空互补性，在全网实现发供用平衡、多能互补、时空互济、友好包容。

二是安全高效，系统具有高度稳定性和可靠性，电网可提供安全、优质、可持续的能源电力供应。送受端、交流与直流、各电压等级电网协调发展，网架结构合理，符合电网运行规律和安全机理，电网、信息安全态势感知和主动防御能力较强，电网效率效益和供电可靠性处于高水平。先进输电、多能转换、储能、源网荷储互动、能源路由器等新技术、新装备的应用，显著提高电网的适应性和抗干扰能力，新能源消纳水平进一步提升。

三是开放共享，系统具备高度智慧化和交互性，以电网为核心形成合作共赢的产业链、生态圈。广泛应用“云大物移智链”等信息通信新技术，电力生产消费与互联网深度融合，电网运营全环节智能感知能力、实时监测能力和智能决策水平显著提升。电网能够为发电企业、用电客户提供实时、透明的电网信息、负荷预测信息、电价信息等，引导发电企业、用电客户优化发电出力、用能特性，主动响应系统调节需求，提高发电、用户侧深度参与系统调节的能力。在保障能源供应的同时，还能够为其他用户提供数据增值服务，带动价值挖掘和产业链上下游共同发展，打造共建共治共赢的能源互联网生态圈。

1.4 能源互联网的基本架构

能源互联网以互联网理念和技术为基础，推动能源系统的创新发展。能源互联网的架构分为能源系统的类互联网化和“互联网＋”两层。能源的类互联网化即能量系统，是互联网思维对能源系统的改造；“互联网＋”即信息系统，是信息互联网在能源系统的融入。

能量系统的三个特点：多能源开放互联、能量自由传输、开放对等接入。

（1）多能源开放互联。电、热、冷、气、交通等多能源综合利用，并接入风能、太阳能、生物质能等可再生能源，形成开放互联的综合能源系统（integrated energy system，IES），涵盖源侧综合能源系统、用户侧综合能源系统和能源传输网络。在源侧，通过构建综合能源系统，利用多种能量形式之间的转化及大规模输电、储能等技术，建立源端多能源互补网络和就地消纳等方式，可显著提高可再生能源消纳水平，使可再生能源得到充分利用；在用户侧，构建综合能源系统，可有针对性地满足用户多方面能量需求，在以用户为中心的前提下有效提高能源综合利用率；在传输网络，多能源开放互联网可以减少能源输配电网络建设，提高系统安全可靠水平。

（2）能量自由传输。主要表现在远距离低耗、大容量传输、双向传输、端对端传输、选择路径传输、大容量低成本储能、无线电传输等。能量自由传输使能量的控制更为灵活，储能的大量使用可使能源供需平衡更简便，可以根据需要选择能量传输的来源、路径和目的地，支持能量端对端分享，支持无线方式随时随地获取能源等，进而可以促进新能源消纳和提高系统的安全可靠性。

（3）开放对等接入。在能源互联网中，产消者将是能源交易和分享的主体，源的开放对等接入可为产销者的大量出现提供保障，并支撑需求响应和虚拟电厂（virtual power plant，VPP）等各类应用。新的设备或系统接入能源互联网时，能够被自动感知和识别，进而被自动管理，并随时可以断开，具有良好的可扩展性和即插即用性。

能源信息系统的三个特点：能源物联、能源管理、能源互联网市场。

（1）能源物联：利用物联网技术实现不同位置、不同设备、不同信息的实时广域感知和互联，在已有专网传输的基础上，新增开放传输系统，实现信息最大化共享，提高系统感知、控制和响应能力。

（2）能源管理：包括可再生能源管理、多能流能量管理、需求侧能效管理等。一方面需要实现不同能源类型的分布式协同管理，实现源、网、荷、储的实时互动和优化调度；另一方面需要借鉴互联网透明理念和大数据、云计算、移动互联网等新技术，让用户体验感得到大大的提升。

（3）能源互联网市场：互联网允许大量产消者的参与和多边对接，为能源的资源交易和众筹金融平台，产生新的商业模式和新业态，如碳交易等。能源互联网通过自洽自愈、竞争互补的市场机制，实现各要素共生共赢。

能源互联网基本架构主要包括三大体系：能源网架体系、信息支撑体系、价值创造体系，三者相互支撑、有机融合。

（1）能源网架体系是能源互联网的物质基础，承载能源流，包括大型集中电源，抽水蓄能和电化学储能、输配电网、智能终端、通信网，由分布式电源、可调节负荷组成的综合能源系统，以及电力自动化系统等与电网安全运行直接相关的信息化系统。

（2）信息支撑体系是能源互联网的神经中枢，承载信息流，包括智能终端、通信网、数据平台，与电网安全运行直接相关、内外融通服务的信息化系统。

（3）价值创造体系是能源互联网的价值实现载体，承载业务流，是在深度融合能源网架体系和信息支撑体系的基础上，以内外融通服务的信息化系统和外部市场化运营的信息化系统为支撑，开展的各类业务活动和价值创造行为。

三大体系有机衔接：智能终端、通信网是能源网架体系与信息支撑体系的物理融合部分；电力自动化系统是能源网架体系与信息支撑体系的数字融合部分；信息化系统是信息支撑体系与价值创造体系的融合部分。

能源互联网基本架构图如图 1-1 所示。

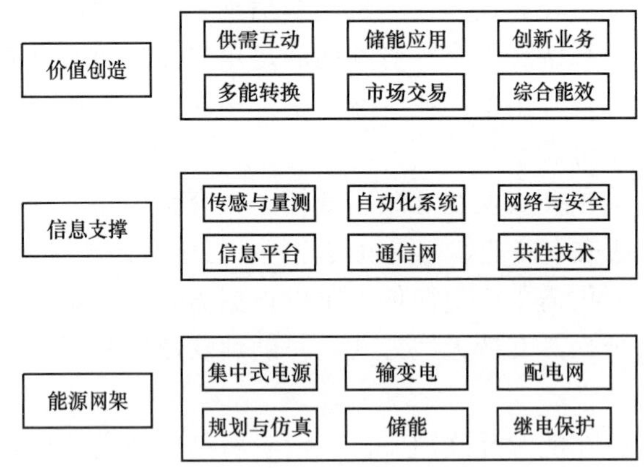

图 1-1　能源互联网基本架构图

1.5　能源互联网的发展意义

能源互联网不仅仅是电能与互联网的结合，其内涵在于各类能源以商品的形式通过互联网平台进行交易、分配、利用。

能源互联网是以电力系统为核心与纽带，构建多种类型能源的互联网络，利用互联网思维与技术改造能源行业，实现横向多源互补、纵向“源网荷储”协调的能源与信息高度融合的新型（生态化）能源体系。其中，“源”是指煤炭、石油、天然气、太阳能、风能、地热能等各种一次能源以及电力、汽油等二次能源，“网”涵盖了天然气和石油管道网、电力网络等能源传输网络，“荷”与“储”则代表了各种能源需求以及存储设施。

首先是能源本身的互联阶段，以电力系统为核心枢纽的多种能源物理互联网络，实现了横向多源互补。一方面，互联网催生了能源领域新的商业模式；另一方面，信息的高效流动使分散决策的帕累托最优替代了集中决策的整体优化，实现资源配置更加优化。最后是能源与信息深度融合，能源生产和消费达到高度定制化、自动化、智能化，形成一体化的全新能源产业形态。

在第三次工业革命的时代背景和国家能源革命、“双碳”目标的背景下，能源互联网具有巨大的发展意义。

（1）提高能效：通过多能互补融合和梯级利用，显著提高能源综合利用效率。

（2）能源转型：促进高渗透率可再生能源的发展，实现能源绿色转型。

（3）灵活便捷：提高能源行业资产的利用率和能源供给的灵活性；提高能源生产、传输、消费、管理、交易、金融的便捷性。

（4）改造行业：改造能源行业传统的行业结构、市场环境商业模式、技术体系与管理体制，改变能源的生产和消费模式，有助于促进能源体制改革，推进能源行业的市场化和金融化。

（5）创新创业：去中心化后可促进众筹众创，形成巨大的创新创业空间，促进经济社会发展，有利于创新驱动战略的实施。

无论是单纯的电力互联，还是在能源领域所衍生出的更多商业模式，抑或是互联网思维和技术对能源产业的改造和升级，都应是能源互联网中的构成要素或是不同发展阶段。能源互联网发展是能源与信息不断整合并相互促进的过程。

电力服务于工业、交通、商业及居民等各行各业，电力系统在能源活动及全社会实现碳中和的过程中发挥关键作用。建设中国能源互联网，大力推进电能替代，能够减少化石能源消费，促进全社会快速减排。研究表明，电力有条件成为碳减排力度最大、脱碳速度最快的领域，2050 年前能够实现电力生产净零排放，之后为实现全社会碳中和提供负排放。

能源互联网实施“两个替代”对我国实现碳中和目标，累积减排贡献率超过 80%。其中，“清洁替代”和“电能替代”起主导作用，能源互联网将为“两个替代”提供有力保障和支撑。

目前最重要的任务是实现能源体系的低碳转型，将“双碳”目标与经济社会发展、生态环境保护和能源革命目标结合起来，实现绿色、低碳、循环的高质量协同发展。能源互联网是促进碳减排与碳中和的重要基础平台。能源互联网的研究成果将对能源低碳转型及碳中和发挥重要作用。在国家“双碳”目标指引下，未来智慧综合能源形态将更加多样，能源互联网将具有巨大的发展空间。

1.6　能源互联网的效益分析

能源互联网具有高度的学科交叉特征，在能源互联网走向能源互联互济的当前，可以通过“源网荷储”“风光水火储”等相关示范项目的先行先试，进一步加强能源各行业对能源互联网内涵和外延的清晰认识，梳理行业认识及定位，制定相关发展政策。从而，进一步创新综合能源系统及能源互联网项目建设及运营的商业模式、突破“卡脖子”技术及实现关键技术的低成本化、完善相关标准体系及绩效评价体系、发挥政府对示范项目落地的协调作用及大众参与的积极性，以及培养能源互联网的领军型、复合型和专业型人才。

（1）多能范围内的互补优化配置，降低能源利用成本。有利于充分利用各种能源在时空上的互补特性实现各种能源的优化配置，极大地提高各种能源的优化配置能力，利用更大范围时空上能源需求的互补特性，有利于风、光等清洁能源的吸纳。随着能源互联网的发展，用户能源系统中多类异质能源呈现强耦合互补的特征，供需双侧具有“多元互动”的特性。通过研究多能范围内的互补优化配置，对提高能源利用率，促进可再生能源消纳，提高系统运行经济性，保证系统可靠运行，具有潜在的经济效益。

（2）有助于不同领域的互联互通，减少能源互联网各领域间对接成本。清洁能源分布不均，风能、太阳能转换成电能随机、波动的特性，又为能源的高效利用预设了层层阻碍。因而，搭建更大的电网平台，实现全球能源互联互通，保证清洁能源全球优化配置已经迫在眉睫。互联互通是电力系统的天然属性，产供销一体化决定了电力系统中的各个主体必须协调一致，共同发展。大数据时代为电力行业建设更加深入、广泛的互联互通提供了坚实的物质基础。能源互联网所涉及的领域众多，主要包括微电网、分布式能源和综合能源互联技术等相对独立又互相联系的领域，为了实现能源互联，各领域之间必须实现互联互通，通过解决各领域之间存在的不匹配、不兼容问题，实现各技术领域的低成本互联互通，提高能源互联网技术广泛应用的经济效益。

（3）提高能源互联网相关技术领域的产业化水平。能源互联网是一个全新的技术概念，是未来能源领域的重要发展方向，涉及能源领域的方方面面。能源互联网的相关产业本质是一次基础产业的高端结构战略转型，能源互联网的发展对相关产业提出了更高、更新要求，为其发展、转型、提高创造了新的契机。一方面能源互联网的发展建设就是其相关产业发展壮大的过程，没有相关产业的发展支撑，能源互联网不可能发展壮大，其建设也就无从谈起。尤其是对分布式新能源、储能微电网、能量路由管控、柔性电网、智能配电等先进技术，其设备化、集成化、产业化是能源互联网建设的物理基础。另一方面，由于能源互联网对传统能源组织形式的冲击，消解相关传统行业，有利于社会找到产业发展转型的突破口。因此，相关技术领域的研究和应用均处于发展过程中，能源互联网将从整体上以全新视角审视各技术领域，通过提高能源互联网技术的工业应用可实施性和可推广性，促进能源互联网各相关技术领域的产业化。

第二章　能源互联网发展战略与规划

本章立足于能源互联网的发展驱动力，从能源安全、“双碳”目标和企业发展等方面分析了能源互联网发展战略和目标，梳理了国内外能源互联网相关政策，最后阐述了能源互联网相关计划和规划。

2.1　能源互联网发展驱动力

随着智能电网、互联网、通信等技术的长足发展，能源互联网应运而生。它是新一代能源系统与互联网技术的深度融合及发展，是当前国内外学术界和产业界关注的焦点和创新前沿。

能源互联网旨在降低社会发展对化石能源的依赖，实现能源绿色低碳发展。进入 21 世纪后，大规模开发利用化石能源带来的能源危机、环境危机凸显，建立在化石能源基础上的电力工业面临重大挑战。国内外已经认识到，解决能源可持续发展的技术路线包含两方面：一是发展可再生能源，二是节能。据国际可再生能源署（international renewable energy agency，IRENA）统计，截至 2020 年底，全球已有 100 多个国家发展风电、太阳能发电，全球可再生能源总装机容量为 2799GW，其中风电累计装机容量为 697GW，太阳能发电累计装机容量已达到 750GW，可再生能源发电在全球的普及程度迅速提高。欧盟在《2050 年能源路线图》中提出，到 2050 年可再生能源占到全球能源消费的 55%以上。美国能源部（states department of energy，DOE）在《可再生能源电力未来研究》中，认为可再生能源可满足 2050 年 80%的电力需求。推动以清洁能源为主的能源系统，特别是电力系统重大变革将成为全球能源发展的大趋势。新一轮的能源革命将以清洁、低碳、可再生能源开发和利用形式为主。日本规划 2050 年可再生能源发电的占比要达到 50%；中国则认为，国内 2060 年新能源装机容量占比将达到 66%左右，发电量占比达到 57%左右。

清洁替代、电能替代是能源革命的重要方向，清洁替代是在能源生产环节，突破清洁能源开发、配置、协调控制等技术，建立科学可行的清洁能源发展机制，即包括大规模清洁能源基地的开发，也包括分布式可再生能源的开发；电能替代是在终端能源消费环节，用电代替煤炭、石油等化石能源，实现能源的清洁利用。

综上所述，能源互联网的驱动力是：

（1）适应高渗透率可再生能源发展，推动能源生产方式的革命、构建未来可持续能源供应体系的需要；

（2）适应政府节能减排管制规定，推动能源消费革命的需要；

（3）适应国家电力改革需要，利用互联网技术与思维，激活售电市场、实现开放服务的需要；

（4）适应分布式电源、电动汽车的发展，推动智慧能源产业升级的需要。

2.2 能源互联网战略分析

能源革命是能源互联网发展的起点，传统的能源生产、供给、消费的模式，实际上已经无法解决当前大量的可再生能源的接入需求，无法满足能源日益增长的多元化消费需求。从能源革命出发，通过构建能源互联网，最终实现能源转型，满足能源可持续发展，这是能源绿色发展的战略需要。下面将从能源安全、“双碳”目标和企业发展对能源互联网开展战略分析。

（1）国家能源安全战略。2014 年 6 月习近平总书记在中央财经领导小组第六次会议上发表重要讲话，明确提出推动能源消费革命、能源供给革命、能源技术革命、能源体制革命和全方位加强国际合作的“四个革命、一个合作”等重大战略思想，把能源安全发展提升到国家战略，为新时代中国能源发展指明了方向，开辟了中国特色能源发展道路。中国坚持创新、协调、绿色、开放、共享的新发展理念，以推动高质量发展为主题，以深化供给侧结构性改革为主线，全面推进能源消费方式变革，构建多元清洁的能源供应体系，实施创新驱动发展战略，不断深化能源体制改革，持续推进能源领域国际合作。

（2）绿色低碳发展战略。2020 年 9 月 22 日，习近平主席在第七十五届联合国大会一般性辩论上的讲话中指出，“中国将提高国家自主贡献力度，采取更加有力的政策和措施，二氧化碳排放力争于 2030 年前达到峰值，努力争取 2060 年前实现碳中和”。2021 年 3 月 15 日，中央财经委员会第九次会议指出，“十四五”是碳达峰的关键期、窗口期，要构建清洁低碳安全高效的能源体系，控制化石能源总量，着力提高利用效能，实施可再生能源替代行动，深化电力体制改革，构建以新能源为主体的新型电力系统。习近平总书记关于碳达峰、碳中和的系列重要部署为气候环境治理和可持续发展方向指明了道路方向，彰显了我国坚持绿色低碳发展的战略定力，体现了我国推动构建人类命运共同体的大国担当。

（3）企业发展战略。2020 年 3 月，国家电网有限公司提出“建设具有中国特色国际领先的能源互联网企业”的战略目标。能源互联网企业作为国家电网有限公司新战略，是贯彻习近平总书记国家能源安全发展战略，推动“四个革命，一个合作”，是提高电网资源配置、安全保障、智能互动和服务支撑的必由之路，是形成以电为中心的价值链、带动产业转型升级的必然选择。

国家电网有限公司战略目标主要含义包含以下内容：①“中国特色”是根本，体现为坚持两个“一以贯之”、党的领导有机融入公司治理，体现为坚定不移服务党和国家工作大局，体现为走符合国情的电网转型发展和电力体制改革道路，体现为全面履行相关责任；②“国际领先”是追求，致力于企业综合竞争力处于全球同行业最先进水平，充分彰显公司硬实力和软实力，实现关键指标领先；③“能源互联网企业”是方向，代表电网发展的更高阶段，能源是主体，互联网是手段，公司建设能源互联网企业的过程，就是推动电网向能源互联互通、共享共济的过程，也是互联网技术改造传统电网的过程。

遵循习近平总书记提出的“四个革命，一个合作”能源安全新战略，以及二氧化碳力争2030年达到峰值的目标，为我国能源互联网发展指明了方向，习近平总书记提出了构建以新能源为主体的新型电力系统，提出了明确的行动纲领、科学方法路径，带来了革命性的变革。

2.3　能源互联网相关政策

2.3.1　国内能源互联网相关政策

能源互联网将从根本上改变对传统能源利用模式的依赖，是对人类社会生活方式的一次革命。能源互联网有望成为第三次工业革命的决定性推动力量。2015年7月，国务院印发《关于积极推进“互联网＋”行动的指导意见》，用专门篇章阐述“互联网＋智慧能源”，描绘了能源互联网发展路线图，推动了能源互联网政策到来的高潮。

2016年，国家发展改革委、国家能源局、工业和信息化部发布《关于推进“互联网＋”智慧能源发展的指导意见》。另外，2016年8月，国家能源局批复成立国家能源互联网产业及技术创新联盟。在《意见》中，明确了能源互联网是推动我国能源革命的重要战略支撑，对提高可再生能源比重，促进化石能源清洁高效利用，提升能源综合效率，推动能源市场开放和产业升级，形成新的经济增长点，提升能源国际合作水平具有重要意义。同时明确了能源互联网的两个发展阶段，“能源互联网是一种产业发展新业态，相关技术、模式及业态均处于探索发展阶段。为促进能源互联网健康有序发展，近中期将分为两个阶段推进，先期开展试点示范，后续进行推广应用，确保取得实效”。第一个阶段是着力推进能源互联网示范工作，第二个阶段是着力推进能源互联网多元化、规模化发展。

2017年10月，习近平总书记在十九大报告中指出，加快生态文明体制改革，建设美丽中国，并就对推进绿色发展、着力解决突出环境问题、加大生态系统保护力度、改革生态环境监管机制等方面做了详细的阐述，这是能源互联网发展的根本动因。

2019年是我国能源互联网相关政策发布最频繁的一年，全国人大及其常委会、国务院、中央各部委等共发布304项国家政策（含标准导则），其中部门规章及中央规范性文件达251项，政策内容以新能源汽车、安全、指导意见、试点示范、天然气、节能减排、价格政策、光伏发电、农村能源、风电、发展规划等方面热度最高。

另外，为扶持、推动中国能源互联网产业发展，国家相关政府部门、机构陆续出台一系列试点示范项目，包括新能源微网示范项目、增量配电网示范项目、多能互补集成优化示范工程、“互联网＋智慧能源”示范项目等。

2.3.2　国外能源互联网相关政策

近年来，世界各国在能源领域开展了广泛的实践探索，虽然没有直接采用“能源互联网”的概念，但这些实践探索与能源互联网在精神上是相通的。

（1）能源集成促进多能互补。美国、加拿大、英国、瑞士等国家通过建设能源集成系统，实现分布式能源、储能、需求侧资源融合发展，开展“多能互补”。

1）美国。美国将智能电网和综合能源网络建设作为向能源互联网转型发展的重点，出台了一系列相关战略规划和财政激励类政策，并通过立法的形式将智能电网发展设立为国家战略、明确了储能的市场地位、提出了加强标准体系建设。2003 年，美国能源部提出了构建安全可靠电网愿景 Grid 2030，明确提出建设国家骨干网，实现区域电网互联，建设局部、小型的微电网的发展思路。2009 年制定的“能源部智能电网专项资助计划”拨款 34 亿美元对智能电网的先进技术进行研究示范，其中 6.15 亿美元用于启动“能源部智能电网示范工程计划”。2018 年 2 月，美国颁布第 841 号法案，要求系统运营商降低储能参与电力市场的限制。在州政策方面，则制定了储能采购目标，建立经济激励，将储能纳入综合资源进行统筹规划。特朗普执政后推出的“美国能源主导战略”将进一步推动能源高效利用和能源领域先进技术发展。

2）加拿大。2009 年，加拿大政府发布了题为“综合我们的能源：面向加拿大社区的集成能源系统（Combining our Energies：Integrated Energy Systems for Canadian Communities）”的研究报告，报告中深入揭示了多能源集成系统的内涵，即利用综合能源集成、智能电网等能源技术，协调可再生能源与常规能源的规划与运行。

3）英国。2009 年，英国发布了《英国可再生能源发展战略》和《英国低碳转型计划》，英国工程与物理科学研究学会于 2011 年发布了能量枢纽与网络研究项目（HubNet：Research Leadership and Networking for Energy Networks），旨在建立英国乃至欧洲的超级能源网络，提高整体能源系统可靠性以及新能源的利用率。2011 年，英国政府已完成 6 份国家政策生命的制定工作。2014 年 12 月，政府为英国制定了新的法定燃料贫乏目标。目标是确保尽可能多的燃料贫乏家庭在 2030 年之前达到 C 级的最低能效等级。

4）瑞士。2002 年，瑞士启动了研究项目“未来能源网络愿景（Vision of Future Energy Networks）”，该项目最大的特色就是综合考虑各种能源形式，实现多能源系统集成，以产生协同效应。旨在探索多能源传输系统的利用和分布式能源的转换和存储，计划到 2050 年建成理想的能源系统设施。该项目仍处于概念阶段。瑞士智能量测试点以水电为主，旨在达到 20%的减排指标，目前，瑞典 100%安装完成智能电能表。

（2）信息互联支撑低碳能源。德国、日本、韩国等国家则侧重于能源数字基础设施建设，提升可再生能源利用水平。

1）德国。2008 年，德国联邦经济与能源部发起 E-Energy 创新促进计划，重点研发基于信息通信技术（information and communications technology，ICT）的智慧能源系统，通过数字网络与信息通信提高能源供给可靠性与效率，促进可再生能源消纳。德国高度重视信息化、数字化建设。2009 年，德国发布了《新思路、新能源—2020 年能源政策路线图》等战略性文件。2010 年，德国联邦经济与技术部公布的《能源战略 2050》，从总体上明确了德国未来 40 年能源转型的行动路径，提出了可再生能源利用、能效提升等 9 个具体行动领域。同时，德国通过一系列财政激励政策对相关领域给予了经济补贴、税费减免等支持。2013 年，德国提出“工业 4.0”国家战略，以信息物理系统（cyber physical system，CPS）和物联网（internet of things，IoT）为基础技术架构，展望了以信息技术为核心的智能化生产与“智能工厂”愿景。在此背景下，德国能源系统也提出利用先进信息通信技术对能源系统全环节进行数字化改造，能源领域信息化建设加快推进，为能源与信息深度融合奠定了基础。近年来，德国政府相继出台了大量政策法规引导社会各界聚焦可再生能源开发利用、能效提升等领域，这也为能源互联网的发展提供了政策支持。通过目标导向类政策，德国为能源发展设定了阶段目标，规划了技术路径。德国在数字化领域投资规模欧洲领先，重点支持初创企业的各项技术探索。

2）日本。2011 年，日本提出国家“数字电网”计划，其目标是把当前的大型同步电网细分成异步自主但相互联系的微电网，借鉴互联网数字路由器和“IP 地址”分配的理念，将能量路由器和能源网络基础结构作为研究重点，旨在使电网中能量的流动与互联网一样自由可控。2012 年，日本政府开始实施可再生能源上网电价补贴政策。通过补贴可再生能源发电成本与常规上网电价的差额，使技术尚未成熟和开发运营成本仍然较高的可再生能源供电项目能够有长期稳定的合理回报，从而吸引部件、系统和运营商及投资人的积极参与，进而推动整个行业的持续发展。2015 年，日本已经实施了可再生能源配额制。配额制指供电商、消费者每年必须消费一定额度的绿色电力，未能完成的必须向国家支付一定的费用。强制性年度配额制度的实施可保证绿色能源市场的需求，从而增强相关设备生产商和绿色能源生产厂商的投资和生产信心，调动相关技术开发的积极性，以便使绿色能源生产进入良性循环的轨道。在蓄电池领域，日本企业的全球市场占有率目标是力争达到 50%，获得约 10 万亿日元的市场。

3）韩国。2008 年，韩国发布第一份国家能源计划，第一次全面阐述韩国的能源政策，旨在推动能源的可持续发展，兼顾能源安全、经济发展和环境保护，确定了减少对进口化石能源依赖，提高核电和可再生能源在能源结构中的占比等基本措施；2014 年发布第二份国家能源计划，也是目前为止最新的能源政策，该计划削减了原先计划的核电在能源总供应中所占的比例。2017 年，韩国政府将终止所有建设新核电站的计划，也不再批准延期运行现有核电站，韩国正调整政策，提议的新能源战略是不鼓励使用煤炭和核电，而是更偏好天然气和水电、太阳能等可再生能源。韩国国家电力公司（korea electric power corporation，KEPCO）于 2017 年提出了能源物联网（energy internet of things）的概念，重点研究可应用于能源领域的物联网技术、大数据、人工智能和自动化技术，建立传感器网络，从而构建一个“数字、开放、互联”的能源网络。2019 年 5 月第 10 届清洁能源部长级会议和第 4 届创新使命（Mission Innovation）部长级会议上韩国提出向清洁能源公共研发领域投资了 9029 亿韩元，比 2016 年增长了 61.2%，目标是到 2021 年投资额达到 1.12 万亿韩元。

（3）绿电交易助力能源转型。丹麦、欧盟等国家和组织通过政策和市场手段，结合能源数字化平台，促进“分布式新能源接入”。

1）丹麦。2004 年，丹麦制定了“绿色电力证书”交易制度以替代长期使用的固定上网电价制度，要求电力生产商和供应商必须有一定比例的电量来自可再生能源，从而促进可再生能源发展。丹麦政府大力发展分布式能源，致力于高比例新能源的消纳，并试图通过电网、热网、气网和交通网的协调规划运行，设计相应能源市场机制充分调动需求侧响应资源。在最新的丹麦能源协议中，丹麦政府正式提出了第二次能源转型战略的最终目标：到 2050 年，丹麦完全摆脱对化石能源的依赖，实现 100%可再生能源供应。

2）欧盟。欧盟是世界智能电网的领跑者之一，2005 年成立的欧盟“智能电网技术论坛”提出要把电网转换成用户和运营者互动的服务网，以提高欧洲输配电系统的效率、安全性及可靠性，并为分布式可再生能源发电的大规模整合扫除障碍。欧盟于 2008 年发布了欧盟气候能源计划（European Union Climate and Energy Package），强调新能源的消纳。2011 年欧盟启动未来智能能源互联网项目，该项目的核心在于构建未来能源互联网的 ICT 平台，支撑配电系统的智能化，通过分析智能能源场景，识别 ICT 需求，开发参考架构并准备欧洲范围内的试验，最终形成欧洲智能能源基础设施的未来能源互联网 ICT 平台。欧洲各国政府根据自身的情况制定了一系列配套政策来推动智能电网建设，形成了由政府主导，研究机构、电力企业、咨询公司积极推动，社会公众广泛参与，研究与应用并重，产学研高度结合的局面。法国已经将电力用户使用智能电能表进行强制立法。意大利电力与天然气监管机构 AEEG 发布决议，所有意大利电力用户必须配备安装自动抄表系统；2019 年 12 月 20 日，德国联邦电网署（BNetzA）通过了《2019～2030 年电网发展计划》，基于 2030 年将可再生能源发电提高到 65%的目标。欧盟能源管理系列条例电力管理规章中规定了相关举措的时限：到 2022 年，欧盟所有家庭用户必须安装和使用智能电能表。欧盟委员会于 2021 年提出应对气候变化的一揽子计划提案，旨在实现到 2030 年欧盟温室气体净排放量比 1990 年至少减少 55%，到 2050 年实现碳中和。

国内外能源的政策体系主要分为国家层面和国际层面。国家层面包括三种类型，行政命令型、经济激励型、自愿行动型。国际层面，我国能源互联网在相关政策支持下，在产学研用各方面都有一定的推进，我国始终坚持在能源互联网发展方面保持国际领先。

2.4 能源互联网相关规划

2.4.1 国家能源互联网行动计划

能源互联网是推动我国能源革命的重要战略支撑，对提高可再生能源比重，促进化石能源清洁高效利用，提升能源综合效率，推动能源市场开放和产业升级，形成新的经济增长点，提升能源国际合作水平具有重要意义。2016 年 2 月 24 日，作为能源互联网行动计划顶层设计的国家能源互联网行动计划，最终以《关于推进“互联网＋”智慧能源发展的指导意见》面世。

2021 年 10 月 13 日，《2021 年国家能源互联网发展年度报告》（以下简称“报告”）正式发布。报告从政策、产业、技术、创新、建设、公众生态及碳中和目标下的能源互联网等七个维度建立了指标体系，全方位、如实地评估我国能源互联网发展态势。

（1）政策方面，2014～2020 年，国家共发布了 997 项能源互联网相关政策法规，涵盖国际条约、宏观战略、法律法规、标准导则、部门规章及规范性文件等多个层级。《报告》显示，顶层设计、源侧政策、荷侧政策和能源信息最受重视，源网荷储信息等各方面均受到政策关注。

（2）产业方面，行业快速发展，传统产业和新兴产业并举，企业发展欣欣向荣。能源互联网相关企业数量从 2019 年底的 39174 家增加到 2020 年底的 66843 家，迅速增长 70.6%。

（3）技术方面，在能源互联网技术体系方面，能源互联网从多能融合能源网络技术、信息物理能源系统技术、创新能源运营模式三个层次，在能源生产与转换技术、能源传输技术、能源消费技术以及能源存储技术四个方面快速发展、日渐成熟。

（4）创新方面，在能源互联网学术研究方面，相关研究机构及科研基金、论文及专著、专利及研究的数量也不断增长。截至 2020 年 12 月，能源互联网相关研究机构增至 9921 家；与 2019 年底相比，能源互联网相关研究机构增加了 5459 家。2020 年，能源互联网及其相关的国家自然基金项目获批 45 个，相比 2016 年增加了 29 个。

（5）建设方面，在能源互联网工程建设和技术应用方面，国家政府部门、相关机构陆续批准启动了一系列试点示范项目和示范工程，包括新能源微网、增量配电网、多能互补集成优化、“互联网＋”智慧能源等，有力地推动了我国能源互联网产业的健康发展和新技术推广应用。

（6）公众生态方面，一直保持着平稳发展的状态。随着国家“双碳”目标的确立，有关能源互联网的新闻报道数量明显多于 2019 年的同期水平。2020 年的词频统计数据显示，新增排名前三的依次是“储能”“节能”和“区块链”；总计数量排名前三的，依次是“能源大数据”“节能”和“综合能源系统”，这反映了公众对能源互联网多个方面的关注程度。

（7）“双碳”目标下，梳理了能源互联网的支撑作用，能源互联网将从能源生产、传输消费、感知互联和平台管理四个方面实现“双碳”目标。

从能源互联网建设基础和规模来看，我国在能源互联网建设上已经具备了深厚基础。能源互联网的核心能源是电能，近年来，我国电网智能化水平不断提高，电网安全运行能力不断巩固，智能电表安装量位居全球前列，智能电表基本实现全国覆盖，光伏、风电等新能源发电装机比例快速提高，发电成本稳步下降。这些都为能源互联网建设奠定了重要基础。

从能源互联网建设前景来看，我国正大力推动新基建发展，能源革命与数字革命正呈现深入融合发展趋势。2020 年，国家电网有限公司确立了“建设具有中国特色国际领先的能源互联网企业”战略目标。南方电网有限责任公司、五大发电集团也纷纷明确了向数字化、智慧化电力方向发展的路径。此外，我国储能和新能源汽车发展已经取得优异成果，在全球发挥着重要影响力，未来市场潜力巨大。综合而言，我国能源互联网建设在政策、市场规模、资金等方面具有显著优势，能源互联网产业未来发展前景远大。

从能源互联网建设国际影响力而言，2020 年，IEEE PES（美国电气电子工程师协会电力和能源学会）能源互联网协调委员会正式批准成立，成为我国电气与能源学者牵头组建和领导国际科技组织的里程碑。此外，IEEE 能源互联网与能源系统集成国际学术会议已在我国成功举办三届，第四届会议也已于 2021 年 10 月底在我国太原顺利召开。这些都凸显了我国在能源互联网领域的地位和价值。

2.4.2 国家电网能源互联网规划

2020 年，为贯彻习近平“四个革命，一个合作”的能源安全战略思想，实施国家创新驱动发展战略，面对新形势、新技术、新挑战，国家电网有限公司提出在业已建成的坚强智能电网基础上，建设具有中国特色国际领先能源互联网企业的战略目标。建设能源互联网能够为清洁能源大规模开发利用提供配置平台，发挥电网大规模配置资源的能力，扩大新能源消纳范围，大力推进抽水蓄能电站建设，提高系统灵活调节能力，应对新能源大规模并网带来的电力平衡、电量消纳、电网安全控制等诸多新的挑战。

能源互联网规划紧密围绕实现“双碳”目标和构建新型电力系统，规划建设能源互联网。一是坚强网架为平台，促进多能互补，多元互动，确保能源安全供应。二是通过电网数字化转型，全面提升处理、应用安全等能力，推动智能电网向智慧电网升级。三是推动传统价值向新兴价值的拓展升级，构建完整的能源互联网生态圈。规划于 2025 年基本建成，2035 年全面建成具有中国特色国际领先的能源互联网，电能占终端消费比重 30%，跨省输入能力能够达到 3 亿 kW。

能源互联网规划包括四大重点方面：绿色发展、安全保障、智慧赋能、价值创造。能源互联网规划重点图如图 2-1 所示。

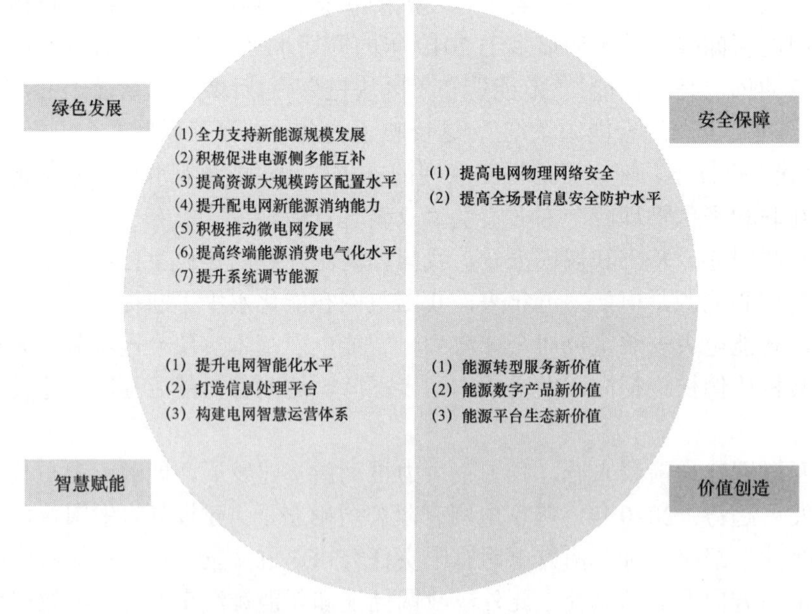

图 2-1　能源互联网规划重点图

（1）绿色发展。通过源网荷储一体化、多能互补等措施，加快新能源从新增装机主体发展为总装机主体，超过煤电成为第一大电源，推动新型电力系统构建和能源系统绿色转型，积极服务国家“双碳”目标。

1）全力支持新能源规模发展。开辟风电、太阳能发电配套电网工程绿色通道，为新能源场站提供优质高效的服务，确保电网电源同步投产，开展海上风电与海上电缆路由、登陆点资源统一规划，统筹网源建设，推进海上风电集中连片规模化开发。

2）积极促进电源侧多能互补。完善省间互济共享和旋转备用共享机制，提升电源开发综合效益，支撑新能源能发尽发，能用尽发。

3）提高资源大规模跨区配置水平。持续提升已建输电通道利用效率，开展跨区域、跨流域、跨季节联合调度，进一步提升资源跨区配置能力。

4）提升配电网新能源消纳能力。充分利用柔性配电、虚拟电厂、电化学储能、有序充电等技术，加强配电网互联互通和智能控制，不断强化配电网资源配置作用，促进高比例分布式新能源就地消纳。

5）积极推动微电网发展。因地制宜建设并网型、独立性微电网，促进分布式电源、电动汽车、用能终端、新型储能等多元负荷聚合互动，实现消费侧源网荷储一体化，参与电网调峰与优化运行。

6）提高终端能源消费电气化水平。在工业生产制造、电力供应、交通运输、居民采暖、家庭电气化集五大领域，拓展电能替代广度深度。

7）提升系统调节能源。加快抽水蓄能电站建设，鼓励煤电灵活性改造与调峰气电建设，支持服务新型储能发展，推广“新能源＋储能”“微电网＋储能”多种模式，积极挖掘需求侧响应资源。

（2）安全保障。通过建设坚强骨干网架、弹性灵活配电网、平台云网融合等，构建能源互联网安全防御体系，提高“双高”“双峰”背景下电网抗扰动能力和自愈能力，提升信息安全态势感知能力和智能化、动态化网络安全防护水平，实现更高水平的电力安全保障。

1）提高电网物理网络安全。加快构建各区域坚强骨干电网，提升配电网可靠供电能力，提高重点领域防灾设计标准，强化重要用户供电保障能力。

2）提高全场景信息安全防护水平。边界安全方面，优化网络结构，统筹边界安全装备。本体安全方面，打造全场景态势感知平台和统一密码基础设施，优化资产本体安全防护。数据安全方面，优化数据安全技防架构，推进数据安全合规管控。实战运营方面，建设全场景网络安全仿真验证环境，提升实战化安全运营能力。

（3）智慧赋能。全面提升信息采集、传输、处理、应用等能力，推动传统电网基础设施和新型数字化基础设施融合促进电网调度运行智能化和运营管理智慧化，实现以数字化转型为主线的智慧赋能。

1）提升电网智能化水平。提升智能采集感知能力，提高电网可观可控和实时交互水平。提升信息传输承载能力打造一体化通信网络。提升调度运行自动化水平，推进新一代调度自动化系统、配电自动化系统建设，支撑一体化大电网监控预警和分析决策。

2）打造信息处理平台。以“信息智能处理、共性业务支撑”为导向，以“快速响应”为目标，重点打造国网云平台、数据中台、业务中台、技术中台、物联平台，形成具备“数据融通共享服务共性汇聚、终端统一管控、技术能力开放”特征的信息处理平台，支撑业务应用快速构建，赋能业务应用创新。

3）构建电网智慧运营体系。聚焦电网运营及营销服务发展需求，以信息驱动业务模式、商业模式升级为导向提升电网运营智能管理水平、营销客户智慧服务水平，打造具有“数据融通、服务共享移动智能、能力开放”特征的数字化应用。

（4）价值创造。在持续深化能源配置、社会民生、产业发展等传播价值的基础上，通过打通能源转型服务、能源平台等环节，实现面向经济社会、人民生活、行业企业的价值共享，推动战略性新兴产业的发展，打造共享共治共赢的生态圈。

1）能源转型服务新价值。适应能源革命和新型基础设施建设要求，围绕综合能源服务、电动汽车服务、源网荷储协同互动、基础资源共享运行，打造能源领域新型融合基础设施，提升能源供给和互动能力，厚植产业发展新优势，促进能源消费和供给革命。

2）能源数字产品新价值。适应能源和数字技术融合发展趋势，围绕大数据运营、芯片、5G与地理信息时空服务、区块链技术多场景创新应用，突破关键核心技术，提升自主可控能力，强化推广应用推动构建能源数字融合的产业链、价值链、生态链，促进能源技术革命。

3）能源平台生态新价值。推动能源＋电商、能源＋金融、能源＋工业互联网、能源＋市场等领域的平台生态体系建设，共同打造优势互补、互利共赢的新生态。近期，国家电网发布了我国首个以全方位服务新能源发展和助力“双碳”目标为核心功能的开放式综合服务平台—新能源云。

通过对能源互联网规划设计，能够落实“双碳”的目标要求，打造大范围资源优化配置、新能源为主体的电网崭新模式，提出能源供给多元化、清洁化、低碳化，能源消费高效化、减量化、电气化的能源清洁转型方案。围绕推动新能源为主体的电源侧，电源侧能源供给清洁化水平达到新高度，电网侧数字化程度再上新台阶，消费侧终端能源消费电气化水平实现新提升，促进多种能源方式互联互济、源网荷储深度融合，助力构建新型电力系统，推动电网向能源互联网升级。

2.4.3 能源电力发展规划

能源电力发展规划强调统筹协调、科技创新、国际合作，着力调整电力结构、优化电源布局、升级配电网、增强系统调节能力、提高电力系统效率、推进体制改革和机制创新，加快调整优化、转型升级、构建清洁低碳、安全高效的现代电力工业体系，惠及广大电力用户，为全面建成小康社会提供坚实支撑和保障。

“十三五”是我国全面建成小康社会的决胜期，深化改革的攻坚期，也是电力工业加快转型发展的重要机遇期。在世界能源格局深刻调整、我国电力供需总体宽松、环境资源约束不断加强的新时期，电力工业发展面临一系列新形势、新挑战。为实现供应宽松常态化、电源结构清洁化、电力系统智能化、电力发展国际化、体制机制市场化，必须坚持系统观念，统筹经济社会、能源电力、环境生态等方面安全协调发展，推动能源电力系统的根本性变革，加快构建绿色低碳可持续发展的现代能源体系，促进经济高质量发展。

“十三五”期间，能源布局及流向主要还是西电东送、西气东输，煤炭也是由西北地区大量地往中部和东南部地区输送，符合“十三五”期间的能源供需状况。“十四五”能源规划要克服我国对西电东送等能源大范围转移的依赖。一方面要继续重视一些大的能源基地开发，另一方面也要重视中东部地区的分散式能源等各种能源的就地开发和使用。同时，还要重视能源需求侧在提高用能、用电及其他能源消费的综合利用效率。重视需求响应资源在调节整个能源供需匹配中的作用，把需求响应资源作为一种重要资源纳入规划中是“十四五”必须认真考虑的问题。同时要重视综合能源规划，多种能源的规划要考虑如何能够协调互补、综合优化、综合规划。

“十四五”期间，为落实“四个革命、一个合作”能源安全新战略，在能源供应方面，要实现多能互补，应是系统整体优化、多种能源互补的供应；在能源消费领域，要以提高能效为中心，以市场化、多元化、智能化、定制化的手段，让用户得到更多的低成本能源，并减少各种用能对环境造成的负面影响；在能源体制改革方面，“十四五”期间要按照市场化方向真正的、大动作的、实质性地推动能源体制改革；在能源技术创新方面，围绕现在的信息技术和能源领域各项技术的相互融合，在信息技术推动能源技术大方向上，要取得实质性的成果；对于能源领域的国际合作，在能源的互联互通方面，要有更显著的实质性进展。

在“双碳”目标要求下，能源电力规划遵循未来我国能源电力“清洁化、综合化、智慧化、去中心化”的创新发展趋势。一是低碳目标要求大力发展可再生能源，推动能源清洁化转型；二是清洁能源发展需从综合能源系统全局角度进行统筹规划，通过多能互补、源、网、荷、储协调支撑清洁能源消纳；三是综合能源系统的协调优化问题需要通过智慧化解决，需推动“云大物移智链”等数字信息技术在能源领域的应用，助力能源数字化转型，建设综合智慧能源系统；四是未来清洁能源开发利用将呈现集中式与分散式相结合的趋势，因此在体制机制层面，需推动去中心化的新模式、新业态发展，支撑分布式能源规模化开发利用。

数字革命可为“十四五”时期的能源转型提供新动能，加速信息技术与能源电力产业的深度融合，引导能源电力行业向数字化、智能化及网络化转型，为传统能源电力行业产业升级、业态创新、服务拓展及生态构建提供全新可能性：一是基于数据驱动，通过构建模型算法平台实现新能源电力预测，提升系统运行智能决策水平，通过支撑电力安全与智能、高效传输，有效提高清洁能源占比，推动能源供应模式多元化，助力能源生产革命；二是基于用户画像提供精准服务，灵活汇聚需求侧资源，结合供应侧资源提高能效，通过支撑综合能源服务等新业态、新模式发展，赋予用户更广泛的消费选择权，提升用户对自身能效水平的全面感知，助力能源消费革命；三是基于“云大物移智链”的创新应用，利用能源大数据、能量路由器、数据中台等，推动工业互联网与能源电力系统融合，实现智能化、精确化和标准化转变，通过能源与电力信息数据的挖掘和应用，助力能源技术革命；四是基于区块链进行点对点能量交易、绿证交易，实现电力市场交易模式创新，通过打造互惠共赢的能源互联网生态圈，推动共享经济和平台经济建设，进而带动上下游及周边产业协调发展，助力能源体制革命。

第三章　能源互联网技术标准

能源互联网技术标准是能源互联网高质量发展的基础，是规范能源互联网各阶段各领域发展的重要文件和顶层设计。国际标准也是实施中国产品和服务“走出去”的通行证。中国积极宣贯能源互联网战略思想，开展能源互联网技术标准化工作，旨在推动能源互联网健康有序发展。本章首先介绍了能源互联网相关的国际标准化组织机构及所开展的标准化工作，呈现了中国及主要国家在能源互联网标准体系架构、路线图、行动计划等方面的工作经验和成果，最后阐述了能源互联网重要技术领域的标准进展。

3.1　标准组织和机构

3.1.1　ISO 能源互联网与智能电网标准化

国际标准化组织（international organization for standardization，ISO）成立于 1947 年，是全球最大最权威的国际标准化组织，旨在全世界范围内促进标准化工作的开展，以便于国际物资交流和服务，并扩大在知识、科学、技术和经济方面的合作。标准的内容从基础的紧固件、轴承各种原材料到半成品和成品，其技术领域涉及信息技术、交通运输、农业和环境等。

ISO 与能源互联网、智能电网相关的技术委员会包括 ISO TC 301 能源管理与能源节约技术委员会、ISO TC 180 太阳能技术委员会、ISO TC 197 氢能技术委员会、ISO TC 193 天然气技术委员会、ISO/IEC JTC1 信息技术委员会等。

ISO TC 301 负责能源管理和能源节约领域的标准化工作，已经发布 ISO 50001《能源管理体系要求》、ISO 17741《项目节能量测量、计算和验证通则》等能源管理和能源节约方面的国际标准。由美国国家标准协会（american national standards institute，ANSI）和中国标准化研究院联合担任秘书处。2016 年 2 月，经 ISO 技术管理局批准，ISO TC 242 和 ISO TC 257 合并，成立新的 ISO TC 301 能源管理和能源节约技术委员会，由美国和中国联合承担秘书处，美国专家担任 TC 主席，中国和巴西专家担任 TC 副主席。该技术委员会目前包括 66 个成员国和 20 个观察员国。ISO TC 301 已发布国际标准 20 项，正在组织制定 5 项，主要包括能源管理体系、节能量和能源绩效评估、能源审计、能源服务等通用共性的国际标准。能源管理和能源节约标准对提高能效、提升企业竞争力的关键作用得到了各国高度关注。中国标准化研究院自 2016 年担任 ISO TC 301

副主席和联合秘书处以来，为国内和国际能源管理和能源节约标准化工作作出重要贡献。

ISO TC 180 负责太阳能，包括太阳能供暖、供热水和制冷以及工业过程太阳能加热和空调、太阳能测量相关仪器和程序要求等方面的标准化工作。委员会由法国标准化协会（association francaise de normalisation，AFNOR）承担秘书处，下设两个分技术委员会（SC），分别是气候数据和测量分技术委员会（SC1）和系统热性能、可靠性和持久性分技术委员会（SC4）。ISO TC 180 已发布国际标准 19 项，正在组织制定 6 项，包括基础通用、光热组件、光热材料、应用等方面。ISO TC 180 SC4 成立于 1981 年，是 ISO TC 180 最早成立的分委员会之一，负责太阳能热利用技术中最重要的系统热性能、可靠性和耐久性国际标准编制工作，目前拥有 20 个正式成员单位和 16 个观察员单位。2019 年，由中国和丹麦共同主导的国际标准 ISO AWI 24194《太阳能供热系统集热场性能检验》已获得 ISO TC180 SC4 正式批准立项。本标准是继中国建筑科学研究院有限公司主导编制 2 项太阳能部件与材料国际标准之后，我国首次主导编制大型太阳能供热工程核心系统——太阳能集热场的国际标准，实现了中国由产品到工程系统标准国际化的成功跨越。

ISO TC 197 氢能技术委员会主要负责氢燃料质量、加氢站、氢制备、氢安全等方面的标准化工作，标准体系框架主要设计氢能的制、储、运、加等方面的标准。在氢能方面，已发布国际标准 17 项，正在组织制定 16 项，主要包括氢的制取、储存、运输、加注相关技术的国际标准。ISO TC 197 氢能技术委员会成立于 1990 年，目前共有 24 个积极参与国和 12 个观察员国，ISO TC 197 下设 11 个工作组，最新发布的国际标准 ISO 14687：2019 Hydrogen fuel quality—Product specification 对质子交换膜燃料电池用氢气质量（Grade D）的技术指标进行了进一步修订，具体对 CH_4、N_2、Ar、CO+HCHO+HCOOH、卤化物等杂质组分的限定要求进行了调整。

ISO TC 193 围绕天然气标准发热量计算和能量计量要求，制定并颁布了 26 项天然气标准物性分析和测试标准，其中包括 ISO 13443《天然气标准参考条件》、ISO 6976《天然气热值、密度、相对密度及化合物沃泊指数的计算》。ISO TC 193 天然气技术委员会成立于 1988 年，从事天然气及天然气替代品（气体燃料）从生产、输配到最终用户的各个侧面的术语、质量规范、测量方法、取样、试验和分析的标准化。ISO 13686《天然气质量指标》，对管输天然气所涉及的控制参数做出了原则规定，列出描述管输天然气质量应考虑的典型指标和相应的试验方法，是世界各国制定天然气质量指标的指导性准则。ISO TC 193 自成立以来共制定/修订 40 多项 ISO 标准、技术规范和技术报告。

ISO/IEC JTC 1 信息联合技术委员会是 ISO 和国际电工委员会（international electrotechnical commission，IEC）组建的第一个标准化联合技术委员会，其工作范围是信息技术领域的标准化，涉及信息采集、表示、处理、传输、交换、描述、管理、组织、存储、检索及其技术，系统与产品的设计、研制、管理、测试及相关工具的开发等的标准化工作。截至 2020 年，由中国牵头制修订并发布的 ISO/IEC JTC 1 国际标准有 9 项，ISO/IEC JTC 1 国际标准统计表如表 3-1 所示。

表 3-1　　　　中国牵头制修订发布的 ISO/IEC JTC 1 国际标准统计表

序号	ISO/IEC	TC/SC 编号	版本编号	标准名称
1	ISO/IEC	JTC 1	ISO/IEC 30145-2:2020 Ed 1.0	信息技术　智慧城市 ICT 参考框架　第 2 部分：智慧城市知识管理框架
2	ISO/IEC	JTC 1	ISO/IEC 30145-3:2020 Ed 1.0	信息技术　智慧城市 ICT 参考框架　第 3 部分：智慧城市工程框架
3	ISO/IEC	JTC 1/SC25	ISO/IEC 14543-5-102:2020 Ed 1.0	信息技术 家用电子系统（HES）体系结构　第 5-102 部分：2 类及 3 类家用电子系统资源共享协调服务　远程通用管理应用框架
4	ISO/IEC	JTC 1/SC27	ISO/IEC 18033-4：2011 AMD：2020	信息技术　安全技术　加密算法　第四部分：序列密码　补篇 1：ZUC
5	ISO/IEC	JTC 1/SC31	ISO/IEC 19823-16:2020 Ed 1.0	信息技术　安全服务密码套件一致性测试方法 第 16 部分：用于空中接口通信的密码套件 ECDSA-ECDH 安全服务
6	ISO/IEC	JTC 1/SC41	ISO/IEC 21823-2:2020 Ed 1.0	物联网　物联网系统互操作　第 2 部分：传输互操作
7	ISO/IEC	JTC 1/SC41	ISO/IEC 30144:2020 Ed 1.0	物联网　支撑变电站的无线传感器网络系统
8	ISO/IEC	JTC 1/SC41	ISO/IEC TR 30164:2020 Ed 1.0	物联网　边缘计算
9	ISO/IEC	JTC 1/SC27	ISO/IEC 20547-4:2020 Ed 1.0	信息技术　大数据参考架构　第 4 部分：安全与隐私保护

3.1.2　IEC 能源互联网与智能电网标准化

IEC 成立于 1906 年，是目前世界上最具权威的三大国际标准化机构之一，负责制定电工、电子及相关领域的国际标准，负责建立合格评定国际互认体系，其工作领域涉及全球具有巨大市场潜力的热点领域和战略性新兴产业，其中热点领域包括电力能效、可再生能源、可再生能源接入电网、智能电网、电动交通等。目前，全球共有 164 个国家加入了该组织。

为了推动智能电网标准的研究和制定工作，2008 年，IEC 标准化管理局（standardization management board，SMB）成立了 IEC 第 3 战略工作组（IEC SMB strategy group3，IEC SMB SG3），也叫智能电网战略工作组。IEC SMB SG3 负责制定智能电网标准体系和技术路线，协调 IEC 内部大约 28 个相关技术委员会，下设路线图工作小组、架构工作小组以及用例工作小组。

2009 年 4 月，IEC SMB SG3 在法国巴黎召开第 1 次工作组会议，正式启动智能电网标准化研究工作。2009 年 8 月，完成《IEC 智能电网标准化调研报告》，描述了智能电网标准技术路线图，针对各相关技术领域，分析了智能电网的需求以及现有标准与需求之间的差距。2010 年 1 月，完成智能电网标准路线图（IEC smart grid standardization roadmap）1.0 版，原计划在 2013 年推出 2.0 版，现改为推出智能电网标准路线图 1.1 版。2010 年 4 月，IEC SMB SG3 在日内瓦会议上成立若干个工作组。其中，体系工作组将开发一个叫映射图工具（Mapping Chart Tool），将需求、量值、结构和标准关联起来，最终成为管理整个 IEC 智能电网标准的系统工具；用例工作组依托 IEC TC 8 成立，负责收集用户案例，并实现用例标准的规范化。

IEC SMB SG3 组织编写并发布了 IEC 智能电网标准体系报告，描述了具体的智能电网标准体系、相关领域的互联关系以及智能电网标准化发展的方向等。2014 年 2 月成立 IEC SMB 系统评估组（system evaluation group，SEG2）（替代原 IEC SMB SG3），负责提供智能电网和智慧能源系统层面的标准并进行协调和指导工作。

IEC SMB SEG2（原 IEC SMB SG3）提出的智能电网标准体系架构覆盖高压直流输电（high voltage direct current，HVDC）/柔性交流输电系统（flexible alternative current transmission systems，FACTS）、停电预防/能量管理系统、配电管理系统（distribution management system，DMS）、配电自动化、变电站自动化、分布式能源（DER）、高级量测体系（advanced metering infrastructure，AMI）、需求响应（demand response，DR）、智能家居（smart home）与智能楼宇、电力存储、电动交通、状态监测、可再生能源发电等 13 个应用类领域和通信、安全与规划 3 个通用领域，共计 36 个标准系列 295 项标准，如图 3-1 所示。

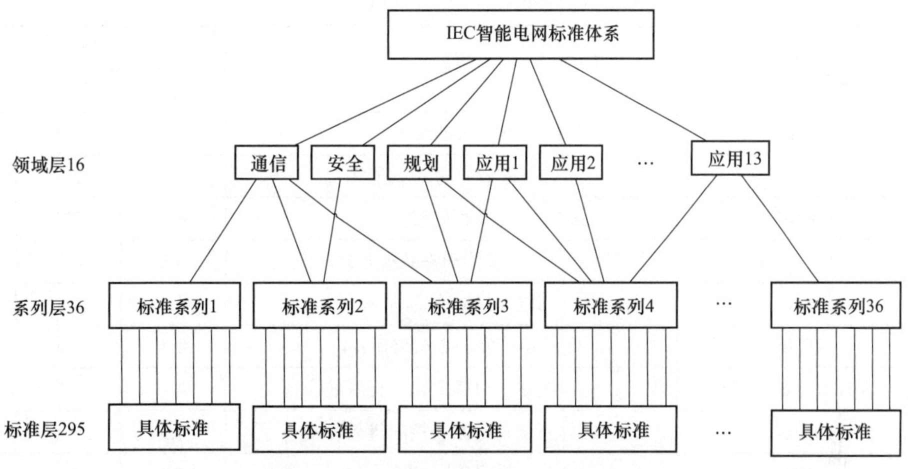

图 3-1　IEC 智能电网标准体系架构

其中 IEC SMB SG3 推荐的 IEC 智能电网核心标准（系列）7 个，由 IEC TC57 编写制定，均是跨领域标准且能够指导智能电网具备互操作能力，见表 3-2。核心框架类标准包括：IEC TR 62357 电力自动化标准框架和面向服务体系架构（service-oriented architecture，SOA）、IEC 61850 变电站自动化、IEC 61970 能量管理体系－通用信息模型（common information model，CIM）和通用接口定义（generic interface definition，GID）的定义、IEC 61968 配电管理系统－通用信息模型 CIM 和组件接口标准（component Interface Specification，CIS）的定义、IEC 62351 通信网络与系统安全、IEC 62056 抄表/费率/负荷控制的数据交换和 IEC 61508 电力/电子/可编程电子安全系统的功能安全等标准。

表 3-2　　IEC 推荐的智能电网核心标准

核心标准	技术领域
IEC TR 62357	面向服务体系架构
IEC 61970	公共信息模型/能量管理
IEC 61850	变电站自动化

续表

核心标准	技术领域
IEC 61968	公共信息模型/配电管理
IEC 62351	通信网络与系统安全
IEC 62056	抄表/费率/负荷控制的数据交换
IEC 61508	电力/电子/可编程电子安全系统的功能安全

IEC SyC1 最初的“SyC 智慧智能能源发展计划”于 2017 年 3 月 3 日发布。计划每 6 个月更新一次，以反映每个开发计划的最新进展。目前该发展计划已修改到第六版，选定的 11 各项目如表 3-3 所示。

表 3-3　　选定的 11 个项目

序号	ID	标题	评分平均值		
			影响力	机会	共识
1	S-INT-1	增加分析支持	4.6	3.4	86%
2	S-CNC-2	连接和管理分布式能源	4.1	3.4	71%
3	S-CNC-4	多源安装	4.0	3.7	67%
4	S-SA-10	扩展以支持动态系统管理	4.2	3.5	83%
5	S-SA-11	IEC 61850 扩展指南	4.1	4.0	86%
6	S-DER-1	促进和扩展 IEC 61850-7-420	4.4	3.5	80%
7	S-HBES-BACS-1	智能家居和楼宇自动化系统	4.0	3.6	60%
8	S-ES-1	大型分布式储能连接的等效标准	4.5	3.7	100%
9	G-C-7	预期使用 IPv6	4.3	4.0	100%
10	G-S-5	统一智能能源网络安全要求	4.7	3.4	100%
11	S-AM-1	智能电网架构模型的扩展	SyC1 智慧能源新项目		

3.1.3 IEEE 能源互联网与智能电网标准化

电气与电子工程师协会（institute of electrical and electronics engineers，IEEE）前身是成立于 1884 年的美国电气工程师协会（AIEE）和成立于 1912 年的无线电工程师协会（IRE）。IEEE 作为全球最大的专业技术组织，在电气及电子工程、计算机、通信等领域中，IEEE 发表的技术文献占到了全球同类文献的百分之三十。同时 IEEE 每年还结集出版电气工程、通信、计算机理论及方法领域的专业技术期刊，数量达 140 余册。配合各专业技术领域的学术交流活动，IEEE 还提供学报、技术通信、会议论文集和会刊等约 700 余种出版物。

IEEE 致力于制定一套智能电网的标准和互通原则，主要内容包括电力工程、信息技术和互通协议三个方面的标准和原则。IEEE 已经发布了其智能电网标准体系，并描绘了智能电网标准路线图。IEEE 的智能电网标准体系以能源互联和系统互操作为目标，能够指导智能电网最关键和最复杂的跨领域技术标准的规划和制定工作；IEEE 在特高压输电、信息通信管理、大电网联网、安全及可靠性评估、分布式能源并网等领域也开展了大量具体的标准化工作。

IEEE 在智能电网领域约有 100 项标准，其中已经发布实施的约 80 项。围绕电力工程、信息技术和互通协议，IEEE 智能电网领域形成了以 IEEE P2030 互操作性指南系列标准为主，包括 IEEE 1901 宽带电力线网络、IEEE 1547 分布式电源与电力系统的互联标准系列、IEEE 1686 智能电子设备安全性等多个标准系列的智能电网标准体系。

IEEE P2030 系列标准构建了智能电网互操作参考模型，为智能电网互操作提供指导。围绕 P2030 指南，IEEE 在电能动力交通、接入电力系统的储能系统、储能系统接入电网测试三个方面也制定了具体标准。在电能动力交通方面，IEEE P2030.1 电能动力交通设施指南为公共机构、制造商、输电运营商、基础设施开发商、电动车消费者等提供了标准指导；在电力储能系统方面，IEEE P2030.2 接入电力系统的储能系统互操作性指南帮助消费者更好地了解接入电力系统的储能系统；在储能系统接入电网测试方面，IEEE P2030.3 储能系统接入电网测试标准为电力能源存储设备和系统中的测试过程以及电力能源系统应用确立了标准。IEEE P2030 其他主要标准包括：IEEE P2030.5 智能能源规范 2.0 应用协议、IEEE P2030.6 电力需求响应效果监测与综合效应评价导则、IEEE P2030.9 微电网规划设计推荐性实践。

IEEE 在能源互联网领域积极推进标准化研究工作。2015 年 3 月 2 日，ISO/IEC 正式发布文件，中国主导的 IEEE 1888 标准通过 ISO/IEC 最后一轮投票，成为全球能源互联网产业首个 ISO/IEC 国际标准。2020 年 7 月 24 日，IEEE 电力与能源学会（PES）技术理事会批准成立 IEEE 能源互联网协调委员会（Energy Internet Coordinating Committee，EICC），并成功召开了首次会议。EICC 是目前 IEEE PES 直属的 21 个技术委员会/协调委员会之一，是 IEEE PES 成立以来首个由中国学者发起成立的委员会。

3.1.4　智能电网用户接口项目委员会 IEC PC118

2011 年 9 月，经 IEC 标准管理局批准，智能电网用户接口项目委员会 IEC PC118 正式成立，秘书处设在中国，国家标准委和国家电网公司确定由中国电科院承担 IEC PC118 秘书处工作。目前有参加成员国（代号 P）18 个，观察成员国（代号 O）12 个。秘书处下设两个标准制定工作组 WG1 和 WG2，其中 WG1 制定电网与用户侧设备之间的交互接口标准，WG2 制定电力需求响应标准。

IEC PC118 在国际标准化活动方面，主要通过每年召开的 PC118 全体大会及 WG1/WG2 工作组会议，来组织各国专家代表交流讨论智能电网用户接口和电力需求响应的相关议题，并确定 IEC PC118 下阶段的任务计划。截至 2018 年，IEC PC118 共成功召开了 7 次全体大会和 15 次 WG1/WG2 工作组会议。

在各国专家的共同努力下，IEC PC118 于 2014 年 11 月正式出版即 IEC 62939-1 智能电网用户接口第一部分：接口概述和各国观点（IEC 62939-1 smart grid user interface–Part 1：Interface overview and country perspectives）。同时，在美国代表的积极努力下，IEC PC118 于 2014 年 2 月发布了 IEC/PAS 62746-10-1：2014 用户能源管理系统与电力管理系统的接口第 10-1：开放的自动需求响应，该标准也是 IEC PC118 在电力需求响应方面发布的首个公用参考规范。2018 年，IEC PC118 出版三项标准：①IEC 62746-10-3 智能电网用户接口与 IEC CIM 的适配器；②IEC 62746-10-1 开放的自动需求响应；③IEC TS 62939-2 智能电网用户接口：架构与需求。

全国智能电网用户接口标准化技术委员会（SAC/TC549）于 2013 年 6 月获得国家标准化管理委员会批准成立，并于 2014 年 8 月召开了正式成立大会。第一届标准化技术委员会由 40 名委员组成，标委会的秘书单位由中国电科院承担，负责智能电网用户接口技术领域的标准化技术归口工作，包括智能电网用户接口的基础综合、用户侧系统和设备、智能用电服务专业等，是 IEC PC118 智能电网用户接口项目委员会的国内对口标准化技术委员会。SAC/TC549 下设四个工作组分别是：系统架构组（WG1）、电力需求响应组（WG2）、用户侧设备组（WG3）、用户侧能效管理与系统组（WG4）。SAC/TC549 的四个工作组将陆续组织更多的标准研究制定工作，以解决本领域当前产品研发、业务发展面临的标准缺失问题，并将对 IEC PC118 国际标准的制定提供坚实的支撑，增加中国专家的在国际标准制定舞台上的话语权。

截至 2021 年 12 月，SAC/TC549 归口制定和管理国家标准 5 项，行业标准 9 项，团体标准 8 项。IEC PC118 的成立，为中国参与国际标准的研究和制定提供了一个很好的舞台，可以更好地学习国际先进的思路和方法，同时也能反映中国在智能电网标准化方面的需求。

3.1.5 高压直流输电技术委员会 IEC TC115

2008 年 8 月 15 日，由中国提出的建立“100kV 及以上高压直流输电技术委员会”的提案获得 IEC SMB 批准，成立了 IEC TC115，该技术委员会的工作范围是制定 100kV 以上 HVDC 标准，包括设计、技术要求、施工调试、可靠性和可行性以及运行和维护等领域，涉及与高压直流设备或系统相关的标准，IEC TC115 将与 IEC 的其他相关 TC 以及 ISO、IEEE、国际大电网会议（Conference International des Grands Reseaux Electriques，CIGRE）等组织合作。

目前 IEC TC115 已经发布了 IEC TS 61973、IEC TS 62344、IEC TR 62672、IEC TR 62681、IEC TR 63065、IEC TR 62978 和 IEC TS 63014-1 等 7 项高压直流标准，还有多个工作组正在开展直流标准的制修订工作。

标准路线图是指导一个技术委员会标准制修订的纲领性文件，TC115 自成立之初就着手组织编写“高压直流标准路线图”。TC115 还成立了咨询工作组，负责“高压直流标准路线图”的滚动修编工作，每年都会根据高压直流领域的最新发展和 IEC 内外部国际组织的工作动态对标准路线图进行更新发布。“高压直流标准路线图”梳理了 IEC 现有的直流相关标准以及未来可能需要制修订的直流（包括柔性直流）输电相关标准，标准类型涵盖通用技术条件、设计、设备技术要求、设备试验方法、运行维护和建设等。

截至 2021 年底，TC115 已经发布 9 项国际标准，其中 3 项由中国电科院牵头编制的标准，分别为 IEC TS 61973 High voltage direct current（HVDC）substation audible noise、IEC TS 62344 Design of earth electrode stations for high-voltage direct current（HVDC）links-General guidelines 和 IEC TR 62681 Electromagnetic Environment Criterion for High-voltage Direct Current（HVDC）Overhead Transmission Lines。IEC TS 62344 和 IEC TR 62681 基本完成修

订，预计 2022 年发布修订版本。

3.1.6　智能电网互操作委员会 SGIP

为进一步推动智能电网互操作标准的发展，美国国家标准与技术研究院（National Institute of Standards and Technology，NIST）于 2009 年 11 月成立了智能电网互操作委员会（Smart Grid Interoperability Panel，SGIP），为利益相关方提供了一个参与活动和表达观点的平台。截至 2012 年 11 月 9 日，SGIP 由超过 780 个组织成员组成，分为国际组织、联邦机构、州和地方监管者等 22 个利益相关方类别。约有 2000 多个人成员参与 SGIP 活动。2013 年 SGIP 的发展进入了一个新阶段，SGIP 已经成功转制为公私伙伴型的会员制机构，主要费用来源于利益相关方的资助。

SGIP 监管标准制定组织（standard setting organizations，SSOs），为制定智能电网标准提供技术指导，且确定必要的检测和认证要求。SGIP 是一个代表公共和私营部门伙伴关系的会员制组织，用来协调和规范各种标准组织活动。SGIP 本身并不制定标准，只是为利益相关方和 NIST 之间的互动提供一种开放的流程。此外，SGIP 也开展用例评估、需求提炼、确定参考架构模型、智能电网技术测试和认证等工作，并且提供相应的行动方案。

SGIP 由常任委员会、永久性工作组和领域专家工作组组成。常任委员会包括智能电网架构委员会、和智能电网测试和认证委员会；永久性工作组目前仅指网络安全工作组；领域专家工作组根据专业领域共设 9 个专家工作组：输配电工作组、家庭到电网工作组、楼宇到电网工作组、工业用户到电网工作组（i2g）、电动汽车到电网工作组、商业和政策工作组、以及分布式电源和储能工作组。

SGIP 日常承担的基础性工作为：①SGIP 的常任委员会在跨领域问题和不同立场相关方之间的协调作用；②架构委员会开发的智能电网互操作性概念模型和参考框架成为欧洲和日本等多国智能电网架构模型的基础；③测试和认证委员会奠定了互操作性测试的基础；④网络安全工作组编制了 NISTIR 7628，为标准组织提供分析架构。

目前已经开展了 26 项优先行动计划（priority action plan，PAP），其中完成 11 项。SGIP 的 PAP 见表 3-4。

表 3-4　　SGIP 优先行动计划表

序号	优先行动计划	范围	成果	状态
0	电能表升级标准	PAP 00 规定了包括智能电能表安全本地和远程升级在内的要求	电能表可升级性标准 SG—智能表计（AMI）1-2009	2009 年完成
1	IP 在智能电网中的角色	PAP 01 的工作范围就是通过与关键 SSO 委员会共同判断每个通信协议在智能电网的应用范围和类型，来研究互联网协议和技术的适应能力	出版《基于 IP 的智能电网核心互联网通信协议编目 RFC》	2010 年完成

续表

序号	优先行动计划	范围	成果	状态
2	无线通信用于智能电网	PAP 02 编制了智能电网的通信需求，以及无线通信标准及其特征名录	发布《无线通信应用于智能电网的评估指南 1.0 版》	未完成
3	通用价格通信模型	PAP 03 对能源金融市场和需求响应的已有工作成果，以及在研的分时计价相关规定进行了整合研究。该 PAP 和其他包含价格和产品信息的 PAP 有所重叠（04、06、08、09、10 和 11）	OASIS 能源市场信息交换（EMIX）标准被收录，ZigBee 的 SEP 2.0 已完成	2012 年完成
4	通用计划通信机制	在该 PAP 下，NIST 将与合作者共同制定关于如何实现计划和事件信息是在各项服务之间及其内部传递的标准。该项技术规范可与价格、需求响应和其他规范联动	WS-Calenda 被加入 SGIP 标准目录中	2011 年完成
5	标准计量数据规范	计量接口会涉及不同的领域，包括运行设备（如计量系统）、用户［如用户能源管理系统（EMS）和子表］和配网（如人资管理工具和现场设备）	减少了 ANSI C12.18-2006 等标准下的应用服务和活动的差异，并提高了他们的互操作性	2012 年完成
6	电能表数据表格通用语义模型	PAP 06 使用 UML 语言开发了一种确切且可重复使用的 ANSI C12.19 数据模型表达方式	出版《PAP 06 UML 元标签模型和 EDL 白皮书》	2012 年完成
7	分布式能源与电网互联	该项目在配电网层面主要涉及居民、商业和工业应用和在输电网层面主要涉及公共/区域输电运营商（RTO）应用	IEEE 1547.8，IEC 61850-7-420	2011 年完成
8	配网管理 CIM 模型	PAP 08 将与 PAP 03、PAP 04、PAP 09 或 PAP 10 在需求响应（DR）、价格信号及其他用户侧交互方面通过用例进行合作；并与网络安全工作组开展安全方面的协作	IEC 61968，IEC 6190，IEC 61850	未完成
9	标准 DR 和 DER 信号	需求响应通信覆盖了批发市场和零售市场与公用事业企业和集成商之间的交互，以及各方自身之间、各方与愿意响应电网可靠性或价格信号的终端用户之间的交互	OASIS 能量互操作标准 1.0 版，ZigBee 的 SEP 2.0	2012 年完成

续表

序号	优先行动计划	范围	成果	状态
10	能量使用信息标准	该 PAP 致力于为用能详细信息制定实时交换数据标准	OASIS，IEC 61970/61968，IEC 61850，ANSI C12.19/22，PAP 17/ ASHRAE 的 SPC 201，和 ZigBee 的 SEP 2.0	2012 年完成
11	电力交通的公共对象模型	PAP 11 确保电网有能力支持大规模电动汽车充电并协助推广插电式电动汽车	SAE J1772，SAE J2836/1 和 SAE J2847/1	2011 年完成
12	IEC 61850 对象与 DNP3 的映射	该 PAP 致力于开发利用传统配网协议（DNP3.0）传输选定的智能电网数据及相关服务	IEEE 1815 已通过审核并收录于 2011 年标准目录	未完成
13	IEC61850 对象与 IEEE C37.118 的协调以及精确时间同步	该 PAP 旨在协助、推动有关相量测量和基于 PMU 和 PDC 数据和信息的应用标准的融合	IEEE C37.118.1，IEEE C37.118.2（升级版），IEC 61850-90-5 和 IEEE C37.238。	2012 年完成
14	输电与配电系统模型映射	PAP 14 的工作定义了跨环境标准集成的策略，以支持不同的实时和后台应用	更新 IEC 61850，IEC 61970，IEC 61968，IEEE C37.239，IEEE C37.237 和 MultiSpeak v1-v4	2013 年完成
15	协调用于家用电器设备通信电力线载波标准	本 PAP 旨在制定囊括家电应用普遍特征的互操作规范，以实现产品见的互操作	更新相关的标准，包括 ITU G.Hn（G.9960，G.9961，G.9972），IEEE P1901，系统间协议（ISP）和 ANSI/用户电子联盟（CEA）709.2（Lonworks™）。	未完成
16	风电场通信	PAP 16 的目标是建立风电场通信标准	基于 IEC 61850 制定 IEC 61400-25 风电场通信	2017 完成
17	设施智能电网信息标准	该 PAP 旨在制定数据模型标准，实现用户侧用电设备和控制系统对用电负荷和电源的管理，以响应与智能电网侧的通信	开发 ANSI 核准且不依赖于特定通信协议的智能电网设施信息标准	未完成
18	SEP 1.x 向 SEP 2.0 过渡和共存	该 PAP 致力于辨识实现 SEP 1.X 和 2.0 并行及升级转换的必要条件	编制白皮书总结技术转换的关键问题，并就 SEP 2.0 技术规范所必需的改进，向 ZigBee 联盟提交具体建议书和明确要求	2011 年完成
19	批发市场需求响应通信协议	这项工作的目的是建立一个基于 IEC 公共信息模型（CIM）的批发需求响应通信的信息模型	该 PAP 将建立一个公共批发市场（ISO / RTO）	未完成
20	绿键 ESPI 演变	该 PAP 遵循绿键和 ESPI 的演变，满足了标准制定，测试和认证规范的要求，促进了样本或参考实现和测试框架的建立	PAP 将产生一组可交付成果，以支持对智能电网的关键标准的能源使用信息的可用性，数据用途和来源市场	未完成
21	天气信息	该 PAP 把各行业（包括可再生/DER，配电公司，ISO/RTO 市场和预报员）的投入与用例开发相协调	WMO，IEC，ASHRAE 和其他确定的 SSO 中产生的天气信息双向交换的统一标准	未完成

续表

序号	优先行动计划	范围	成果	状态
22	EV 燃料辅助计量要求	该 PAP 将用于辅助计量的核心需求的编译，因为它们适用于嵌入式，便携式和固定应用的外形尺寸，精度，性能，安全性，数据格式和认证		未完成
23	IEC 61-850，变电站通信网络和系统的测试配置文件	该 PAP 的范围是通过配置文件来解决互操作性-为了实现多厂商互操作性的承诺并降低使用 61850 的系统集成的成本，需要一些附加的约束和定义	具体应用的高级要求定义，支持应用配置文件的具体要求，向 ITCA（例如 UCA）的交接商业测试程序的开发	未完成
24	微电网操作接口	PAP 24 关注面向电网的功能和通信，解决了微电网和更广泛电网与微电网运营、市场以及其他微电网在通信和交互方面的相关需求，检查微电网控制器使用的信息模型和信号的互操作性	微电网控制器的功能用例和交互用例，IEEE P2030.7 被 IEEE 标委会批准	未完成
25	协调财务数据	该 PAP 将支撑用于报告与能源相关项目的财务信息的标准信息模型（GWAC Stack Level 4 语义模型）的开发，用于各种报告和分析工具	建立 XBRL-CET 初始分类法，一种基于开放标准的 XBRL 语义扩展，专门用于建筑，能源和交通，以实现利益相关者之间的互操作性	未完成

目前，SGIP 已经取得了大量的工作成果。通过 PAP，持续开展标准认定和重要标准缺失分析工作，快速定位并解决关键问题，例如 SEP 1.X 向 SEP 2.0 的转化和兼容问题。建立了标准目录，CoS 收纳的标准主要源自 PAP 研究成果，以及通过互操作性审查的现有从业者、集成商和其他利益相关方准入标准。成立项目管理办公室（PMO），一方面负责制定和管理 PAP 的活动周期过程，另一方面负责监督和协调 PAP 工作，起居中调停、把握方向的作用，确保各方紧扣 PAP 目标开展工作，并遵守相关 CoS 流程要求。其开发的 NIST 框架已被联邦能源监管委员会（federal energy regulatory commission，FERC）认为是智能电网标准开发的最佳载体。GreenButton 小组致力于解决信息格式、信息交换、安全和隐私等问题，为 GreenButton 计划提供一个互操作平台。

为解决未来运作资金问题，SGIP 计划开展机制改革，升级为 SGIP 2.0，成为具有严密组织机构、等级制会员制度的独立法人实体，进一步向国际化标准组织转变。2017 年，SGIP 并入了非营利组织智能电力联盟（smart electric power alliance，SEPA），该联盟继续促进采用智能电网框架和随附的标准目录。SEPA 包括 1000 多个成员组织，并得到 NIST 参与和研究的支持，SEPA 将继续在智能电网投资方面提供引导。

3.1.7 结构化信息标准促进组织 OASIS

结构化信息标准促进组织（organization for the advancement of structured information standards，OASIS）是一个推进电子商务标准的发展、融合与采纳的非营利性国际化组织，该组织最初代表用户和产品提供商致力于推动产品互操作性架构的开发以及支持标准广义标记语言（standard generalized markup language，SGML）。

OASIS 成立于 1993 年，1998 年正式更换为 OASIS 开放组织，以表示其在技术领域的工作已经扩展到可扩展标记语言（extensible markup language，XML）及相关标准以外的范围。成立至今，OASIS 已经发展成为由来自 100 多个国家的 600 多家组织、企业、团体、大学、研究院和公司，参与人数超过 5000 人的国际化组织。我国的互联网信息中心、华为技术、北京大学等都加入了该组织。OASIS 的成员分会包括 CGM Open、DCML、LegalXML、PKI 和 UDDI。

OASIS 在软件开发领域具有很强的影响力，该组织提交了著名的 XML 和 Web Services 标准。OASIS 在形成 Web 服务标准的同时，也提出了面向安全、电子商务的标准，同时在针对公众领域和特定应用市场的标准化方面也付出很多努力。OASIS 推动的标准包括访问和身份策略安全，格式控制和数据输入输出内容、目录池、目录和注册表标准，和面向服务架构方法和模型，网络管理和服务质量和互操作性。OASIS 标准通常被当作 WS-*标准，其中 WS 代表 Web 服务，星号被理解为具体标准寻找中的任何一方面。OASIS 开放标准有助于降低成本，推动创新，促进全球市场增长，保护技术的自由选择权。到目前为止，OASIS 的重要工作及进展情况如下：

2011 年 6 月，OASIS IDCloud 技术委员会发布了第一版用例：OASIS Identity in the Cloud TC Use Cases Version 1.0，详细描述了在云计算环境中进行身份部署、配置和管理的具体用例。

2011 年 8 月，高级消息队列协议（advanced message queuing protocol，AMQP）工作组成为 OASIS 国际开放标准联盟的最新成员组。2011 年 10 月，由 OASIS 开放标准联盟召开了 2011 国际云计算研讨会（IICS），重点关注公共部门在部署云计算过程中面临的特有安全挑战，该会议得到了欧盟资助的 Siena 计划、云计算最佳实践网络（the cloud vest practices network）和 NIST 的支持。

OASIS 的发展也推动了能源互联网领域其他标准的制定。美国劳伦斯伯克利国家实验室（lawrence berkeley national laboratory，LBNL）DR 研究中心将 OpenADR 规范的 1.0 版本赠予 OASIS。OASIS 能源互操作技术委员会开发一个标准用以描述一种信息模型和通信模型，该模型能够实现能源、服务定义的协商以及互操作使用。基于 OASIS 的面向服务架构参考模型（SOA-RM）中能源、服务的定义，建立了对应的 OpenADR 标准，考虑到 OASIS 能源互操作（energy interoperation，EI）技术委员会的目标不只是 DR 与分布式能源，它在 EI 1.0 内为一些特殊应用创建配置文件，其中 EI 1.0 是 NIST/SGIP 推荐和支持的关键的跨领域（cross-domain）DR 和市场交易标准。OASIS 组织在美国 LBNL 的 OpenADR 1.0 规范基础上，结合公用事业通信架构（utility communications architecture，UCA）、北美能源标准委员会（north american energy standards board，NAESB）、ISO/RTO 委员会（IRC）等相关机构的输入，制定出 EI 1.0 规范。

OASIS 推动的标准覆盖安全、云计算、面向服务架构、网络服务、能源互联网、应急管理等众多领域，OASIS 为能源互联网的安全、快速发展提供了理论基础，保障了坚强智能电网的建设。

3.1.8 节能和家庭护理网络 ECHONET

节能与家庭护理网络（energy conservation and homecare network，ECHONET）成立于1997 年，其宗旨是通过开发 ECHONET 系统达到家庭中的节约能源和照料家庭的功能。ECHONET 的主要目标是开发标准化的家庭网络标准规格，并应用至家庭能源管理、居家医疗保健等服务上。ECHONET 的家庭网络架构是由 ECHONET 控制装置、ECHONET 路由器、ECHONET 机器设备所构成，采用无线方式或电力线方式连接家中的空调、冰箱、照明器具、传感器及家庭医疗设备的网络。ECHONET 目前发布的标准包括 ECHONET Specification Ver2.11 家庭网关应用及业务，主要实现家庭监控应用。

ECHONET 认为目前家庭网络无法广泛推广的一个原因是在家庭中重新布线的高成本，因此该组织开发的标准体系对于设备的物理互连没有特殊规定，希望可以应用于已存在的家庭布线系统中，并可以广泛地适用于各种设备。ECHONET 致力于在家庭内部对家用电器的直接控制，也包括通过家庭网关对家电的远程控制。目前，ECHONET 发布的规范有 ECHONET Specification Ver1.0 和 ECHONET Specification Ver2.11。ECHONET Specification Ver1.0 和 Ver2.11 规范的内容涵盖通信接口、通信设备、服务中间件、网关以及基本 API 规范等。

ECHONET 具有基本的家庭网络软件和硬件，可用于远程控制或监测家用电器，目的是减少二氧化碳的排放量，同时解决日益复杂的家庭安全和家庭医疗保健问题。ECHONET 对家用电器和家居设备的家庭网络技术进行了进一步研究，并发表了 ECHONET Lite 规范，该规范更容易使用，并且能够与其他协议互通。2011 年，ECHONET Lite 规范被“智能社区联盟国际标准化工作组智能小区标准化研究协会”推荐作为家庭能源管理系统中开放的标准接口。2013 年，该 ECHONET Lite 规范被批准为国际标准。如今，人们越来越期望创造基于“智能住宅”特征的家庭网络，为了满足这些期望，在多样化市场背景下不仅推出基于 ECHONET 标准的产品和服务，智能城市和社区相关的项目也在全球范围内传播；更进一步推进 ECHONET 作为国际标准的扩展，其与相关机构的合作，以及日本等国家对促进智能小区试点建设开展的项目；为加强 ECHONET 兼容设备的发展提供支持，对标准进行升级从而与新技术和符合 ECHONET 规范的家电的增长保持同步。由早稻田大学研究生院教授林泰弘担任主席、旨在实现家庭能源管理系统（HEMS）标准化的日本智能住宅标准化研讨会发表了中期报告，推荐自由度较高的 ECHONET Lite 作为标准接口。ECHONET Lite 是用于新一代家庭网络的通信标准，由日本各大电子设备及家电企业以及东京电力等参加的 ECHONET 协会（ECHONET Consortium）进行管理和开发，其特点是：选择传输媒体的自由度较高，允许与多种设备及网络标准的相互兼容。

2014 年 4 月，新成立的 ECHONET 协会，旨在解决各种社会请求来扩大其活动领域。ECHONET 标准的制定为能源互联网中用户侧工作的开展提供了可靠的理论支撑。居民用户作为能源互联网参与用户中重要的一方，ECHONET 协会对其用电行为以及家用负荷控制方式进行研究，减少不合理用电，加快能源互联网的建设。

3.1.9　汽车工程师学会 SAE

美国汽车工程师学会（Society of Automotive Engineers，SAE），成立于 1902 年，是美国及世界汽车工业（包括航空和海洋）有重要影响的学术团体，也是世界上汽车、海洋和航空/航天运输机械技术信息的资源之一。每年都推出大量的标准资料、技术报告、参数（工具）书籍和特别出版物，建有庞大的数据库。

SAE 最早成立于 1902 年，当时名称为美国汽车工程师协会。1910 年，SAE 接管了特许汽车制造商协会（Association of Licensed Automobile，ALAM）的机械分部的技术数据编制工作，成为美国汽车工业的专业标准委员会。1916 年，SAE 又与美国航空工程师学会（American Society of Aeronautical Engineers，ASAE）和拖拉机工程师学会（Society of Tractor Engineers，STE）合并。不久，全国内燃机与船舶制造商协会和全国燃气轮机协会将其工程与标准化工作并入 SAE。1917 年 2 月，SAE 正式定名为美国汽车工程师协会。目前，SAE 的标准化工作，除汽车制造业外，还包括飞机、航空系统、航空器、农用拖拉机、运土机械、筑路机械以及其他制造工业用的内燃机等。

SAE 所制定的标准不仅在美国国内被广泛采用，而且成为国际上许多国家工业部门和政府机构在编制标准时的依据，为国际上许多机动车辆技术团体广泛采用，美国及其他许多国家在制定其汽车技术法规时，也在许多技术内容或环节上常常引用 SAE 标准，成为国际上最著名的标准体系。同时，在 ANSI 的支持和领导下，SAE 协会代表美国汽车工业界积极参加 ISO TC 22 道路车辆技术委员会的工作。

SAE 标准委员会制定了各种材料、润滑剂、配件、紧固件和元件的标准。目前，SAE 标准委员会制定的标准覆盖汽车制造和维修的每一个领域。从简单扳手到电子诊断和编程仪器，各种参数由 SAE 的标准引导。SAE 在汽车领域拥有世界上最庞大、最完善的标准体系，目前标准总数已达到 1743 项，包括与汽车有关的可靠性、维修性、保障性标准。SAE 电动汽车汽车标准由地面车辆标准委员会负责，其中，负责电动汽车标准制定的委员会主要为混合式-电动汽车委员会。截至 2018 年 4 月底，SAE 在车辆充电、电池与储能系统、电气系统、通信系统、智能电网、电磁兼容性、连接器和端子、能源消耗充电站、测试与传感、术语等方面制定的标准达 44 项。

预计到 2030 年，中国汽车的能源消费将达到 2.5 亿～3.0 亿吨石油当量，占石油消费的比例将上升到 40%左右。另外，以燃油汽车排放为代表的主要污染源已严重威胁着我国大中城市的空气质量。发展新能源汽车，尤其是电动汽车已经是大势所趋，SAE 标准的对于规范电动汽车的发展起到了重要的作用。

能源互联网的建设正在蓬勃兴起和发展，而与此同时，电动汽车的大规模推广和运行与其不期而遇。依托于汽车工程师学会 SAE，使得电动汽车的服务和运营与能源互联网的建设与运行完美地结合起来，开创能源互联网未来的发展愿景。电动汽车肩负着我国产业升级、民族汽车制造业整体水平提高的使命，更被寄予减缓能源危机、降低城市污染问题的希望。新型电力系统作为电动汽车能量的主要来源，对未来电动汽车的市场推广以及电力系统自身业务范围的拓展有着重要的意义。

3.2 标准体系及标准化工作

3.2.1 智能电网技术标准体系

可再生能源、储能系统、微电网与分布式电源等一系列创新性的探索和实践表明，智能电网技术能够满足安全稳定运行需求，增强电网与用户友好互动，提高能源效率和效益，是实现低碳电力的基础和前提，已经成为当今世界电网发展的新趋势、新方向。

2010 年，国家电网公司制定并发布了《坚强智能电网技术标准体系规划》。该标准体系由 8 个专业分支、26 个技术领域、92 个标准系列和若干具体标准构成，是一个具备系统性、逻辑性和开放性的层级结构。同时，为加快智能电网试点工程建设，国家电网公司选取了部分与智能电网建设密切相关、系统性强、涉及面广、相对重要的 22 项标准作为首批推荐的核心标准。受国家能源局委托，中国电力企业联合会联合电工行业，开展了中国智能电网标准体系研究，在国家电网有限公司智能电网标准体系的基础上，形成了国家级的智能电网标准体系。2019 年，国家电网有限公司启动智能电网技术标准体系修编工作，对原有标准体系进行升级，同时梳理新的标准化需求，确定重点行动计划。截至 2020 年年底，国家电网有限公司在国内已发布智能电网相关企业标准 942 项，参与编制的国家标准 182 项及行业标准 375 项。

在 2010 版标准体系架构的基础上，新版智能电网标准体系对原有的专业分支进行了调整和优化，对技术领域进行了扩充，对标准系列进行了补充和完善。标准体系的构建原则主要包括继承性、创新性和实用性。

智能电网技术标准体系采用由“8 个专业方向、36 个技术领域、134 个标准系列和若干项具体标准”构成的总体架构，具备继承性、扩展性和实用性，如图 3-2 所示，具体分为 4 个层级。

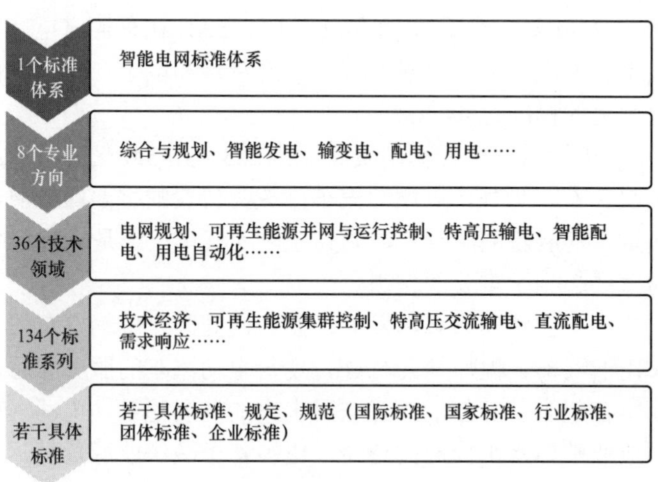

图 3-2　新版智能电网技术标准体系层次结构

第 1 层级是专业方向，包括综合与规划、智能发电等 8 个方向；第 2 层级是技术领域，在考虑能源电力生产消费全环节以及现有工程实践和实际应用的基础上，聚焦智能电网关键技术发展方向，覆盖满足智能电网研究与建设需求的 36 个技术领域；第 3 层级是标准系列，基于各领域技术的发展现状和智能电网发展需要，充分考虑相关技术的未来趋势，提出 134 个标准系列；第 4 层是具体标准，包括各知名标准组织、研究机构已发布和在编的相关可继承的技术标准，以及结合智能电网发展需要制、修订的技术标准。具体标准将持续动态更新和完善。

智能电网依然处于快速发展阶段，既需要快速跟进的政策和标准支撑，也需要社会团体支持，因此，团体标准在整个体系中有着特殊、重要的作用。智能电网技术标准体系框架如图 3-3 所示。

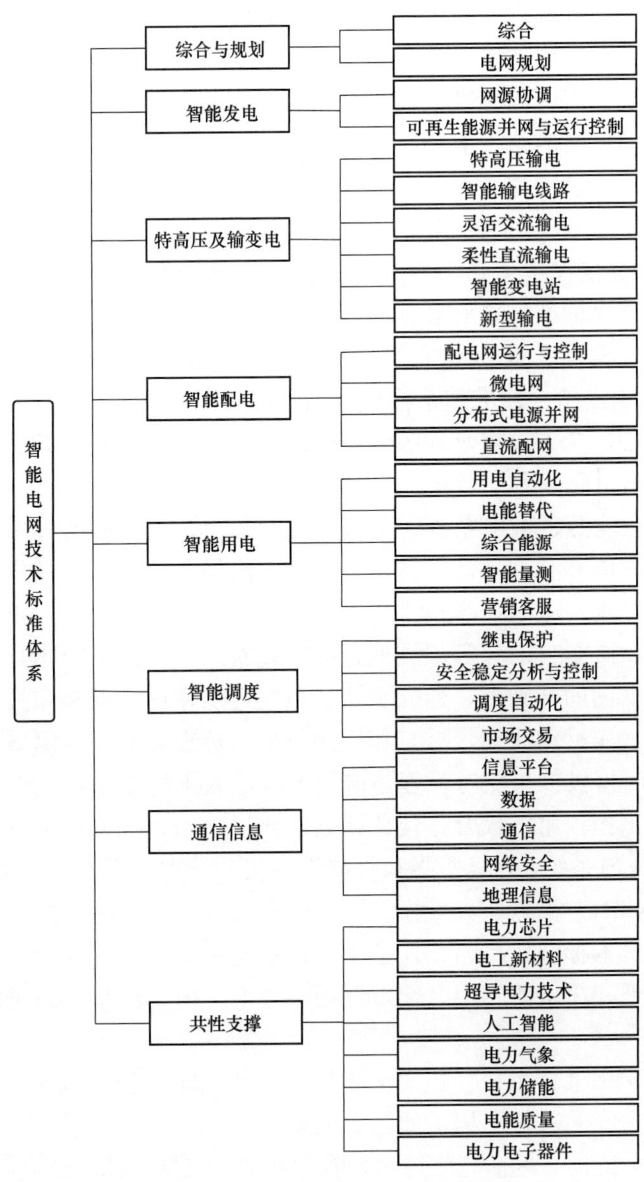

图 3-3　智能电网技术标准体系框架

近年来国家电网有限公司通过完善创新体系、加强自主创新，积极参与 IEC、IEEE 等国际标准组织的标准化活动，大力促进自主创新成果与国际标准深度融合，在标准国际化方面取得丰硕成果。截至 2020 年底，国家电网有限公司主导发起 IEC 国际标准 55 项，IEEE 国际标准 27 项，ISO 国际标准 1 项，主导编制并发布 IEC 标准 36 项、IEEE 标准 10 项。

3.2.2 能源互联网技术标准体系

能源互联网是以电为中心，以坚强智能电网为基础平台，将先进信息通信技术、控制技术与先进能源技术深度融合应用，支撑能源电力清洁低碳转型、能源综合利用效率优化和多元主体灵活便捷接入，具有清洁低碳、安全可靠、泛在互联、高效互动、智能开发特征的智慧能源系统。能源互联网技术既包含了能源的生产、传输、分配和消费，也包含了信息的采集、处理、存储和加工。

标准体系是一定范围内的标准按其内在联系形成的科学有机整体。作为能源互联网建设的顶层设计，标准体系的建设兼顾全局规划和动态行动计划。能源互联网标准体系以基础通用、能源网架、信息支撑、价值创造 4 个专业方向确定技术领域或子领域。

国家电网公司于 2009 年启动坚强智能电网建设，2010 年发布《坚强智能电网技术标准体系规划》；为适应能源电力转型发展新需求，于 2019 年 3 月启动智能电网标准体系修编工作。智能电网技术标准体系对规范和指导电网规划设计、关键技术研发、试点工程应用、电工电气设备输出等方面工作，促进智能电网相关新兴产业有序健康发展都发挥了关键性的作用。2020 年，结合标准体系构建原则，以《国家电网能源互联网技术研究框架》为指导，以电为中心，全方位继承和吸纳智能电网技术标准体系的既有成果，构建系统完整、协调优化、兼容并蓄、易于扩展的能源互联网技术标准体系。

IEC 重点在智慧能源、供电系统、可再生能源并网、电力网络管理、光伏系统、风能系统、海洋能、潮汐能和其他水流能转换设备、太阳能光热电厂、储电系统、电力系统管理和相关信息交换技术、电磁兼容技术等领域开展标准布局； IEEE 重点在计算技术、通信技术、控制技术、汽车自动化等领域展开标准化布局工作；美国 NIST 在建立智能电网概念参考模型及其框图的基础上，建立了智能电网互操作标准框架和技术路线图，根据互操作标准需求制定优先行动计划，重点在用例分析、标准互操作性测试、信息安全等领域展开标准布局；ISO 积极参与能源管理与能源节约、太阳能技术、天然气技术、信息技术等方面标准制修订工作；第三代合作伙伴计划（3rd Generation Partnership Project，3GPP）在无线接入网、业务与系统、有线网络和终端设备相关技术全力推进标准一体化布局工作；欧洲标准化组织（CEN）重点在大规模发电、分布式能源、输电、配电、市场、运行等领域展开标准布局；日本标准化战略工作组主要在输电系统广域监视控制系统、电力系统用蓄电池、配电网管理、需求侧响应、需求侧用蓄电池、电动汽车、先进测量装置等领域布局相关标准 16 项。

能源互联网技术标准体系采用由“4 个专业方向、21 个技术领域、145 个标准系列、若干项具体标准”构成的总体架构，如图 3-4 所示。

第一层级是专业方向。包括基础通用、能源网架、信息支撑、价值创造 4 大专业方向；第二层级是技术领域。在考虑能源电力生产消费全环节以及现有工程实践和实际应用的基础上，聚焦能源互联网关键技术发展方向，覆盖满足能源互联网研究与建设需求的 21 个技术领域；第三层级是标准系列。基于各领域技术的发展现状和能源互联网发展需要，充分考虑相关技术的未来趋势，提出 145 个标准系列；第四层是具体标准。包括各知名标准组织、研究机构已发布和在编的相关可继承的技术标准，以及结合能源互联网发展需要制、修订的技术标准。具体标准将持续动态更新和完善。

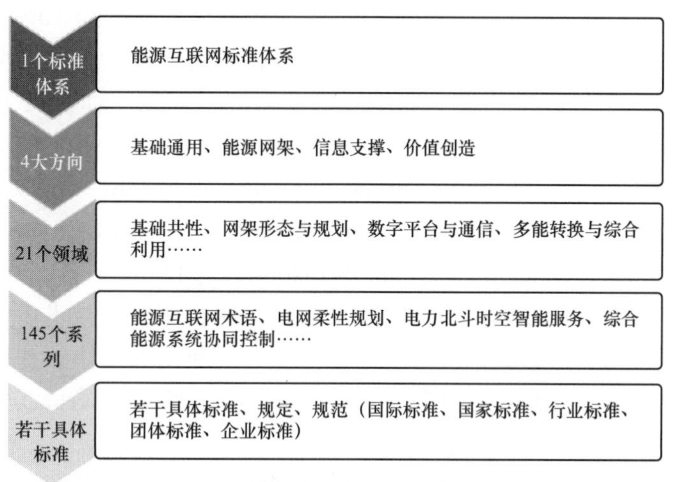

图 3-4　能源互联网技术标准体系层次结构

在遵循“系统性、协调性、开放性、扩展性”的设计原则及“纵向贯通”“横向协同”“横纵结合”的研究思路基础上，构建能源互联网技术标准体系框架，如图 3-5 所示。

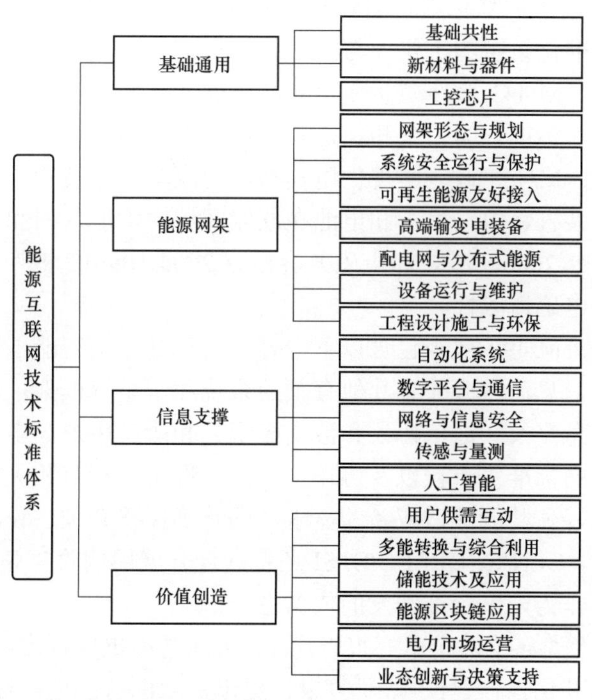

图 3-5　能源互联网技术标准体系框架

能源互联网技术标准体系能够有效推进能源互联网建设和发展中的标准化工作，规划能源互联网业务范围内各专业、各领域标准应用的全貌，明确标准化工作的方向和目标，指导能源互联网技术标准制定，促进能源标准国际合作以及能源互联网技术的发展和应用。

3.2.3 欧洲智能电网标准化工作

在智能电网领域，欧盟的目标是，减少 9%的 CO_2 排放，节约 10%的家用能耗，同时还要大力推广光伏和风电等可再生能源，以应对气候变化，进行能源转型。为了达到上述目标，欧盟高度重视相关标准的制定和推广。欧盟的智能电网标准化工作主要由欧盟标准化联盟组织（European Standardization Organizations，ESOs）负责推动，联盟组织的主要成员有欧洲标准化委员会（Comité Européen de Normalisation，CEN）、欧洲电工委员会（European Committee for Electrotechnical Standardization，CENELEC）和欧洲电信标准化委员会（European Telecommunications Standards Institute，ETSI）。

2011 年，欧盟委员会向 ESOs 下达了具体任务：①提出一套技术参考架构，兼容智能电网的主要域和相关系统；②提出一套支持信息交互（包括通信协议和数据模型）和整合所有运营商的一致性标准；③可持续的标准化进程和协作工具，确保互操作性；④确保信息安全和隐私。

为了完成上述任务，ESOs 根据欧盟委员的政令成立了若干标准工作组，对应于 M/441 政令的智能电能表工作组，对应于 M/468 政令的电动交通工作组，对应于 M/490 政令的智能电网标准体系工作组。同时，ESOs 还成立了智能电网协调组（smart grid coordination group，SGCG），负责协调上述标准工作组的工作，以确保标准的一致性。根据欧盟委员会的要求，SGCG 提出了标准化项目清单和优先项，以及标准化工作方案。同时，SGCG 还参与国际和区域标准化组织的工作，与 IEC 以及美国标准化组织建立了合作关系。

（1）M/441 政令。M/441 政令负责制定智能电能表互操作解决方案，提出针对智能电能表功能和接口的技术标准。为公平和保持开放性起见，不推荐任何特定的架构或技术。

（2）M/468 政令。M/468 政令实现供电端与电动汽车充电装置、电池之间的互操作，确保任何型号的充电装置、电动汽车和电池在欧盟区域内均能入网和互操作；开展智能充电研究；在低电压指令 2006/95/EC 和电磁兼容指令 2004/108/EC 框架下，考虑电动汽车充电装置的安全风险和电磁适应性。

（3）M/490 政令。M/490 政令包含以下内容：①建立一个智能电网技术参考架构，能够体现主要域之间的信息流，并兼容其他有关的系统和子系统框架；②制定内部统一的系列标准，能够支持信息交换（通信协议和数据模型）和所有用户与电力系统控制的融合；③开发可持续化发展的标准化流程以及协作工具，实现不同利益相关方之间的互动；通过缺失分析和迭代优化，使其能够适应新的需求，同时确保符合顶层设计等。作为构建可持续发展流程的一部分，CEN/CENELEC/ETSI 还将联合开展用例收集整理工作，并将用例与现有标准进行映射，作为未来标准开发的依据之一。

目前，SGCG 已经发布了两个研究报告，分别是《智能电网标准联合工作组最终报告》和《欧洲智能电网标准化推荐建议》，研究报告提出了欧洲智能电网标准化工作建议。

为了使电网能够与家庭和建筑电子系统（home and building electronic system，HBES）

进行互操作，CENELEC 的若干技术委员会正在协调开展工作，其中，TC57 WG21 负责智能电网用户接口的电网侧；TC205 负责智能电网连接到 HBES；TC59 负责用户侧设备，比如洗衣机、冰箱等。标准的建立确保了来自不同制造商的设备之间能够进行互操作。

欧洲标准 EN 50160、EN 50438 和 EN 50439 提供了微型发电机并网的要求。欧洲委员会指定 ENTSO-E（欧洲输电系统运营商网络）起草了 2012 年及以后的网络法规，其中包括适用于所有发电机的并网要求。欧盟开展了一系列制定统一的分布式能源并网要求和标准的活动。欧洲标准化组织 CEN/CENELEC 则通过技术委员会 TC8X（CLC/TC8C）进行其工作。

3.2.4　美国智能电网标准化工作

美国智能电网标准化工作的方针是：政府主导、广泛参与、重点推进。

从 2003 年开始，美国陆续出台了一系列规划、经济法案和输电规划路线图，为智能电网的发展提供了政策和法律支持。美国能源部建立了一个专门致力于智能电网领域研究的咨询委员会（smart grid-advisory committee），用于为政策制定提供咨询建议。

2007 年美国国会通过了《2007 能源独立与安全法案》（EISA2007）。该法案授权 NIST 协调和管理美国的智能电网标准体系研究和建设，其职责是协调智能电网利益相关方共同研究和制定智能电网技术标准，以实现智能电网和系统的互操作。

2010 年 1 月，NIST 发布了《NIST 智能电网互操作性标准：框架和路线图》1.0 版，绘制了智能电网的概念性参考模型，涵盖大规模发电、输电、配电、用户、运营、市场和服务提供商 7 个领域。2011 年发布的 2.0 版补充了智能电网体系、信息安全、测试与认证等内容，为美国智能电网标准体系建设打下了坚实的基础。2013 年发布的 3.0 版中提出了完善后的概念模型。2018 年底 NIST 改进的 R4.0 版本的概念模型反映了整个电网中的这些变化并探讨了其对系统互操作性要求的相关影响，如图 3-6 所示。

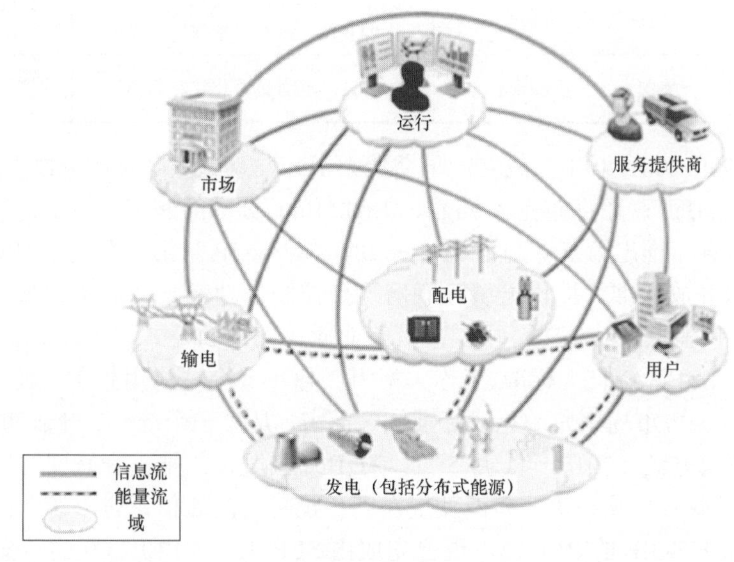

图 3-6　智能电网概念模型（路线图 4.0 版）

由 NIST 发起成立的 SGIP 为智能电网利益相关方制定统一的技术标准提供了一个开放的平台。目前，SGIP 已经成为世界上最大的标准开发协作组织，通过与标准组织、工业联盟、制造商、用户组织等利益相关方的合作，已经在参考架构模型、政策制定、安全与隐私、测试和认证等方面取得重大成果。其中，SGIP 制定 PAP 在智能电网优先领域重点标准研究和制定方面发挥了巨大作用。

美国智能电网标准主要来自三类组织：①标准制定组织（Standards Developing Organization，SDO）；②工业联盟或工业协会；③用户组织。

美国认可的与电力工业相关的标准制定组织主要有 IEC、ISO、国际电信联盟电信标准分局（ITU-T for ITU Telecommunication Standardization Sector，ITU-T）、ANSI、IEEE 和德国标准化学会（Deutsches Institut für Normung，DIN）。美国在 PAP 中，重点关注被世界各国广泛接受的国际标准，特别把 IEC 的信息交换、ITU 的通信、IEEE 的储能和时间同步等列为美国智能电网核心标准。

美国工业联盟和学术组织是智能电网标准领域不可忽视的标准化力量。SGIP 吸收了美国的相关联盟和学术组织，他们在 PAP 中发挥了积极的作用。美国工业联盟和学术组织编写标准的情况见表 3-5。

表 3-5　　美国工业联盟和学术组织编写标准

缩写	机构名称	参与的 PAP	标准成果
ZigBee	ZigBee 联盟	PAP 09：标准 DR 和 DER PAP 18：1.x 向 SEP 2.0 的转变	SEP 3.0
OpenADR	开放式自动需求响应	PAP 09：标准 DR 和 DER	OpenADR 2.0
OASIS	结构化信息标准组织联盟	PAP 03：通用价格通信模型 PAP 04：通用计划通信机制 PAP 09：标准 DR 和 DER PAP 10：标准能量使用信息	OASIS EMIX WS-Calendar OASIS EI 1.0
ANSI	美国国家标准协会	PAP 05：标准电能表数据配置规范 PAP 10：标准能量使用信息	ANSI C12.18/19，21.22 ANSI C12.19/22
SAE	美国汽车工程师学会	PAP 11：电动交通公共对象模型	SAE J1772，J2836/1，J2847-1

ZigBee 联盟于 2001 年 8 月成立，早期致力于开发家庭低功耗的无线通信标准，2012 年 4 月 18 日，ZigBee 联盟宣布完成 ZigBee Light Link 标准的制定和认证；2013 年 3 月 28 日，ZigBee 联盟宣布推出第三套规范 ZigBee IP，ZigBee IP 是第一个基于 IPv6 的全无线网状网解决方案的开放标准，提供无缝互联网连接控制低功耗、低成本设备；2016 年 5 月 12 日，ZigBee 联盟联合 ZigBee 中国成员组面向亚洲市场正式推出最 ZigBee 3.0 标准。ZigBee 3.0 基于 IEEE 802.15.4 标准、工作频率为 2.4 GHz（全球通用频率）、使用 ZigBee PRO 网络，由 ZigBee 联盟市场领先的无线标准统一而来，是第一个统一、开放和完整的无线物联网产品开发解决方案。2017 年 1 月 5 日，ZigBee 联盟正式推出物联网通用语言 Dotdot，适用于整个 IoT 网络上，这种语言将改变现在多种设备之间通信语言不统一的现状。ZigBee 联盟通过美国加入 SGIP 的 PAP 18，现已完成由 SEP 1.x 向 SEP 3.0 的转变，ZigBee 3.0 从物理层延伸到应用层，包括面向日益增多的细分市场的互操作性认证和品牌建设，覆盖

了最广泛的设备类型，包括家庭自动化、照明、能源管理、智能家电、安全装置、传感器和医疗保健监控产品。

OpenADR 最早由美国 LBNL 研究开发，最初用于支持加州能源政策项目，利用动态电价改善电网的经济性和稳定性。2012 年，OpenADR 2.0a 作为美国的国家标准发布；2014 年，IEC 批准 OpenADR 2.0 作为公共可用规范并列入 SGIP 的标准目录。OASIS 联盟于 1993 年成立。OASIS 的 3 个智能电网系列标准：能源市场信息交换（energy market information exchange，EMIX），时间日历信息（ws-calendar）和能源互操作 EI 已经列入 SGIP 的 PAP。

ANSI 成立于 1918 年。ANSI 现有工业学、协会等团体会员约 200 个，公司（企业）会员约 1400 个。ANSI 的经费来源于会费和标准资料销售收入，无政府基金。ANSI 下设电工、建筑、日用品、制图、材料试验等各种技术委员会。ANSI 是非营利性质的民间标准化团体，但事实上已成为美国标准管理中心，它本身不制定标准，主要负责美国标准的审查、批准、发布和管理。ANSI 对专业机构、工业组织、企业联盟、ANSI 技术委员会等制定的标准进行管理。同时，ANSI 技术委员会也对具有普遍意义、成熟的标准进行审核，通过后的标准可提升为美国国家标准，并被授予 ANSI 代号和分类号。ANSI 参与了 SGIP 的 PAP 05 和 PAP 10 的工作。

美国电气制造商协会（National Electrical Manufactures Association，NEMA）于 1926 年成立。NEMA 由美国 560 家主要电气制造厂商组成，主要由发电、输电、配电和电力应用的各种设备和装置的制造商组成，制定标准的目的是消除电气产品制造商和用户之间的误解并且规定这些产品应用的安全性。NEMA 还代表 AHSI，参加 IEC 并主持几个委员会。参与了 SGIP 的 PAP 0 电能表升级标准的工作。

NAESB 是一个促进标准开发的工业论坛，旨在为天然气和电力的批发和零售提供了一个无缝的大市场，并已获得用户、商业团体、参与者及监管机构的认可。NAESB 目前参与了 SGIP 的 PAP 04 计划通信机制标准的制定。

SAE 所制定的标准具有权威性，广泛地为汽车行业及其他行业所采用，并有相当部分被采用为美国国家标准。目前 SAE 已拥有 97 个国家的超过 84000 成员，每年新增或修订 600 余个汽车方面及航天航空工程方面的标准类文件。SAE 参与了 SGIP 的 PAP 11 电动交通公共对象模型的标准制定。

美国采暖、制冷与空调工程师学会（American Society of Heating Refrigerating and Airconditioning Engineers，ASHRAE）是一个拥有 50000 多个会员，分会遍及全球的国际性组织。ASHRAE 提供标准、准则、继续教育和出版物，促进加热、通风、空调和制冷方面的科学技术的发展。ASHRAE 是 ISO 指定的唯一负责制冷、空调方面的国际标准认证组织。目前，ASHRAE 标准已被所有国家的制冷设备标准制定机构和制冷设备制造商所采用。2012 年，ASHRAE 发布了设施智能电网信息模型（Facility Smart Grid Information Model，FSGIM），该模型定义了一套全面的数据对象集和行动集，支持广泛的能量管理应用及电力服务提供商交互。

3.2.5　加拿大智能电网标准化工作

加拿大非常重视智能电网标准的制定，其标准活动主要由加拿大标准委员会（Standards

Council of Canada，SCC）主导，并且与 IEC 加拿大国家委员会合作，通过委派专家参与 IEC SG3 和 IEC TC57 的工作。为了验证智能电网技术和标准，加拿大还开展了若干示范工程。

由于政治原因，加拿大的联邦政府和各省政府之间保持一定的独立性，在开展智能电网标准活动时需要加以协调，以确保互操作性。为此，SCC、IEC 加拿大国家委员会鼓励各省和地方在制定智能电网方案和商业计划时，要保证系统从专利技术向开放标准转移，从现有架构向加拿大智能电网参考架构转移。

加拿大智能电网标准路线图于 2012 年 10 月 16 日发布，由 SCC 主要负责。该路线图是由 CanmetENERGY 和 Electro-Federation Canada 联合主持的智能电网技术与标准工作组两年的广泛工作成果。该工作组包括关键公用事业，设备制造商，监管机构和联邦部门。该文件概述了智能电网技术发展前沿的建议，因为标准化对于确保高效，有效的智能电网的发展至关重要。

该路线图概述了智能电网技术发展前沿的建议，其涵盖的领域包括：①智能电网政策，立法和监管考虑因素；②隐私和安全要求；③输配电标准；④计量系统标准。

加拿大的智能电网标准活动主要围绕加拿大的核心能源政策目标来开展，即可靠性、充足性和环境绩效。①可靠性：可靠性指通过 AMI 了解系统的实时状况，尽可能避免非计划停电，减少停电时间，这就需要各个子系统之间相互配合以及标准的支撑。②充足性：充足性指为满足用户的负荷需求，电力系统应具备充足的基础设施，包括可再生能源的使用，并且通过需求侧管理保证电力资产得到充分利用。③环境绩效：环境绩效指智能电网应允许用户购买或利用清洁能源，并管理自身的能源消费，为改善环境性能做出贡献。

智能电网技术和标准特别小组下设三个工作组。其中，WG1 致力于 AMI 相关系统（如智能电能表）、用户网络、电动汽车（储能装置）、用户接口；WG2 致力于输电和配电标准；WG3 致力于智能电网的隐私和安全问题。

（1）WG1 的工作。加拿大的 AMI 包括电能表、电网与用户之间的通信系统、计量前端系统、电力企业的计量和数据管理系统，应用的标准有 ANSI C12、IEEE 1317、IEEE 170x 等。目前，加拿大的电力公司正在制定 AMI 一致性测试规范、部署管理指南和认证要求，并且建立了北美终端装置注册管理局，提出了电能表通信和支持企业网络互操作导则 2.0。加拿大的 AMI 逻辑架构如图 3-7 所示。

从逻辑的角度，AMI 包括用户域设施网络（facility area network，FAN）和个人网络（personal area network，PAN）两部分。从通信的角度，AMI 分为 3 个区域：①电力公司拥有和控制的可信 FAN 区域；②用户控制的可信的 PAN；③用户控制和非可信 PAN。通过分区，明确了彼此之间的接口需求、安全和隐私需求、互操作需求等，同时也使运营成本降低。

（2）WG2 的工作。WG2 的工作是在输配电领域，智能电网技术和标准特别小组遵从 IEC TC57 的核心架构（IEC 62357-1），但也有所扩展。

在能源市场的通信，加拿大的专家没有直接参与 IEC 62357 的制定，但参与了 NAESB 的几个技术委员会的工作，正在开发批发和零售电力市场标准。下一步，NAESB 将与 IEC TC57 WG16 协调，共同为北美批发市场开发 IEC 62325-356 配置文件。

在控制中心（EMS）的通信，加拿大采用公共信息模型（CIM），遵循 IEC 61970、IEC 61968、IEC 62325 等标准。在控制中心与现场设备之间的通信，加拿大采用 IEC 61850 来接入变电站和现场设备数据，与 EMS 交换数据仍然采用 IEC 61970。至于 IEC 61970 与 IEC 61850 模型之间的差异，正是目前要解决的问题。

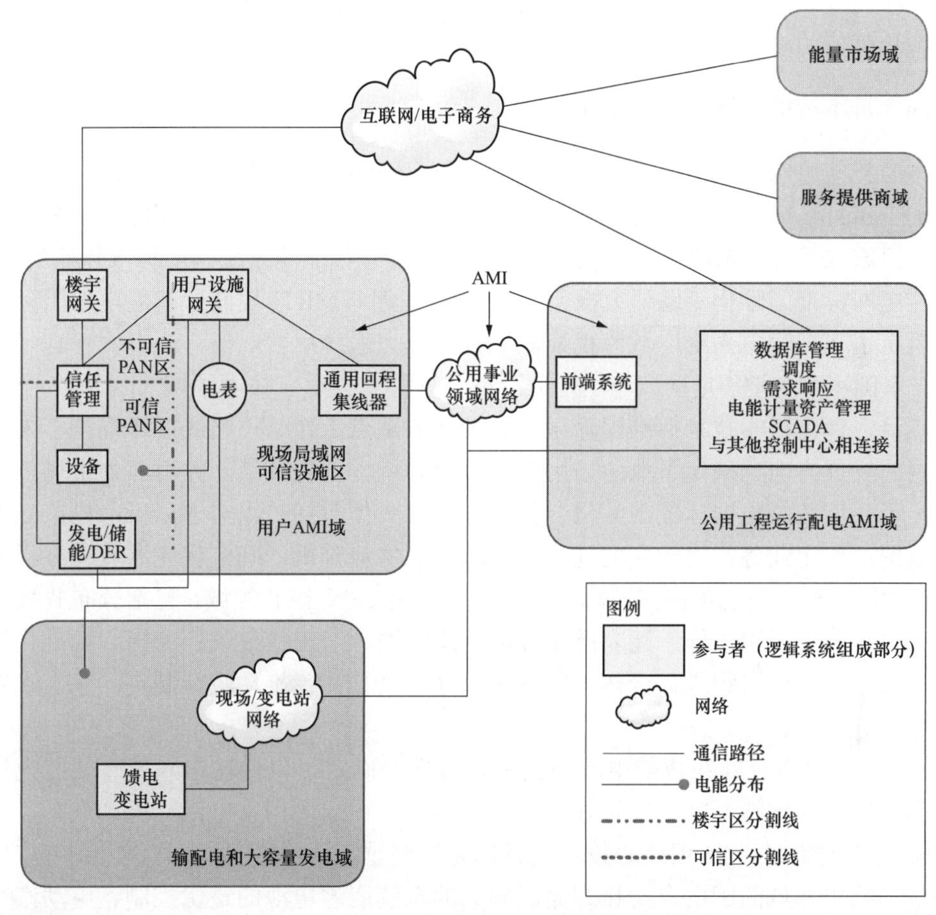

图 3-7　加拿大的 AMI 逻辑架构

在变电站和配电自动化的现场设备通信，加拿大采用 2 个标准，即 IEC 61850 和 IEEE 1815 分布式网络协议（DNP 3.0）。目前，IEC 61850 还在向一些新的领域扩展，包括分布式能源集成（IEC 61850-7-420）、馈线自动化和高级配电管理系统、电力消费者的集成（电动汽车充电站、家庭、楼宇和工厂）。其中，IEC 61850-7-4xx（高级配电自动化）已经确定的应用领域有需求响应、电压与无功管理、故障检测与隔离、馈线重构、控制可调度分布式发电单元等。未来，随着信息通信的发展，现场设备之间的通信将可能是对等通信。

在通信基础设施方面，加拿大选择全球微波接入互操作性（world interoperability for microwave access，WiMAX）作为本地的接入技术，以满足高带宽、低延时的要求。加拿大确定电力专用频谱为 1.8G（1800～1830MHz）。

（3）WG3 的工作。智能电网的隐私原则包括 4 个方面：能源服务接口、家庭网络（home

area network，HAN)、第三方接入用户和电力公司数据、跨领域安全标准。

智能电网出现隐私问题的主要领域是能源服务接口，涉及电网、用户和第三方之间的信息交互所产生的隐私，毫无疑问，HAN 应当以安全和隐私的方式连接到电网。有时，第三方数据接入服务是必不可少的，它可以接入用户数据，或者代表用户接入电力公司的数据，这就涉及隐私问题。要保证智能电网跨领域数据的机密性和完整性，就必须有安全标准的支持和可信的安全环境。

3.2.6 日本智能电网标准化工作

日本的智能电网建设主要由政府主导，具体由经济贸易产业省（Ministry of Economy Trade and Industry，METI）统筹和指导。METI 为推进智能电网国际标准的开发，于 2009 年 8 月专门成立了专家战略咨询委员会，即“关于下一代能源系统国际标准化研究会”，发表了智能电网标准国际化专题研究报告。2010 年 1 月，METI 发布了智能电网国际标准路线图，确定了包括输电系统广域监视控制系统、电力系统用蓄电池、配电网管理、需求侧响应、需求侧用蓄电池、电动汽车、先进测量装置等 7 大重点技术领域，以及 26 个重大技术攻关项目，作为日本技术标准国际化发展策略的重点工作。该路线图还描绘了未来日本智能电网的发展方向，确定了业务、用例、关键系统、优先领域，并对海外市场做出了分析，提出了开展智能电网标准国际化合作的策略。具体包括：①需求分析：描绘面向未来的宏伟蓝图；确定业务、用例和关键系统；通过优劣势分析，确定优先领域；分析海外市场。②路线图：检讨智能电网国际标准化战略；确定 26 个核心领域，包括分布式发电的控制设备、电动汽车充电设施；建立国际标准化路线图。③工作建议：为国际标准化活动做贡献；与国际标准化组织进行合作，如 NIST、CENELEC；推动政策制定；建立私有企业的智能电网建设财团。

METI 根据日本企业在智能电网的技术先进性，确定了包括输电系统广域监视控制系统、电力系统用蓄电池、配电网管理、需求侧响应、需求侧用蓄电池、电动汽车、先进测量装置等 7 个领域中的 26 项核心技术项目作为发展重点，如输电领域的输电系统广域监视控制系统、配电领域的配电自动化、储能领域的系统用蓄电池的最优控制、电动汽车领域的快速充电等，并建立了相应的国际标准化路线图。

除了 METI，日本的民间社团—智能社区联盟（Japan Smart Community Alliance，JSCA）也比较活跃。JSCA 成立于 2010 年，主要侧重智能电网、智能交通与智能社区生活相关的标准制定，吸引了很多组织和著名企业参与，其成员包括各类公私营部门和组织组成，包括公共服务公司、高校和地方城市政府。2015 年，JSCA 发布《智能社区-日本经验》手册，简要介绍了智能社区的定义、相关技术以及日本 4 个具有代表性的智能社区项目开展情况，最后针对智能电网下智能社区的发展，提出了 JSCA 参与相关国际标准化工作的策略方针。截至 2017 年，共有成员 257 家单位。JSCA 下设 4 个工作组，分别是国际战略工作组、国际标准化工作组、路线图工作组、智能住宅工作组。新能源产业技术综合研究机构（New Energy and Industrial Technology Development Organization，NEDO）承担联盟秘书处工作。

日本高度重视参与国际标准化组织的工作，并积极争取以日本为主导设立技术委员会。

例如，东芝和日立制作所向 IEC 提议设立关于储能系统的标准化技术委员会，IEC TC120 储能技术标委会已经于 2012 年获批，从而使日本在这个领域的优势向全球扩张。在大部分技术领域，日本采取国际标准跟随策略，通过参与国际标准组织的活动，充分了解国际标准制定趋势和动态，推动日本国内智能电网技术标准的研究和创新，促进电动汽车储能电池、智能楼宇家居、太阳能发电等日本优势智能电网产品的出口，带动日本智能电网产业发展，为日本的能源可持续发展提供标准支撑。

3.2.7 澳大利亚智能电网标准化工作

澳大利亚智能电网标准化工作主要由澳大利亚标准化委员会负责管理和协调。

作为一个矿产资源和农业大国，澳大利亚在采用国际标准方面，始终作为跟随者和应用者，其标准路线就是跟踪 IEC 和 NIST 等智能电网最新标准，结合澳大利亚的商业化需求，对照 IEC 和 NIST 的研究成果，梳理本国标准与国际标准的差距，为澳大利亚的智能电网建设和运营提供标准支撑。澳大利亚目前主要关心的问题是如何将现有的国际标准应用于在本国，以满足澳大利亚智能电网商业化的需要。

澳大利亚智能电网为了实现近期商业化的标准化需求，在标准化工作中，采取的方法和思路与 IEC 及 NIST 也是不同的。IEC 和 NIST 是对每一项技术的标准差距进行分析，但没有对如何实现近期商业化需要设立导则。澳大利亚认为要促进商业化，还需要提出不同经济背景、特点下的技术应用导则。因此澳大利亚智能电网标准化工作的主要目的是要制定出可实现智能电网商业化的技术导则。

澳大利亚把“智能电网”标准分为两大类，一类是基础性标准，另一类是基础设施标准。基础性标准主要关注顶层架构，包含数据安全协议、通信协议、电磁兼容、互联协议、智能电网词汇。基础设施标准提出了设备规范和与现有系统的运行接口，分为电网侧标准和用户侧标准，其中电网侧标准包含信息传输协议，系统安全防御、配电自动化、配电管理系统、变电站自动化、微网运行（包括孤网运行）、微网并网；用户侧标准包含智能电能表设计、智能电能表安装、智能电能表安全技能和培训，电动汽车连接、电储能、智能家居和自动办公自动化。

澳大利亚通过跟踪研究国外智能电网相关标准的制定情况，分析了对应于基础性标准和基础设施标准中的国际标准在本国的适应性。对基础性标准，澳大利亚重点分析了信息安全标准 IEC TS 62351 等，通信协议标准 IEC TR 62357 等，电磁兼容标准 IEC 61000 系列（澳大利亚等同采用），并网协议标准 IEC 60904 等，智能电网词汇标准 IEC 60050；对基础设施标准中的电网侧标准，澳大利亚重点分析了信息传输标准 IEC/TR62357 等、电网安全稳定性标准 IEC 61 869 系列、配电自动化标准 IEC 61 968 系列、变电自动化标准 IEC 61869 系列、IEC 61850 系列、配电管理系统 IEC 61968 等。对基础设施标准中的用户侧标准，澳大利亚重点分析了智能电能表设计标准 IEC 62052 等、电动汽车充电标准 IEC 62196 等、电动汽车放电标准 IEC 61982 等、智能家庭自动化标准 ISO 16484 系列等、楼宇自动化与控制系统标准 ISO 16484 系统等、分布式发电标准 IEC 60904 等。

其中在智能电能表施工、智能电能表安装技能和培训、储能设备并网、智能电网 GIS 协议这四个方面，澳大利亚尚未制定出相应标准。此外，澳大利亚也一直在编制着适应于本国智能电网发展的各项标准，比如：电器需求响应能力和支撑技术的相关系列标准 AS/NZS 4755、微网运行标准 AS 4777、微网与电网连接标准 AS 4777 等。

澳大利亚智能电网标准化工作主要集中在研究国内外现有标准在本国的适用性上，对于一些国际的智能电网核心标准，澳大利亚则期望能有更多的应用导则，指导这些标准的工业应用，以实现近期智能电网的商业化。

3.2.8 中国能源互联网标准化工作

当前，世界科技革命和产业革命加速推进，以科技为先导、以经济为中心的综合国力竞争日益加剧，中国正处在转变发展方式、优化经济结构、转换增长动力的攻关期，国家大力推动创新发展驱动战略，对提高能源电力行业科技创新能力、保障国家能源安全提出更高要求。

为应对能源资源问题，适应能源转型发展大势，中国积极开展能源互联网技术及标准化相关工作，宣贯能源互联网战略思想，从国家部委、团体组织、学协会组织、企业四个层面积极推动能源互联网技术研究和标准制定。

（1）国家部委层面。2016 年 6 月，国家标准委下达 12 项能源互联网国家标准制定任务，以解决能源互联网顶层设计问题，2018 年批复了《开展雄安新区能源互联网标准化试点》的复函，于 2019 年 5 月 15 日联合国家能源局发布了《关于加强能源互联网标准化工作的指导意见》，为制定能源互联网标准规划、编制年度制修订计划奠定基础，有效指导能源互联网标准化的开展。

国家能源局于 2017 年 6 月 28 日发布了《关于公布首批“互联网＋”智慧能源（能源互联网）示范项目的通知》。于 2020 年 7 月 24 日发布了《关于加快能源领域新型标准体系建设的指导意见》，明确指出能源领域新型标准体系建设及标准制修订要按照需求导向、先进适用、急用先行的原则，紧密围绕落实“四个革命、一个合作”能源安全新战略和构建清洁低碳、安全高效能源体系的需要，系统梳理现有标准并科学谋划应有和预计制定标准的蓝图，加快健全能源新兴领域的标准，提升能源传统领域的标准，积极推进标准国际化，切实发挥标准在推动能源高质量发展中的支撑和引领作用。

（2）团体组织层面。中国电力企业联合会于 2016 年筹建并于 2019 年正式成立能源互联网标准化技术委员会。2020 年 11 月标委会完成优化改组，标委会委员覆盖面更广、专业程度更深、标准化水平更高，能够更好支撑中国能源互联网标准化需求。T/CEC《能源互联网　第 1 部分：总则》已于 2016 年发布实施，该系列团体标准的其他部分正在制定中。2016 年 8 月，成立国家能源互联网产业及技术创新联盟，结合产业发展和推广应用需求，促进能源互联网标准、规范的研究制定及适时颁布，推动相关标准与国际接轨。2018 年 11 月，国家能源互联网产业及技术创新联盟能源互联网标准化专委会成立。能源互联网标准化专委会作为联盟分支机构，发展了部分联盟成员单位作为标准化专委会成员单位。

（3）学协会组织层面。2016 年 10 月，中国电工技术学会能源互联网装备技术专业委员会成立，专委会以学术交流、技术推广、人才培训、不断提高能源互联网行业创新能力和国际竞争力为核心。截至 2020 年底，已发布 8 项团体标准送审稿。2018 年 11 月，中国电机工程学会能源互联网专业委员会成立，致力于促进能源可持续发展，加强能源互联网基础设施建设，推进能源生产消费的智能化体系、多能协同综合能源网络以及能源系统协同的信息通信基础设施建设；营造开放共享的能源互联网生态体系，建立新型能源市场交易体系和商业运营平台，发展分布式能源、储能和电动汽车应用、智慧用能和增值服务、绿色能源灵活交易、能源大数据服务应用等新模式和新业态；推动能源互联网关键技术攻关、核心设备研发和标准体系建设，促进能源互联网技术、标准和模式的推广和应用。

（4）企业层面。国家电网有限公司、中国南方电网有限责任公司等企业积极开展了能源互联网标准化工作。中国南方电网有限责任公司于 2008 年成立公司技术标准化委员会；2018 年，成立全国电力需求侧管理标准化技术委员会获准，这也是南方电网公司首个全国标委会；2019 年，筹建了电力行业第三家国家技术标准创新基地（直流输电及电力电子），印发《公司标准国际化行动方案》；2020 年出版南方电网公司技术标准体系表，包括规划建设、生产运维、市场营销、运行与控制、数字化、安全监管等 6 个技术方向。

另外，中国还十分重视能源互联网标准国际化工作。中国一直在推动智能电网及能源互联网相关的国际标准化工作。截至目前，中国已经成功申请成立了 IEC TC115 高压直流输电技术委员会、IEC PC118 智能电网用户接口项目委员会、IEC SC 8A 可再生能源接入电网分技术委员会、IEC TC122 特高压交流系统技术委员会、IEC SC 8B 分布式能源系统分技术委员会、IEC PC127 电力厂站用低压辅助系统项目委员会、IEC SC 8C 电力网络管理分技术委员会、IEC SEG6 微电网系统评估组、由中国担任国际标准召集人或秘书处，确定了中国在智能电网与能源互联网国际标准化工作中的地位。2015 年 1 月，国家标准化管理委员会批复中国电力企业联合会和中国电器工业协会作为 IEC SyC1 智慧能源系统委员会的中国技术对口单位，代表中国参与能源互联网国际标准化工作。

国家电网有限公司充分利用在特高压、智能电网、可再生能源、大电网运行等领域形成的技术优势，建立了涵盖规划、建设、运行、检修、营销等核心业务的标准体系。在推动形成国家标准、行业标准的同时，积极参与国际标准制定，实现了从“跟随者”到“引领者”角色转变，成为我国参与国际标准制定的重要力量。

从 2008 年开始至“十二五”末，国家电网有限公司代表中国在 IEC 先后主导成立了高压直流输电、智能电网用户接口、可再生能源接入电网、特高压交流系统等新（分）技术委员会。“十三五”以来，国际标准化工作再创佳绩。2017 年 3 月，主导发起的 IEC SC 8B 分布式电力能源系统分技术委员会正式成立。2018 年 10 月，国家电网有限公司董事长舒印彪当选 IEC 第 36 届主席，这是该组织成立 113 年来首次由中国专家担任最高领导职务。2019 年 3 月，主导发起的 IEC PC 127 电力厂站低压辅助系统项目委员会获批成立。2020 年 3 月，主导发起的 IEC SC 8C 电网管理分技术委员会获批成立。进入“十四五”，标准国际化工作再创佳绩，主导发起的 IEC TC129 电力机器人技术委员会获批成立。目前，国家电网有限公司共承担了 8 个 IEC（分）技术委员会的秘书处具体工作、以及 1 个 IEC 技术委员会的主席职位。

国家电网有限公司充分利用 IEC 技术委员会秘书处工作平台和主席职位，整合公司内外资源，积极参与国际标准制定工作。截至 2020 年底，主导发起 IEC 国际标准 55 项，IEEE 标准 27 项，ISO 标准 1 项。主导编制并发布 IEC 标准 36 项、IEEE 标准 10 项。同时借助参与 IEC 市场战略局以及 CIGRE 相关工作的机会，提前谋划，超前布局，将国家电网有限公司在特高压交/直流输电、电动汽车、智能电网、可再生能源等重点领域的优势和实践提前纳入国际标准发展规划，积极培育、策划和申报国际标准，推动国际标准、技术报告的顺利发布。

从企业角度看，国家电网有限公司国际标准工作促进了科技创新和国际化发展，推动了公司发展方式转变；从行业角度来看，国际标准工作推动了中国电力企业走出去，带动了电力行业国际产能合作；从国家角度来看，提升了中国在国际标准舞台的影响力，为扩大中国在国际科技、经济治理中的主导权发挥了重要作用，为世界各国的互利合作、共同繁荣贡献了中国智慧。

3.3 重要技术标准

3.3.1 特高压技术领域国内外标准

国际上，各国对特高压交流输电技术进行了多年的研究，例如，俄罗斯和日本都有特高压工程的实际建设经验，意大利、加拿大和美国等先后建成了特高压试验线段和试验站。

目前，国际上很多研究机构都在积极开展特高压交流输电技术标准的研究。其中，最具代表性的是 IEC、IEEE 和 NIST，另外，欧洲、亚洲一些国家的研究机构也开展了相关工作。

特高压技术飞速发展，IEC 现下设特高压交流系统技术委员会（TC122）和高压直流输电技术委员会（TC115）开展高压相关标准化工作，由中国电科院专家担任 TC122 技术委员会主席。TC122 下设系统规划与设计、变电站与线路设计、系统调试三个工作组。同时 IEC 与 CIGRE 成立了联合工作组 Ad-Hoc 开展相关研究，制定了特高压交流标准化工作的路线图。TC115 专门进行高压（特高压）直流输电系统相关标准工作。基于国际上高压直流领域的标准现状和未来发展趋势，编写了高压直流标准路线图，并由咨询工作组 AG1 每年进行更新。

截至 2019 年 5 月，TC122 已经发布了四项相关标准：IEC TR 63042-100、IEC TS 63042-101、IEC TS 63042-201 和 IEC TS 63042-301，内容涉及特高压交流系统电压调节与绝缘设计、变电站设计、现场交接试验等方面。TC115 正在修订 IEC TS 62344 和 IEC TR 62681，正在制定 IEC TR 63127 和 IEC TR 63179 等高压直流标准，内容涉及架空线路电磁特性、换流站系统设计、直流侧谐波和滤波器以及柔性直流输电系统性能等方面。

国家电网有限公司是 TC115 秘书处的承担单位。TC115 与 IEC 其他 TC 以及 CIGRE SC/B4、ISO TC251 和 CENELEC 等组织紧密合作共同推进高压直流输电领域的标准化，并已经提出了一个完整的高压直流标准体系路线图。国家电网有限公司根据已制定的特高压直流标准体系，正积极进行国家标准、行业标准和企业标准的完善，并积极开展特高压直流标准国际化工作，目前已经结合高压/特高压输电技术的发展需求提出了多项需要制定的 IEC 标准。

IEEE 标准协会于 2011 年成立了特高压交流工作组，由国家电网公司专家担任主席，负责特高压交流系列标准的制定工作。由于 IEEE 的标准制定及体系较为灵活，便于申请并编制新标准，所以将采取编制新标准的方式不断推进 IEEE 标准的国际化工作。为适应特高压交流技术的快速发展，IEEE 在特高压交流、特高压直流和新型输电领域开展了相关工作，目前，IEEE 已发布三项特高压交流技术标准，即 IEEE P1862《1000kV 及以上特高压交流系统过电压与绝缘配合》，IEEE P1861《1000kV 及以上特高压交流设备现场试验标准及系统调试规程》和 IEEE P1860《1000kV 及以上特高压交流系统电压与无功技术导则》。另外，除了以上 3 项标准外，我国还积极参与到 IEEE 的国际标准制定工作中，将我国特高压交流输电领域已经取得的成果推广应用到国际范围。IEEE 现有 40 余项高压直流标准，涵盖高压直流输电系统设计、调试、控制保护和设备等领域，目前暂未发布特高压直流的相关标准。

CIGRE 是全球化的电力系统组织，其 B3.29 工作组（特高压变电站现场试验技术）隶属于变电站（CIGRE B3）专委会，主要为 IEC 特高压变电站的现场试验技术相关标准条款制定技术准备。B3.29 工作组为我国进一步展示特高压设备现场试验领域的研究成果提供交流平台，其研究报告将为以后 IEC 的特高压相关标准提供技术支持。目前 CIGRE 已完成 3 个标准的准备工作，包括 CIGRE B269DC 导则 1 项，CIGRE B447 和 CIGRE B370 标准 2 项。

依托特高压研究成果和工程建设，中国在世界上率先建立了全面系统的特高压交流标准体系。特高压交流标准体系包括 6 大类国家标准和能源行业标准，全面涵盖规划设计、设备材料、工程建设、测量试验、运行检修、环境保护与安全六大领域，其中 33 项国家标准、45 项电力行业标准已正式发布。2017 年度国家科学技术进步奖特等奖“特高压±800kV 直流输电工程”项目攻克了特高压直流外绝缘、过电压、电磁环境、系统控制等一系列世界性难题，构建起完整的特高压直流输电技术体系。基于特高压直流工程，我国主导编制并发布了相关国际标准 4 项，建立了世界上首个特高压直流全套技术标准体系，我国确立的特高压输电项目的相关标准已经开始反哺世界，国际上在确立相关标准时也会参照我国制定的相关标准。但是，还需要继续总结我国在特高压交直流输电技术的相关成果，进一步实质性参与国际标准制修订工作，因此仍需持续深入开展相关标准化工作。

3.3.2 电动汽车充电领域国内外标准

电动汽车是指以车载电源为动力，用电机驱动车轮行驶，符合安全法规、道路交通规定等各项要求的车辆。由于对环境影响相对传统汽车较小，其前景被广泛看好，但当前技术尚不成熟。电动汽车要实现与能源互联网的融合，首先要实现与电网的双向信息互动，同时也要求电动汽车、充换电设施、充换电服务网络运营管理系统以及电网调度自动化系统相互之间实现智能化的交互，而充电设施建设的大规模开展，需要相应的技术标准作为支撑；将电动汽车纳入能源互联网的体系，需要制定标准对其接入电网的设备、方式和信息交互接口等进行规范。

IEC 中直接与电动汽车相关的技术委员会为 IEC TC69（电动道路车辆和电动载货车辆）

和 IEC TC23/SC23H（电器附件/插头插座分委会）。2001 年 IEC 61851 系列标准陆续发布，该标准涉及范围广泛，是电动汽车充电设施建设的核心标准，已被广泛接受。IEC 61851 充电系统系列标准与 ISO/IEC 15118 通信协议系列标准、IEC 61980 无线充电系列标准、IEC 62196 充电接口系列标准以及 IEC 62840 电池更换系列标准共同构建了电动汽车充电设施国际标准框架。电动汽车充电设施国际标准经过近十几年的发展和制修订，标准内容趋于稳定，其中 IEC 61851-1 第三版于 2016 年 7 月发布，IEC 62196 系列标准稳定期延伸到 2018 年，IEC 61980-1 稳定期也将达到 2018 年，可以很好地规范和指导电动汽车充放电设施的发展建设。

目前我国已发布电动汽车标准 75 项，涵盖电动汽车基础通用、整车、关键总成（含电池、电动机、电控）、电动附件、基础设施、接口与界面等各领域。我国电动汽车标准体系已基本建立，可以基本满足我国现阶段电动汽车推广应用发展的需要。

在加强国内标准体系建设的同时，我国积极参与并致力于推动全球电动汽车标准法规的协调发展。在世界车辆法规协调论坛（WP29）的电动汽车安全（EVS）和电动汽车与环境（EVE）两个工作组中担任副主席，承担着电动商用车和整车防水安全等内容的制定工作。在 IEC，我国的直流充电方案已和美、日、欧等共同成为国际标准的组成部分，并主导电动汽车换电站系列国际标准的起草。我国在国际上率先发布了电动汽车关键部件、充换电站等 30 多项标准，直接带动了相关国际标准的立项和制定，我国电动汽车标准已基本处于国际前列。此外，我国还注重电动汽车领域的国际合作。2017 年 6 月，国家标准化管理委员会与德国标准化协会在青岛中德生态园共同组织召开了“中德电动汽车标准工作组会议第五次会议”，会议双方同意在加强中德标准化合作、进行国际标准化协调和信息交换、共同开展标准实验验证等达成共识，在电动汽车无线充电、大功率充电、传导充电互操作测试及电动汽车充电信息安全领域标准制定上开展合作与交流。为满足当前电动汽车安全快速充电的需求，突破大功率充电、即插即充、充放一体、小功率直流化等技术瓶颈，中国主导提出了 ChaoJi 新一代大功率充电技术解决方案，未来可支持最大充电功率 900kW，10min 的充电续航可达 400km。

2019 年 12 月，国家电网有限公司完成新一代 ChaoJi 充电系统、通信协议、连接装置等标准的编制，后续将推进并形成相关国家标准、行业标准制修订工作。2020 年 6 月，国家电网有限公司与日本电动汽车快速充电器协会（日本 CHAdeMO 协议会）联合发布《电动汽车 ChaoJi 传导充电技术白皮书》和 CHAdeMO3.0 标准。下一步将通过国际标准合作，推动新一代 ChaoJi 充电系统纳入国际标准，使 ChaoJi 成为具有全球兼容性的通用标准。

3.3.3 楼宇自动化与控制网络标准 BACnet

楼宇自动化与控制网络（Building Automation and Control networks，BACnet）是 ASHRAE 经过近 9 年时间的研究，制定的世界上第一个开放的楼宇自动控制网络协议。BACnet 标准详细地阐述了楼宇自控网的功能，阐明了系统组成单元相互分享数据实现的途径、使用的通信媒介、可以使用的功能以及信息如何翻译的全部规则。BACnet 标准确立了不同生产厂家生产的各种 BACnet 兼容系统，在不依赖任何专用芯片的情况下，相互开放通信的基本规则。BACnet 标准使不同厂商生产的设备与系统在互联和互操作的基础上实现无缝集成成为可能。BACnet 标准用于楼宇自控网络的数据通信协议，将各个厂商的楼宇自控设备集成为一个高效、统一和具有竞争力的自控网络系统，代表了智能建筑发展的主流趋势。

1995 年 6 月，由 ASHRAE 组织的标准项目委员会制定了楼宇自动控制网络数据通信协议 BACnet，同年 12 月正式成为美国国家标准，并得到欧盟标准委员会的承认，成为欧盟标准草案。2000 年 1 月，ISO 组织 TC205 委员会的国家代表一致通过决议，将 BACnet 作为“委员会草案”进行广泛评议，修改后列为“国际标准化草案”，最后成为国际标准。

从实际的应用来看，现在世界上一些从事楼宇自控的专业公司已经开始全面地接受 BACnet 协议，并且从 BACnet 协议颁布以来就开始开发相应的产品，如最近 ABB、西门子、霍尼韦尔等公司就宣布其产品全面支持和应用 BACnet 协议。我国是一个超级建筑业市场，智能楼宇产品潜力巨大，我国奥运场馆和世博会设施的建设均给智能楼宇产品带来了巨大需求，只有开发出符合国际标准的产品，才能在我国智能楼宇市场中有所作为。另外，在国内率先开发出符合 BACnet 标准的产品是提升企业核心竞争力的根本，也是我国企业走向世界，参与国际竞争的基础。国外，日本在楼宇自动化方面取得了一定的进展，日本电气安装工程师协会将 BACnet 作为该协会的协议标准。日本自 1984 年以来，在许多大城市建设了“智能化街区”“智能化群楼”，新建的建筑中有 80%以上为智能化建筑，比如横滨市智能城市试点项目，以建筑为单位监测电力消费情况和可再生能源使用情况。新加坡政府为推广智能建筑，拨巨资进行专项研究，计划将新加坡建成“智能城市花园”。印度也在加尔各答的盐湖开始建设“智能城”。其他国家如法国、瑞典、英国、泰国等国家也不断兴建智能建筑。这些工作都离不开 BACnet。

一般，BACnet 从功能上讲分为两部分：一部分专门处理设备的控制功能；另一部分专门处理设备的数据通信功能。BACnet 通过建立统一的数据通信标准，实现设备间的互操作。BACnet 的协议模型为：①所有的网络设备，除基于主—从/令牌数据链路协议（master slave/token passing，MS/TP）的以外，都是完全对等的（peer to peer）；②每个设备都是一个“对象”的实体，每个对象用其属性描述，并提供了在网络中识别和访问设备的方法，设备相互通信是通过读/写某些设备对象的属性，以及利用协议提供的服务完成；③设备的完善性，即其实现服务请求或理解对象类型种类的能力，由设备的“一致性类别”所反映。

BACnet 标准作为楼宇自控领域中唯一的开放性国际标准，是我国楼宇自控领域与国际接轨和赶上国际先进水平的机遇。开放、兼容、灵活、获得广泛支持并且专门针对智能建筑的通信协议或现场总线必将成为智能建筑领域的一个发展方向。而 BACnet 协议正是这样一种具有开拓性的技术，使不同厂商的设备能够互联、互换和互操作，打造无缝连接的楼宇自动化系统，充分满足了业主、用户和集成商的需求并提供了多种网络互联和接入互联网的方案，为智能建筑内部各系统之间的集成提供了便利条件，使智能建筑搭乘信息高速公路变得轻而易举。

3.3.4　配电自动化接口标准 IEC 61968

配电自动化是一项集计算机技术、数据传输、控制技术、现代化设备及管理于一体的综合信息管理系统，其目的是提高供电可靠性，改进电能质量，向用户提供优质服务，降低运行费用，减轻运行人员的劳动强度。

IEC 61968 是一系列正在开发的标准，将定义为配电系统之间的信息交换标准。这些标准正在由 IEC TC57 WG14 开发。有些公用事业企业需要通过现有或新的不同应用采集数据，而且，这些应用都有不同的接口和运行环境。因此，IEC 61968 的目的是支持这些公用事业企业的内部应用的集成。IEC 61968 标准体系见表 3-6。

表 3-6　　IEC 61968 标准体系

标准号	标准名称
IEC 61968-1	接口架构和总体要求
IEC 61968-2	术语
IEC 61968-3	网络操作接口
IEC 61968-4	记录和资产管理接口
IEC 61968-5	业务规划与优化接口
IEC 61968-6	维护与建设接口
IEC 61968-7	网络扩展规划接口
IEC 61968-8	客户服务接口
IEC 61968-9	抄表与控制接口标准
IEC 61968-11	用于配电的公共信息模型（CIM）扩展
IEC 61968-12	61968 公共信息模型（CIM）用例
IEC 61968-13	用于配电的公共信息模型（CIM）的资源描述框架（Resource Description Framework，RDF）模型交换格式
IEC 61968-14-1-3～14-1-10	被推荐的 IEC 标准映射到 IEC61968 和 MultiSpeak 标准
IEC 61968-14-2-3～14-2-10	被推荐的 IEC 标准创建一个 CIM 配置文件来实现 MultiSpeak 功能

配电信息量大面广，配电业务涉及多个业务环节，配电自动化系统需要与上一级调度自动化、生产管理系统、电网地理信息系统（geographic information system，GIS）、营销管理信息系统、95598 等进行数据交互，因此配电自动化系统需要与相关系统实现信息交互和业务集成。在能源互联网建设中，配电自动化系统遵循 IEC 61968 标准，采用信息交互总线实现了多系统的信息交互与共享集成，如图 3-8 所示。依据“源端维护、全局共享”的信息交互原则，采用符合 IEC 61968 标准的信息交互总线，通过基于消息机制的总线方式完成配电自动化系统与其他应用系统之间的信息交换和服务共享，不仅大大减少了接口数量，而且对不同应用领域的信息孤岛系统进行了有效整合，定义了标准和统一的数据交换模型，开发了系统间的规范化接口，不同程度上实现了配电自动化系统与相关应用系统的综合性应用，为互动化、智能化的配电网进行了有益的探索。

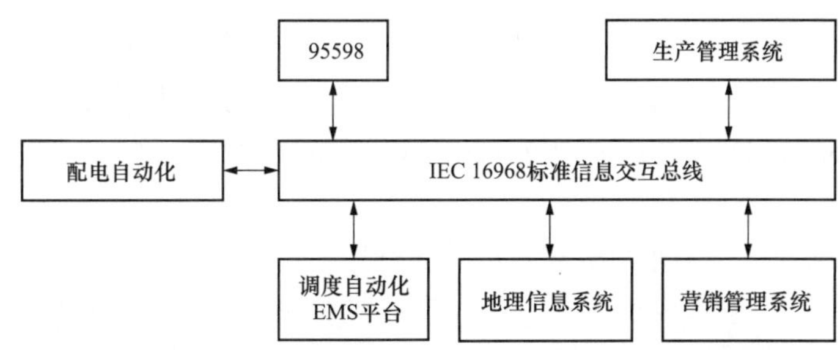

图 3-8　采用 IEC 61968 标准的信息交互总线的系统互联

随着能源互联网的建设以及通信技术的发展，作为能源互联网重要组成部分的配电自动化技术取得了重大进步，在配电自动化主站、终端、通信网络、测试技术等方面都取得了许多建设性的进展，IEC 61968 标准体系对于配电自动化愈发重要，也为配电自动化系统的实用化应用奠定了坚实的基础。

3.3.5　开放式自动需求响应标准 OpenADR

开放式自动需求响应（open automated demand response，OpenADR）的研究始于 2002 年的美国加利福尼亚州大规模电力危机，美国政府、电力公司、独立系统运营商、消费者以及 IT 公司开始考虑用 DR 技术来解决电力需求增长和高峰用电问题。加利福尼亚州能源委员会（California Energy Commission Appliance Efficiency Regulations，CEC）提出了公益能源研究计划，美国 LBNL 按照公益能源研究计划的要求，成立 DR 中心，正式开始 OpenADR 项目的研究。其发展历程如图 3-9 所示。

通过长时间的研究和测试，2009 年 4 月，CEC 发布了 OpenADR 通信规范 1.0 版本，系统地介绍了 OpenADR 的通信架构、数据模型、功能规范、应用程序接口规范、安全策略和开发计划等，定义了需求响应自动服务器（demand response automatic server，DRAS）的功能接口与特点。基于这个自动服务器，客户端可获得包含动态电价在内的各种 DR 项目信息。OpenADR 通信规范 1.0 版本也适用于电网公司、集成商、硬件和软件厂商通过 DRAS 来实现各种 DR 项目的自动化。

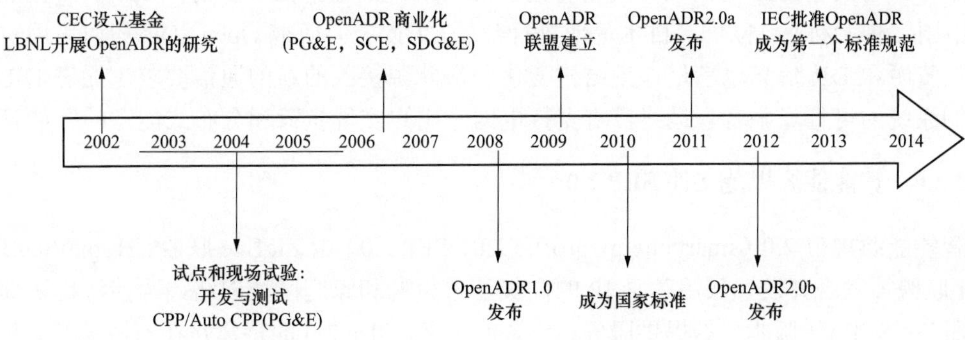

图 3-9　OpenADR 发展历程

2011 年，通过 OASIS 和 UCA 等组织的努力，形成 OpenADR 2.0。与 OpenADR 1.0

相比，OpenADR 2.0 更加全面，涵盖了针对美国批发与零售市场的价格、可靠性信号的数据模型，并且根据满足利益相关方和市场需求的程度，分为不同的产品认证等级，包括 OpenADR 2.0a、OpenADR 2.0b 和 OpenADR 2.0c 等 3 个框架，后一个比前一个提供更多的服务和功能支持。

相比于 OpenADR 1.0，OpenADR 2.0 提供更加全面的功能以满足多样化的市场需求，涵盖了美国电力批发与零售市场交易、可靠性信号、分布式能源管理的数据模型，除支持动态电价外还可应用于辅助服务（快速 DR）、分布式能源、间歇性可再生资源、大规模储能、电动汽车及就地发电。已发布的 OpenADR 2.0 版本包括：OpenADR 2.0a 适用于中低端嵌入式设备，仅支持基本的 DR 服务和市场；OpenADR 2.0b 专为高端嵌入式设备设计并且具有对于历史、实时和未来数据报告和反馈的能力。OpenADR 2.0b 提供额外的反馈和报告功能，包括历史使用记录、基线和预测信息，有助于 DR 服务提供商预测和验证其 DR 资源的性能。

2010 年，为促进 OpenADR 的应用、商业开发、测试与部署，成立了 OpenADR 联盟，负责引导并制定联盟的具体战略目标和运营政策。OpenADR 联盟的成员来自系统集成商、设备供应商、电力企业、政府或研究机构，联盟理事会由霍尼韦尔公司、太平洋天然气和电力公司（PG&E）、索尼电脑娱乐（sony computer entertainment Inc，SCE）、LBNL 等单位组成。目前，联盟的成员已经超过 60 个，并且还在不断增长。

经过不断完善和应用，OpenADR 已经成为美国 SGIP 推荐的智能电网核心标准。2013 年，IEC PC118 批准 OpenADR 2.0b 作为 PAS 的决议。2014 年发布了 IEC PAS 62746-10-1。2018 年正式出版了 IEC 62746-10-3、IEC 62746-10-1 标准。

国家电网和南方电网公司高度重视 DR 标准体系的建设，并按照国家能源发展战略进行示范工程建设。中国电科院用电与能效研究所已获 OpenADR 一致性测试实验室资质，将有效指导国内 DR 技术研发，有利于增强不同系统之间的互联互通能力。南网科研院制定了 DR 综合效益评价国际标准（IEEE P2030.6）和 GB/T 32127—2015《需求响应效果监测与综合效益评价导则》，并在佛山、南宁等城市开展了试点应用项目。

OpenADR 2.0 作为美国的国家标准正在进行国际标准化推广，旨在满足现有和未来的辅助服务市场快速 DR 的需求，其具有显著的大规模部署潜力。目前，OpenAR 已经在美国、中国、澳大利亚、欧洲、日本等地进行部署。DR 中心研究 OpenADR 如何采用实时方式协调资源和 DR 信息以满足市场结构变化和新能源接入的新的通信要求，促进 DR 成为供应侧系统的可行竞争者。最终，将支持电网—用户实现负荷和分布式能源的智能管理。

3.3.6 智能能源规范文件 SEP 2.0

智能能源规范 2.0（smart energy profile 2.0，SEP 2.0）由 ZigBee 联盟、HomePlug 联盟、Wi-Fi 联盟等联合开发，采用基于 IP 的高级计量架构和家庭区域网络，为能源提供商提供能源服务。SEP 1.1 版本已经提供服务和设备的定义，SEP 2.0 的特色是在家庭装置、预付费服务、用户信息交互、负荷控制、需求响应、驱动下载控制等方面定义了应用配置接口和通用信息模型，增加了控制纯电动汽车的充电、安装控制，并在有线或者无线的 HANs 中，致力于构建统一的能源网络，辅助规范对智能能源生态系统的许多环节的要求。该标准的制定工作始于 2008 年，并于 2013 年正式成为 IEEE 标准，并被采纳为 IEEE 2030.5—2013。为了填补分布式能源（distributed energy resource，DER）通信相关规范中的某些空白，IEEE 于 2018 年对该标准进行了更新，并正式确定为 IEEE 2030.5—2018。

SEP 2.0 强调支持多种媒体接入控制层和物理层协议和安全协议。目前，SEP 2.0 已开始用户侧有关能源管理对象的对象建模工作，基于功能集基础上把用户侧主要对象分为 19 个分组（package），每个分组包括多个对象（class），并在每个分组中定义对象之间的关系（relationship），每个对象包括若干属性（attribute），19 个分组包括需求响应和负荷控制分组、电价分组、计量分组、预付费分组、分布式电源分组、账单分组等。SEP 2.0 主要设计为指导设备之间的通信方式，定义了各种设备的可控制属性，并分成逻辑组运行。SEP 2.0 的协议针对不同的业务系统建立了不同的指令集，如抄表系统或计费系统都是专用指令集。智能用电设备执行一个或多个指令集，提供用量统计和趋势等增值服务。能源提供商或者消费者可以利用这些费用统计与趋势，分别加强对服务或者使用情况的管理。

SEP 2.0 的协议栈如图 3-10 所示，虽然建议采用 802.15.4 或 802.11 无线协议，但是事实上对于任何能够采用超文本传输协议（hypertext transfer protocol，HTTP）协议的接入方式都是支持的（包括有线的），SEP 2.0 着重定义最高层的 CIM 模型与高效 XML 交换格式（efficient xml interchange，EXI）部分，对于其他支撑协议采用现有的、适用面广、普及度高的协议实现，如 HTTP、DNS Service Discovery（DNS-SD）、安全传输层协议（transport layer security，TLS）等。

由于 SEP 2.0 是可互操作方面的世界领先的产品标准，因此能够对水和能源的使用实现监视、控制、通知和自动交付。SEP 2.0 能够帮助消费者创建更绿色环保的家庭，提供给消费者一些能够很容易地减少他们消费并省钱的信息和自动化需要。所有的 SEP 2.0 产品（无论任何制造商生产的）都是 ZigBee 认证并执行的，使公用电力公司和消费者能够放心购买，每一个需要强大的 SEP 2.0HAN 支持的产品都是可用的，这些产品使公用电力公司和政府部门易于展开一个安全，易于安装和消费者友好的能源互联网解决方案。毫无疑问，采用 SEP 2.0 协议改造后的用电设备，可以实现网络服务的动态发现，支持用电设备的自动注册、退出，可以提供跨越地区的远程访问、控制，有利于提升用电侧的智能性。但是，由于国内智能用电的标准尚未统一，考虑到产品实施存在的风险及设备的成本，目前国内尚没有大规模采用 SEP 2.0 协议的应用，大多数家电厂商尚处于观望阶段，逐步尝试通过信息化技术，实现用电设备的联网与智能用电管理。

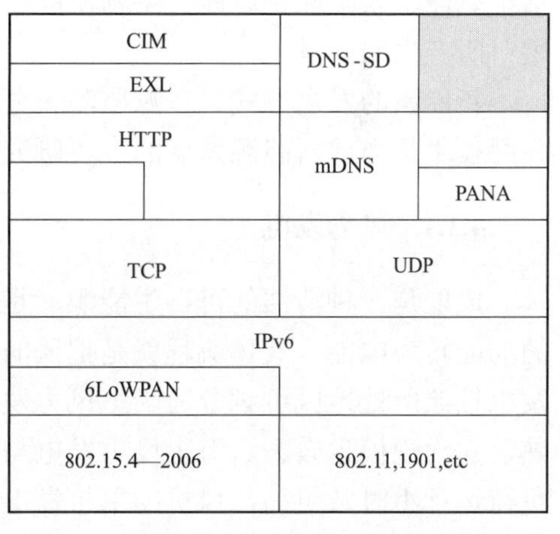

图 3-10　SEP2.0 协议栈

第四章　能源互联网关键技术

能源互联网，是以可再生能源为优先，电力能源为基础，各种能源协同、供给与消费协同、集中式与分布式协同、大众参与的新型生态化能源系统。能源互联网是智能电网的演进与升级，能源互联网关键技术是平稳有序构建能源互联网的核心基础。本章从电源、网架、储能、负荷与用电、网络与信息、共性与集成等技术六个方面，对能源互联网关键技术进行阐述。

4.1　新能源发电与并网

常规能源是指已能大规模生产和广泛利用的一次能源，又称传统能源，如煤炭、石油、天然气、水力和核能，是促进社会进步和文明的主要能源。新能源是指常规能源之外的各种能源形式。它的各种形式都是直接或者间接地来自太阳或地球内部深处的能量，具体包括了氢能、太阳能、风能、生物质能、地热能和海洋能以及由可再生能源衍生出来的生物燃料所产生的能量。

新能源的发电方式、资源监测和分析技术、发电功率预测技术和大规模新能源接入和并网技术是当前新能源发展的主要研究方向。

4.1.1　风力发电

风能是一种清洁的可再生能源，是可供风力发电机所利用的动能。风力发电是指把风的动能转为电能，具体流程就是把风的动能转变成机械能，再把机械能转化为电能。风力发电按照所处地区可划分为陆上风力发电和海上风力发电两种，陆上风力发电发展较为成熟，建设规模也较大。海上风力发电与陆上风力发电相比，可利用的风能资源更优质，满负荷运行小时数更高，风机的单机发电容量更大。海上风电比陆上风电的前景更为广阔，两种风力发电机的示意图如图 4-1 所示。

在风能的转换过程中，不消耗任何燃料，基本不占用耕地，单台发电设备投资不大，建设周期短，不会对环境构成严重威胁。根据国外对各种发电方式碳排放生命周期分析成果，风力发电是一种高度清洁的能源技术，符合可持续发展的要求。发展风力发电是减少排放、防止全球气候变暖的一项主要措施，合理利用风能既可减少环境污染，又可减轻能源短缺的压力。风力发电的基本原理就是利用风力带动风车叶片旋转，再通过增速机将旋转的速度提升，来促使发电机发电。风力发电所需要的装置，称作风力发电机组。这种风力发电机组，大体上可分为风轮（包括尾舵）、发电机和塔筒三部分。（大型风力发电站基本上没有尾舵，一般只有小型（包括家用型）才会拥有尾舵）。

（a）

（b）

图 4-1　风力发电

（a）陆上风力发电；（b）海上风力发电

风力发电机按照转轴与风向的关系可以分为两类：一种是水平轴风力机，另一类是垂直轴风力机。①水平轴风机包括：螺旋桨式风力机、多翼式风力机、离心甩出式风力机、涡轮式风力机和压缩风能型风力机。目前占市场主流的是水平轴风力发电机。②垂直轴风力发电机（vertical axis wind turbine，VAW）包括萨布纽斯（savonius）式风力发电机（S式风力发电机）、达里厄（darrieus）式风力发电机（D 式风力发电机）、S 式和 D 式组合式风力发电机、Gorlov 式垂直轴风力发电机、旋转涡轮式风力发电机和美格劳斯效应风力发电机。与传统“大风车式”的水平轴风力发电技术相比，垂直轴风力发电机组看上去像是“藏式转经筒”，体积小，优势显著：风电场利用率高，只用原来三分之一的面积；发电效率高达 85%，比水平式的多 15%；结构简单，重量轻，维修方便；抗风能力可达 50m/s，相当于抗 14 级风；投资成本降低约 30%；设备使用寿命长；噪声污染低；制造设备的原材料可百分百回收利用。由于成本远低于目前的风力发电机，新型垂直轴风电机有望逐步取代水平轴风力发电机，成为世界新能源的主力军。水平轴风力发电机工作示意图如图 4-2 所示。

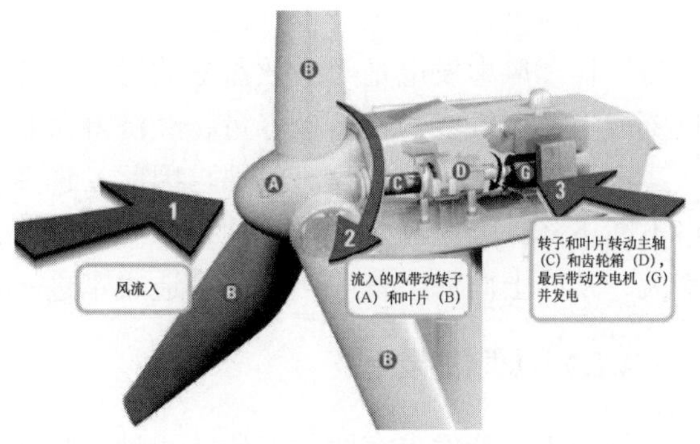

图 4-2　水平轴风力发电机工作示意图

19 世纪末，丹麦人首先研制出了风力发电机，世界上第一座风力发电站于 1891 年在丹麦建成。1941 年，美国建成了世界上第一台兆瓦级风力发电机，容量为 1.25MW，风轮直径达 53.3m，塔高 45m。近 20 年来，风电技术取得了巨大进步，欧洲在开发海上风能方面依然走在世界前列，其中，丹麦、英国、爱尔兰、瑞典和荷兰等国家发展较快，风力发电全过程如图 4-3 所示。

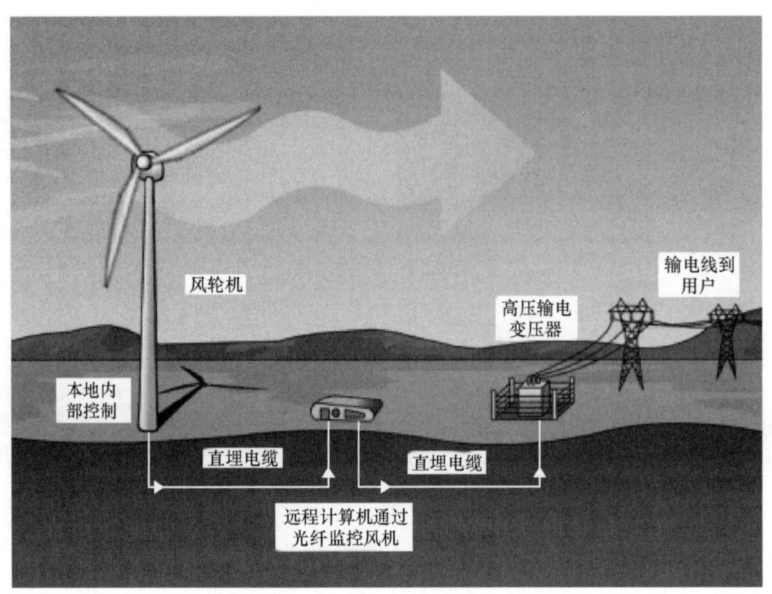

图 4-3　风力发电过程

根据全球风能理事会统计，2020 年全球风电新增装机容量超过 93GW，同比增长 53%。中国风电领跑全球，2020 年新增陆上和海上风电装机容量均位列全球第一，累计陆上风电装机总量全球第一，累计海上风电装机总量全球第二，达到 996MW，仅次于英国。目前，全球已有 90 多个国家建设了风电项目，主要集中在亚洲、欧洲、美洲。从各国装机分布来看，截至 2020 年底，中国陆上风电累计装机容量达 278.3GW，排名全球第一，遥遥领先其他国家。美国（122.3GW）、德国（55.1GW）、印度（38.6GW）和西班牙（27.2GW）陆上风电累计装机容量分列第二至第五位。法国、巴西、英国、加拿大、意大利陆上风电累计装机容量均超 10GW，排名在第五至十位。

和其他可再生能源技术一样，风力发电也是资本密集型产业，但是没有燃料成本，也因为这样，风力发电是经济效益好的可再生能源技术之一。风力发电的主要经济参数包括投资成本、运维成本、装机容量、经济寿命和资本成本。

由于风力发电技术相对成熟，因此，许多国家对风力发电的投入较大，从而使风电价格不断下降。未来风力发电的技术将向着以下几个方向发展：单机容量增大、风电场规模增大、从陆上向海上发展、生产制造成本进一步降低。

4.1.2　太阳能发电

目前太阳能发电有两种方法：一种是将太阳能转换为热能，然后按常规方式发电，称为太阳能热发电；另一种是指无须通过热过程直接将光能转变为电能的发电方式，称为太阳能光发电。

太阳能热发电指通过水或其他工质和装置将太阳辐射能转换为电能的发电方式。按照太阳能集热方式的不同，太阳能热发电系统主要分为两大类，即聚焦式和非聚焦式。其中聚焦式系统主要有槽式、碟式和塔式 3 种，非聚焦式系统主要有太阳能热气流发电和太阳能池热发电 2 种。目前世界上现有的最有前途的太阳能热发电系统大致可分为：抛物面槽式聚焦系统、中央接收式或太阳塔聚焦系统和抛物面盘式聚焦系统。目前，太阳能热发电在技术上和经济上可行的三种形式是：①30～80MW 抛物面槽式聚焦太阳能热发电技术（简称抛物面槽式）；②30～200MW 中央接收式聚焦太阳能热发电技术（简称中央接收式）；③7.5～25kW 的抛物面盘式聚焦太阳能热发电技术（简称抛物面盘式）。除了上述几种传统的太阳能热发电方式以外，太阳能烟囱发电、太阳池发电等新领域的研究也有进展。

太阳能光发电是指无须通过热过程直接将光能转变为电能的发电方式，包括光伏发电、光化学发电、光感应发电和光生物发电。光伏发电是利用太阳能级半导体电子器件有效地吸收太阳光辐射能，并使之转变成电能的直接发电方式，是当今太阳光发电的主流。太阳能光伏电站的系统是由太阳能电池方阵、蓄电池组、充放电控制器、逆变器、交流配电柜、防雷系统、汇流箱、直流配电柜、环境监测系统、监控系统及太阳能跟踪系统等设备组成，具体的光伏发电系统架构图如图 4-4 所示。目前，晶体硅太阳电池是技术最成熟、应用最广泛的太阳电池，在光伏市场中的比例超过 90%，并且在未来相当长的时间内都将占据主导地位。

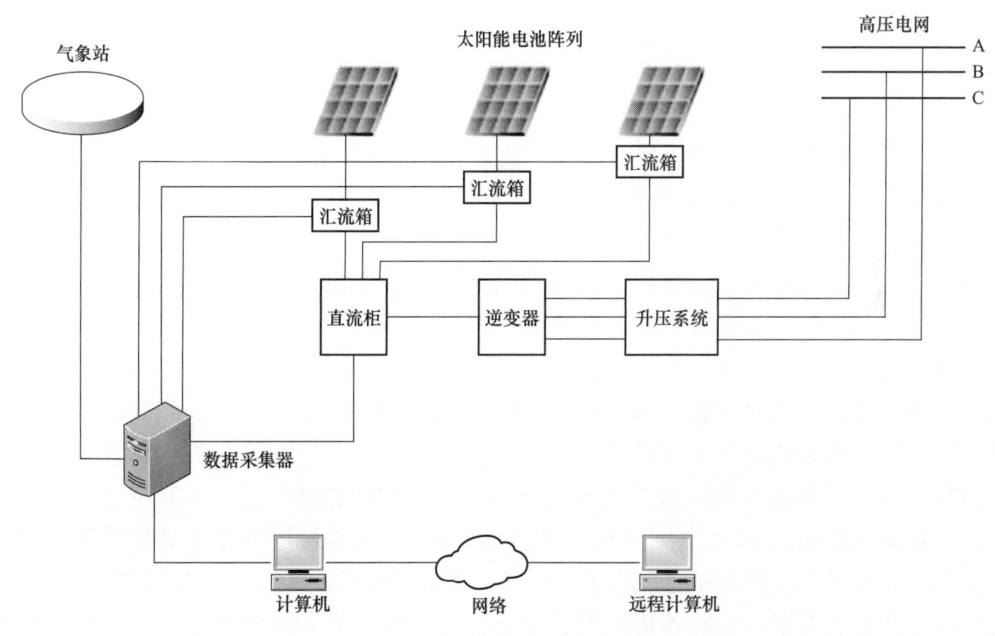

图 4-4　光伏发电系统架构

总的来说，光伏发电是利用太阳能电池技术，有光子使电子跃迁，形成电位差，光能直接就转变为电能，产生直流电。太阳能光热发电是将光能转变为热能，然后再通过传统的热力循环做功发电的技术。太阳能光热发电产生的是和传统的火电一样的交流电，与传统发电方式和现有电网的匹配性更好，可直接上网。两者之间最为重要的差别，则在于各自在能量储存方式上的差异。由于光伏发电是由光能直接转换为电能，因此其多余的能量只能采用电池储存，其技术难度和造价远比太阳能光热发电高。因此，易于对多余的能量进行储存，以实现连续稳定的发电和调峰发电，是太阳能热发电相对于光伏发电的一个最为重要和明显的优势。光伏发电主要应用于分布式发电，而光热发电则较多用作集中式发电。光热和光伏都有各自的优势和发展前景，二者没有直接冲突。

2020 年各类发电技术均化成本比较如图 4-5 所示。

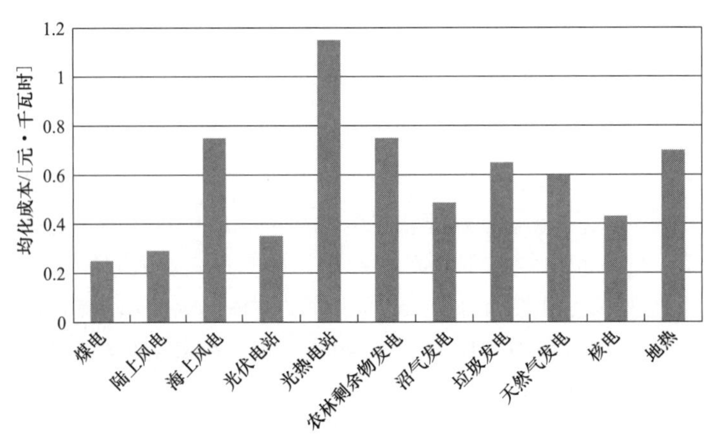

图 4-5　2020 年各类发电技术均化成本比较

从图 4-5 可以看出，光伏发电已逐步迈入平价上网时代，光热电站的发电成本还维持较高成本，据兴业证券经济与金融研究院数据：2009 年至 2019 年十年间，光伏度电成本降幅约为 89%，2019 年平均度电成本已降至 40 美分/kWh，光伏电力已经是各类电源中成本最低的电源之一。随着光伏产品价格的不断下降，光伏电站的建设成本也在不断降低，2007 年至 2019 年，光伏电站的初始投资成已经下降超过 90%，未来将保持缓慢下降的趋势，光伏发电在越来越多的国家成为最具竞争力的电力产品。2020 年中国太阳能发电装机容量达 253.43GW，较 2019 年增加了 49.25GW，同比增长 24.1%，其中光伏新增装机 48.2GW。随着光伏发电技术的进步，太阳能发电系统的转换效率越来越高，成本越来越低，有望在不久的将来大幅度补充能源的短缺。

2021 年 6 月，国家能源局综合司正式下发《关于报送整县（市、区）屋顶分布式光伏开发试点方案的通知》，拟在全国组织开展整县（市、区）推进屋顶分布式光伏开发试点工作。目前已有山东、陕西、福建、广东、江西、甘肃、安徽、浙江、河北等 23 省发布了分布式光伏整县推进方案。要求各地电网企业要在电网承载力分析的基础上，配合做好省级电力规划和试点县建设方案，充分考虑分布式光伏大规模接入的需要，积极做好相关县（市、区）电网规划，加强县（市、区）配电网建设改造，做好屋顶分布式光伏接网服务和调控运行管理。

4.1.3　生物质发电

生物质能是指蕴藏在生物质中的能量，是直接或间接地通过绿色植物的光合作用，把太阳能转化为化学能后固定和储藏在生物体内的能量。生物质发电技术起源于 20 世纪 70 年代，是指利用生物质直接燃烧或生物质转化为某种燃料后燃烧所产生的热量来发电的技术。完整的生物质发电技术，涉及生物质原料的收集、打包、运输、储存、预处理、燃料制备、燃烧过程的控制、灰渣利用等诸多环节。

生物质发电有以下特点：①适用于分散建设、就地利用：生物质更接近人类生活的场所，不需外运燃料和远距离输电；②技术基础较好，建设容易：生物质组织机构与常规的化石燃料相似，利用方式也与化石燃料类似；③依然有碳排放，但比化石燃料少：与太阳能、风能相比仍会产生温室气体的排放，但比常规火电厂少很多；④变废为宝，更加环保：生物质能发电除污染少之外，还可以实现废物利用，解决废物、垃圾处理问题。

生物质发电存在的问题：①生物质能的转化设备必须安全可靠，在生物质能转化过程中和结束后有可能产生或残存一些有毒有害的物质，如果泄漏可能产生二次污染；②能源作物需要占用大量土地，种植能源作物必须利用耕地，提供同样的能源，种植能源作物需要的土地量约为风电场需要土地的 3～10 倍。

生物质发电主要分为直接燃烧发电、沼气发电、垃圾发电和生物质燃气发电。

（1）沼气发电利用消化池产生的沼气经过汽水分离器、脱硫塔净化后进入储气柜，再经过稳压器进入沼气发动机，驱动沼气发电机发电。沼气发电机所排出的废气和冷却水所携带的废热经热交换器回收，作为消化池料液加温热源或其他热源再加以利用。沼气发动机与普通柴油发动机一样，工作循环也包括进气、压缩、燃烧膨胀做功和排气 4 个基本过程。

（2）垃圾焚烧发电首先对垃圾进行品质筛选，符合规格的垃圾卸入巨大的封闭式垃圾储存池，池内始终保持负压，巨大的风机将“臭气”抽出，然后将垃圾送入焚烧炉，并使垃圾和空气充分接触，有效燃烧。焚烧垃圾需要利用特殊的垃圾焚烧设备，有垃圾层燃焚烧系统、流化床式焚烧系统、旋转筒式焚烧炉和熔融焚烧炉等。

（3）生物质燃气发电机组主要有三种类型：内燃机发电机组、汽轮机发电机组和燃气轮机发电机组，三种方式可以联合使用，汽轮机发电机组和燃气轮机发电机组联合运行的应用前景较为广阔，尤其适用于大规模生产，生物质发电过程示意图如图 4-6 所示。

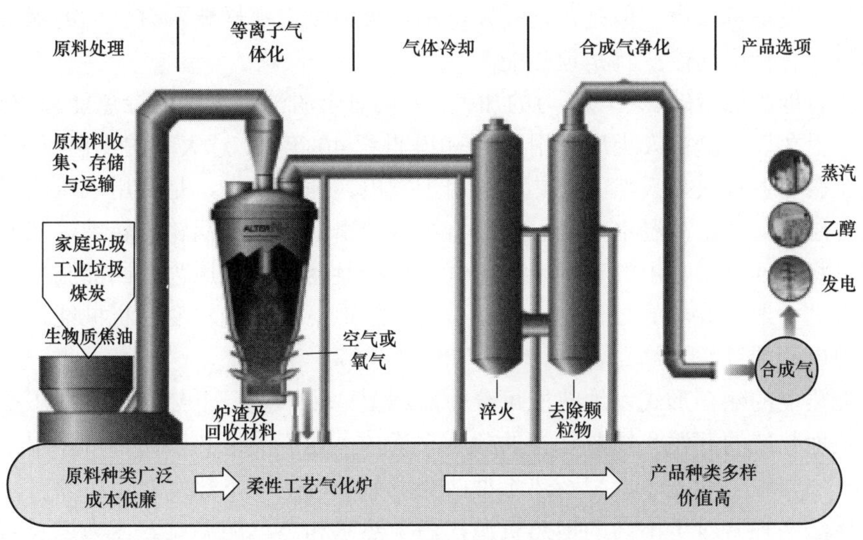

图 4-6　生物质发电过程

自1990年以来，包括直接燃烧发电和利用先进的小型燃气轮机联合循环发电两种形式的生物质能发电在欧美许多国家开始大发展。丹麦是世界上最早利用生物质能发电的国家之一，自1988年建立了世界上第一座秸秆生物质燃烧发电厂以来，丹麦已经拥有此类发电厂100多家，所生产的能源占全国能源消费的24%。美国在生物质直接燃烧发电方面处于世界领先地位，20世纪90年代初就已有1000个左右的燃木发电场。巴西具有自己独特的生物质燃烧技术，运行可靠，并且能用各种各样的生物质原料，已有近百年的利用历史。

20世纪70年代以来，中国生物质发电装机容量逐年增加，由2006年的1.4GW增加至2012年的8GW，年均复合增长率达33.71%，表明中国生物质发电行业发展较快。2020年我国生物质发电新增装机543万kW，累计装机达2952万kW，年发电量1326亿kWh，年上网电量1122亿kWh。截至2020年底，我国生物质发电装机占可再生能源装机总量的3.2%，发电量占比达到6.0%，我国生物质发电装机容量已经是连续三年位列世界第一。

为实现生物质发电行业有序健康、高质量发展，国家发展改革委、财政部、国家能源局印发《2021年生物质发电项目建设工作方案》，提出合理安排今年中央新增生物质发电补贴资金，明确补贴资金的分担规则，推动新开工项目有序竞争配置，促进产业技术进步，持续降低发电成本，提高竞争力。生物质发电，含农林生物质发电、垃圾焚烧发电和沼气发电，是可再生能源的重要组成部分。2021年生物质发电中央补贴资金总额为25亿元。其中，用于安排非竞争配置项目的中央补贴资金20亿元；用于安排竞争配置项目的中央补贴资金5亿元（安排农林生物质发电及沼气发电竞争配置项目补贴资金3亿元、安排垃圾焚烧发电竞争配置项目补贴资金2亿元）。

4.1.4 地热发电

地热发电是利用地下热水和蒸汽为动力源的一种新型发电技术，是地热利用的最重要方式。地热发电和火力发电的原理是一样的，都是利用蒸汽的热能在汽轮机中转变为机械能，然后带动发电机发电。但是，地热发电不像火力发电那样要备有庞大的锅炉，也不需要消耗燃料，它所用的能源就是地热能。

随着化石能源的紧缺、环境压力的加大，人们对于清洁可再生的绿色能源越来越重视，但地热能在很久以前就被人类所利用。早在20世纪40年代，意大利的皮也罗·吉诺尼·康蒂王子在拉德雷罗首次把天然的地热蒸汽用于发电。地热发电，是利用液压或爆破碎裂法将水注入岩层中，产生高温水蒸气，然后将蒸汽抽出地面推动涡轮机转动，从而发电。在这过程中，将一部分未利用的蒸汽或者废气经过冷凝器处理还原为水回灌到地下，循环往复。简而言之，地热发电的具体过程，就是首先把地下的热能转变为机械能，然后再将机械能转变为电能的过程。

根据地热能的赋存形式，地热能可分为蒸汽型、热水型、干热岩型、地压型和岩浆型等五类。从地热能的开发和能量转换的角度来说，上述五类地热资源都可以用来发电，但日前开发利用得较多的是蒸汽型及热水型两类资源，利用地下热水发电主要有降压扩容法和中间介质法两种。对于不同的地热资源，由于热水和蒸汽的温度、压力以及它们的水、汽品质的不同，地热发电的方式也不同。常用的地热发电有4种基本方式，即直接蒸汽发电法、扩容（闪蒸法）发电法、中间介质（双循环式）发电法和全流循环式发电法：

（1）直接蒸汽法。从地热喷出的高温蒸汽，首先经过净化分离器，脱除井下带来的各种杂质，清洁的蒸汽推动汽轮机做功，并使发电机发电。所用发电设备基本上同常规火电设备一样。

（2）扩容发电方式。即地热水经井口引出至热水箱部分扩容后进入厂房扩容器，扩容后的二次蒸汽进入汽机做功发电。这种一次扩容系统，热利用率仅为 3%左右。将一级扩容器出口蒸汽引入汽机前级做功，一级扩容器后的地热水进入二级扩容器，经二级扩容后进入汽轮机中间级做功，这就是两次扩容地热发电，其热利用率可达 6%左右。西藏羊八井地热发电站属此种发电方式的机组，单机容量为 3000kW。

（3）双工质循环地热发电方式。当地热参数较高，温度在 150℃以上时，采用扩容发电很合适。但参数较低时扩容发电就很困难，这种情况适宜采用双工质发电方式。即用参数较低的地热水去加热低沸点的工质（如异丁烷、氟利昂等），再用低沸点工质的蒸汽去冲动汽轮机。这种方式理论上效率较高，但技术难度大，目前国内进口的两台 1000kW 机组已投产电。

（4）全流式地热发电方式。将地热介质全部引入全流发电机组。该方式理论上效率很高，可达 90%，但实际结果较低。目前，该方式在国内、外仍处于试验阶段，尚未付诸工业应用。

地热发电至今已有近百年的历史，已经有了较大规模的发展。目前世界最大的地热电站是美国的盖瑟尔斯地热电站，瑟斯地热电站位于加利福尼亚州旧金山以北约 20km 的索诺马地区。1920 年在该地区发现温泉群、喷气孔等热显示，1958 年投入多个地热井和多台汽轮发电机组，至 1985 年电站装机容量已达到 1361MW。地热发电在中国也有了较大的发展。目前为止，西藏羊八井地热电站是中国最大、运行最久的地热电站。羊八井地热电站装机容量已达到 9 台共 25.18MW，机组最大单机容量为 3MW 等级。目前，国内可以独立建造 30MW 以上规模的地热电站，单机可以达到 10MW。2017 年 2 月，国家发展和改革委员会编制的《地热能开发利用“十三五”规划》已经正式印发，根据规划内容，“十三五”期间地热能开发将拉动总计 2600 亿元投资。但国内地热发电新增装机容量为 18.08MW，仅占“十三五”规划的 3.6%；全国在运地热发电总装机量为 44.56MW，占到规划装机容量的 8%左右。在此过程中，将探索建立地热能开发的特许经营权招标制度和 PPP 模式，并且将放开城镇供热市场准入限制，引导地热能开发企业进入城镇供热市场。2021 年 1 月 15 日，山西大同天镇县高温地热能科研示范试验电站通过工程验收并实现并网发电，是我国中东部首个高温地热发电项目，其中 1 号试验机组装机容量 300kW，2 号试验机组装机容量 280kW，如图 4-7 和图 4-8 所示。

2021 年 4 月 14 日，国家能源局综合司发布《关于促进地热能开发利用的若干意见》（征求意见稿），提出在资源条件好的地区建设一批地热能发电示范项目。征求意见稿还提到，将稳妥推进地热能发电示范项目建设。为此将抓紧攻关地热能发电关键技术和成套装备，为今后地热能发电的规模化发展奠定技术储备。适时出台电价或相关支持政策，在西藏、川西、滇西等高温地热资源丰富地区组织建设中高温地热能发电工程，鼓励有条件的地方建设中低温和干热岩地热能发电工程。支持地热能发电与其他可再生能源一体化发展。

图 4-7　山西大同天镇县高温地热能 1 号试验机组

图 4-8　山西大同天镇县高温地热能 2 号试验机组

4.1.5　海洋能发电

海洋能发电指利用海洋所蕴藏的能量发电。海洋能通常指蕴藏于海洋中的可再生能源，主要包括潮汐能、波浪能、海流能、海水温差能、海水盐差能等。海洋能蕴藏丰富、分布广泛、清洁无污染，但能量密度低，地域性强，因而开发困难并有一定的局限。海洋能开发利用的方式主要是发电，其中潮汐发电和小型波浪发电技术已经实用化。

波浪能发电是利用波浪运动的位能差、往复力或浮力产生动力，通过发电机来产生电能。波浪能发电的关键技术在于如何有效利用不规则运动的波浪能。波浪能技术种类较多，兆瓦级波浪能发电装置正在加紧研发。总体上看，国际波浪能技术正朝着高效率、高可靠、易维护的方向发展。国内外现有波浪能发电装置可大致划分为振荡水柱式、点吸收式、消耗式和截止式四大类。振荡水柱式（oscillating water column，OWC）波浪能发电装置是当今世界最普遍的海洋波浪能转换器，其有效地将不规则波浪能转换为双向直线运动的气流，从而带动涡轮发电机发电，由于装置内气流双向运动，研制单向旋转的空气透平发电机成为其关键技术，OWC 波浪能发电原理和双向冲击式透平如图 4-9 所示。

全球范围内，目前仅有英国、爱尔兰、丹麦、美国等国家研发了一些波浪发电装置；我国目前在引进和消化国外技术的基础上，研发了单机功率大小不等的各类波浪发电装置，一些装置也已开展了海上测试多年，并实现了成功发电。目前国内外还设计出了波浪能发电船，将发电平台与船体相结合，或直接给船提供前进动力。当前，能够持续在海洋中运行的离岸波浪能装置已经逐渐呈现，如英国的改良筏式装置即第二代海蛇（Pelamis）、美国的点吸收装置 PowerBuoy、爱尔兰的漂浮振荡水柱式装置 OE Buoy 等。

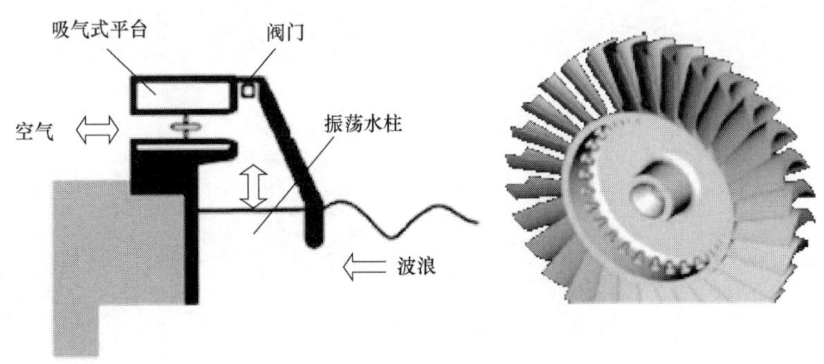

图 4-9　OWC 波浪能发电装置原理和双向冲击式透平

波浪能发电的商业应用仍面临很多问题，包括波浪能发电装置的成本、并网等问题无法得到解决。因波浪的随机性、不稳定特性，波浪能发电的输出电压的幅值、频率及相位均不稳定，并网时对电网会形成冲击。针对波浪能发电技术存在的问题，武汉大学经过多年的研究，提出了具有完全自主知识产权的浮力摆式主动共振波能转换装置。研究和试验结果表明该装置已具备实现宽频带全海况共振取能和高效发电的客观条件，且其生存可靠性高、结构简单、自身动力需求小。

潮汐能发电的工作原理与常规水力发电的原理类似，它是利用潮水的涨、落产生的水位差所具有的势能来发电。潮汐能发电和水力发电的差别在于海水与河水不同，蓄积的海水落差不大，但流量较大，并且呈间歇性，从而潮汐能发电的水轮机的结构要适合低水头、大流量的特点。具体地说，就是在有条件的海湾或者河口建筑堤坝、闸门和厂房，将海湾（或河口）与外海隔开围成水库，并在闸坝内或发电站厂房内安装水轮发电机组。海洋潮位周期性的涨落过程曲线类似于正弦波，对水闸适当地进行启闭调节，使水库内水位的变化滞后于海面的变化，水库水位与外海潮位就会形成一定的高度差（即工作水头），从而驱动水轮发电机组发电。

潮汐能发电的特点为：①能源可靠，可以经久不息地利用。不像常规水力发电那样受到气候条件的影响；②虽然有周期性间歇，但有准确规律，可用电子计算机预报，并有计划纳入电网运行；③一般离用电中心近，不必远距离送电；④潮汐能发电站兴建后的最高库水位总是低于建站前最高潮水位，因此潮汐能发电站库区不但不淹没土地，还可以促淤围垦，发展水产养殖；⑤潮汐能发电站的主要部分建在水下，不污染环境，还美化环境，提高旅游效益；⑥单位千瓦的造价较常规水电站高。两种海洋能发电机对比如图 4-10 所示。

我国发展潮汐能起步较早，1957 年在山东建成第一座潮汐发电站。1980 年 5 月，浙江温岭的江厦潮汐电站第一台机组并网发电，揭开了我国较大规模建设潮汐电站的序幕。据了解，我国潮汐资源丰富，主要集中在福建、浙江、江苏等省的沿海地区。相关数据显示，截至 2019 年我国可开发的潮汐发电装机容量达 2158 万 kW，年发电量约为 619 亿 kWh。早在 20 世纪 50 年代至 70 年代，我国就先后建了 50 座潮汐电站，但目前只有 8 个电站正常运行发电。

（a）

（b）

图 4-10　两种海洋能发电机对比

（a）潮汐能发电机；（b）波浪能发电机

在潮汐能技术方面，英国 SeaFlow 300kW 潮流能比例样机于 2003 年开始海试并取得较好的效果，中国百千瓦级潮流能机组（“海能Ⅰ”）2012 年才进入海试；在波浪能技术方面，丹麦浪龙 20 kW 波浪能发电样机于 2003 年海试并实现并网，英国 Oyster 800 kW 波浪能发电样机于 2012 年海试并实现并网，中国 500kW 波浪能装置“舟山号”正在开展海试。在盐差能技术方面，挪威 10kW 盐差能样机于 2009 年开始示范运行，中国的盐差能发电技术还停留在实验室原理验证阶段。目前海洋能发电在可再生能源发电中所占比例最小，大多数海洋发电项目侧重于规模相对较小的示范项目和不到 1MW 的试点项目。2018 年，全球新增的海洋发电装机容量约 2MW，总装机容量约 532MW。两次潮汐拦蓄作用占总数的 90%以上，发展活动遍布世界各地，但主要集中在欧洲，特别是苏格兰海岸，2018 年在那里部署了大量的潮汐涡轮机。海洋能源的资源潜力空间很大，但尽管经过几十年的发展努力，它在很大程度上仍未得到大规模的开发利用。

4.1.6　分布式发电

分布式发电（distributed generation，DG）是指为满足终端用户的特殊需求，安装在用户侧的中小型发电机组，发电功率通常在几十千瓦到几十兆瓦之间，所用能源包括天然气、氢能、生物质、太阳能等洁净能源或可再生能源。根据分布式发电技术可以将其划分为风力发电、光伏发电、生物质能发电、微型燃气轮机发电以及燃料电池发电等。从 20 世纪 80 年代末开始，世界电力工业已出现了一个由传统的集中供电模式向集中和分散相结合的供电模式过渡的趋势。1996 年，美国电力科学研究院（Electric Power Research Institute，EPRI）在《分布式发电》一书中首次提出了 DER 的概念。

DG 发出的电能无法直接供给交流负荷，须经一定的并网技术来实现。DG 与电力系统之间存在四种关系，方式 1：DG 独立运行向周围用户供电；方式 2：DG 独立运行但与当地电网之间有自动转换装置；方式 3：DG 与系统并联运行但对电网无输出；方式 4：DG 与系统并联运行且对当地电网输出电能。以上四种运行方式下 DG 功能见表 4-1。

表 4-1　　　　　　　　　　　**四种运行方式下 DG 功能**

功能	方式 1	方式 2	方式 3	方式 4
基本电源	√	√	√	√
联合发电	√	√	√	√
削峰作用		√	√	√
紧急/备用电源		√	√	√
优质电能	√		√	√
偏远地区供电	√			

典型的 DG 并网系统结构如图 4-11 所示，根据实际应用中 DG 的发电方式不同，并网系统结构也会有所不同。DG 并网系统根据实现功能的不同，可以分为逆变器型并网系统、具有同步功能的并网系统和包含远方调度模块的并网系统三类。

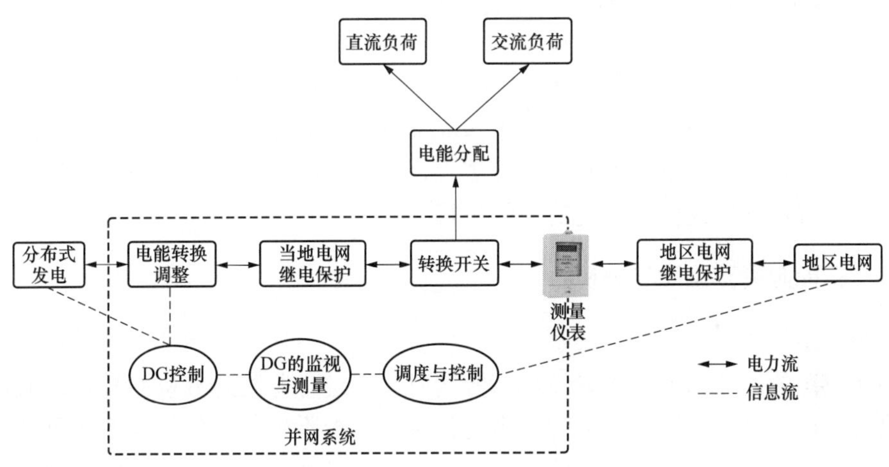

图 4-11　DG 并网系统结构图

（1）逆变器型并网系统。逆变器型并网系统指光伏发电、燃料电池等 DG 发出电能为直流电，微型燃气轮机发出的是高频交流电，这些分布式能源发出的电需经过逆变器等电力电子设备转换成适合电网的交流电。

（2）具有同步功能的并网系统。具有同步功能的并网系统指用于与地区电网并联运行的 DG，DER 通过并网系统与地区电网在耦合点实现同步运行。当 DG 担任削峰、联合发电、基本电源或作为备用和紧急时采用这种并网系统。

（3）包含远方调度模块的并网系统。包含远方调度模块的并网系统指电力系统可以根据实际需要对 DG 实现启停与实时电力调度，当 DG 需要向地区电网输送电能时，通常采用这种并网系统，同时还需附加测量、通信、监视和控制装置。

分布式发电技术有别于传统电网的最大不同是发输配三者在物理空间上高度压缩，其主要技术特点如下：①一般建设在用户附近，输送通道较短，且输送方式灵活；②具备接入现有网架的技术基础，通过一定的技术手段可以反接入电网；③利用新能源发电较多，送侧成本较低；④电能质量难以保证，电压波形十分不稳定。

近年来，对新型分布式发电技术的研究取得了突破性的进展，分布式发电有望在电能生产中占有越来越大的比重，并对电力系统产生重大的影响。我国目前已经将多种一次性能源与分布式发电相结合，实现综合化供电，从而降低了电网的投资，降低了发电的能源资源消耗，且显著地提高了电网与发电系统发电供电效率以及运行的安全性与稳定性。

2015 年，国网山东省电力公司承担开发的山东长岛“分布式发电及微电网接入控制示范工程”通过国家发展和改革委员会验收。2015 年，北京海淀区首个分布式光伏屋顶电站示范区项目——永丰产业基地分布式光伏屋顶电站并网发电，该电站装机量为 300kW，每年发电量为 33 万 kWh，可为社会节约标准煤 112t，减少 CO_2 排放 350t。

分布式发电技术在国外也得到了迅速发展。电力部门监管机构 Aneel 的统计显示，截至 2021 年 7 月，巴西的分布式发电总容量已超过 4.9GW，其中太阳能是最受欢迎的来源，有 401199 个并网系统。根据巴西分布式发电协会的数据，今年分布式发电细分市场将增长 50%以上，到 2021 年底其装机容量将超过 7GW。

在我国城镇，分布式发电技术作为集中供电方式技术不可缺少的重要补充，将成为未来能源领域的一个重要发展方向。而在分布式发电技术中应用最为广泛、前景最为明朗的，应该首推热电冷三联产技术，因为对于中国大部分地区的住宅、商业大楼、医院、公用建筑、工厂来说，都存在供电和供暖或制冷需求，很多都配有备用发电设备，这些都是热电冷三联产的多目标分布式供能系统的广阔市场。

4.1.7 新能源资源监测与分析

新能源资源监测与分析是一种基于计算机科学技术、能源工程技术及工业控制技术，对于各种新能源的属性如太阳辐射、风速等实时数据进行监测与分析的技术。通过新能源资源监测与分析，可以实现对新能源发电进行预测，把不确定的新能源变为可调度、可控制的优质电源，提高新能源电场站的出力可预见性；同时为发电计划制定与电网调度提供决策支持，缓解电力系统调峰、调频压力，在保障电网安全稳定运行的前提下，增强新能源发电的竞争力，提高新能源发电的消纳水平；另外，该技术在电站发电量评估、检修计划制定以及智能运维等方面都将发挥重要作用。

资源监测与分析评估系统是实现新能源监测与分析的重要技术手段，其构成与配置如下：

（1）风能资源监测技术。风能实时监测与评估系统的典型功能架构如图 4-12 所示，主要包括以下关键功能模块：①实时测风数据模块。实时测风数据是整个系统的基础输出数据。实时测风数据由风速、风向传感器测得，经通用无线分组业务（general packer radio service，GPRS）传入测风数据服务器，经处理后形成监测与评估需要的数据格式，再送入监测与评估数据库。②监测与评估数据库模块。监测与评估数据库是整个系统的数据中心，各软件模块均通过该数据库完成数据的交互。监测与评估数据库存储来自实时测风模块的实时测风数据，风能评估程序产生的评估结果数据等。③风能评估程序模块。风能评估程序是整个系统的计算核心。该模块从监测与评估数据库中获取实时测风数据，经评估程序计算出整个区域的风能资源分布，并将评估结果送回监测与评估数据库。④图形用户界面模块。与用户交互，完成数据及曲线显示、系统管理及维护等功能。

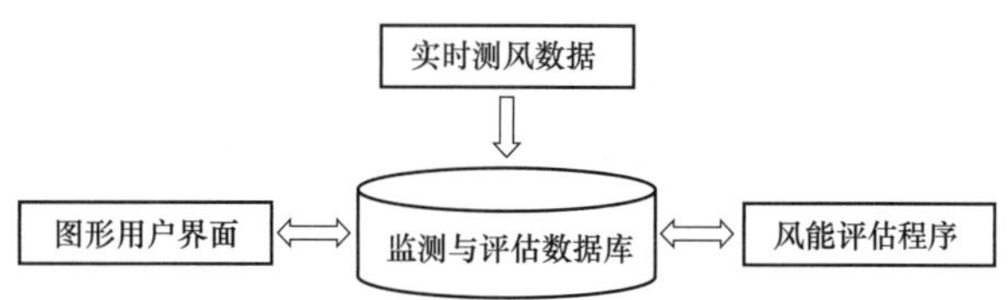

图 4-12　风能实时监测与评估系统的典型功能架构

（2）太阳能资源监测技术。太阳能资源监测就是采用观测或计算的方法确定到达地面的太阳辐射量（短波辐射，包括总辐射、直接辐射和散射辐射），评估其丰富程度，进而估算不同太阳能利用方式的产出量（发电量、发热量等）。根据各种方法物理原理的不同，其归纳为两类：基于地面观测或卫星遥感资料的统计反演法和基于分光谱辐射传输模型的物理反演法。

近年来新能源发电技术发展十分迅速，风能和太阳能等新能源在市场中的竞争力逐步提升，并因此改变了当前的能源市场结构。在太阳能资源分析方面，开发利用太阳辐射资源一般从几个方面考虑，包括太阳能源资源分布情况、稳定度、理论和技术可开发量、地形和气候条件等。风力资源分析方面，目前风力资源评估的方法主要包括基于数理统计和数值模拟两种。其中，数理统计主要是基于测风塔观测数据，以风速为主要关注点，通过建立数学模型，准确地将气象观测数据转化为风功率密度、风能可利用时间、有效风能密度等风能资源评估常用特征指标；数值模拟则是通过有效数据结合计算机技术的方式，将地貌信息数值化，并利用相关观测数据来实现对近地层风能资源的评估。

近年来，大规模新能源集中并网对电网运行的影响逐渐显现，国外研究主要针对复杂地形、极端天气及海上风电的预测，提出基于中小尺度气象模式耦合预测、多数值天气报源集合预测、大气模式与海洋模式耦合的海上风电功率预测等方法。欧盟 ANEMOS 项目和后续 ANEMOS.plus 项目持续支持风电功率预测技术研究，重点集中在概率预测、事件预测和高精度数值天气预报等技术。美国 Xcel 公司与国家大气研究公司（NCAR）合作开发了新能源电站检测与数值天气预报在线互动一体化检测系统。我国新能源发展快、数据积累少，弃风、弃光频发，且地形复杂、气候类型多样，国外研究成果难以直接应用。中国气象局、中国电科院、清华大学等针对我国新能源特点开展了大量研究工作，提出了基于多实测数据统计预测、基于电站线性尺度区域预测等方法，提高了新能源功率预测方法的普适性。

实际应用中，由于风是随着时间而改变的，要评估候选风电场的资源情况，需要通过短时间的相关测量数据，然后采用测量-修正-预测算法（Measure-Correlate-Predict，MCP）建立模型进行必要修正，再通过该模型得到一组能够反映风电场长期特性的预测数据。目前 MCP 算法主要分为回归法、概率密度函数法和人工智能方法。国际商业机器公司（International Business Machines Corporation，IBM）开发了一项先进的结合大数据分析和天气建模技术而成的混合可再生能源预测（HyRef）技术，该解决方案利用天气建模能力、先进的云成像技术和天空摄像头、接近实时的跟踪云的移动、并且通过涡轮机上的传感器监测风速、温度和方向。通过与分析技术相结合，这个以数据同化（Data-Assimilation）为基础的解决方案，能够为风电厂提供未来一个月区域内的精准天气预测或未来 15min 的风力增量，从而能够准确预测风电和太阳能的可用性。冀北电力有限公司，正在使用 HyRef 来整合可再生能源并入所属电网中，而这项应用，将是冀北电力的张北县 670MW 示范项目的第一阶段重点。

随着世界各国对全球气候变化、新能源资源优化利用等方面的重视，以及相关输电技术和新能源资源监测技术的发展，对于风能资源的监测与分析还需：①进一步开发数值模拟研究应用；②提高模型对限出力运行的适应性；③利用测风资料、有效风电功率等信息，根据风电基地的气候特征及地形、地表粗糙度条件，采用线性化解析方法建立风能评估模型，对风能情况、风电场出力和发电量进行科学评估。

4.1.8 新能源发电功率预测技术

2020 年，可再生能源发电量达到 2.2 万亿 kWh，占全社会用电量的比重达到 29.5%，其中以风力、光伏发电为主。但是风能和太阳能发电具有较强的波动性和间歇性，其输出功率的随机性会对电力系统的稳定造成不利的影响。功率预测是以电厂历史数据、环境信息、数值天气预报等信息，结合机组的运行状态来预测未来特定时间内电场的输出功率。准确的预测结果有利于新能源的消纳和电力系统的稳定，故对风力和光伏功率开展预测及能力评估技术具有重要意义。

国家能源局出版的《风电功率预测技术规定》对于风电预测的要求有明确的规定。风电场应每 15min 自动向电力调度机构滚动上报未来 0～4h，共 16 个时间段的风电场超短期有功功率预测，而短期的风电功率预测输出结果的有效时间不应少于 72h。短期预测的结果应用于调峰调频优化和经济负荷调度，而中长期预测主要关注风电年度、月度发电量情况，制定风电年度电量计划和电网输变电设备检修计划。预测结果随着时间跨度的增大，预测复杂性和预测误差也在增长。针对不同的事件尺度，预测方法也不完全相同。对于短期的预测，可以利用 SCADA 采集的历史数据，对人工智能预测模型进行训练来寻找外部变量和输出功率的映射关系。而长期预测由于时间跨度过大，单纯的历史数据很难准确预测大的波动，需要结合数值天气预报和物理建模方法来提高预测准确度。

国外风电功率预测技术研发工作起步较早，1994 年丹麦 Ris 国家实验室开发的 Prediktor 预测系统，运用物理方法，采用高分辨率有限区域模式，预测时间为 3～36h。物理模型方法引入数值天气预报数据并考虑电厂地形、地貌等信息，将天气数据转化为实际电厂运行环境下的资源信息，进而根据机组的实际性能参数计算未来的功率。西班牙的 LocalPred 预测系统采用了高分辨率中尺度气象模式 MM5（或 NWP 模式）的气象数据，通过统计模块（MOS）对预测风速进行订正，最后利用历史气象数据建立起来的功率输出模型进行风功率预测。同年丹麦科技大学运用统计方法，设计了 WPPT 预测系统，采用自适应回归最小平方根法与指数遗忘算法相结合。统计方法，即用统计算法来学习风电场的时间序列数据所表现出来的特征规律，并对未来输出功率进行预测；例如持续法、自回归移动平均值（ARMA）、卡尔曼滤波都是常见的统计类算法。此类方法在简单时间序列预测中表现尚可，但是风速序列是非线性的，在风能预测上能力不足。

随着神经网络的提出，人工智能方法通过大量寻找环境特征、气象信息与发电量之间的潜在关系，在应对风能、光伏这种非线性数据时具有优秀的处理能力，因而成为目前新能源预测最广泛采用的方法神经网络示意图如图 4-13 所示。

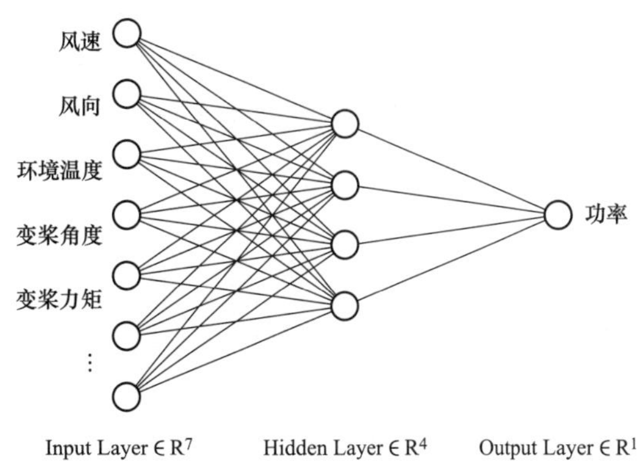

图 4-13　神经网络示意图

现阶段使用最多的模型主要是人工神经网络、卷积神经网络和循环神经网络。但是神经网络的性能受到数据质量、参数优化的影响。为此研究人员提出了第四类方法，即组合方法，组合方法的流程如图 4-14 所示。单一模型很难对数据进行充分的挖掘，组合预测方法考虑了不同模型的优点，通过不同方法之间的组合和数据预处理、参数优化、数据后处理等技术提高了模型的性能。自 2002 年欧盟的 ANEMOS 采用多个 NWP 模式来适应内陆和海上的风能预报之后，风能预测多是采用组合方法的形式。德国太阳能技术研究所开发的风电管理系统是目前商业化运行最为成熟的系统。目前国内中国电科院、国网电力科学研究院和国能日新公司均推出的高精度风电功率预测系统，并已在甘肃、陕西、陕西等省份得到了应用，预测精度可满足国家电网有限公司的规范要求，接近或达到国外同类产品的水平。

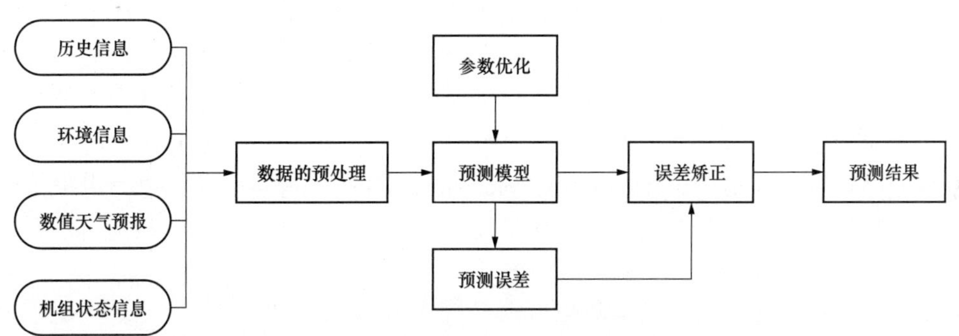

图 4-14　组合方法流程

2019 年 11 月 30 日，国内首套风电中长期功率预测系统在甘肃瓜州 20 万 kW 风电场成功上线。2020 年，应用了风电中长期功率预测系统的风电场平均月度预测发电量准确率达到了 93%，0～45 天大风出力过程准确率预测达到了 70%以上。相比传统气候模式，月度预测发电量准确率提升 8 个百分点，0～45 天大风出力过程准确率预测提升 20 个百分点。可见，新能源发电功率预测技术减缓了新能源并网对电网的压力，促进了新能源的大规模消纳。

4.1.9　大规模可再生能源接入与并网技术

可再生能源发电存在能量密度低、出力不稳定等缺点。可再生能源发电的随机性和间歇性使得机组输出功率产生波动，难以预测、控制和调度。大型风电或光伏发电在并网运行时，由于其出力有很大的随机性和波动性，导致电网的潮流方向变化不定，再加上可再生能源的控制特性也不尽相同，因此可再生能源并网时对电力系统的稳定和电能质量有一定的负面影响。目前，可再生能源并网技术主要有三种：风光储联合发电技术、柔性直流输电技术、基于电力电子变压器（power electronic transformer，PET）的光伏发电接入技术。

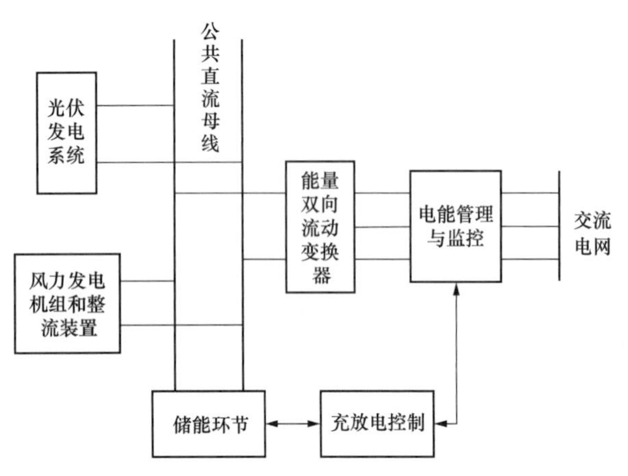

图 4-15 风光储联合发电系统原理示意图

（1）风光储联合发电技术。风能、太阳能都有各自的缺点。例如，风能有季节性强弱变化，而太阳能有日夜间断，如果将两者结合在一起，能量同时处于较低值的可能性就比较小。通常情况下，白天日照强、夜间风多，夏季日照强、风小，冬春季日照弱、风大，这样正好可以互补。风力发电与太阳能电池发电组成联合发电供电系统就是风光储联合发电系统，系统原理如图 4-15 所示。

风力发电机产生的交流电通过整流装置变为直流电，接入公共直流母线，同时光伏发电系统产生的直流电也接入公共直流母线，再配备储能环节，通过公共直流母线为蓄电池充电。由于风电、光伏发电的互补性，再加上储能环节，能够使出力稳定。

（2）柔性直流输电技术。海上风能资源比陆地上丰富，近几年来海上风电场技术发展迅猛，而柔性直流输电技术是一种适用于海上风电场并网接入的技术，电压源换流器是该技术的关键。柔性直流输电技术具有可以向无源电网供电，且具备灵活地控制潮流和独立调节两端交流电压的能力。由于采用门级可关断晶闸管（gate turn-off thyristor，GTO）、绝缘栅双极型晶体管（insulated gate bipolar transistor，IGBT）等可关断的电力电子器件，避免了换相失败的问题，且对受端系统的容量没有要求。将柔性直流输电系统用于大型海上风电场，它允许海上风电场的交流网络与电网保持不同步运行，一旦网络发生故障后，可以迅速恢复到故障前的输电能力，而且可以提高电能质量。

（3）基于 PET 的光伏发电接入技术。电力 PET 技术是一种并网逆变器技术。通过电力电子变换技术将变压器原方的工频交流输入信号变换为高频信号，经高频变压器耦合到副方后，再经电力电子变换还原成工频交流输出。基于 PET 的光伏发电接入系统原理如图 4-16 所示。

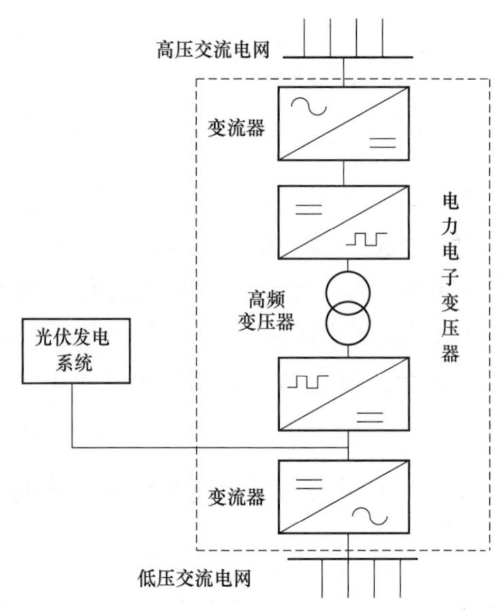

图 4-16 基于 PET 的光伏发电接入系统原理示意图

基于 PET 的光伏发电接入技术具有很多突出的优点：运行时可保证一次侧电压电流和二次侧电压为正弦波形，且一次、二次功率因数可调。配电网中谐波、闪变、电压跌落等电能质量问题日趋严重，PET 能用作电能质量调节器。PET 因原、副方电压幅值和相位均可控且可关断故障大电流，所以可大幅度提高电力系统稳定性。

我国新能源资源丰富，风能和太阳能可开发资源分别超过 25 亿 kW、27 亿 kW，预计未来 20 年我国能源需求仍将继续增长，大力发展风力发电和太阳能发电等新能源是保障我国能源安全、应对气候变化、实现减排承诺的战略举措。我国在智能电网分析与优化运行、风光储输示范工程、含高比例间歇式能源的区域型智能电网集成综合示范、风/光/水/气多种能源发电联合运行控制、电网侧提升可再生能源消纳能力等方向，开展了大量研究工作，形成一批自主知识产权科技创新成果，促进了新能源发电向可接入、可消纳、可预测、可调控方向发展，产业核心竞争力不断提升，逐步缩小了与世界先进技术水平的差距。

我国新能源并网比例不断增加，电力系统运行面临的不确定性越来越大，并呈现电力电子化形态。为保障新能源电力系统安全稳定运行和高效消纳利用，我国需加强相关技术研究，新能源资源模拟技术、新能源并网仿真技术、新能源功率预测技术、新能源优化调度技术、新能源智能控制技术、新能源实证分析技术均是我国新能源并网进一步发展的研究重点。

4.2　能源电力网架

能源电力网架是能源互联网的物质基础，其关键技术涉及电网安全与仿真、输变电、调度与交易、继电保护、配电等领域。本节按此顺序逐一介绍这些领域的关键技术。

4.2.1　电网安全稳定控制技术

电网安全稳定控制技术是应用计算机、通信、电子以及现代控制理论等最新技术和方法，为保障电网安全稳定运行所采取的控制手段。1967 年由 Dy-Liacoo 博士提出了电力系统安全控制的基本模式：正常状态、警戒状态、紧急状态、事故状态和恢复状态。通过合理采用安全稳定控制技术可以使电力系统从任意状态恢复到正常状态。电网在运行状态发生变化后采取的控制措施主要包括预防控制、紧急控制、失步控制、黑启动和恢复策略，如图 4-17 所示。

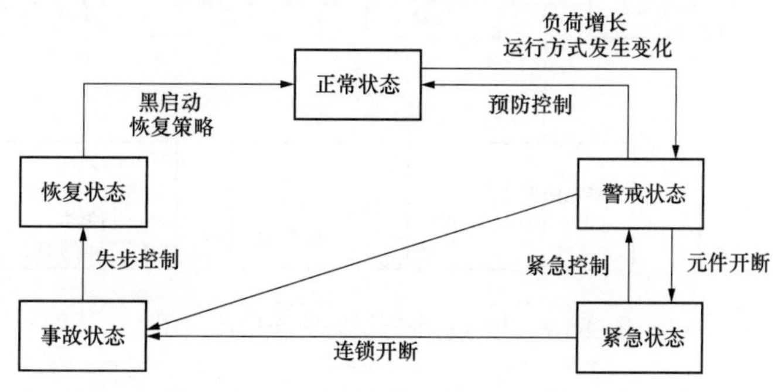

图 4-17　电力系统安全控制的基本模式

其中，预防性控制的目标指电网在正常状态下，通过调度手段让电力系统保持必要的安全稳定裕度以抵御可能遭遇的扰动与负荷增长带来的变化，使电力系统从警戒状态恢复到正常状态。其核心技术是电力系统在线安全稳定分析和决策，它包含两方面内容：实时获取当前电力系统的运行数据和必要信息，在线分析电网发生可能故障时的稳定状况。紧急控制的目标是保证电力系统承受单一严重大扰动故障时的安全稳定要求，防止系统稳定破坏和参数严重越限，使电力系统从紧急状态恢复到警戒状态。常见的紧急控制措施有：切除发电机、集中切负荷、互联系统解列、高压直流输电（HVDC）功率紧急调制和可控串联补偿等。失步控制是防止电力系统在承受多重严重事故时扩大系统崩溃的紧急控制，如系统解列、频率和电压紧急控制等，同时应避免线路和机组保护在系统振荡时误动作，防止线路及机组的连锁跳闸，是电力系统从事故状态运行到恢复状态的控制措施。恢复性控制是指电力系统由于受到严重扰动引起部分停电或事故扩大将引起大范围停电时，为使系统恢复到正常运行和供电的控制措施。各区域系统都应配备必要的全停后的黑启动措施，并采取相应的恢复控制。其中包括自动控制和人工控制，自动恢复控制系统包括电源自动快速启动和并列，输电线路自动重新带电，系统被解列部分自动恢复并列运行等。

根据 GB 38755—2019《电力系统安全稳定导则》，针对电力系统的三类安全稳定标准所采取的技术措施，即保障电网安全稳定运行的三道防线。描述如下：①第一道防线：依靠快速可靠的继电保护装置迅速切除故障元件，确保电网在发生常见单一故障时稳定运行和正常供电。②第二道防线：采用安全稳定控制装置及切机、切负荷等稳定控制措施，确保电网在严重故障时能继续保持稳定运行。③第三道防线：通过设置失步解列、频率及电压紧急控制装置，当电网遇到多重严重事故且稳定破坏时，依靠这些装置防止事故扩大、防止出现大面积停电。三道防线作用流程如图 4-18 所示。电网安全稳定控制手段可以概况为：合理的电网结构、性能完善的调度手段、失步解列、安全稳定控制装置和频率与电压紧急控制装置。

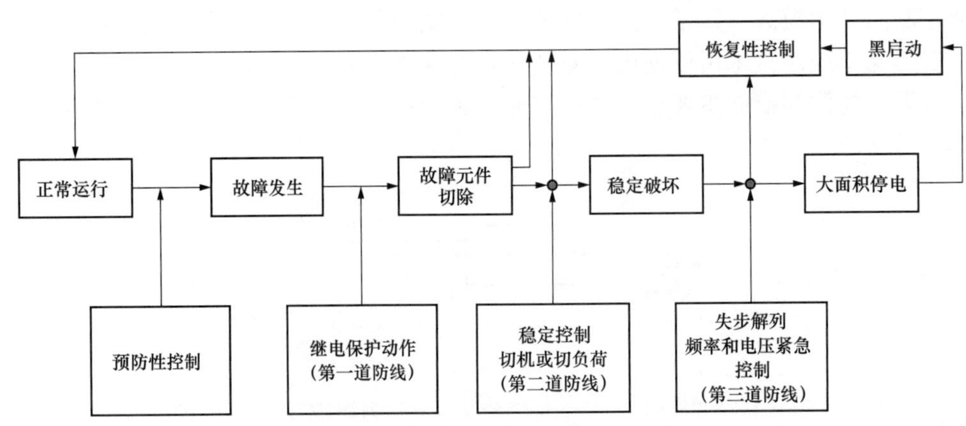

图 4-18　电力系统三道防线作用流程图

历史上与稳控系统失效有关的电网事故不在少数，例如，2006 年华中电网“7·1”停电事故，2011 年美国“9·8”大停电事故，2018 年巴西“3·21”大停电事故。随着交直流灵活输电技术的发展，电力系统“电力电子化”特征发展趋势明显。国家“863”课题“提升电网安全稳定和运行效率的柔性控制技术”研究了大电网智能柔性控制系统，在华中电网成功进行了示范应用以及长期运行，提升了电网运行效率和安全稳定水平。2020 年 6 月 25 日，世界首个柔性直流电网工程，即张北柔性直流电网试验示范工程投入使用。该工程重点示范的安全稳定控制技术主要包括：纯风电和光伏发电系统并且无常规同步电源电网运行控制技术，直流电网与落点交流电网有功功率和频率类、无功功率和电压类的协调控制技术，以及直流电网与风电、光伏、抽水蓄能等多能源发电协调控制技术。

随着能源互联网开放、互联、共享等先进的理念持续贯彻，多类型的能源通过电力电子装置接入智能电网，给电网安全稳定控制带来巨大的挑战和机遇。可以说电网安全稳定控制技术是实现能源互联的重要前提。

4.2.2　电力系统仿真技术

电力系统仿真技术是指为了保证实际运行电网的安全稳定性，而通过数学建模的方法在虚拟场景中获得系统动态响应特性的手段。其目的在于通过构建电网及其主要设备（常规机组、新能源发电机组、负荷、直流输电工程等）的机电暂态、电磁暂态及中长期动态的数字化模型和参数，对电力系统物理运行状态开展仿真模拟分析，进而制定相应的安全稳定控制策略，针对性地加强系统的稳定性，从而提高电网的安全稳定运行水平。

电力系统是集发电、输电、配电和用电为一体的复杂非线性网络系统。对其物理本质的研究涉及短至 1μs、长至 1h 的动态过程。为了保证实际运行的电力系统的安全稳定性，不便采用在线物理试验的方法对电力系统的动态行为进行研究。电力系统仿真技术主要有三大类，即电力系统动态模拟仿真技术、电力系统数模混合仿真技术以及电力系统全数字仿真技术。

（1）电力系统动态模拟仿真技术，其原理是用比原型系统在规格上缩减一定比例的方法建立物理模型系统，通过在物理模型上做试验代替在实际系统中的试验。20 世纪 60 年代前，电力系统仿真主要采用这种全物理的动态模拟装置，其优点是可以较真实地反映被研究系统的全动态过程，现象直观明了，物理意义明确；缺点是仿真规模受物理条件限制，可扩展性和兼容性差。

（2）电力系统数模混合仿真技术，其时间刻度与真实物理时间进度严格同步。这样可以把仿真与现实物理系统对接起来，把纯软件仿真嵌入到真实电网中，成为在实时仿真器中运行的“虚拟电网”。电力系统数模混合仿真采用先进的数字和物理模型组合技术，构成兼有物理和数字技术特点的实时电力系统模型，可进行从电磁暂态到机电暂态的全过程实时仿真技术。数模混合仿真能较精确地模拟交/直流电力系统的运行特性和动态过程，其优点在于综合了数字仿真和物理仿真优势，能够较真实地模拟一些系统电气元件，准确反映系统的动态过程，缺点是接口环节多，试验接线工作量大和仿真规模受限。

（3）电力系统全数字仿真技术，系统内所有元件都采用数字仿真模型。具有不受原有系统规模和结构复杂性地限制，现已成为研究电力系统必不可少的工具。全数字仿真系统主要使用各类离线数字仿真软件实现，也能以电力系统实时仿真器纯数值计算的方式实现。电力系统全数字仿真技术将电力系统受到扰动后的动态过程按发生的不同时间尺度分为 3 个典型阶段：机电暂态仿真，电磁暂态仿真和中长期动态仿真。

电力系统数模混合仿真技术和全数字仿真技术，长期以来一直是国内外研究重点。部分有代表性的系统有：①加拿大 Manitoba 直流研究中心推出的实时数字仿真系统（real time digital simulation system，RTDS），该系统实质上是为实现暂态过程实时仿真而专门开发的并行计算机系统；②法国电力公司（EDF）和加拿大魁北克水电研究所的 TEQSIM 公司推出的 HyperSim 仿真系统，该系统采用模块化设计，面向对象编程，可用于电力系统、电力电子仿真等分析；③中国电科院开发的 ADPSS 仿真系统，该系统仿真规模可达"三华"+"两北"220kV 以上网架，但其电磁暂态仿真规模仍需测试和提升；④美国 PTI 公司的 PSS/E 仿真程序，该系统可用来研究电力系统传输系统、发电机稳态和动态的功能、能处理潮流计算、故障分析网络等值和安全运行优化等问题；⑤中国电科院开发的 PSD-BPA 程序，现已具备电力系统稳态、暂态以及中长期动态、短路电流计算、电压稳定计算等交直流电力系统全过程仿真能力。

随着特高压电网的发展和高比例电力电子装置接入的仿真需求，建立国家电网 500kV 以上交/直流电网的电磁暂态详细仿真模型并接入全部直流工程实际保护装置进行联合仿真，是最理想的思路。然而由于电磁暂态仿真步长小，建模复杂，对计算速度要求严格，目前国内外的仿真技术都无法建立如此规模的电磁暂态实时仿真模型的需要。因此，为了解决当前电网发展面临的问题，采用机电-电磁混合实时仿真是最可行的技术路线，即将特高压交/直流骨架用电磁暂态模型进行仿真，并与实际直流工程控制保护装置进行连接，将其余电网用机电暂态模型进行仿真，通过接口与电磁暂态模型进行连接，进行数模混合实时仿真。

电力系统仿真技术需要在以下方面加强研究：①仿真算法。包括数值积分算法、大型方程组求解算法和电力电子元件初始化计算方法。②建模技术。包括直流输电模型、常规发电机组的动力系统模型、中长期动态模型和直流输电的电磁暂态模型与准稳态模型在计算中的交互转换问题。③适应能源互联网的发展。包括能源互联和数据互联、多类型能源及其接入装置的建模问题。

4.2.3 电力系统建模技术

电力系统建模技术是指应用机理分析、统计学等方法和知识，为将实际电力系统的本质用数学模型进行表达所采取的手段。电力系统模型可分为物理模型和数学模型两大类，物理模型是指根据相似原理构成的一种物理模拟，通过模型实验来研究系统的特性；而数学模型是以数学表达式来描述实际系统的特性，通过数字仿真计算来分析其过程。本节所讨论建模技术指的是电力系统数学模型的建立所采用的技术。

电力系统建模是电力系统仿真计算、分析和控制的基础。现代电力系统是一种多调节量、多目标、非线性、变参数的复杂系统，必须以数学建模、计算机仿真技术为基础进行整体优化，以此来确定各调整点的最佳整定值。如果模型不够准确，在临界情况下有可能改变定性结论，或者掩盖一些重要现象。国际上发生的一些典型大停电事故，比如 2003 年的"8 • 14"美加大停电、2006 年欧盟的"11 • 4"事故等，事故分析报告中指出所采用的模型缺乏准确性。

为此，国内外对电力系统建模的准确性展开了深入研究。以负荷建模为例，科研工作者不断探索，并取得了大量成果。IEEE 和 CIGRE 均设有专门研究负荷建模的小组，如复杂电网负荷建模与聚合小组 C4.605 等，以指导负荷建模方面的研究，在美国 EPRI 委托下，美国得克萨斯大学和电力公司通力合作，基于统计综合法开发了计算机分析程序（LOADSYN）。我国在负荷建模领域取得了重要成果。国家电网有限公司于 2003 年成立负荷建模工作组，中国电科院基于东北大扰动试验实测数据，提出了考虑配电网的综合负荷模型及其参数确定方法。国内清华大学、华北电力大学、湖南大学等科研团队也对负荷建模方法进行了深入研究，大大丰富了负荷建模理论，进一步推动了负荷建模的实用化。

电力系统建模的对象按复杂程度可分为元件建模和等值建模。一般来说，元件比等值建模简单，因为前者往往范围小、元件单一且机理清楚，比如同步发电机的建模；而后者范围大、元件多且复杂，内部机理不清晰，比如电力负荷建模。其中元件建模按照源—网—荷—储的结构可具体分为传统同步发电机、新能源机组、分布式电源、输电线路等，而等值建模主要是依据模型在电力系统分析中所起到的作用分为微电网、电力负荷和动态等值等。具体分类和任务如图 4-19 所示。

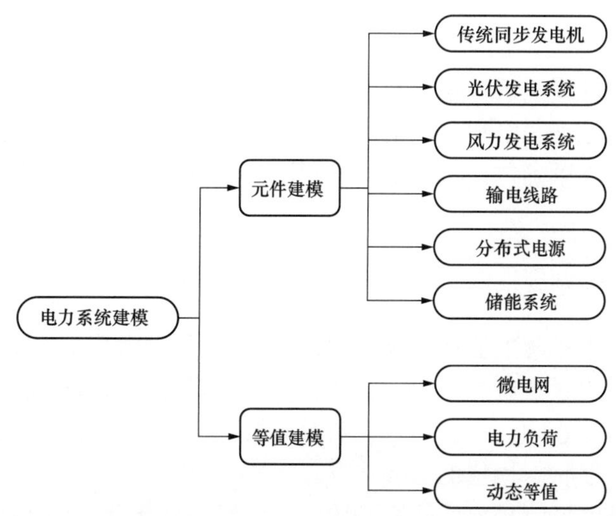

图 4-19　电力系统建模的分类与任务

电力系统日益庞大和复杂，其模型阶次和非线性程度越来越高，随机性受新能源和电动汽车等主动性较强的负荷的广泛接入越来越强。以上电力系统发展带来的固有特点给电力系统建模带来诸多困难和新的挑战：①电力负荷的建模，因为它具有时变性、随机性、分布性、多样性和非连续性等特点；②如何解决参数的平稳性问题，这可能涉及模型的可辨识性、方法的鲁棒性、信号的频谱等一系列因素；③电力系统模型的校核，因为实际电力系统是不可能停下来进行试验的，而自然发生的大扰动是十分有限的；④电力电子装置的建模，它是一个典型多时间尺度特性的非线性时变系统，因此电力电子多时间尺度建模技术需要进一步发展，其中包括了器件建模和驱动技术、变换器建模与控制技术和系统级建模与稳定性分析。

现有的研究可将电力系统建模的基本途径分为 4 类：①按照元件机理来建模，即根据电力系统元件的内在机理，按照基本规律导出模型方程，再用数值计算方法来获得参数。其优点是模型参数的物理概念清晰，便于分析和应用；但模型是在一定的假设和简化条件下得出的，具有局限性；②通过测量建模对象的实验数据来辨识模型，其特点是无须确切地知道系统的内部结构和参数，该方法适用于一些物理机理尚不清楚或难以用简单规律描述的动态方程；③基于仿真拟合的建模方法，将在实际扰动下测得的动态行为曲线用典型参数仿真实际系统事故，并不断对参数进行修正以最好地拟合实际曲线；④混合方法。混合方法就是先按照元件机理列出方程，再通过测量辨识获得其中的参数，最后通过仿真来验证模型和参数的合理性。混合方法即具有物理概念明确的优点，又可以获得系统的实际参数。上述 4 种建模途径的支撑条件就是当前电力系统广泛安装的广域测量系统（wide area measurement system，WAMS）和 SCADA 系统等，当前的研究热点就是如何根据上述系统测到的数据高效地开展电力系统建模工作。

随着能源互联网的发展，电力系统建模技术会面临许多新的严峻挑战，具体可概述如下：①多种类型的能源接入使电力系统模型阶次和非线性程度越来越高。为此，需要结合人工智能和数字孪生等新技术探索新的电力系统非线性建模理论。②多种类型的能源经电力电子装置接入电网，形成成千上万节点的广域系统。因此需要通过总体等效建模和在线分布建模的方法以模拟系统整体特性为目标，通过横向分区、纵向分层的办法，构建广域电力系统建模方法。③更加广泛的源-网-荷系统向电力系统注入了多种随机因素，传统的建模与分析理论难以确定。可以采用时频混合建模的方法更清晰地描述随机性的规律和特征。

4.2.4 变压器风险预警技术

电力变压器是电力系统中的枢纽设备，其可靠运行是电力系统安全与稳定运行的基础，变压器风险预警是电力设备安全稳定经济运行的重要课题，其目的是为了评估变压器异常对电力系统产生的潜在影响，帮助运行人员及时发现变压器的运行问题并采取相应的风险应对策略，也是变压器状态检修的重要依据。

国外对变压器故障风险预警的研究开始于 20 世纪 60 年代，限于当时的技术条件，未能实现真正的技术突破。70 年代起，随着计算机科学、电力电子设备以及光纤通信等技术的蓬勃发展，变压器风险预警技术才真正开始步入正轨，其中最核心的部分是状态检测数据的挖掘和使用，以此为基础实现故障诊断和风险预警。重庆大学、加拿大 Syprotec、英国 Kelamn 等国内外研究机构先后开展了油浸式变压器状态检测系统的研究，国内外最广泛使用的技术是基于溶解气体分析（dissolved gas analysis，DGA）的故障诊断方法，这一方法具有无须停电、操作简单、不受环境和电磁场影响等优点。但是，利用变压器油分解气体进行评估的方法存在一些不足，因为油中气体并不能认为完全由油分解产生，也存在周围环境气体渗入的可能，所以应避免采取单一评价方法，需要同时利用变压器的多方面状态检测数据结合历史数据综合判定。作为传统 DGA 法的补充，色谱法、局部放电检测、温度检测、光测及绝缘检测等方法也正得到广泛研究并投入实际应用。变压器风险预警技术是通过设备感知监控、运行状态评估和风险预警等手段，确保变压器安全稳定运行的一种方法。充分运用“云大物移智链”等信息技术，通过对变压器本体及周边运行环境的全息感知，以专家知识库和变压器状态及风险评价体系为核心，通过智能预警技术，给出风险预警及防范措施建议，同时与电力运维体系进行对接，通过实践经验优化专家知识库和状态及风险评价体系，实现“感知-分析-预警-处理-反馈”的立体闭环预警体系，变压器风险预警流程如图 4-20 所示。

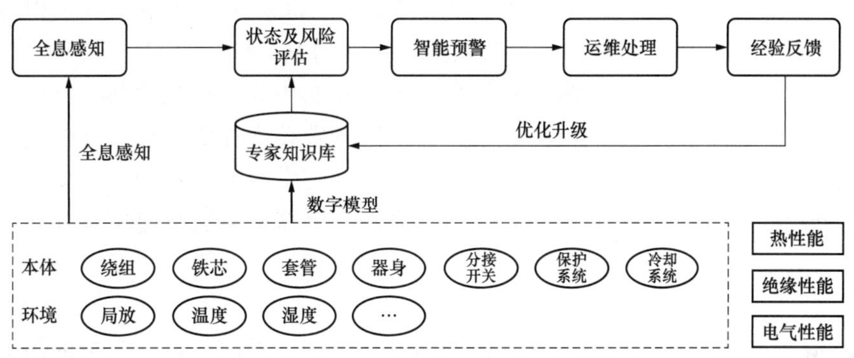

图 4-20　变压器风险预警流程

（1）全息感知方面，以物联感知技术为载体，将视觉、声音、化学、热力、动力、电气等专业知识运用于对变压器本体及环境的多维度感知，通过对本体（绕组、铁芯、套管、器身、分接开关、保护系统、冷却系统）和环境（局放、温度、湿度等）在热、绝缘和电气等性能数据的实时采集，为状态及风险评估提供全息数据。根据变压器的类型，进行差异化的数据感知。

（2）状态及风险评估方面，电力变压器组件及其运行相关的状态量众多，各状态量之间、状态量与变压器状态之间有着错综复杂的关系，因此对变压器进行状态评价是一个涉及多状态量的综合评判过程，且评价过程和结果均具有一定的模糊性和不确定性。所以，准确有效的变压器状态评价方法对于实现变压器的安全稳定运行具有重要意义。传统上主要采用专家经验法、层次分析法对变压器各状态特征量进行权重系数赋值来判断评估变压器运行状态。近年来，也开始采用物元理论、灰色理论、DS（Dempster/Shafer）证据理论、模糊数学等现代数学算法和基于机器学习的评价模型。基于初始状态、环境、负荷、机械性能、渗漏、声音异响、外观异常和历史缺陷情况，对变压器典型故障案例进行收集与分析，运用大数据分析技术对设备的典型故障类型与关键状态参量间的关联关系、组件及其周边环境对变压器运行状态的影响关系进行建模，形成专家知识库；基于专家知识库，融合处理所采集的大量数据信息，运用推理规则和控制策略对变压器状态及风险进行评估，即可确定最终故障发生的概率，从而为决策判断提供理论支持。

（3）智能预警方面，根据状态及风险的评估，对变压器的运行状态给出故障类型、发生的风险等级、采取的建议措施等智能预警，并根据风险等级的高低，选用合适的方式，及时通知到人。智能预警需具备周期性数据分析能力，对于渐发性的故障，设置智能启动触发机制，为变压器的稳定运行提供稳健的运维方式。

（4）运维处理方面，根据预警产生的措施建议，变压器运维部门需结合实际情况进行核实和处理。在处理完成后，需要对变压器的实际情况和处理方式与智能预警给出的变压器状态及风险评估和措施建议，进行有效性核实，为专家知识库的优化升级提供数据支撑。

（5）经验反馈方面，以大数据和人工智能技术为基础，对运维阶段产生的变压器状态及风险评估有效性验证数据及修正数据进行学习，进一步优化专家知识库模型的准确性，实现运维数据对人工智能模型的赋能。

2018 年变压器风险预警技术在国网南京供电公司溧水南门变电站等工程现场试点运行，通过变压器油色谱浓度预测，实时监测油中溶解的 H_2、CH_4、C_2H_6 等特征气体的含量，及时发现变压器内部的潜伏性故障，实现变压器故障的快捷、智能诊断，从而合理安排检修工作，提升对设备的超前控制能力。变压器风险预警技术提供了一个立体闭环的预警体系，随着物联感知、人工智能及大数据技术与电力基础学科的深化融入，变压器状态评估及风险预警的水平将会不断创新优化，为电力系统安全与稳定运行提供有效支撑。

4.2.5 电力防污闪技术

污闪是指严重污染的大气环境导致输变电设备绝缘子表面积累一定量的污染物，并在大雾等潮湿条件作用下发生的沿面放电。污闪的主要特点是易导致电网大面积停电，波及数十万平方公里，造成灾难性经济损失和社会危害，20 世纪末由电力污闪带来的严重停电事故占比高达 43%。污闪的另一重大问题是导致以绝缘子清扫为主要手段的防污闪工作极其沉重，一度占据一次设备运维工作量的 50%以上，成为电网运维的“超级负担”。

输变电设备造成污闪的主要因素是爬电比距、表面污秽、污层湿润、绝缘结构，常用防治措施如下：

（1）使用 RTV 防污闪涂料或 PRTV 长效防污闪涂料。RTV 防污闪涂料是由有机硅橡胶、填充剂和添加剂经化学物理过程改性制造而成。在绝缘子表面施涂 RTV 防污闪涂料后，所形成的涂层包覆了整个绝缘子表面，隔绝了瓷瓶与污秽物质的接触，其带有的疏水特性使得难以形成水膜或类似物质覆盖在其表面。即使表面积累了一些污秽物，也会因其憎水迁移的性能使得表面污秽物也带有疏水的性能，确保设备表面不会在大雾雨雪天气下湿润导致电流击穿，安全性能有很充分的保障。

（2）使用硅橡胶增爬裙。硅橡胶增爬裙又称硅橡胶伞裙，是由有机硅橡胶添加白炭黑、氢氧化铝等物质经高温硫化成型，它的性能类似于合成绝缘子，具有良好的耐电弧性、耐候性和绝缘性能，具有良好的憎水性和一定憎水迁移性。但其尺寸少，不能满足所有设备需求，使用时由于人工的安装粘合无法监控产品质量，同时后期清理困难，长期使用后存在较多安全隐患且安全危险难以预测防控，给设备运用带来很多不便。

（3）运用硅油。硅油通常指的是在室温下保持液体状态的线型聚硅氧烷产品。一般分为甲基硅油和改性硅油两类。输变电设备最常用的涂料是二甲基硅油，外观为无色透明油状液体，通常在清洁后运用硅油，有半年的使用期，到时清除。在输变电设备防污闪预备处理方面经常作为辅助手段使用，具有临时性的特点。

（4）应用合成绝缘子及风力清扫环。合成绝缘子是由伞裙、护套、芯棒及两端连接金具构成的。伞裙良好的防水性和耐腐蚀性、耐老化性等可达到减少人工清扫、免测零值等效果。芯棒采用环氧树脂玻璃纤维引拔棒，具有很高的抗拉强度。合成绝缘子广泛用于输电线路，其免检查、零清洁、维护和抗污染闪络的作用已被各界广泛认可，大大提升了安全效益和经济效益。

（5）定时清理。清扫分为停电清扫、不停电清扫和带电水冲洗。从 1990 年以来我国各地都发生过大面积污闪事件，其中有个重要因素就是清扫质量不高。电气设备易在 12 月末至第二年 3 月初，过去的秋季清扫阶段大多数都在 10 月份到年末这段时间内，清扫开始时一般雨季刚过不久，真正的积污却在清扫之后，经过数个月时间乃至半年的积污，绝缘子表面会残留很多的灰尘污物，若碰巧发生气象现象如打雷、闪电、大雾等，就特别容易产生污闪事故。现实中由于输电设备多、清扫任务重，停电限制等原因，加之污闪时间的不确定性，做到及时清扫、时时清扫、高质量清扫是不太可能的，只会导致维护成本大幅增加，作业人员危险系数提高等弊端。然而清扫是必要的，防污闪的关键在于科学技术。通过分级分区，一定等级及以上的污区每一年都要将输变电设备按时清扫保养维护，否则污闪事故的隐患将大大提升。

由中国电科院、清华大学、华北电力大学等单位组成的科技攻关团队历时 14 年，于 2016 年完成研究并实现大规模应用，该团队构建了全新、高效的防污闪技术体系，研制出新一代高机电可靠性的复合绝缘子。项目团队构建了绝缘子饱和积污模型，提出了长期积污的系列表征参数；建立了自然积污监测网，获取海量基础数据；全面揭示了绝缘子饱和积污规律，首次制定了双要素污区划分标准并编制电网污区图。揭示了污层表面亲水性与不同憎水性状态下的沿面放电机理，提出等价模拟自然污秽的全工况试验技术及外绝缘设计方法，实现了不同污区下可靠经济的外绝缘配置。揭示了复合绝缘子芯棒脆断机理，提出了声发射监测识别芯棒微损伤的压接技术、兼顾耐电蚀和憎水性的硅橡胶配方设计及界面粘接强度检测方法。开发了低零值率（低自爆率）的盘形瓷（玻璃）绝缘子和自洁性优良的外伞型玻璃绝缘子，研发出以硅橡胶分子量梯度配置和硅氟共聚分子结构为主要特点的长效防污闪涂料，提出了工厂化防污闪涂层技术，实现了电瓷防污闪技术和产品的升级换代。

如图 4-21 为新一代高机电可靠性的复合绝缘子防污闪辅助伞裙应用。新一代高机电可靠性的复合绝缘子已历经十年的严酷运行检验，在大气污染依然严重、重度雾霾频发的大环境下，国家电网线路污闪跳闸率由 2001 年的 0.12 次/（百千米·年）下降至 2014 年的 0.001 次/（百千米·年），大面积污闪已绝迹；且随着经济可靠的外绝缘配置被广泛采用，电网已从大范围绝缘子清扫的沉重运维负担中解脱出来，为后续大规模的特高压电网建设和安全运行奠定了坚实基础。新一代复合绝缘产品在电气化铁路，电厂、油田等用户电网中也得到广泛推广应用，并出口美国、英国、澳大利亚、印度等 41 个国家和地区。

图 4-21 新一代高机电可靠性的复合绝缘子防污闪辅助伞裙应用

4.2.6 充气电力设备气密性监测及预警

充气电力设备是指运用气体绝缘金属封闭的电力设备，主要包括气体绝缘金属封闭开关设备（gas insulated switchgear，GIS）、气体绝缘金属封闭输电线路（gas insulated transmission lines，GIL）等。充气电力设备气密性监测及预警技术是运用现代感知监测和预警手段，对充气设备的气密性进行安全保障的一种方法。

GIS 设备与常规敞开式设备相比，结构紧凑、占地面积小，并且具有较高的安全性能和较强的环境适应能力，因此 GIS 在高压、超高压都得到了广泛应用。但是实际应用中，由于密封材料随着运行年限增长逐渐老化，以及制造、安装过程中精度不能完全满足设计要求，变电站 GIS 设备发生 SF_6 气体泄漏较为普遍。而泄漏会降低 SF_6 气体压力，影响介质的绝缘和灭弧能力，同时还会危及设备正常的绝缘强度；而压力过高，不仅会使 SF_6 气体液化、影响其绝缘和灭弧能力，而且会对断路器造成较大的冲击、缩短断路器机械寿命。而在 SF_6 气体泄漏的同时，设备外部潮气也会渗进设备内部，引起设备内 SF_6 气体中微水含量增加，当 SF_6 气体中微水含量过高时，会使高压电气设备出现安全隐患。为此，有必要对 SF_6 电气设备内 SF_6 气体的压力、密度及微水进行监测和预警。

传统的 SF_6 气密性监测，主要通过监测 GIS 组合电器压力表的方式。由于 GIS 设备在设计安装过程中没有充分考虑运维阶段的人机功效性，因气室数量多、压力表安装分散、安装位置不易于抄录等问题，使得 GIS 设备的巡视效率低、作业质量不高、作业风险较大。为提高组合电器压力表巡视效率，消除作业过程中的风险，需研发实现 GIS 组合电器压力表智能监测装置。智能装置通过 SF_6 压力传感器将采集到的压力数据传送至主控制单元后，直接就地显示或通过通信模块，传送至后台机或者运维人员移动终端上，当所采集的压力信号超过设定的报警阈值时，还能通过声光报警装置发出报警信号、提醒运维人员及时处理。该智能监测装置不仅使巡视效率有了大幅提升，而且能够实时进行压力监测和预警，确保设备的安全稳定运行。

传统的 SF_6 气体泄漏监测采用压力表或密度继电器，但均不能完全补偿温度对压力的影响，其准确度和可靠性也不理想。同时，SF_6 气体微水含量监测过程和设备比较复杂，测量结果不能客观反映微水含量，且普遍采用离线检测。因此，为保障现场充气电力设备正常运行，迫切需要开展 SF_6 微水含量和密度在线监测。

SF_6 气体密度监测，高压设备气室中充有 SF_6 气体后，判定其是否满足绝缘要求常用 SF_6 气体密度来衡量。在实际工程中，直接监测 SF_6 气体密度难以实现，通常会转化为对其压力的监测，但 SF_6 气体的压力会随温度发生变化。因此，为了准确反映 SF_6 气体压力变化是由漏气还是温度改变引起的，需要采用温度补偿的修正方法，无论外界温度如何变化，通过采集温度和压力两个特征量，始终可计算对应 20℃的标准压力，并将该值等效为 SF_6 气体密度后与参考值进行比较，确定如果是漏气导致，则需预警。SF_6 气密性监测应用如图 4-22 所示。

SF_6 气体微水含量监测，通过传感器可得到气室内 SF_6 气体的露点温度，为了使监测结果具有较强可比性，利用测得的实时温度值和压力值以及 20℃时的压力值，采用修正的方式，将测量值换算到 20℃的值后，与参考值进行比较，确定是否微水过量，并预警。

SF_6 气体微水密度在线监测系统可对高压充气电气设备的 SF_6 气体的实时温度、压力、相对湿度进行在线监测；通过 20℃时 SF_6 气体的压力值和气体密度值可直接判断其泄漏状态，结合 20℃时 SF_6 气体的水分体积比和相对湿度判断微水含量是否超标；同时，通过传感器与边缘装置的交互，可实现 SF_6 气体泄漏的就地告警，提升处置的及时性；通过边缘装置及后端服务器的交互，可实现气体泄漏检测模型和预警策略的优化及信息的全局共享。

图 4-22　SF_6 气密性监测应用

4.2.7　输变电工程三维设计技术

输变电工程三维设计是指基于工程信息、地理信息数据，通过三维建模技术、数据协同设计技术的集成应用，实现输变电工程的全过程三维可视化设计和信息一体化。

中国的输变电工程从超高压输变电工程设计到特高压输变电工程设计，电压等级不断提升，输送容量不断增加，使得变电站、换流站接线更加复杂，面积越来越大，设备更加精密、庞大，设计裕度越来越小，工程投资要求更加精准。因此，输变电工程设计行业也经历了从图版设计到计算机辅助设计，再到三维设计的发展过程，传统的二维设计以 2D 平面图为主，对读者的专业要求性高，而三维设计通过建立起 3D 可视化模型，将空间信息、设备设施位置等数字化、参数化，更加清晰明了地呈现物理特性和功能特性。

国际上，工程公司在 20 世纪 90 年代中期开始在电力工程中应用三维设计技术，欧美的大多数工程公司承接的项目均为工程总承包项目，在工程设计过程中，为了减少施工过程中碰撞带来的成本损失，通过三维设计技术，大大地提高了设计质量，带来了良好的效益。其中，有代表性的主要有英国 CADCENTRE 公司开发的电厂三维模型设计管理软件（plant design management system，PDMS），它是当时世界上先进的三维设计系统之一，是以数据驱动模型的系统。

近 10 年时间，国家电网有限公司变电站电气设计已由二维设计成功转型为三维设计，在技术、设备、设计等方面取得显著成效。我国已建成的特高压交流及直流工程，如晋东南—南阳—荆门 1000kV 特高压交流试验示范工程、淮南—上海 1000kV 特高压交流输电示范工程、榆横—潍坊 1000kV 特高压交流输变电工程、±800kV 特祁韶（酒泉—湖南）特高压直流输电工程、锡盟—泰州±800kV 特高压直流输电工程、上海庙—山东（昭沂）±800kV 特高压直流输电工程等项目中，各设计单位均使用三维线路设计平台开展了不同深度的三维设计工作。

为解决跨专业业务协同和信息共享不足，数据多头输入，数据准确性、实时性不强，数据反复抽取、冗余存储、质量不高等问题，国家电网已建立全业务统一数据中心，该数据中心是三维数字化设计、变电站全寿命管理的重要数据源，并且还是基于三维模型、加载设备以及相关材料的信息中心，其自身所具备的扩展性体现在可以随意设计、改造和运行，从而有效促进设计工作的完善、充实多维信息模型，从而使变电站拥有更加详细的数据信息。全业务统一数据中心工作流程如图 4-23 所示。

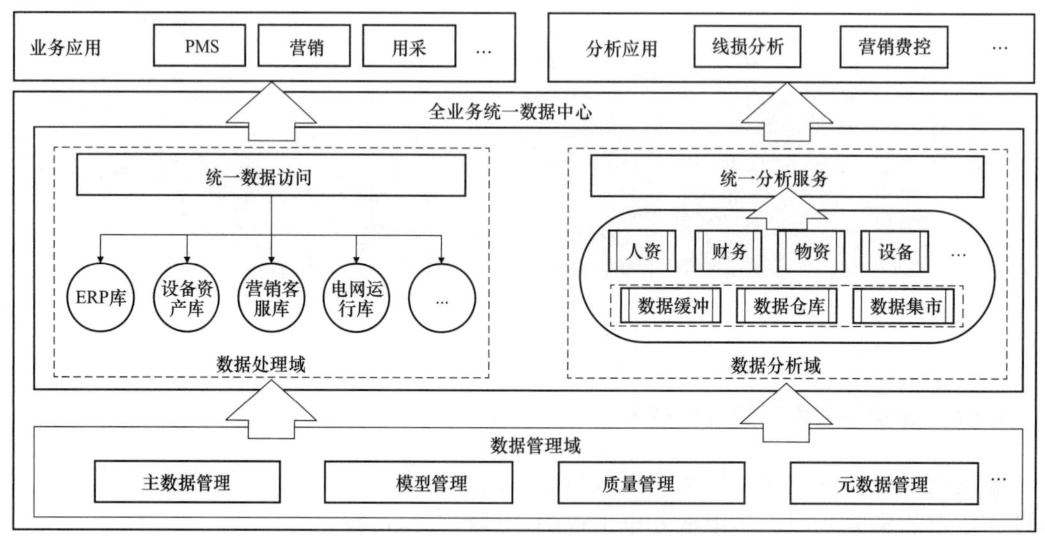

图 4-23　全业务统一数据中心工作流程

同时，以“云大物移智链”等现代信息网络技术为依托，构建具有生产指挥和大数据分析功能的电网运检智能化分析管控系统，提升设备状态管控力和运检管理穿透力，实现数据驱动运检业务创新发展和效率提升，全面推动运检工作方式和生产管理模式的革新。

作为各区域电网数字化运转的技术基础，三维设计的应用主要体现在勘测信息挖掘技术、软硬碰撞检测、整合各类模型平台、优化设计和施工方案 4 个方面。

（1）在输变电工程中，运用激光点云技术、海拉瓦技术等手段，逐步完成输变电工程产前和跨越统计的精细化，最终实现输变电工程勘测信息和挖掘技术更为精密的计算。

（2）软硬碰撞检测主要用于模拟实体模型之间及其与其他模型之间的衔接情况。例如，辨别电气距离是否满足要求，线路交叉跨越是否有效避开。对于存在较多复杂空间的输变电工程三维设计，软硬碰撞检测可以显著提高设计质量。

（3）在输变电工程中，运用三维设计技术对导线、金具以及钢架构等材料进行实体模型统计，可以改变传统二维设计技术依靠人员自行统计的方法，在不同层面优化改善设计质量。同时，三维设计技术将整合各种软件的信息接口，保证三维设计信息在一次录入后可以反复选用。依靠射频识别技术与数据管理系统，还可以提高工作人员的数据统计效率。

（4）可视化三维信息模型可以实现施工风险点的精准分析，帮助制定更有效可靠的防控措施。支持施工进度情况的模拟，进而实现人员、材料以及机具等的合理安排，提高工程进度和造价成本的可控性。

输变电工程三维设计以工程数据为核心，互联网＋思想为指导，综合运用“云大物移智链”等新一代信息网络技术，打通规划设计、评审、采购、施工、监理、运维、运营各环节的信息化系统，构成贯穿电网全生命周期管理的数字化解决方案，缩短输变电工程设计周期，全面提升电网建设、运维管理水平和经济效益，为能源互联网发展探索创新之路。

4.2.8　柔性交流输电系统

柔性交流输电系统（FACTS）是基于电力电子技术和控制技术对交流输电系统的阻抗、电压、相位、功率等实施灵活快速调节的一种交流输电技术。FACTS 技术可以用来对系统的有功和无功潮流进行灵活控制，以达到提高线路输送能力、阻尼系统振荡、提高系统稳定水平、改善电能质量、提高可靠性的目的。FACTS 概念由美国 EPRI 的 Narain G. Hingorani 博士于 1986 年首次提出。FACTS 技术改变了传统交流输电的概念，随着电力电子器件的发展会得到更为广泛的应用。

FACTS 技术的主要功能可归纳为：①实现对电力潮流的大幅度灵活控制，提高现有输电线路的输送容量；②提高系统稳定水平，可以突破线路原有的稳定极限，使输电线路负荷接近线路的热极限；③可实现系统有功功率与无功功率的快速调节及潮流的合理分布，减小系统损耗，是节能的手段；④减轻系统事故的影响，防止发生连锁反应，提高可靠性；⑤阻尼系统振荡；⑥提高电能质量等。

相对于传统的电力系统潮流和稳定控制措施，FACTS 技术具有响应速度快、无机械运动部件因而不磨损、可以综合利用系统信息等特点。FACTS 技术可以实现母线电压、线路阻抗、功角等参数的连续实时控制，从而提高线路输送能力和系统稳定水平，充分利用了现有网络资源，降低运行成本。

经过 30 多年的发展与演变，FACTS 技术得到不断的发展和壮大。按照结构形式，FACTS 设备可分为并联型、串联型和串并联混合型。其中，并联型 FACTS 设备包括静止无功补偿器（static var compensator，SVC）、晶闸管控制制动电阻器（thyristor controlled braking resistor，TCBR）、静止同步补偿器（static synchronous compensator，STATCOM）等；串联型 FACTS 主要用于控制潮流、提高暂态稳定性和阻尼振荡等，包括晶闸管控制串联电容器（thyristor controlled series capacitor，TCSC）、晶闸管控制串联电抗器（thyristor controlled series reactor，TCSR），静止同步串联补偿器（static synchronous series compensator，SSSC）等；综合型 FACTS 设备综合了串、并联补偿的功能和特点，是实现电力网络控制潮流、抑制阻尼振荡、提高系统稳定性等多种功能的得力措施，主要包括统一潮流控制器（unified power flow controller，UPFC）和可控移相器（controllable phase shifter，TCPST）等。

世界上第一台 SVC 设备由美国通用电气公司（general electric company，GE）制造，于 1977 年在 Tri-State GT 系统投入运行，到 2011 年，世界上已投运的高压 SVC（以 TCR 为主）已超过 1000 套，中国广东江门、郑州小刘、东北沙窝、湖南云田和武汉凤凰山等 500kV 变电站也有 6 套投运。2012 年 4 月，由普瑞科技设计、施工的中国某部队科研试验新区 220kV 输变电工程中的 2 套 10kV 静止型动态无功补偿成套装置，全部一次性成功投运。2016 年 7 月 18 日，在埃塞俄比亚 500kV HOLETA 变电站，由南瑞继保公司成套设计和供货的 0～900Mvar 可调容量 PCS-9580 SVC 无功补偿系统，通过用户验收并成功投运，该 SVC 系统是目前世界上已投运的可调容量最大的无功补偿系统之一。

世界上第一套 SVG 设备（20Mvar）于 1980 年在日本投入运行，该装置采用了晶闸管强制换流的电压型逆变器。世界上首套采用大功率 GTO 作为逆变器元件的 STATCOM（±1Mvar）于 1986 年 10 月在美国投入运行。清华大学与河南电力局联合研制的±20MVar STATCOM 于 1999 年投入现场运行。2011 年，500kV/200Mvar 链式 STATCOM 在广东东莞变电站投运。

1991 年 10 月，世界上第一套容量为 131Mvar 的晶闸管投切部分串联电容补偿装置在美国电力公司（america electric power，AEP）的 345kV 线路上投入运行，将该线路的输送能力从 950MW 提高到 1450MW。中国东北电力系统首次在伊敏—冯屯输电线路的冯屯侧安装 TCSC，以解决伊敏电厂两台 500MW 和两台 600MW 发电机经双回 500kV 线路向东北电网主网送电时存在严重暂态稳定问题。

2017 年 12 月 19 日，世界上电压等级最高、容量最大的江苏苏州南部电网 500kV UPFC 科技示范工程正式投运，实现 500kV 电网电能流向的灵活、精准控制，最大可提升苏州电网电能消纳能力约 130 万 kW。该工程的投运，相当于给苏州南部电网加装了一个“智能导航系统”，实现了电能的“无人驾驶”。2021 年 5 月 7 日，浙江杭州供电公司 220kV 中埠—亭山柔性低频输电示范项目正式启动，预计建成世界首个柔性低频输电工程。杭州柔性低频输电工程将实现省内首个 500kV 供区异步低频互联，为国际首创性技术。柔性低频交流输电技术是借助先进电力电子技术灵活选择低频频率的新型输电技术。与直流利用电力电子装置将工频 50Hz 变成直流 0Hz 类似，可以兼顾工频交流系统组网灵活、易实现电压等级变换以及直流系统易于远距离大容量电能输送等优点，同时具备功率控制、电压动态调整、异步电网互联等柔性调控功能。

4.2.9 柔性直流输电

柔性直流输电（voltage sourced converter based high voltage direct current，VSC-HVDC）是基于可关断器件和电压源型换流器的高压直流输电技术。VSC-HVDC 技术通过控制电压源换流器中全控型电力电子器件的开通和关断，改变输出电压的相角和幅值，可实现对交流侧有功功率和无功功率的控制，达到功率输送和稳定电网等目的，是常规直流输电技术的换代升级。CIGRE 和 IEEE 于 2004 年将其正式命名为“VSC-HVDC”，在中国则通常称之为柔性直流输电（HVDC Flexible）。

典型的两端 VSC-HVDC 的结构示意图如图 4-24 所示。VSC-HVDC 的运行过程为交流电经过送端的换流站 VSC1 整流成直流，经过直流输电线送到受端换流站 VSC2，逆变成三相交流电送入公共电网。

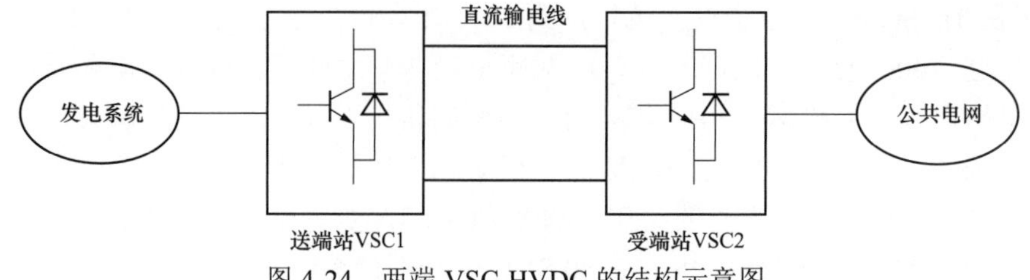

图 4-24　两端 VSC-HVDC 的结构示意图

多端柔性直流输电（voltage sourced converter based multi-terminal direct current，VSC-MTDC）是由多个 VSC 换流站（3 个及以上）及其相互连接的高压直流输电线路所组成输电系统，其区别于两端柔性直流输电最显著的特征在于能够实现多电源供电和多节点受电，与交流系统有 3 个及以上的连接端口。VSC-MTDC 的结构示意图如图 4-25 所示。

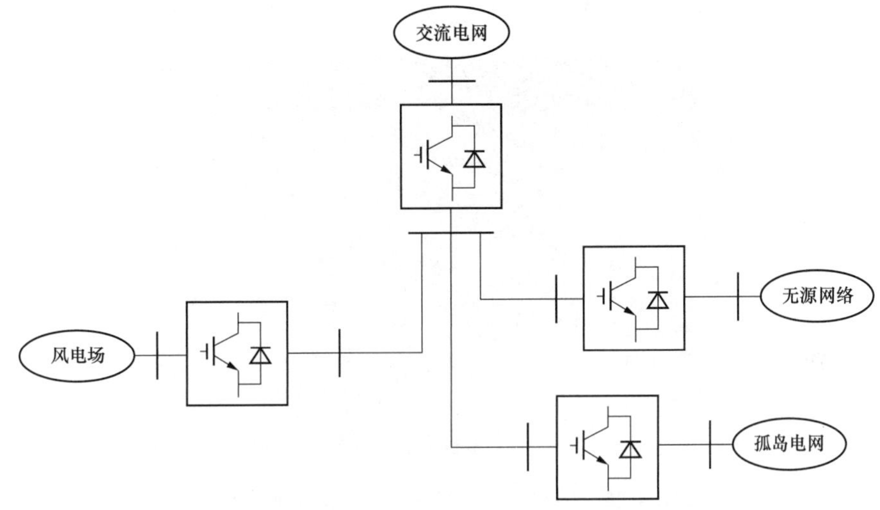

图 4-25　VSC-MTDC 的结构示意图

VSC-HVDC 在可再生能源接入、孤岛供电、城市配电网的增容改造、交流系统互联等方面具有较强的技术优势。

（1）可再生能源接入。可再生能源接入可以缓解由风电、太阳能等输出功率波动引起的电压闪变，从而改善电能质量。当交流系统发生短路故障时，柔性直流输电系统能够有效地隔离故障，保证风电场的稳定运行。

（2）孤岛供电。孤岛供电指向海岛、海上钻井平台等孤岛负荷供电时，可以充分发挥柔性直流系统可以自换相的技术优势。同时，直流线路与交流线路比在投资、运行费用、长距离传输不需要添加补偿设备等方面具有优势。

（3）城市中心供电。城市中心供电指不仅可以快速控制有功功率和无功功率，解决电压闪变等电能质量问题；还能够提供系统阻尼，提高系统稳定性，并在严重故障时提供“黑启动功能”。另外，柔性直流输电采用地下直流电缆，无电磁干扰、油污染、空中飞线，便于城市电网的增容改造，满足城市中心负荷的需求和环保节能的要求。

（4）交流电网互联。交流电网互联不仅可以完成电网间功率交换的功能，而且还可以解决大规模电网中的动态稳定性、电网黑启动以及短路电流超标等问题。而且，柔性直流换流站占地面积较同等容量的常规直流换流站小，因此，可以在更靠近负荷中心的位置建设换流站。

1997 年，首个使用电压源换流技术的直流输电工程—瑞典霍尔斯扬实验性工程投入运行。1999 年投运的哥特兰工程是世界上第一个风电接入柔性直流工程，该工程实现了瑞典哥特兰岛上的风电场接入电网，其额定参数为 50MW/±80kV。2005 年 10 月投运的挪威泰瑞尔柔性直流输电工程（Troll A）是世界上第一个从大陆向海上平台提供电能的柔性直流输电系统。Trans Bay Cable 工程于 2010 年投入运行，该工程实现了对旧金山的城市供电，同时还是世界上第一个使用模块化多电平换流器（modular multilevel converter，MMC）技术的柔性直流输电工程，其额定参数为 400MW/±200kV。

2012 年，中国成功开发了世界上首套 1000MW/±320kV 柔性直流换流阀及阀基控制器（见图 4-26），并通过了 DNV KEMA 能源可持续发展公司的验证试验。

图 4-26　1000MW/±320kV 柔性直流换流阀

国家电网有限公司承建的世界上端数最多的 5 端柔性直流输电工程于 2014 年 6 月在浙江舟山投运，包含 5 座换流站，系统总容量 1000MW，其中最大的换流站容量为 400MW，直流电压等级为±200kV。2015 年 12 月 17 日，福建厦门±320/1000MW 柔性直流输电科技示范工程正式投运，直流线路总长为 10.7km，全部为陆缆。

我国柔性直流输电技术在大电网互联、海上风电输送、大规模可再生能源并网等应用领域迅速发展。2018 年，渝鄂背靠背柔性直流联网工程投运，在世界上首次将柔性直流输电电压提升至±420kV。该工程输送容量达到 500 万 kW，有效提高了川渝电网与华中电网间的互济能力，促进了西南水电的开发和大规模外送。2019 年，江苏如东和射阳海上风电柔性直流工程启动，这两项工程是我国首批海上风电经柔性直流送出项目。2020 年 6 月，世界首个柔性直流电网——张北柔性直流电网试验示范工程正式投入运行。该工程以柔性直流输电为核心技术，实现了大规模可再生能源汇集与接入、多种形态能源互补与消纳、交直流电网构建等诸多新技术融合，是柔性直流输电技术发展史上的里程碑。

柔性直流技术以其有功无功独立调节、无源供电能力以及易于构建直流电网等特点，越来越受到人们的关注。同时，可关断器件、直流电缆等设备技术水平的不断提高，有效增强了柔性直流的输送容量水平，使柔性直流输电成为电网可采用的主要输电方式之一。可以预见，随着“双碳”目标的提出，能源互联网建设的深入，未来新能源将会广泛接入电网，世界范围内的柔性直流输电应用将会获得日益广阔的发展。

4.2.10　超导输电技术

1911 年，荷兰莱顿大学的 H·卡茂林·昂内斯意外地发现，将汞冷却到−268.98℃时，汞的电阻突然消失。后来他又发现许多金属和合金都具有与上述与汞相类似的低温下失去电阻的特性，这种特殊导电性能，被称为超导态。

20 世纪 60 年代，由于世界经济的快速增长，电力需求的急剧增加，输电线路上的损耗也越来越多，因此在能够传输较大电流的铌合金超导体发现后，美国、欧洲及苏联都开展了超导电缆的研究，但由于实现条件严苛以及经济增速放缓，超导电缆的研究进展缓慢。直到 20 世纪 80 年代后期人们发现了高温超导材料，用高温超导材料制造的超导电缆可以在液氮温区工作，与低温超导材料制造的超导电缆相比，高温超导材料制造的超导电缆的运行和维护成本可以大大地降低。

超导输电技术是一种新型的技术，指利用超导体的无阻高密度载流能力及超导体的超导态-正常态相变的物理特性发展起来的一门新的电力技术。超导电缆的结构与常规电缆有较大的差异，具体如图 4-27 所示，其基本组成部分包括：内支撑芯、超导体、热绝缘层、电绝缘层、超导屏蔽层和护层。

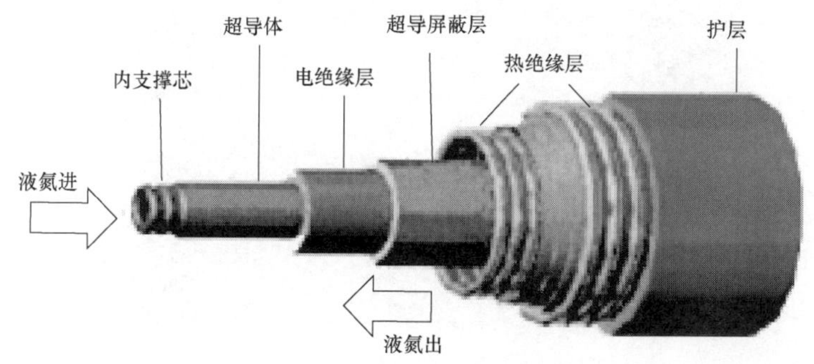

图 4-27　超导电缆结构图

一个可以实际应用的超导电缆输电系统除了需要电缆本身、电缆端头与电缆接头之外，还需要配套冷却系统、监控保护系统来控制、监视超导电缆的运行参数，在系统或电网出现紧急意外情况时自动采取保护措施。一个可以实际输电的超导电缆系统基本组件示意图如图 4-28 所示。

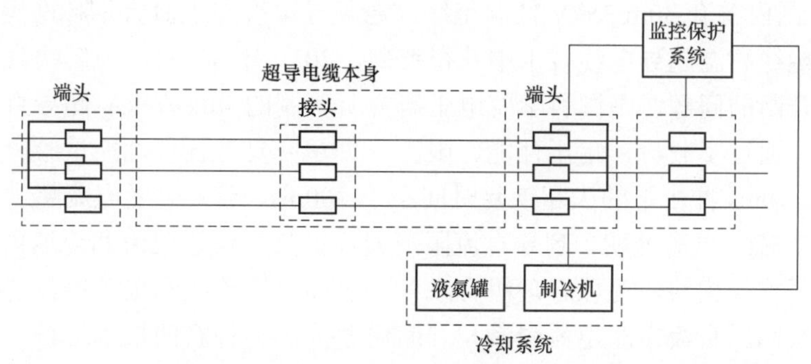

图 4-28　超导电缆系统组件示意图

自 20 世纪 90 年代末以来，世界范围内在超导输电技术方面开展了大量研究开发与应用示范。2007 年 8 月，长度达 360m、载流能力达 10kA 的高温超导直流电缆由中国科学院电工研究所与河南中孚公司合作研制成功，并于 2013 年 9 月在中孚铝冶炼厂投入示范运行。

运行分析表明，与相同容量的常规电力电缆（或铝母排）相比，实现65%以上节能。2009年10月，美国启动了将三大电网（美国东部电网、西部电网、得克萨斯电网）实现完全互联和可再生能源发电并网的“TresAmigas超级变电站”项目，该超级变电站采用HVDC技术实现电网互联，即任何两个电网互联均由AC/DC进行电能变换后通过高温超导直流输电电缆来实现双向流动。2011年5月，德国启动了长距离（1000km）高温超导直流输电示范工程的建设，希望通过建设长距离高温超导输电电缆来解决大容量的可再生能源输送问题。2015年9月，日本500m直流超导输电试验成功，试验连接光伏发电设备和数据中心，将光伏电站的电力通过高温超导电缆输电，供数据中心使用，实验系统如图4-29所示。

图4-29　日本直流超导输电试验

2016年，德国卡尔斯鲁尔技术研究院（Karlsruher Institut für Technologie，KIT）、德国能源企业莱茵集团公司和法国的电缆制造企业耐克森公司在德国西部城市埃森开展了高温超导输电试验项目“AmpaCity”，该项目在市中心地段铺设了1km的高温超导输电线路，该线路连接埃森市中心两座变电站，是目前世界上最长的高温超导电缆试验线路，将对不同的高温超导材料和绝缘隔热材料进行试验。

2013年，国内首套30m/35kV低温绝缘高温超导电缆在上海宝钢挂网运行，标志着中国在实用低温绝缘高温超导电缆技术中获得突破。2019年12月，为解决直流电网短路故障线路的快速开断的问题，中国科学院电工研究所研制的40kV/2kA超导直流限流器样机成功通过验收，通过了载流、耐压性能、限流、失超恢复等各种性能试验。超导直流限流器样机在9kA、10ms冲击下的失超恢复时间小于300ms、最大耐受电流超过10.5kA、最大限流电阻超过2.5Ω。试验证明，超导直流限流器样机具备快速限流和快速恢复能力。以该超导直流限流器作为模块，可以合理组合成各种更高电压等级和更大容量的超导直流限流器，从而为解决高压直流短路电流限制和开断问题提供一种新的技术途径。

2021年12月22日，由国家电网承建的全球首条35kV公里级高温超导电缆示范工程在上海投入运行。这是全球第一根用于超大城市的公里级超导电缆，也是目前全球距离最长、输送容量最大、全商业化运行的超导电缆输电工程。该示范工程位于上海市徐汇区商业核心区，连接两座220kV变电站，总长度约1.2km，额定电流2200A，额定容量133MVA。电缆系统的研发和制造方为上海国际超导科技有限公司。

超导输电技术的发展与应用极大地促进了我国电力事业的进步与发展，有效降低了供电与输电过程中的能量损耗，利用该技术可以保障电力系统的稳定与安全，对现代社会的进步与发展具有重要意义和价值。超导电力技术的进步与发展极大地改变了现代电力运输形式，有效降低了电能损耗，为建设资源节约型社会提供了有力保障。

4.2.11　分频输电

分频输电（fractional frequency transmission system，FFTS）是输电频率低于工频的一种输电技术。在传统的电力运输和配送中，只是改变了电压等级。实际上改变电压频率在输电中可以实现显著的经济效益。可以在较低频率条件下输电，在较高频率下用电。该技术的关键设备为倍频变压器。

1994 年，西安交通大学王锡凡教授在东京 IEE 年会及 1995 年 7 月 IEEE PES 夏季会议上首次提出了一种全新的输电方式—分频输电。1998 年，在国际大电网会议上，美国、南非等国的学者提供了 7 种向偏远地区送电的小规模经济输电方式，分频输电就是其中之一。2000 年日本 Tsuyoshi Funaki 等学者提出了一种 10Hz 电缆输电方案，对其系统结构及运行特点进行了全面地阐述。如今部分发达国家正致力于改善交流线路的输送能力和特性，美、德、南非、印尼、日本对分频输电方式都非常关注。2004 年加拿大已经采用世界上第一个变频电机以提高输电容量。2012 年美国 LBNL 电力工程研究中心开展了将分频输电应用于风力发电的研究。2016 年，美国得克萨斯大学 Surya Santoso 提出，相对于工频输电，分频输电技术不仅能够提高输电线路的输送容量，更重要的是能够改善线路的电压稳定性。国内外越来越多的学者开始关注这种新型输电技术，从其关键设备、拓扑结构、底层控制方式以及典型应用场景等方面展开研究。对电力输送的研究已不再局限于固定的 50Hz，诸多学者正在积极地尝试通过变换频率来改善电力系统的整体运行性能。

分频输电的优越性主要体现在降低电气频率减小输电线路电抗，从而提高输送能力，因而特别适用于原动机转速较低、电源发电频率较低的水电及风力发电等可再生能源发电远距离输电接入系统。鉴于大容量电力电子变频器、分频变压器等装备制造和运输方面可能存在困难，大中型远方水电站采用分频输电方式的实现需要更长时间；当前较大容量的风力发电场电力采用交流输电接入电力系统遇到无功功率和电压波动、输电距离受限等困难，采用分频输电将风电接入系统具有明显的优越性。

由于限制架空线和电缆输送容量的因素不同，分频输电技术应用于架空线和电缆提升线路输送容量的基本原理也有所不同。

（1）应用于架空线的分频输电基本原理。水电、风电机组转速低，因此发出的电能具有较低的频率，另外，由于水电风电机组距离城市负荷中心比较远，需要远距离传输，西安交通大学王锡凡教授提出将“分频输电”与新能源结合的分频风电系统，其结构框图如图 4-30 所示。

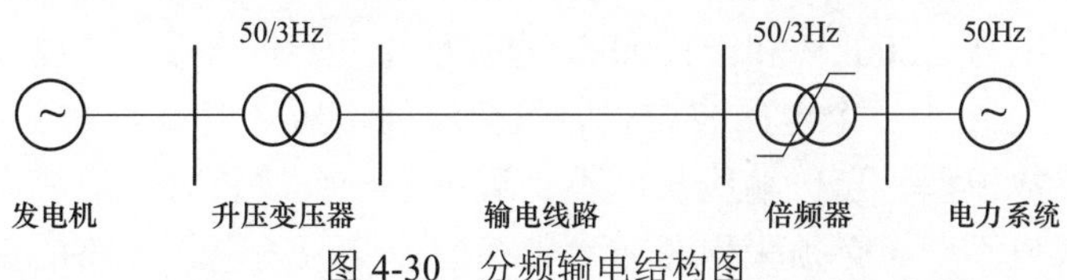

图 4-30　分频输电结构图

水轮发电机或汽轮发电机发出频率为 50/3Hz 的电力，先通过分频变压器升压，再通过运行于较低频率的输电线路将电能传输到受端系统，最后经倍频变压器实现低频电力转化为工频电力并入电网。

（2）应用于电缆的分频输电基本原理。不同于架空线，由于电缆的电抗比架空线小得多而电纳则远远大于架空线的电纳，再加之电缆的散热条件不好，这些因素决定了限制电缆输送容量的因素主要是电缆的发热极限和电缆的电容充电功率。在视在功率一定的情况下，低频电缆输电可以传输更多的有功功率，从而提高了电缆的输电能力。另一方面低频输电可以提高电缆的载流量，从而提高电缆可以传输的视在功率以及输电能力。

分频输电技术在柔性低频输电技术有较好发展，发展方向在风电分频输电和电磁型变频器上。风机转速较慢，若可以实现低频的恒速恒频，可以省掉变速箱，还可以节省永磁的使用量，不但大大提高了可靠性，而且节省了成本，这个在当今的工程中是急需解决的问题。

分频输电应用于海上风电系统有较好前景，分频输电系统为海上风电并网提供了新的选择。使用分频输电连接海上风电场与陆地电网是一种前景广阔的并网方式。分频输电身兼两家之长，通过降频减轻了线路中的容性电流，而陆基换流站相较于直流输电所需的海上换流站而言，制造和维护成本都大幅降低。

随着能源枯竭以及环境污染日益严重，世界各国越来越重视新能源的开发与利用。分频输电技术在能源互联网领域有较好的发展前景，分频输电方式通过降低输电频率，降低了线路阻抗，从而可以大幅度提高输电线路的输送容量。在构建新型电力系统中，分频输电技术可以发挥重要作用，分频输电技术采用交–交变频器倍频并网，是一种新型的交流灵活输电方式。与直流输电相比，由于只有一端换流站，因而在经济方面更具优势。

4.2.12 半波长交流输电技术

半波长交流输电（half wavelength ac transmission，HWACT）是指输电的电气距离接近一个工频半波长，即 3000km（50Hz）或 2600km（60Hz）的超远距离的三相交流输电。无损情况下的半波长交流输电线路就像一台变比为－1 的理想变压器，首端电压和末端电压大小相同、相位相反。

早在 1940 年，苏联的 A.A.Wolf 等人提出了半波长交流输电方式。作为一种远距离、大容量的输电方式，半波长交流输电技术具有很强的吸引力，许多国家对此都展开了大量的研究。例如，巴西为把亚马逊河流域的水电资源送到负荷中心，把半波长交流输电作为十分有竞争力的备选方案进行了研究，开展了较详细的理论研究和仿真计算。韩国也研究通过使用半波长交流输电把西伯利亚的水电送至本国。2010～2012 年，国家电网有限公司以新疆火电外送为例，对特高压半波长交流输电技术经济可行性进行初步研究，研究结果认为：半波长交流输电在技术上没有不可解决的问题。当输电距离为 3000km 左右时，特高压半波长交流输电与±800kV 和±1000kV 直流输电相比，年费用最低，经济性最好。

当传输线长度远小于一个电磁波波长时，全线的电压（电流）处于同一个变化状态，就可以使用集中参数模型；当传输线长度不是远小于一个波长时，沿线电压（电流）有明显的波动，各处数值不一，必须采用分布参数模型。交流输电长线路的正序参数可以等效为如图 4-31 所示的 π 形二端口网络。

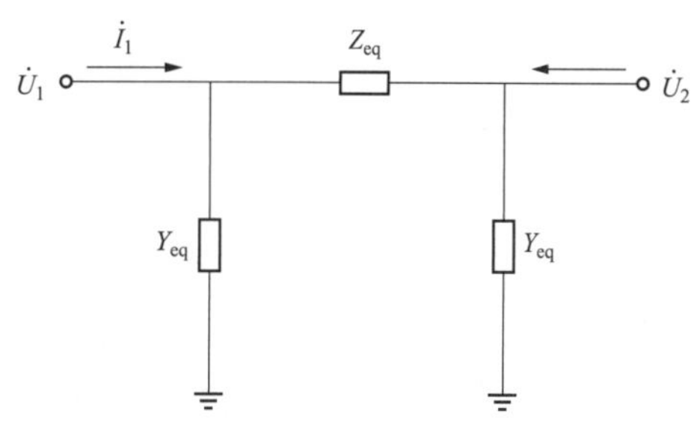

图 4-31　传输线二端口网络等值 π 形电路

在中国“西电东送，南北互供，全国联网”的电力发展战略中，超远距离、大容量的输电方式将成为必然选择。例如，一些西部的火电/水电能源基地到沿海负荷中心距离大约为 3000km，输电距离恰好接近工频半波长范围，因此可考虑将半波长交流输电技术作为这些大容量电力送出的一种方案进行研究。其中，新疆火电资源非常丰富，新疆火电外送是西部大开发战略的重要组成部分。考虑到新疆距沿海的负荷中心距离已达 3000km 以上，属于半波长输电范围，结合新疆火电外送的超远距离输电需求，国家电网有限公司已经展开特高压半波长交流输电的工程可行性研究工作，2009 年科技项目“特高压交流半波长输电技术经济可行性初步研究”启动。2015 年，在前期研究的基础上，设立“特高压半波长输电系统构建技术研究”“半波长输电电磁暂态特性及控制措施研究”“半波长输电工程投运后系统运行特性分析与控制技术研究”等 7 个专项，对半波长输电技术开展深化研究。2017 年，国家电网有限公司提出了自由波能量保护、假同步差动保护、伴随阻抗保护等保护原理及算法，构建了完整的半波长线路保护方案，成功研制出半波长交流线路保护装置样机，并顺利通过电力工业电力系统自动化设备质量检验测试中心的测试。

4.2.13　海上风电并网送出技术

海上风电并网送出技术是指将海上风电场发出的电力安全可靠输送并接入陆地电网的技术的总称。海上风电固有的风力资源稳定性强、距离负荷中心近、年利用小时数高等优势，向陆上电网高效输送可再生能源电力，已成为当前的一个研究热点。

海上风能的大规模利用必须要与大电网实现并网，而对于并网最基本的要求就是海上风电输出电压、频率和相位要与大电网保持一致。由于海上风能是不可控、不可调的原动力（调控难度比陆地风能难得多），风电场输出的电力具有明显的波动性和间歇性，其变化规律也难以掌握，当海上风电并网规模达到一定程度时将会改变电网的潮流分布，传统电网的潮流控制将发生重大改变，会直接冲击电网的稳定性和安全运行。

由于海上风力发电的不确定性，一个运行良好的海上风电场要与大电网连接，必须具备以下几个能力：

1）风机的故障穿越能力，尤其是低电压穿越能力。如果风电机组具备低电压穿越功能，就可以在电网故障时保持一段时间的低压输出而不脱网，在此期间电网解决故障并恢复正常，风机即可恢复正常工作，这对电网和风机都是一种保护。

2）风电场的爬坡控制能力。海上风电场爬坡能力是指海上风机能根据电网调度指令调节发电出力，并且出力变化速度（即爬坡率）低于一定阈值。

3）海上风电场应具备为大电网提供无功功率补偿的能力和响应电网频率变化自动调节出力的能力。

4）要能够对并网风电机组进行在线监测和运行状态评估。

海上风电并网的输送方式可分为3大类：高压交流输电（High Voltage AC Transmission，HVAC）、高压直流输电（HVDC）和柔性直流输电技术（VSC-HVDC）。小型的近海风电场，一般采用技术成熟、成本较低的 HVAC 方式。对于离岸较远的海上风电场，宜采用 HVDC 或 VSC-HVDC 方式。

HVDC 输电技术主要分为电网换相换流器型直流输电（line commutated converter HVDC，LCC-HVDC）和 VSC-HVDC。与 LCC-HVDC 技术相比，VSC-HVDC 技术不存在换相失败问题，可为无源系统供电，独立调节有功功率和无功功率，谐波水平低，适合构成多端直流输电系统。目前世界上采用直流输电的海上风电场均采用 VSC-HVDC 技术。

相对于传统的 HVAC，VSC-HVDC 具有以下明显优势：

1）直流输电没有对地电容造成的输电距离限制；

2）采用双极配置时，导线（电缆）数由 3 条减为 2 条；

3）VSC-HVDC 技术利用电压源变流器等直流换流装置将风电场内部交流系统与外部大电网有效地隔离开，这样海上风电的强随机性、高间歇性和大波动性对主网的负面影响就减轻到最低程度，从而也放松了对海上风电场装机容量的限制；

4）该技术具有“组件化”的灵活思想，非常便于扩展，且能够独立地扩展风电机组的无功功率和有功功率，在发电和负荷快速变化的极端情况下，也能较好地增强大电网的稳定性，还可以消除塔影效应等引发的电压闪变，改善电能质量。

基于 VSC-HVDC 技术的海上风电场并网示意图如图 4-32 所示。

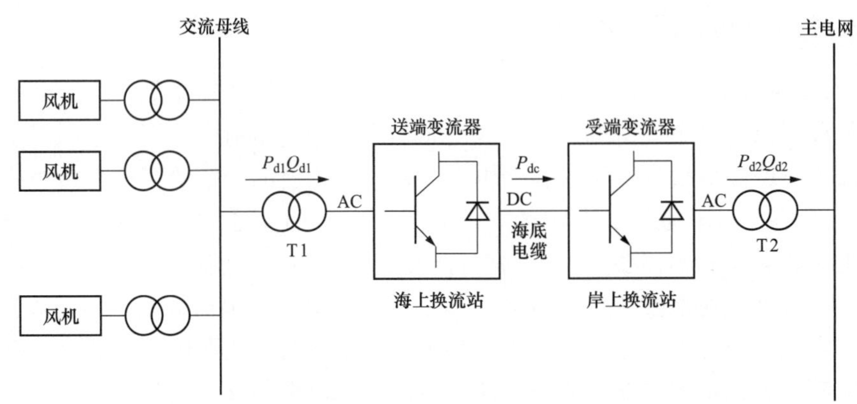

图 4-32　基于 VSC-HVDC 技术的海上风电场并网示意图

VSC-HVDC 技术的核心部件是两端的电压源变流器（VSC）。变流器既是能量转换部件，对电网输送风机的出力，又是一个控制单元，能调节电网端无功分量，起到无功补偿的作用。目前国际上对于 VSC 的研究焦点在于变流器的拓扑结构设计及其调制和均压控制方法，其中最新的拓扑结构是采用多电平变流器（包括：有源箝位多电平变流器、多重化变流器和模块化多电平变流器等）。

2021 年 11 月 8 日，三峡集团江苏如东海上风电项目首台机组正式向江苏电网送电，标志着我国首个柔性直流海上风电项目首批机组成功并网。也是亚洲首个采用柔性直流输电技术的海上风电项目，所发电能通过柔性直流输电工程输送至江苏电网。该项目主要由三座海上升压站、一座海上换流站、一回直流海缆、一座陆上换流站组成。其中海上换流站离岸直线距离约 70km。海上、陆上换流站之间通过 99km 海缆及 9km 陆缆连接。柔直输电系统采用对称单极接线，直流电压等级±400kV、输送容量 1100MW。拟定的送出方案如图 4-33 所示。

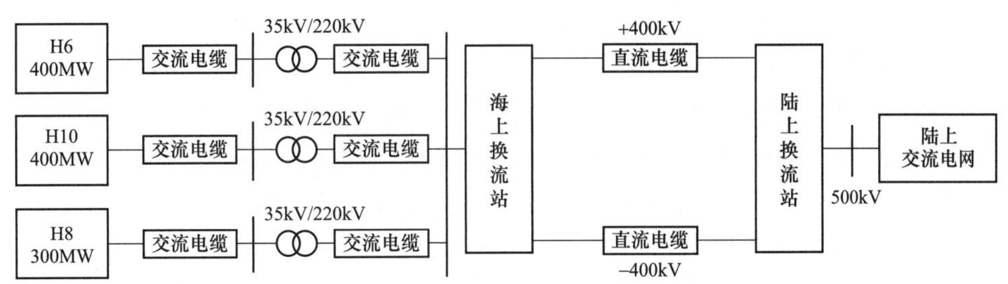

图 4-33　如东海上风电柔直输电项目送出方案

海上风电场群 H6、H8 和 H10 位于如东县东部黄沙洋海域，其中 H6、H10 风电场装机容量均为 400MW，H8 风电场通过远期扩建，装机容量将达到 300 MW。在每个风电场内各设置 1 座 220kV 海上升压站，风电机组通过场内 35kV 集电系统与其接入。3 座海上升压站共同接入海上柔直换流站。海上换流站位于 H6 和 H10 场区之间海域的中部位置，站址水深约 17m。海上风电场群输出的电力依次通过海上升压站、海上换流站、直流电缆、陆上换流站，并入 500kV 陆上交流电网。

国外海上风电柔直送出工程集中于德国北海。北海海域建有 4 座海上风电场集群，分别是 BorWin、DolWin、HelWin、SylWin。目前德国已投运多个海上远距离柔性直流输电项目，这些项目的直流电压等级多以±320kV 为主。DolWin1 是世界上第一个电压等级达到 320kV 的海上风电柔直输电工程项目，而 DolWin2 是目前世界上已投运的输送功率最大（916MW）的海风柔直送出工程。DolWin5 是世界上第一个无海上升压站的海风柔直送出工程，66kV 风场直接接入海上换流站。

4.2.14　操作票自动生成技术

操作票是指在电力系统中进行电气操作的书面依据，包括调度指令票和变电操作票。操作票是防止误操作（误拉、误合、带负荷拉、合隔离开关、带地线合闸等）的主要措施。操作票自动生成技术，指的是采用多智能体、人工智能等技术将传统手工开票转变为自动生成操作票，它集自动开票、手工开票、模拟预演、流程化审核等功能为一体，是一种先进的电网运维控制方式。操作票生成的传统方式是人工方式，需要对电力系统运行具有丰富经验的专业人员来手工编写操作流程。但是，人工编写方式易发生错误开票，导致电力系统中误操作的发生。因此，采用基于人工智能等新技术的操作票自动生成系统变得尤为重要，它不但能够提高电网的调控效率、减轻调控人员的压力，而且能进一步提升电网运行的安全性。

电力系统操作票的生成就是基于给定的操作任务的运行方式和操作规则约束，建立一系列的电力系统操作步骤的过程。由此可见，操作票的生成是对电力系统相关知识和经验的描述过程，而且是一种精确推理的过程，这种问题很难建立严格的数学模型或用常规的数值分析方法解决。

20 世纪 50～60 年代，随着计算机领域的飞速发展，操作票自动生成系统也受到国内外专家学者的广泛关注。国外电网的安全系数很高，其二次系统配置比较简单，操作只考虑一次设备，操作种类也少，对操作票自动生成系统研究也少，对我国的研究可借鉴性不大。其中有代表性的有 1988 年日本 TakashiAbe 等人开发的 Virgo 系统，涉及的电气设备少；1990 年加拿大 Z.Z.Zhang 教授提出变电站三级分层建模的方案，只有几种类型的设备投入或退运，二次设备操作没有实现；1997 年美国学者 NoelN.Schulz 博士等人使用专家系统生成线路、变压器和断路器的操作设备序列，但仍未实现辅助设备的操作规则库，操作任务不独立。20 世纪 90 年代国内东北电网调度中心首先实现计算机来开列操作票，尽管功能仍存在智能性不足、出票效率低、局限性大等缺陷，但开启了国内操作票自动生成系统的先河，为后来的系统研究奠定了基础。近几十年研究重点集中于如何提高系统的通用性、智能推理出票能力和防误能力。自 20 世纪 80 年代初至今，系统的发展可分为三个阶段：

（1）数据库阶段。早期的典型数据库型操作票自动生成系统，是结合数据库存储技术。这种操作票系统具有出票效率高、安全可靠和易于修改的优点，但是由于票都是提前编写好的，本质上并不具有自动推理能力，随着厂站对危险点预防能力要求越来越高，需要编写的操作票数据也越来越多，数据库的负担也会越来越大，并不适合厂站长期发展的需求。

（2）图形化阶段。系统将现场中用到的电力设备设计为形象的设备图元模型和系统接线图导入到系统中，由于工作人员可以在图形化界面上模拟现场操作，所以此系统具有直观性和易操作性，并且其防误是该系统的核心功能，但由于其开票内容实质上仍是通过用户的操作来决定的，并不具备自动推理的能力，故其仍未达到智能性的要求。

（3）基于专家系统阶段。系统是结合计算机的运算能力和专家系统的人工智能思维达到系统的自动推理开票的目的。此类系统，既保证了出票的可靠性，而且利用推理机的智能性大大减少了工作人员开票的时间，在本质上已经具备了系统基于电力知识智能自动开票的能力，真正意义上达到了智能自动开票的目的。

截至目前，操作票自动生成系统已经在浙江、江苏等供电公司的部分城市上线运行。2019 年，南京供电公司是国网江苏电力配网调度控制系统实用化应用试点单位之一。操作票自动生成系统的成功试点，实现了配电自动化主站系统和停电管理系统（outage management system，OMS）的有效贯通。目前在新一代配电自动化主站系统中只需一键操作，智能成票系统即可自动读取 OMS 检修申请单，并根据预定操作时间校核配网运行方式、智能生成负荷转供方案，自动完成涵盖全部停复役过程的调度操作票填写。整个成票过程不到 1min，而传统的人工填票需由运方专职给出调整方案，再由当值调度员人工填写，整个过程至少耗时 30min 以上。智能成票技术将切实解决配网调度工作量大、人力资源不足等问题，有效降低操作票拟写时间，规避误操作风险。

目前，操作票自动生成系统仍旧存在通用性、独立性和灵活性较差等问题，无法满足电力系统日新月异的发展需求，多智能体等理论能够通过信息共享、协同合作的方式弥补上述缺陷，因此在操作票自动生成系统得到广泛发展。随着能源互联网建设的深入，设备运维操作安全成为迫切需求，操作票自动生成系统具有重要的研究价值和广阔的应用前景。

4.2.15　变电站一键顺控技术

变电站一键顺控技术，是指利用智能变电站的顺控功能，将变电站的常见操作根据一定的“五防”逻辑在智能变电站的监控后台上编制成操作模块按钮的一种智能变电站先进控制模式，操作人员在操作时不需要编制内容复杂的操作票，只需要根据操作任务名称调用“一键顺控”按钮对应的操作票进行操作即可完成目的。

随着智能变电站数量的逐年增加，变电站电气设备的操作也更为复杂，运维人员的工作量剧增，现有的智能变电站控制方式已不能满足电网发展和运维要求。一键式顺控系统是智能变电站操作的最新要求，是一种先进倒闸操作模式，它能够实现操作项目软件预制、操作任务模块式搭建、设备状态自动判别、防误连锁智能校核、操作步骤一键启动、操作过程自动顺序执行等功能。变电站一键顺控系统能帮助操作人员执行复杂的操作任务，将传统的操作票变成任务票，实现复杂操作单键完成，整个操作过程无须额外的人工干预或操作，可以大大提高操作效率和减少误操作的风险，最大限度地提高对变电站电气设备操作的准确性、有效性、快捷性。

变电站一键顺控系统是在顺序控制操作的基础上发展而来。顺控操作就是按照生产过程中预先规定的顺序，在输入的信号作用下，并根据时间顺序和设备状态顺序，控制各个执行机构有序进行操作。在 20 世纪 90 年代，顺序控制在一些欧美国家就已经开始初步应用，该技术使得变电站运行效率显著提升。例如 2008 年 4 月美国孟菲斯建设了第一个 500kV 智能变电站，并实现了程序化控制。将顺控系统投入应用的还有位于莫桑比克的 220kV 高压直流阿波罗变电站，通过顺序控制在开环控制系统的翻新运行，取得了高稳定性、高可靠性的成效。一键顺控系统作为当前一种先进的智能变电运检模式已在全国范围内广泛推广，截至 2020 年底，一千多座变电站已经或正在实施一键顺控系统改造。

为满足智能变电站的一键顺控的需要，规范一键顺控系统的各项技术要求，国家电网有限公司组织发布了 Q/GDW 11153—2014《智能变电站顺序控制技术导则》和《变电站一键顺控技术导则（试行)》，对系统结构分层分布化、一次设备智能化、二次设备网络化、信息采集数字化等提出了具体要求。具体的硬件要求如下：

（1）监控系统。一键顺控功能的顺控主机，通过双网冗余接入站控层网络，直接从站控层网络采集一、二次设备运行状态、实时电气测量值、电网异常指示等信息。

（2）一次设备。所有纳入一键顺控操作的一次设备均需要具备电动操作功能，包括断路器、隔离刀闸、地刀、手车等均要实现电动操作，也就是通过电气操作可以实现开关、刀闸的分合，手车的推入和拉出等。

（3）二次设备。完成一键顺控操作的各二次设备必须符合标准的规定已经智能变电站技术导则的规定。二次设备是一键顺控功能的具体执行者，同时也负责采集一次设备的状态。所以，二次设备必须能够根据操作票的逻辑和操作顺序正确发出控制命令，也要确保各状态数据采集准确及时。

（4）防误系统。智能防误主机可与原防误主机合并，由新增的智能防误主机实现一键顺控校核功能及原防误主机所有功能。

系统架构主要由原有的变电站控制基础上增加顺控主机、智能防误主机、刀闸状态采集装置、空开控制装置、压板状态采集装置、地线状态采集装置和运检网关机等组成。独立智能防误主机与顺序主机内置防误逻辑实现双套防误校核，通信网关机为与调度的数据通信通道，也可与顺控主机通信。运检网关机为调控机构远方一键顺控提供通道。整体系统结构如图 4-34 所示。

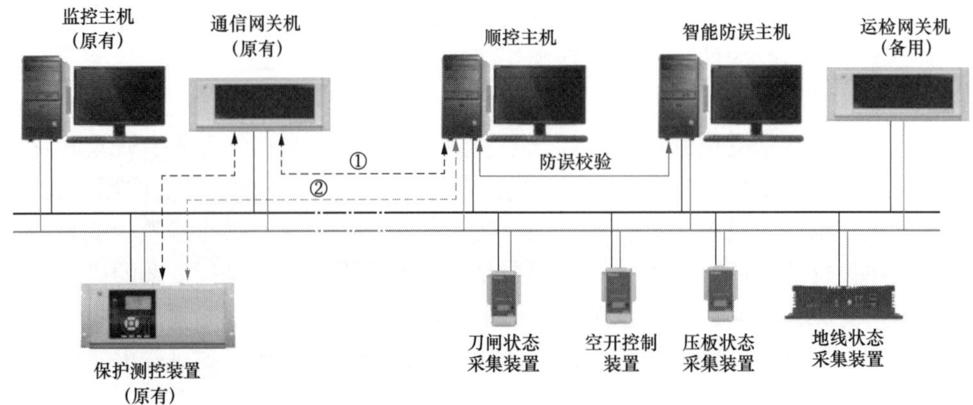

图 4-34　智能变电站一键顺控系统架构图

变电站一键顺控系统在实际运行中有以下要求：以变电站监控主机为主体，由变电站监控主机唯一存储和管理一键顺控操作票，实现接收和执行本地及远方的一键顺控指令，包括任务调取、模拟预演、指令执行及操作记录的功能。其中模拟预演和指令执行过程中应使用一体化五防的防误逻辑校验模块进行防误校核，如监控主机一键顺控模块在模拟预演时宜将预演指令发送给智能防误系统，智能防误系统同步模拟预演并将结果返回至监控主机一键顺控模块。而变电站主设备监控系统权限管理模块主要进行顺控权限验证，保证顺控操作票的规范调取。此外一键顺控模块在控制指令下发前宜将设备操作信息发送给智能防误系统，智能防误系统经过独立的防误闭锁逻辑校核后将校验结果返回至监控主机一键顺控模块，辅助监控系统则实现一键顺控控制指令执行前视频联动。智能变电站一键顺控功能结构图如图 4-35 所示。

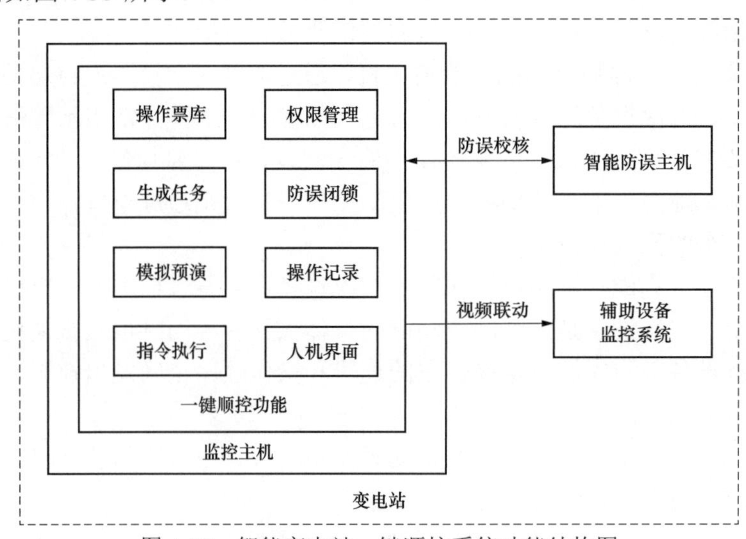

图 4-35　智能变电站一键顺控系统功能结构图

变电站一键顺控技术，是智能变电站的一个高级应用模式。通过应用自动控制技术、传感和物联网技术、状态自动识别和智能判断技术，将繁琐、重复、易误的传统人工倒闸操作转变为操作项目软件预制、操作任务模块式搭建、设备状态自动判别、防误连锁智能校核、操作步骤一键启动、操作过程自动顺序执行的自动模式，代表了未来智能变电站运检的发展方向。

4.2.16　输电线路状态监测技术

输电线路状态监测技术主要是指电力系统当中运用输电线路相关监测设备和仪器进行表征设备运行状态相关数据的实时监测与记录，并形成特征量及时上传至数据监控中心，通过各项监测采集的数据参数诊断分析的手段。供电企业监测人员通过对传感器上传资料信息的研究分析，对高压输电线路中可能存在的故障进行识别，从而为高压输电线路维护人员的工作提供针对性的数据支持，极大地提高了输电线路维护人员的工作效率。近几年，电力行业开始发展智能电网，输电线路状态监测技术属于智能电网落实中主要环节，可以帮助监测人员实时了解输电线路的实际状态，还能够帮助检修人员确定输电线路故障的具体位置，切实加强现代电力企业对于输电线路监测、管理、检修以及运转等多方面实际水平。随着信息技术的发展，采用先进的状态监测技术手段及时获取输电线路的运行状态和环境信息显得越来越重要和迫切。

输电线路状态监测通过安装在输电线路上的监测设备可实时记录表征设备运行状态特征量，是实现输电线路状态监测、状态检修的重要手段。输电线路状态监测示意图如图 4-36 所示。

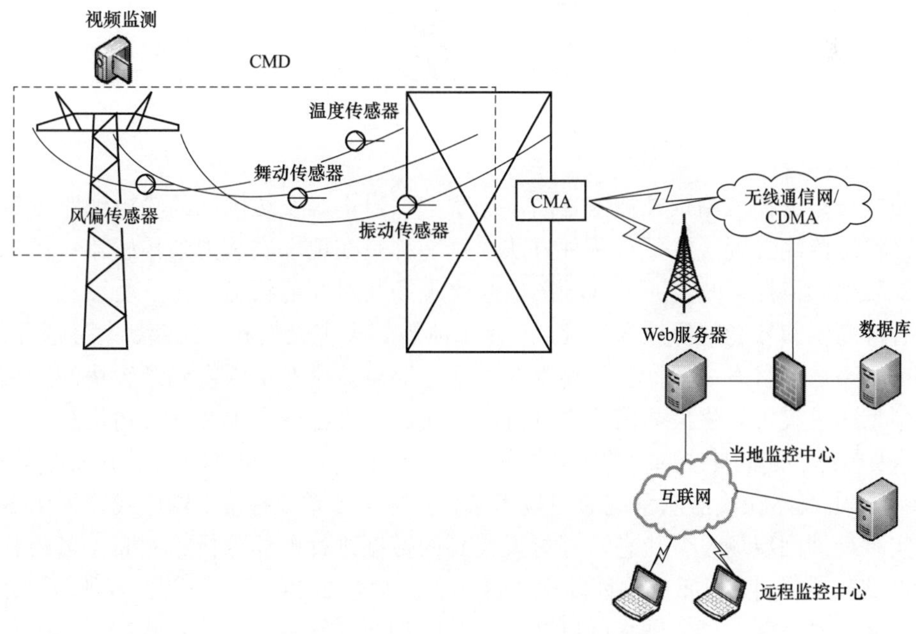

图 4-36　输电线路状态监测示意图

智能电网输电线路状态监测系统通过采集和分析铁塔、导地线和绝缘子等设备的状态检测数据，实现对输电线路设备状态信息、微气象状况和线路走廊环境信息的实时监测。智能电网输电线路状态监测系统主要由主站系统、状态监测代理（condition monitoring agent，CMA）和状态监测装置（condition monitoring device，CMD）组成。

主站系统是一种计算机系统，能接入各类输变电设备状态监测信息，并进行集中存储、统一处理和应用。主站包含集中数据库、数据服务、数据加工及各类状态监测应用功能模块。

CMA 是一种状态监测代理装置，能在一个局部范围内管理和协同各类输电线路状态监测装置，汇集各类状态监测装置的数据，并替代各类状态监测装置与主站系统进行安全的双向数据通信。

CMD 是一种数据采集、处理与通信装置，安装在被监测的输电或变电设备附近或之上，能自动采集和处理被监测设备的状态数据，并能和 CMA 进行信息交换。输电线路状态监测装置也可向数据采集单元发送控制指令。CMD 所监测状态数据可分为四类：①导线监测：覆冰监测、温度计动态增容、舞动监测和振动监测；②绝缘子监测：污秽监测和风偏监测；③杆塔监测：防盗检测和倾斜检测；④微天气监测。CMD 现场情况如图 4-37 所示。

图 4-37　CMD 现场情况

在输电线路灾害监测预警技术方面，加拿大、日本等发达国家的输电线路大量使用了输电线路状态监测装置，主要有两种方法：第一种是在现场安装力学传感器；第二种是在杆塔上安装视频监控系统，通过视频图像观察现场线路环境状况。

随着特高压和智能电网技术的发展，对于冰雪等灾害天气和长距离、大跨越等条件下，获取输电线路运行状态，就催生了输电线路状态监测技术在中国得到了较快的发展。2008 年初的罕见冰雪灾害发生后，国家电网有限公司、南方电网有限责任公司均加大了对输电线路覆冰及覆冰引起的导线舞动的研究投入。2009 年 6 月，国家电网有限公司发布了 Q/GDW 245《架空输电线路在线监测系统通用技术条件》等 4 项企业标准。输电线路采用多种监测系统，实时反馈回现场设备状态，并对采集到的数据进行整体分析、判断，可为状态巡视和检修提供一手资料。以重庆渝西输电工区为例，截至 2021 年已采用了多种监测系统，分别对采空区、易盗区、外力破坏区以及绝缘子污秽情况等进行了实时监测，其中具体包括了杆塔倾斜在线监测、杆塔在线可视系统、雷电定位监测系统绝缘子污秽在线监测系统等，在电网实际运行中起着保障安全稳定运行的作用。

4.2.17　智能巡检

智能巡检指利用装载在直升机、无人机或机器人上的红外线摄影仪、数码摄像机、高分辨望远镜、可见光录像机、激光雷达系统等设备对途经输电线路进行观测，使直升机或机器人根据自己的“视觉感官”所获得的信息自行寻找路线以到达执行任务的地点，同时对该地点的环境等信息进行检查。

在智能巡检技术推广前，普遍采用人力巡线，利用肉眼或借助望远镜来观察输电线路的外观及缺陷。人力巡线检查方式劳动强度大，而且由于不少输电线路穿山越岭，甚至横跨江河，所以存在不少人力不能到达的巡线盲区。为了解决人力巡线检查方式所遇到的难题和障碍，智能巡检技术应运而生，主要包括直升机巡检、无人机巡检和机器人巡检等技术。

直升机智能巡检技术是指巡检人员利用直升机作为平台，采用在直升机上装备的具有陀螺稳定功能的可见光检测和红外检测等技术，对输电线路进行巡检检查，实现输电线路设备在线运行状态检测的技术。直升机智能巡检比人工巡线效率更高，依靠直升机智能巡检平台可以全方位、多角度，近距离观测，可以发现地面无法发现的缺陷。直升机智能巡检还具有不受地形限制、在灾害条件下巡检等优点。直升机智能巡检距离长，缺陷发现率高，尤其是瓶口以上的导地线、金具及设备隐蔽性缺陷。截至 2018 年 10 月 29 日，国家电网有限公司直升机巡航总里程累计 17 万 km，发现缺陷 22002 处，其中严重危急缺陷 806 处，红外测温类缺陷 898 处。2020 年 3 月 16 日，国家电网有限公司采用直升机对安徽境内进行智能巡检工作，完成了一次对特高压和超高压线路进行的全面巡检，为华东和华中地区抗疫期间复产复工和春耕提供了坚强的电力保障。不过，直升机智能巡线也存在一定的弊端，主要是运营成本高，维护成本高，受天气、地理等因素的影响较大，还受操作距离限制。直升机智能巡检如图 4-38 所示。

图 4-38　直升机智能巡检

输电线路无人机巡检技术是指利用各型无人机巡检系统对线路本体及通道缺陷进行巡检。按飞行器结构和工作原理，无人机可分为旋翼无人机和固定翼无人机；按起飞重量，无人机可分为大型无人机、中型无人机、小型无人机。输电线路无人机巡检系统包括飞行平台分系统、任务分系统、测控与通信链路分系统、地面控制站分系统。其中，飞行平台分系统主要提供飞行能力和装载设备能力；任务分系统提供采集设备信息的能力，通常带有可见光传感器、红外传感器或紫外传感器；测控与通信链路分系统提供飞行平台与地面站之间的遥控和遥测数据、视频图像的传输，必要时可增加中继链路；地面控制站分系统可控制飞行状态、监控飞行情况。

自 2012 年以来，国网湖北省电力公司在无人机巡检领域进行了一系列的探索和创新，通过搭载可见光、红外、紫外和三维激光雷达等设备，实现销钉级隐蔽缺陷巡检、接点精确测温及输电通道精准排查；通过搭载喷火、激光等除异物装置和灭火弹等设备，实现导地线异物处理、山火高效防控；通过在无人机上安装机械臂，实现无人机辅助开展带电作业。2017 年 8 月，基于宽带卫星通信的 Z-5 型大型无人直升机巡检系统已在广东电网清远、阳江地区 20 余回 110～500kV 带电运行输电线路开展了巡检试验和应用，系统运行正常。到 2017 年底，国家电网系统各单位共配有各类型无人机 1800 余架，2017 年度无人机巡检杆塔超过 21 万基，累计发现缺陷超过 5 万余处。南网广东省网则拥有各类无人机、直升机 4154 架，全网共 44 座变电站试点应用机器人自动巡检。据了解，全自动无人机智能巡检专用系统通过沿线布设固定起降平台和无人机，或者采用自主研发的全自动移动起降平台可以实现覆盖京沪高铁全线 1318km 的自动巡检变电站机器人巡检技术是一种全新的变电站智能化巡检技术，它利用机器人携带多种检测传感器，代替人工在变电站内进行设备状态巡检，实现红外测温，刀闸和断路器状态检测、表计读取、设备外观异常检测和基于声音的变压器异常状态检测等功能，并可综合历史巡检数据、当前巡检数据、电网运行状态对设备状态进行趋势及预警分析，实现变电站设备的全寿命周期管理。采用机器人技术进行变电站巡检作业，能够最大限度地实现巡检的灵活性、智能性，并同时克服和弥补人工巡检存在的缺陷和不足，更贴近于智能变电站和无人值守变电站的发展的实际需求，是智能变电站和无人值守变电站巡检技术的发展方向，具有广阔的发展空间和应用前景。2018 年 12 月，国家电网有限公司联合研制的架空输电线路巡检机器人在国网烟台供电公司顺利挂网试运行。未来的智能巡线将会逐步实现输电线路感知本地化、数据处理终端化、故障告警自动化、通信传输网络化、通信方式多样化、运行维护低成本。届时，输电线路巡线的效率和可靠性又将迈上一个新的台阶。

4.2.18 输电线路雷电防护技术

输电线路雷电防护技术是综合运用雷电监测、防雷评估和雷电防护等技术来实现输电线路防雷减灾的方法和规程。雷电灾害是导致电力系统故障的主要成因，据统计，电力系统中 60%以上的故障均与雷电灾害有关。架空输电线路地处旷野，纵横交错，很容易遭受雷击。雷击输电线路产生很高的过电压，不仅直接引起绝缘子的闪络和线路的停电跳闸，同时，沿输电线路侵入的过电压会影响变电站的设备安全运行。

我国于 2006 年建成了覆盖全国电网和大部分国土面积的全国雷电地闪监测网，中国成为拥有自主知识产权的雷电监测系统的国家，雷电监测网规模和工程应用水平居世界领先地位。广域雷电监测系统有效支持了雷电参数长期统计和输电线路雷击故障查找。国家电网有限公司研发的输电线路雷击光学路径监测系统，利用高灵敏光学触发器智能感知雷击过程，实时记录雷击光学图像并自动发送给远端服务器，实现了在本地就能掌握远隔千里野外运行的输电线路雷击状况。2007 年以来，国网电力科学研究院等研究机构在云南、山西、广州等地电网开展了一系列直击雷测量研究，主要通过定点安装全波形雷电流测量装置获取雷击杆塔顶部的雷电流时间、波形、幅值、极性。

随着电力系统广域雷电监测系统的建设和数据积累，逐渐形成了基于输电线路走廊雷电活动强度、地形地貌及线路结构等差异化因子的全线路雷击故障风险逐杆塔分析方法。基于该方法研发出的输电线路差异化防雷评估系统，已应用于 26 个省级电网，指导 500 多条线路防雷改造已成为指导电网防雷设计、运行维护和改造的重要工具，应用成果显著。

2012 年，在国家电网公司的组织下多家单位成功开发了±500kV 直流线路避雷器，2014 年，国际首台±800kV 直流线路避雷器研制成功，首批 6 套避雷器已于 2016 年 3 月在宾金线湖南段实现挂网试运行，但尚未实现大规模工程应用。截至 2020 年，±500kV 直流线路避雷器已成功应用于国家电网有限公司所有（7 条）±500kV 直流输电线路，累计安装应用 800 余套，动作次数共计 500 余次，±500kV 直流输电系统 2014～2016 年平均雷击故障重启率较 2013 年下降 34%，发挥了很好的防雷作用，这些为今后±800kV 直流输电线路雷击闪络限制技术研究奠定了坚实的理论和实践基础。

输电线路雷电防护技术是实现防雷减灾的一种重要途径，主要包括雷电监测、防雷评估和雷电防护 3 大方面。在雷电监测方面，包括广域雷电监测技术和雷击监测技术。输电线路分布式故障监测技术采用区段化、高电位测量，能够监测出线路上各种电流形波较为丰富的瞬态特征，根据不同状态下暂态行波特征，实现雷击/非雷击故障辨识、绕击/反击辨识和故障杆塔精确定位。通过在高塔或高建筑物或输电杆塔上安装电流测量传感器（罗氏线圈、同轴分流器等）可以对雷电流波形进行高精度测量。2012 年清华大学开发的雷电流波形监测装置在国内安装了 4 套并成功捕捉到我国第一个与 CIGRE 推荐波形相似的雷电流波形证明了研制的雷电流波形监测装置的可靠性，为装置的推广应用积累了技术及经验。

在防雷评估方面，架空输电线路分布范围广泛，沿线地形地貌复杂、雷电活动分布不均，加上线路结构、绝缘差异等因素，精细化评估线路雷击风险的难度较大，但一直是防雷科研和生产运行努力的目标。线路走廊沿线雷电地闪密度分布、沿线精细化地形地貌数据和精细化的线路结构数据，综合指导输电线路设计、运行管理和防雷改造。基于线路走廊雷电监测数据样本库，实现以地闪密度为依据的雷区等级划分，并绘制全国范围的雷电地闪密度分布图；基于精细化的地面倾角和地貌数据，支撑利用弧垂和地貌数据对导地线相对地面的准确高度进行修正，以及通过调整地面倾角，计算最大绕击电流；三维激光扫描技术可实现线路结构信息的精细化测量，该方法能提取更加精确的杆塔定位坐标、导地线间的间距及弧垂、转角塔外侧跳线保护角等重要参数，为降低三峡水电站雷击跳闸率，提高线路安全运行可靠性，国网湖北省电力公司于 2019 年针对 15 条 500kV 出线开展防雷专项改造，通过三位激光扫描等技术进行雷电风险评估，三峡水电站线路平均雷击跳闸率降幅 47.5%。

在雷电防护方面，防雷击闪络故障措施是从降低线路雷击跳闸率为出发点，主要包括：避雷器、避雷线、塔头针和耦合地线、降低接地电阻、线路避雷器。安装避雷线、塔头针主要是通过其吸引雷电将雷电流导入大地，防止雷电直击被保护设施。降低接地电阻为雷电流入地提供良好通道，基于柔化工艺的石墨基柔性接地体具有良好的导电性和耐腐蚀性，且具有蛇形开挖方便施工的特点，2018 年，宁夏大唐国际青铜峡砂石墩梁风电场的风机接地网设计采用柔性石墨接地材料，柔性石墨接地材料在腐蚀性土壤条件下，能有效降低接地电阻，满足风机接地阻抗的要求；藏中联网工程于 2018 年使用石墨接地材料的杆塔，其土壤电阻率高于圆钢材料作为接地网的杆塔。

输电线路是智能电网的电力输送通道，也是能源互联网的骨干网架。为实现“双碳”目标，国家电网有限公司提出了构建以新能源为主体的新型电力系统行动方案，这为输电线路雷电防护技术提供了新的发展契机。

4.2.19 输电线路防舞动技术

输电线路舞动是指导线在一定风速条件下发生的一种运动轨迹近似椭圆形的低频率（0.1～3Hz）、大振幅（为导线直径 20～300 倍）的自激振动现象。输电线路舞动易造成线路闪络、跳闸、杆塔螺栓松动、脱落，严重时会发生金具及绝缘子损坏，导线断股、断线，甚至倒塔事故，给整个电力系统的安全稳定运行造成极大的威胁，因此，输电线路防舞动技术研究成为目前输电线路急需解决的关键性问题之一。随着输电电压等级的提高和输电容量的增长，输电线路的档距、导线的分裂数以及相数都呈增加的趋势，这使得输电线舞动更容易发生。我国是输电线路舞动灾害较严重的国家。舞动对输电线路造成的危害非常大，轻则损坏绝缘子、输电线、金具等部件，重则发生跳闸、倒塔等事故，严重影响了输电线路的安全运行，给国民经济和社会生活也带来非常大的损失。导线舞动导致的灾害图片如图 4-39 所示。因此，在输电线路设计时应尽量避开易舞区，但有时在设计时难以预测输电线是否会发生舞动，这样在输电线路上采取有效的防舞措施是非常有必要的。

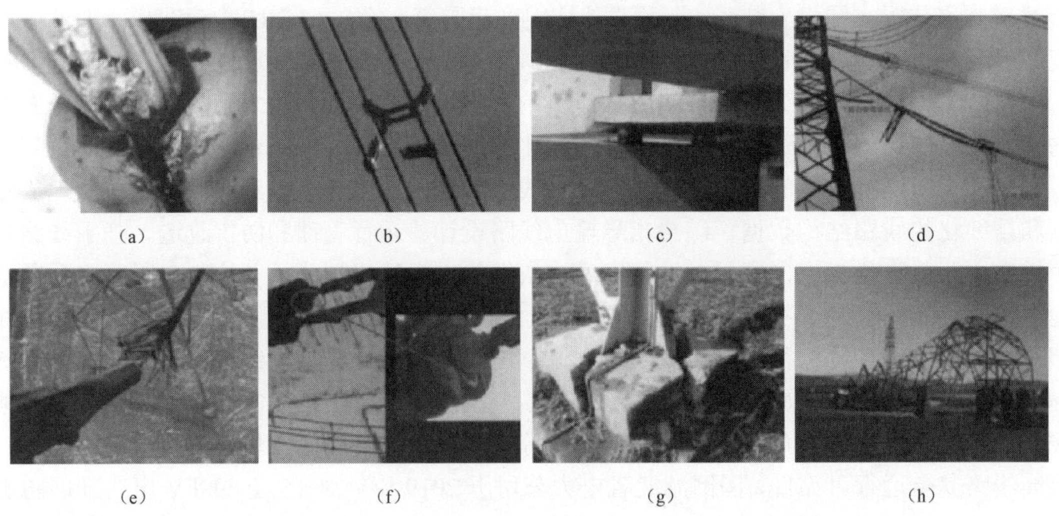

图 4-39 导线舞动导致的灾害图片

（a）闪络烧伤；（b）金具断裂；（c）螺栓松动；（d）导线断股；（e）横担断裂；（f）绝缘子损坏；（g）杆塔基础松动；（h）倒塔

从 20 世纪 30 年代起，包括美国、加拿大、英国、日本以及中国等舞动事故高发的国家相继投入大量的资源对导线舞动机理以及有效的防舞动措施展开了研究。美国 Den Hartog 提出了垂直激发机理，加拿大 ONigol 提出了扭转激发机理以及惯性耦合舞动机理，这些机理主要针对线路本身进行理论分析和建模，并基于这些机理开发设计了多种防舞措施，如各种舞动阻尼间隔棒、双摆防舞器、偏心重锤等。我国主要通过在输电线路上安装防舞装置来实现其防舞的目的，常见的有压重装置、相间间隔棒、扰流线、失谐摆等。

导线舞动严重影响输电线路的安全运行，目前主要的输电线路防舞动技术分为三种：一是要合理地提高输电线路的电气机械强度；二是根据当地的地理环境来合理地控制输电线路的走向和路径；三是合理地增大铁塔设计强度，并且适当地增加导线与导线之间的距离，防止导线相互之间出现放电的现象。

（1）合理地提高输电线路的电气机械强度。在现实情况中，合理地提高输电线路的电气机械强度，也是能够防止输电线路发生舞动现象的重要措施。对此，在选择输电导线的时候，相关的工作人员应该要严格地校验输电导线在加装防舞装置之后所具有的张力大小，确保输电线路导线可以满足实际的工作要求。与此同时，也可以适当地选择一些新型的、可以有效地减少覆冰的导线。而针对直线塔的选择，则采用 V 串形式，以此来充分地限制输电导线的舞动幅度。另外，针对跳线间隔棒的选择，也可以采用导线阻尼式间隔棒。

（2）根据当地的地理环境来合理地控制输电线路的走向和路径。由于输电线路的结构形式是导致输电线路发生舞动的重要原因。因此，从这个角度来看，要想防止输电线路发生舞动，也应该要有效地改变线路的结构形式。对此，便可以根据当地的地理环境来合理地控制输电线路的走向和路径。其中，在选择线路路径的时候，应该要提前做好对当地区域、舞动微气象等内容的勘察，尽可能地避免路径横穿风口，避免线路架设在舞动微地形或者是微气象地带。在某些开阔地带，也应该避免输电线路的走向与冬季主导风向之间形成过大的夹角，通常以小于 45°最好。在容易发生舞动的区域中，还可以适当地降低杆塔的高度。在某些重大跨越段，可以采用耐直耐跨越方式。

（3）其他措施。近几年来，线路舞动已经成为困扰人们的重大问题。而且，冬季输电线路覆冰舞动也是一种十分典型的线路舞动现象，对输电线路的安全运行产生了很大的影响。因此，人们也在积极地采取各种有效的防舞动措施。其中，在输电线路容易发生舞动的地方，可以合理地增大铁塔设计强度，并且适当地增加导线与导线之间的距离，防止导线相互之间出现放电的现象。与此同时，所以杆塔都可以采用双帽防松防御螺栓，以此来加强连接强度。

2020 年 2 月，受寒潮、暴雪恶劣天气影响，天津两条 110kV 线路出现舞动，造成线路非计划停运，当年 12 月，国网天津静海公司首次成功实施输电线路防舞动治理，为 110kV 输电线路加装了 204 支相间间隔棒，有效治理因线路覆冰舞动导致的短路跳闸，大幅提升输电线路抵御大风、雨雪等恶劣天气的能力，有力保障电网安全可靠运行畅通。2020 年 12 月，国网河北省电力公司开展输电线路防舞动治理，探索符合环渤海地区特点的治理方法，从“抑、抗、测、避”四方面入手，采用相间间隔棒“抑舞”、紧固铁塔“抗舞”、安装监测“测舞”、差异改造“避舞”等措施，对风险较大的 2 条 220kV 线路、9 条 110kV 线路进行集中防舞动治理。

截至目前，没有一种装置可以同时针对不同的舞动机理有很好的防舞效果。因此，研究不同防舞装置的防舞效果、研发新型的可以同时对多种舞动机理有防舞效果的装置是未来输电线路防舞动的一个重要工作。

4.2.20 输电线路除融冰技术

输电线路除融冰技术是通过对输电线路覆冰的观测、覆冰层的评估计算，采用自然、热力或机械等操作对输电线路的覆冰进行清除或融化的方法和手段。

电力系统输电线路覆冰是影响输电电网安全运行的重要灾害之一，由于线路上增加了冰载荷，可能会引起线路冰闪跳闸、金具损坏，严重情况会导致输电杆塔倾斜、导线断线，覆冰灾害严重威胁着电网的稳定安全运行。线路覆冰是在大气温度接近或低于 0℃时，有降水并被冰冻结在输电导线上的冰层。覆冰是在非常复杂的天气过程和微物理过程中结合形成的。线路覆冰有雾凇、雨凇和混合冻结三种分类。产生覆冰的主要因素有：气象因素、海拔高度因素、线路走向和悬挂高度、导线直径、导线表面电场的影响等。

2008 年 1 月，受大面积降雪和冻雨天气影响，我国南方地区遭遇大范围降雨雪天气，经历了有气象记录以来最严重的持续低温雨雪冰冻灾害，造成电力系统大量线路杆塔倒塌，国家电网和南方电网供电地区大面积停电，如何利用先进的技术安全、高效地清除线路上的覆冰，是电力公司需要迫切解决的难题。

输电线路的除冰早期采用人工方式，不需要专门的除冰设备，仅需要运行维护人员进行人工除冰，例如地面运维人员在线路断电时，通过特制的除冰工具，对覆冰线路进行敲打或振动使覆冰破碎脱落；线路带电时，用与线路电压等级相符的绝缘棒敲打等方式。此外还有滑轮铲刮法、电磁脉冲除冰、机器人除冰等多种新型除冰方法，通过多种方法的配合使用，无论从经济性还是工程应用角度来看，都可以取得令人较为满意的效果。融冰技术主要是利用各种热力融冰的方法。原理是在线路上通以高压正常电流密度的电流产生热量进行融冰。融冰技术现在应用最广泛的是交直流融冰技术，也是目前消除输电线路覆冰灾害最为有效且比较成熟的技术之一。

交流融冰技术可分为三类：常规交流融冰技术、带负荷交流融冰技术、可调电容串联补偿式交流融冰技术。①常规交流融冰方式可分为发电机零起升压和系统冲击合闸短路。两种方式都是通过将变电站内的 110kV、35kV 或 10kV 交流电源加到覆冰线路上，并在覆冰线路的对侧或者中间段进行三相短路，通过施加几百甚至上千安的短路电流快速将线路覆冰融化。②带负荷融冰方法基本原理也是通过增大覆冰线路的电流来实现融冰。这种方法不需要停运线路，只需改变线路潮流。目前国内外带负荷融冰主要基于以下三种方法：基于调度的调整潮流融冰。通过制定科学合理的调度方案，向覆冰线路传送更多的功率；基于增加无功电流的调整潮流融冰。通过降低系统功率因数的同时保证负荷正常供电不受影响，向所需融冰的线路增加无功功率传输；基于移相变压器的带负荷融冰。通过在变电站安装移相变压器，使其在双回线路产生一个有功功率循环，其中一回路正向传输，另一线路反向传输，这样就增加了正向传输线路的电流，其值等于移相器电流与负荷电流之和，从而达到融冰的目的。③而可调电容串联补偿式交流融冰技术是根据融冰电源电压大小和输电线路长度，来调节串联在线路上电容的容抗，进而使输电线路的电流满足融冰要求。

直流融冰是指利用直流融冰装置将来自交流电网或交流发电机的交流电，通过大容量电力电子整流器转换为直流电，进而利用直流短路电流在导线电阻中产生热量使覆冰融化。

直流融冰所需的电源容量只取决于融冰线路的直流电阻和导线长度。交流线路的电阻只有电抗的 10%左右，欲得到同样大小的融冰电流，直流融冰需要的电源容量比交流短路融冰小得多，因此直流融冰技术特别适合于超高压、长距离线路融冰。如图 4-40 所示为直流融冰示意图。

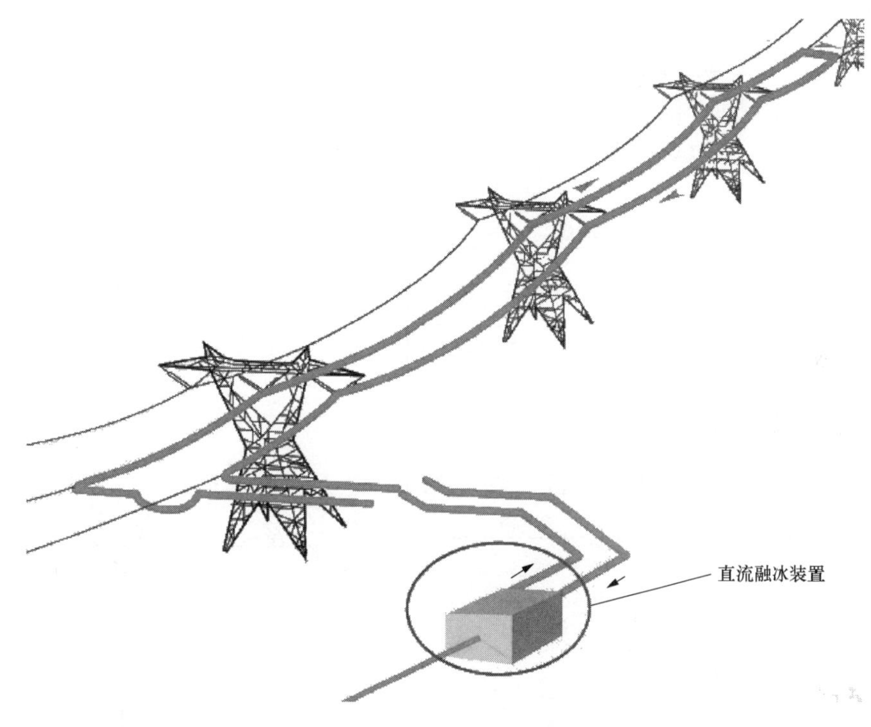

图 4-40　直流融冰示意图

直流融冰装置主要由整流变压器、整流器、滤波器及各类开关组成，如图 4-41 所示。直流融冰装置输出电压、电流可调，适用于不同导线型号和长度的线路。基站式的直流融冰装置可以对全站所有的进出线开展融冰作业，倒闸操作少，可靠性高。为提高设备的利用率，维持设备的良好状态，通过主接线重构，直流融冰装置还可以转换为 SVC 运行，这种运行方式的优点是可以提高系统的输送能力、稳定电压、降低网损、抑制低频振荡等。

直流融冰技术适用于易覆冰区 110kV 及以上等级输电线路；热力融冰技术适用于变电站变电设备、绝缘子等电力设施的带电融冰；新型交流融冰技术主要适用于 40km 及以下线路融冰；机械振动除冰技术适用于地线、单导线、分裂导线除冰，以及单个耐张段内多基直线塔间除冰、带电运行线路的地线除冰、跨江河湖泊及山谷的小气候环境下易结冰线路的除冰。

目前，世界范围内已有多套直流融冰装置投入工程应用。2008 年，国家电网公司研制出国内最大容量的固定式直流融冰兼 SVC 装置，安装于湖南益阳 500kV 复兴变电站的设备已投入运行，用于 500kV 交流输电线路的融冰，直流融冰功率 120MW，额定电流 6000A，具备 6 分裂导线的融冰能力，对 500kV 输电线路最长融冰距离达到 180km。直流融冰装置已经在国网湖南、浙江、四川等公司推广应用，每年均成功实施多次直流融冰；特高压直流融冰装置已经在湖南试验成功，融冰电流高达 12000A，融冰长度 100km；适用于农村配电网的移动式、便携式、固定式等多种形式的融冰装置已经在湖南、江西等推广应用，现场成功实施近 20 次；变电站带电热力除冰装置已经在湖南、江西、安徽、浙江等推广应用 30 套，现场实施 10 多次；机械振动除冰在河南 500kV 姚白线进行了地线振动除冰，取得了满意结果。

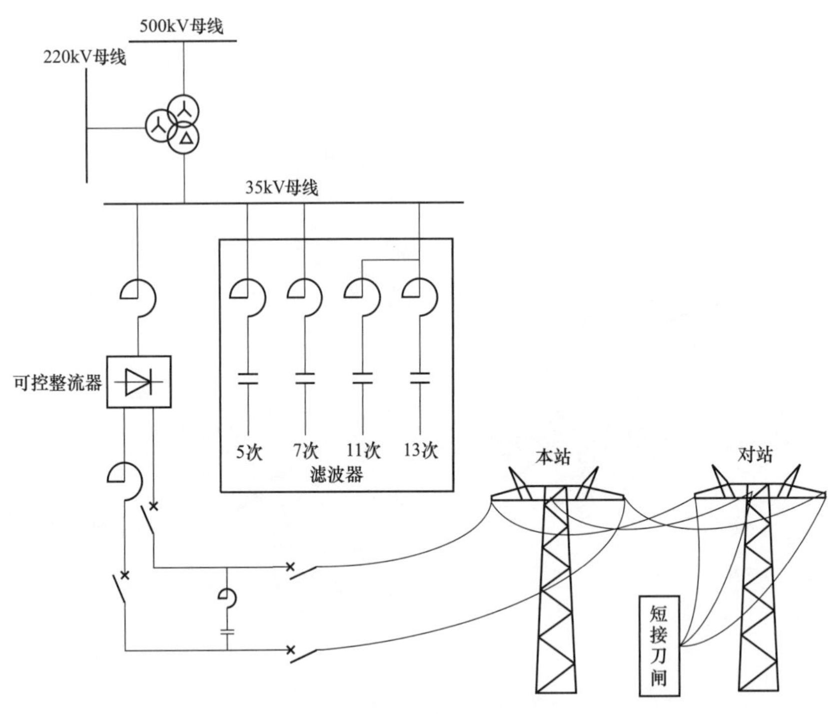

图 4-41　直流融冰结构图

2018 年，重庆遭遇持续低温雨雪天气，国网重庆市电力公司运用输电线路直流融冰技术，使覆冰严重的 500kV 张隆一、二回线三相全部成功脱冰，有力保障了全市冬季电网安全稳定运行。

4.2.21　带电作业机器人技术

带电作业是指在高压电气设备上不停电进行检修、测试的一种作业方法，是避免检修停电，保证正常供电的有效措施。研发智能机器人是目前带电作业技术领域的主流发展趋势。利用机器人代替人工作业，能够规避人身安全风险，节约人力成本，提高工作效率。

我国最早的带电作业开始于 20 世纪 50 年代，配电系统的带电作业技术发展过程主要分为四个阶段：①绝缘手套阶段。绝缘手套阶段就是指相关的操作人员通过一些绝缘工具，例如绝缘手套、绝缘工作服、绝缘鞋等直接对带电设备进行操作的过程。但是，由于带电设备存在的危险性较高，很容易伤害到操作人员的人身安全，因此，这种作业方式以及不再广泛运用或者已经被废止了。②绝缘工具技术阶段。此阶段是指操作人员使用能够绝缘的工具来进行带电操作，比较常见的如利用环氧树脂制成的玻璃布管做成一些绝缘工具设备，通过这些设备工具进行一定的带电作业。③绝缘斗臂车技术阶段。这个阶段的主要操作就是相关的操作人员使用绝缘的斗臂车来进行带电操作，一般来说，需要使用到绝缘斗臂车技术的操作都是一些难以靠单纯的人力进行的复杂操作。④机器人技术阶段。机器人技术阶段是整个技术的核心阶段，具体指的就是使用机器人来代替操作人员进行一些需要带电的操作。这个阶段的技术是一项新兴的技术，合理地利用机器人技术，不只是可以帮助操作人员更加安全地进行作业，也在一定程度上降低了操作人员的劳动强度，在提高操作安全性、规范性的同时，也提高了作业的效率。

早在 20 世纪 80 年代开始，日本、美国、加拿大、法国等许多国家就先后开展作业机器人的研究开发与应用。为使配电带电作业更加安全高效又避免坠落等事故，九州电力公司与安川机器人公司于 1984 年开展合作，研究配电带电作业机器人。迄今为止，日本已成为当今配电带电作业机器人开展最早、成果最为丰富、产业化应用最广泛的国家。其主要经历了 3 个阶段：①第一阶段（1984～1989 年）：手动操作机器人，采用主从控制。②第二阶段（1990～1997 年）：半自动机器人。③第三阶段（1997 年至今）：全自主机器人。

带电作业机器人是一项综合性强、技术含量高的高科技的专业设备。一个带电作业机器人所需要的技术非常全面，同时技术要求也非常严苛，因此，也决定着带电作业机器人具有一些特殊的特点：①安全性。对于带电作业机器人而言是必须具备，而且非常重要、非常基本的特点之一。②程序性。对于科学技术性东西集于一身的机器人而言，全身上下都需要相关的程序进行操控。只有准确的操控技术，才能使带电作业机器人高效地完成作业。③适应性。由于高压带电作业的环境比较复杂，而且具体的作业目标比较繁多，使机器人必须具有一定的适应性。④通用性。一般来说，带电作业机器人有明显的机械化特点。因此，在发展的过程中需要注意其通用性，然后让该工具能够有其他的通途，不被浪费。

带电作业机器人绝缘设计原理：带电作业机器人绝缘系统设计时，应用了中间电位带电作业法，即在整个作业过程中，操作人员处于接地体与带电体之间的待温状态，并通过性能良好的绝缘工具，间接地触碰带电体，从而对电力设备进行检测。采用该方法进行检测时，由于操作人员在中间电位内，不论是与带电体，还是与接地体之间，都存在一定的距离，在两个距离的保护下，都能够使人体与两者隔开，不能直接接触到一起，从而无法形成电流回路，增加了操作人员的安全性。此外，带电作业机器人运行的过程中，利用下列方法对中间电位进行操作：首先，利用绝缘系统内部的绝缘斗臂车，结合带电作业操作系统，将操作人员与地阻隔起来，达到绝缘的目的；其次，在主手与机械臂之间，安装了光纤，阻隔了机器人与带电体的直接接触，从而不仅达到了绝缘的目的，而且还提升了数据传输的能力；最后，机械臂运行时，若直接碰触到线路中的任意两相，或者是直接穿过两相，都会引发短路现象。而采用机械臂绝缘，或者是在两相之间装置遮蔽罩，都能够避免该现象的出现。

我国在带电作业机器人研究方面总体发展水平较好。2016 年，南方电网广州供电局研制的“输电两栖带电作业机器人”投入现场运行，该款机器人可以自主上下导线，输电线路运维人员可以在不停电的情况下进行线路精确巡视和带电清障。这不仅减轻了人工巡检的作业强度，消除了人员登塔的作业风险，还可以提高输电线路巡检作业质量和管理水平。2019 年国网上海市电力公司研发的新一代产品已投入实际操作应用。相比目前国内外已有的技术，该款机器人采用多级绝缘设计，有效保障了机器人和设备的绝缘安全性；操作方式也由传统的人站在斗臂车上控制机械臂转变为远程操控加机械臂末端执行机构视觉伺服闭环自动决策控制的方式，极大地保障了操作的可靠性；得益于双臂协调控制技术及统一的操作器具接口设计，可有效地提升操作效率，保障应用场景多元化。

4.2.22 带电作业

带电作业是指在高压电工设备上不停电进行检修、测试的一种作业方法。电气设备在长期运行中需要经常测试、检查和维修。带电作业以维持配电系统可靠性为重点，通过调整运行手段或作业方式来进行优化，是避免检修停电，保证正常供电的有效措施。广泛开展带电作业能减少对用户的停电，可以有效保证电网系统运作的可靠性和稳定性，能够最大限度维持社会效益和经济效益。

带电作业具有如下意义：

（1）能保证可靠地、连续地向用户供电。停电检修会降低供电线路的可靠性，造成供电不足，断开系统间的联络线，还会影响到系统的稳定性。500kV 线路停电，在很多情况下要减少发电机的发电量，这将增加发电的煤耗指标，不停电检修能够保证系统最佳工况和保证发电机在经济工况下运行。

（2）能及时消除线路缺陷，架空线路运行的可靠性得到提高。供电检修线路在很多情况下受到限制，这将使线路的小缺陷由于不能及时处理而发展，引起线路故障停电，而带电作业可以保证区域的生产生活完全不受影响。

（3）能减少电能损耗。在配电网中，由于断开线路将使得最佳配电形式发生变化，如通过环网等远距离送电，这将增大线路的损耗，因此带电作业可降低电网的电能损失。

（4）由于带电作业实施的灵活性，人员和机械能更好地按计划和均衡地承担线路检修的任务和工作，减少不必要的加班。

（5）无论在系统任何设备上，带电作业既能实现对设备的检修、消缺，又能使设备保持继续运行的状态，保证电力系统的稳定运行，使用户得到不间断的电能，具有极大的社会效益和经济效益。

带电作业根据人体与带电体之间的关系可分为三类：等电位作业、地电位作业和中间电位作业。①等电位作业。人体直接接触高压带电部分。处在高压电场中的人体，会有危险电流流过带电作业，危及人身安全，因而所有进入高电场的工作人员，都应穿全套合格的屏蔽服，包括衣裤、鞋袜、帽子和手套等。全套屏蔽服的各部件之间，须保证电气连接良好，最远端之间的电阻不能大于 20Ω，使人体外表形成等电位体。②地电位作业。人体处于接地的杆塔或构架上，通过绝缘工具带电作业，因而又称绝缘工具法。在不同电压等级电气设备上带电作业时，必须保持空气间隙的最小距离及绝缘工具的最小长度。在确定安全距离及绝缘长度时，应考虑系统操作过电压及远方落雷时的雷电过电压。③中间电位作业。系通过绝缘棒等工具进入高压电场中某一区域，但还未直接接触高压带电体，是前两种作业的中间状况。因此，前两种作业时的基本安全要求，在中间电位作业时均须考虑。带电检修的方法有以下三种：

（1）杠杆法。杠杆法是针对输电线路的导线（或耐张引流线）无法满足人体带电作业的安全距离而存在的，也是一种间接的带电作业方法。杠杆法的操作原理是，在进行检修作业时，通过两套不同作用的杠杆与一套滑轨的结合运用，将与导线及横担连接脱离的绝缘子串移至塔身后，从而实现对绝缘子的间接更换操作。这两套杠杆中的其中一套用于取代单滑轮起吊绝缘子串，而另一套则用于转移导线加在绝缘子串上的荷载。

（2）悬臂抱杆辅助法。悬臂抱杆辅助法适用于多回路直线塔检修时无法进入下相和中相横担的情况，由于其作业中的导线位置无法满足作业人员的安全距离，因此，通过悬臂抱杆的辅助作用来对导线进行适当的移位，以达到作业人员相对于横担端的安全距离。

（3）绝缘悬臂梯法。绝缘悬臂梯法是一种从线路外侧向内进入电场的方法，解决了塔身无法从内向外进入电场的难题。采用绝缘悬臂梯法进入电场的方式，可进行上相和中相横担的等电位作业。

中国早在 1952 年就开始了带电作业尝试，1954 年鞍山电业局研制出第一套 3.3～6.6kV 带电作业工器具，标志着中国带电作业的正式起步。经过几十年的研究与发展，中国带电作业技术日臻完善，从检测、更换绝缘子、线夹、间隔棒等常规项目到带电升高、移位杆塔等复杂项目均有开展。2015 年，中国首次于浙北—福州同塔双回特高压线路成功实施 1000kV 带电作业，此次带电作业除确保该特高压线路的安全、稳定外，也带来明显的经济效益。目前，中国正大力研制配网带电作业机器人，目前已经能够进行安装接地挂环、安装驱鸟器、带电搭接引流线等带电作业项目。机器人具备智能感知定位、自主线径规划、精确识别导线等智能功能，作业流程依靠智能计算，能够实现路径自主规划、自动绕障，并且控臂精度达到厘米级。特别是迎峰度夏期间，工作量大幅提高，配合机器人，原先需要四个人配合完成的工作，现在只需要两个人就能协同完成，进一步降低劳动强度，提升工作效率，有效保障人身安全。2021 年，中国首次在海拔 3000m 以上地区开展青海—河南特高压直流工程的带电作业，通过机器人修补±800kV 线路地线断股，快速消除了影响青豫线安全稳定运行的危急缺陷，保证了新能源大通道的持续安全稳定运行，避免了电能负荷损失和经济损失，保障了河南省夏秋季用电高峰及灾后生产恢复用电充足可靠。

随着城市配电网建设步伐的不断加快，如何高效运行维护大容量、复杂结构的配电网已成为面临的主要问题。开展配电网设备状态检修工作将大幅减少计划停运次数，有效提高供电可靠性和服务质量。带电检测技术作为在不停电状态下对设备状态量进行现场检测的重要技术手段，对于在设备运行状态下进行缺陷分析和状态诊断，避免设备事故具有重要价值。

4.2.23　继电保护定值在线校核技术

继电保护定值在线校核技术，指的是根据电力系统的实时运行方式对继电保护装置中的定值进行校核，看其保护性能是否满足系统当前安全稳定运行要求，同时能够满足在线整定的要求，从而提高系统安全运行水平。继电保护是保障电力设备安全和防止电力系统长时间、大面积停电的最基本、最重要、最有效的技术手段，起着保证电力系统稳定运行的作用，电力系统继电保护装置的可靠运行涉及继电保护的配置设计、制造安装、整定计算、运行维护等很多方面，其中优化的保护配置和正确地进行整定计算，对保证继电保护装置的可靠运行具有极其重要的作用。

从电网继电保护整定计算的角度出发，需要考虑的因素有很多，其中电网的接线方式和运行方式对定值计算的影响最大。随着电网的发展，电网规模愈来愈大，接线方式和运行方式日趋复杂，其中大环小环相互重叠，长短线交错连接，这些给定值整定计算工作带来了很大困难。为了合理协调保护的灵敏性、选择性、速动性和可靠性这四者的关系，使保护达到最佳的配合状态，就必须对电网的各种运行方式及各种故障进行反复而周密的计算，这就使得当前整定计算的离线工作模式显得更加难以适应。正是由于方方面面因素的影响及整定计算工作的重要性，继电保护整定计算工作责任重大，且任务十分艰巨。开发继电保护定值在线整定的目的在于提高继电保护定值整定计算的自动化、信息化、智能化的总体水平，减轻继电保护整定计算人员的工作强度，减少人为失误的可能性，从整体上提电网调度运行管理水平，降低定值离线误整定风险，避免继电保护装置误动或拒动，提高继电保护运行可靠性和系统运行安全性，对电网的安全稳定运行具有重要的现实意义。

伴随着电网微机保护装置的普及，调度 SCADA 系统的不断更新升级，可利用数据越来越多，而且采集越来越方便，以及各种智能算法的出现。为继电保护整定在线校核提供了良好的平台基础，使其有据可依，有根可循。整定过程需满足以下技术原则：①继电保护定值在线校核应遵循统一标准，满足 DL/T 559—2018《220～750kV 电网继电保护装置运行整定规程》、DL/T 584—2017《3～110kV 电网继电保护装置运行整定规程》、DL/T 1640—2016《继电保护定值在线校核及预警技术规范》的要求；②故障电流计算结果准确性满足 GB/T 15544.1—2013《三相交流系统短路电流计算　第 1 部分：电流计算》的要求；③满足电网实时运行需求。下面简单介绍几种整定的在线校核方法：

（1）基于保护范围的在线校核方法。其基本思路是：从 EMS 得到电网运行参数，从故障系统得到继电保护整定值，然后通过计算此整定值所能保护的范围，从而校核现有的继电保护整定值是否满足运行要求。其前提和核心是确定保护定值在当前方式下对应的保护范围。定值在线校核系统主要包括三个部分：数据获取、定值校核、结果输出，其构成图如图 4-42 所示。

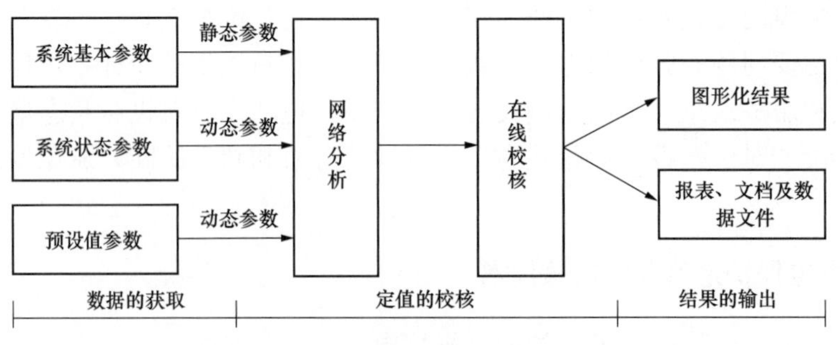

图 4-42　定值在线校核系统基本结构

基于保护范围的在线校核方法可以确切计算出继电保护定值所能保护的范围，能直观地了解当前继电保护整定值在当前运行方式下对电网的影响。然而，基于保护范围的校核方法也存在以下不足之处：①难以精确求取保护范围，计算量大，影响校核的计算速度。②用稳态方式下的短路计算方法确定保护范围，忽略了其他的一些因素，比如短路计算误差、互感器测量误差和必要的裕度等。

（2）基于定值比较方式的在线校核方法。保护校核本质上是保护整定的逆过程。基于此，提出了定值比较方式的在线校核方法，即逆着保护整定计算过程，融入当前方式和实际保护定值信息，由校核公式计算得到计算定值，将其与实际保护定值进行逻辑判断，得出校核结论。其流程图如图 4-43 所示。

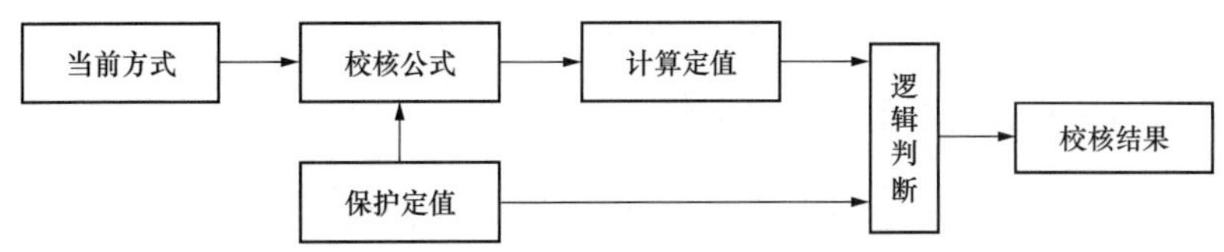

图 4-43 定值比较方式在线校核流程图

相较于基于保护范围的在线校核方法，基于整定逆过程的校核思想具有以下优点：①不用求取保护范围，节省计算时间；②风格上与保护系统整定计算保持一致，校核计算原则的制定更容易满足用户需求；③在线/离线校核计算都能适用。

（3）基于仿真技术的在线校核方法。其基本原则是：建立电力系统一次和二次元件的仿真模型以获取网络拓扑和现场整定值，通过设置步长和故障类型进行仿真计算，得到故障计算结果后分析保护的动作行为，校验当前定值是否满足要求。目前而言，电力系统的仿真经历了一段发展过程，其优点是：可方便地构造系统结构，设置参数，模仿电力系统在各种运行工况及故障情况下的动态行为。仿真的校核结果直观，但是存在以下缺陷：①需要确定保护装置的仿真模型；②计算速度慢。

2012 年，国网冀北电力公司的"继电保护定值在线校核预警系统"成功安装在调度控制中心，并在次年执行调度操作任务 868 次，正确率 100%；成功处理电网事故 64 起，成功应对冬季大风雨雪、夏季雷电暴雨等恶劣天气的严峻考验。使冀北电网主网电压合格率、频率合格率、继电保护正确动作率、故障快速切除率全部达到 100%，保障了电网的安全稳定运行。2013 年，国家电网启动了两期网省调在线保护定值校核及预警应用项目，南瑞继保获得了国家电网上述省级电网在线保护定值校核及预警应用，并于 2014 年 11 月前完成了调试和试运行。南瑞继保的产品技术上支持系统提供的在线模型和数据基础，实现了电网一、二次模型有效整合，通过对保护定值的灵敏性、选择性和躲负荷能力进行校核和预警，为继电保护和电网调控人员在线掌握保护定值适应性提供了强有力的技术手段。2021 年，国网天津市电力公司在国网公司系统内率先建成基于调控云的继电保护一体化整定计算平台。该平台上线后，建模效率提升 83%，整定计算效率提升 75%，提升了整定计算工作的效率和质量，具有显著的经济效益和社会效益。

继电保护在线校核技术的校核方法已经逐步优化，并已运用在继电保护在线校核系统中。随着我国电网规模的不断扩大和电网特性的日益复杂，继电保护定值的适应性问题越来越受重视。"电网在线保护定值校核及预警应用"在利用智能电网调度技术支持系统提供的在线模型和数据基础上，实现了电网一、二次模型有效整合，通过对保护定值的灵敏性、选择性进行校核和预警，为继电保护和电网调控人员在线掌握保护定值适应性提供了强有力的技术手段。当前，继电保护整定在线校核技术面临的主要问题，归纳如下：

（1）电网实时运行参数获取问题。不同的电力系统，运用的建模语言可能不同，如何实现不同语言间数据获取的兼容性、快速性、准确性，值得进一步深入研究。

（2）提高校核运算速度问题。新的校核方法在不断提出，但其亟须解决的问题还有很多，如何优化算法、结合计算机技术有待进一步研究。

（3）主站与保护装置之间的通信问题。继电保护在线校核的另一项重要功能是实时修改保护定值，保证通信的有效性、准确性有待进一步改进。

4.2.24 继电保护状态检修及评估技术

继电保护状态检修及评估技术，指的是根据继电保护设备在生产运行过程中产生的一系列数据信息为基础，构建表征设备某一方面健康状况的状态量，通过状态量的组合建模分析获得整个设备的健康状况。继电保护系统作为电网安全运行的第一道防线，其装备发展水平及运行健康状态程度直接影响着电力系统的安全稳定，无论从电网的发展还是社会的要求出发，都有必要对继电保护检修模式进行优化，实现更先进、更科学地管理和检修体制。

传统的继电保护定检模式带来的“延时检修”或“过剩检修”的问题，使其不再完全适应专业管理的需求。保护装置技术水平和可靠性的不断提升，信息化管理手段的不断丰富，使得以状态评估技术为基础的继电保护状态检修成为可能。近年来，国家电网公司逐步推进继电保护状态检修工作及变电站智能运维技术，相继颁布了 Q/GDW 1806—2013《继电保护状态检修导则》和 Q/GDW 11285—2014《继电保护状态评价导则》等相关标准，明确提出继电保护装置从定期检修向状态检修模式的转变，对于提高保护装置可靠性和运行管理水平、保障电网安全运行具有重大意义。

现阶段主要采用的通用继电保护装置状态评价模型框架主要有三种方法，第一种方法是将设备结构进行解析，对于继电保护而言，主要分为保护装置和二次回路两部分内容，按照研究的需要还可以对两部分进行再次结构解析；第二种是按照设备生产运行特点进行分类，例如对输变电设备的评分主要包括基础评分、试验评分、不良工况评分、家族缺陷评分四部分；第三种是按照性能指标进行分类，例如变压器来说，主要包括绝缘性能、导电性能、机械强度等方面的性能指标，其框架如图 4-44 所示。

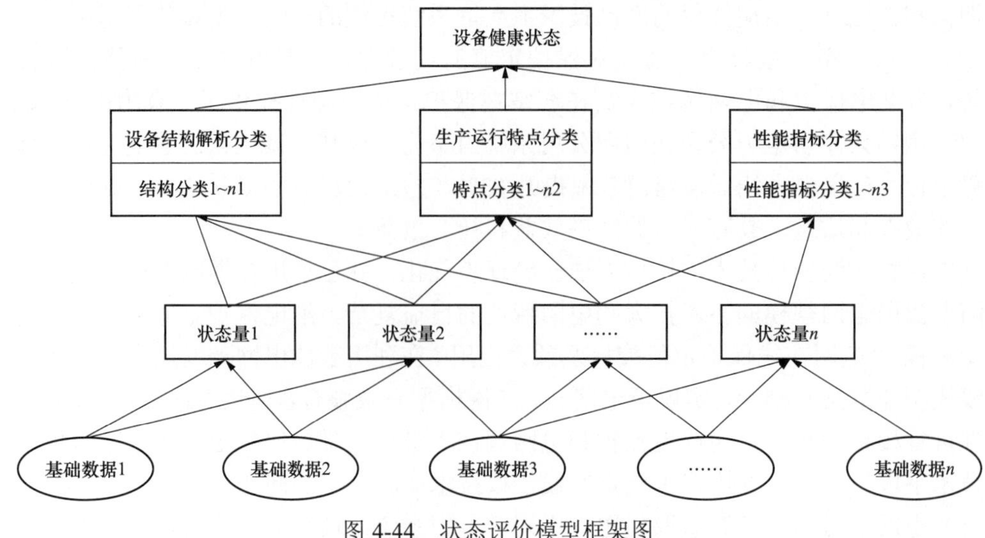

图 4-44 状态评价模型框架图

由于继电保护设备本身的特性决定了其故障的复杂性、多样性以及不确定性，设备运行状态难以估计。目前状态检修评估的实现大多基于加权平均理论，即在模型的框架的基础上，建立一个基于历史数据、实际工作经验、专家知识等的状态评价模型，把每个分类看成一个单因素，设备状态综合指数确定的过程可看成是对一个由多个单因素组成的复杂系统进行综合评估，利用模糊算法、神经网络、灰色系统理论等算法首先对单因素进行评估，再进行复杂系统的综合评估和设备的状态变化趋势的预测评估。现阶段，各种智能算法在评估、诊断等领域都取得了很大成功，有力推动了状态评估技术的发展。二次设备作为电力系统中重要的电力设备，选取更为准确、高效的评估方法确定设备运行状态已成为继电保护发展的必然趋势。

状态检修是美国杜邦公司于 1970 年最先提出的方法，首先应用于机械设备固有可靠性水平的检测，这种检修方式大大提高了设备的运行周期，节约了大量的人力物力资源，增加了设备运行的可靠性，使检修工作的检修项目内容和实验周期更加合理有效。美国 EPRI 率先提倡对电力设备进行状态检修，它们通过计算机网络软件利用停电管理系统 OMS 和地理信息系统 GIS 相紧密联系起来。当设备出现故障后，利用状态评估技术很快确定故障点和故障状况，并对检修人员提出合理且行之有效的建议。大大提高了事故抢修的效率，提升了电网的安全性和可靠性。国内对于状态检修工作从 90 年代初在电力系统进行试点，目前已经广泛应用于电网一次设备检修中。相对的，电气二次设备状态检修和评估还处于摸索阶段。广州供电公司针对多年设备检修的经验和教训，制定了《变压器状态检修规定》《高压开关性能状态判断及检修规定》等技术文件。

从继电保护状态评估应用分析，状态参量选取、评价模型、权重计算方法一直是状态检修及评估方法研究的重点。随着自动化技术及信息技术的发展，状态检修及评估方法对实时性、高效性、智能化等提出了更高的要求。结合实际工程需要，目前的状态评估方法尚需在以下方面加以改进：

（1）状态指标选取与实际应用联系不紧密。继电保护状态指标多根据相关标准规范及人工巡检数据选取，对在线数据利用不够全面，不能保证获取状态信息的实时性。并且保护设备结构和功能差异显著，影响运行状态的特征指标量大、种类繁多，合理选取表征设备运行状态的指标应该满足可行性要求。

（2）目前状态评估模型还不够完善。继电保护状态评估是一个多指标、多层次评估过程，权重计算方法不一，评价过程具有模糊性和不确定性。现有状态评估方法多是基于隶属函数的模糊量化评价，缺乏对随机性因素的考量，过多依赖于主观经验，当指标数量过多时模糊综合评价存在固有缺陷。通过减小、消除隶属函数在人脑加工过程中不符合客观实际的成分以及动态化地表达状态信息是模糊量化评估模型的发展方向。

（3）评价结果处理方法欠考虑。评价原则一般采用最大隶属度原则或其他信度准则的判断方法，而忽略了评价等级的模糊性。基于隶属度的评级方法只能评估设备当前状态，无法反映设备的劣化趋势，因此状态评价结果在准确表达和描述设备运行状态方面还有待提高。

4.2.25　调度控制云平台

广义来说，在电网调度控制业务中引入云计算模式所形成的各种“云”都可以说是调度控制云。狭义来说，调度控制云（以下简称调控云）专指国家电网有限公司建设的面向电网调控业务的一个分布式云服务平台。本节后面的论述专指狭义的调控云平台。

调控云，即生产控制云（dCloud），是面向电网调度业务的云服务平台，dCloud 基于云计算理念，采用硬件资源虚拟化（共享与动态调配）、数据标准化和应用服务化的方式，满足电网调控业务连续性、实时性、协同性的要求。dCloud 的建设，是电网调度控制系统建设中的重要组成部分，对于提升信息感知和同步互联，提高在线分析支撑能力，提升管理精益化水平，提升数据深度应用能力具有重要意义。

调控云总体架构如图 4-45 所示。它采用国（分）、省（地）二级部署方式，形成 1 个主导节点和 N 个协同节点的架构体系，每个节点由 A、B 两个站点构成，形成异地“双活”应用，协同形成“资源虚拟化、数据标准化、应用服务化”的调控技术支撑体系。

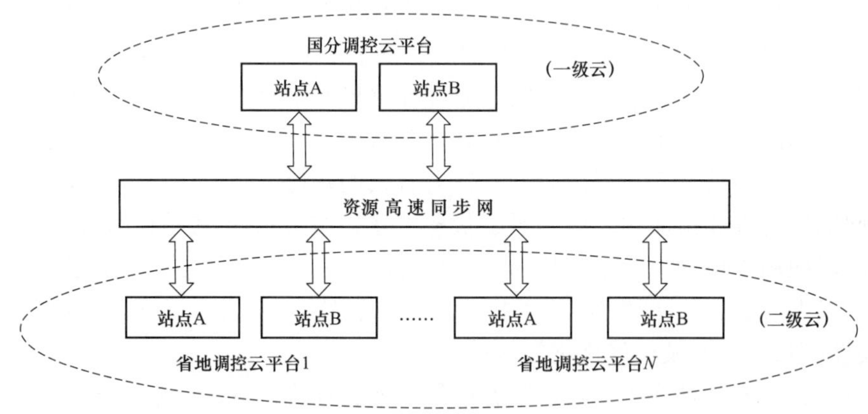

图 4-45　调控云总体架构

各节点之间通过通信网络实现互联和同步，根据网络位置和作用的不同，分为：①资源同步网：千兆专网，用于模型数据中心、分析决策中心之间海量数据的高速传输。②数据汇集网：用于监控系统/模型数据中心/分析决策中心与常规厂站、公司其他系统、互联网外部系统间的数据传输，可按需采用调度数据网、综合数据网、无线公网等。③人机交互网：用于人机终端和监控系统/模型数据中心/分析决策中心间的交互数据传输，可按需自建专网或采用公司现有内部网络、互联网资源。

调控云建设的实际内容，主要包括电网模型、电网实时数据和电网运行数据的管理和服务，其按照基础设施即服务（infrastructure as a service，IaaS）、平台即服务（platform as a service，PaaS）、软件即服务（software as a service SaaS）3 层建设，云安全管控贯通各层，具体如图 4-46 所示。

（1）IaaS 层：实现调控云资源虚拟化，构建计算资源池、存储资源池和网络资源池，为用户提供虚拟化的资源，同时通过统一资源管理、自动化运维、权限管理、监控管理、告警管理、拓扑管理、日志管理、开放 API 接口等平台管理服务，实现 IaaS 平台资源的全生命周期管理，通过负载均衡机制实现异地应用双活，通过同步管理保证数据的一致性同步。

（2）PaaS 层：实现调控云数据标准化，集成了调控云的核心组件，包括公共资源管理、模型数据平台、运行数据平台、实时数据平台、大数据平台和服务体系等。

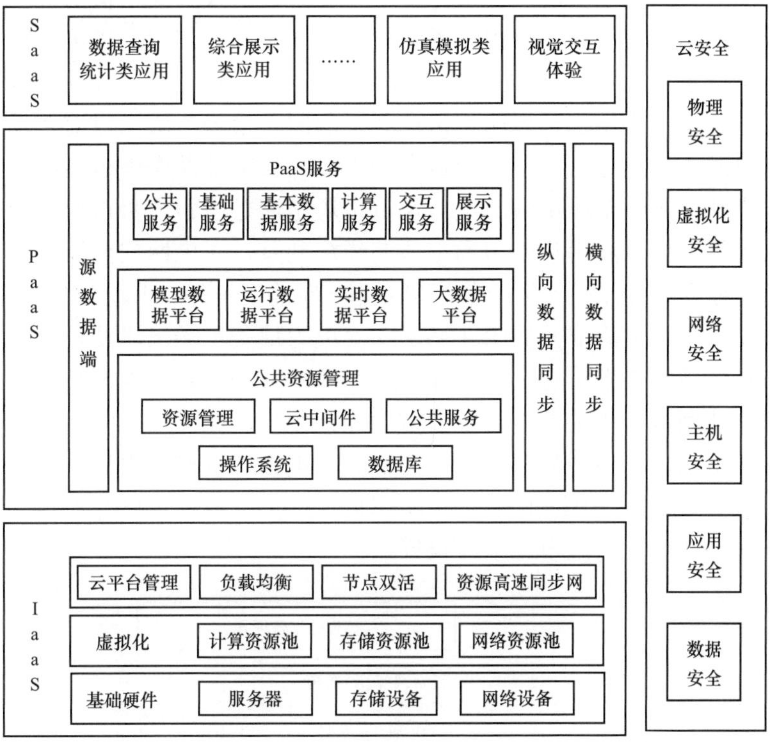

SaaS
数据查询统计类应用
综合展示类应用
……
仿真模拟类应用
视觉交互体验
云安全
物理安全
虚拟化安全
网络安全
主机安全
应用安全
数据安全
PaaS
源数据端
PaaS服务
公共服务
基础服务
基本数据服务
计算服务
交互服务
展示服务
模型数据平台
运行数据平台
实时数据平台
大数据平台
公共资源管理
资源管理
云中间件
公共服务
操作系统
数据库
纵向数据同步
横向数据同步
IaaS
云平台管理
负载均衡
节点双活
资源高速同步网
虚拟化
计算资源池
存储资源池
网络资源池
基础硬件
服务器
存储设备
网络设备

图 4-46　调控云软件实现架构

（3）SaaS 层：实现调控云应用服务化，典型调控云应用包括数据查询统计类、综合展示类、预测类、稳态分析类、综合评估类、在线分析预警类、计划市场类、仿真模拟类、视觉交互体验等应用，调控云应用可随需求而扩展。

（4）云安全：从“网络隔离、安全防护、传输安全、应用安全和管理安全”等多个安全角度考虑，建立安全防御系统，提供一个完整的安全架构，确保物理环境安全、虚拟化安全、网络安全、主机安全、应用安全和数据安全。

“十三五”期间，国家电网有限公司启动了企业管理云、公共服务云和生产控制云（统称 “国网云”）的建设，目的是为公司未来的企业管理、对外服务和调度运行提供相应的技术支撑。2015 年，印发的《国家电网公司云计算应用指导意见》，明确了建设调控云的规划。国调中心在 2016 年开始试点构建了异地部署的国分调控云平台，2017 年印发《关于加快调控云建设的通知》，并在 13 个省开展调控云试点建设，逐步拓展到公司经营范围的全部 27 个省。2019 年调控云建设纳入公司电力物联网建设大纲，并于 2020 年初步建成了模型中心、实时数据中心和运行数据三大中心。当前正在基于调控云平台积极拓展 SaaS 层的各类应用。

4.2.26　跨区及省级现货市场优化出清

电力现货市场优化出清是指基于电力现货中发电侧和用户侧市场主体的申报信息，依据相关的电力现货市场规则，在保障电网安全运行的前提下，确定发电侧市场主体中标电力曲线或服务及其价格，以及用户侧市场主体中标负荷曲线及其价格的优化计算过程。电力现货市场通常包括日前市场和日内市场（根据市场规则的差异，也可以进一步区分为日内市场和实时平衡市场），所以电力现货市场出清也可分为日前市场出清和日内市场出清。同时由于电力现货市场通常包括电能量市场和辅助服务市场，所以日前市场出清和日内市场出清，也可以进一步划分为日前电能量市场出清、日前辅助服务市场出清、日内电能量市场出清、日内辅助服务市场出清。电力现货市场出清是电力现货市场运营的关键核心环节，它直接决定了发电侧和用户侧市场主体的经济利益，对电网安全运行会产生直接和重要的作用，同时对于电力行业的生产和消费效率、新能源消纳、市场公平等也有重大影响。

典型电力现货市场出清框架如图 4-47 所示。电力现货市场出清的输入是发电厂市场主体和用户侧市场主体的申报信息，至于申报信息的格式和内容，以及具体的电力现货市场出清模型处理方法则基于相关的电力现货市场规则规定，此外，既定的电网调度计划等信息作为电力现货市场出清的边界条件也作为输入。电力现货市场出清的输出是优化出清的结果，可能包括中标电量、中标里程（如调频辅助服务）、中标价格等信息，这些信息将形成新的调度计划，交付发用电市场主体执行。

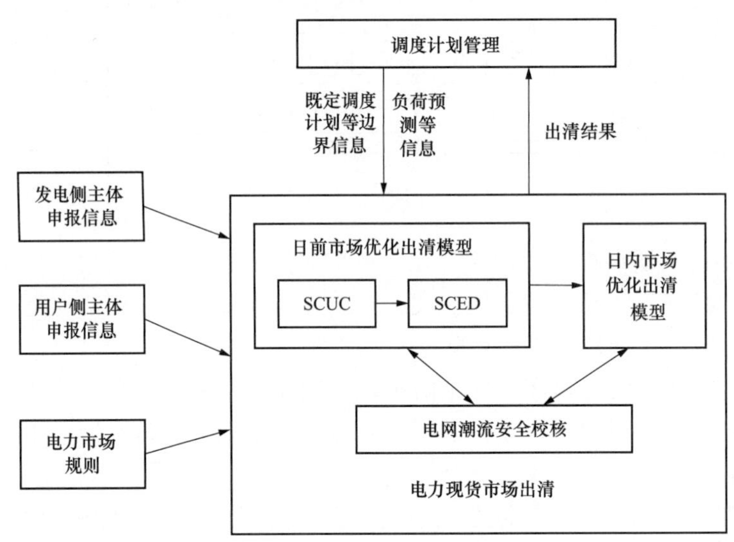

图 4-47 电力现货市场出清框架

电力现货市场出清的主要内容包括日前市场出清和日内市场出清，出清过程主要是基于电网模型和数据，构建符合电力市场规则的优化出清模型进行计算，同时计算结果必须经过电网潮流安全校核，如果出清结果未通过安全校核（例如潮流断面越限等），则返回重新进行优化出清计算，直到通过安全校核，得到出清结果。典型的日前市场出清通常包括安全约束机组组合（security constrained unit commitment，SCUC）和安全约束经济调度（security constrained economic dispatch，SCED）过程，通过 SCUC 计算确定开机机组组合，通过 SCED 计算得到日前开机机组的具体中标电力曲线。

电力现货市场出清过程的核心环节是优化出清模型，该模型是与电力市场规则高度相关的。美国区域电力现货市场由指定的市场和调度运营机构负责组织管理交易和下发调度指令，采用 SCUC 及 SCED 进行全电量统一出清，出清过程需要获取详细的全网拓扑和机组运行数据，至于跨区域交易市场模式则由跨区交易的两个区域自行协调跨区交易组织方式，较为典型的模式是基于区域间联络线参数和相邻区域提供的边界参数进行多次迭代出清，收敛判据不是社会福利最大化，而是只需要满足边界条件。欧洲统一市场由统一的交易平台来组织跨区交易，日前市场统一出清起初不需要考虑详细电网拓扑模型，只需要利用简化参数优化联络线计划或称为可用传输容量模型（available transfer capability，ATC），近年来也逐渐转为基于潮流的市场耦合模型（flow based market coupling，FBMC），至于实时平衡主要由区域内部的系统运营商自行负责。

依据电力市场规则所采用的现货市场电价机制是电力现货市场出清过程的基本要素之一，包括节点边际电价机制（locational marginal price，LMP）、分区电价机制（分区内实行统一边际电价）和按投标报价机制（Pay as Bid）等，此外所采用的输配电价机制也会对现货市场出清产生重要影响。

电力现货市场的优化出清模型，通常以社会福利最大化为优化目标，既定调度计划、负荷预测等作为优化边界条件，典型约束条件（包含边界条件）包括但不限于：①机组运行约束：主要包括机组（机组群）可调出力约束、机组爬坡速率约束、机组最小启停时间约束、固定计划约束、电量约束、机组（机组群）备用约束、水电机组振动区限制、机组最大启停次数约束、燃料约束等。②系统平衡约束：主要包括功率平衡约束（即要求满足系统各个时段用电需求、交换计划和发电计划保持功率平衡）和系统备用约束（即要求机组组合计划和出力计划满足系统备用要求）等。③网络约束：主要包括断面限额约束（例如线路断面、主变断面的有功限额等）和单元件热稳极限约束（例如线路、主变热稳限额等）。

国内的电力市场已初步形成“统一市场、两级运作”的市场总体架构，由北京交易中心和广州交易中心分别负责组织管理国家电网有限公司和南方电网公司区域的省间交易，由各省的省级电力交易中心负责组织管理各省省内的电力市场交易。省间市场主要定位于满足资源大范围优化配置需求，省内市场主要定位于保障省内资源优化配置、电力电量供需平衡和安全供电秩序。从电力现货市场的出清模型来看，省间和省内现货市场的区别主要在于优化的市场主体范围不同（两者间电网建模的精度不同和所需要的运行数据不同）以及随之而来的约束条件不同，同时省间现货市场出清结果作为输入边界条件进入省内现货市场优化出清的约束条件，两者间还需要一定的时序配合关系。随着市场的推进，将逐步向全国统一电力市场发展，以期逐步打破省间市场壁垒，实现能源资源在大范围的优化配置。

4.2.27　考虑新能源接入的自动发电控制

自动发电控制（automatic generation control，AGC）是利用调度监控计算机、通道、远方终端、执行（分配）装置、发电机组自动化装置等组成的闭环控制系统，其任务是进行频率与有功功率的调整，其目的是保持电网的额定频率和计划的交换功率，并尽可能经济地保持电力系统运行的发电、供电平衡。

然而随着太阳能、风能等新能源的大规模并网，新能源发电的随机性和间歇性特性，对电网的安全运行和电能质量造成了非常不利的影响，由此可见，传统的 AGC 无法消纳大规模的新能源。因此，考虑新能源接入的 AGC 技术是目前的主要研究方向。

自动发电控制系统主要由三部分组成：跟踪控制、调节控制以及机组控制，如图 4-48 所示。

（1）跟踪控制综合负荷预测、机组组合、水电计划和交换计划等信息，通过经济调度（economic dispatch，ED）提供发电机组的每日发电基本计划。跟踪控制为电力系统频率三次调频，该环节控制周期一般为 5～10min。

（2）调节控制即负荷频率控制，为自动发电控制核心：控制器通过系统区域控制偏差（area control error，ACE）计算调整功率，调节 AGC 机组输出功率，改善供给、负载不平衡问题，形成闭环控制。调节控制为电力系统频率二次调节，其控制周期一般为 4～8s。负荷频率控制的调节性能受控制策略选择的影响。

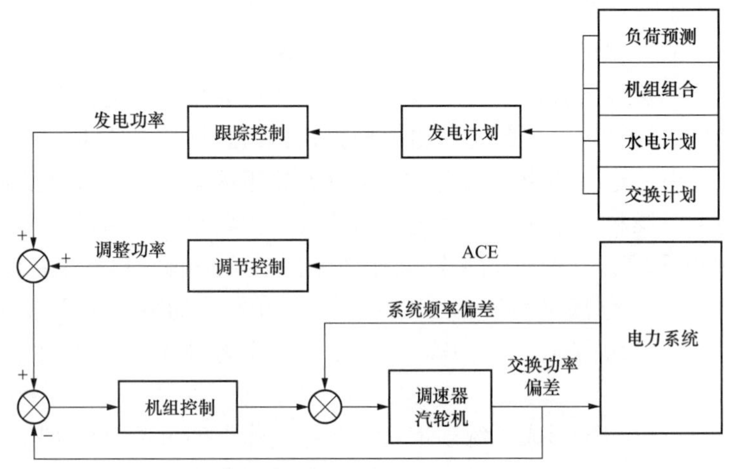

图 4-48　自动发电系统结构图

（3）机组控制在跟踪控制和调节控制基础上，将需要调节的有功功率分配到各机组，通过控制器调节各机组使 ACE 至零。自动发电控制信号到达厂级控制器后，控制器根据一定原则将功率分配到各机组。

与常规参与 AGC 的调峰调频的水火电相比，新能源的有功调节能力非常有限，并且受预测精度的影响拥有很大的不确定性。新能源 AGC 系统要能对未来的时段进行分析控制，就必须配合新能源功率预测技术。新能源 AGC 系统采用多时间维度的新能源功率预测，并结合相同时间级的负荷预测、网络拓扑、检修计划等，综合考虑电网的安全约束，实现经济目标最优的发电计划优化编制。其中，依据新能源超短期预测结果，新能源 AGC 系统实时调度新能源出力，新能源厂站在其能力范围内，与常规水力发电和火力发电一样主要响应电力系统的调频、调峰等需求；依据新能源短期预测结果，新能源 AGC 系统将新能源的随机性与负荷预测中的不确定性进行结合，安排新能源发电计划；新能源出力在无其他命令下，新能源 AGC 系统按照调度下发的发电计划运行。考虑新能源接入的 AGC 如图 4-49 所示。

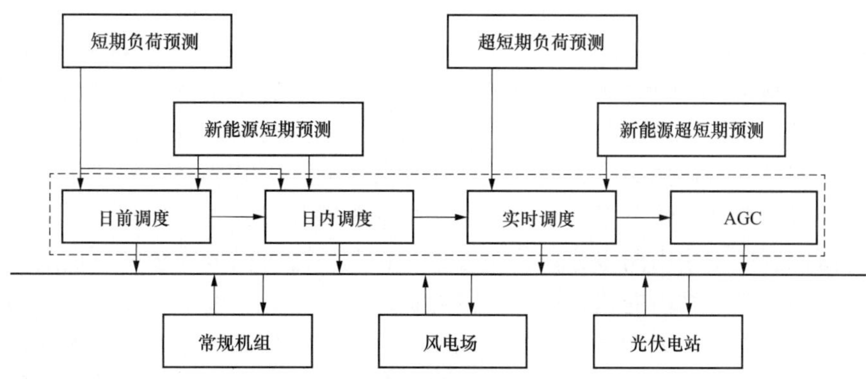

图 4-49　考虑新能源接入的 AGC 系统框图

2020 年，德国风电总装机容量为 62.54GW，排名欧洲第一，但是德国的弃风弃光率仅为 1%，其中一个重要原因就是德国新能源功率预测精度极高，AGC 十分完善，早在 2012 年，德国不来梅大学和工业界联合开发出一种智能控制系统，可以使风力发电设备更好地适应多变的风力强度，降低故障率，优化维护与检修提高工作寿命。

中国风能资源丰富，风电累计装机容量已经数年保持在 20%以上的增速。在过去的 10 多年中，中国风电市场得到了迅速扩容，2020 年全国风电新增装机 71.67GW，累计装机达 280GW。因此，考虑风电接入的 AGC 技术研究较为成熟。冀北风电 AGC 系统于 2014 年 2 月试运行，截至 2014 年 7 月底已应用于 26 座风电场，累计增发风电电量突破 100GWh，占 2014 年冀北风电发电量 1.3%，提升张北坝上地区风电平均利用小时数 28.5h，一定程度上缓解了该地区风电消纳压力。国网山西省电力公司于 2014 年 11 月 20 日组织开展全网风电场 AGC 联合闭环试验，通过风电功率预测模块、D5000 系统以及发电计划系统的数据采集，自动计算出全网风电发电的接纳空间，按照公平合理的原则，根据不同情况采取相应控制策略，自动分配各风电场 AGC 控制指令。2015 年，北京国能日新科技股份有限公司的风电场自动发电控制（AGC）系统（SPWGC-3000）在云南千岭山风电场成功投运，该风电机组总装机容量 40.5MW，场址海拔高程 3300m 左右，为典型的高海拔风电场。2017 年，贵州省乌江源风电场、中梁子光伏电站接入贵州电网公司区域 AGC 系统主站后，弃风弃光率由 7.22%降为 0%，效果显著。从全国“十三五”新能源消纳情况来看，新能源利用率持续提升，风电利用率由 2016 年的 83%提升至 2020 年的 96.5%，光伏平均利用率由 2016 年的 90%提升至 2020 年的 98.0%，均处于较高水平。

4.2.28　自动电压控制

在电力系统中，无功补偿与无功平衡是保证电压质量的基本条件。无功补偿不仅可以使配电系统保持最优的无功平衡，保证电压质量，而且会提高电力系统运行的稳定性和安全性，把输配电功率损失降低到最低水平，充分发挥电网经济运行效益。1968 年，日本九州电力公司首先在自动发电控制（AGC）系统上增加了系统电压自动控制功能，首次实现了电力系统中的电压无功控制。但是，原有的电压无功控制方法仅在变电站侧装设电压无功自动控制装置（VQC）已不能满足需要，因为这种控制方式只是局部控制，无法达到整个电网的全局最优，同时，在二级有载调压网可能出现电压无功频繁调整，容易造成电压调节及无功流向不合理。

自动电压控制（automatic voltage control，AVC）是从整个电网的角度出发，以网损最小、控制代价最小为目标，以节点电压满足合格率要求为约束，进行最优潮流计算。AVC通过调整有载调压变压器抽头位置及投切无功设备（电容器/电抗器）等措施，使系统在满足节点电压合格率最高的情况下，获得全网网损最小的效果。

自动电压控制技术采用两级分散决策方式，控制系统可以分为全网协调层（调度中心的主站系统）和各变电站内的执行层。全网协调层中的电力调度中心通过 SCADA 系统采集全网各节点运行电压、无功功率、有功功率等实时运行信息，进行全网无功优化计算，并再通过 SCADA 系统向各子站传送相关控制决策信息；处于变电站内的执行层存储本站的控制策略，并控制电压无功自动控制装置自动调整有载调压变压器抽头位置和投切电容器/电抗器。系统结构如图 4-50 所示。

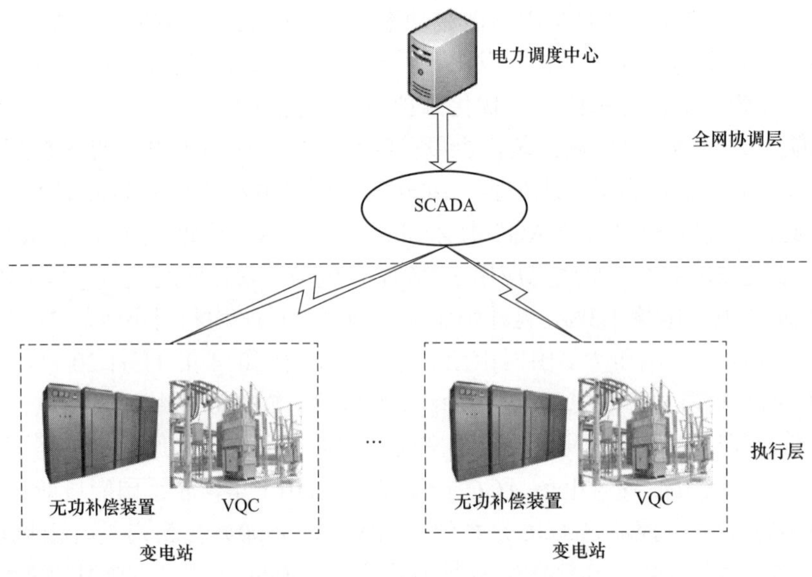

图 4-50　自动电压控制系统结构

与传统电压无功控制技术相比，自动电压控制技术有以下优点：

（1）全网无功补偿优化。全网无功补偿优化指电网内各级变电站电压处在合格范围内，先进电压无功控制技术可以控制本级电网内无功功率流向合理，达到无功功率分层就地平衡，提高受电功率因数。同电压等级不同变电站电容器组根据计算决策谁优先投入，同变电站不同容量电容器组根据计算决策谁优先投入。

（2）全网电压调节优化。全网电压调节优化指当无功功率流向合理，某变电站母线电压超上限或超下限运行时，先进电压无功控制技术可以分析同电源、同电压等级变电站和上级变电站电压情况，决定是调节本变电站有载主变分接开关，还是调节上级电源变电所有载主变分接开关挡位。

（3）设备动作优化。设备动作优化指采取全局电网优化控制时，先进电压无功控制系统进行全局的优化协调控制，避免了各变电站孤立、局部的调节控制，可更有效地控制设备的操作和变电站间的协调配合，保证设备动作的效果，减少全局电网总的设备动作数量。

电力负荷变得更加多变，分布式能源逐渐成为能源供给的主角，全球各国对于先进电压无功控制技术的需求也与日俱增，据估计，2014～2023 年，全球电压无功控制系统累计投资将达到 177 亿美元。

中国在电压无功控制方面也进行了很多研究并取得了一定的成果。2013 年，中国在西北电网完成了风电无功控制系统的试点调试，涉及 13 座风电场、装机规模达 240 万 kW。2015 年 10 月，张家口供电公司经过一周的连续投运，已实现两座 220kV 和 13 座 110kV 变电站 AVC 闭环试运行。针对大规模间歇式可再生能源接入电网的问题，清华大学提出并实现了大规模风电汇集接入的电压控制技术。2017 年，国网湖南省电力科学研究院完成了湖南省首批风电场接入 AVC 系统的调试工作。项目的成功实施有效降低了电网电抗器、电容器的投切次数，减少了电网运维与建设成本，大幅度降低了调控人员工作强度。截至 2019 年，该 AVC 系统已经在全部 13 个大型风/光汇集区得到应用，有效保障了新能源基地和电网的安全运行，显著提高了电网消纳间接式新能源的能力。据统计，AVC 系统在江苏电网投入运行后，一年可节约近 1 亿 kWh 的电能损耗，相当于每年节省开支约人民币 5000 万元。

4.2.29　配电网规划

配电网规划是指在现状电网分析及未来负荷分布预测的基础上，在满足未来用户容量和电能质量的情况下，从可能的变电站位置和容量、接线模式、馈线数目、路径和型号中，寻求一个最优或次优方案作为规划改造方案，使投资、运行、检修、网损和可靠性损失费用之和最小。

配电网是电力网络中最接近用户的部分，对其进行科学的优化规划，可以保证电网改造的合理性和电网运行的安全性和经济性，提高配电网供电质量。配电网规划是根据规划期间网络状态与负荷预测，在保证供用电的电能质量与可靠性的前提下，通过选择可能的变电站位置和容量、接线模式、馈线数目、路径和型号，寻求最优的规划方案，使配电网的建设和运行费用最小。

配电网规划通过在事故前进行网架加固以及资源配置等方式，提高配电网的坚强性与可恢复性，是提高配电网应对自然灾害能力的有效手段之一。然而，传统配电网规划难以应对自然灾害和新能源广泛消纳，其主要原因包括三方面：①传统配电网主要通过对配电网变电站、线路容量升级、分布式电源选址定容等方式应对不断增长的负荷。然而，这些资源的配置往往没有考虑到配电网应对自然灾害的需求；②传统配电网规划中广泛采用的 N-1 准则难以保障配电网充足备用下的安全运行，通常称其为可靠性约束下的规划模型。可靠性约束下的规划模型能够有效应对配电网中的单一故障，但却难以应对由自然灾害引发的多点同时故障；③传统配电网对考虑新能源的消纳较少，自动化水平不高，调度方式落后，用电互动不足，严重制约了可再生能源的大规模消纳，不利于能源结构优化调整和售电侧市场开放。

目前，全球配电网的发展都面临进一步提高供电可靠性并接纳逐步增长的分布式可再生能源的问题。发达国家配电网的负荷已进入平稳发展时期（年增长率约为 1%），试图以智能电网方面的技术来解决配电网发展面临的新问题，而我国配电网的负荷仍处于快速发展时期（年增长率 5%左右），需要在满足负荷快速增长的同时发展智能电网新技术，这对改变我国配电网当前的规划、运行、维修模式提出了迫切的要求。配电网规划主要可分为五个步骤：①规划区域的空间负荷预测和现状电网的分析；②建立规划模型；③确定规划方法；④提出恰当的求解算法；⑤确定最优的配电网规划方法。目前，每个环节都有大量的研究成果。华北电力大学研究团队将云理论运用在配电网中的变电站选址扩容，山东大学研究团队应用遗传算法来解决分布式电源的规划问题。

几种常用的配电网规划模型与方法如下：

（1）多阶段规划模型。传统变电站、网架、变电站-网架联合规划模型都属于单阶段规划范畴，后续研究中也都提出了相应的多阶段规划模型。多阶段规划模型的显著特点是各决策变量在各规划阶段的相互关联性，例如在多阶段规划中某一位置只能在某一阶段安装一次，有些决策变量在各规划阶段有相互影响或排斥的关系等，这些问题可以通过在规划模型中添加逻辑约束条件来表示。目标函数为最小化各阶段变电站和线路的投资和运行费用之和，并考虑可靠性优化。约束条件包括：电力平衡约束、线路容量约束、决策变量在各阶段安装逻辑约束。

（2）多目标规划方法。电网规划时除了投资费用和年网损费用外，其他如：可靠性、网络安全约束的惩罚项、载荷能力以及环保因素等都可以作为规划目标之一，多目标规划（vector maximum/minimum problem，VMP）是合理解决各目标之间冲突的理想途径。传统的多目标规划方法为将各目标加权相加，然后采用单目标的优化技术，各因素在总目标中所占权重的改变将影响整个目标网架的优化，传统方法不能很好地解决这个问题。基于 Pareto 的多目标优化方法可以有效克服这些问题，可应用于配电网网架规划的多目标模型。

（3）随机优化算法。以遗传算法为代表的随机优化算法在配电网规划中的应用是当前的研究热点。遗传算法的大规模并行搜索特性使其作为优化策略的基础，应用于多目标、多阶段优化问题的求解。遗传算法可以根据问题的特点构造合理的编码及进化策略，以提高算法效率。

配电网规划流程图如图 4-51 所示。

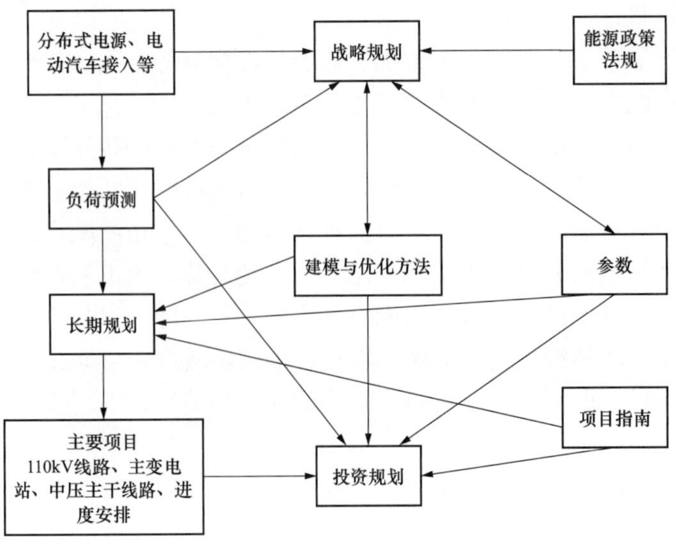

图 4-51　配电网规划流程图

在“十三五”期间，国家电网有限公司配电网投资占电网基建投资近60%，经过近五年的改造，整个配电网状况得到了好转：电气设备性能的改善使得供电故障率逐年减少，供电半径的减小和联络线数量的增多也使得全年停电小时数降到了合理范围。“十四五”期间配网投资比重有望提升至60%以上，投资总额较“十三五”期间增长11%，年均投资额有望达3300亿元；农网改造空间广阔，“十四五”期间投资总额有望达1.1万亿元。截止到2019年，高压配电网变电容量达到29亿kVA、线路长度达到121万km。2021年9月，南方电网有限公司配电网规划系统上线，改变了配电网规划业务缺少实用化信息系统的局面，大大减轻了基层人员负担，为规划系统建设迈向智能化奠定了基础。

4.2.30　配电自动化

配电自动化是综合利用信息、通信及电网技术，以网架和设备的静态信息为基础，集成配电网运行状态和相关应用系统的动态信息，实现对配电网的监测、控制和快速故障隔离。配电自动化是提高供电可靠性、改善供电质量，扩大供电能力，实现配电网高效经济运行环节的重要技术手段，也是智能电网的关键技术之一。

20世纪70年代，随着电子及自动控制技术的发展，英国、美国、日本等国开始应用馈线自动化技术，即通过重合器、分段器及故障指示器，实现故障点自动隔离及非故障线路的恢复供电。20世纪80年代，随着计算机及通信技术的发展，形成了包括远程监控、故障自动隔离及恢复供电、电压调控、负荷管理等实时功能在内的配电自动化技术。20世纪90年代开始，地理信息系统（GIS）技术有了长足的进步，开始应用于配电网的管理，形成了离线的自动绘图及设备管理（automate mapping/facility management，AM/FM）系统、停电管理系统等，并逐步实现了离线的管理信息与在线的监控信息的集成，进入了配电网监控与管理综合自动化阶段。

配电自动化系统（distribution automation system，DAS）是配电网运行控制的重要基础设施，由主站、子站（可选）、终端和通信信道所组成，一般采用两层结构（即主站层和终端层），在选用子站时，可采用三层结构（即主站层、子站层和终端层），配电自动化系统组成示意图如图4-52所示。

主站层位于电力公司的配网监控中心，由一系列工作站、服务器、前置机和网络设备及其他设备组成。主站层负责采集、存储和处理现场配电终端的实时数据，主站系统的图形化用户界面，可满足值班人员对配电网进行监控、管理及日常维护的需要，并提供与其他系统（调度SCADA、营销业务、负荷管理等）的接口。

子站层位于各区域中心的配电子站，又称“区域工作站”，用于集结所在区域内大量分散的配电网终端设备，其功能类似于主站，但不需要与其他系统进行数据交换。

终端层汇集了各种配电自动化终端，如配电终端单元（distribution terminal unit，DTU）、馈线终端单元（feeder terminal unit，FTU）、配电变压器终端单元（transformer terminal unit，TTU）。这些终端负责采集柱上开关、负荷开关、配电变压器的运行数据和状态并转发到主站，同时终端还接收主站的指令对配电网一次设备进行远方监控。

美国长岛地区LILCO公司1994年起对120条故障易发的配电线路进行自动化改造，是美国最早建设的DA系统。此后，卡罗兰纳Progress Energy公司、南加州爱迪生公司

(southern california edison，SCE)、底特律爱迪生公司、德州 Oncor 公司、阿拉巴马电力公司等先后展开了配电自动化的研究。截至目前，美国是配电自动化发展成熟的国家之一，其重心在于提高供电可靠性，减少停电时间，改善对客户的服务质量，增加客户满意度。

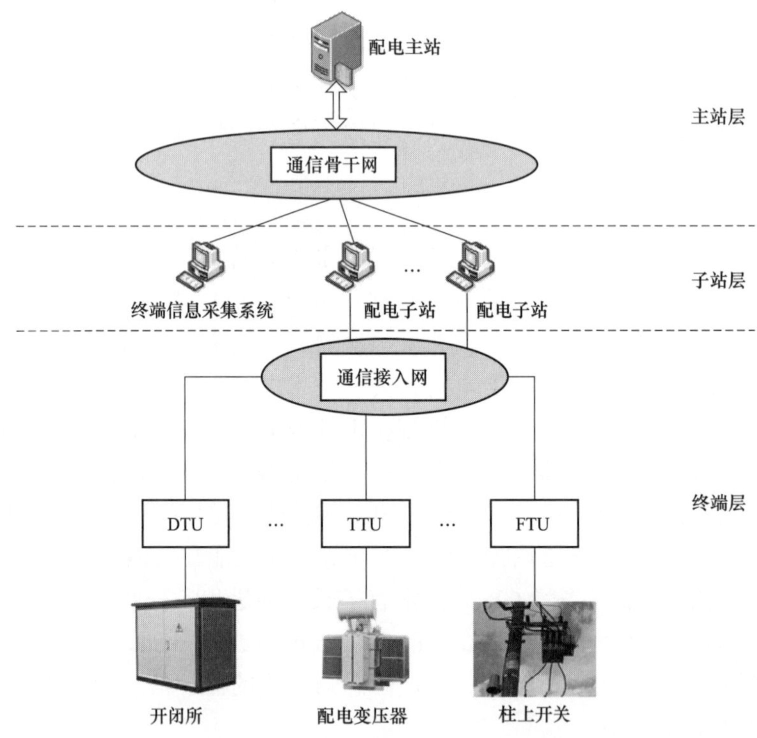

图 4-52　配电自动化系统组成示意图

欧洲发达国家的配电自动化也应用得比较好，尤其是德国，2019 年其用户年平均停电时间为 12.2min，供电可靠性达到 99.998%。基本实现了配电变电站出线断路器、线路分段开关的远程监控，做到了配电网故障及时检测、处理及修复，且配电网 GIS 获得了广泛应用，配电网调度、停电投诉处理、故障抢修流程的管理基本实现了计算机化。

日本东京电力公司（Tokyo Electric Power Co，TEPCO）的供电可靠性世界领先，1986 年以后的供电可靠性为 99.99315%，对应的用户平均停电时间基本在 53min 以下。到 2008 年，东京电网平均停电时间仅为 3min，系统平均停电频率 0.12 次，供电可靠性为 99.999618%，达到了世界领先水准，其中 DAS 发挥了重要的作用。1988 年，TEPCO 开始一期 DAS 的建设，到 2001 年覆盖了所有的 126 个营业所，通过安装在营业所的 DAS 可以对所有配电线路开关进行监控。2005 年在此基础上，开始建设了高级 DAS，采用光纤通信，安装了具备以太网接口的高级远动终端 RTU，使得实时传输能力大大提高，提高了故障反应和处理速度。

1996 年，在上海浦东金藤工业区建成基于全电缆线络的馈线自动化系统。这是中国第一套投入实际运行的配电自动化系统。国家电网有限公司于 2009 年启动了大规模配电自动化建设与应用，至 2012 年，第一批配电自动化试点北京、厦门、银川、杭州 4 个城市通过了实用化验收，在南京和成都等 19 个城市进行了第二批配电自动化试点工程验收。2017 年底，北京地区率先实现全市区域配电自动化覆盖率 100%，功能投入率 100%，成为国内首个实现配电自动化全覆盖的省级电力公司。据统计，国网北京电力公司 2018 年配电自动化实现隔离客户和支线故障 670 次，整线故障较 2016 年下降 72.3%，全部故障平均处置时间缩短 26min。随着配电网设备标准化、智能化水平快速提升、供电可靠性也大幅提高。据国网统计数据显示，2020 年城网、农网供电可靠率分别达到 99.948%和 99.784%，北京金融街、上海陆家嘴等城市核心配电网供电可靠率已达 99.999%，年户均停电时间小于 0.5min。截至 2020 年底，国内大部分省市地区配电自动化覆盖率都达到 80%以上。

随着能源互联网建设的深入，将会有越来越多的分布式电源、新能源系统接入配电网，如何应对间歇性、波动性电源并网对配网带来的挑战，支撑灵活与主动的配电网将是未来配电自动化的发展方向。

4.2.31　配电网自愈

配电网自愈是指通过继电保护、自动化设备、通信、SCADA、故障定位、供电恢复等协调作用，使配电网具有自我预防的能力及通过自我修复实现在故障情况下维持正常运行。其中，配电网具有自我预防及自我修复的能力，即是指自愈控制的概念，这也是实现配电网自愈能力的具体技术手段。自愈配电网是智能配电网的一个侧面，也是实现主动配电网的一个最为重要的技术基础。

配电网自愈的实现是基于配电网自愈控制技术为基础的，配电网自愈控制技术则是以配电网自动化、信息化为基础，以具有分布智能的保护和控制装置为执行单元，以配电网安全预警、状态监测、风险评估及应对、自然灾害及配电网事故应对等功能为核心，以保障配电网安全可靠、经济高效运行为目标，实现未来主动配电网的运行状态监测、运行方式优化、风险预警与评估及事故应对等功能的集成应用。

自愈控制具有两个特征：一是以预防性控制为主要控制手段，通过对系统运行状态的实时全面监测，及时发现、诊断和消除故障隐患；二是一旦故障发生，系统能够具备持续运行的能力，并通过自治修复功能从故障中恢复。

配电网的运行状态可以分为四种：正常状态、警戒状态、故障状态和恢复状态。自愈与配电网电力系统运行状态的关系如图 4-53 所示。

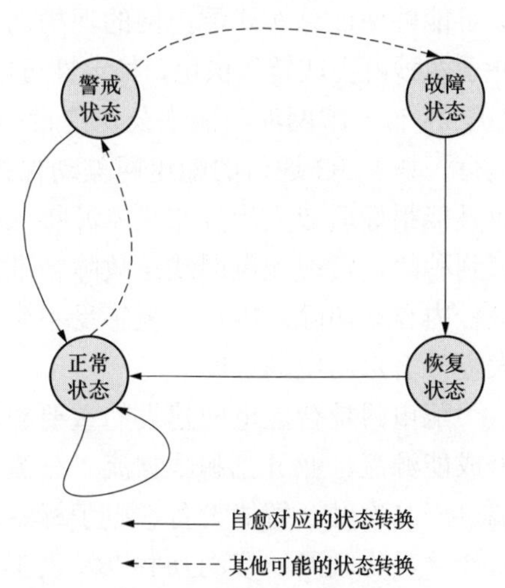

图 4-53　自愈与配电网电力系统的运行状态

配电网的自愈能力就是要保证配电网的运行在其他状态下能回到正常状态，使配电网不会发生故障，即使发生了故障，故障影响范围也尽可能地小，不会扩大而影响到输电网，从而使电力系统不会到达瓦解状态。在正常状态和警戒状态下，智能配电网自愈的主要任务是进行风险预测和分析，通过对配电网全面的、实时的监测，基于仿真或实时两种研究状态，分析电网的薄弱环节，给出决策建议，预防配电网发生故障；在故障状态和恢复状态下，智能配电网自愈的主要任务是故障的处理与恢复供电。如果配电网发生故障了，隔离故障部分，在没有人干涉或极少干涉的情况下就恢复到正常运行。

自愈控制系统按照功能结构可以划分为三层：支撑层、执行层和决策层。实现智能配网的自愈，需要三个控制层次在信息化系统的支撑下，实现既独立分工又协调合作：支撑层满足自愈对电网构架的要求，提供电网自愈的基础电力设施和通信设施；执行层通过接受本地采集数据和决策层指令，对配网辅助设备进行操作，在支撑层的基础上完成自愈操作；决策层利用执行层监视和控制采集的信息，通过决策支持系统，进行风险评估、优化运行、微电网控制和故障定位。具体到配电网，包括有决策功能的配电网自动化主站系统、有执行功能的各种现场智能电子设备（intelligent electronic device，IED）和承担支撑层功能的一次系统。

从满足体系架构功能分析，配电网自愈控制的关键技术包括配电自动化技术和智能微网技术。自动化技术能够满足自愈技术的实时监控需求，及时提供故障数据。同时为分布智能控制提供支持，并且可以帮助整个配电网系统具备较强的可拓展性。智能微网技术是微网通过先进的电力技术和通信技术进行整合，能让整个自愈技术借助计算机操作、控制微网的各项设备，以此实现功能模式的转化，当微网具备较高应用功能时，则自愈技术可进一步完善其控制性能上的精准程度。

1999 年美国 EPRI 和国防部在“复杂交互网络与系统计划”中首次提出自愈电网概念，并将自愈控制作为重要研究领域。我国专家学者自 2005 年也开始关注并深入开展电网自愈控制的相关研究，多侧重于自愈控制的含义与特征、自愈控制理论方法、控制策略方案以及自愈能力评估等内容。2015 年，国家“863”计划发布的“智能电网关键技术研发（一期）”项目相关自愈控制技术研发的课题成功验收。项目于广东示范区进行试验，控制技术除了能够保证分布式配电网的保护功能外，还可以在极短时间内完成自我反应、排除故障并于两秒内实现转移供电，稳定性可以达到 99.999%。基本实现配电网的自愈控制。2021 年 7 月 28 日，国网浙江丽水公司建设的首个基于 5G 通信的配电网差动保护及自愈系统投入运行。基于 5G 通信的配电网差动保护及自愈系统不仅具有选择性好、动作速度快等优点，而且能很好适应大量分布式能源接入的现状。该系统投入使用后，故障隔离将由分钟级缩短到秒级，实现配电网线路故障精准定位及快速隔离，配电线路上发生的故障可以在几十毫秒内自动切除，用户甚至感受不到故障的存在，既减少光缆敷设、降低投资成本，也大大提升客户用电满意度。

配电网是智能电网建设的重要领域，随着新型电力系统建设的快速推进，我国将构建形成能源流、业务流和数据流“三流合一”的能源互联网，逐步普及推广即插即用智能终端、一二次融合智能设备、电子标签、传感器、智能测量等先进设备，深化应用大数据、云计算、物联网、移动互联以及人工智能等先进技术，配电网自愈控制功能工程实现的瓶颈问题将迎刃而解，应用前景广阔，对提高我国大规模配电网安全、可靠、经济运行水平具有重要现实意义。

4.3 负 荷 与 用 电

负荷与用电是能源电力使用和消费的终端环节，其关键技术不仅影响电网公司的安全和效益、也影响着人们环境体验和生活体验，对提升用户的电力获得感和幸福感具有重要作用。

4.3.1 高级量测体系

高级量测体系（AMI）是一个用来测量、收集、储存、分析和运用用户用电信息的完整的网络系统。随着电力物联网感知技术的快速发展，AMI 作为智能电网最核心、最基础、最关键的组成部分，成为目前能源互联网研究的重点。

AMI 利用双向通信系统和智能电能表，可以定时或即时采集用户的用电情况和其他参数，如用电量、用电需求、电压、电流等信息，并通过系统通信网络把这些信息传送到量测数据管理系统（meter database management system，MDMS）进行统计分析处理；在双向计量、网络通信、用电信息采集和分析的基础上，AMI 除了支持工业负荷管理，还能促进用户积极参与能效管理、需求响应及电动汽车的充放电管理，实现智能电网与电力用户的双向互动。

AMI 系统主要由智能电能表、通信网络、量测数据管理系统（MDMS）和用户户内网络（HAN）组成。AMI 系统结构示意图如图 4-54 所示。

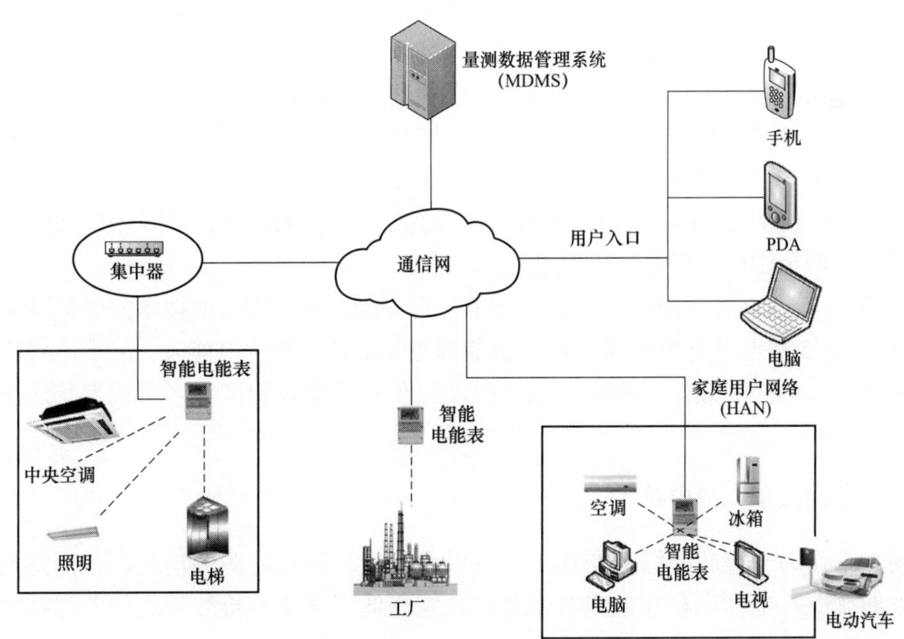

图 4-54　AMI 系统结构示意图

智能电能表除了具有传统电能表的基本计量功能，还要具有双向通信和复杂电力运算的能力，从而满足 AMI 完成各种远程资料读取、提供、设定及控制等多种功能的要求。智能电能表还可以在检测到失去供电时发回断电报警的信息，这给故障检测和响应提供了很大的方便。

AMI 系统通信网络按区域可以分为广域网络（wide area network，WAN）、局域网络（local area network，LAN）、家域网络（HAN）三层：①广域网络（WAN）是指家庭用户集中器与控制中心间的通信网络，或是工业用户智能电能表与控制中心间的通信网络；②局域网络（LAN）为连接智能电能表与数据集中器的通信网络；③家域网络（HAN）为智能电能表与屋内其他计量表或电器间的通信网络，从方便性及低成本来考虑，目前主要以微功率无线或电力线载波等通信技术为主。

量测数据管理系统位于控制中心，是 AMI 的一个重要组成部分，MDMS 的一个基本功能是对 AMI 数据进行确认、编辑、估算，以确保即使通信网络中断和用户侧故障时，资料的正确性与完整性。结合其他的后端业务应用系统，可以实现能效管理、需求响应、电动汽车充放电与电能表状态监视等功能。

美国、欧盟等国家都已经完成工商用户和城市居民电能表的 100%电子化。2010 年，美国加州已完成第一阶段试验性 200 万用户 AMI 安装，初步分析显示，节省电力可达 16%～30%。南加州 SCE 公司为 530 万用户安装了智能电能表，其投资回报率为 22.3%。这种规模的 AMI 每年可节电 350 亿～1870 亿 kWh。意大利主要电力运营商安装和改造了 3000 万只智能电能表，建立起智能化计量网络，节省了约 5 亿欧元管理成本，客户服务成本降低 40%以上。据统计数据显示，美国在 2015～2016 年间，在全国范围内大面积进行智能电能表的更换，家庭覆盖率超 60%，2018 年安装量达 8723 万只，预计到 2023 年美国智能电能表的累计安装量将超 2 亿只。智能电能表是能源互联网的智能终端和数据入口，为了适应能源互联网，智能电能表具有双向多种费率计量、用户端实时控制、多种数据传输模式、智能交互等多种应用功能。能源互联网建设为全球智能电能表及用电信息采集、处理系统产品带来了广阔的市场需求。预计到 2024 年，全球智能电能表总数将从 2017 年的 6.651 亿增加到超过 12 亿，同时全球高级量测体系（AMI）的累计支出也将从 2017 年的 730 亿美元增至 2024 年的 1458 亿美元。

2017 年，南方电网广州供电局完成智能小区 AMI 与双向互动技术的研究及应用。截至 2020 年末，国家电网有限公司已累计安装超过 5.4 亿只智能电能表。未来，AMI 技术的发展将为分布式电源及储能、需求响应、电动汽车充放电、智能小区及楼宇等应用提供基础支撑。

4.3.2 电动汽车充放电技术

电动汽车作为一种新型绿色交通工具可以大大减少化石能源的消耗，从而降低城市大气污染物的排放，电动汽车充放电技术是保证绿色低碳交通可持续发展的关键技术。电动汽车充电技术是为了满足电动汽车电能补给而涉及的技术，包括配电系统、充电系统、电池系统、监控系统及运营管理系统等，世界各国都在加大投入进行研发、生产和推广。

目前国内外常用的充电技术有直流充电技术、交流充电技术、受电弓充电技术以及无线充电技术四类。直流充电技术集成有源功率因数校正（active power factor correction，

APFC）变换器、隔离变压器和整流电路，通过直流充电枪/座输出直流电能至车辆动力电池。交流充电技术一般没有 APFC 变换器和隔离变压器，整流电路则集成在车载充电机内。受电弓充电技术采用直流充电机，同时利用大载流极板的接口取代原有的充电枪和充电插座。通过在地面配置直流充电机，把电网三相交流电整流调压后输出直流电，经地面充电架向车载受电弓供电，车辆通过直流充电接口与动力电池连接进行充电。无线充电技术一般从电网取电，通过埋入地下的线圈实现电磁转换，磁能通过空隙传送被安装在汽车底部的线圈吸收并转化为车载动力电池能接受的充电电流。

根据电动汽车出行和停靠的一般要求，以及动力电池组的一般充电规律，结合生产企业及运营单位使用情况，国内外实际应用中存在着不同充电模式。其中主要的充电模式为常规充电模式和快速充电模式两种。

（1）常规充电模式。常规充电采用随车配备的便携式充电设备进行充电，可使用家用电源或专用的小型充电桩电源。常规充电的电流较小，一般在 16～32A，充电电流可以是直流电或者两相交流电和三相交流电，根据电池组容量的大小，充电时间为 5～8h。

尽管常规充电模式缺点非常明显，充电时间较长，但其对电源的要求并不高，充电器和安装成本较低。可充分利用电力低谷时段进行充电，降低充电成本；最大的优点是可对电池深度充电，提升电池充放电效率，延长电池寿命。

（2）快速充电模式。快速充电模式指通过非车载充电机，采用大电流给电池直接充电，使电池在短时间内可充至 80%左右的电量，因此也被称为应急充电。快速充电模式的电流和电压一般分别在 150～400A 和 200～750V，充电功率大于 50kW。此种方式多为直流供电方式，地面的充电机功率大，输出电流和电压变化范围宽。

快速充电实质上是应急充电，其目的是短时间内给电动汽车充电，采用的是高功率高电压的工作条件。总体使用来说，并不建议经常使用快速充电模式进行充电。快速充电模式仅适用于大型充电站或高速公路充电站，快速充电模式的典型代表如国电南瑞大功率充电桩。

随着配电网智能化水平和需求侧管理水平的提高，未来电动汽车的车载电池可作为能源互联网中的移动储能单元。车电互联（Vehicle-to-grid，V2G）就是指电动汽车作为移动储能单元接入电网，在受控状态下实现与电网之间的信息与能量双向互动，实现电动汽车的有序充放电，最小化电动汽车负荷对电网的冲击，同时充分利用电动汽车自身的储能特性来提高电网能量管理灵活性和稳定性。在 V2G 模式下，电动汽车具有负荷和储能双重属性，电动汽车在接入电网充电时相当于电网的负荷；相反，电动汽车可将自身电量输出到电网，此时电动汽车则作为电网的储能单元。上海市电力公司目前已建成了漕溪电动汽车充放电站和世博国家电网馆充放电站两座具有 V2G 功能的电动汽车充放电示范站。两站各具有一台 30kW 的直流 V2G 充放电机，既可以作为常规充电机实现即时充电、预约充电等，还可以根据后台管理系统接收电网的调度指令，动态调整工作状态与功率，实现电动汽车与电网的双向能量互动。

根据应用对象的不同，可以将 V2G 实现方法分成以下四类：①集中式的 V2G 实现方法：将某一区域内的电动汽车聚集在一起，按照电网的需求对此区域内电动汽车的能量进行统一的调度，并由特定的管理策略来控制每台汽车的充放电过程。②自治式的 V2G 实现方法：对于无法集中管理的电动汽车，一般采用车载式的智能充电器，它们可以根据电网发布的有、无功需求和价格信息，或者根据电网输出接口的电气特征（如电压波动等），结合汽车自身的状态（如电池 SOC）自动地实现 V2G 运行。③基于微网的 V2G 实现方法：将电动汽车的储能设备集成到微网中，它直接为微网服务，为微网内的分布电源提供支持，并为相关负载供电。在微电网系统中，电动汽车在可再生能源发电功率较大而电网负荷较低的时候吸纳电能，在可再生能源发电功率较低而电网负荷较高的时候释放电能，辅助电网有效接纳波动的可再生能源发电容量。④基于更换电池组的 V2G 实现方法：建立专门的电池更换站，在更换站中存有大量的储能电池，因而也可以考虑将这些电池连到电网上，利用电池组实现 V2G，它融合了常规充电与快速充电的优点，在某种意义上极大弥补了续驶里程不足的缺陷。

相比传统燃油内燃机汽车，电动汽车有与生俱来的能源互联网基因。随着电动汽车规模的不断扩大和普及，辅以先进电网通信、调度、控制与保护技术的配合，以及峰谷电价政策以及电动汽车接入电网供应调峰调频调整、需求响应等有偿服务政策的支持，电动汽车充放电资源将在能源互联网中承担特殊的负荷和分布式储能角色。其功能可归纳为以下 4 个方面：①平抑地区电网负荷峰谷起到调峰作用；②对频率做出响应起到调频作用；③作为应急电源 EPS；④为分布式电源接入平抑扰动。

4.3.3 电动汽车无线充电技术

电动汽车无线充电技术是一种借助于空间无形软介质（如电场、磁场、微波等）实现将电能由电源端传递至用电端的一种供电方式。无线充电技术摆脱了传统的物理导线接触进行能量传输的模式，具有安全、便捷、无接触、自动化程度高等应用优势。随着无线充电技术的不断完善，面向乘用车商用的无线充电技术将朝互操作、高性能、便捷化、高安全性以及低成本的方向发展。

电动汽车无线充电原理主要涉及有三种无线电能传输（Wireless Power Transmission，WPT）方式，电磁感应式 WPT 优点为传输功率大，缺点为传输距离较短，传输效率对非接触式变压器的原、副边的错位非常敏感；磁场谐振 WPT 优点为安全性高，变压器绕组间错位的敏感度小，缺点为传输功率较小，且激励频率偏高，使得高频电路损耗大，系统效率不高；微波 WPT 优点为传输距离远，缺点为传输功率很小。电磁感应 WPT 和磁场谐振 WPT 用于汽车无线充电的性价比高，微波传输虽然距离可以较远，但效率极低，实现商用还需要一段很长的路要走，需要突破物理极限。无线充电技术可以有效地解决传统传导式充电面临的接口限制，无线充电主要分为静态无线充电和动态无线充电两种。静态无线充电无法解决电动汽车续航里程短和电池组体积大等问题，而动态无线充电系统（dynamic wireless charging system，DWCS）则可以很好地解决上述问题，DWCS 铺设在道路上，与公共设施相结合，能以非接触的方式为行驶中的电动汽车持续地提供能量，实现便捷化和智能化充电。

从能量发射端来看，动态无线充电技术可以分为导轨式和分段式。导轨式 DWCS 结构比较简单，其能量发射端铺设的充电轨道长度通常为数十米，可同时为多辆电动汽车充电。其局限性是效率低，导轨式 DWCS 的发射线圈电感值太大，使得寄生电阻也大。分段式

DWCS 的结构和静态无线充电系统的结构很相似，区别是分段式 DWCS 的发射端存在多个能量发射装置，每一套能量发射装置都可以单独工作，并且具有自己的调谐网络，可以通过智能控制算法进行切换控制，从而大大提高了系统的能量传输效率。电动汽车智能 DWCS 框架与实物如图 4-55 所示。

WPT 的概念起源于 19 世纪，著名的美国物理学家特斯拉通过在两个紧密放置的金属板间施加高频交流电，并点亮了电灯泡，成功地发明了第一个无线电能传输装置。国外研究主要集中在系统建模与控制、磁耦合机构、补偿拓扑、抗偏移能力以及电磁泄漏、屏蔽等方面。其中新西兰奥克兰大学的研究团队在磁耦合机构研究方面做了大量的工作，并提出了一系列新颖的线圈结构，有效提高了磁耦合机构的性能，并与高通 Halo 公司建立了深度合作，开发了一系列产品；韩国高等科学技术学院团队 2014 年在 20cm 传输距离下实现了 6.6kW 的传输功率，整机效率达 95.57%，同年又提出大小线圈的耦合机构，大大提高了系统的抗偏移能力，并将大小线圈应用在 5～15kW 的无线充电系统中；美国橡树岭国家实验室继 2016 年成功研发 20kW 的电动汽车无线充电系统后，在 2018 年又宣布实现了 120kW 的大功率无线充电系统，效率更是高达 97%；美国密歇根大学 Chris Mi 教授团队 2015 年提出了应用于电动汽车的双边 LCC 补偿拓扑结构，实现了输出电流与负载的解耦，该拓扑得到了广泛应用。

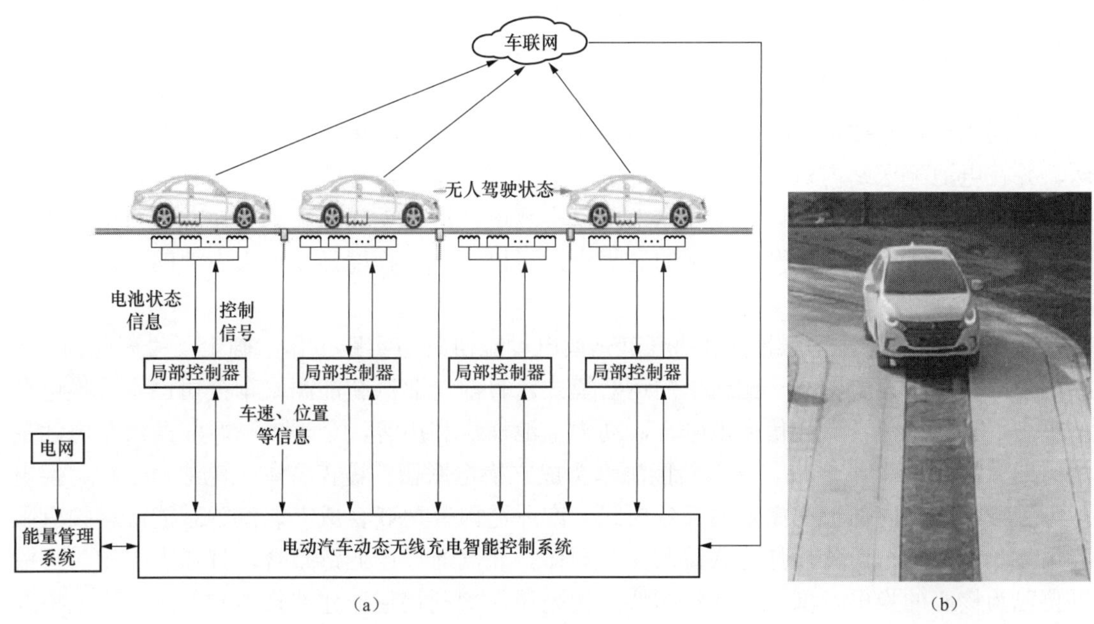

图 4-55　电动汽车智能 DWCS 框架与实物

（a）电动汽车智能 DWCS 框架；（b）实物

2013 年，由东南大学研发的全国首辆无线充电电动汽车在南京问世，通过磁谐振接收电能，充满电可以跑 180km。2015 年，重庆大学发布了国内第一套动态无线充电系统。2019 年，东南大学主导完成了第二套结合自动驾驶车辆的动态无线充电系统示范。2020 年，中汽研汽车检验中心（天津）以三款纯电动车为研究对象，以电动汽车能耗、加速性能及制动踏板线性度作为测试评价，保证了没有驾驶员在车内的基础上，可实现道路试验精确与高速测试。

电动汽车中运用无线充电技术需要从充电方式、成本、安全等多方面进行充分考虑，在充电地点的选择问题更要加强重视力度。充电设备设置的距离选择以及充电的具体状态都需要认真思虑：若电动汽车与充电端的距离过大，两者之间没有相对运动，将会导致电能不能稳定、有效地传输。

无线充电应用场景主要包括：①停车充电场景，适用于小型私家车。可有效利用驻车时间实现续航充电，但是对驻车的参数准确度有较高的要求。②站点充电场景，适用于公交车、网约车、出租车等营运性质车辆。可减少修建特定站点的费用。③动态充电场景，适用于电动客车等营运性质车辆。使用车效率大大提高，但投入成本较高昂，电磁兼容效果不佳。

随着能源互联网的发展，据预测，无线充电产业在 2020～2025 年将会获得快速发展，实现无线充电商业化运营。2021 年颁布的《新能源汽车产业发展规划（2021～2035 年）》指出要“加强智能有序充电、大功率充电、无线充电等新型充电技术研发”。2025 年后，随着智能驾驶产业成熟，无线充电会有大量的市场需求，大大提高了电动汽车的驾驶体验。在产业化成熟之前，智能无线充电项目，如专用场站、立体车库、示范试点等开始实施。目前各整车企业在无线充电领域的技术储备还不够，车载设备在整车上的布置、热管理方案、无线充电系统与整车匹配策略、无线充电系统与自动汽车的匹配还需要大量的测试和验证。

4.3.4 电动汽车换电技术

电动汽车换电技术指的是通过集中型充电站对大量电池集中存储、集中充电、统一配送，并在电池配送站内对电动汽车进行电池更换服务或者集电池的充电、物流调配、以及换电服务于一体的技术。该技术理论上可以实现电动汽车无间断地运行，并且换电模式下完成后的电池将一直处于循环使用的过程中，可以在一定程度延续动力电池的使用寿命，可以在一定程度上消除安全隐患。

2006 年国家电网公司组织电动汽车充换电设施研发与实践工作，确定了“充电为主，换电为辅，集中充电，统一配送”的运营模式。目前，北汽新能源汽车公司已实现换电车型生产、换电站建设、光伏换电融合，动力电池梯次利用等，全程参与新能源汽车电池生命周期。2018 年北汽产投、北汽新能源牵头成立换电联盟，覆盖资本、电池、主机、换电站等领域，联盟内部形成完整的商业模式。产业链内公司联合成立北汽智慧能源科技有限公司，负责网约车运营，打造联盟利益共同体。北汽通过产业链整合，打通上下游，形成以自己为核心的换电帝国。2013 年初特斯拉公司在加利福尼亚建造换电站并进行换电模式试验，高昂的换电费用及较差的服务体验导致特斯拉换电模式走向失败。从技术上看，特斯拉的快速换电技术仍是基于 Better Place 的底盘换电技术路线，但进一步提高了换电速度。由于特斯拉意识到底盘换电的异形电池无法跨车系车型共享、换电站兼容性低、运营效率低，以及难以整合车企资源形成通用标准的致命缺陷，很快将发展重点转向了其超级充电桩技术 Supercharger3，战略性地放弃了换电路线和模式。

电动汽车换电技术的主要优势为：缩短电能补给时间、降低用户购车成本，消除用户电池质保疑虑、延长电池使用寿命。电动汽车换电技术下换电时间一般需要 3～5min，与燃油汽车加注汽油时间相当，很大程度上缩短了电动汽车电能补给时间，减少车主等待时间，大幅度提高新能源汽车的使用率。针对公共交通、出租车和网约车等充电频率较高的应用场景，换电技术优势尤为显著。纯电动汽车插充模式决定用户需要购买与车身固连在一起的动力电池，而动力电池成本占电动汽车整车成本的40%左右，实际上，用户使用过程中仅用了电池寿命周期的 20%～30%的价值。相比较而言，同级别纯电动汽车成本比燃油车成本高出约 30%，高购置成本会影响电动汽车潜在消费者购买意愿，通过换电技术，用户可以租赁动力电池的形式进行电能补给，能够在初期降低消费者的购车成本。统一将动力电池储存在充电仓储内，可以对电池进行慢速充电，待电量饱和后换取亏电电池继续慢速充电。同时，集成有电池检测、保养功能的换电仓储可以检测每次更换下的电池状态是否正常，客观上减少了对动力电池的损伤和容量的衰减，延长电池的使用寿命。

目前，电动汽车换电技术已经有车企在一些城市进行试点运行，为将来电动汽车换电技术发展定位方向，积累经验，为后期国家统一标准试验先行，这些试点换电运营站有不同发展方向。现有换电电动汽车按大类划分：①私家车，以蔚来汽车为主；②运营车辆，以北汽、吉利等为主；运营车辆又可分出租车、快递、物流分流等。

以运营车辆为主打的换电站就现有发展来看，要比私家车换电站好得多，运营车辆以出租车为例，私家车的诸多弊端，出租车换电站都巧之化解。由于以出租车为主的换电站在一个城市内大部分车辆可以做到统一为一种车辆品牌，电池统一，换电站也就统一，车辆体系也比较大。出租车换电站可以达到盈利，实际现有试运行站点已基本实现盈利。

自 2008 年起，北京市先后在公交、出租、货车、私人、租赁等多个领域开展换电模式的试点示范工作，随后在政策逐步开放和市场需求的驱动下，换电模式得以快速发展。电动车辆分标委在深圳组织召开 2020 年标准审查会，GB/T 40032—2021《电动汽车换电安全要求》的实施将为换电电动车行业的健康安全发展提供指导。目前，由于支持政策出台，市场再度关注换电技术，充换电正在并行发展。数据显示，截至 2021 年 6 月，北京市累计推广换电模式车辆 2.33 万辆，其中出租汽车 1.2 万辆，私人小客车 1.1 万辆，货车 200 余辆，租赁汽车 77 辆。

电动汽车换电技术的应用运营到目前为止出租车的综合状况良好，达到车企、运营商和地方政府多方面共赢状态，出租车尾气排放量占城市总体很大一部分，这一部分得到充分化解，使城市空气净化、绿色出行、环保等一系列目标实现。有助于达成“双碳”目标，也有助于能源互联网行业的发展。

4.3.5　需求响应

需求响应（DR）是指电力用户对实施机构发布的价格信号或激励机制做出响应，并改变电力消费模式的一种参与行为。从不同的角度，需求响应可以有不同的定义，从资源的角度，需求响应可以作为一种资源，是指减少的高峰负荷或装机容量；从能力的角度，需求响应能够提高电网运行可靠性，增强电网应急能力；从行为的角度，需求响应是指用户参与负荷管理，调整用电方式。通过需求响应，使用户积极参与到电能的管理中，并尽最大的限度挖掘电网的供电能力，保障电网的供电安全。

按照响应方式，需求响应可以划分为两种类型：基于价格的需求响应（price-based demand response，PBDR）和基于激励的需求响应（incentive-based demand response，IBDR）。基于价格的需求响应是指用户根据电价的变化，自主地调整用电方式的响应，主要可分为分时电价（time-of-use pricing，TOU）、实时电价（real-time pricing，RTP）和尖峰电价（critical peak pricing，CPP）等电价响应策略。在基于价格的需求响应项目中，价格对用户电力消费行为的影响作用最大，一般采用需求价格弹性来定量表征电力价格变化对于用户响应行为特性的影响。基于激励的需求响应是指电力供应企业根据电力系统供需状况制定固定或随时间变化的相应政策，用户按照要求在系统可靠性受到威胁时减少负荷需求，从而获得直接补偿或其他时段的优惠电价。基于激励的需求响应主要包括直接负荷控制（direct load control，DLC）、可中断负荷（interruptible load，IL）、需求侧竞价（demand side bidding，DSB）、紧急需求响应（emergency demand response，EDR）和容量/辅助服务计划（capacity ancillary service program，CASP）等响应策略。在需求响应实施前，电力供应企业与用电用户提前签订合同，就需求响应的内容，提前通知时间、补偿或电价优惠标准、违约惩罚措施等达成协议。

需求响应主要发挥以下作用：①有效削减峰值负荷，提升电力系统的稳定性；②增大电价弹性，提升用户用电积极性；③整合需求侧资源，建立实时响应机制，最终构建良性运行的电力市场。在电力市场中，如果忽视需求响应的问题，可能会出现电价暴涨、被迫停机等极端现象。

电力需求侧管理和需求响应理念来自美国 EPRI，20 世纪 70 年代末期以后在世界各国得到推广，并不断深入研究和发展。需求响应的发展历经 3 个阶段：即人工需求响应、半自动需求响应和全自动需求响应。最初的人工需求响应从需求响应信号的传输到对用电设备的控制都完全依赖于人工操作，呈现出响应速度慢、可靠性低、灵活性差和效率低下等问题；半自动需求响应是指由管理人员通过集中控制系统触发需求响应程序，需求响应的效率和可靠性有所提高；美国基于智能电网技术提出的全自动需求响应不依赖于任何人工操作，通过接受外部信号触发用户侧需求响应程序，大大提高了需求响应的可靠性、再现性、鲁棒性和成本效益。目前，美国 LBNL 的 DR 中心已开发出支持自动需求响应的低成本通信架构——开放式自动需求响应通信规约（OpenADR）。国内也相继开展需求响应标准制定工作并取得一定成果，已完成多项需求响应关键标准的制定，其中国家标准 5 项，行业标准 3 项。在 GB/T 32672—2016《电力需求响应系统通用技术规范》中提出了需求响应系统结构，如图 4-56 所示。

国外在需求响应的政策及实践工作方面发展较为成熟。美国 LBNL 从 2002 年开始研究 DR 通信协议，并主要承担 OpenADR 的研究工作，2010 年 5 月，OpenADR 成为美国首批 16 条智能电网互操作性标准之一，2011 年进行了 OpenADR 2.0 版本的认证和测试；2012 年，OpenADR 联盟将 OpenADR 2.0a 作为美国的国家标准发布。IEC PC118 的工作范围是制定智能电网用户接口和电力需求响应方面的国际标准。截至 2018 年底，PC118 已发布国际标准 5 项，其中需求响应 3 项。其中 2014 年 2 月发布的 IEC/PAS 62746-10-1：2014《System interface between customer energy management system and the power management system-Part 10-1：Open Automated Demand Response》，也是 PC118 在电力需求响应方面发布的首个公用规范。

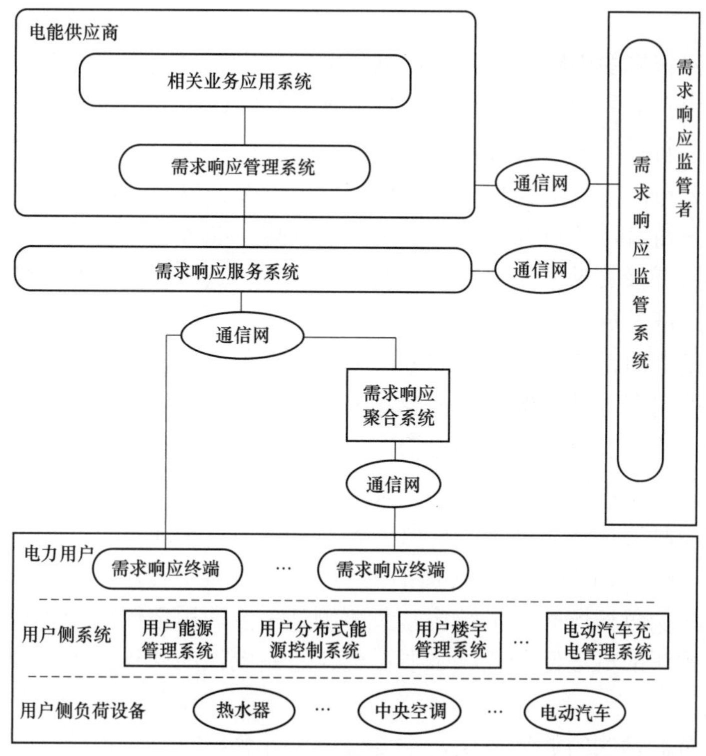

图 4-56　电力需求响应系统结构

国内自 2014 年 8 月上海首次启动了国内需求响应试点之后，北京、苏州、佛山等地陆续启动需求响应试点。2019 年起上海组织电动汽车、虚拟电厂、储能参与需求响应，开展侧重楼宇负荷资源的全域综合需求响应。江苏省开展 2021 年春节期间电力需求响应工作，与 2020 年对比各项指标均有较大的提高，尤其是参与用户数量，扩增为原来的 4.48 倍。2021 年 3 月，国网冀北电力有限公司工业企业需求响应试点项目完成 168h 试运行，响应负荷参与华北调峰辅助服务市场。试运行期间，单日最大填谷负荷达 4.2 万 kW，累计响应电量超过 160 万 kWh，实现了工业客户用电负荷与华北调峰辅助服务市场的网荷互动。

需求响应是能源互联网的源网荷储资源优化调控的关键技术之一，也是电力系统用户侧系统能源互联网互动的重要体现。需求响应的推广有助于缓解新能源电力系统中的双侧随机性问题，为能源互联网的负荷调控和新能源消纳提供了一个不可或缺的重要手段。

4.3.6　电力系统负荷预测

电力负荷预测是根据电力系统的运行特性、增容决策、自然条件与社会影响等诸多因素，研究或利用一套系统处理过去与未来电力负荷的数学方法，在满足一定精度要求的条件下，确定未来某特定时刻的负荷数据。根据预测不同的时间尺度可以将负荷预测分为 4 类：超短期负荷预测、短期负荷预测、中期负荷预测和长期负荷预测。目前电力负荷预测成为工程科学中的重要研究领域，是电力系统自动化中一项重要内容。电力负荷预测的核心问题是预测的技术方法，或者说是预测的数学模型，其中负荷可能指的是电力需求量或者用电量的值。

随着我国电网规模的不断发展，负荷侧的需求响应、电动汽车、分布式电源等技术不断推广，对于电力负荷的预测研究也越来越重视。当前，电力市场的逐步发展，也给电力系统各部分赋予了新的使命，也带来了新的挑战。负荷预测的结果成为电力交易中重要的数据源，为电力公司制定发电计划、检修计划、电价报价以及电网规划提供依据。同样，对于大型工业用户而言，负荷预测数据对生产的安排、经济成本及效益的估算以及近期与远期生产规划都具有极其重要的意义。综上，电力系统负荷预测的准确性对电力系统安全经济运行和国民经济发展具有重要意义。

在计算机普及之前，负荷预测工作者没有使用软件包建模的条件，尺子、图表和个人经验是负荷预测的主要工具。例如，查表法就是负荷预测者使用历史数据和天气信息的对应表进行推测的方法。20 世纪 80 年代初，负荷预测需要先在线下建模然后才能在计算机上计算，计算精度十分有限。到 90 年代后期，随着计算机性能的快速提升，计算机能够支撑起在线建模和预测的任务，这一时期研究人员采用的方法还没有太大变化，主要是统计领域的相关方法。进入 21 世纪，负荷侧的电动汽车、储能、需求响应、分布式电源等新型负荷的出现改变传统负荷侧的简单结构，负荷侧从单纯的用电侧变为了可发可用的模式。这种变化给负荷预测的机理性研究、本质性变化、系统性的知识梳理、控制决策的实施带来了严峻的挑战。

历史上电力负荷预测的典型方法，主要有以下 6 种：

（1）负荷峰值模型。该模型只取每日或每周的最大负荷值作为建模对象，通常引入天气因素作为变量，并将预测的负荷值分成对天气变量敏感和不敏感的两个成分。

（2）时间序列预测模型。电力负荷的历史资料就是按一定时间间隔进行采样记录下来的有序集合，它是一个时间序列，用这个序列对电力负荷变化的规律和特性进行分析并对未来负荷进行预报就是时间序列法预报。

（3）多元线性回归分析。回归模型预测技术根据负荷过去的历史资料，建立可以进行数学分析的数学模型，对未来的负荷进行预测。其特点是将影响预测目标的因素作为自变量，将预测目标作为因变量。

（4）专家系统。专家系统是人工智能领域的技术，它不是通过计算来解决问题，而是像一位相关领域的专家那样推理、解释并且能够根据新的信息扩展自己的知识库。建立专家系统首先需要从该领域专家那里获取相关知识，这些知识被抽象成“如果-那么”形式的推理规则保存在系统的知识库中。

（5）神经网络方法。神经网络方法在负荷预测中是比较先进、流行的方法，它具有可以模仿人脑的智能处理，对非结构性、非精确性规律拥有自主的适应能力，并且具有信息记忆、自主学习、知识推理和优化计算的特点。

（6）支持向量机方法（support vector machines，SVM）。支持向量机方法是一种为解决分类问题而提出的机器学习方法，目的是为了寻找出最合适的超平面来对数据进行分类。在使用 SVM 进行负荷预测时，需要先对数据进行预处理，选择合适的核函数以及参数，再使用数据对 SVM 模型进行训练和测试来评估模型，之后才能对负荷进行预测。

传统的负荷预测方法面在电力大数据的潮流下，无法充分利用大数据和电脑计算能力的弊端逐渐显露，以神经网络算法等为代表的计算密集型负荷预测技术开始涌现。神经网络算法具有对样本数据容错率高、非线性映射能力强、自适应和自组织等优点，在电力负荷预测领域得到了广泛应用。但其缺点是模型搭建较为复杂，需要的参数较多，导致学习过程比较长，有可能陷入局部最小值，需要优化学习过程。而 SVM 的优点是泛化能力强，全局最优，可以很好地处理高维数据集，解决局部最小值问题。但该方法往往基于现有经验选择对于参数和核函数，有较大的人为因素，并且缺乏对模糊现象的处理能力，使得预测值和真实值之间存在差距。

随着能源互联网的发展，分布式电源的广泛接入使得负荷侧变成可发可用侧，分布式电源发电的间歇性和随机性给负荷预测带来了更加严峻的挑战。为了使得电力负荷预测更加准确与快速，探索新的预测模型成为未来亟须开展的工作。结合现有问题及新技术的发展，未来可以从以下几个方面进行：提出高效的数据优化方法；确定影响负荷变化的新因素；引入新兴数据处理技术。

4.3.7　电能替代

电能替代是指将以煤炭、天然气等化石能源作为直接终端能源消耗的形式转化成消耗优质高效的电能，可有效提高清洁的二次能源（电能）在终端能源消耗的比重。目前，电能替代主要从“以电代煤”和“以电代油”两方面开展。

美国是最早开展电能替代工作的国家，2008 年开始就陆续成立了新能源汽车的专项计划，大力推动电动汽车充电桩的建设，对安装充电设施的企业或个人进行补贴，开展 “以电代油”的电能替代战略，并通过对消费终端负荷的需求响应来获得电能替代的效益。由于美国电力市场发展较为成熟，智能电网建设水平较高，较早开展了对于各类负荷的需求响应控制来挖掘负荷侧的可调特性，创造增量价值。例如南加州 SCE 公司将工商业用户的蓄冷空调运行分为多个档位，并给予对应的补偿价格。亚洲地区在“以电代油”方面成果较为突出的是日本电动汽车的发展，其新能源汽车的销量占全世界销量的 90%以上，政府也大力扶持推广充电桩的建设。欧洲对于电能替代方面的研究主要集中在发展清洁的供暖技术，最具代表性的是热泵市场的发展，英国的热泵技术发展相对成熟，在 2012 年出台了相关的热泵扶持政策，热泵市场的增长速度最高达 21%。

2013 年 9 月国务院印发了《大气污染防治行动计划》，明确指出要加快清洁能源对化石能源的替代和利用，推广使用地源热泵、冷热电三联供等高效用能技术。2016 年 2 月 24 日，国家发改委印发了《关于推进“互联网＋”智慧能源发展的指导意见》，对推动电能替代有重大意义。2019 年 5 月，国家发展改革委发布了《关于推进电能替代的指导意见》进一步丰富了电能替代的内涵，指出实施过程中应综合考虑电力体制改革、能源系统智能化等因素的影响，并将电能替代的主要对象明确为散烧煤。煤炭是我国主要的消费能源，作为我国北方地区冬季采暖的主要一次能源，其燃烧时产生的污染气体是造成冬季雾霾的主要原因，“以电代煤”是解决这一难题的有效途径之一。目前，电能替代项目正在京津冀的农村地区广泛开展，主要通过地源热泵、空气源热泵、电蓄热锅炉以及电热膜四种方式对原有的燃煤供暖模式进行取代。在“以电代油”方面也有很大进展，截至 2021 年 8 月，我国目前充电基础设施达到 200 万台，而新能源车型保有量则为 600 万辆左右，车桩比例达到 3:1，这个比例目前是全球最高。

国家电网有限公司积极倡导“以电代煤、以电代油、电从远方来”的能源消耗模式，不断提高电能占终端能源消费的比重。①以电代煤，是指把用煤的工业锅炉，居民取暖厨炊等改为用电，以减少东中部地区直接烧煤造成的大气污染。②以电代油，是指发展电动汽车，农村电力灌输，以减少对石油的依赖；③电从远方来，是指将西部、北部的火电、风电、太阳能发电和西南的水电，通过特高压电网大规模、远距离、高效率地输送到中东部东中部，减少东中部的就地燃煤发电。

2018 年 1 月，国家电网有限公司提出积极推进北方地区清洁取暖五年行动计划，做好北方冬季电能清洁供暖服务，推广蓄热储能保障电采暖技术应用，落实“煤改电”停电不停暖保障措施，江苏将电能替代创新试点作为国网现代服务体系建设的重要内容，这为电能替代的创新发展提供了平台。河南人口较多，允许电能清洁取暖电量纳入电能替代“打包交易”，给予发电奖励等方式促进电能替代发展。四川、湖南地区水电发达，丰水期可以实现大幅降低企业到户电价水平，支持当地甚至附近西北地区“煤改电”的发展等。2020 年国网累计实施电能替代项目 29 万个，完成替代电能 8476 亿 kWh，推动电能占终端能源消费比重提高 2.8 个百分点，减少碳排放 2.5 亿 t 以上。

稳步推进电能替代，有利于构建层次更高、范围更广的新型电力消费市场，扩发电力消费，提升我国的电气化水平，提高人民大众的生活质量。同时，也能够带动相关设备制造行业的发展，拓展新的经济增长点。

4.3.8 船舶岸电

船舶岸电（shore power supply for vessels）是指船舶在靠港期间停止使用船上燃油发电机，而改用岸上电源供电的能源消费方式和技术手段，所用电能是相对清洁的二次能源。船舶岸电技术的研究应用与推广，代表着绿色港口的发展方向，对于保护港口与所在城市的环境，建设清洁、宜居的港口城市和减缓气候变化、保护地球生态环境，都具有十分重要的意义。

船舶岸电系统由岸基供电系统、电缆连接设备与船载受电系统三部分组成。其中，岸基供电系统主要包括电源、变压变频设备；电缆连接设备有岸电插座箱（岸基）、电缆操作装置和插座屏（船基）；船载受电系统由转接屏与配电箱（大中型船舶）组成。以 10kV/50Hz 的电源输入为例，其船舶岸电系统结构如图 4-57 所示。

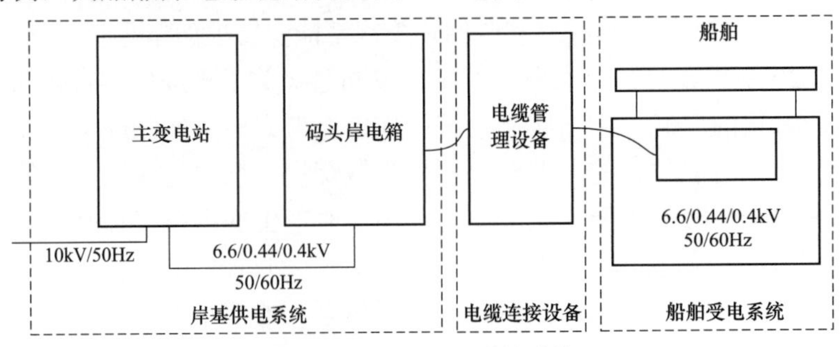

图 4-57　船舶岸电系统结构

岸基供电系统，接收电网侧 10kV/50Hz 市电电源，输入主变电站，经变压变频装置，转换至符合船舶负载的电压和频率输出至码头岸电箱，通过码头侧的电缆连接设备，将电源供至船载受电设备。岸基供电系统的主要任务是将市电电源进行变压变频和滤波，使之符合靠港船舶的电压、频率要求，再输送至码头侧的电缆连接设备，主要包含变频器组件、变压器组件、滤波器组件等几个部分。岸基供电系统检测靠港船舶电网参数，并对岸侧电源进行参数调整，主要可以分为两种岸电系统：低压船舶岸电系统（适配船舶电网电压 400V/440V/690V）和高压船舶岸电系统（适配船舶电网电压 6kV/6.6kV/11kV）。而不同的船舶电压等级一般与船舶电力系统容量相对应，较小容量的船舶一般采用低压船舶岸电系统，而大容量的船舶一般采用高压船舶岸电系统。低压船舶靠港时刻，岸电系统中的变压器组件将 10kV/50Hz 的市电通过岸侧变压器降压至 400V/440V/690V，然后输送至码头边的电缆连接设备；而高压船舶靠港，则降压至 6kV/6.6kV 或升压至 11kV。

根据靠港船舶所采用的电压等级，岸电系统可分为低压供电和高压供电两种类型。采用低压供电方式，岸电船舶之间联络需要 9 根低压电缆，电缆距离长，不仅接线方式复杂，大大增加了无功功率的消耗，而且接线操作时间过长；采用高压供电方式，高压供电船上仅需少量高压电缆，接线简便，线路消耗很小，然而高压供电也存在着大功率变频变压、无线控制自动并网、需安装船用简易变电站等更高技术要求。低压/高压供电方式分别如图 4-58 所示。

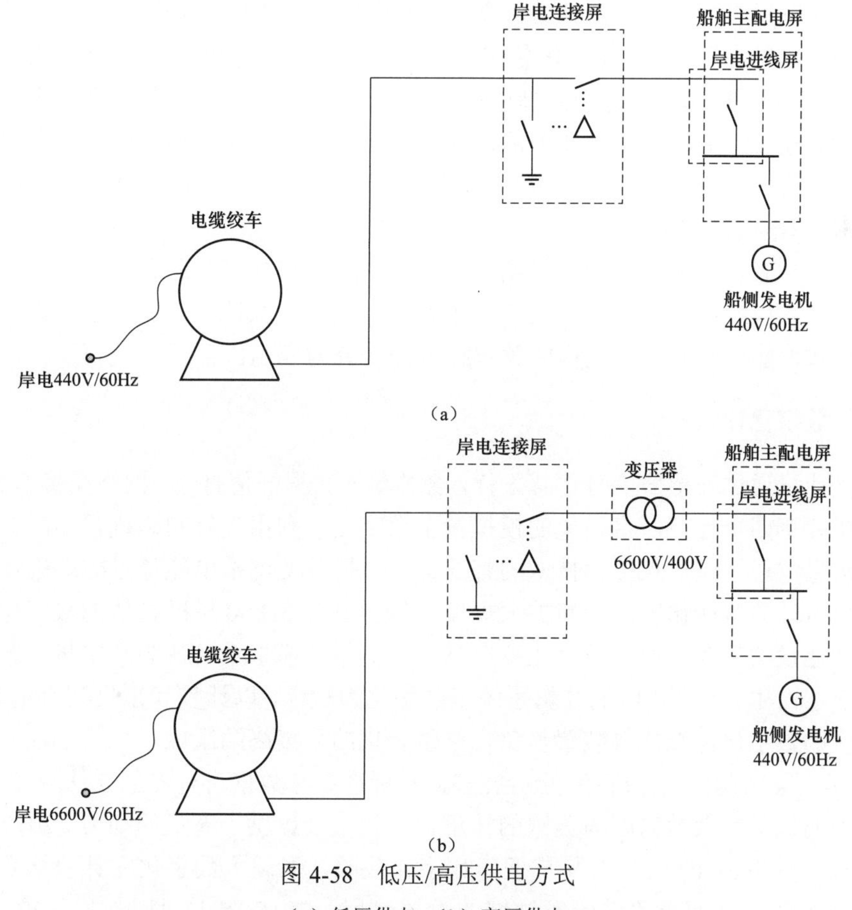

图 4-58　低压/高压供电方式

（a）低压供电；（b）高压供电

美国是率先要求新建码头采取环保措施的国家，其中重要措施之一就是对船舶靠港期间使用岸电做了强制性规定，要求新建码头必须设置岸电系统，同时要求对老码头进行限期改造。2008 年西门子输配电集团推出新型船舶岸电系统，2009 年 6 月英国石油美国公司和美国加州长滩港开放了世界上首座配备岸电系统的油轮码头。洛杉矶港在 2011 年有 15 个码头应用船舶岸电系统，长滩港所有集装箱码头在 2014 年应用船舶岸电技术。

2010 年 10 月 24 日，由连云港港口集团和河北远洋集团共同研发的全球首套数字化高压变频船舶岸电系统正式启用。船舶岸电是国家电网有限公司实施电能替代的重点示范项目之一，2015 年国网上海电力在上海洋山港集装箱码头及吴淞口国际邮轮码头试点开展岸电项目，其中，洋山港建成岸电设施 2 套，年替代电量 800 万 kWh。截至 2020 年 8 月，广州完成 23 个专业集装箱泊位、10 个五万吨以上干散货泊位，内河实现岸电全覆盖，广州港已建成具备岸电供应能力泊位 466 个，超过 70%的沿海码头生产经营性泊位具备岸电供应能力。截至 2020 年底，建设在长江上 850 个泊位的 1200 余套岸电设施已经建成，实现长江沿线港口岸电基本覆盖，沿江省市具备受电设施船舶已达 1.2 万余艘，沿江省市港口 2020 年累计使用岸电约 11 万次、接电时间 109 万 h、接电量 2456 万 kWh。“十三五”期间，全国港口岸电电能替代潜力总计约为 190 亿 kWh/年，其中沿海港口岸电电能替代潜力约为 160 亿 kWh/年；沿江、沿内河港口岸电电能替代潜力约为 30 亿 kWh/年。2021 年 2 月海南中海油码头岸电示范点建设项目完工，项目共计建设船舶岸电充电箱 11 个，变电所 2 座，均采用国内岸电设备，预计年使用岸电海油工作船舶可达 2000 艘次，使用岸电 826 万 kWh，每年可减少辖区船舶 CO_2 排放量约 7435t。作为全国首个使用高压船舶岸电系统的港口，江苏连云港港口已完成 9 个泊位的岸电系统建设，江苏还开展了岸电储能一体化系统的研发。该项目建成了功率为 5MW 的储能电站，可满足总量 10MW 以上或单个泊位 3MW 以上的岸电接入需求。

伴随能源互联网的建设进程，船舶岸电应着重提升其能源互联和信息交互能力，着重发展包括岸电供电变频变压技术、大容量船舶岸电供电电源技术、适用于港口码头电气环境的供电模式、船岸交互技术在内的关键技术的研究与应用。

4.3.9 数字化计量

数字化计量通过互感器信号传感采样，合并单元数据插值打包、网络交换机数据传输、电能表数据计算四个环节，将采集的模拟量全数字化，利用光纤网络进行实时传输前端采集的数据信息，通过点对点传输技术的有效运用，提升变电站电能计量的准确性。

随着变电站的智能化发展不断扩大规模，基于 IEC 61850 标准构建的数字化变电站将成为变电站建设的趋势。由于数字化变电站传播数据从模拟量转变为数字量，数字化电能计量系统应运而生。数字化电能计量系统以数字化为特征，以计量和采集某点电能为目标，由负责计量的数字化电能计量装置与负责电量采集的采集终端组成。

1968 年，美国制定《标准参考数据法》，对标准参考数据进行专门立法管理，由 NIST 建立并维护的标准参考数据库为美国的计量数字化发展提供了充足的动力。2017 年，德国联邦物理技术研究院 PTB 率先发布了其数字化战略，强调了数字化在计量服务、数据分析、通信技术和仿真四个关键研发领域的重要作用。2018 年 11 月 16 日，第 26 届国际计量大会拉开了计量量子化的序幕，进一步提升计量基准的精密性和稳定性，实现计量溯源链路扁平化。2020 年 11 月，英国国家物理实验室发布了其面向 2030 年的计量技术预见。

数字化计量系统包括：①电子式互感器。采用新型传感原理，利用光电子、光通信及电子技术，以光数字信号输出实现电力系统电流、电压测量，从根本上解决互感器电流、电压信号传输中产生的附加误差。②合并单元。合并单元远端模块在具体工作中的能源主要通过光能量的方式提供，能够同时接收同步光信号和采样光信号，从而使系统具备同步远端同步采样功能。③网络交换机。将合并单元采集的电压、电流报文数据包通过光纤交换机传输给智能电能表。网络交换机数据传输环节的丢帧误码会影响电量的计算精度。④智能电能表。智能电能表采用数字信号处理器与中央微处理器相结合的构架，将数字信号处理器的高速数据吞吐能力与中央微处理器复杂的管理能力完美结合，智能电能表具有分时计量、最大需量、月统计电量、实时测量、监控、负荷曲线记录、脉冲输出与通信接口等功能。

传统计量系统由电磁式模拟互感器、电能表通过电缆连接构成。在数字化电能计量系统中，电子式互感器、合并单元与数字化电能表通过光纤进行连接，与传统电能计量系统中的电缆不同，由于其传送的是数字量，不会产生电缆传输误差。数字化计量系统组成示意图如图 4-59 所示。

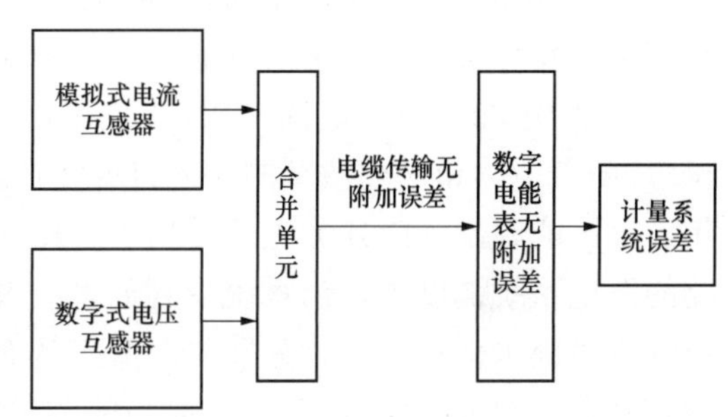

图 4-59　数字化计量系统组成示意图

数字化电能计量系统传送的是数字信号，没有二次电缆连接引起的二次压降引起的误差，数字化电能表电能量的累计为数值的纯计算过程，减小了电能表带来的误差，因此使得电能计量装置的综合误差仅取决于互感器与合并单元，从而大幅度降低了系统综合误差；数字化电能计量系统的数字化、网络化特征，采用统一的标准协议 IEC 61850，与站内保护、测控等其他二次系统使用相同的数据源与采集路径，便于数据共享与软件智能化功能的实现，甚至硬件资源的共享；对于全数字化电能计量系统，电子式互感器具有体积小、不饱和、频带宽等优点，拓展了计量系统的频谱宽度，更适用于谐波计量、冲击负荷计量。

2016 年，国家电网有限公司深入推进装置运行监测，大力开展状态监测及数据校验等技术研究，加强对装置的有效监控，构建数字化电能计量装置有效性常态分析机制。2019 年 7 月 6 日，国网冀北电力有限公司一体化电能量计量系统升级项目顺利通过国家电网有限公司验收，成为国网公司系统首个建成一体化电能量计量应用的省级公司，通过电能量计量系统各级调控部门可向发展部、交易中心等部门提供电量数据。2021 年 8 月，依托能源区块链应用技术实验室，国网河南电力开发了一个具备电能表检定证书查询及真伪查验、电能表申校功能的可信计量应用。2010 年 12 月投运的无锡西泾变电站作为国网公司首批智能变电站试点工程，在西泾变 1 号主变高压侧数字电能计量故障的现场勘查过程中，从计量现场运维的角度看，仍旧存在规范性、检测能力和量值溯源等问题。2021 年 11 月，数字化计量系统改造试点项目在陕西铜川 330kV 西柳变电站上线。这标志着数字化计量系统在全国首次应用于电能贸易结算，可面向复杂接入多向潮流的大用户，解决长期存在的复杂拓扑非同步计量下的电能贸易结算误差问题。

按照国家市场监督管理总局的要求，国网计量中心开展了高压电机、配电变压器能效检测，填补了电力装备的能效计量空白。未来还需在此基础上扩展分布式电源、充电桩、储能设备、能源站等能效计量方向，完善能效计量技术标准，研制新一代能效计量检测平台；研制和推广小型化、移动式现场能效检测装置，构建工业用户能效计量评价体系；借助能效计量服务促进企业节能提效、低碳转型。

为实现“双碳”目标，构建数字化计量体系，需要将工业传感器纳入体系，保证光电热、流量、位移等传感器的准确性，以电力参量为标定，修正生产数据、排放因子等参数；在标准装置层面，加快各类标准传感器的研制，形成比对实验环境，推进全国层面的远程校准和实时数据采集。

4.3.10 综合需求响应

综合需求响应（integrated demand response，IDR）指的是在能源互联网中利用气、电、冷、热等不同形式能源间的耦合互补关系，在电网需求侧进行包含可调负荷、储能和分布式产能/能源转换设备的协同优化的技术，是需求响应（DR）在能源互联网的衍生形式，有利于激发综合能源网络的灵活性，提升能源利用效率，降低供能和用能成本。

20 世纪 80 年代，美国 EPRI 提出了电力需求侧管理（demand side management，DSM）概念，随着电力市场化改革的深入，DSM 在向更能反映市场竞争需求弹性的方向发展。2006 年，美国能源部（DOE）正式提出了 DR 的概念，其意义在于将需求侧资源加入电网供给侧的发电系统调度中，当系统受到危害或大规模可再生能源并网时，运营商利用一些激励或经济措施来促进用户行为发生改变，从而重新平衡电力供需关系，保证电力系统的安全稳定运行。然而，近年来为了提高能源的利用效率，综合能源系统（Intergrated Energy System，IES）的构建得到了广泛的发展，在综合能源网络的架构下，不同形式的能源在生产、传输和消费环节的耦合性越来越强。同时，由于电力 DR 是需求侧负荷在横向时间上的转移，存在一定的不足，比如会对用户的舒适度造成一定的影响，导致用户参与积极性不高，不能完全激发用户负荷响应潜力；对于电网故障紧急状态和大规模分布式新能源发电接入电网后存在响应能力不足的可能。于是，基于多能协同管理的综合能源网络，Aras Sheikhi 和 Shahab Bahrami 于 2015 年首次提出 IDR 的概念，将 IDR 定义为需求侧在综合能源网络中传统电力 DR 的衍生和扩展。传统意义上的 DR 是将电能单纯地在时间尺度上进行转移和削减，而 IDR 的响应行为是将需求侧的用能种类转换和时间转移相结合，能源用户可以通过改变自身能源转换方式来调整负荷需求，在综合能源网络的前提下，充分利用现有的通信技术、分布式储能、分布式能源转换设备，有效地激发负荷柔性，充分发挥需求侧资源的价值。

根据 IDR 的基本概念和管理范围，可将用户自主响应的负荷按照特性分为 3 种类型：削减负荷、转移负荷和转换负荷。可削减负荷为用户根据价格信号或者激励机制削减或增加某种能源的用量，包括照明负荷、空调和供暖设备等，大量存在家庭用户和商业楼宇用户。可转移负荷为在优化/控制时间内，总用能量近似不变，但可进行时间上的平移和调节的用能器件，包括洗衣机、电动汽车、蓄电池、储气/热罐等，一般以终端用户或负荷聚合商的方式参与响应。可转换负荷指的是负荷不同能源间的转换能力，需求侧对能源转换设备的合理配置与使用有利于匹配上级能源网络的需要并提升下级的用能舒适度，适用于需求侧的典型能量转换设备包括微型燃气轮机（micro turbine，MT）、微型热电联产（combined heat and power，CHP）设备、电制氢（power to gas，P2G）设备等。具体的负荷侧 IDR 典型器件如表 4-2 所示。

表 4-2　　负荷侧 IDR 典型器件

响应类型	器件名称	能流类型	响应速度	应用场景
负荷削减	暖通系统	电/热/冷	秒级	以家庭、智能楼宇等终端用户为主
	热水器	电/热	秒级	
	照明负荷	电	秒级	
负荷转移	电动汽车	电	秒级	可作为终端用户或通过负荷聚合商参与 IDR
	蓄电池	电	秒级	
	储热/热罐	热/气	分钟级	
能量转换	MT	气/电	秒级/分钟级	功率分布从几千瓦到几十兆瓦，通常配置于智能楼宇、工业园区等包含多种能流的需求侧
	μ-CHP（内燃机）	气/电/热	分钟级/小时级	
	μ-CHP（斯特林发电机）	气/电/热/冷	分钟级	
	高压电极锅炉	电/热	分钟级	
	燃料电池（质子交换膜）	氢气/电/热	秒级/分钟级	
	燃料电池（固体氧化物）	氢气/天然气/电/热	小时级/日前	
	P2G 技术	电/氢气	小时级/日前	

综合能源网络中任意相连的两点按能量流动方向可视为能源供给侧与能源需求侧，宏观而言，IDR 实施方是一个对下层能量网络具有控制能力并承接上级能量网络任务的能量传输平台，通过实时监测需求侧的各项状态，根据上层市场/激励信号历史信息，对每种能流负荷和价格进行超短期预测，实现相应优化目标下对需求侧的控制。其所管理的能源需求侧的规模小可为一个家庭或一栋智能楼宇，中可覆盖一个社区网络或另一个工业园区。图 4-60 展现了 IDR 能流间转换的物理架构图。

在多能系统的运行调度中，合理利用需求侧资源能够增加可再生能源的渗透率，节约运营成本。同时，不同能源可以相互作为备用资源来缓解某种能源紧张时用户的用能需求，在提高系统可靠性方面具有一定贡献。用户根据系统需求或价格信号以更灵活、更合理的方式用能，可自主选择在何时使用何种能量使用，在不损失或较少损失用户舒适度的情况下，往往用能成本更低，因此用户参与积极性更高。但对于决策者而言，如何合理准确地调用用户侧资源，令其发挥最大价值值得深究。

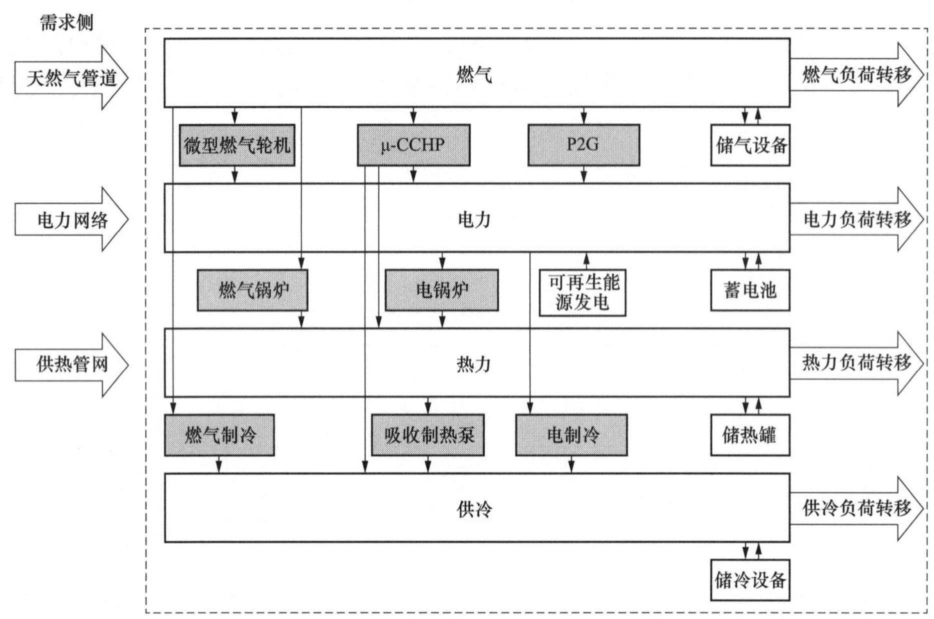

图 4-60　IDR 能流间转换的物理架构图

目前，国内外均对 IDR 的多能系统优化调度进行了大量的研究，重点分析了考虑 IDR 不确定性的多能系统调度方法，并建造了一系列的示范工程。国际上，欧洲、美国和日本等地利用园区级综合能源系统开展了大量的 IDR 试验，在能够参与需求响应调节的用户类型、响应效果和实施效果等方面积累了一定的经验。如 2015 年的美国的斯坦福能源系统创新（Stanford Energy System Innovations，SESI）项目聚合了 200 栋校园建筑，联合优化校园内的冷水机组和燃气发电机，通过回收余热和储能等方式应对高负荷时刻。与现有系统相比，SESI 将减少 50%的斯坦福校园内Ⅰ类和Ⅱ类温室气体的排放，节约 15%的饮用水供应，未来 35 年内，可节约 3 亿美元的费用。在国内，国家电网有限公司积极跟进能源服务发展方向，逐步转型为综合能源服务商，先后在 26 个省级公司成立了综合能源服务公司。截至 2021 年 12 月 8 日，国网河北综合能源公司参与省内电力调峰辅助服务市场，累计需求响应电量已突破 1 亿 kWh，为代理客户争取市场补贴超 1000 万元，有效提升了风电、光伏的消纳空间，降低了用电成本，同时为钢铁、水泥、汽车制造等能源交易服务客户企业减少 CO_2 排放 10.27 万 t，实现了市场参与主体的多方共赢，为新型电力系统构建中需求侧资源的关键作用进行了有益的探索。

综合能源系统作为能源互联网的重要载体，对于多种能源协同运行、提高能源利用效率和实现低碳运行起到关键作用。综合能源系统通过实施 IDR 可以有效地引导用户调整负荷需求，既可以保证系统的安全可靠运行，提高系统的稳定性，又可以降低能源成本，提高系统运行的经济性。同时，IDR 以自身能量转换和削减的特性可参与到综合能源服务方面。通过 IDR 研究优化企业生产特性，定制化调整生产计划表和用能方式，对内降低用能成本，对外优化用能曲线。最后，IDR 也可应用于辅助市场中，如 IDR 参与辅助调峰调频服务，或以大数据为核心，精确辨识用户用能方式和习惯，构建自适应的智能 IDR 家居方案。

4.4 储　　能

储能是解决新能源消纳的关键技术，是电网削峰填谷的基础设备，对实现“双碳”目标有着极其重要的作用。本节主要阐述了几项重要的储能技术。

4.4.1 大容量储能电池成组和系统集成技术

大容量储能电池成组和系统集成技术，指的是通过不同的连接方式将多个储能电池进行统一管理和运行的手段，可以将集成后的储能电池等效成一个大容量电池。储能装置作为可再生能源发电领域的重要补充设备，是改善并网点功率波动性和间歇性的重要手段，是实现可再生能源高比例接入电网的关键支撑技术。截至 2020 年底，全球已投运储能项目累计装机容量为 191GW。其中，中国储能装机规模位居全球第一，已投运储能项目累计装机容量 34GW，占全球装机容量的 17.8%。

随着电源技术的发展以及人们对高功率、高频率、低电压电源系统的需求，一台集中式直流稳压电源系统的输出功率、电流、电压等参数往往不能满足负载需求。因此需重新开发、设计、生产这种满足参数的直流稳压电源系统，从而使电源的成本加大。为了满足实际需求，通常将大量单体电池按照积木方式通过三种不同的连接方式（即串联、并联和串并联混合）连接成组。并通过相的衔接形成模块化电源系统，使得整个电源系统的输出功率、电压、电流得到扩展，达到需求。串联和并联是单体电池成组最基本的两种连接方式，在此基础上可进一步地拓展，比如先串后并，或者先并后串以同时满足高电压、大容量的需求。不同的连接方式会对电池组的可靠性、安全性及不一致性产生不同影响。另外，同类型相同电压的电池容量种类较多，成组设计过程中可以选择大容量单体电池，也可以采取相同小容量单体电池并联实现系统对容量的需求。大容量单体电池质量比能量和体积比能量相对于小容量单体并联方式更具有优势；但在相同工况下，大容量单体电池与相同容量的单体电池并联方式相比内部温度和电流密度分布均匀性较差，不利于散热。

实际应用中，在诸如大功率应急供电系统、新能源汽车、储能电站等这样的领域，锂离子电池会根据电源系统的设计需求，遵循安全可靠性原则，通过不同的连接方式成组应用。例如，85kWh 的纯电动汽车电池组由近 7000 节 18650 型锂离子电池构成，如图 4-61 所示。

图 4-61　电动汽车电池成组图

尽管现有电池的性能已获得极大的提升，但连接运行方式会削弱单个电池的性能优势。这是由于单体电池出厂时的初始性能不尽相同，在成组后的运行中将加剧电池之间的不一致性，造成电池组可用容量和循环使用寿命迅速下降。

例如，在电动汽车中的实际使用中，单体电池的循环使用寿命会下降到单独使用时的一半左右，乃至更低。因此在设计阶段，需对备选电池进行容量、电压以及内阻等重要性能参数的一致性进行筛选实验；同时各电池的类型、型号和连接方式等都应考虑；另外在应用阶段也需注意电池组的充放电管理。

储能系统是将能量转换装置与储能电池组配套，连接于电池组与电网之间，把电网电能存入电池组或将电池组能量回馈到电网的系统，主要由储能单元、电池管理系统（battery management system，BMS）储能变流器系统（power conversion system，PCS）、测控单元、后台监控单元、开关设备等组成，后台监控单元与配电网调度通信，实现对储能系统的优化调度及运行控制，如图 4-62 所示。

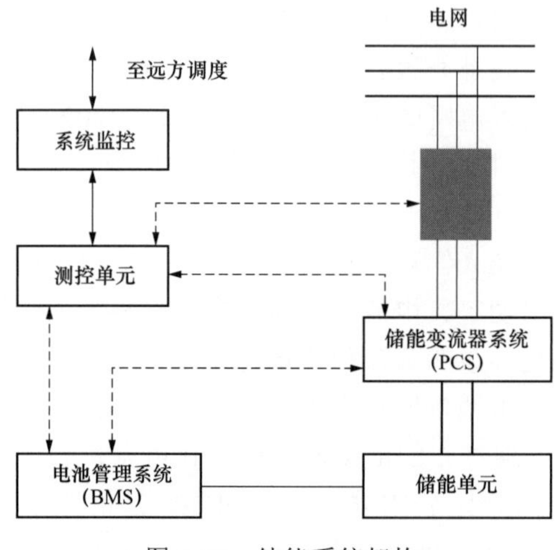

图 4-62　储能系统架构

电池系统的集成并不是将电池单体简单的串并联组合，而是以满足负载要求为目标，以保障电池安全工作为指导，完成电池系统的集成。电池安全架构如图 4-63 所示，包括电池单体、机械结构和电气结构。机械结构以电池热管理系统（battery thermal management system，BTMS）为核心，电气结构以电池管理系统（battery management system，BMS）为核心。电池安全是集成技术关注的重点，包括结构安全、热安全和电安全。

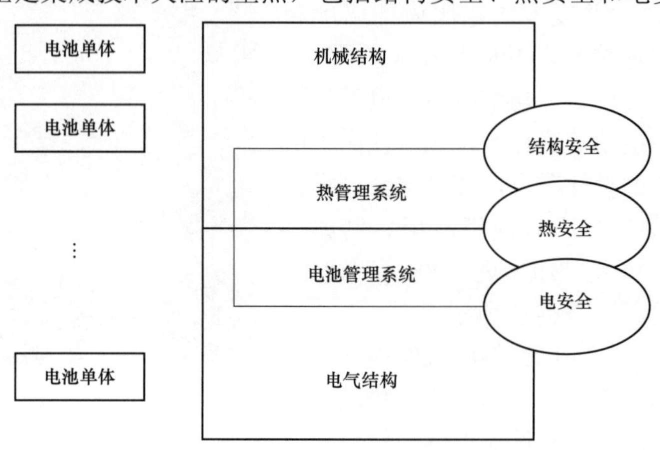

图 4-63　电池安全架构

由于储能系统中涉及微控制单元（microcontroller unit，MCU）、电池状态检测、均衡、充放电保护、绝缘检测、用电器电流检测以及系统温度检测多个功能模块，因此，将模块集成为一个完整的系统前，还需要对各个模块的位置、结构以及布线进行设计。在 PCB 绘制过程中，考虑到各个模块之间相互独立运行，为了方便后期对样机进行调试，在设计时尽量将同一功能模块的器件放在一起。整个系统中，电阻、电容、电感均采用贴片封装，不仅体积小，易于焊接，而且能够在一定情况下减少电磁和射频干扰，提高电路的稳定性和可靠性。由此可知，均衡电路中电阻满足热设计要求。同时，为了防止热干扰，将均衡模块设计在利于散热的样机最右侧，远离其他芯片，以减小对系统正常工作的影响。除了在各模块之间添加隔离芯片以防止系统内部电磁干扰之外，在集成设计中，在信号线的走向布局上，始终遵循：信号线保持一致方向；避免高低电压器件相互混杂；避免强弱信号器件相互交错。

目前，国内的储能系统集成商主要分几类：一类典型代表为阳光电源、中天科技等为代表的企业，布局储能全产业链、储能系统的主要部件均由自己生产；另一类专业集成企业，比如江苏多益能源，拥有自己的检测中心、研发和包装场地，可针对不同应用场景提供定制化集成；还有很大一部分企业如宁德时代等，是依托自身产品为中心，从单纯的设备供应商转型为系统集成商，目前这类储能系统集成商队伍正随着电池企业和光伏企业的加入而日渐庞大。例如，比亚迪公司建立了 1MW×4h 磷酸铁锂电池储能示范电站，储能单元额定功率为 100kW，由 600 节 FV200A 型磷酸铁锂电池组成，每 10 节单体电池串联构成一块标准电池模组，20 块标准模组串联成一组电池组，3 组电池组并联得到一个 100kW 的单元，如图 4-64（a）所示。2011 年，ATL 公司在东莞松山湖厂区建设 1MW×2h 的储能示范电站，采用 60Ah/3.2V 单体磷酸铁锂电池，3 并 12 串组成模块，再 20 个模块串联成一个电池串，15 串并联构成单支路电池储能系统，如图 4-64（b）所示。

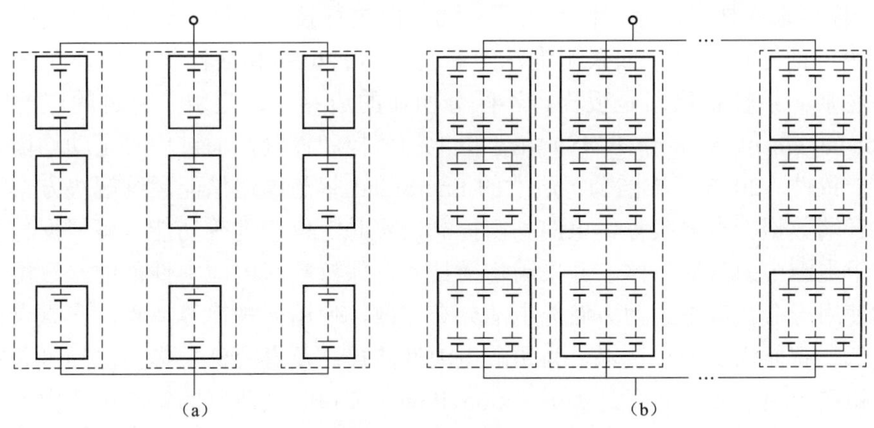

图 4-64　储能电池组结构示意图

（a）3 组电池组并联结构；（b）3 并 12 串电池储能结构

4.4.2　化学储能技术

电化学储能是通过电化学反应完成电能和化学能的相互转换，实现充放电能。电化学储能具有设备机动性好、响应快、能量密度高和循环效率高等优势，是目前各国储能产业研发创新的重点领域和主要增长点。电池是目前电化学储能中应用最为广泛和常见的且品类较多，虽然电池内部的材料和工作原理存在较大区别，但其内部核心基本都由正负极、隔膜和电解质构成。储能过程是通过化学反应正极失去电子发生氧化反应，负极得到电子发生还原反应。这里着重介绍几种目前应用前景广阔的化学储能技术。化学储能技术组成如图 4-65 所示。

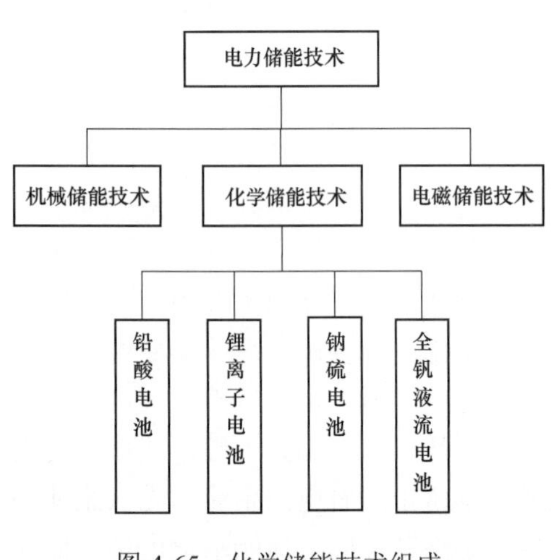

图 4-65　化学储能技术组成

（1）铅酸蓄电池（lead-acid，LA）。铅酸电池是一种以铅及其氧化物为电极、硫酸溶液为电解液的二次电池。铅酸电池的价格低廉，安全可靠性高，电能转换效率较高（80%～90%），现已成为运输、通信、电力等各个部门最成熟和最广泛使用的储能电池。但铅酸电池适合使用的温度范围小，充电慢，不可深度放电，过充电易产生气体，并且铅对环境影响大。大量研究投入改进铅酸电池性能，目前铅碳电池技术最为成熟。铅碳电池以常规超级电容器碳电极材料部分或全部代替铅作为阳极，是铅酸电池和超级电容器的结合体。与传统的铅酸电池相比，铅碳电池的生产成本小幅增加，但充放电功率、循环使用次数、充电速度等关键指标都显著提高，铅碳电池目前已步入商业化初期，常用作电力系统的事故电源或备用电源。

为了有效应对锂电池等新型电池的竞争，铅酸电池急需在轻量化、长寿命、低成本、快充等方面像 90 年代的密封式阀控铅酸蓄电池技术（valve-regulated lead-acid battery，VRLA）一样再来次技术革命。目前主要从两方面进行技术突破，一是对铅酸电池的新材料新工艺等方面进行研究，如采用泡沫等新型材料将板栅和活性物质融合在一起，板栅即是活性物质、活性物质即是板栅，不区分明显的边界；二是引入先进的电池管理系统（battery management system，BMS）用于电池的监控和控制，通过内置主动均衡技术来提高电池的一致性。2016 年雄韬公司研发的 EnerSmart 智慧电池储能运维解决方案，具备远程监控、云端数据、告警服务、电池均衡控制、实时定位查询等功能，可根据相关检测数据发现整组电池中的落后单体，并采用均衡技术，保持整组电池中性能的一致性，从而延长电池的使用寿命。考虑到动力储能电池分布零散，使用无规律等特点，应重点在于系统的功耗降低、智能化及云端技术，为铅酸电池性能提高及寿命延长提供更加可靠的保证。目前全球铅碳电池主要生产商是美国 Axion Power 公司。其研制的铅炭电池由标准的铅蓄电池正电极和采用活性炭（1500m^2/g）制成的超级电容器负电极组合而成。2014 年底，Axion Power 公司宣布，该公司获选向宾夕法尼亚州一座 9.1MW 的光伏电站提供储能和频率调节系统，而该工程拟全部使用铅碳电池。国内的南都电源动力股份有限公司也已具备铅碳电池生产能力，其产品已经运用于珠海万山海岛的 6MWh 新能源微网示范项目中。

（2）锂离子电池（li-ion，Li）。锂离子电池是指分别用两个能可逆地嵌入和脱嵌锂离子的化合物作为正负极构成的二次电池，正极材料多采用氧化钴锂，负极多采用石墨。电池在充电时，Li^+从正极中脱出，通过电解液和隔膜，嵌入到负极中；反之，电池放电时，Li^+由负极中脱嵌，通过电解液和隔膜，重新嵌入到正极中。锂离子电池具有电压高、比能量大、循环寿命长、无记忆效应、工作温度范围高等特点，因此它在便携式电子设备、电动汽车、空间技术、国防工业等多方面均有广阔的应用前景，但其成本较高，不能大电流放电。

未来，在电网应用中推广大规模锂电储能系统是全世界研究者共同努力的方向。现在普遍认为锂离子电池在安全性、循环寿命、成本和工作温度范围方面仍存在问题。因此，今后的研究必须在电极和电解液材料方面有所创新，即寻找可替代锂钴氧化物及石墨电极的具有更大容量、更低成本的正负极材料，同时寻找更加安全可靠的电解液系统替代有机碳酸盐液体电解液。目前，在正极材料方面，$LiMn_2O_4$、$LiFePO_4$、$Li_3V_2(PO_4)_3$与$LiNiCoMnO_2$等三元材料值得期待。负极方面，石墨电极的主体地位仍难以撼动，而提高负极材料特性还得依靠纳米技术的进步以及石墨烯研究的深入，预计短期内难以取得突破。电解液中的有机溶剂易燃，其本身就是影响电池安全性的主要原因，因此一些无须溶解剂的高分子聚合物作为锂离子传导介质的方法开始出现。随着研究的深入，锂离子电池极有可能成为大规模储能的首选技术。

（3）钠硫电池（NaS）。钠硫电池以熔融态的钠和硫分别作为负极和正极，以 Beta－氧化铝陶瓷作为固态电解质，并作为正负极隔膜。钠硫电池需要在 300～350℃的环境运行，具有一定的安全风险。钠硫电池具有高比功率和高比能量、循环寿命长、成本低、运行稳定、维护量少以及无自放电等特性，主要用于负荷调平、移峰、改善电能质量和可再生能源发电、电池价格仍然较高。

目前，针对大规模储能需求，钠硫电池还需突破以下瓶颈。首先是安全问题，钠硫电池的陶瓷电解质如果在高温下发生破损，液态钠和硫就会直接接触形成短路，极易酿成事故。其次是保温与耗能问题，钠硫电池工作时需要附加供热设备来维持温度，从而大大增加了运行成本。最后是高温下钠硫电池的腐蚀问题，目前，主要从两方面解决上述问题，一是通过合金、电镀、渗透等方法制备合适的耐腐蚀材料，二是设法降低电池的工作温度。虽然这些研究还未取得突破性进展，但必将成为钠硫电池未来大规模应用的重点突破口。

（4）全钒液流电池（all vanadium redox flow battery，VRB）。全钒液流电池以溶解于一定浓度硫酸溶液中的不同价态的钒离子为正负极电极反应活性物质。全钒液流电池作为储能系统使用，具有以下特点：①电池的储能容量取决于电解液储量和浓度，因此它的设计非常灵活；②充、放电性能好，可深度放电而不损坏电池；③自放电低；④系统可全自动封闭运行，无污染，维护简单；⑤电池系统无潜在的爆炸或着火危险，安全性高；⑥电池部件多为廉价的碳材料、工程塑料，材料来源丰富；⑦能量效率高，可达 75%～80%。

目前液流电池的研究工作主要集中在研制新型离子交换膜并降低其成本，寻找并研制新的复合电极材料使其具有高的稳定性和电化学活性两方面。在双液流电池基础上衍生而出的沉积型单液流电池，具有结构简化、比能量高、成本低等特点，如果能够解决稳定性及寿命较低的问题，很有可能带来液流电池技术的一场革命。而一些新型液流电池技术，如钒/空气液流电池、Fe^{3+}/Fe^{2+}液流电池等，还处于起步阶段，短期内不大可能用于大规模储能。

全球碳中和大背景下，国际能源格局从化石能源绝对主导朝着低碳多能融合发生转变，储能技术作为推动可再生能源从替代能源走向主体能源的关键技术越来越受到业界高度关注，美国、欧盟等主要国家和地区提出一系列电化学储能技术战略布局及项目部署。2020 年 1 月，美国能源部（DOE）宣布投入 1.58 亿美元启动“储能大挑战”计划，并在 2020 年 12 月，DOE 正式发布了美国首个综合性储能战略《储能大挑战路线图》，提出到 2030 年实现美国国内的储能技术及设备的开发制造能力将能够满足美国市场所有需求，无需依靠国外来源，并在全球储能领域建立领导地位。欧盟极为重视对电池储能技术的研发，将其视为促进向“碳中和”社会发展的重要因素。2020 年 12 月，“电池欧洲”发布了其第一个《电池战略研究议程》，明确了到 2030 年从电池应用、电池制造与材料、原材料循环经济、欧洲电池竞争优势四方面关键行动，旨在推进电池价值链相关研究和创新行动的实施。

我国储能产业起步较晚，但发展迅速。2018 年是中国电化学储能发展史的分水岭，电化学储能呈现爆发式增长，新增电化学储能装机功率规模高达 612.8MW，对比 2017 年新增功率规模 147.3MW，同比增长 316%。截至 2020 年底，中国电化学储能市场累积装机功率规模为 3269.2MW，同比增长 91.2%，新增电化学储能累积装机功率规模达到 1.56GW，首次突破 1GW。

化学储能技术在能源互联网中有着广泛的应用前景。引入化学储能技术后，将对分布式电源的推广应用起到巨大的推动作用，有效实现需求侧负荷调整，提高电力设备利用率，降低供电成本，同时也有助于调整系统频率，确保系统的稳定性。

4.4.3 超级电容技术

超级电容技术即超级电容器储能（super capacitor energy storage，SCES），超级电容器又称超大容量电容器、黄金电容等，是当前一种新型储能元件，是靠极化电解液来存储电能的新型电化学装置。超级电容器储能系统储存能量的方式主要是通过多组超级电容器利用电能场的形式储存能量，这样可以在缺少能量时，利用控制单元释放已经存储起来的能量，对补偿系统需要的有功和无功迅速补充，从而使平衡和稳定控制电能的目标得以实现。SCES 根据储存电能机理的不同分为两类：双电层电容器（electric double layer capacitor，EDLC）和赝电容器（electrochemical pseudo capacitor，EPC）。实际上各种超级电容器的电容同时包含双电层电容和赝电容器两个分量，只是所占的比例不同而已。

1897 年，德国人 Helmholtz 首先提出了基于超级电容器的双电层理论。1957 年，美国的 Becker 首先提出了可以将电容器用作储能元件，具有接近于电池的能量密度。1962 年，标准石油公司生产了一种工作电压为 6V、以碳材料作为电极的电容器。稍后，该技术被转让给 NEC 电气公司，该公司从 1979 年开始生产超级电容器，1983 年率先推向市场。20 世纪 80 年代以来，利用金属氧化物或氮化物作为电极活性物质的超级电容器，因其具有双电层电容所不具有的若干优点，现已引起广大科研工作者极大兴趣。

2001 年科技部首次把超级电容器研制纳入“863 重大汽车专项”，继仪器仪表领域应用之后，开启了我国新能源汽车应用和仪器仪表类应用研究并行，跟随美国 Maxwell 和日本、韩国相关技术发展的阶段。在这一阶段中，一批先行的企业如锦容、凯美、奥威、集星、合众汇能、今朝时代、耐普恩、南车/中车新能源等陆续成立，力神和福群等与 Maxwell 建立了 OEM 生产合作，中车四方所与 Maxwell 合作开发混合型超级电容器等，奠定了我国超级电容器行业研发和产业化的基础。经过多年的自主创新，我国的能量型超级电容器处于世界领先水平，双电层电容器的主要技术指标达到 Maxwell 同类产品水平。2010 年开始，国产超级电容器已经陆续开始在新能源客车、风力发电、现代有轨电车、轨道交通储能、智能三表、电力配网设备等领域开始批量应用。伴随超级电容器应用领域的不断拓宽，我国的超级电容器产品的研发、生产和应用都得到了快速发展，技术上紧追美国和韩国，产能规模也逐步达到甚至超过了韩国的水平。2015 年之后，我国超级电容器产业开始了快速发展，在储能式有轨电车、超级电容客车、超级电容路灯等领域都形成了国际首创应用，在轨道交通、风力发电、智能三表、电动船舶、ETC 等领域的应用规模都达到了世界领先。与此同时，随着中国中车、上海电气等骨干国有企业，山东精工、博艾格、浙江斯瑞特一批快速发展企业，以及宇通客车、江海股份、新筑股份、中天科技、思源电气等上市公司纷纷投资或进入超级电容器的研发和制造，经过多年的自主创新，我国超级电容器研发和生产能力上了一个显著的台阶，无论从产品技术水平还是产能规模上都达到国际先进水平。2016 年，中国在世界上成立了第一个超级电容产业联盟，目前已经有 176 个会员单位。至 2020 年，据超级电容产业联盟统计，最近五年中国超级电容器产业的市场增长率超过 35%。其中，部分产品赶上了产业升级换代的好时机，市场增长率甚至超过了 100%。

双电层电容器的基本原理是利用电极和电解质之间形成的界面双电层来存储能量的一种新型电子元件。当电极和电解液接触时，由于库仑力、分子间力或者原子间力的作用，使固液界面出现稳定的、符号相反的两层电荷，称为界面双电层。双电层电容器的储能是通过使电解质溶液进行电化学极化来实现的，并没有产生电化学反应，这种储能过程是可逆的，既可以实现反复充放电，又不会对电容产生干扰。

继双电层电容器后，发展了赝电容器，又称法拉第准电容。法拉第准电容是在电极表面或体相中的二维或准二维空间上，电活性物质进行欠电位沉积，发生高度的化学吸脱附或氧化还原反应，产生与电极充电电位有关的电容。对于法拉第准电容，其储存电荷的过程不仅包括双电层上的存储的过程，而且包括电解液中离子在电极活性物质中由于氧化还原反应而将电荷储存于电极中的过程。

超级电容器是介于传统物理电容器和电池之间的一种较佳的储能元件，其优越性表现为：①功率密度高。超级电容器的内阻很小，而且在电极/溶液界面和电极材料本体内均能实现电荷的快速储存和释放。②充放电循环寿命长。超级电容器在充放电过程中没有发生电化学反应，其循环寿命可达万次以上。③充电时间短，完全充电只需几分钟。④实现高比功率和高比能量输出。⑤储存寿命长。⑥可靠性高。超级电容器工作中没有运动部件，维护工作极少。⑦环境温度对正常使用影响不大。超级电容器正常工作温度范围在–35～75℃。⑧可以任意并联使用，增加电容量；若采取均压后，还可串联使用，提高电压等级。⑨安全性能好且绿色环保。

超级电容器的出现，解决了能源系统的功率密度和能量密度之间的矛盾。历经数十年的发展，其单个电容器耐压大多为 2.5V、2.7V，最新的技术可以达到 3V，电容量为 0.1～6000F，功率密度可达 300～5000W/kg，相当于电池的 5～10 倍。但超级电容器价格较为昂贵，在智能电网中多用于短时间、大功率的负载平滑和电能质量高峰值功率场合，如大功率直流电机的启动支撑、动态电压恢复器等，在电压跌落和瞬态干扰期间提高供电水平。

2009 年，国家电网公司启动了“智能电网”建设计划，超级电容器在智能电网中的应用也日趋增加。在新能源消纳方面，输出功率变化较大的可再生能源在发电并网时，超级电容器能够有效降低电网中的短时间功率扰动。在微电网运行方面，超级电容器能够为“并网运行”和“孤岛运行”两种模式之间的切换提供短时供电，避免供电波动。同时，当微网中存在电梯、高铁站等大负荷站点时，超级电容器的加入可以缓解大启动电流对电网的冲击。在配电网能量调节方面，超级电容器的应用有助于调频、调相和调压，同时，它还参与有功/无功补偿以及谐波补偿。2019 年 8 月，国网江苏电力有限公司组建了电能质量提升专项技术攻关团队，聚焦电压暂降、谐波消除等“卡脖子”难题攻关。通过深入现场调研，分析对比技术路线，提出了集谐波抑制、无功补偿、暂降治理、储能等功能于一体的超级电容微储能技术方案。2021 年 2 月，国网江苏电力有限公司自主研制的变电站超级电容微储能装置投运，可快速功率响应、主动抑制电网谐波、灵活调节无功、提高供电可靠性，助力电网运行更加安全可靠。

随着技术的进步，超级电容器未来将取代当前电动汽车需频繁充电和更换的蓄电池，用于家庭储能的超级电容器也有可能产生。未来，超级电容器将在能源互联网和新能源发展中发挥关键作用。

4.4.4 抽水蓄能

抽水蓄能（pumped hydro energy storage，PHES）也是一种储能方式，目的是平缓电网的峰谷差，利用电网中负荷低谷时的电力，由下水库抽水到上水库蓄能，待电网高峰负荷时，放水回到下水库发电的水电站。

抽水蓄能在国外已经有上百年的历史。20 世纪上半叶抽水蓄能电站发展缓慢，20 世纪 60～80 年代是国外抽水蓄能电站发展最快的时期，西欧各国领导着全世界抽水蓄能电站建设的潮流。发达国家的抽水蓄能占系统总装机的比重一般在 3%～10%之间。20 世纪 80 年代以后，抽水蓄能电站建设的重点开始慢慢转向亚洲。美国与日本是抽水蓄能电站发展最快的两个国家。数据显示，截至 2019 年底，美国共有 43 座抽水蓄能电站，总装机为 21.9GW，预计储能容量为 553GWh，占公用事业规模储存电力容量的 93%。中国抽水蓄能电站建设起步较晚，20 世纪 60～80 年代是我国抽水蓄能技术的探索阶段；20 世纪 80 年代到 21 世纪初，得到进一步的研究论证和规划设计，开始较快发展；2005 年前后至今，开始专业化发展。截至 2020 年底，我国抽水蓄能电站已建 3149 万 kW，在建 5373 万 kW，开发规模居世界首位，考虑电力系统的需求，中长期我国抽水蓄能电站装机规模仍将大幅提升。

抽水蓄能电站可以按照一定容量建造，储存能量的释放时间可以从几小时到几天，综合效率在 70%～85%之间。抽水蓄能电站在投入运行时必须配备上、下游两个水库（上、下池），负荷低谷时段抽水蓄能设备工作在电动机状态，将下游水库的水抽到上游水库保存；负荷高峰时抽水蓄能设备工作于发电机的状态，利用储存在上游水库中的水发电。抽水蓄能电站通过能量转换，将价值低的低谷电能转换为价值高的高峰电能。按水库有无天然径流汇入划分，抽水蓄能电站分为纯抽水、混合抽水和调水式三种方式，建站地点要求水头高、发电库容大、渗漏小、压力输水管道短、距离负荷中心近。抽水蓄能电站工作原理如图 4-66 所示。

抽水蓄能作为坚强智能电网的重要组成部分，是在电力系统中应用最为广泛的一种储能和调峰技术，其主要应用领域包括调峰填谷、调频、调相、紧急事故备用、黑启动和提供系统的备用容量；还可以提高系统中火电站和核电站的运行效率，提高电网的可靠性，保障安全可靠供电；充当电网安全调节器，配合风电、太阳能发电等可再生能源大规模发展，提高电力系统消纳清洁能源的能力，为新能源发展提供支撑。同时可以利用抽水蓄能电站独有的快速反应特性，在智能电网特高压电网的受电端、中间落点，甚至起点建立适当规模的抽水蓄能电站，可以有效防范电网发生故障的风险，提高受端电网的调节能力和整个区域输电线路的利用率，减少输电损失，防止事故扩大和系统崩溃。

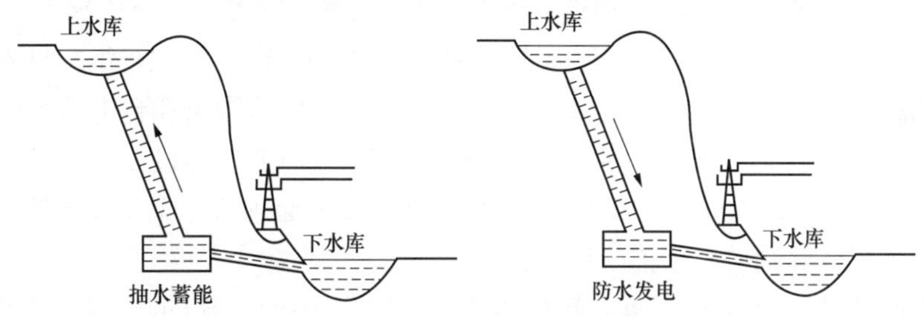

图 4-66　抽水蓄能电站工作原理图

2021 年 9 月，为推进抽水蓄能快速发展，适应新型电力系统建设和大规模高比例新能源发展需要，助力实现碳达峰、碳中和目标，国家能源局发布《抽水蓄能中长期发展规划（2021—2035 年）》（以下简称《规划》）。《规划》指出，当前我国正处于能源绿色低碳转型发展的关键时期，风电、光伏发电等新能源大规模高比例发展，对调节电源的需求更加迫切，构建以新能源为主体的新型电力系统对抽水蓄能发展提出更高要求。2021 年南方电网公司为响应规划积极推动抽水蓄能发展，未来十年将建成投产 2100 万 kW 抽水蓄能，同时开工建设“十六五”投产的 1500 万 kW 抽水蓄能，总投资约 2000 亿元，加上合理规模的新型储能，满足 2030 年南方五省区约 2.5 亿 kW 新能源的接入与消纳。未来 15 年南方五省区，抽水蓄能装机将增长 4.6 倍。国家电网有限公司则出台服务碳达峰碳中和构建新型电力系统加快抽水蓄能开发建设六项重要举措，明确提出要加快抽水蓄能电站建设。国家电网有限公司“十三五”以来累计开工抽水蓄能电站 21 座、装机容量 2853 万 kW，在运在建规模达到 6236 万 kW，提升了新能源消纳能力。国家电网有限将积极推动抽水蓄能电站科学布局、多开多投，加快已开工的 4163 万 kW 抽水蓄能电站建设。力争“十四五”期间在新能源集中开发地区和负荷中心新增开工 2000 万 kW 以上装机、1000 亿元以上投资规模的抽水蓄能电站。到 2025 年，公司经营区抽水蓄能装机超过 5000 万 kW。

抽水蓄能电站是新型电力系统中重要的储能基础设施，在实现“双碳”的战略目标、建设以新能源为主体的新型电力系统中发挥着极为重要的作用。随着能源转型进程持续深化，风电、太阳能发电等新能源更大规模、更高比例接入电网，为实现“双碳”目标，到 2030 年我国风电、太阳能发电总装机容量将达到 12 亿 kW 以上。因此迫切需要提高电网平衡调节能力，确保电力安全稳定可靠供应。抽水蓄能作为快速的电能供应手段，具有超大容量、系统友好、经济可靠、生态环保等优势特点，是目前公认的保障高比例新能源电力系统安全稳定运行的有效途径。因此，我国“十四五”及新型电力系统对抽水蓄能电站的需求将更为强烈，抽水蓄能电站将保持较快发展态势。

4.4.5 冰蓄能技术

冰蓄能技术是在夜间将冷媒（通常为乙二醇的水溶液）制成冰将冷量储存起来，白天用电高峰期融冰，将冰的相变潜热用于供冷的成套技术。简单地说，制冷机在夜间用电低谷制冰，白天用电高峰时，由冰提供冷源，这时制冷机可以停开或少开。

冰蓄能技术发展地较早，旧时的北京，许多富商在冬天将冰放置于地窖存储，夏天拿出来用来冷藏食物，这应该是冰蓄能的早期应用。20 世纪 70 年代中期，由于全球性能源危机，冰蓄能技术开始被引入集中式空调系统。中国于 1995 年成立了全国冰蓄能空调研究中心，20 世纪 90 年代初，中国开始建造水蓄能和冰蓄能空调系统。2010 年，日本通过冰蓄能空调系统实现移峰 742 万 kW。从日本、韩国、美国等较发达国家和台湾地区的发展情况来看，冰蓄冷已经成为中央空调的发展方向。1999 年韩国政府明令超过 200m^2 的建筑，必须采用冰蓄冷空调。日本超过 5000m^2 的建筑物，从设计阶段就必须考虑采用冰蓄冷空调系统。很多国家都采取了资金奖励措施来推广这种技术。

国内冰蓄冷技术近年迅猛发展，截至 2020 年 8 月，中国大陆的冰蓄冷空调参与电力需求响应的工程达到 716 个，不仅采用美国 BAC、FAFCO、MUELLER 和法国 CIAT 的先进蓄冷设备，我国北京西冷、清华同方，浙江华源和浙江国祥等也开发有自己特色的蓄冷设备，在参与需求响应的各项工程中应用较多。最近中科院广州能源研究所研发了拥有多项专利的动态冰蓄冷技术。深圳前海总共计划建设 10 座供冷站，供冷规模达 40 万 t，服务面积 1900 万 m^2，是目前全世界规划建设规模最大的区域供冷系统，该系统供冷最大的特色是以电制冷和冰蓄冷技术为主，据测算，采用这一技术节能量可达 12.2%，每年可节约 1.3 亿 kWh；相当于节约 1.6 万 t 标煤，减少 12.3 万 t CO_2，约等于 5000 亩森林的碳汇能力。

在“双碳”目标提出的大背景下，应用冰蓄能技术来控制建筑物空调行业这个能耗龙头，有着重要的社会效益和经济效益。应用冰蓄能技术可使空调装机容量降低 45%以上，节省机房面积，提高建筑物的使用率。同时，减少制冷剂氟利昂等有害物质的排放。对于电网来说，冰蓄能的好处很多，可以实现削峰填谷，使负荷曲线更加平滑。

冰蓄能空调系统一般由制冷机组、蓄能设备（或蓄水池）、辅助设备及设备之间的连接、调节控制装置等组成，冰蓄冷空调的系统架构图如图 4-67 所示。冰蓄能系统的种类很多，按照是否使用载冷剂可分为直接蒸发制冰和间接蒸发制冰。

（1）直接蒸发制冰。直接蒸发制冰指在蓄能时，制冷剂直接在金属盘管内循环蒸发制冷，吸收水槽中水的热量，在盘管外表内形成冰层；融冰时，温度较高的空调回水直接送入保温水槽，空调冷媒水直接与金属盘管表面的冰层接触，使盘管表面上的冰层自外向内逐渐融化。

（2）间接蒸发制冰。间接蒸发制冰指在制冷循环过程中引入载冷剂传递热量，这样可以提高系统可靠性。

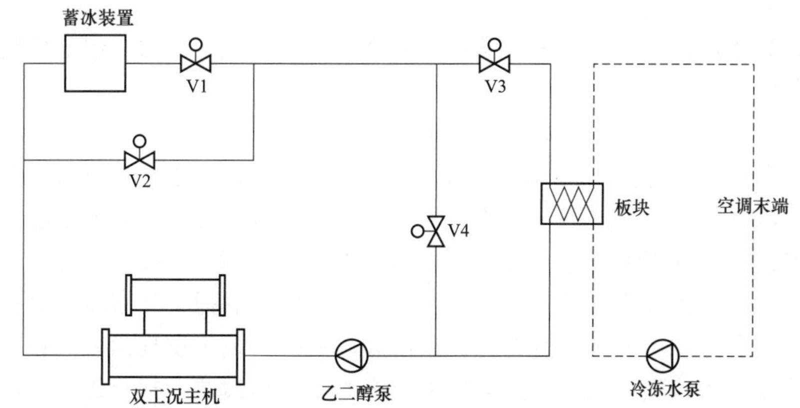

双工况主机运行模式：制冷-V1、V4 关，V2、V3 开启，蓄冰-V2、V3 关，V1、V4 开启

图 4-67　冰蓄冷空调的系统架构图

根据制冰方式的不同，冰蓄能又可以分为静态制冰、动态制冰两大类，此外还有一些特殊的制冰结冰。静态制冰方式中冰本身始终处于相对静止状态，这一类制冰方式包括冰盘管式、封装式等多种具体形式；动态制冰方式在制冰过程中有冰晶、冰浆生成，且处于运动状态。

冰蓄能是智能楼宇的关键技术之一，冰蓄能技术可以使楼宇更加节能和环保，为人们创造舒适、安全、低碳的公共环境，在"双碳"目标背景下具有深远意义。冰蓄能技术能以相对节约的投资和运行成本实现能源互联网移峰填谷的目的，平衡电力供需关系，将电力调峰由生产端改到需求端来执行，保证电网安全稳定运行。冰蓄能技术调峰性能优越，技术经济可行，社会、经济和环境效益良好，具有很大的推广应用价值。

4.4.6　碳捕集和封存技术

碳捕集和封存（carbon capture and sequestration，CCS）是将工业和有关能源产业产生的 CO_2 收集出来，并用各种方法储存以避免其排放到大气中的一种技术。CCS 技术被认为是未来大规模减少温室气体排放，减缓全球变暖最经济、可行的方法。

目前所研究的碳捕集技术主要有吸收分离法、吸附分离法、膜分离法和冷凝法。

（1）吸收分离法。吸收分离法是利用吸收剂对混合气进行洗涤来分离 CO_2 的方法，是使用时间最长、技术最成熟的 CO_2 分离和富集方法，已经在合成氨、制氢、天然气净化和电厂烟道气等工业有广泛的应用。按照吸收剂的不同，吸收分离法可分为物理吸收法和化学吸收法。

（2）吸附分离法。吸附分离法旨在利用固体吸附剂对混合气体中的 CO_2 的选择性可逆吸附作用来分离回收 CO_2，工业上多采用变压吸附法。吸附分离法的优点是分离效果好，吸收剂使用寿命较长，但是缺点是吸收剂使用量较大，设备体积大，只适用于温度较低的情况。

（3）膜分离法。近 20 年来，膜分离技术越来越受到重视，广泛运用于各种工业产品分离中，CO_2 的膜分离法原理是基于混合气体中 CO_2 与其他组分透过膜材料的速度不同而实

现 CO_2 与其他组分的分离，过程推动力是膜材料两侧的压力差。膜分离具有装置简单、投资低、效率高等优点，并且具有在高温高压下分离富集 CO_2 的潜力，但是使用该法很难得到高纯度的 CO_2。

（4）冷凝法。冷凝法是一种利用原料中各种组分相对挥发度的差异的低温分离工艺，通过气体膨胀制冷，在低温下将气体中的各种组分按照工艺要求冷凝下来，然后用精馏法将其中的各类物质按照蒸发温度不同逐一加以分离。冷凝法这种分离方法能在较低的压力下得到液体 CO_2，液体 CO_2 可利用液体泵升压，节省了大量的压缩功。

碳捕集方法目前大体上分作三种：燃烧前捕集、燃烧后捕集和富氧燃烧捕集。国际能源署将碳捕集三种方法的成本进行对比，指出燃烧后捕集技术过程简单，技术可行，但化学吸收剂的成本较为昂贵；燃烧前捕集技术捕集的 CO_2 浓度高，捕集过程比较复杂，捕集成本高；富氧燃烧捕集的技术过程可弥补前两种方法的缺陷，但供氧成本高昂，尚处于示范阶段。

在碳封存方面，CCS 技术封存的方式有海洋封存、矿石封存和地质封存三种。海洋封存经固定管道或移动船只将 CO_2 注入水体中，大量的 CO_2 存在将可能较大地改变海底生态环境和海水性质，破坏海洋生态系统，对海洋生物的生存构成威胁，因此海洋封存的实际可操作性有待提高；另外，矿石封存法需要对矿物作高耗能的增强性预处理，且受到硅酸盐岩石储量的限制，因此应用前景并不乐观；地质封存在地质构造中封存 CO_2，已由传统石油天然气开发商开发出来，并证实了该方法在特定条件下的可行性，目前成为可行性最高的一种方法，但仍存在 CO_2 地下的泄漏问题。

以工业利用为例，从华能北京热电厂已建成的一个 23000t/年捕集 CO_2 实验装置的实验数据来看，要捕集此电厂所产生的 CO_2，需要耗费全厂产生电力的 30%，再加上采用交通或管道运输产生的费用，以及可承受高压的储罐建造费用，投资要从原来的 4000 元/kW 增加到 8000～12000 元/kW，电价成本要增加 20%～30%，这还不包括 CO_2 的液化和释放所产生的费用。可以看出，试图捕集 CO_2 用作工业用途从经济的层面上看是不划算的。另外在捕集过程中，建造捕集装置和更多附加装置、使用更多的动力，将消耗大量资源和材料，也就意味着将产生大量的 CO_2，如果这个产生的 CO_2 值比我们试图封存的 CO_2 的量还要多，将得不偿失。对于其他方式的封存办法，由于生态特性被充分利用，理论上碳封存的费用将大为降低，这就为 CCS 技术在某些领域的应用提供了可能，可以通过不断的技术革新和材料研发来降低碳捕集的成本，另外与石油开采等相关产业结合也将使净成本进一步下降，所以开发低成本的碳捕集技术是当前的研发重点。

近年来，在 CCS 技术的基础上发展出了碳捕集利用与封存技术（carbon capture use and sequestration，CCUS），这种技术在传统的 CCS 的基础上增加了 CO_2 利用这一应用。CO_2 的利用是指通过工程技术手段将捕集的 CO_2 实现资源化利用的过程，根据工程技术手段的不同，可分为 CO_2 地质利用、CO_2 化工利用和 CO_2 生物利用等。其中，CO_2 地质利用是将 CO_2 注入地下，进而实现强化能源生产、促进资源开采的过程，如提高石油、天然气采收率，开采地热、深部咸（卤）水、铀矿等多种类型资源。CCUS 与 CCS 技术相比，可以将 CO_2 资源化，能产生经济效益，更具有现实操作性。

CCS 已受到国际科技和产业界的高度重视，因其与现有能源系统的基础构造一致，且受能源条件限制小。中国首个 CCS 全流程项目于 2010 年 9 月 17 日在内蒙古自治区鄂尔多斯市启动，预计未来可捕集且封存工业排放 CO_2 达 10 万 t/年，这相当于每年新增 4150 亩森林。目前在国内极具代表性的 CCS 示范项目有华能集团的 10 万 t/年碳捕集示范、3000t/年碳捕集试验。2017 年延长石油集团与全球碳捕集与封存研究院合作的“中澳碳捕集利用与封存一体化国际合作示范项目”，将成为中国首个大型碳捕集封存示范项目，该项目也是 2015 年中美联合气候变化声明成果的一部分。据全球碳捕集与封存研究院统计，该项目已实现最终产能目标的 12%，即每年捕集 5 万 t CO_2。中国正在运行的 CCUS 项目有约 95 万 t 的捕集能力。

2021 年 4 月 10 日，第六届国际碳捕集、利用与封存论坛在中国北京举行。中国雄心勃勃的“双碳”任务艰巨，而“碳”成为讨论低碳发展和能源转型的焦点。作为世界上最大的工业国家，中国面临着在未来 40 年内实现脱碳的同时保证经济稳健增长的挑战。作为一项成熟的技术，CCUS 是气候变化解决方案中的重要组成部分。虽然可再生能源将继续在应对气候变化中发挥重要作用，但中国重点排放行业包括燃煤发电、钢铁、水泥和化工的化石燃料消费不可能被轻易取代。CCUS 在帮助重点排放行业达成国家气候变化目标方面可以发挥重要作用。对于实现碳中和的愿景，CCUS 将是不可或缺的“托底技术”。全球碳捕集与封存研究院首席执行官布拉德·佩吉在主题演讲中强调了 CCUS 部署的势头和进展以及 CCUS 在中国的机遇和挑战。随着各方对该技术对实现中国气候目标的作用和意义认识越来越深刻，可以预见，CCUS 将迎来快速的发展。

4.5 网络与信息

网络与信息是能源互联网的神经中枢，也是能源互联网实现互联互通的基础，对提高能源互联网信息网络的安全性、可靠性、便利性具有重要作用。

4.5.1 云计算

云计算（cloud computing）是分布式计算的一种，指的是通过网络“云”将巨大的数据计算处理程序分解成无数个小程序，然后，通过多部服务器组成的系统进行处理和分析这些小程序得到结果并返回给用户。云计算早期，简单地说，就是简单的分布式计算，解决任务分发，并进行计算结果的合并。因而，云计算又称为网格计算。通过这项技术，可以在很短的时间内（几秒钟）完成对数以万计的数据的处理，从而达到强大的网络服务。

云计算这个概念的直接起源来自亚马逊弹性计算云（EC2）产品和 Google-IBM 分布式计算项目，项目中直接使用了云计算的概念。亚马逊的 Amazon Web Services（AWS）于 2006 年推出，以 Web 服务的形式向企业提供 IT 基础设施服务，其主要优势是能够使用较低可变成本来替代前期资本基础设施费用。这些服务提供了大量基于云的全球性产品，其中包括计算、存储、数据库、分析、联网、移动产品、开发人员工具、管理工具、物联网、安全性和企业级应用程序。这些服务可以帮助企业快速发展、降低 IT 成本以及进行扩展。2007 年 10 月初，Google 和 IBM 联合与 6 所大学签署协议，提供在大型分布式计算系统上开发软件的课程和支持服务，帮助学生和研究人员获得开发网络级应用软件的经验，此时云计算作为一个新概念被提了出来。2008 年，微软推出了 Microsoft Azure 服务平台，其主要目标是为开发者提供一个平台，帮助开发可运行在云服务器、数据中心、Web 和 PC 上的应用程序。阿里云创立于 2009 年，是中国的云计算平台，服务范围覆盖全球 200 多个国家和地区。为解决 12306 网站春运期间的购票问题，2014 年阿里云计算与 12306 开展合作，并把 75%的余票查询业务切换到了阿里云上，通过云的弹性和按量付费的计量方式，来支持巨量的查询业务，把架构中比较“重”（高消耗、低周转）的部分放在云上，充分利用云计算弹性；目前高德所有核心业务系统已经全部放在云上，由阿里云提供计算服务。2016 年春运期间，浙江省交通厅还和阿里云组成联合研发小组，用大数据的手段预测拥堵情况，优化人们的出行。工业和信息化部关于印发《云计算发展三年行动计划（2017～2019 年）》的通知，将助推 CDN 牌照及云服务牌照发放。2020 年，新冠疫情下云计算的应用场景迎来爆发，“协作平台”成复工复产一大利器。为及时响应市场需求和政府复工号召，金山云、浪潮等企业针对多应用场景需求，开发出基于云计算的协同工作平台。2020 年，工信部发布《中小企业数字化赋能专项行动方案》鼓励以云计算等新一代信息技术引导中小企业数字化转型。

在云计算模式下，计算工作由位于互联网中的计算资源来完成，用户只需要连入互联网，借助轻量级客户端，例如手机、浏览器，就可以完成各种计算任务，包括程序开发、科学计算、软件使用乃至应用的托管。提供这些计算能力的资源对用户是不可见的，用户无须关心如何部署或维护这些资源，因此这些资源被比喻为“云”。“云”就像是一个发电厂，只是它提供的不是电力，而是计算机的计算、应用和管理能力。

云计算具体的服务形式如下：

（1）基础设施级服务（IaaS）：基础设施级服务指消费者通过互联网可以从完善的计算机基础设施获得服务。这些服务包括虚拟计算，虚拟存储，虚拟网络，虚拟数据库，主机托管等。

（2）平台级服务（PaaS）：平台级服务指云环境中的中间件级服务。平台级服务能将现有各种业务能力进行整合，向下根据业务能力需要测算基础服务能力，通过 IaaS 提供的应用程序编程接口（API）调用硬件资源，向上提供业务调度中心服务，实时监控平台的各种资源，并将这些资源通过 API 开放给 SaaS 用户。

（3）软件级服务（SaaS）：软件级服务是一种通过互联网提供软件的模式，厂商将应用软件统一部署在自己的服务器上，客户可以根据自己实际需求，通过互联网向厂商定购所需的应用软件服务，按定购的服务多少和时间长短向厂商支付费用，并通过互联网获得厂商提供的服务。

电力系统协同云计算技术主要应用场景集中于：①电力云的信息与资源整合：在电力信息化建设系统搭建过程中基于云计算进行建设，系统框架搭建需要全面覆盖电力企业下方的参与经济建设的企业，独立企业以及各个部门等情况，将所有的资源进行综合性汇总，并且需要对汇总的数据进行综合性分析。②电力云的资源调度与管理：在电力系统调度中应用云计算，可以将大量原始资源准确保存在服务器里。云计算平台大量储存数据资源的能力，能有效提高电力系统的调度工作。云计算利用自身较强的分析计算能力，可以在很短的时间进行大量的数据计算，并得到精确的结果，大大提高了电力系统调度的工作效率。

国家电网有限公司将借鉴开源技术，依托国产化和自主化产品和资源，形成以三地（北京、上海、西安）数据中心为核心节点的“三朵云”（企业管理云、公共服务云、生产控制云），共同组成企业级“国网云”，以推动构建能源互联网和新型智慧能源企业建设。2019年，“北京延庆能源互联网绿色云计算中心”项目正式在中关村延庆园启动。该项目是2017年国家能源局批复的“北京延庆能源互联网综合示范区” 项目“源—网—荷”的核心板块之一。2021 年 7 月南方电网公司南网云平台正式投入使用运行。南网云充分融合云计算、大数据、人工智能等先进技术，构建了云、数、智一体的整体信息基础架构。

云计算技术是继互联网普及之后，信息技术领域内又一次重大变革，它将带来技术、生产方式和商业模式的革命性改变。同时云计算也为能源互联网赋能助力，借助其资源整合和共享能力，建立能源互联网云平台，主动支撑“双碳”目标。但随着分布式电源、电动汽车充电、智能设备的广泛应用，用户与电网的交互将随几何级数剧增，也同时给云计算的存储处理能力带来巨大的挑战。

4.5.2　大数据

大数据指无法在一定时间范围内用常规软件工具进行捕捉、管理和处理的数据集合，是需要新处理模式才能具有更强的决策力、洞察发现力和流程优化能力的海量、高增长率和多样化的信息资产。

大数据的出现，首先以信息新技术的发展为先导条件。随着互联网和移动通信飞速发展，信息传输与分享的能力大大提升，信息采集与存储的成本不断降低，传感、计算、网络、存储等领域的诸多技术进步使得大数据成为可能。2003～2004 年间，Google 提出 GFS（Google File System）和 MapReduce 奠定了分布式文件存储系统及分布式计算模型的理论基础。2006 年提出分布式计算和存储框架 Hadoop 项目并不断发展生态，云计算的成熟也为大数据奠定了基础。2013 年 5 月，麦肯锡研究院发布研究报告《颠覆性技术：技术改变生活、商业和全球经济》并未列入大数据技术，其给出的解释是，大数据技术已成为其他技术的基石。2016 年 3 月 17 日，国家“十三五”规划纲要发布，明确指出大数据发展相关事宜。2019 年，美国白宫管理和预算办公室（OMB）发布《联合数据战略 2020 行动计划》以政府数据治理为主要视角，部署了大数据发展关键行动。2020 年，数据正式成为生产要素，战略性地位进一步提升，4 月 9 日，中共中央、国务院发布《关于建构完善的要素市场化配置体制的意见》，将“数据”与“土地、劳动力、资本、技术”并称为五种要素，提出“加快培育数字要素市场”。

大数据技术的典型架构可以细分为 6 个部分，包括数据源、数据管理、数据服务、业务应用、运维管理和大数据安全。架构中的大数据安全模块包含了通信网络安全、物理安全、虚拟环境安全以及统一认证授权管理服务、大数据安全服务应用。大数据技术通过这些子功能确保了系统的安全性和有效性，并对电网规划、电网建设以及电网服务等方面提供可靠依据。

大数据关键技术包含：①大数据分析技术：大数据分析需要强大运算能力和技术设计，云计算的出现使得海量数据并行运算成为可能，各类分析算法的创新发展更是信息提炼与知识发现的关键技术。以信息提炼为驱动的大数据分析方法偏重于决策辅助、业务洞察等应用场景。以知识发现为驱动的大数据分析方法偏重于挖掘对象与对象之间的隐式关系与潜在联系。②大数据处理技术：大数据处理技术主要包括分布式计算技术、内存计算技术和流式计算技术。分布式计算技术适用于大范围数据统计或交易出清时间。内存式计算技术适用于高速结算以及其他在线实时计算需求，流式计算技术应用于各类交易场景中申报数据的计算请求。③大数据整合技术：新一代电力交易平台采用“云平台＋微服务”的技术架构，构建用户、出清、结算等六大能力中心，基于能力中心沉淀通用共性业务能力，通过微应用实现业务功能积木式搭建，提高规则变化的响应速度，依托底层技术微服务解决云平台管理效率和迭代控制等问题。

基于电力大数据主要的应用场景：

（1）市场主体用户画像分析：基于电力交易大数据的市场主体用户画像分析是建立在深度分析交易中心、发电企业、电力用户和售电公司等各类市场主体海量行为数据基础上，以市场主体为对象，通过对市场主体的规模类型、交易品种偏好、成交电量分布以及报价策略等交易行为数据进行信息挖掘，分析不同市场主体行为差异特征，分析潜在市场需求，调整营销策略。

（2）电力市场主体征信评估与分析：基于大数据技术对这些海量信息进行挖掘及分析，为开展专业化的电力市场信用信息挖掘分析提供了基础，使得“互联网＋大数据”模式下的电力市场主体信用评价成为可能，为应对新形势下电力市场多重信用风险问题，防范电力市场主体信用风险，以及建立相应的信用风险防范机制提供了重要支撑。

（3）基于大数据的多能流市场化交易应用：多能互补与多网耦合是能源互联网发展的新用能模式，开展多能流交易主要是利用大数据等技术进行能量信息实时监测、数据分析和优化处理，对各种能源交易提供数据支撑，实现“源—网—荷—储”资源的各环节高度协调，生产和消费双向互动。在此环境下，大数据的应用更加注重“源—网—荷”三者之间信息流动的双向性，即通过对电源出力波动、电网输送能力、负荷调节范围和实时电价等信息的大数据分析，制定出最佳的交易调度方案，从而实现系统电力电量平衡。

（4）基于大数据的电网检测及维护：通过大数据分析电网负载的历史数据和实时数据，展示全网实时负载状态，可以预测电网负载变化趋势，并通过综合性的管理，使得电网运行更加经济和高效。通过大数据分析电网中故障设备的故障类型、历史状态和运行参数之间的相关性，预测电网故障发生的规律，评估电网运行风险，可以实现实时预警。

2021 年国网西北分部研发建设的国内首个区域级电网“碳迹”智能分析决策平台正式上线运行，借助大数据技术，实现了西北区域电网碳排放“有迹可循”、碳中和“心中有数”，为减碳排路径精准“导航”。2021 年 7 月底，南方电网广西电网公司数字电网运营监控平台已接入 275 项在线系统数据，实现 12 个专业领域全覆盖。该平台还充分运用 12 个专业领域的大数据信息，进行多维度、全方位的设备维护、客户服务、应急保电等工作在线分析。

未来大数据技术将贯穿电力产业的各个环节，是打造新型电力系统过程中应对能源变革、环保压力等问题，实现可持续性发展的关键。大能源互联网背景下的电力市场是“能源流、信息流、业务流”高度融合的集中体现。引入大数据技术推动市场建设运营数字化转型升级是实现能源产业与互联网技术、商业模式协同的重要途径，也是拓展市场配置资源外延、促进数据内容向新型生产资料演化的有效手段。同时，开发挖掘具有多样性的大数据，有助于推动大数据在实现碳中和目标下所有场景中的应用。引入大数据技术对于推动能源生产和交互的转变和可持续发展具有重要意义。大数据技术将成为能源互联网建设的重要技术支撑，在电力系统智能调度领域具有广阔的应用前景。

4.5.3　物联网

物联网（IoT）即“物物相连的互联网”，物联网的核心和基础仍然是互联网，是在互联网基础上的延伸和扩展的网络；物联网的用户端延伸和扩展到了任何物品与物品之间，进行信息交换和通信。

物联网是通过射频识别电子标签（radio frequency identification，RFID）、红外感应器、全球定位系统、激光扫描器等信息传感设备，按照约定的协议，将任何物品与互联网相连接，进行信息交换和通信，以实现智能化识别、定位、跟踪、监控和管理的一种网络。

物联网概念起源于比尔·盖茨 1995 年《未来之路》一书，只是当时受限于无线网络、硬件及传感设备的发展状况，这个概念并未引起重视。随着技术的不断进步，ITU-T 于 2005 年正式提出物联网概念。在奥巴马对 IBM 提出的“智慧地球”做出积极响应后，物联网再次引起广泛关注。2015 年美国宣布投入 1.6 亿美元推动智慧城市计划，将物联网应用试验平台的建设作为首要任务。美国能源部组建“智能制造创新机构”，投入多达 7000 万美元推动先进传感器、控制器、平台和制造建模技术的研发。欧盟在 2015 年成立了横跨欧盟及产业界的物联网创新联盟（AIOTI），并投入 5000 万欧元，通过咨询委员会和推进委员会统领新的“四横七纵”体系架构，推进欧盟物联网整体跨越式创新发展。2015 年起，韩国未来科学创造部和产业通商资源部投资 370 亿韩元用于物联网核心技术以及 MEMS 传感器芯片、宽带传感设备的研发。2017 年 1 月，工信部发布《信息通信行业发展规划物联网分册（2016～2020 年）》，明确指出我国物联网加速进入“跨界融合、集成创新和规模化发展”的新阶段，并对各项指标制定了目标。从完成情况看，截至 2020 年底，中国物联网产业规模已突破 2.4 万亿元，相关专利累计申请数量突破万件，基本形成覆盖智能感知、信息传输处理、应用服务的完整产业链。截至 2020 年底，中国移动物联网连接数达到 8.73 亿，中国电信为 2.37 亿，中国联通为 2.4 亿，总连接数达到 13.5 亿。

物联网一般分为三个层次：感知层、网络层和应用层。感知层用来感知数据，包括数据接入到网关之前的传感器网络；网络层具有数据传输、信息存储、网络管理等功能；应用层用来分析处理感知数据，为用户提供特定服务。

通用的物联网组网模型如图 4-68 所示，各种感知与通信技术如传感器、条形码、二维码、智能卡等，通过网关设备接到高速数据网络，之后再接入互联网，实现人类社会与物理系统的整合，从而达到对物品进行跟踪、监控等智能化管理的目的。

当前物联网应用于电网的各个环节。①发电环节：对常规能源发电的机组的运行情况、设备之间的互动以及各种参数指标实行实时监控，对风力、太阳能发电进行电机组的稳态特性和动态特性进行稳定性分析预测。②输送环节：运用物联网在每个节点上的监控能力，对整个输送线路上的导线温度、线路电容、绝缘子污秽以及线路风震进行全程监测，并做出评估和诊断。③变电环节：将物联网应用到能源互联网后，可以通过物联网中的传感器对重要变电设备进行检测，并将数据传送到管理终端，实现对整个变电站的实时检修，对周围的安全进行防护。④配电环节：物联网可靠传递特性能够实现配电网络中的配电现场作业、配电网络设备以及运行状态信息的有效传递并进行安全防护。⑤用电环节：物联网技术与门禁系统、防盗防火系统以及有情境控制的结合，实现了电网与用户的双向互动。

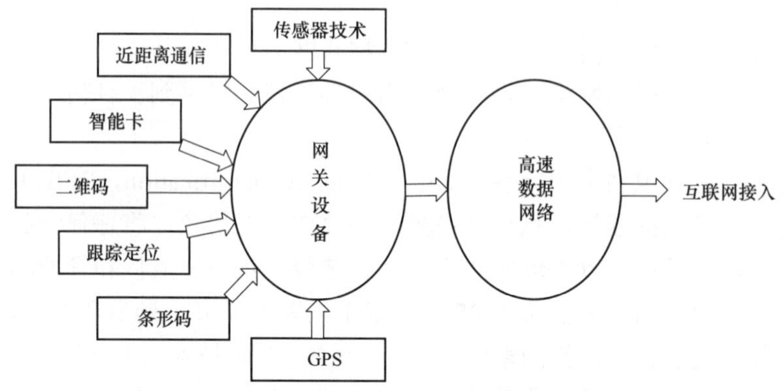

图 4-68　物联网的通用组网模型

2018 年，江苏扬州市“智慧能源”项目中利用物联网监测全市 3000 万吨标准煤以上的重点耗能企业的能耗。监测的内容包括企业的用电量、用气（天然气）量、蒸汽消耗以及燃煤的使用量。2021 年，新疆吉昌供电变电站运用“物联网＋机器人”的管理巡检模式，在线智能巡视、表计数字化远传、一键顺控等方面“表现”更加良好。在线智能巡视方面，昌吉智慧变电站以智能巡检机器人为主，辅助配套部分可见光加红外热成像云台摄像机等设备用于完善巡视覆盖范围，实现了变电站内主要一、二次设备的自动巡检功能。

物联网在日常生活中用途广泛，遍及交通运输、环境保护、公共安全、平安家居、智能消防、老人护理、个人健康、花卉栽培、食品溯源等多个领域。物联网在各行各业中有更加广泛的应用，人们把传感器嵌入到电网、铁路、桥梁、隧道、公路、建筑、供水、大坝、油气管道等各种系统中，能够实现对人员、资产、设备和业务流程的有效管理和实时监控，以提高资源利用率、生产力水平和服务质量。物联网的建设以大量丰富的传感终端作为神经末梢，以强大可靠的通信网络作为强壮的身体，以智能处理、控制技术作为发达的大脑。物联网和能源互联网之间协同和互动，形成一个更为智能的能源生产、能量共享的网络体系。

4.5.4　移动互联网

移动互联网就是移动通信与互联网的结合，移动用户可以借助移动终端（手机、PDA、平板电脑）访问互联网，相当于互联网的延伸，使人们从静止的信息交互变为动态的信息交互，原有的各种互联网应用通过移动的方式得到了极大的丰富。

当前，移动互联网基础设施建设红利向农村快速释放、延伸，随着国家扶贫攻坚战的全面展开，移动互联网在精准扶贫中将会起到至关重要的作用。截至 2019 年底，我国行政村通 4G 网络比例超过 99%。移动互联网在贫困地区的建设普及加速了电商扶贫进程。

2019 年，我国电子商务进农村综合示范对 832 个国家级贫困县实现了全覆盖。短视频及直播带货等社交电商逐渐成为推动贫困地区农产品上行的加速器。

移动互联网带动智慧产业发展，促进基本公共服务均等化。移动互联网在民生领域的普及和应用，把“人与公共服务”通过数字化的方式全面连接起来，通过政务微博、政务微信、政务 App 等载体形式，到达公共服务的“最后一公里”，有利于大幅提升社会整体服务效率和水平。

我国在移动互联网基础设施不断完善的前提下，5G 网络建设及其应用拓展将成为其他产业的重要牵引，与实体经济快速融合发展，一系列基于 5G 技术项目的落地，实现了 5G 技术在个人消费市场和垂直行业领域的应用，能够极大地提升医疗、金融、生活、房产、交通、教育、农业等领域的生产效率，创造出新的生产方式。

移动互联网不断发展，逐渐进入大规模建设阶段。目前，世界各国都在建设自己的移动互联网，各个国家由于国情、文化的不同，在移动互联网业务的发展上也各有千秋，呈现出不同的特点。日本和韩国的移动运营商采取了较好的商业模式，用户的兴趣已经从图片和音乐下载逐渐向具备 Web2.0 特征、体现移动和固定互联网融合的业务转移。中国的移动互联网也在积极不断地发展，联想集团已正式发布联想移动互联网战略，并推出了其第一代移动互联网终端产品，包括在 PC 和移动互联网终端之间具有过渡意义的双模笔记本电脑，以及智能手机和智能本，这两类新型的移动互联网终端设备都是传统 PC 向移动互联网终端设备的延伸，具有尺寸小、更轻更薄、易于携带的特点，为用户带来精彩的移动互联网体验。中国移动互联网运营商业务管道化，流量业务成为运营商营收主引擎。运营商依托 5G 新力量，积极构建新的商业模式，包括向个人、家庭提供定制的不同速率移动网络，同时可为重要行业用户提供专属网络切片。

相关的政策不断完善助力移动互联网优化升级：

（1）内容生态治理不断强化，移动网络空间更加清朗。《网络短视频内容审核标准细则》《网络音视频信息服务管理规定》《网络信息内容生态治理规定》等管理部门相关文件密集出台，有力强化了移动空间内容管理。

（2）2019 年，中央网信办等四部门全年开展“App 违法违规收集使用个人信息专项治理”。《儿童个人信息网络保护规定》《App 违法违规收集使用个人信息行为认定方法》年内正式发布。个人信息保护法制化加速，成为移动空间治理一大重点。

随着三网融合的推进以及 IPv6 技术的逐步普及，移动互联网呈现出以下发展趋势：

（1）移动消费爆发式增长，新模式新业态孕育成长。新冠肺炎疫情在某种程度上“重塑”了人们的消费习惯，更多消费场景由线下转至线上，推动形成服务消费新业态。

（2）5G 全面商用促进产业数字化转型升级。工业互联网建设将驶入“快车道”，智慧交通将加速落地。医疗健康、媒体娱乐正在成为 5G 应用的先导性领域。

（3）5G 加速推进数字政府、智慧城市与数字乡村建设。5G 快速、广泛、精准地连接人与人、人与物、物与物，形成更加完备的立体化的城市治理体系，推动数字政府和智慧城市建设。

（4）移动互联网数据要素价值进一步凸显。在国家加快培育数据要素市场政策驱动下，建立统一的数据标准规范，构建多领域数据开发利用场景，全面提升数据要素价值，将成为移动互联网发展的重点方向。

移动互联网在电力系统中的主要应用场景见表 4-3。

表 4-3　　移动互联网在电力系统中的主要应用场景

<table>
<tr><th>领域
应用</th><th>发电</th><th>输电</th><th>变电</th><th>配电</th><th>用电</th><th>调度</th></tr>
<tr><td>1</td><td colspan="6">电力信息化（包括移动办公）</td></tr>
<tr><td>2</td><td colspan="6">电网视频监控</td></tr>
<tr><td>3</td><td colspan="6">应急（抢险）通信</td></tr>
<tr><td>4</td><td colspan="5">移动现场作业（例如巡检等）</td><td rowspan="5">—</td></tr>
<tr><td>5</td><td colspan="4">设备在线监控</td><td rowspan="2">用电信息采集</td></tr>
<tr><td>6</td><td colspan="4">电网防灾减灾</td></tr>
<tr><td>7</td><td></td><td>输电线路
在线监测</td><td>变电站自动化</td><td>配电自动化
系统</td><td>电费缴纳</td></tr>
<tr><td>8</td><td></td><td>输电线路巡检</td><td></td><td>分布式母线
保护</td><td>智能化用电</td></tr>
</table>

对于能源互联网来说，移动互联网提供了重要的网络支撑；反过来，能源互联网的建设也势必促进移动互联网与行业应用的深度融合发展。为了实现电力企业在移动互联网时代下的可持续发展，电力企业需要充分围绕移动互联网下的市场特点和用户需求，积极进行营销服务的创新，不断丰富营销服务功能，拓展营销服务的新阵地和新途径。

4.5.5　人工智能

人工智能（artificial intelligence，AI）是研究、开发用于模拟、延伸和扩展人的智能的理论、方法、技术及应用系统的一门新的技术科学。它是计算机科学的一个分支，企图了解智能的实质，并生产出一种新的能以人类智能相似的方式做出反应的智能机器，该领域的研究包括知识表示、自动推理和搜索方法、机器学习和知识获取、知识处理系统、自然语言理解、计算机视觉、智能机器人、自动程序设计和专家系统等。人工智能是一门极富挑战性的科学，涉及计算机、信息论、控制论、自动化、仿生学、生物学、心理学、数理逻辑、语言学、医学和哲学等多门学科。总的说来，人工智能研究的一个主要目标是使机器能够胜任一些通常需要人类智能才能完成的复杂工作。

当今的 AI 技术，已经在人脸识别、语音识别、智能助理、自动驾驶、自然语言翻译、医学诊断、棋类竞赛等方面取得了极大的进步，深刻地影响着社会生产、生活的方方面面。在此背景下，2017 年 7 月，国务院发布了《新一代人工智能发展规划》（国发〔2017〕35 号），将人工智能上升到了国家战略高度，描绘了中国人工智能发展的新蓝图。

AI 已成为一个多学科交叉技术领域，有其自身复杂的内在体系和广泛的应用场景。如图 4-69 所示，从基础学科、基本理论、关键技术、分类应用的角度对 AI 的主要技术脉络进行了梳理。

图 4-69　人工智能关键技术

人工智能的发展为能源互联网的创新业务注入了新的动能。智能化核心需求在于用机器智能代替人工，获得高效、可靠、及时、低成本的优势。这些需求体现在各个环节，根据 AI 技术的适用条件判断，可以获得人工智能技术在能源互联网中的应用场景，对一些典型需求和应用场景的主要梳理见表 4-4。

表 4-4　　能源互联网中人工智能技术应用场景

环节	需求	AI 应用场景
发电	集约化发展、推动清洁能源和可再生能源开发、强化网厂协调	风光预测、设备故障诊断、构建设备分布图评估其运行状况和风险、水电站群发电优化调度等
输电	发展特高压直流电网、发展柔性交直流输电、提高输电线路可靠性、实现全生命周期科学管理	故障诊断、自动巡检、视频监控、继电保护等
变电	发展高可靠、智能、环保、集成、紧凑、减少占地面积的智能变电站	智能告警、变压器故障诊断、远距离巡逻电力线、跟踪识别电力运行状态并分析设备性能、视频监控、智能控制等
配电	建成灵活高效的配电网络、实现智能化控制、提高供电可靠性和电能质量	设备故障诊断隔离、智能化的配电规划和运维、AI 视频监控、故障恢复控制、网络重构等
用电	推广应用智能电能表，构建以需求响应为代表的智能化双向互动体系	智能终端、负荷预测、自动需求响应、创建语言资源数据库和电网知识库、创建智能交互系统、智能机器人与用户交互、基于数据挖掘的电力营销、分时定价优化、个性化服务等
调度	优化特大电网的安全经济运行；提升大规模可再生能源消纳能力；支撑电力市场化改革；提升网络安全水平；融合最新的 IT 技术成果	创建能源互联网调度系统、自动确定系统不稳定机理并提出稳定状态调整计划、排除网络故障、数值天气预报、最优潮流计算、安全评估、监控风险和预警、电力市场形式分析、智能驾驶舱、态势感知等

可以看到，AI 技术在能源互联网各环节的规划、预测、辅助决策、智能控制、视频监

控、巡检、故障诊断等应用方面普遍具有重要参考价值。这些问题中，一方面有些应用本身并不要求最优解（例如部分预测类、辅助决策类应用），或者目前尚未能很好地解决（例如部分故障诊断类、视频监控类应用）；另一方面这些应用已经长期积累了大量数据，为AI应用提供了大量训练样本。更重要的是AI技术为这些问题的解决提供了传统解析方法之外的新思路，既填补了部分空白，又可以相互验证。

随着AI技术的突破，很多技术成果亟待在能源互联网建设中深入研究、改造和应用。例如大数据平台和数据挖掘早已引起电力系统的普遍重视；机器视觉与能源互联网各环节中普遍部署的视频监控系统的结合，对于能源互联网视频信息和数据信息的对接和联动控制具有重要意义；深度学习类技术对于能源互联网中态势感知、信息物理融合系统等的研究和应用具有重要的参考价值；认知计算、自主计算等自学习、自管理技术远期有望赋予电网更高级别的智能。

近年来，国家大力推进人工智能技术的研究和应用，在负荷预测、风光发电预测、电力系统稳定性分析、用电特性分析、故障类型识别、需求响应-用能管理、微电网中储能控制、无人机巡检，网络攻击识别等方面取得长足进步。负责广东佛山110kV及以上电压等级输电线路运维的“佛电空军”青年创客团队就是其中的典型代表。截至2021年，广东、海南、新疆、浙江等多省份的电网已将无人机、智能巡检机器人投入到电力巡检领域，电力巡检无人机和巡检机器人能够很好地代替人力进行全方位、全自主智能巡检和监控，有效降低劳动强度、降低运维成本、推进电厂设备和运行巡检无（少）人值守的进程、保证了巡检的效率及安全性、提高正常巡检作业和管理的自动化和智能化水平。2021年9月，国网吉林省电力有限公司完成省级人工智能平台和统一视频平台集成工作，未来将进一步打造覆盖安监、设备、营销、基建的智能分析应用场景，推进人工智能技术应用。

4.5.6 区块链

区块链是分布式数据存储、点对点传输、共识机制、加密算法等计算机技术的新型应用模式。狭义来讲，区块链是一种按照时间顺序将数据区块以顺序相连的方式组合成的一种链式数据结构，也是以密码学方式保证的不可篡改和不可伪造的分布式账本；广义来讲，区块链技术是利用块链式数据结构来验证与存储数据、利用分布式节点共识算法来生成和更新数据、利用密码学的方式保证数据传输和访问的安全、利用由自动化脚本代码组成的智能合约来编程和操作数据的一种全新的分布式基础架构与计算方式。

2008年，中本聪第一次提出了区块链的概念。随后的几年中，区块链成为电子货币比特币的核心组成部分：所有交易的公共账簿。通过利用点对点网络和分布式时间戳服务器，区块链数据库能够进行自主管理。为比特币而发明的区块链使它成为第一个解决重复消费问题的数字货币。比特币的设计已经成为其他应用程序的灵感来源。1991年，由Stuart Haber和W. Scott Stornetta第一次提出关于区块的加密保护链产品，随后分别由Ross J. Anderson与Bruce Schneier和John Kelsey分别在1996年和1998年发表。与此同时，Nick Szabo在1998年进行了电子货币分散化的机制研究，称此为比特金。2000年，Stefan Konst发表了加密保护链的统一理论，并提出了一整套实施方案。在2014年8月，比特币的区块链文件大小达到了20GB。2016年7月，IBM在新加坡开设了区块链创新研究中心。2016年12

月，中国 FinTech 数字货币联盟及 FinTech 研究院正式筹建。2018 年 7 月，创建“数字合作高级别小组”，明确将区块链技术列入议程。2019 年 6 月 18 日下午 5 时，Facebook 发布加密货币天秤币（Libra），目标是每秒 1000 笔交易。2019 年 10 月 24 日，中共中央政治局就区块链技术发展现状和趋势进行了第十八次集体学习。中共中央总书记习近平在主持学习时强调，区块链技术的集成应用在新的技术革新和产业变革中起着重要作用。要把区块链作为核心技术自主创新的重要突破口，明确主攻方向，加大投入力度，着力攻克一批关键核心技术，加快推动区块链技术和产业创新发展。自此区块链技术作为新一代信息技术，已经上升为中国的国家战略。

一般说来，区块链系统由数据层、网络层、共识层、激励层、合约层和应用层组成，如图 4-70 所示。其中，数据层封装了底层数据区块以及相关的数据加密和时间戳等基础数据和基本算法；网络层则包括分布式组网机制、数据传播机制和数据验证机制等；共识层主要封装网络节点的各类共识算法；激励层将经济因素集成到区块链技术体系中来，主要包括经济激励的发行机制和分配机制等；合约层主要封装各类脚本代码、算法机制和智能合约，是区块链可编程特性的基础；应用层则封装了区块链的各种应用场景和案例。该模型中，基于时间戳的链式区块结构、分布式节点的共识机制、基于共识算力的经济激励和灵活可编程的智能合约是区块链技术最具代表性的创新点。

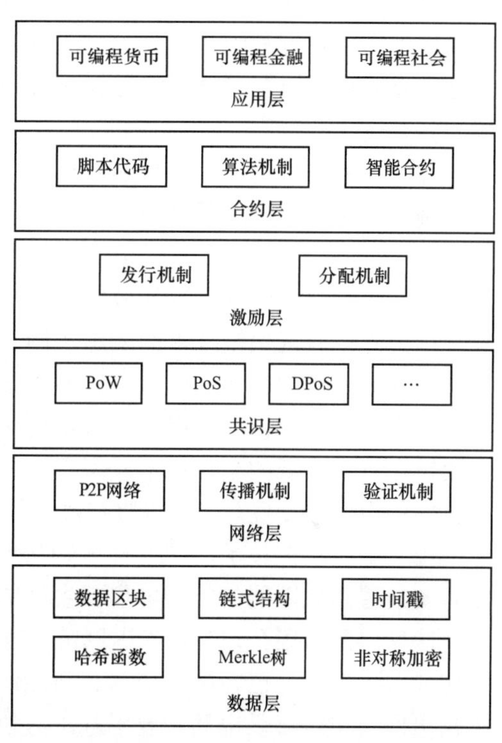

图 4-70　区块链基础架构模型

区块链作为一种综合性技术，其技术组成按照重要程度可分为核心技术，扩展技术，配套技术三类。核心技术：其指一个完整的区块链系统必须包含的技术，包括密码算法。对等式网络、共识机制、智能合约、数据存储；扩展技术指进一步扩展区块链服务能力的相关技术，包括可拓展性、互操作性、协同治理、安全隐私；配套技术指提升区块链系统安全性、优化使用体验等相关技术、包括系统安全、运维部署、基础设施。

随着区块链技术的不断发展，其核心技术在各个领域得到应用。在面向货币的应用场景中，数字货币三强局势初具雏形。全球数字货币出现加速发展趋势。目前逐渐形成美国企业 Facebook 主导的 Libra，中国人民银行牵头的 DC/EP（Digital Currency Electronic Payment），瑞士、法国等欧洲各国央行推动的 CBDC 的三强格局。在面向医疗的应用场景中，沃尔玛在 2016 年 12 月 14 日申请的专利，被美国专利商标局（USPTO）授予批准。该专利旨在将患者的医疗记录存储在区块链数据库中。在紧急情况下，医院有权获取其信息。沃尔玛专利申请书上显示，他们将这套区块链数据库系统称为“从可穿戴设备上获得存储在区块链上的患者病历信息”。

当前区块链在电网的应用集中于智能用电平台、电力交易结算、涉密身份验证等。

（1）智能用电平台：通过区块链技术的加入，它的去中心化分布式节点特性可允许能源互联网云平台将分布式智能负荷参与电网调度互动并对小容量分散型可再生新能源提供差异化的服务模式。通过路径划分来明确电力交易中的关键因素，利用智能合约和“可编程货币”来实现电力交易的自动化和全网电力资源的统筹调配和调度智能化。通过分布式记账形成负荷用电和电能供应商之间的可追溯的不可篡改的操作记录。

（2）电力交易结算：基于区块链技术的不可篡改，分布式记录等特征的智能合约机制为电力交易结算提供了一种新型的解决方案。在区块链交易的平台下，弱中心化的交易中心只需电力出让方和受让方提供电能转让计划并提供交易平台，可对交易账户和合约内容进行审查并进行阻塞管理，但无权对合约进行修改，大大限制了交易中心在交易流程中的权力。

（3）涉密身份验证：电网的信息通信业务系统中承载着大量的敏感业务信息和用户数据，一旦遭到恶意篡改后果不堪设想，若能将区块链技术引入电网的信息通信网系统中，利用区块链的分布式记账不易篡改的特性来构建能源互联网的身份认证系统，将大大提升电网业务流的身份信任认证的效率。

国内外都有区块链技术的应用实例。作为 2017 年最热的词汇之一，区块链在能源行业尤其是新能源电力行业的应用已有若干案例。高盛发布的《区块链：从理论走向实践》研究报告指出，美国正在使用区块链重新构筑分布式智能电网。高盛预测，在 2 年内将见到区块链在不同领域的早期技术原型，2～5 年后见到有限度的市场应用，5～10 年内会有更大范围的市场接受度。在纽约的布鲁克林，一家名为 TransActive Grid 的创业企业已经建立了一个基于区块链技术的 P2P 能源销售网络，安装了屋顶太阳能的家庭可以向同一条街上没有安装屋顶太阳能的邻居出售其生产的电力。

国家电网有限公司建成“国网链”，探索“区块链＋能源、金融、政务”等面向社会多领域的服务模式，已在电力交易、新能源云、安全监管、电力保险等 25 个领域落地应用。广州电网公司珠海供电局开展了基于区块链技术的绿证交易平台试点示范。南方电网电动汽车公司于 2020 年 1 月 31 日开出全国首份充电电费区块链电子发票。

在“双碳”背景下，区块链赋能电力系统，打造新型电力系统。“区块链＋电力生产交易系统”中，实现发电量等关键信息实时互联，合理配置资源；在市场主体各交易环节中部署智能合约，简化交易，保证交易安全和履约。“区块链＋微电网”中，主电网中的电力调配主体通过智能电能表所传输的数据实时管理。微电网的点对点交易中，区块链可根据市场以及政策的变化对需求和性能灵活调整。为电网中的发电主体和用电主体通过智能电能表将电力数据传至链上，根据预设规则通过智能履约交易结算。

4.5.7 信息物理系统

信息物理系统（CPS）是在环境感知的基础上，深度融合计算、通信和控制能力的可控可信可扩展的网络化物理设备系统，它通过计算进程和物理进程相互影响的反馈循环实现深度融合和实时交互来增加或扩展新的功能，以安全、可靠、高效和实时的方式检测或者控制一个物理实体。CPS 通过集成先进的感知、计算、通信、控制等信息技术和自动控制技术，构建了物理空间与信息空间中人、机、物、环境、信息等要素相互映射、适时交互、高效协同的复杂系统，实现系统内资源配置和运行的按需响应、快速迭代、动态优化。

CPS 最早在 2006 年美国政府发布的《美国竞争力计划》中提出，同年 10 月，美国国家自然科学基金会（NSF）将 CPS 列为美国未来八大关键信息技术的首位。2010 年，美国总统科技顾问委员会明确将其列为美国政府应当优先关注的技术之一。2011 年 11 月公布的德国《高技术战略 2020》中的一项重要战略是“工业 4.0”，其中核心之一是通过 CPS 开创新的制造方式，实现“智能工厂”。韩国和日本在近几年也设立了 CPS 研究项目。中国在 2008 年召开的 IEEE 嵌入式研讨会将信息物理系统的研究列为发展的重点。2012 年中国启动了“面向 CPS 的系统平台”的主题项目，并列入“863”项目之中。2014 年 10 月，中德政府协商发表的《中德合作行动纲要》中宣布，两国将开展“工业 4.0”的合作，其核心是构建 CPS。自 2015 年起，国家进一步推动 CPS 发展，先后出台《中国制造 2025》和《国务院关于深化制造业与互联网融合发展的指导意见》，将 CPS 作为两化融合发展基础支撑的重要组成部分。2017 年，工业和信息化部、国家标准化管理委员会联合发布《信息物理系统白皮书 2017》，明确了信息物理系统的定义和 CPS 工程建设路径。欧盟毕加索项目重点探讨欧美双边合作的可能性，2018 年发布《欧盟-美国 IoT/CPS 合作前景分析报告》分别从技术、政治、法律、社会发展等视角下分析未来欧盟和美国在 CPS 相关领域合作的机遇和挑战。

CPS 的架构主要可以分为五个层级：智能感知层（smart connection level）、数据信息转换层（data-to-information conversion level）、网络层（cyber level）、认知层（cognition level）、配置层（configuration level），简称“5C 架构”。5C 架构可以为实际应用时的 CPS 系统设计提供框架和参考。

（1）智能感知层：负责数据的采集与信息的传输。一种可能的形式是通过简单地分析，提取出目标的特征，并将其传输至下一级计算能力更强的计算平台。这么做的好处在于，避免了大量原始数据的传输，降低传输成本，同时最大隐匿知识产权信息，减少风险。

（2）数据信息转换层：在收集到智能感知层传递的信息后，数据信息转换层可以利用机器学习、统计建模等方法，对其进行预测性分析来将其转化为用户可执行的信息，如故障检测、故障分类、与故障预测等。

（3）网络层：5C 架构的核心。网络层通过将大量同类设备的信息进行整合、归类，分析，对设备的运行提供更为准确的建模和预测，大幅提升对只有少量历史数据的同类设备建模速度，并可能发现单一设备中隐藏的问题。

（4）认知层：结合数据信息转换层与网络层的信息，将其转化为用户所需要的信息，如设备性能表现，潜在故障等。

（5）配置层：用户或控制系统根据认知层提供的信息，通过配置层对设备的运行进行干预，实现网络对实体的反馈。

对 CPS 技术体系中各种技术归纳总结，可以分为四大核心技术要素即“一硬”（感知和自动控制）、“一软”（工业软件）、“一网”（工业网络）、“一平台”。其中感知和自动控制是 CPS 实现的硬件支撑；工业软件固化了 CPS 计算和数据流程的规则，是 CPS 的核心；

工业网络是互联互通和数据传输的网络载体；工业云和智能服务平台是 CPS 数据汇聚和支撑上层解决方案的基础，对外提供资源管控和能力服务。感知和自动控制：主要包括智能感知技术和虚实融合控制技术。工业软件：主要包括嵌入式软件技术和基于模型的定义（model based definition，MBD）技术等。工业网络：主要包括现场总线技术、工业以太网技术、无线技术等。工业云和智能服务平台：包括边缘计算技术、雾计算技术、大数据分析技术等。电网是典型的信息物理融合系统研究对象。电网 CPS 旨在充分反映电网运行的物理过程和信息过程，体现两者融合机理和相互作用机制，以期通过更高级的控制方式提升系统整体性能并优化全局系统运行，提高能源利用率、设备利用潜力及系统可靠性、安全性和稳定性。

电网 CPS 主要技术特征有：

（1）电网物理系统与信息系统融合。电网一次系统与二次系统在功能方面协调，同时在机理方面降低两系统的异构特征，具有能够统一描述两类系统的表达形式。例如一次系统、二次系统在控制、可靠性等方面的相互影响。

（2）电网连续过程与离散过程融合。电网是连续过程与离散状态并存、时间与事件共同作用的物理系统，需从建模、分析、控制等方面体现连续与离散的内在联系。例如将电网设备的离散与连续过程统一参与优化控制，而非分段优化。

（3）全景信息采集与灵活应用。全景信息采集与灵活应用指具备与信息流特点相匹配的信息采集控制网络，兼容多种通信协议、信息模型，满足装置“即插即用”需求。

电网 CPS 关键技术有：①融合建模。融合建模指融合模型反映信息与物理系统实质融合，描述电网时序动态变化、事件和状态切换，并能够满足控制和分析需求，解决实际问题。②融合分析。融合分析指基于融合模型，实现基于自主感知、采集传输、计算处理、协同交互等功能，对电网运行状态信息进行深入分析和评估。③融合控制。融合控制指基于融合模型，考虑控制对象模型，感知模型及环境变化。通过物理系统和信息系统协调控制，更好地控制电力系统。采用分层分区控制结构，下层设备之间、设备与上层系统之间的统一协调控制。④形式验证。形式验证指基于融合模型，通过形式化验证，从逻辑分析角度验证系统结构、运行方式的合理性及可行性。

电网 CPS 应用包括：①能源互联网。能源互联网指运用智能终端、信息采集处理等技术，将海量由分布式能量采集与储存装置所构成的新型电力网络节点互联起来，实现能量与信息双向流动的能源交易与共享网络。②主动配电网。主动配电网指在现有对分布式电源灵活控制的基础上，实现控制终端信息物理层面的即插即用，以及基于混合系统模型的多级优化控制。③传统电网。传统电网解决决策变量数目多、复杂运行场景条件下的最优潮流问题，得到更好的可行解；提升较大规模电网最优恢复路径生成的速度，提高故障处理效率。电网 CPS 技术的具体应用如图 4-71 所示。

作为一个崭新的研究领域，CPS 在诸多领域还有巨大的发展潜能与空间。在当前“双碳”背景下，建设能源互联网是加速推进能源系统深度脱碳化进程的重要措施，而电力 CPS 技术能更好地融合能源与信息，实现信息技术和能源信息融合交互，做出最优的资源配置决策。未来 CPS 技术的研究需要具备开放的、灵活的和可扩展的系统架构设计；需要能够方便地表示外部环境的计算模式；传感器网络的协议需要针对 CPS 的时空特性做出改进。同时，CPS 技术还要面临通信与网络技术、安全性、可靠性和实现平台等方面的挑战。

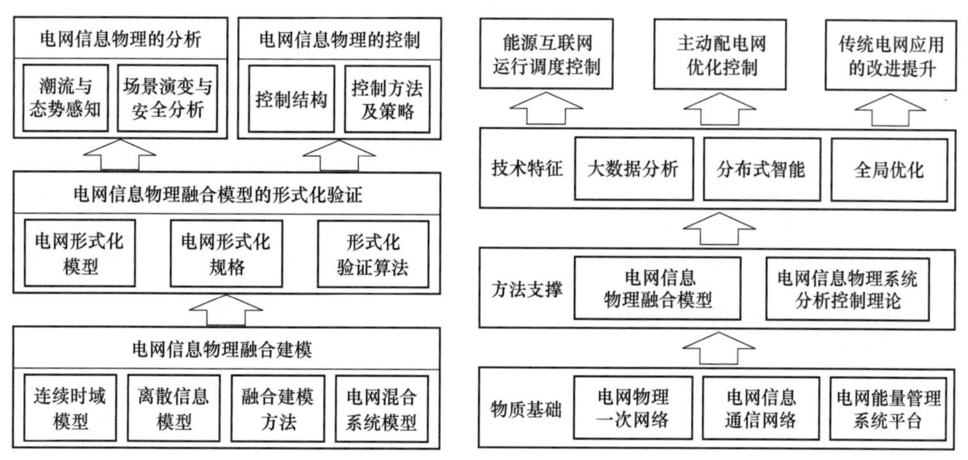

图 4-71 电网 CPS 技术应用

4.5.8 数字孪生

数字孪生（digital twin，DT）是充分利用物理模型、传感器更新、运行历史等数据，集成多学科、多物理量、多尺度、多概率的仿真过程，在虚拟空间中完成映射，从而反映相对应的实体装备的全生命周期过程。数字孪生是一种超越现实的概念，可以被视为一个或多个重要的、彼此依赖的装备系统的数字映射系统。

2002 年，由密歇根大学的 Michael Grieves 提出了“信息镜像模型（information mirroring model）”，而后演变为“物理产品的数字表达”的概念，成为最早的数字孪生概念术语。2012 年 NASA 给出了数字孪生较为精准的概念描述。2012 年，NIST 提出了基于模型的定义（MBD）和基于模型的企业（model based enterprise，MBE）的概念，其核心思想是要创建企业和产品的数字模型，数字模型的仿真分析要贯穿产品设计、产品设计仿真、加工工艺仿真、生产过程仿真、产品的维修维护等整个产品的寿命周期。MBE 和 MBD 的概念将数字孪生的内涵扩展到了整个产品的制造过程。

工程中 DT 的早期应用集中于航空航天领域，2010 年、2011 年相继被美国国家航空航天局（NASA）和美国空军研究实验室（AFRL）采用。他们利用 DT 技术在数字间建立作业飞行器的虚拟模型，并通过传感器技术实现两者的状态同步，以对作业飞行器的运行情况、健康状态、载荷能力等进行及时准确的评估。

完整的数字孪生的体系架构包括物理层、数据层、模型层、功能层和能力层，分别对应着数字孪生的 5 个要素——物理对象、对象数据、动态模型、功能模块和应用能力，其中的重点是对象数据、动态模型及功能模块这 3 部分，具体如图 4-72 所示。

数字孪生在能源互联网的业务应用主要包括对物理系统的量测感知、数字空间建模、仿真分析决策等关键环节，而以上几个环节又离不开云计算环境的支撑。①量测感知是对业务物理实体进行分析控制的前提，不同的应用对量测量的多少、量测的频率以及量测的精度可能有不同的要求。②在数字空间中如何对业务实体建模取决于应用的需求。考虑到电力系统以及以电力系统为核心的能源互联网，其规划、建设、运行和控制的时间常数跨度非常大，可以通过不同类型的数学模型反映物理实体不同时间尺度和空间尺度的特征。③仿真分析决策环节首先对数字空间的能源互联网进行优化计算，然后通过仿真验证决策的合理性和有效性，再对业务实体进行多场景、多假设的沙盘推演，最终得到合理决策指令并下发至物理系统。

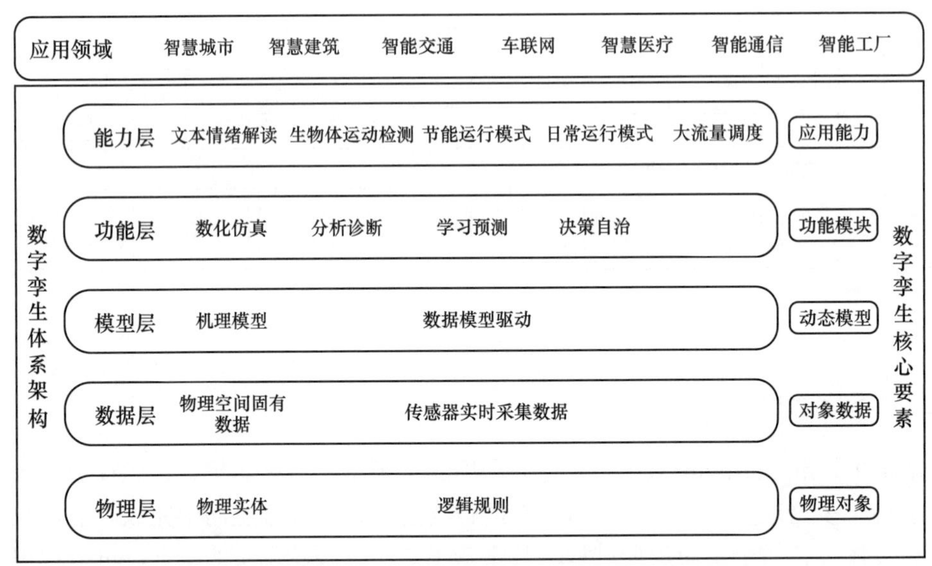

图 4-72　数字孪生体系架构与核心要素

数字孪生在电力系统的三大特征：数据驱动，闭环反馈和实时交互。①数据驱动让电力系统数字孪生更适用于当今复杂电力系统，可以有个非常简易的“上手”，电力工程师以仅依据所得数据建立实体系统模型继而对系统进行感知和分析。模型驱动模式则需要预先处理大量的信息，如掌握电网的拓扑结构及雅可比矩阵方能进行潮流计算，且模型驱动机制缺乏一套有效的机制来应对假设、简化及系统的固有误差和不确定性的评估及传递。②闭环反馈则使得电力系统数字孪生的数据模型可以在投运后通过主动学习海量数据，实现自适应（adaptive）更新和优化，且学习效果随着数据的增多而提升。③实时交互联动数据驱动和闭环反馈，进一步完善了电力系统数字孪生的实时态势感知和超实时虚拟测试的功能，使其可在常规运行甚至紧急情况下准确把控系统情况并迅速模拟出可行/优化的决策方案，达到类比 Apollo 孪生的效果。

数字孪生技术在电力系统中主要用于在电力设备健康状态评估、电力系统分析、故障诊断、微网系统优化运行、基于图像数据的智能巡检等方面。数字孪生在能源互联网是充分利用实体的物理模型、先进计量基础设施的在线量测数据、能源互联网的历史运行数据，并集成电气、流体、热力、计算机、通信、气候、经济等多学科知识，进行多物理量、多时空尺度、多概率的仿真过程，通过在虚拟空间中完成对能源互联网的映射，反映能源互联网的全生命周期过程。

4.5.9　北斗卫星导航系统（beidou navigation satellite system，BDS）

北斗卫星导航系统（简称北斗系统）是中国自主建设、独立运行的全球卫星导航系统，也是继美国 GPS、俄罗斯 GLONASS 之后的第三个成熟的卫星导航系统。北斗系统由空间段、地面段和用户段三部分组成，可在全球范围内全天候、全天时为各类用户提供高精度、高可靠定位、导航、授时服务，并且具备短报文通信能力，已经初步具备区域导航、定位和授时能力，定位精度为分米、厘米级别，测速精度 0.2m/s，授时精度 10ns。

全球定位系统（global positioning system，GPS）是美国从 20 世纪 70 年代开始研制，历时 20 年，耗资 200 亿美元，于 1994 年全面建成，具有在海、陆、空进行全方位实时三维导航与定位功能的新一代卫星导航与定位系统。20 世纪 80 年代初，中国开始积极探索适合国情的卫星导航系统。1983 年，中国科学院陈芳允院士创造性地提出采用“双星定位”的设计方案。1989 年，我国首次利用通信卫星进行了“双星定位”演示验证试验，实现了地面目标利用 2 颗卫星快速定位、通信、授时的一体化服务，证明了该技术的正确性和可行性，为我国第一代北斗卫星导航系统—北斗一号启动实施奠定了基础。2000 年，初步建成北斗卫星导航试验系统，标志着中国成为继美国、俄罗斯之后世界上第三个拥有自主卫星导航系统的国家。2007 年 4 月 14 日，我国第一颗北斗二号卫星顺利升空。2020 年 6 月 23 日，我国建成了由 30 颗北斗三号卫星（3 颗 GEO 卫星＋3 颗 IGSO 卫星＋24 颗 MEO 卫星）组成的全球卫星导航星座。建立北斗系统可以避免在将来的战斗中受制于人，同时还有同样的手段可以反制敌人。北斗系统还可以带来巨大的经济效益。省去原来用来引进国外系统的巨额资金，将自己的系统以低价服务国内用户，可以让更多行业部门应用上这种高科技设备，从而创造更多的社会价值和物质财富。发展了自己的卫星导航系统，我们就有了相应的技术储备，也就意味着我们国家的科学技术水平已经达到了世界先进水平，有了这些技术储备，我们就可以在将来的新的一轮科技大潮中抢占制高点。

北斗系统的主要特点为：①空间段采用 3 种轨道卫星组成混合星座。除与 GPS、GLONASS、Galileo 具有相同的中圆地球轨道（MEO）外，另具有地球静止轨道（GEO）和倾斜地球同步轨道（IGSO），GEO、IGSO 轨道高度均为 35786km，属于高轨卫星，其抗遮挡能力强。在其他卫星导航系统不能定位的情况下，BDS 仍能定位；在低纬度地区，北斗系统定位的优点比其他系统更为明显。②提供多个频点的导航信号，能够通过多频信号组合使用等方式提高服务精度。③创新融合了导航与通信能力，具有实时导航、快速定位、精确授时、位置报告和短报文通信服务五大功能。

BDS 定位采用单点定位和相对定位的方式。单点定位根据北斗卫星的星座分布及运行轨道情况，用户在地球表面的任意地点都可同步观测到 4 颗以上的卫星。从接收到的各个卫星播发的导航电文中可以精确确定在视野范围内的卫星的空间位置，从而得到用户接收机到卫星的空间距离。BDS 相对定位的核心问题同 GPS 等其他全球卫星导航系统一样，是如何确定载波相位整周模糊度的问题。BDS 载波信号的波长在 15～28cm 之间，所以通过确定载波相位观测值的整周模糊度，可以得到较为精确的卫星到用户接收机的空间距离，进而实现高精度的定位。通过 GPS 载波相位定位发展起来的各种相对定位方法同样适用于

BDS 的相对定位。

BDS 广泛应用于海上指挥与搜救、地震应急指挥、飞机导航、野外救援等，在电力应急管理中为电力资产空间位置提供服务，实现电力资产在线监控和异动告警，减少意外停电以及降低电力资产流失的风险，为预防和监控电网损害提供有效的监控手段。对于不同地区的变电站通过北斗精确授时，提供电网精确运行的时间服务，为能源互联网提供精准安全的时间源，确保电网自动化运行时间精确及电网资产安全。对于无法提供通信通道的偏远地区，将电网运行及售电数据采传的终端和平台等都纳入北斗 RD 解决方案，采用卫星传输实现电力销售和电网运行数据远程监控和管理。在电力线路设施维护、抢修恢复供电中利用基于北斗 RD 短报文＋北斗 RN 位置服务技术，保障电力运维人员安全与应急通信，开设北斗应急指挥综合应用系统，为人员安全提供全面的位置＋通信服务。

随着通信新技术的不断发展更新，为适应能源互联网对通信网的要求，传统的通信网模式已经不能满足能源互联网的需求，研究新技术的应用是电网的趋势。北斗卫星通信的应用，可以解决电网中目前传统通信网的一些问题。随着北斗卫星通信系统应用的不断研究探索，北斗卫星通信在电网中的应用将越来越广泛，也将会解决更多的电网中存在的更多问题。

4.5.10 地理信息系统

地理信息系统（geographic information system，GIS），有时又称为“地学信息系统”，是一种特定的十分重要的空间信息系统。需要在计算机硬、软件系统支持下，对整个或部分地球表层（包括大气层）空间中的有关地理分布数据进行采集、储存、管理、运算、分析、显示和描述的基础信息技术支撑系统。

20 世纪 70 年代初期，我国开始推广电子计算机在测量、制图和遥感领域中的应用。随着国际遥感技术的发展，我国在 1974 年开始引进美国地球资源卫星图像，开展了遥感图像处理和解译工作。进入 80 年代之后，我国在大力开展遥感应用的同时，GIS 也全面进入试验阶段。主要研究数据规范和标准、空间数据库建设、数据处理和分析算法及应用软件的开发等。80 年代末到 90 年代以来，我国 GIS 走上了全面发展阶段。国家测绘局正在全国范围内建立数字化测绘信息产业。进入 90 年代以来，沿海、沿江经济开发区的发展，土地的有偿使用和外资的引进，急需 GIS 为之服务，有力地促进了城市 GIS 的发展。用于城市规划、土地管理、交通、电力及各种基础设施管理的城市 GIS 在我国许多城市相继建立。

GIS 主要由计算机硬件系统、计算机软件系统、空间数据和人员等四部分组成。计算机软硬件系统是其工作的核心。空间数据反映了 GIS 的地理内容，而人员一定程度上决定了系统的工作模式与信息表达。其系统构成如图 4-73 所示。

GIS 具有公共的地理定位基础，具有采集、管理、分析和输出多种地理空间信息的能力。系统以分析模型驱动，具有极强的空间综合分析和动态预测能力，并能产生高层次的地理信息，以地理研究和地理决策为目的，是一个人机交互式的空间决策支持系统。

首先，GIS 具有以下三个方面的特征：①具有空间性和动态性，并且能采集、管理、分析和输出多种地理信息。②由于 GIS 对空间地理数据管理的支持，可以基于地理对象的位置和形态特征，使用空间数据分析技术，从空间数据中提取和传输空间信息，最终可以完成人类难以完成的任务。③GIS 的重要特征是计算机系统的支持，才能使 GIS 能以精确、快速、综合地对复杂的地理系统进行过程动态分析和空间定位。

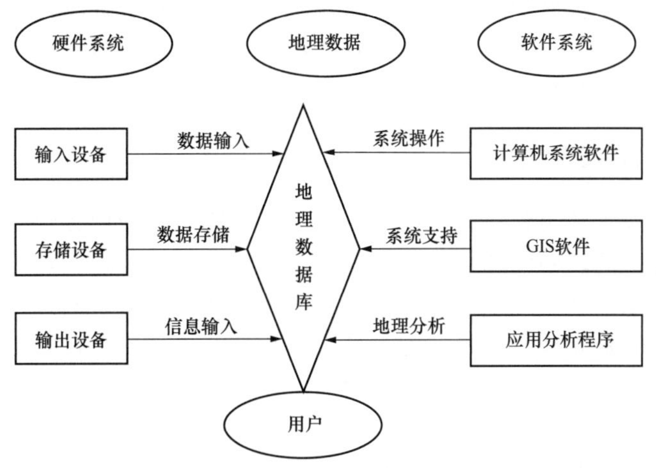

图 4-73　GIS 的结构组成

另外，为了满足对地球全方位的若干要素相互关系和空间分布的研究，GIS 必须具备以下几个特点：①位置特征。所有的地理要素，只有按照特定的坐标系统的空间定位，才能使具有地域性、多维性、时序性特征的空间要素进行分解和归并，将隐藏信息提取出来，形成时间和空间上连续分布的综合信息基础，支持空间问题的处理与决策。②标准化。对多信息源的统计数据和空间数据进行一定的归并分类、量化分级等标准化处理，使其满足计算机数据输入和输出的要求，进而实现资源、环境和社会等因素之间的对比和相关分析。③多维结构。多维结构通常是在原有二维空间结构基础上，添加多专题的第三维信息的组合结构，这显然是常规二维或二维半的图形所不具备的。其可以依时间序列延续，及时更新、存储和转换数据，通过多层次数据分析为决策部门提供支持。④具有丰富的信息 GIS 数据库中除了包含地理位置信息外，还包含大量与其相关的其他信息，比如人口分布、城市交通、自然灾害和作战指挥等。纽约市曾经对其数据库进行了调查，发现有 80%以上的信息为地理信息或与地理信息有关。

GIS 是一门多学科交叉集成的边缘科学。它主要由地理学、制图学、遥感、摄影测量、测绘、大地测量、统计学、计算机科学、数学、市政工程和城市规划等传统学科组成。经过几十年的发展，在不同的应用领域，GIS 有着不同的名字，如土地信息系统（LIS）、自动制图与市政管理（AM/FM）、环境信息系统（EIS）、规划信息系统（ISP）、空间数据处理系统（SIS）等。

GIS 在电网的应用主要涉及电网规划、输变电设备监测和维护、配电网管理、用电客户服务、电网应急管理等领域。GIS 可按照输电线路各杆塔及设备的地理走向，快速掌握线路和设备运行状况，及时处理各种突发事件；基于 GIS 的配网管理，可以反映设备地理位置信息及设备的所有图文信息，而且可以通过集成 SCADA 功能，在地理背景下显示设备实时状态，同时可查询设备的静态信息。将 GIS 应用到用电客户服务，如 95598 可根据用户投诉的信息，结合 GIS 上配网运行状况，及时告知用户故障或检修的情况，更好地践行“人民电力为人民”的服务宗旨。将GIS应用到配电网的线损管理工作中，往往能够对配电网中存在的电能损耗过大的问题进行及时的分析，并做出相应改进处理。GIS在电网规划及管理领域中具有很好的应用前景。将精确的地理信息数据与传统的电网规划的规划数据和电气计算软件的电气数据相结合，通过各种GIS软件可以实现电网在精确的地理信息下的可视化和空间拓扑分析等功能，进行更加精确的经济评价和方案校验。

4.5.11 电力信息安全

电力信息安全技术涉及计算机、网络、通信、密码学、应用数学等多种学科，其目标是让电力信息网络中的软硬件和数据受到保护，不因偶然的或者恶意的因素而遭到破坏、更改或泄露，使信息系统可靠地运行，信息服务不中断。智能电网是传统电网与信息网络的全面融合的信息物理系统，各环节都大量应用了计算机和通信技术，电力信息安全已成为新型电力系统能否安全稳定运行的关键问题。

2015年12月23日，乌克兰电网遭遇突发停电事故，引起乌克兰西部地区约70万户居民家中停电数小时。事后相关负责人表示这是由恶意软件/代码导致的破坏性事件，此次事件并被视为国际上实际出现的首例针对供电体系的恶意行为。2019年3月7日起，委内瑞拉发生了持续6天的大规模停电事故，刷新了迄今为止全球最大规模的停电记录，从披露的信息来看，这是一起典型的工控安全事件，暴露出委内瑞拉的关键信息基础设施安全防护投入的不足，安全事件的应急处理手段有待加强。由此可见，电力系统的安全问题并不局限于物理安全，电力信息安全同样是其安全运行中至关重要的部分。

随着我国能源互联网的发展，由于其复杂程度高、安全体系缺失和网络环境复杂，电网传统的防御系统构建已经无法满足电网运行的稳定性要求。因而，在构建能源互联网的同时，新的防御体系和电力信息安全技术也在不断完善。电力信息安全技术的发展经历了3个阶段：第一阶段强调的主要是信息的保密性，对安全理论和技术的研究只侧重于密码学，这一阶段的信息安全可以简单称为通信安全；第二阶段，信息安全以保密性、完整性和可用性为目标；进入第三阶段发展至今，衍生出诸如可控性、抗抵赖性、真实性等其他原则和目标，信息安全开始进入整体体系建设的信息保障阶段。

目前支撑智能电网各电力网络信息化基础设施所广泛使用的通信网络和计算机系统仍然存在许多不安全因素，特别是在工业控制体统领域，整体安全防护体系设计依旧存在不少薄弱环节，很容易受到来自外部的恶意攻击。具体电力信息安全面临的威胁有：①人为的无意失误，如操作员误操作、用户弱口令；②人为的恶意攻击，如越权访问信息、信息数据侦听；③信息系统本身缺陷，如系统硬件故障、软件故障；④物理环境影响：如电力故障、自然灾害；⑤管理不当，如权限管理不当；⑥病毒木马，如蠕虫、间谍软件。以上威胁可能造成的后果有敏感信息泄露或丢失、数据被窃取或远程监控、信息被恶意添加、删除或修改等，会给能源互联网的安全可靠运行带来巨大的挑战。

我国高度重视智能电网的信息安全问题，2005年，国家电力监管委员会针对黑客及恶意代码等对电力二次系统的攻击侵害日益突出的情况，为防止由此引发事故，保证电力系统安全稳定运行，依据《中华人民共和国计算机信息系统安全保护条例》和国家有关规定，制定并公布实施《电力二次系统安全防护规定》（电监会5号令），从技术和管理两个方面对电力二次系统的安全防护提出了要求。2014 年 8 月 1 日，国家发改委印发第 14 号令《电力监控系统安全防护规定》落实国家信息安全等级保护的有关要求，要求坚持“安全分区、网络专用、横向隔离、纵向认证”的原则，并且针对生产控制大区，提出安全标签和安全接入区的要求，保障电力监控系统安全的电力信息安全分区架构图如图 4-74 所示。

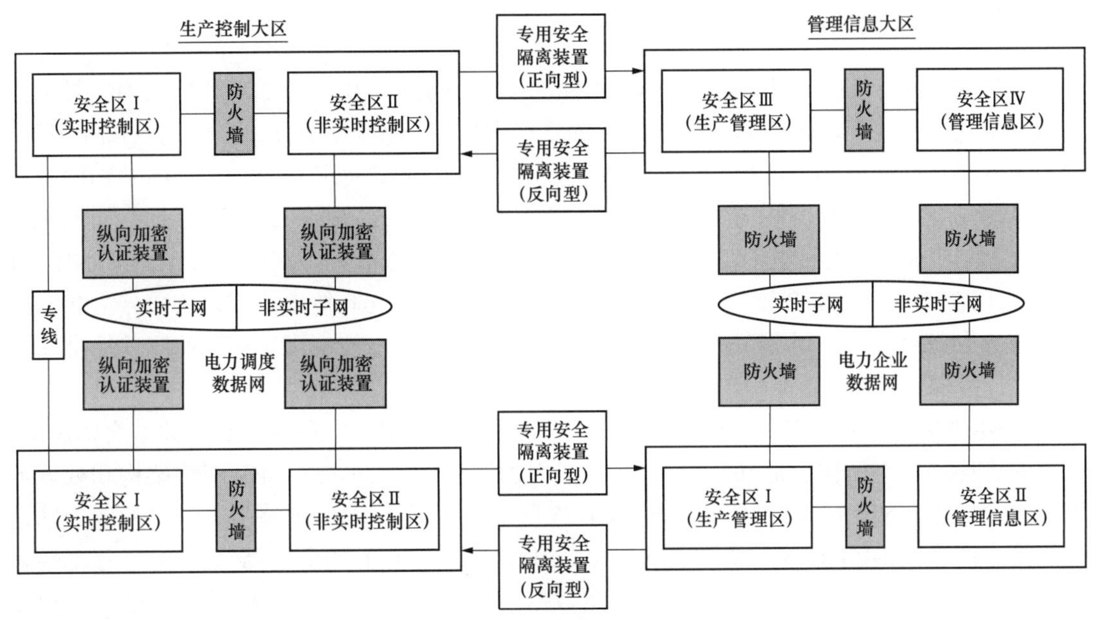

图 4-74　电力信息安全分区架构图

2015 年 2 月，国家能源局印发第 36 号文《电力监控系统安全防护总体方案》，其中给出了电力监控安全防护方案的总体框架。针对省级以上调度中心、地级调度中心、发电厂、变电站、配电的电力监控系统提出了具体的安全防护措施，为各级电力监控系统的安全稳定运行提供技术指引。2017 年 6 月，我国正式实施《中华人民共和国网络安全法》，第二十一条中明确提出“国家实行网络安全等级保护制度。网络运营者应当按照网络安全等级保护制度的要求，履行安全保护义务，保障网络免受干扰、破坏或者未经授权的访问，防止网络数据泄露或者被窃取、篡改”；第三十一条中明确提出“国家对公共通信和信息服务、能源、交通、水利、金融、公共服务、电子政务等重要行业和领域，以及其他一旦遭到破坏、丧失功能或者数据泄露，可能严重危害国家安全、国计民生、公共利益的关键信息基础设施，在网络安全等级保护制度的基础上，实行重点保护”。2020 年 1 月，我国正式实施《中华人民共和国密码法》，明确了对于电力系统等关键信息基础设施应使用符合国家标准要求的密码进行保护，同步规划、同步建设、同步运行密码保障系统。

近年来，电力企业针对电力行业发电、输电、变电、配电、用电、调度以及移动作业、物联网等众多应用场景的安全需求，以国家自主可控的网络安全战略为指导，遵循相关法律法规的要求，从等级保护所要求的安全通信网络、安全区域边界、安全计算环境、安全管理等安全防护维度出发，以密码技术、访问控制技术、工业协议分析技术、大数据分析技术为核心技术，大量部署了我国自主研制的纵向加密认证装置、物联网安全接入网关、终端安全模块以及工业控制网络安全防护装置、工业控制系统安全监测平台等多种类别、多种型号的安全产品，将维系电力网络数字化、信息化安全的关键要素掌控在我国自己手中，避免出现因采用国外技术和产品可能引发的控制权旁落的被动局面，形成了综合、立体的电力网络安全防护体系，为电力系统的安全稳定运行提供了有力保障。

4.5.12 窄带物联网

窄带物联网（Narrow Band Internet of Things，NB-IoT）是一种低功耗广域网络技术，专为低带宽、低功耗、远距离、大量连接的物联网应用而设计，可直接部署于GSM网络、UMTS网络、LTE网络或非授权频段，从而降低部署成本、实现平滑升级。随着物联网业务的迅速发展，人与物及物与物间的连接需求而出现井喷式发展。为了满足物联网业务需求，3GPP国际标准化组织于2015年9月提出了一种新的窄带蜂窝通信技术，即NB-IoT技术。2016年6月3GPP国际标准化组织正式通过了NB-IoT技术协议，其中3GPP标准核心部分也已经冻结，到2016年12月，NB-IoT的接入网性能标准、一致性测试标准完成了制定。

NB-IoT系统采用了基于4G LTE演进的分组核心网（EPC）网络架构，并结合NB-IoT系统的大连接、小数据、低功耗、低成本、深度覆盖等特点对现有4G网络架构和处理流程进行了优化。NB-IoT的网络架构如图4-75所示，包括：NB-IoT终端、演进的统一陆地无线接入网络（E-UTRAN）基站（即eNodeB）、归属用户签约服务器（HSS）、移动性管理实体（MME）、服务网关（SGW）、公用数据网（PDN）网关（PGW）、服务能力开放单元（SCEF）、第三方服务能力服务器（SCS）和第三方应用服务器（AS）。和现有4G网络相比，NB-IoT网络主要增加了业务能力开放单元（SCEF）来优化小数据传输和支持非IP数据传输。为了减少物理网元的数量，可以将MME、SGW和PGW等核心网网元合一部署，称之为蜂窝物联网服务网关节点（C-SGN）。

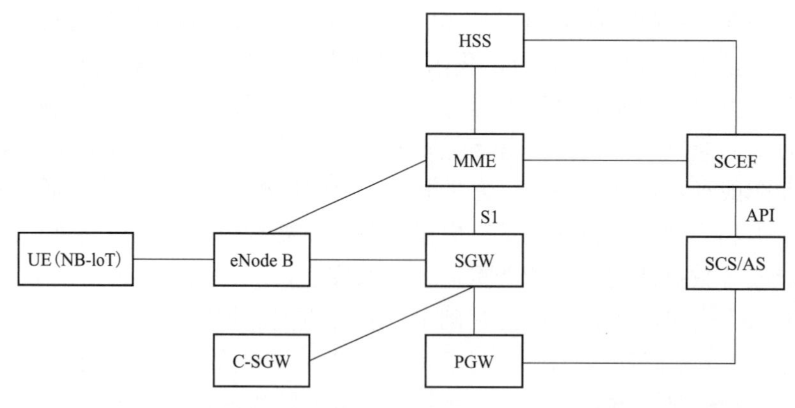

NB-IoT：窄带物联网
UE：用户端
eNode B：无线接入基站
SGW：服务网关
PGW：公用数据网网关
C-SGW：物联网服务网关节点
HSS：归属用户签约服务器
AS：第三方应用服务器
API：应用程序接口
S1：信令和数据接口
SCEF：服务能力开放单元
MME：移动管理实体
SCS：第三方服务能力服务器

图4-75 NB-IoT网络架构

为了适应 NB-IoT 的需要，提升小数据的传输效率，NB-IoT 对现有 LTE 系统业务处理流程进行了增强，支持两种优化的小数据传输方案，包括控制面优化传输方案和用户面优化传输方案。控制面优化传输方案使用信令承载在终端和 MME 之间进行 IP 数据或非 IP 数据传输，由非接入承载提供安全机制；用户面优化传输方案仍使用数据承载进行传输，但要求空闲态终端存储接入承载的上下文信息，通过连接恢复过程快速重建无线连接和核心网连接来进行数据传输，简化信令过程。

广域 NB-IoT 通信技术优势：

（1）覆盖范围优势。基于广域 NB-IoT 高灵敏度优势，其支持 M2M 体系下海量数据连接与更新，加之广域 NB-IoT 连接的便捷性，增加了网络自身的覆盖区域，满足物联网环境下通信流程与环节的各项需求。

（2）低功耗优势。广域 NB-IoT 通信连接模组/终端功耗比较低，待机时间较长，预计最长待机时间可达 10 年。广域 NB-IoT 通信技术的低功耗优势，使得通信模块成本容易控制，提升了通信企业产品易推广性。

（3）终端链接能力。广域 NB-IoT 网络结构的特殊性，使得广域 NB-IoT 与传统的通信系统相比有着良好的连接能力，满足海量用户信息获取需求，广域 NB-IoT 单一扇区最大支持 10 万用户端的同时在线连接，并且在满负荷的情况下，能保持一个较低的延时，提升了用户的满意度。

电力系统是一个庞大而实时平衡的系统，要保证其安全、稳定的运营，需对线路、设备等各种电网设施运行状态进行准确、稳定的感知。广域 NB-IoT 技术充分利用移动通信网络架构优势，可以在电网中高密度、大面积、多层次铺设电力传感器（智能传感器、计量表计、电参量采集终端等），涵盖发、输、变、配、用各个环节，完成对输电线路在线监控、用户电能计量、输变电智能巡检等场景的全方位智能感知，依托移动无线基站构建可靠、稳定的传输网络，实现电网基础设施的实时监测，支撑智能电网的高效运行和供需双向互动。

4.6　共性与集成技术

能源互联网的实现离不开共性与集成技术，共性技术是一种能够在一个或多个行业中得以广泛应用的技术；集成技术代表着多种技术的融合，以多站融合技术为代表。

4.6.1　电力电子技术

电力电子技术是利用电力电子器件对电能进行变换、控制及优化利用的一种现代技术，节能效果可达 10%～40%，还可以减少机电设备的体积和实现最佳工作效率。电力电子技术涵盖了电力电子元件的制造与变流技术，制造技术是基础构成，变流技术是核心构成，它包括电力电子器件、变流电路和控制电路三部分，是电力、电子、控制三大电气工程技术领域之间的交叉学科。随着科学技术的发展，电力电子技术由于和现代控制理论、材料科学、电机工程、微电子技术等许多领域密切相关，已逐步发展成为一门多学科相互渗透的综合性技术学科。电力电子技术的组成及发展如图 4-76 所示。

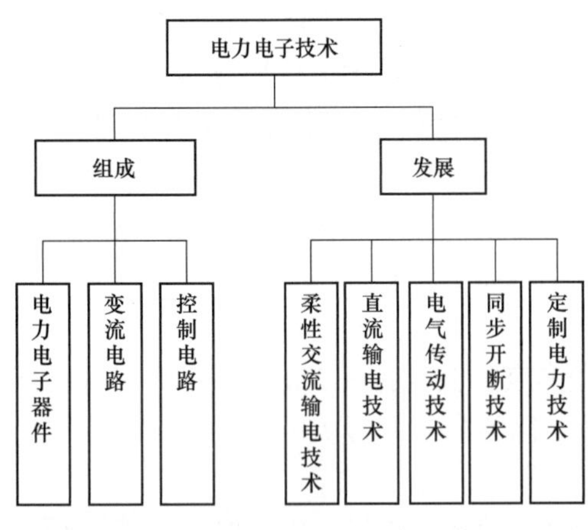

图 4-76　电力电子技术的组成及发展

电力电子技术起始于 20 个世纪 50 年代末 60 年代初的硅整流器件，诞生的标志是 1957 年美国 GE 公司研制出第一个晶闸管。其发展先后经历了整流器时代、逆变器时代和变频器时代。20 世纪 60 年代至 70 年代，大功率硅整流管和晶闸管的开发与应用，开启了电力电子技术的整流时代，电解、牵引、传动等工业得到飞速发展。70 年代到 80 年代，交流电机的变频调速技术发展迅速。变频调速技术是将直流电逆变为 0～100Hz 的交流电，GTR 和 GTO 的大规模使用将电力电子技术带到了逆变时代，但当时的逆变还只停留在低频范围内。80 年代末到 90 年代，以功率金属-氧化物半导体场效应晶体管（metal-oxide-semiconductor field-effect transistor，MOSFET），简称金氧半场效晶体管，和 IGBT 为代表的集高频、高压和大电流于一身的功率半导体复合器件开始出现，表明传统电力电子技术已经进入现代电力电子时代。之后，现代电力电子技术与计算机通信设备相结合，应用到了我们生活中的方方面面。

随着电力电子器件向高压化、大容量化发展，电力电子产业出现了以静止无功补偿器为代表的柔性交流输电技术，以高压直流输电为代表的新型超高压输电技术，以高压变频为代表的电气传动技术，以智能开关为代表的同步开断技术，以及以静止无功发生器、动态电压恢复器为代表的用户电力技术。目前，电力电子技术的应用已遍及电力、汽车、现代通信、机械、石化、纺织、家用电器、照明、冶金、铁路、医疗设备、航空、航海等领域。进入 21 世纪以来，随着新的理论、器件、技术的不断出现，特别是与微控制器技术的日益融合，电力电子技术的应用领域也必将不断地得以拓展，随之而来的必将是智能电力电子时代。

电力电子技术的重要作用概括如下：①优化电能使用。优化电能使用指通过电力电子技术对电能的处理，使电能的使用达到合理、高效和节约，实现了电能使用最佳化。②改造传统产业和发展机电一体化等新兴产业。据预测，今后将有 95%的电能要经电力电子技术处理后再使用。特别是，电力电子技术是弱电控制强电的技术，是机电设备与计算机之间的重要接口，它为传统产业和新兴产业采用微电子技术创造了条件。③电力电子技术高频化和变频技术的发展，将使机电设备突破工频运行的传统模式，向高频化方向发展。④电力电子智能化的进展，在一定程度上将信息处理与功率处理合一，使微电子技术与电力电子技术一体化，其发展有可能引起电子技术的重大改革。

电力电子装备大部分采用了全控型电力电子器件、数字信号处理器和各种多电平大功率变流器拓扑，这些电力电子装置的应用能够提高电网稳定性和电能质量，从而实现电网的可靠运输、经济高效、环境友好和使用安全的目标，是能源互联网的先进控制和调节手段。电力电子技术的进一步发展，必将为大幅度节约电能、提高生产效率、加强环境治理和提高国民经济等做出重要贡献，也将促进新能源并网控制技术水平的提高，提升电网资源优化配置能力，同时有助于城市配电网增容改造和向偏远地区、岛屿等小容量负荷供电。

4.6.2　热电联产

热电联产（CHP），也称热电联供，是指在发电过程中对产生的热量进行有效利用。热电联产的技术目前发展较为成熟，而且这种方式比电热分离生产效率更高。热电联产分为“顶部循环”和“底部循环”两种形式。其中，“顶部循环”更为常见，首先电厂把燃料转化为电能或机械能，在此期间会产生一部分可以利用的热量；“底部循环”热电联产系统并不常见，首先通过燃料燃烧或者其他的产热化学反应产生热量，然后把热能转化成电能。

热电联产是既产电又产热的先进能源利用形式，与热电分产相比具有很多优点：降低能源消耗、提高空气质量、补充电源、节约城市用地、提高供热质量、便于综合利用、改善城市形象、减少安全事故。火电厂的能源利用率仅为35%左右，而热电厂则是既发电，又供热（蒸汽或热水），并在发电过程中将一部分热能通过热力管道输送到千家万户，因而同样燃烧同样数量、同样品质的煤炭，热电厂不仅可以提供电能，还能提供工业生产用的蒸汽和住宅暖气用的热水，热电厂的热效率一般都在45%以上。传统燃煤发电技术和热电联产技术的效率对比如图4-77所示。

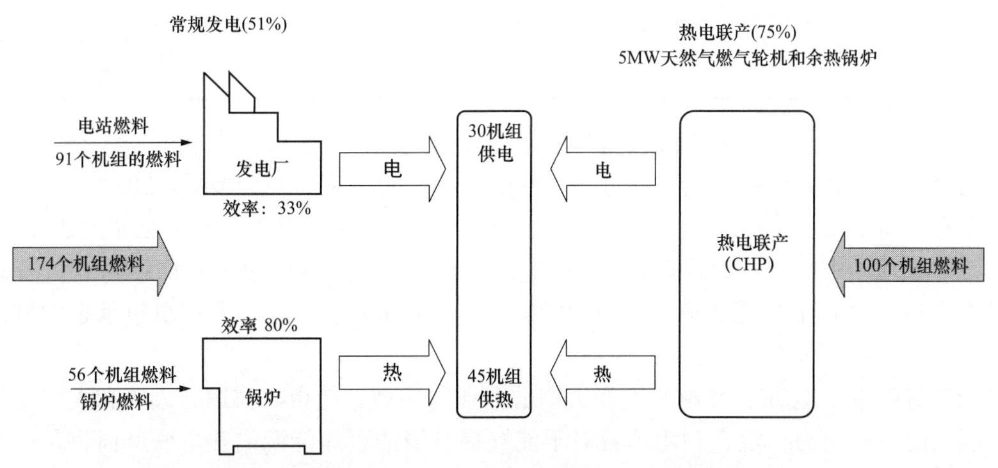

图4-77　传统燃煤发电技术和热电联产技术的效率对比

热电联产系统通常是根据原动机（热机）来分类，除此之外系统还包括发电机、废热回收和电气间互联部件。原动机通过消耗燃料（如煤、天然气或生物质）驱动发电机产生电力或驱动旋转设备产生机械能。原动机也能用来产热，热量可以被捕捉生产蒸汽或热水，也可以用于其他过程如加热除湿或用于水冷却。目前市场上的原动机主要有五种，分别是燃气涡轮机、蒸汽涡轮机、往复式发动机、微型涡轮机和燃料电池。因为蒸汽涡轮机、燃气涡轮机的容量较大，能产生工业生产所需要的中温和高温，所以蒸汽涡轮机、燃气涡轮机是最适用于工业生产的原动机（热机）。燃气涡轮机的规模通常介于500kW到250MW之间，可以生产高品质热能且可靠度较高。

热电联产技术在不同领域的应用见表4-5，包括工业、商业/机构和分布式供冷和供热的应用。

表 4-5　　热电联产技术不同领域的应用

特征	工业	商业/机构	分布式供冷和供热
用户种类	化工、造纸、冶金、酿造、玻璃、炼油	轻制造业、旅馆、医院、室内大型写字楼、农业作业	热网覆盖的所有建筑，包括写字楼、个人住所、校园、机场和工厂
是否有利于可再生能源和垃圾能源的利用	中到高（尤其是工业能源废气）	低于中等水平	高
温度	高	中等	中等
系统规模	1～500MW	1～10MW	不限规模
原动机种类	蒸汽机、燃气轮机、往复式发电机（压缩点火），联合循环（大系统）	往复式发动机（火花式点火）、斯特林发动机、燃料电池、微型燃气轮机	蒸汽机、燃气轮机、垃圾焚烧、燃气蒸汽联合循环
燃料	液体、气体或固体燃料均可	液体或气体燃烧	不限燃料
运营商	行业（电力公司）	终端用户	当地社区的节能服务公司，地方和国家的公共事业
所有者	合资企业/第三方	合资企业/第三方	
热/电负荷	由用户和工艺决定	用户决定	通过负荷管理和蓄热减轻日常和季节性波动

（1）工业领域。以光大宁波公司为例，该公司通过垃圾焚烧热电联产系统取代了 2 个企业的燃油锅炉并向他们提供工业蒸汽，取得了良好的经济和社会效益。2021 年 8 月，四川省发布了川发改能源〔2021〕267 号《关于做好工业园区热电联产有关工作的通知》，就工业园区加强热电联产规划管理、规范热电联产项目建设、强化热电联产项目运营及落实项目退出机制进行了规范和通知。据 2020 年统计显示，我国热电联产机组承担的城市工业用气量占总量的 83%左右。

（2）商业/机构建筑。热电联产在大型的商业写字楼、超市、宾馆、饭店和大型零售市场有巨大的发展潜力。混合利用项目对于能够提供清洁可靠能源的热电联产而言是一个新兴市场。根据相关预测，商业/机构建筑拥有相当于 65GW 的技术潜力。医院作为商业/机构建筑的一个典型代表，它的热能和电能需求量都很高，并且要求很高的可靠性，因此热电联产是很好的选择。一个 2MW 的蒸汽涡轮机热电联产系统每年可以节省超过 40 万美元的运维费用。此外热电联产较高能源质量能够保证临床设备的平稳运行。

（3）分布式供冷和供热应用。2018 年，在全球城市供热市场结构中，热电联产供热占比约为 78%。2020 年 8 月，合肥市政府第 66 次常务会议审议并原则通过《合肥市城市集中供热管理条例（草案）》。合肥市将优先发展热电联产集中供热，并鼓励建设单位委托供热企业对新建建筑供热设施统一建设、管护。据 2020 年数据显示，我国热电联产机组承担了 30%以上的城市热水采暖供热量。

热电联产是实现区域能源互联的现实选择。区域能源系统可以在占地面积广、建筑较多的区域安装，例如学校、医院、机场和政府部门。区域能源系统对热电联产来说是一个不断增长的市场，因为它们有热负荷需求。区域能源中用户负荷的多样性需要更大的设备容量和更高投资，这也使得热电联产的效益相对更高。

据前瞻产业研究院统计，2016 年，全球热电联产总装机达到了 755.2GW，其中亚太地区装机占比 46%，欧洲地区装机占比 39%，中东、非洲和其他地区占比 15%。2018 年，在全球城市供热市场结构中，热电联产供热占比约为 78%。到 2025 年，全球热电联产装机有望增至 972GW。

在我国，2009 年热电联产的装机规模约为 145GW，到 2016 年热电联产装机规模已达 356GW，2018 年达到了 430GW，2020 年装机规模约为 630GW。当前，热电联产正朝着推广范围普遍化、机组容量大型化、洁净煤技术高新化、投资经营市场化的趋势，并且热电联产技术与全球资源短缺、环境恶化和经济情况密切相关，需要世界各国加强合作，推动创新，在投资政策上进行深度合作与革新。

4.6.3　多站融合

多站融合，指利用已有变电站资源，融合建设数据中心站、充电站、储能站、5G 基站、北斗基站、分布式新能源发电站、环境监测站等能源信息基础设施的业务活动。多站融合可实现资源整合共享，对内支撑能源互联网业务，对外推进共享型企业建设，已发展成为综合能源服务一大典型应用场景，对数字新基建的推进具有举足轻重的作用。

多站融合以提高资源利用效率、促进业务跨界融合为目标，具备开放共享、深度协同的资源和数据服务能力，具有融合化、高速化及效益化的特征：①“融合化”即通过电力通信资源的复用，多站间的空间融合化建设，实现资源优化配置，并基于多站间的业务进行跨界业务融合应用；②“高速化”即通过 5G 基站、边缘数据中心站的广泛布点，为高清视频数据的传输提供高速网络，并支持高速渲染、低时延工业控制等应用，实现数据处理的低延迟性及业务响应的高即时性；③“效益化”主要体现在三方面：一是能源领域，多站融合通过对分布式新能源发电站、储能电站的建设，可有效促进新能源消纳，降低弃风弃光率，提高发电企业售电收益，降低电网企业输配电网改造和变压器扩容成本，并可降低用户用能成本，实现多方受益；二是信息通信领域，通过电力场站、杆塔沟道的对外开放共享，可有效匹配 5G 基站、北斗地基增强站、边缘数据中心站等的建设及布点需求，降低通信运营商、铁塔公司等投资主体的信息通信基础设施投资；三是政务领域，多站融合建设可为气象、环保、公安、城管等政府部门提供广泛的场站、杆塔沟道资源以及高速的电力通信和数据响应资源，助力政务服务降本增效。

多站融合架构图如图 4-78 所示。利用已有变电站内部分闲置土地资源布置数据中心，户外在满足设备安全净距的要求下，可建设高密度集装箱数据中心。支持远程管理和操作集装箱内设备，实时采集分析箱内设备运行参数，检测机房所有动环要素，自动化运维，确保数据中心长期稳定健康运行。户内空余房间可布置机柜式数据中心，占地面积小，能耗低，成本小，可就近取用变电站内 UPS 供电，处理分析站内的电能负荷信息、主设备运行状态以及存储辅助设备视频流等，可用防火墙隔离对内对外业务流。北斗地基增强站架设变电站主控室楼顶，为地面基准站提供连续、实时的高精度定位与授时服务。在变电站区内空余位置建设 5G 基站，为通信运营商解决选址和用电可靠性的问题。利用站内屋顶等空间区域安装太阳能光伏面板，给多站融合系统供电，形成“光充储”微网系统。站内剩余位置改造储能集装箱，协同光伏发电作为虚拟电厂参与地市统一调度，实现光伏发电的最大化消纳和综合能源的最大化利用。在变电站围墙外建设电动汽车充电桩，通过电压转换模块就近接入变电站低压侧馈线，节约建设成本；基于变电站深入负荷中心的选址特点，极大地缓解了居民绿色出现的充电需求。

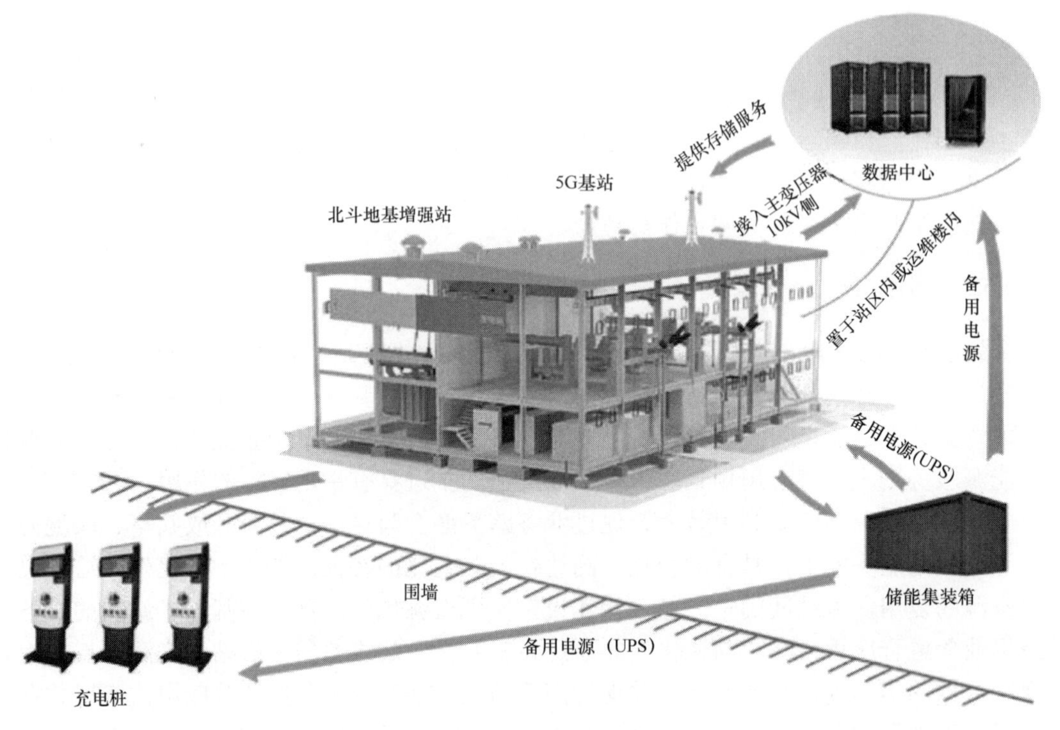

图 4-78　多站融合架构图

2019 年，国网信息通信产业集团有限公司启动“多站融合”运营中心建设，全面支撑国家电网有限公司“多站融合”专项工作。各省地市供电公司也先后开展了多项“多站融合”试点工程。2019 年 6 月 23 日，国内首个“多站合一”全直流预制式数据中心在苏州同里区域能源互联网示范区投运。该中心连同电力电子变压器、储能系统，组成了“多站合一”能源系统，成为同里示范区新能源“微生态圈”的核心，并与多个微网互联，形成信息和能量高度互联互通的“立交桥”。2020 年 4 月 28 日，合肥供电公司滨湖新区中海开闭所、玉龙路变电站两座数据中心同时投运。在不改变原整体布局的前提下，这两座传统变电站被升级打造成集合光伏电站、电动汽车充电站、储能站、数据中心、城市 5G 通信站功能为一体的“多站融合”项目。

总结国内“多站融合”的典型案例，可以得出“多站融合”是在传统变电站的基础上，融合数据中心站、5G 通信基站、北斗基站、储能电站和分布式清洁能源站等功能，形成数据流、业务流、能源流“三流合一”的能源互联网应用场景：①能源流枢纽：通过变电、储能站、分布式电源的优化组合，使变电站从电力流节点转变为具备源、网、荷、储等特征的能量双向有序流动的能源枢纽。②数据流枢纽：通过建设高效数据中心，构建数据流变换、传输平台，实现发、变、配、用全网数据互联互通。③业务流枢纽：通过多能流互联、大数据共享、区块链应用，实现营—调—配—用贯通，构建综合能源一体化运营模式。

多站融合能够为国家电网有限公司培育新的商业模式和利润增长点，强力推动能源互联网高质量发展，同时积累大型国企共享型商业合作模式经验，优势互补、互惠互利，有助于挖掘经济增长潜力。

4.6.4　热泵技术

热泵（heat pump）是一种将低位热源的热能转移到高位热源的装置，也是全世界备受关注的新能源技术。人们所熟悉的“泵”是一种可以提高势能的机械设备，例如水泵，可以将水从低位抽到高位。而热泵是一种能从自然界的空气、水或土壤中获取低品位热能，经过电力做功，可以向人们提供高品位热能的装置。所以，热泵实质上是一种热量提升装置，热泵的作用是从周围环境中吸取热量，并把它传递给被加热的对象。

热泵技术起源于 1912 年。20 世纪 50 年代末，随着工业建设新高潮的到来，热泵技术才开始引入中国。20 世纪 70 年代以来，热泵工业进入了黄金时期，世界各国对热泵的研究工作都十分重视，一些国际能源机构和欧洲共同体都制定了大型热泵发展计划，热泵新技术层出不穷，热泵的用途也在不断地开拓，广泛应用于空调和工业领域，在节约能源和环境保护方面起着重大的作用。进入 21 世纪后，由于中国沿海地区的快速城市化以及 GDP 的增长，再加上 2008 年北京奥运会和 2010 年上海世博会等因素，拉动了中国空调市场的发展，也促进了热泵在中国的应用。

热泵的工作原理和家用空调、电冰箱的工作原理基本相同，热泵与制冷在其系统设备组成与应用性能具有一致性，通过循环介质（氟利昂及其替代品）在蒸发器、压缩机、冷凝器和膨胀阀等部位的循环来将低温物体的热量传递到高温物体中去。热泵按照热源种类不同可分为：空气源热泵，水源热泵，地源热泵，双源热泵（水源热泵和空气源热泵结合）。为践行环保与节能减排的综合理念，新能源如太阳能等也开始作为热源融入空调等电器的应用中。按照热泵系统的热力循环形式可分为：蒸汽压缩式热泵、气体压缩式热泵、蒸汽喷射式热泵、吸收式热泵、热电式热泵，此外还有化学热泵和吸附式热泵、涡流管热泵等其他主要用于一些特殊场合的其他形式的热泵。

热泵机组主要由压缩机、蒸发器、冷凝器和节流膨胀阀四部分组成，如图 4-79 所示。其中，压缩机起着压缩和传送循环介质从低温处到高温高压处的作用，是热泵机组的心脏；蒸发器是输出冷量的设备，从蒸发器吸收的热量连同压缩机消耗功所转化的热量在冷凝器中被冷却介质带走达到制热的目的；节流膨胀阀对循环介质起到节流降压作用，并调节进入蒸发器的循环介质流量。

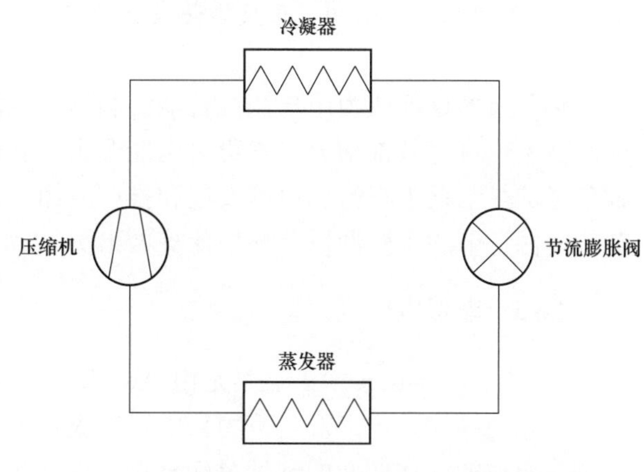

图 4-79　热泵机组结构图

目前，市场上大部分家用冷暖空调器和热水器都已经应用了热泵技术。热泵技术的运维成本较小，相较于普通运行方式，采用热泵运行的成本大概是普通空调运行成本的1/2。热泵技术在各类加热设备中，占据比例范围为 30%～70%，能够有效提升能源利用效率，保障运行效率。同时，利用热泵技术，可以充分利用空调的余热，制造出空调和生活热水同时产生的“两用机组”，也称为“热回收机组”。酒店的大型中央空调系统，利用部分空调冷回水为热源，加装一台水源热泵热水机组，可以为酒店全年供应生活热水。热泵技术可用于智能大厦的节能改造，降低高峰用电负荷，满足智能楼宇的安全、经济、可靠的用电需求。热泵可以有效利用地热能、太阳能等可再生能源以及工业余热、废热等，使采暖、空调、生活热水只应用一套设备即可完成。中小型热泵安装方便，控制灵活，在智能大厦中将会有广阔的应用前景。

2019 年初，北京出台《关于进一步加快热泵系统应用推动清洁供暖的实施意见》，提出到 2022 年，新增热泵系统利用面积 2000 万 m^2，累计利用面积达到 8000 万 m^2，占全市供热面积的比重达到 8%左右。北京大兴国际机场地源热泵结合冰蓄冷和电制冷技术，辅以区域燃气锅炉调峰，有效解决了机场 257 万 m^2 配套建筑的供热制冷问题。整个供热制冷系统将建设两个地源热泵能源站。地源热泵 1 号站冬季供暖方案采用地源热泵、烟气余热热泵机组、市政热力相结合的方式供热；夏季供冷则采用地源热泵和烟气余热热泵机组相结合的供冷方式。近期供能面积为 51 万 m^2，远期供能面积约为 142 万 m^2。地源热泵 2 号站冬季供热方案采用地源热泵和市政热力相结合的方式供热，夏季则采用地源热泵、冰蓄冷和常规电制冷方式供冷。近期供能面积为 46.15 万 m^2，远期供能面积约为 115 万 m^2。

2020 年在北京城市绿心公园内已开工建设两项工程，包括公园起步区地源热泵供热、供冷系统工程以及公园配套建筑地源热泵供热、供冷系统工程。前者新建两座能源站、地埋管取热装置及配套设施，配置 4 台地源热泵机组，布置地热孔 2535 个，可满足 38.84 万 m^2 建筑的冬季供暖和夏季制冷需求。后者新建 7 座能源站、地埋管取热装置及配套设施，配置 15 台地源热泵机组，布置地热孔 520 个，可满足 3.25 万 m^2 建筑的冬季供暖和夏季制冷需求。

热泵技术逐渐成为用户侧综合能源利用与能源互联网中的重要基础设施之一，结合互联网技术，可有效推动分布式可再生能源生产智能化。随着政策的和技术的不断完善，高效节能的热泵技术将得到快速发展和推广应用，并一定能在我国经济快速发展的进程中为节约能源，节约水资源以及环境保护做出贡献。

4.6.5 虚拟电厂

“虚拟电厂”这一术语最早是由 Awerbuch 博士于 1997 年在其著作《虚拟公共设施：新兴产业的描述、技术及竞争力》中以“虚拟公共设施”提出：虚拟公共设施是独立且以市场为驱动的实体之间的一种灵活合作，这些实体不必拥有相应的资产而能够为消费者提供其所需要的高效公共服务。虚拟电厂概念自提出以来，受到了欧洲、北美和澳洲多国广泛关注。虚拟电厂又称能效电厂，可以定义为将配电网中分散的可调负荷、储能、微电网、电动汽车、分布式电源等一种或多种可控资源聚合起来，实现自主协调优化控制，参与电力系统运行和电力市场交易的电源协调管理系统。它既可以作为“正电厂”向系统供电调峰，也可以作为“负电厂”加大负荷消纳，配合系统填谷；既可以快速响应指令，配合保障系统稳定并获得经济补偿，也可等同于电厂参与容量、电量、辅助服务等各类电力市场获得经济收益。建设虚拟电厂，不仅有助于缓解电力紧缺，还能够在较长的时期内持续发挥作用，因而可以和常规电厂一样成为一种资源。虚拟电厂并没有改变现有资源与电网的连接方式，而是相当于一个智能的“电力管家”，通过通信技术与智能计量技术，进行有效聚合、优化控制和管理，形成更加稳定、可控的“大电厂”，实现发电与用电的自我调节，为电网提供源网荷储一体化服务。

按照功能不同，虚拟电厂可分为两种类型——商业型虚拟电厂（commercial VPP，CVPP）和技术型虚拟电厂（technical VPP，TVPP）。CVPP 从商业收益的角度出发制定发电计划并参与市场竞标。CVPP 中每个分布式能源（DER）向其递交运行参数、边际成本、测量与预测数据等，结合市场价格预测、本地数据，CVPP 聚合 DER 容量，优化投资组合的潜在收益，制定发电计划，并同传统发电厂一起参与市场竞标。一旦中标，CVPP 与电力调度中心（ISO）和远期市场签订合同，并且向 TVPP 提交 DER 发电计划表和运行成本信息 。CVPP 的出现为小型发电机组进入交易市场提供了可能，而且 CVPP 可代表任意数量的 DER，同时 DER 也可以自由选择一个 CVPP 代表其加入电力市场。TVPP 从系统管理的角度出发，主要为所在地区的配电运营机构（distribution system operator，DSO）和输电运营机构（transmission system operator，TSO）提供平衡服务和其他配套服务。TVPP 管理的本地网络中，DER 的运行计划、边际成本、市场竞价等信息由 CVPP 提供，结合本地网络的实时状态，根据发电机运行参数形成聚合的 DER 或网络特性能力。TVPP 的运行需要本地网络信息和网络控制功能，因此 DSO 是最适合实现 TVPP 运行的选择。

欧洲从 2007 年起开展以中小型分布式发电为主要对象的虚拟电厂示范项目，欧盟 FENIX 项目将分布式电厂融入大型虚拟电厂并对其进行分层控制，实现其在电力系统中的优化运行。2016 年，澳大利亚燃气照明公司（Australian Gas Light Company，AGL）计划建设虚拟电厂，以此来连接澳大利亚南部 1000 个电池组，为家庭和企业供电。美国也计划建设基于储能的虚拟电厂，2016 年，纽约联合爱迪生公司（Consolidated Edison Inc）和圣伟杰能源公司（Sunverge Energy Inc）正式宣布，将投资 1500 万美元建设虚拟电厂试点项目，这是纽约州能源改革愿景战略的一部分，纽约市布鲁克林区和皇后区的 300 户家庭将获得高效的太阳能电池板和锂电池储能系统。该项目旨在探索基于软件的聚合储能系统产生收入流的可能性，主要用于输配电延期、削峰填谷、调频、发电容量市场和电力批发市场。

2017 年 5 月，我国首套“虚拟电厂”系统在江苏投运，该系统实现调控电厂发电的同时，也能调控用户用电，达到毫秒级的瞬时平衡。目前，江苏“虚拟电厂”毫秒级实时响应规模已达 1000MW，另有 2760MW 秒级准实时响应能力，规模为世界最大。2018 年 1 月，位于上海黄浦区九江路上的宝龙大厦第 8 次参与了虚拟电厂试运行，“发电”能力达 100kW。黄埔区商业建筑虚拟电厂由众多分布式储能设备集合而成，宝龙大厦仅仅是黄浦区虚拟电厂的一个项目。迄今，该区域虚拟电厂最大规模的一次试运行，参与楼宇超过 50 栋，释放负荷约 1 万 kW。2019 年 11 月，国网冀北电力有限公司物联网虚拟电厂示范工程投入运行，该示范工程运营依托 FUN 电平台，将实时接入与控制蓄热式电采暖、可调节工商业、智能楼宇、智能家居、储能、电动汽车充电站、分布式光伏等 11 类灵活性资源，容量约 226MW，涵盖张家口、秦皇岛、廊坊 3 个地市。数据显示，到 2020 年，冀北电网夏季空调负荷将达 600 万 kW，10%空调负荷通过虚拟电厂进行实时响应，相当于少建一座 60 万 kW 的传统电厂；“煤改电”最大负荷将达 200 万 kW，蓄热式电采暖负荷通过虚拟电厂进行实时响应，预计可增发清洁能源 7.2 亿 kWh，减排 63.65 万吨 CO_2。

虚拟电厂是能源互联网建设中的重要市场化资源调节手段，有利于节约能源、减少排放、优化用户用能感受、提高电力系统灵活性。因此虚拟电厂的发展需要包括发电企业、电网企业、用户、政府在内的各方共同推进电力体制改革，建立多方参与的市场化交易。完善市场准入、定价机制、交易规则、支持政策等一整套规章制度。在融合当前发电厂控制系统、调度系统、用电信息系统、市场交易系统的基础上开发虚拟电厂相适应的大型综合用能信息系统，并建立规范化的信息安全防护体系和制度。

4.6.6 电制氢

氢能是一种低碳清洁、长期存储、灵活高效、应用场景丰富的二次能源，电制氢是促进可再生能源大规模消纳重要途径之一，利用可再生能源制氢，可以平抑可再生能源并网发电的波动性，促进可再生能源富余电力消纳。通常把利用可再生能源生产的氢气称为绿氢。绿氢既作为工业原料又可以作为二次清洁能源利用，从而进一步丰富可再生能源在新型电力系统中的多元化应用。

电制氢过程示意图如图 4-80 所示，其中主要包括以下环节：①发电环节，主要将可再生能源转换为电能，供后续环节使用；②电制氢环节，主要包括电解槽，可以通过电解水生成氢气；③控制环节，主要用于氢能需求响应和供应预测，同时控制制氢环节跟随发电环节进行调节。

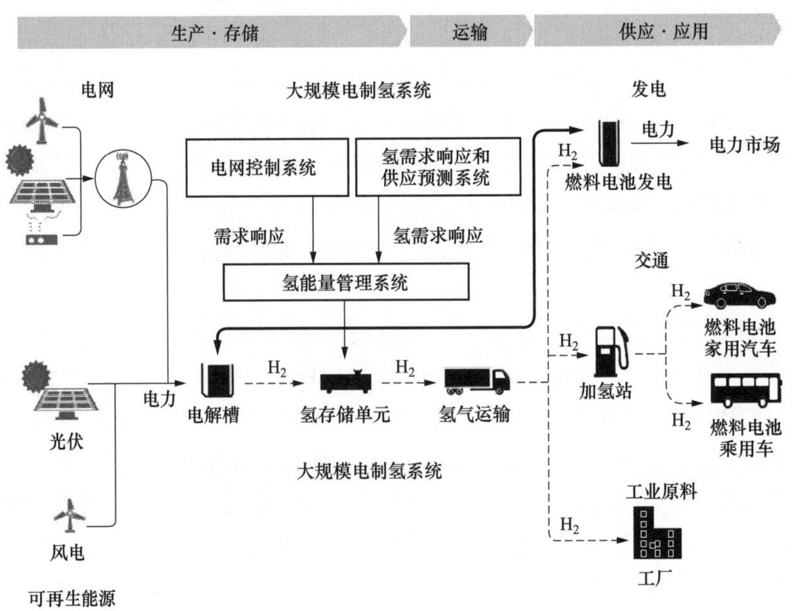

图 4-80 电制氢过程示意图

电制氢技术的关键环节为电解水部分，电解制氢技术按电解质种类不同分为碱性电解（alkaline water electrolyzer，AWE）制氢技术、质子交换膜电解（proton exchange membrane，PEM）制氢技术和固体氧化物电解（solid oxide electrolysis cells，SOEC）制氢技术。

（1）AWE 制氢技术。1902 年，欧瑞康工程公司把水中产生氢气的电解技术用于商业。AWE 制氢技术是目前最成熟、商业化程度最高的电解制氢技术，MW 级规模的电解装置已实现商业化应用。

碱性电解槽使用 NaOH 或 KOH 水溶液作为电解液，在阳极水氧化产生氧气，在阴极水还原产生氢气，具有操作简单、生产成本较低等优点，但是其存在体积和重量大、碱液有腐蚀性等问题。由于 AWE 的启动时间较长，停机后需要 30～60min 才能重新启动，因此，碱性电解槽与具有快速波动特性的可再生能源配合性能相对较差，适用于集中型稳定制氢场景。

目前，中国 AWE 制氢技术已经十分成熟，装置的安装总量为 1500～2000 套，多数用于电厂冷却用氢的制备。国产设备的代表企业有苏州竞立制氢设备有限公司、天津市大陆制氢设备有限公司等。但在电流密度、直流电耗等技术指标上与国外仍存在一定差距。NEL（挪威）、MacPhy（法国）、ErreDue（意大利）、Enapter（意大利）等公司也在开发和生产碱性电解槽。

（2）PEM 制氢技术。1966 年，在美国太空计划框架的支持下，GE 公司开发出第一个基于固体聚合物电解质（固体磺化聚苯乙烯膜）概念的电解槽，克服了碱性电解槽碱液腐蚀、污染的缺点。目前常用的商业化质子交换膜的公司有：Chemours、Fumatech、AGC 和 AsahiKASEI 等。

PEM 制氢技术具有以下关键优势：高电流密度（一般 2～3 A/cm^2，也可高达 10 A/ cm^2）、高产氢纯度（可达 99.9999%）、高负载灵活性（运行范围可达 5%～120%）以及提供电网平衡服务的能力。由于其快速启动/停止（分钟级）和控制响应能力，PEM 制氢对波动性能源的适应性较好。

PEM 电解是目前电制氢技术发展应用热点，美国 Proton、加拿大康明斯等公司均已研制出兆瓦级设备，百级单槽已商业化，并应用到德国、英国、挪威等多个风电制氢场中。国际上 PEM 制氢技术快速发展，但国内起步较晚，国内外差距明显。中国科学院大连化学物理研究所、全球能源互联网研究院、赛克赛斯等单位也已研制出百千瓦级 PEM 制氢装置，但在功率规模、电流密度、效率、可靠性等方面与国外差距较大。

（3）SOEC 制氢技术。20 世纪 80 年代，Dönitz 和 Erdle 首次报道 SOEC 电解池的研究结果。在此次报道中，该 SOEC 单电池在 0.3 A/ cm^2 电流密度下的电解电压低至 1.07V，实现了 100%法拉第效率。通常 SOEC 操作温度在 500℃以上，高温条件有利于提高化学反应速率，因而可使用相对便宜的 Ni 电极；同时，部分电能可通过热能提供，因而表观效率可高于 100%。与 AWE 与 PEM 技术相比，SOEC 的技术成熟度较低，尚处于实验室研发阶段，还未实现商业化，单槽仅千瓦级的规模水平。

在 SOEC 研究应用方面国内外差距较大，美国爱达荷国家实验室的项目 SOEC 电堆功率达到 15kW，德国 Sunfire 公司已研制出全球最大的 720kW 电堆，预计到 2022 年底，该电解槽可生产 100 吨绿氢。国内的中国科学院大连化学物理研究所、清华大学、中国科学技术大学在固体氧化物燃料电池研究的基础上，开展了 SOEC 的初步探索。清华大学已搭建 kW 级可逆固体氧化物电池测试平台。

目前美国政府及各州政府均有氢能应用项目建设及相关示范利用，典型试点包括加州兰开斯特项目和 H2@Scale 综合示范项目等。欧盟也已部署了一定的氢能项目示范，重点项目包括德国 H2 MOBILITY 加氢站计划、西班牙 Gas Natural Fenosa 公司电转气示范项目等。日本在北九州开展氢能社区试点，韩国已经启动氢能经济候选城市建设等。澳大利亚的重点项目包括 Jemena 悉尼绿色天然气项目和 Yara 绿色氢工厂项目等。

国内的氢能产业链已基本完善，初步形成从基础研究、应用研究到示范应用的全方位格局。2019 年，国网安徽省电力公司开始在六安建设 1MW 分布式氢能综合利用站电网调峰示范项目；2020 年，国网浙江省电力公司在浙江台州开始建设百千瓦级氢能源示范项目；2021 年，全国首个"氢能进万家"示范社区落户广东佛山，专注热电联供装备产业化。

总体而言，国内外的试点已经取得了一定的效果，相关项目的应用规模已发展至兆瓦级，但是为大幅降低成本，实现氢能的规模化应用以及与可再生能源相结合，还需在以下方面进行深入研究：①研究新能源输入对电解槽及制氢系统影响，解决可再生能源高比例并网问题；②提高电解槽和系统可靠性与耐久性；③提升电解槽关键材料与核心部件自主化研发水平。

4.6.7 能效管理

能效管理指通过利用管理、技术等措施，提高能源的转换和利用效率。能效管理贯穿煤炭、石油、天然气、电力等能源的利用过程。电能作为清洁、高效的能源，是风能、太阳能等可再生能源的首选利用方式，在终端能源的消费比例正逐年提升。能效管理主要是通过提升能源使用效率、降低能源总体消耗两个方面来实现。电力作为一次能源的主要消费者，又是二次能源的主要生产者，电力能效对整个能源行业的能效水平起着举足轻重的作用。提高电力能效管理水平，有助于提高能源综合利用效率，实现降低大气污染，应对气候变化的全球控制目标。因此，能效管理技术研究已受到各国政府、公用事业和企业越来越多的重视。

为规范节能产业的基础技术和基础数据，江苏省率先建立统一的能效数据中心，设计开发了省级能效管理平台，实现了能效项目的筛选、方案设计、合同签订、监测展示、统计分析、考核评价等功能。能效管理平台为企业用户提供用电数据、用能数据和电能质量状况，为企业开展能效评估、节能同业对标、制定有序用电方案、优化节能方案提供数据和业务支撑。2012 年，能效管理平台在江苏全省 13 个地市进行了推广使用，迄今已实现对全省 52 个能效小组的能效工作管理及考核。

能效管理平台有助于电力公司了解用户用能情况，促进有序用电、阶梯电价等需求侧管理，帮助用户制定节能方案，实现电力公司社会节能目标。能效管理平台为节能服务公司（energy service company，ESCO）提供业务管理平台和数据支撑，为节能服务公司提供节能知识库、节能量审核与验证、能效数据发布等技术手段。政府监管机构通过能效管理平台可以随时了解区域、行业、重要企业的用能情况、能效数据和节能效果，为政府编制地区、行业能效分析统计报告提供数据支持，为开展能效对标、需求侧管理、节能量考核提供业务支撑。

省级能效管理平台业务结构包含业务支撑层、业务应用层和业务互动层，如图 4-81 所示。

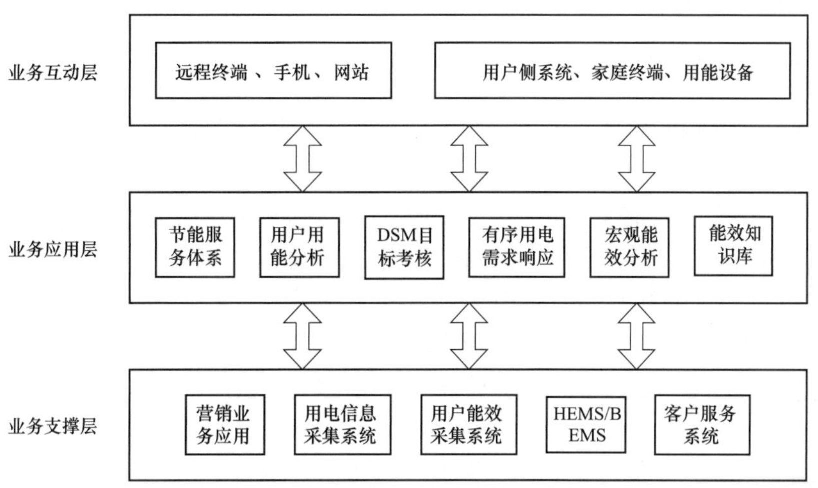

图 4-81　省级能效管理平台业务结构

业务支撑层是整个业务系统的基础，营销业务应用、用电信息采集、用户能效采集、家庭能源管理/楼宇能源管理、客户服务等相关业务系统成为能效服务业务的支撑系统，为业务层提供基础信息和业务流程实现。用电信息采集和营销业务应用为其提供营销业务支撑，其中，与营销业务应用接口获取用户的档案、属性等信息；与用电信息采集系统接口获取用户的负荷、电量、电流、电压等用电信息。

业务应用层是能效服务的核心层，包括 6 大业务模块，即节能服务体系管理、用户用能分析、需求侧管理目标考核、有序用电与需求响应、宏观能效分析、能效知识库等。这些模块服务对象各不相同。其中节能服务体系管理服务于电网公司内部节能服务；用户用能分析服务于用能用户；DSM 目标考核、有序用电与需求响应分析及宏观能效分析服务于各级政府；而能效知识库服务于所有对象。

业务互动层是通过远程或本地的互动手段进行展示和互动操作。远程互动通过远程终端、用户手机或服务网站进行，本地互动通过用户侧系统、家庭终端或用能设备提供互动服务。

2017 年，为积极推进新疆“十三五”节能减排能源计量、能效对标等相关工作的顺利开展，国家城市能源计量中心（新疆）开展了涉及能源计量审查、能源消费量统计及能效对标与能源审计、碳排放权交易与低碳计量、能源计量数据在线监测等方面的工作。目前，国家城市能源计量中心（新疆）已完成 33 家单位的能源计量数据在线采集工作，对 49 个合同能源管理（energy performance contracting，EPC）项目进行了节能量审核，建立计量器具档案库 85 家。

世界各国在发电、输配电、用户侧环节已形成了相对成熟的节能降耗技术和创新机制，如特高压输电、能效电厂概念、需求侧管理、配电网节能优化、电能替代等。英国能效提升项目发展趋势向好，超八成新项目主动采用节能先进技术，2015 年第 3 季度的节能技术主动采用率创下了 2012 年以来的新高。新项目主动采用率最高的节能技术是节能灯及灯控技术，占 50%以上；其次是建筑节能、消费者行为节能、光伏等，占 20%以上；制冷及通风等传统领域也占据 10%以上。

4.6.8 合同能源管理

合同能源管理（EPC）是一种节能服务模式，节能服务公司（ESCO）与客户签订节能服务合同，负责项目投资和实施，客户用节能效益（即被节约的那部分能源费用）支付项目费用。节能服务公司与有节能服务需求的客户签订合同后，开始能源审计和项目设计，方案实施后，负责项目投资或融资、采购、安装、实施、施工、人员培训等工作，客户负责项目运行，EPC 项目的流程图如图 4-82 所示。

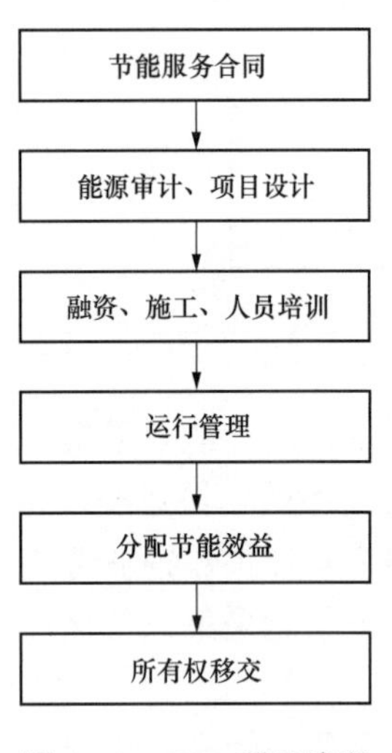

图 4-82 EPC 项目流程

20 世纪 70 年代中期以来，合同能源管理作为一种基于市场的、全新的节能项目投资机制在市场经济国家中逐步发展，ESCO 的发展也十分迅速，尤其是在美国、欧洲，其推动了节能产业迅速发展。美国爱迪生公司为了加强在电力销售中的竞争地位，实施了一种名为 PowerSpecTM 的技术，通过对用户的能源使用状况进行间断或实时地监测，对用户用电和满意度进行分析，以寻求为用户提供有偿的能源管理服务的机会；欧洲节能服务公司主要是帮助用户进行技术升级以及热电联产类的项目，项目投资规模较大、节能低碳效益分享的时间较长；西班牙 IDEA 能源机构，不仅为西班牙政府制定节能政策、提供咨询服务和技术支持，也是一家节能服务公司，作为国有公司，西班牙 IDEA 能源机构的基本职能是：通过合同能源管理、技术服务和咨询以及节能改造项目的开发，推进西班牙能源合理利用和可再生能源的应用。

我国自 1998 年 12 月推广合同能源管理，已经有 20 多年的发展历程，取得了一定的经济效益和社会效益。近年来，国家出台了一系列推动节能的政策支持。2017 年国务院发布的《“十三五”节能减排综合工作方案的通知》，取消了审核备案制度，建立节能服务公司、用能单位、第三方机构失信黑名单制度，将失信行为纳入全国信息共享平台，进一步打开市场竞争壁垒。近年来，国家标准委发布了合同能源管理相关标准，其中 GB/T 24915—2020《合同能源管理技术通则》规定了合同能源管理的技术要求和合同文本，适用于合同能源管理项目的实施。GB/T 40010—2021《合同能源管理服务评价技术导则》规定了合同能源管理服务的评价原则、评价内容和评价实施等。截至 2019 年底，全国从事节能服务产业的企业总数达 6547 家，比“十二五”末期增长 20.66%，行业从业人数达 76.10 万人，比“十二五”末期增长 25.37%。根据中国节能协会发布的节能服务产业《回望 2020》产业篇，截至 2020 年底，全国从事节能服务的企业有 7046 家，年增长率为 7.6%，节能服务行业项目约为 1245.9 亿元，同比上涨 9.2%。预计合同能源管理行业将保持 10%～15%的年均增速，2026 年，合同能源管理行业产值达 5873 亿元。

为了推动供给侧结构性改革，高耗能产业和电网企业需要对合同能源管理高度重视。

截止至 2020 年底，国家电网已经组建了 27 家省级综合能源服务公司，为使得合同能源管理被更多的潜在客户认可，国家电网使用能效服务网络建设作为基本手段，全力推进节能减排工作。为了解决合同能源管理中节能量审核与认定的难题，国家电网有限公司成立了 6 家具有国家级资质或者地方授权的能效测评机构其中包括中国电科院、国家电科院、新疆电科院和江西电科院等，全面、可靠开展能效审核工作，并且取得了优秀的社会效应和经济效益。目前，国家电网有限公司正在进一步扩大能效管理数据平台的建设，依托公司庞大的营销网络，公司内部成立上百个能效管理小组，全面开展对用户的节能服务。同时，公司已经建立健全的能效管理小组管理制度，并且制定了能效管理小组的活动计划，要求每个能效管理小组每年开展节能诊断的客户数量不得少于 10 家，定期开展节能服务讲座与技术交流论坛，在公司内部广泛推广先进节能经验。

在能源互联网环境下，合同能源管理将在企业节能服务方面发挥更大作用。企业通过集成绿色照明、冰蓄能、分布式能源、智能设备控制等技术，制定需求侧优化管理方案，实现设备节能、技术节能和可再生能源利用的融合，提高能源综合利用效率，使企业节约了能源成本。合同能源管理可以给能源企业带来较高的经济效益，同时带来一定的环境效益，对推动我国碳交易市场的发展有一定的促进作用。在碳排放的约束下，合同能源管理可以为企业带来不错的碳减排效益，有利于碳交易市场的发展。

4.6.9 综合能源服务

随着分布式发电、能源控制和管理、新能源并网及电力交易等业务的快速发展和广泛应用，综合能源服务（集成的供电、供气、供暖、供冷、供氢、电气化交通等能源系统）近年来在全球迅速发展。综合能源服务是一个宽广的业务概念，而非一个精确定义的市场概念，综合能源服务可以理解为利用智慧能源提供综合服务，是以可再生能源为优先，以电力能源为基础，集成热、冷、燃气等能源，综合利用互联网技术，深度融合能源系统与信息通信系统，实现多种能源的相互转化和优化配置，实现节能降耗、低碳绿色。总体来说，综合能源有两层含义，第一层次是指综合能源，涵盖多种能源，包括电力、燃气和冷热；第二层次是指综合服务，包括工程服务、投资服务和运营服务，并强调综合能源服务包含资金、资源和技术三要素。

综合能源服务的基本业务模式可从供能侧和用能侧出发，通过能源输送网络、信息物理系统、综合能源管理平台以及信息和增值服务，实现能源流、信息流、价值流的交换与互动，整个综合能源服务可看作是一种能源托管模式。在电力市场放开后，综合性的能源服务将成为电力企业未来新的业务增长点。随着互联网、大数据、云计算等技术快速发展，将形成融合清洁能源与可再生能源的区域微网技术的新型综合能源服务模式。综合能源服务对提升能源利用效率和实现可再生能源规模化开发具有重要支撑作用，因此，世界各国根据自身需求制定了适合自身发展的综合能源发展战略。

2015 年，美国落基山研究所推出了 Hazelwood Green 净零能耗城市综合开发区方案，该方案提出了一套更为创新的综合能源服务商（integrated energy service provider，IESP）模式。截至目前，美国 Hazelwood Green 项目是世界上最大的净零能耗城市发展综合体，其商业模式不仅提供更全面和高质量的综合能源服务，而且还以可量化和经济上可行的方式实现该地区实现净零能耗的目标。Hazelwood Green 是世界上最大的零能耗城市发展综合体，吸引了多家独角兽企业入驻。

目前，国内开展能源服务的企业主要是电网公司、节能公司、设备公司、服务公司和技术公司等设立子公司或股份公司。国内典型的综合能源服务供应商有南方电网综合能源有限公司、广东电网综合能源投资有限公司、阿里云新能源等。此外，2016 年 11 月，国内第一个发、配、售电一体化项目获批，即深圳国际低碳城分布式能源项目参与配售电业务，也在向综合能源服务转型。2017 年 10 月，国家电网有限公司下发《关于在各省公司开展综合能源服务业务的意见》，明确将综合能源服务作为主营业务，将综合能源服务业务作为新的利润增长点，培育新的市场业态，从卖电向卖服务转身，提升公司市场竞争力。2019 年印发了《推进综合能源服务业务发展 2019～2020 年行动计划》，重点布局综合能效服务、多能供应服务、分布式能源、专属电动汽车服务四大业务。南方电网公司在 2019 年印发了《关于明确公司综合能源服务发展有关事项的通知》，进一步明确了综合能源服务的发展重点是为客户提供多元化的综合能源供应及增值服务。据国家电网预测，中国综合能源服务产业将于 2020～2025 年进入快速成长期，市场潜力将从 0.5 万亿～0.6 万亿元增长到 0.8 万亿～1.2 万亿元；2035 年进入成熟期，市场潜力将在 1.3 万亿～1.8 万亿元之间。

为推动企业由电能供应商向综合能源服务商转型。国家电网有限公司从 2017 年就开始布局综合能源服务试点工作。天津是最早开展综合能源服务的省份之一，2017 年 10 月，国网（天津）综合能源服务有限公司就在滨海中新生态城注册成立，是国家电网公司系统内首个综合能源服务公司，天津的国网客服中心北方园区综合能源服务项目，已经实现了绿色复合型能源网建设与智慧服务型创新园区建设，并取得绿色建筑标识认证。园区以电能为唯一外部能源，通过建设光伏发电、地源热泵、冰蓄冷等多种能源转换装置，并创新性地使用光伏发电树、发电单车以及国内首个应用于工程实践的发电地砖等，规模化高效应用区域太阳能、地热能、空气热能 4 类可再生能源。绿色复合能源网运行调控平台主要包括光伏发电系统、地源热泵、冰蓄冷、太阳能空调系统、太阳能热水、储能微网、蓄热式电锅炉七个子系统，年效益总计达 987.7 万元。江苏无锡红豆工业园综合能源服务项目是江苏首个园区综合能源服务项目，红豆工业园开始“享受”到无锡供电公司的综合能源“私人定制”服务。通过能源规划设计和多能互补协调优化系统，实现对园区整体能源管理、提高园区整体资源利用效率。项目年度节约电能消耗可达 2104 万 kWh，折合标准煤 7364t，减少 CO_2 排放 1.9 万 t。在取得显著社会效益的同时，还有明显的经济效益，项目总投资约 1400 万元，预计 3.5 年就可收回投资。目前，中国正加快形成以国内大循环为主体、国内国际双循环相互促进的新发展格局，科技、消费、产业等内循环逐步贯通，将进一步激发综合能源服务市场潜力。

未来，综合能源服务将成为践行节能降碳国家政策的有效载体、推动能源转型升级和经济协调发展的重要抓手，预测“十四五”期间市场规模将达到万亿级，是推动“碳达峰、碳中和”的重要生力军和排头兵。

4.6.10 多能转换

多能转换是一种能源系统集成技术，包括光—电转换、电—气转换、电—热转换等，可在充分利用可再生能源的基础上，统筹调节多种能源之间的分配关系。多能转换主要解决单一能源供能灵活性弱、经济成本高、系统运行效率低等问题，能够满足用户多元用能需求，提高整个系统中各设备利用率和能源综合利用效率。

技术研究方面，欧洲众多的电转甲烷项目侧重于对工艺的高效化与经济化研究。2016 年 3 月，欧盟启动了预期 4 年的电转甲烷技术成熟度评估项目 STORE& GO，总预算为 2800 万欧元。项目在德国、瑞士、意大利等 3 个地区同时进行了对比试验，3 个地区分别利用当地的风能、太阳能、风能作为电源，试验规模分别为 1MW、700kW、200kW。项目涉及 3 方面不同的电转甲烷工艺理念对比，分别为生物甲烷化与催化甲烷化技术对比、碳源的大气捕捉与生物质气化技术对比、甲烷产品的液化处理与直接注入气网对比。日本的热泵空调器于 20 世纪 70 年代进入市场，经过 30 多年的发展，日本热泵市场已经比较成熟，日本热泵主要集中于空气源热泵，目前的研究热点是将热泵系统推广应用于寒冷地区，并保证高性能。

多能转换在系统高度上按照不同能源品位的高低进行互补综合利用，并统筹安排好各种能源之间的配合关系与转换使用，以取得最合理的能源利用效果与效益。如图 4-83 所示为多能转换原理示意图，多能转换技术整合区域内天然气、电能、热能等多种能源，并配套储能装置调节平抑负荷出力特性，实现多种能源的优化运行、协同供应和互补互济，从而满足用户多种能源需求。

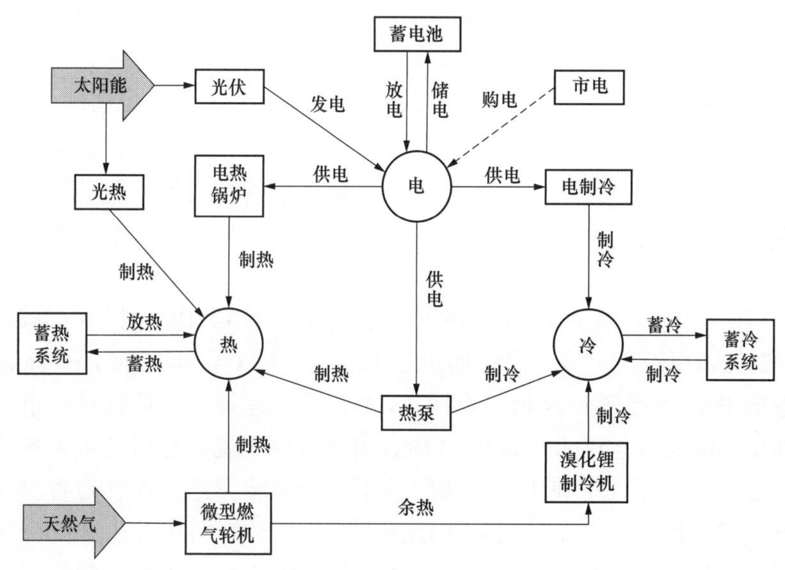

图 4-83　多能转换示意图

常见的多能转换技术有电转气（Power-to-gas）技术、电蓄冷热技术、高效热泵技术等。

（1）电转气技术（简称 P2G）是指通过化学反应将电能转换成气体燃料的技术。电转气技术主要包括电转氢气和电转甲烷两类。电转气技术主要涉及两个化学反应过程，即电解水反应和甲烷化反应。前者将电能通过电解水的方式来产生氢气并进行储存，常用的电解水技术主要有碱性水电解（AWE）和质子交换膜电解（PEME）；后者是在前者的基础上，利用氢气与 CO_2 反应生成甲烷合成气，常用的甲烷化技术有托普索甲烷化技术（TREMP）

和戴维甲烷化技术（CRG）。P2G 技术不仅能够实现从电能到天然气的转换，而且能够进一步加深电—气综合能源系统的耦合，进而减少 CO_2 的排放，实现对能源的高效存储。由于 P2G 技术具有响应速度快、调度特性灵活等优点，可以有效提高风电利用率，减少弃风现象，因此可广泛适用于工业与交通领域。

（2）电蓄冷热技术是将电能转化为冷能或热能，并将其存储在蓄冷或者蓄热装置内的技术。电蓄冷技术以蓄冷式中央空调为代表，电蓄热技术以蓄热式电锅炉为代表。电蓄冷热系统在常规电制冷热系统的基础上增加了蓄冷或蓄热装置，充分利用低电价时段和用电低谷时段电网多余的电力，将电能转化为冷/热能存储在蓄冷/热介质中，并在高电价时段或用电高峰时段释放，以达到用户经济性和参与电网调峰的目的。

存储冷热能的方式主要有显热蓄冷（热）、潜热蓄冷（热）和化学反应蓄冷（热）三类。显热蓄冷（热）利用物质的比热容大小，其内能随着温度降低（升高）从而储存冷（热）量；潜热蓄冷（热）主要利用物质发生相变时内能的变化而储存冷（热）量；化学反应蓄冷（热）利用物质间的可逆化学反应或者化学吸/脱附反应进行储存冷（热）量。电蓄冷热技术不仅能够缓解污染问题、提高供冷供热质量，而且通过利用弃风弃光电、低谷电，从而降低运行成本，增强清洁能源消纳能力，提高电网效率，起到“移峰填谷”的作用。该技术可广泛应用于办公写字楼、宾馆、小区、商场、医院、影剧院等冷热负荷大且与用电高峰基本一致的建筑体。

（3）高效热泵是指在少量电能驱动下，将空气、水、土壤、废弃物等资源中包含的低品位能源充分转化利用，以提供高品位热源的节能技术。高效热泵技术与家用空调、电冰箱的工作原理基本相同，热泵技术与制冷技术在其系统设备组成和应用性能上具有一致性，其通过循环介质（氟利昂及其替代品）在蒸发器、压缩机、冷凝器和膨胀阀等部位的循环来将低温物体的热量传递到高温物体中。高效热泵技术具有高效、节能环保、安全可靠、运行稳定、能够一机多用等优点，适用于空调、制药、化学工业以及需要供热供暖的建筑领域。

截至 2017 年一季度，欧洲 P2G 示范项目装机容量约 30MW，其中 60%以上均以氢气为最终产品，23%以甲烷为最终产品。西班牙电气供应商 Gas Natural Fenosa 表示，其位于巴塞罗那附近的 P2G 示范项目开始了为期 18 个月的试运行。该项目是一个污水处理厂的配套设施，其生产的氢气与污水处理厂的 CO_2 用于合成甲烷，然后注入天然气管网。2020 年，我国全球首个规模化（千吨级）合成绿色甲醇示范装置已经在甘肃省兰州新区的绿色化工园区先行先试，提供了一条从可再生能源到绿色液体燃料甲醇生产的全新途径。新建成的北京大兴国际机场多能互补地源热泵工程是目前国内最大规模的热泵工程项目，已获得了较高的社会效益与经济效益。数据显示，该地源热泵系统每年能提取浅层地热能 56.36 万吉焦，可满足 257 万 m^2 建筑的冬季供暖和夏季制冷需求，节省天然气 1735.89m^3，可减少碳 CO_2 排放 1.8 万 t 以上。

多能转换是构建能源互联网的系统集成技术具有广阔的应用前景，结合国内目前正在开展的电力体制改革以及新技术的不断更迭，多能转换将向着可再生能源电力的发、输、配、储、用一体化的局域电力系统发展，与大型能源网络结合，相辅相成，共同发展。

4.6.11 电力气象监测及预警

电力气象监测及预警指的是通过气象科学、信息技术等手段，将变电站、线路、杆塔等电力设施与气象数据叠加，对可能对电网安全运行造成影响的各类气象参数进行预警的集成技术，主要检测的数据有风速、风向、雨量、温度、湿度、大气压强等气象参数。

电力行业是气象高敏感性和高需求性行业，其生产、建设、运营受环境气象因素影响极大，电网多年运行经验表明，架空输电线路等输变电设备长期暴露于大气环境之中，易受气象灾害如雷暴、冰灾、风灾、地质等灾害的袭击而发生故障，电网能否安全可靠运行与外部气象环境有密切关系。近年来，各种因素造成台风、强对流、大雾、高低温等天气现象异常多发，较之以往气象灾害愈加频繁。随着全球气候的不断变暖、异常气象灾害的增多以及电网规模的不断扩大，气象灾害对电网影响的频度和程度还会继续增加。电力气象预警技术能为电力气象灾害处置提供统一的气象监测、气象预报、电网灾害预警、信息报送等技术支撑，便于运行人员掌握相关气象情况和发展趋势，及时应对各类电网灾害。

近年来，为应对气象灾害、保障电网安全并提高供电可靠性，电网公司和气象部门不断合作，开展气象信息的接入和信息系统的建设。特别是在2008年发生大范围的极端冰冻灾害后，国家电网有限公司与中国气象局在电网安全灾害性天气预警和应对方面开展了广泛的合作，2010年12月，国家电网有限公司与中国气象局签署了《关于提高电网气象防灾减灾能力的合作框架协议》，国家电网各省级公司纷纷建设气象监测预警系统。南方电网有限公司建设了“南方电网气象信息应用决策支持系统”。这些举措有利于提升电力系统气象信息应用水平，促进气象科学与电力技术的结合，推动气象服务向精细化预报、深度融入用户需求的方向发展。

电力气象监测预警系统功能主要包括电网气象监测、电网气象预报、电网灾害预警、电网专题图、后台管理5个模块，系统总体架构如图4-84所示。电网气象监测模块实现气

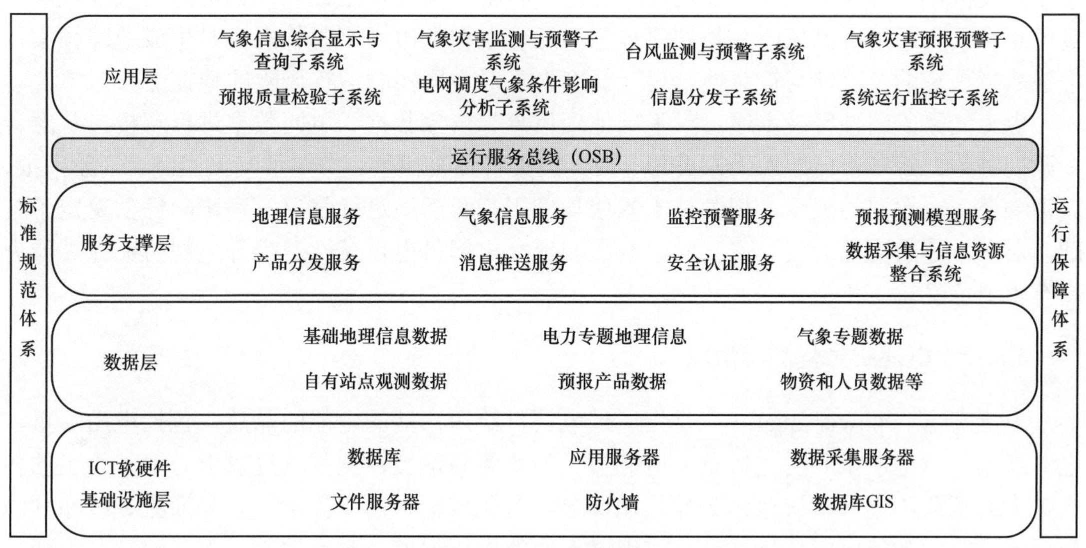

图4-84 电力气象灾害监测预警系统总体架构

象实况数据、气象雷达数据、卫星云图数据、雷电数据的实时接入，并按照气象数据常见的展示方式在地图上进行空间数据展示。电网气象预报模块实现气象精细化格点数值预报接入，并通过格点预报对杆塔资料的反演，使得每个杆塔均有相关气象预报信息，实现精细化杆塔预报。该模块可实现中短期预报产品、防火专题产品、黄河凌汛专题产品、道路覆冰产品的制作与发布。电网灾害预警模块可实现气象预警信号接入，在气象监测、预报数据基础上，通过开发覆冰、低温、风偏等电网灾害预警算法模型，实现电网灾害预警及信息靶向发布。目前，电网灾害预警模块实现的主要功能有对覆冰、山火、污闪、大风、强降水、高温、低温灾害预警等。电网专题图模块实现内蒙古电网污区分布图、雷区分布图、涉鸟故障风险分布图、风区分布图、山洪沟流域分布图等各类电力专题图的接入展示，同时可基于气象数据绘制风区分布图，基于雷电监测数据绘制雷区分布图。电网专题图模块同时接入历年输变电设备雷击、鸟害、风害、污闪等故障信息，实现了电力历年灾害空间展示，通过热力图直观展示历年灾害的分布情况；实现故障的统计分析，进行各类故障多发时间及范围的预警。

福建电网于 2009 年就开展电网气象信息预警系统的建设，该系统的主要气象数据包括历史气象数据、实时气象要素数据、气象预报数据及气象灾害数据，能够对暴雨、台风、冰雪、大雾等气象灾害进行预报和预警，是全国首个投入运行的省级电网气象预警系统。2014 年，国网江苏省电力公司电力科学研究院自主研发建设了电网气象灾害监测预警系统，该系统实现了对引起电网风偏、倒塔等直接灾害和污闪、覆冰等次生灾害的台风、强对流、污秽等灾害性天气的实时监测、预报以及输变电设备预警，灾害预警覆盖率 100%，其预警信息对电网运行控制和防灾救灾争取了时间，对提高供电可靠性、提高电网防灾抗灾能力具有重要意义。2021 年 7 月，华东电网气象风险量化预警系统正式上线，实现了华东电力调度控制分中心与四省一市调控中心对电网气象扰动的信息化协同处置。该系统依托调控云平台气象数据，将气象环境数据、地理环境、输变电设备与电网实时状态相结合；通过深度机器学习技术梳理华东电网历史故障特征，量化研判数字化输电通道气象风险，实现恶劣天气下电网高风险故障超前预想；还可以根据电网实时状态实时生成故障预案，增强故障预想的及时性与针对性，提升调度人员对电网实时运行风险的管控能力。

电力气象监测预警技术通过对基础地理信息、气象数据、电网数据进行解析，从融合多源观测数据等基本问题入手，研究电网各类灾害预警模型，实现了气象监测、气象预报、灾害预警、专题图的展示。相关技术的成功应用为科学地进行气象灾害影响评估奠定了基础，对于快速启动电力气象灾害应急响应和提高电网供电可靠性、提升电网防灾减灾能力具有重要意义。

4.6.12　电能质量监测与治理

电能质量（power quality）是指通过电网供给用户端的电能的品质，包括电压质量、电流质量、供电质量和用电质量。电能质量的监测与治理，就是通过以电力电子为主的各类技术装备监测电网，快速诊断并优化调节，避免或减少由于闪电、开关涌流、线路故障和谐波源等引起的电能质量扰动，实现对电网的电压偏差、频率偏差、电压波动和闪变、谐波进行在线监测与治理。

随着可再生能源的大规模并网，新能源发电广泛采用的电力电子设备给系统造成了严重的谐波污染，其功率波动性和随机性造成的电压波动和闪变恶化了系统电压质量。同时，由于系统中的发电机、变压器和线路等设备非线性或不对称，负荷性质多变，加之调控手段不完善及运行操作、外来干扰和各种故障等原因，造成了配电台区低电压、三相负荷不平衡以及谐波现象等电能质量问题。21 世纪后，美国电力可靠性技术协会（Consortium for Electric Reliability Technology Solutions，CERTS）研究的重点是利用微网系统提高重要负荷的供电可靠性，同时满足用户定制电能质量的需求。美国微网示范工程主要用于可再生分布式能源并网、提高供电可靠性及作为一个可控单元为电网提供支持服务。日本和中国也对电能质量的监测和治理提出了切实可行的政策和制度以及技术方法，具体包括了公用电网公共供电点的电能质量监测、干扰负荷测试与评估和电力设备电磁兼容测试等方面的内容，中国关于电能质量的现行标准有 GB/T 14549—1993《电能质量　公用电网谐波》、GB/T 15945—2008《电能质量　电力系统频率偏差》、GB/T 12326—2008《电能质量　电压波动和闪变》和 GB/T 12325—2008《电能质量　供电电压偏差》。

电能质量监测即扰动识别，往往是根据电能质量检测所提取的特征量，并对特征量进行分析从而实现分类。对扰动源定位则分为谐波源定位和电压暂降源定位两种，其中，谐波源定位的本质就是检测系统侧和用户（负荷）侧对公共耦合点谐波电流和电压进行分析，确定哪一侧为主要谐波源；电压暂降源的定位就是依据电能质量监测装置的电压、电流波形来确定引发电压暂降的扰动源来源于监测装置的哪一侧。对这些扰动源的精确定位有助于选择合理的治理措施。

（1）低电压主要和负荷点与线路首端间线路的阻抗、台区变压器阻抗和台区变压器二次出口功率等因素有关，并且将增大变压器和互感器的绕组损耗、使得电容器无功输出功率成平方次下降，导致如空调等的电动机无法启动。且由于用户数量巨大，无法通过覆盖所有用户的电压监测来全面掌握电网电压状态，无法掌握真实的低电压状态，无法有效评估治理措施的效果。现阶段主要从配电网改造和运行方式调整、增设治理设备和其他新技术方法来解决配电网低电压问题。

（2）电力系统三相不平衡通常分为事故性和正常性两类。系统不对称故障是事故性不平衡问题的主要来源。正常性不平衡问题通常在较长时间内持续存在，主要由不平衡负载所引起，如冶炼系统用电弧炉、电气化铁路的牵引机车等。系统三相不平衡将增加电网损耗、威胁电网安全运行、缩短电机寿命等危害。缓解不对称负荷引起的三相不平衡问题，可通过在不同供电点分散接入不对称负荷，减小符合接入的集中度；在三相间合理分配接入不对称负荷，实现相间平衡；通过更高电压等级电网直接向不对称负荷供电。

（3）电网谐波源主要分为变压器、电抗器等含有铁芯的电气设备造成的铁磁饱和型，其产生的谐波电流含量相对较低；冶金、化工、铁路等行业的各种交直流换流装置造成的电子开关型，其分布最广且数量最多；各种炼钢用设备、金属熔化设备和电焊机造成的电弧型，是一种冲击性、不对称、时变和非线性符合，同时也是引起三相不平衡及电压波动和闪变的来源。

目前谐波治理技术主要包括被动和主动两类。被动谐波治理技术最主要的是增设无源滤波器，包括高通谐波器、单调谐和双调谐滤波器等，目的是将注入至系统的谐波减小至满足标准规定的水平；基于电力电子技术的有源滤波器也具有谐波抑制能力。主动谐波治理的思路是降低谐波源产生的谐波或不产生谐波，主要包括采用脉宽调制技术和增加变流装置相变或脉冲数，将直流电逆变为需要的电压波形序列，或增加变流器注入电网的最低次特征，从而到达抑制和减少谐波电流。

国家电网有限公司在三相不平衡和谐波分析与治理研究方面，已经整体达到国际先进水平。2020 年，完成了冀北电网和山东电网的 64 座风电场电能质量评估和 5 座风电场的电压不平衡和谐波治理，通过阐明风电汇集地区电压不平衡的机理，解决了长期困扰张家口、承德电网运行人员电压不平衡机理不清的难题；基于动态无功补偿装置分相调节和三相无功潮流优化的系统级电压不平衡控制策略应用于承德木兰风电汇集系统，大风工况下木兰站电压不平衡度由 2.44%降为 0.4%以下。张家口察北地区和承德木兰地区的电压不平衡及谐波治理。察北站下风电场装机容量为 898MW，木兰站汇集风电 1349MW，根据原来的脱网规律，按照每年脱网约 5 次，每次停电 24h 计算，每年通过减少脱网而增发的电量约 0.6 亿 kWh，可降低 CO_2 排放 15 万吨；大秦、张唐电铁穿越区域 4 座牵引站、3 座变电站、1 座风电场共计 15 次电能质量实测，累计测试时长 580h；三相对称电力电子牵引站拓扑已完成 45kVA 容量样机试验，给出了电铁牵引站与新能源场站临界电气距离量的定量计算方法，可用于指导电铁牵引站选址优化。

4.6.13 MEMS 电场传感器技术

MEMS 电场传感器是指采用微机电系统（Micro-Electro-Mechanical Systems，MEMS）工艺（光刻、腐蚀、薄膜、LIGA、硅微加工、非硅微加工和精密机械加工等），制作尺寸在毫米级乃至更小、可感知电场强度大小的智能系统。MEMS 电场传感器内部结构在微米和纳米量级，集成了微机械结构、微执行器、信号处理和控制电路等单元。MEMS 电场传感器具有传统传感器所无法比拟的特点，体积小、价格低廉、易于批量生产、易于集成、低功耗等，在一些空间受限的应用背景下，优势更加明显。

基于 MEMS 技术的微型电场传感器是以电荷感应原理作为理论基础，主要分为场磨式与振动电容式两类，如图 4-85 所示。对于静电场，导体上的感应电荷不会发生变化，场磨

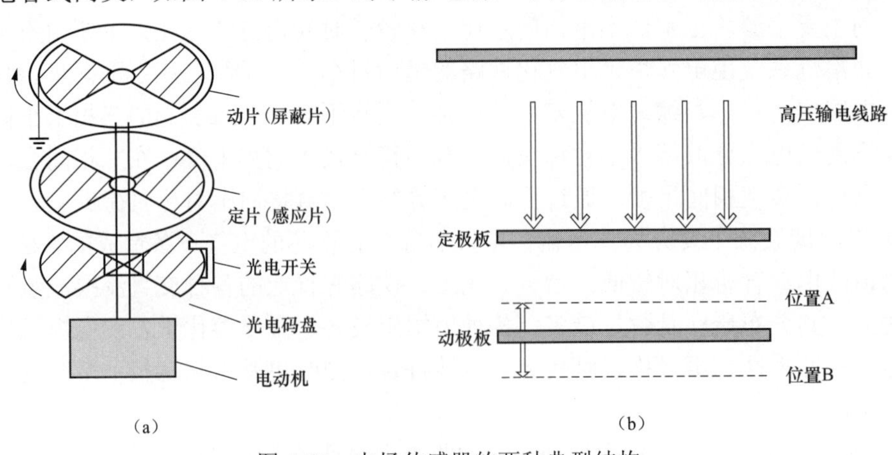

图 4-85　电场传感器的两种典型结构

（a）场磨式电场传感器结构示意图；（b）振动电容式电场传感器结构示意图

式电场传感器通过机械旋转将感测电极周期性的屏蔽和暴露在待测电场中，通过这种调制方式，将直流场转换成交流信号输出；振动电容式电场传感器的测量原理主要是依据动态电容技术，典型结构是在带电导体附近的金属板，与受后端信号驱动而振动的另一个感应金属板构成一个可变容的电容传感器。

在国外先后有波士顿大学、加州大学伯克利分校、亚德诺半导体公司、曼尼托巴大学、剑桥大学、日本先进工业研究院、维也纳大学等开展了 MEMS 电场传感器的研究，设计出了多种 MEMS 电场传感器敏感结构，取得了重要的成果。自 2001 年开始，中国科学院电子学研究所开展 MEMS 电场传感器研究，研制出多种具有自主知识产权的微型电场传感器敏感芯片，分辨力等关键性能指标达到国际先进或领先水平，并在国际上首次实现了微型电场传感器的工程应用，产品已应用于电网、航天、国防、和气象等多个领域。所研发的工频电场传感器样机分辨率可达 10V/m，达到国际领先水平。如图 4-86 为中科院电子所研发出的一维电场敏感芯片示意图，该一维电场敏感芯片基于感应电荷的原理进行电场测量，当屏蔽电极与感应电极的相对位置发生周期改变时，感应电极表面的电场分布也会发生周期变化，从而感应电极表面的感应电荷总量变化形成了电流，该电流信号的幅值与待测电场强度大小成正比。将输出电流进行 I/V 转换和放大得到更加便于测量的电压信号。

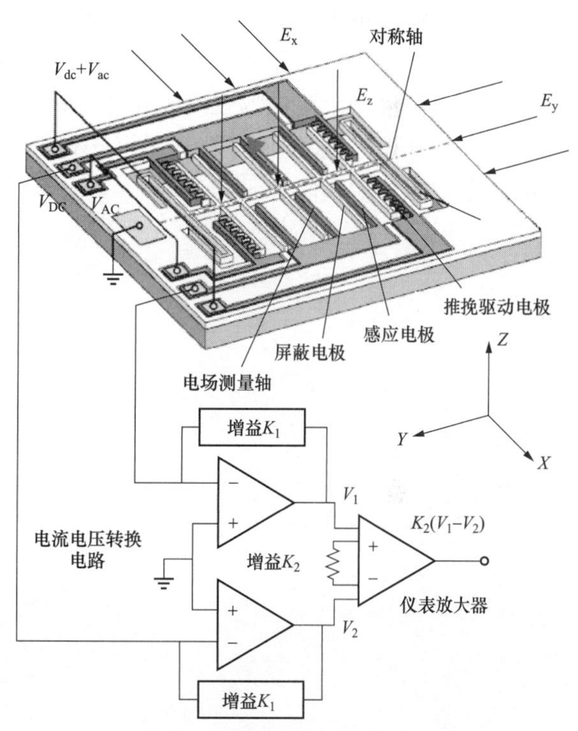

图 4-86　一维电场敏感芯片示意图

一个完整的 MEMS 电场传感器应该包括驱动结构、电场感应结构、悬空的弹簧结构、速度感应电容阵列、小信号检测电路、速度检测电路和自谐振稳定电路。由电场传感器感应电极感应到的电流信号通过跨阻放大器，将电流信号转换成电压信号，然后通过后续的锁相放大器来提取固定频率的信号分量，即锁相放大器相当于一个带通滤波器。速度检测电路和自谐振电路主要为了维持整个系统工作在谐振状态。目前已经通过上述原理研发出一系列的电场传感器，但是这些传感器要么电场感应面积利用不充分，要么采用较为昂贵的 MEMS 工艺，从而导致造价明显偏高，使其在应用和批量生产等问题上仍然存在一定的问题。需要从版图设计、相关工艺流程、信号检测等环节进行研究攻关。

MEMS 电场传感器可以应用于电力设备内外部电场分布状态的测量。如果进一步集成融合取能、无线通信模块后，可嵌入式安装到高压设备内部进行电场测量。MEMS 电场传感器典型应用场景有线路电磁环境、非接触式电压测量、电网安全防护等。

（1）输电线路的电磁环境监测。高压输电线路地面电磁场强度是确定线路最小对地高度及规划线路走廊宽度的重要依据。高压输电线路下的电磁环境受到越来越多的关注，特别是高压线下的电场强度，已成为环境保护和电磁兼容技术领域中不可忽视的问题。采用高性能的 MEMS 工频电场传感器在输电线下进行现场测试，可完成输电线路电磁环境测量评估。

（2）非接触式电压传感器。基于 MEMS 技术的电场传感器凭借其体积小、空间分辨力高、功耗低、易于集成、无电机易磨损部件、可靠性高、交直流同时测量等突出优点，成为电场探测技术的重要前沿发展方向。MEMS 电场传感器主要采用微电极的振动周期性扰动感应电极周围电场变化，产生感应电流，然后通过 I/V 转换电路将信号放大实现被测电场检测。非接触式电压传感器可实现交直流电场/电压同时测量，助推低压侧全面感知。

（3）可穿戴式近电预警装置。电力系统巡检、带电作业人员靠近高压带电设备时，电场所形成的跨步电压和静电放电会导致作业人员心理恐惧或误操作，危害人身安全和电力系统运行安全。为了防止由于电场过强而导致的安全事故，一些国际组织和机构针对公众环境和电力环境制定了电场强度安全限值。基于微型电场传感器开发的可穿戴式防护设备，在工作人员靠近高电场强时发出报警信号提醒人员注意，对于长期处于高电场环境工作人员的安全隐患，做到防患于未然。

第五章　能源互联网设备与系统

能源互联网的设备与系统是能源互联网物质基础。本章按照设备、系统和设施的层次结构，概况性描述了能源互联网设备、系统及设施的架构、原理及应用。期望在总体上更好地把握国内外能源互联网相关设备、系统及设施的概念范畴、技术形态及发展趋势。

5.1　设　　备

本节主要介绍了能源互联网中重要设备，主要包括输变电、保护控制、通信网络等方面的一二次设备。

5.1.1　气体绝缘金属封闭开关设备

气体绝缘金属封闭开关设备（gas insulated switchgear，GIS）是部分或全部采用高于大气压的气体作为绝缘介质的金属封闭开关设备和控制设备。GIS 由断路器、隔离开关、接地开关、互感器、避雷器、母线、连接件和出线终端等部件组成，这些设备或部件全部封闭在金属接地的外壳中，在其内部充有一定压力的 SF_6 绝缘气体，故也称 SF_6 全封闭组合电器。

GIS 广泛用于人口密集的大城市，用于湿热、污秽及高寒地区等严酷环境条件。GIS 有装于户外的、有装于地下室的、有装于楼顶的、也有装于水电站山洞中的，可以说是一种深受用户欢迎的高压电器设备。ZF11-252（L）型封闭组合电器是 220kV 系统中广泛应用的一员。ZF11-252（L）型封闭组合电器总体结构见图 5-1。

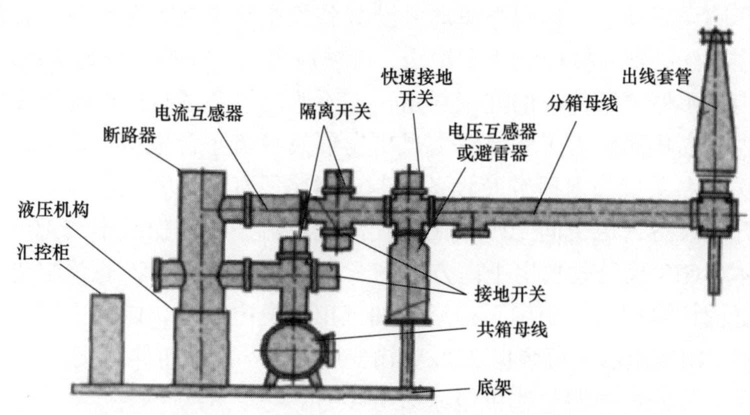

图 5-1　ZF11- 252（L）型封闭组合电器总体结构

断路器是 ZF11-252（L）型封闭组合电器（以下简称 ZF11）中最重要的部件。该断路器为单断口，三相分装立式布置。液压机构置于本体的下部，所有的液压元件均装在机构箱内，并采用集成块式简化机构，以减少漏油环节，提高断路器的可靠性。断路器可以分相操作，也可电气三相联动。断路器根据主接线方式的不同可采用 Z 形、U 形布置。

其导电回路为：电流从盆式绝缘子的导电杆进入，经下部的连接流入缸体，通过滑动触指进入动触头，再经过动、静触头主回路，流入静触头座，最后经上部的电连接和盆式绝缘子导电杆流出。断路器内充以相对压力为 0.6MPa 的 SF_6 气体，作为绝缘和灭弧介质。每台断路器为一单独气室，由盆式绝缘子与相邻气室隔离。灭弧室可以在检修时整体吊出金属壳体，便于检修。隔离开关是该 GIS 的标准单元之一，它有垂直和水平两种布置方式，还能灵活地与接地开关组合。隔离开关分两种类型：一种为普通型隔离开关，配电动机构；一种为快速型隔离开关，配弹簧机构。

接地开关与隔离开关的结构基本相同，也分普通型和快速型两种，都配同一种电动机构和弹簧机构，而且都采用三相机械联动。ZF11 三相共箱母线是三极装在同一金属壳内，主要有母线筒体、导流母线、支撑绝缘子组成，导流母线采用等腰三角形布置。三相母线由可调绝缘子支撑，内充注 0.45MPa（20℃）的 SF_6 气体，起汇总、分配和传送电能的作用，最高通流能力达 3150A。

电流互感器在线路正常运行状态和过载以及短路故障时，测量电流，给测量仪表和继电保护装置提供电流参数，电压互感器为电磁式电压互感器作为 252kV 电力系统电压测量和保护用，避雷器用于保护 ZF11 的电气设备绝缘免受雷电和部分操作过电压的损害，出线套管供架空线与 ZF11 连接用。

GIS 设备具有安全可靠、环境耐受力强、经高质量的检验，现场安装工作量小、具有可靠的导电性能、涡流损耗小、优异的壳体结构、高度的绝缘可靠性等优点。GIS 设备全部带高电压部件均置于密封金属壳体内，壳体内的 SF_6 气体不仅充当内部绝缘介质，同时还作为断路器的灭弧介质，产品无触电危险，使操作者得到了最大的安全保证，也减少了维修的要求。

GIS 类设备普遍使用 SF_6 作为绝缘气体，要求的泄漏率为不超过 0.5%/a。然而，在设备运行过程中由于质量缺陷及运行环境影响，常常发生漏气现象，使得气体泄漏率超出标准要求，进而影响设备安全，情况严重时甚至导致停电等电网安全事故。在漏气封堵方面主要采用密封注剂法、复合材料法兰重塑法、机械冲击法、胶接导流封堵法、夹具胶接法。这些技术均可用于不停电条件下的漏气封堵，在不影响设备运行的情况下完成设备消缺。

目前，国内平高集团致力于满足海上风电发展及换流平台轻型化需求，在国内率先开展直流 GIS 开关设备关键技术研究及设备研制，相比现有的敞开式直流开关，直流 GIS 开关设备可减少开关设备占用空间 70%以上，使海上换流平台体积减小约 10%，大大节约了平台的建设成本。GIS 现已成功用于南方电网云南至广东±800kV 直流输电工程穗东换流站工程、四川猛固桥水电站、中国石油塔中油气田输变电工程、国家电网上海公司 110kV 民府输变电工程、国家电网上海金枫 220kV 输变电工程、广州市轨道交通四号线、九号线、十三号线、二十一号线、十四号线供电系统等项目。

由于 GIS 具有可靠性高、维护费用低、工作量小的优势，今后完全有可能媲美敞开式设备。随着运行经验的积累，处理故障能力提高，手段也变得多样化。从电网和社会需求的发展上看，下阶段户内设备小型化、紧凑型的要求将是一个趋势，节约土地资源及城市架空输电线入地等需求都会促进 GIS 的应用。随着能源互联网的深入，GIS 的应用前景将非常广阔。

5.1.2　直流穿墙套管

直流穿墙套管作为直流输电工程换流站直流场与阀厅的连接设备，主要起传输负载电流和阀厅内外穿墙绝缘的作用。其结构可归结为 OIP－油浸纸电容式套管，RIP－胶浸纸电容式套管（内充 SF_6 复合外套结构）及纯 SF_6 气体绝缘结构直流穿墙套管包括±800kV 级直流穿墙套管、±400kV 级直流穿墙套管和直流中性母线穿墙套管。

在±800kV 特高压直流输电工程中，必须通过穿墙套管才能将阀厅内的换流阀与户外的直流场设备连接起来，保证输电回路对墙绝缘和承载直流电流。±800kV 特高压直流系统中，直流穿墙套管包括±800kV 直流穿墙套管、±400kV 直流穿墙套管和直流中性母线穿墙套管。

直流套管在固体绝缘介质上极易积聚静电荷，静电荷的存在、转移和消失会直接导致固体绝缘介质内部电场分布改变，对其内部的局部电场起到削弱或加强的作用。当直流套管运行状态变化时，特别是极性反转，静电荷极易使固体绝缘介质内部电场发生畸变，使得局部区域电场集中，引发闪络或击穿放电，严重威胁特高压直流输电系统的安全运行。

特高压直流穿墙套管结构图如图 5-2 所示，由两根复合绝缘子、支撑金属外壳和电连接金属导体三部分组成。其中间的导流导体由铝合金制成，两端与套管端部法兰采用可靠的插入式连接，端部法兰外部设有接线端子和均压屏蔽环，均衡套管外部电压分布，套管与中间支撑筒连接处设有接地端屏蔽，以均衡内部电压分布。

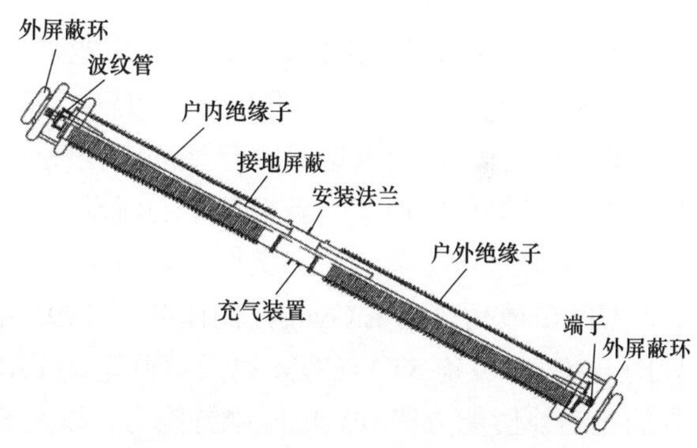

图 5-2　特高压直流穿墙套管结构图

穿墙套管的绝缘结构分为内绝缘和外绝缘，内绝缘采用 SF_6 气体作为主绝缘，其设计重点通过设置合理的接地屏蔽来保证电场分布的均匀程度，同时保证所有元件的最高工作场强在许用值之内。外绝缘主要考虑穿墙套管运行中所承受的电气负荷持续电压、瞬时过电压、空气绝缘等，还要考虑污秽程度对外绝缘的影响。与其他油浸纸穿墙套管和环氧浸渍干式穿墙套管相比，采用 SF_6 气体绝缘结构的直流穿墙套管，还有重量轻、结构简单、性能稳定、散热条件好、通流能力强等优点。

在我国的“西电东送”输电工程中，±1100kV直流输电以其输电距离远、输送容量大、输电损耗低等突出优点，成为支撑更远距离、更大规模输电的核心技术。±1100kV直流穿墙套管是连接换流站阀厅内部和外部高电压大容量电气装备的唯一电气贯通设备，单体承载着全系统的电压和电流，输送容量达600万kW，具有复杂度高、可靠性要求高等特点。“十二五”的“863”计划先进能源技术领域“±1000kV级直流SF_6气体绝缘穿墙套管核心技术研究及装置研制”项目成功研制了世界首支“环氧芯体SF_6气体复合绝缘”和“纯SF_6气体绝缘”绝缘结构的±1100kV/5523A直流穿墙套管，开发了具有自主知识产权的套管用绝缘材料配方体系，攻克了超大型环氧芯体无气泡浸渍技术和固化过程热应力抑制技术难题，建立了±1100kV特高压直流穿墙套管电、热及机械性能综合试验平台和试验技术体系，在国际上率先完成了两种结构的±1100kV直流穿墙套管全套试验。项目研制的直流穿墙套管将在世界首个±1100kV 直流输电工程昌吉—古泉特高压直流输电工程中挂网运行。该项目由中国电科院承担，联合西安交通大学、清华大学、平高集团有限公司、西安西电高压套管有限公司等单位共同完成。

南方电网公司柔性直流穿墙套管重点科研任务的研究成果——“CRFGZ-±800/1042DC＋1472/50Hz＋393/100Hz 型柔性直流穿墙套管”产品在西安通过了中国机械工业联合会组织的新产品技术鉴定，技术水平国际领先，标志着我国在高端电工装备研发方面实现了突破，对于实现特高压直流设备的全面国产化，降低工程造价，推动我国电工装备制造产业换代升级，增强国际竞争力具有重要意义。

直流穿墙套管作为直流输电系统中的重要设备，承担着阀厅内部和外部高电压大容量电气设备的电气连接作用，承载了系统的全电压和全电流，是直流输电系统的关键设备。世界范围内应用时间较短，直流穿墙套管的故障处理、设计改进对以后的特高压直流输电设备的检修维护、设计制造有重要的借鉴意义。

5.1.3 统一潮流控制器

统一潮流控制器（UPFC）是一种功能强大、特性优越的新一代柔性交流输电装置。作为第三代 FACTS 元件之一的 UPFC，是由并联补偿的 STATCOM 和串联补偿的 SSSC 以背靠背的连接形式相结合组成的新型潮流控制装置。UPFC 既能实现潮流调节，改善系统阻尼，合理控制有功功率、无功功率的流动，提高线路的输送能力，实现优化运行；又能通过快速控制无功功率，动态支撑接入点电压，提高系统电压稳定性。

UPFC 最初是由 L.Gyugyi 的团队于 1992 年提出的。UPFC 概念的设计主要是基于并联型的 FACTS 装置 STATCOM 以及串联型的 FACTS 装置 SSSC。UPFC 结合了 STATCOM 较强的无功补偿能力和节点电压维持能力，以及 SSSC 较强的补偿线路电压和控制线路潮流的能力，并通过背靠背的公共直流母线连接形式将两者有效结合起来。其实物如图 5-3 所示。

图 5-3 UPFC 的实物图

UPFC 的原理结构如图 5-4 所示。图 5-4 中并联换流器的作用相当于静止同步补偿器（STATCOM），串联换流器的作用相当于静止同步串联补偿器（SSSC），两者通过直流电容上的电压 V_{dc} 提供电源，其中有功功率可以在两个换流器的交流端向任意方向自由流动，并且可以在换流器交流输出端独立的发出或吸收无功功率。并联换流器在公用直流联结处提供或吸收串联换流器所需要的有功能量，经换流后到交流端送入与输电线路并联的变压器，因此在稳态时，不考虑自身损耗，UPFC 的两侧有功功率相等，直流电容器即不发出也不吸收有功功率，电压 V_{dc} 保持恒定。同 STATCOM 原理相同，并联换流器能够可控地产生或吸收无功功率，当系统需要时，可为线路提供动态无功补偿；串联换流器可控制 V_b 保持在 0 到 V_{bmax} 以内，并使相角保持在 0～360°之间，并通过串联变压器将电压 V_b 叠加到线路电压上。控制 V_b 的幅值和相角，UPFC 就可以实现传统的电力传输中的串联补偿和移相等功能。

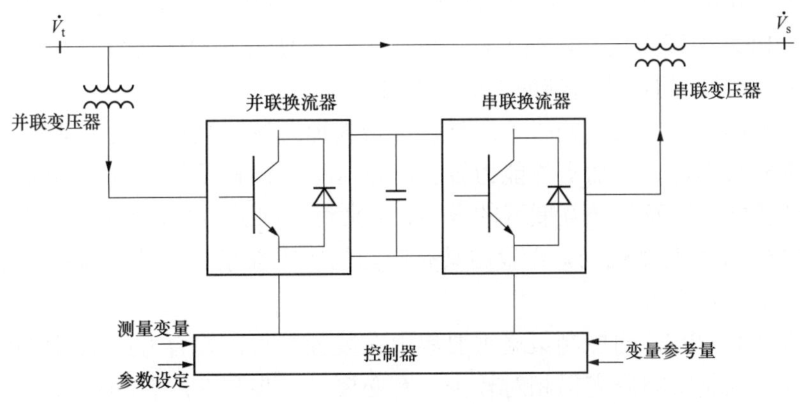

图 5-4　UPFC 的原理结构

UPFC 串联换流器的主要功能有四种，其功能示意图如图 5-5 所示。①电压调节功能，当串联补偿电压与线路电压方向相同或相反时，UPFC 只调节电压的大小，不改变电压相位；②串联补偿功能，即有功功率为 0 时，补偿电压与线路电流垂直；③相角补偿功能，不改变电压大小，只改变电压相角，相当于移相器；④多功能潮流控制装置，即根据系统需要改变电压大小和相位，为前面三种功能的综合。

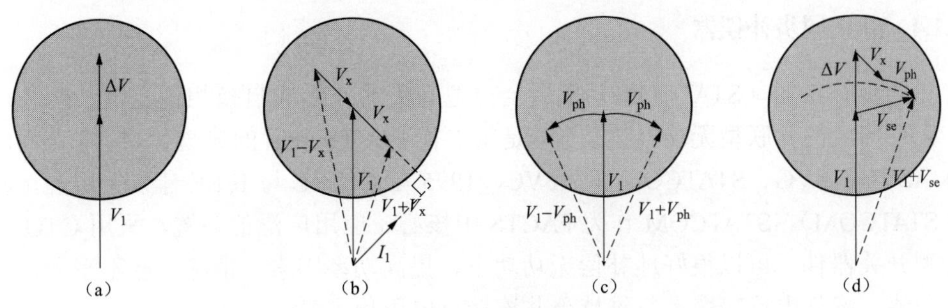

图 5-5　UPFC 的不同调节功能示意图

（a）电压调节；（b）串联补偿；（c）相角调节；（d）多功能综合调节

UPFC 不同于其他 FACTS 装置之处在于，它能同时控制母线电压、线路有功和无功潮流。在电网中应用 UPFC 装置，第一，能够合理控制线路潮流，实现经济运行；第二，有助于实现无功优化，提高系统稳定性；第三，施以合适的控制，UPFC 能够改善系统阻尼，提高功角稳定性。

截至目前，世界范围内实际投入运行的 UPFC 工程较少。世界上第一套 UPFC 是由美国 AEP 公司、EPRI、西屋公司合作研制，安装在东肯塔基州的 138kV Inez 变电站（两个±160MVA 的换流器），于 1998 年 6 月投运。韩国电力公司（KEPCO）的世界第二项 UPFC 工程于 2003 年投运，KEPCO-UPFC 工程具有两个±40MVA 的换流器，并联侧换流器接入 154kV Kangjin 变电站。上述 UPFC 工程普遍采用的是可关断 GTO 晶闸管器件以及三电平电压源换流器技术。近年来，模块化多电平换流器（MMC）正在得到广泛的研究和发展，MMC 基于模块化的设计技术，是当前最热门的电压源型换流器。近年来，我国也在几个地市建成投运了几项大型的 MMC 型 UPFC 示范工程，其中以 2015 年投入运行的南京西环网 220kV 的 UPFC 工程为代表，该工程为国际上首个使用 MMC 技术的 UPFC 工程；与此同时还有 2017 年投运的苏州南部的 500kV UPFC 工程，是当时世界上电压等级最高、容量最大的 UPFC 工程。这些工程的投入运行，都极大地缓解了当地电网关键断面潮流过载、部分线路潮流分布不均、无功支撑能力较弱、电压稳定性较差等诸多不利因素。

随着电网智能化以及能源互联网的发展，未来对电网灵活性、适应性的要求越来越高，UPFC 作为 FACTS 的典型代表，在我国具有广阔的应用前景。从目前的研究现状来看，尚还需进一步的研究和完善。

（1）目前针对 UPFC 的控制策略主要集中在装置本身，综合考虑电网中机组、线路运行信息的系统级控制策略研究仍相对较少，有必要进一步与调度自动化系统相结合，提升系统级控制策略的效果。

（2）现有围绕计及 UPFC 的电网调度与控制策略的研究还处于起步阶段，调度中预想事件对 UPFC 运行点的影响，以及 UPFC 与其他常规电网安全控制手段的配合等，都有待深入探讨。

（3）在 UPFC 选址定容以及控制策略的选择过程中，应充分考虑 UPFC 与电网中机组、高压直流输电、静止同步补偿器等设备间的交互影响，避免因 UPFC 选址或控制参数配置不当对电网运行产生不利影响。

5.1.4 静止同步补偿器

静止同步补偿器（STATCOM）采用全控型开关器件组成自换相逆变器，辅之以小容量储能元件构成的并联型无功补偿装置，是第二代 FACTS 装置的典型代表。静止同步补偿器又称 ASVG、SVG、STATCON 和 ASVC，1995 年 CIGRE 与 IEEE 建议采用静止同步补偿器（STATCOM）。STATCOM 作为 FACTS 中核心、应用广泛的装置，采用 GTO、IGBT 等全控型开关器件，可以很好地补偿无功功率、提高功率因素、消除三相不平衡，兼顾抑制谐波电流、降低电流畸变率与维持公共连接点电压稳定等。

STATCOM 的概念由美国学者 L • Gyugyi 提出，由功率器件构成的主电路替代了传统电路中的电容或者电抗设备，可以生成可控无功功率。由于当时的研究环境下，全控型的电子器件还未研究出来，只能对晶闸管进行强制关断来达到全控性效果，所以响应速度会受到极大的限制，所以 STATCOM 研究的早些年间，多进行低电压小容量实验研究和分析。

STATCOM 基本原理主要是通过调节逆变器交流侧输出电压的幅值和相位，或者直接控制其交流测电流的幅值和相位，迅速吸收或者发出所需要的无功功率，实现快速动态调节无功的目的。其基本电路有两种，根据直流侧采用电容和电感两种不同的储能元件，可以分为电压源型和电流源型。如图 5-6 所示。无论是电压源型还是电流源型的 STATCOM 的动态补偿机理都是相同的。当逆变器脉宽恒定时，调节逆变器输出电压及系统电压之间的夹角就可以调节无功功率及逆变器直流侧电容电压，同时调节夹角和逆变器脉宽，即可以保持直流侧电容电压恒定的情况下，发出或吸收所需的无功功率。

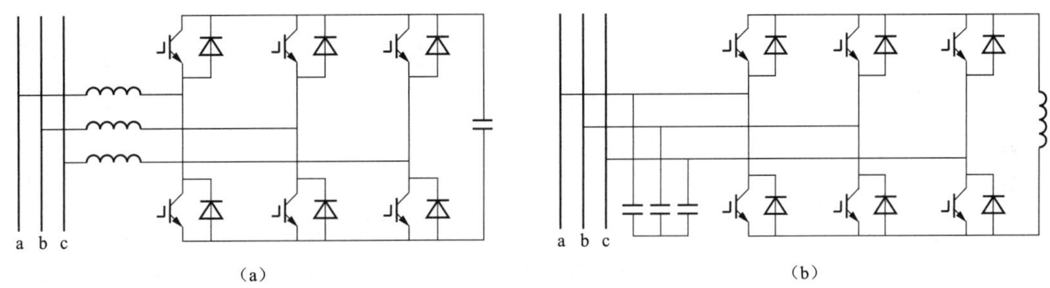

图 5-6　STATCOM 主电路结构类型

（a）电压源型；（b）电流源型

STATCOM 是利用全控性电力电子器件所构成的无功补偿器，而 SVC 采用的是晶闸管作为开关器件，也可实现感性和容性的调节，STATCOM 与 SVC 相比而言，具有更好的补偿优势：

（1）具有宽泛的工作范围，两者虽然都能在感性和容性双向调节，但 STATCOM 无功补偿速度更快，控制精度更好，在结构上体积更小，不但减小了占地面积，而且节省了补偿设备的成本。

（2）SVC 采用晶闸管，为半控型器件，关断过程中有一定的延迟，而 STATCOM 整体结构完全采用全控型电力电子器件，可忽略传输延迟，其调节速度更快，可控性更强，能对无功功率进行准确、快速和灵活的补偿。

（3）由于电力电子器件开关频率高，多电平技术和 PWM 技术的使用，使得 STATCOM 输出到电网系统的电压、低次谐波的含量大大降低，保证了系统的稳定性和可控性。

（4）理论上储能元件和系统之间不会进行有功交换，使用的电抗器和电容元件和 SVC 中的元件相比容量更小，而且不会和系统间出现谐振。

自 20 世纪 70 年代以来，许多国家与地区都加大了对 STATCOM 的研发投入，并相继应用于电网、铁路系统、风力发电等诸多行业领域。1980 年，日本关西电力与三菱电机共同投资研发出了全球第一台容量为±20Mvar 的 STATCOM 试验样机，利用强迫换相晶闸管进行补偿。而后，随着电力电子开关器件耐压能力的不断提升，GTO 等电子开关器件逐渐应用于 STATCOM 中。1986 年，基于 GTO 的±1Mvar 的 STATCOM 由美国西屋电气公司和 EPRI 联合研制成功并投入运行。1991 年，日本首先将±80Mvar 的 STATCOM 投入商业运行中。2001 年，第一台±75Mvar 的链式 STATCOM 由阿尔斯通公司研制成功并投运到发电站中，开创了 STATCOM 发展的新方向。我国对于 STATCOM 的研究相对较晚，1983 年，±10kvar 的 STATCOM 试验装置由华北电力大学研制成功。1993 年 3 月，±20Mvar 的 STATCOM 装置由清华大学与河南电力公司共同研制并成功并网。此后我国的无功补偿装置进入快速发展阶段，2013 年，±200Mvar 的 STATCOM 装置在广州木棉 500kV 变电站投入运行。

总体而言，STATCOM 的研究与应用呈现以下几个明显趋势：

（1）伴随半导体的发展，具备开关频率高、耐受电压高与控制灵活等优点的 IGBT、TGCT、IGET 等开关器件逐渐替代传统 GTO 开关器件，IGBT 已成为国内中低压 STATCOM 装置的主流器件。

（2）随着电网电压等级与容量的提升，传统的两电平多重化变压器结构不再适应发展的要求，STATCOM 主电路拓扑结构逐渐向多电平结构转变。其中多电平结构有中点钳位型、飞跨电容型、模块化多电平变换器、级联 H 桥型四种。

（3）STATCOM 的应用从早期用于高压输电网到目前广泛应用在配电网中，应用领域不断扩大。STATCOM 从单一的无功补偿功能发展到协同抑制谐波、消除三相不平衡等全面改善电网电能质量问题，因此 STATCOM 在将来一定有广阔的前景。

5.1.5 静止无功补偿器

静止无功补偿器（SVC）是一种由晶闸管快速控制的电容器和电抗器组成的并联型无功补偿装置，它广泛应用于现代电力系统负荷补偿和输电线路补偿，是第一代柔性交流输电系统（FACTS）的核心装置和核心技术之一。SVC 作为一种快速调节无功功率的装置，已广泛应用于输配电领域中。在输电系统中可用它支持枢纽点的电压以改善系统的暂态或静态特性，提供行路输送容量，并可用它来抑制低频振荡和次同步振荡；在配电系统中它常用来提供无功补偿改善功率因素，减少网损。

传统的无功补偿设备有并联电容器、调相机和同步发电机等，由于并联电容器阻抗固定不能动态的跟踪负荷无功功率的变化；而调相机和同步发电机等补偿设备又属于旋转设备，其损耗和噪声都很大，而且不适用于太大或太小的补偿。1967 年，英国 GEC 公司制成了第一批饱和电抗器型 SVC，这种饱和电抗器分为自饱和电抗器和可控饱和电抗器两种，自此发展出了静止无功补偿技术。经过 50 年来的发展，这种技术经历了一个不断创新、不断发展的过程。所谓静止无功补偿是指用电力电子开关投切电容器或电抗器，使其具有吸收和发出无功电流的能力，可以用于提高电力系统的功率因素，稳定系统电压，抑制系统振荡等功能。

SVC 是工程上常用的无功补偿装置，根据结构原理的不同，SVC 主要分为：自饱和电抗器（self-saturable reactor，SSR）、晶闸管控制电抗器（thyristor controlled reactor，TCR）、晶闸管投切电容器（thyristor switch capacitor，TSC）、磁控电抗器型（magnetically controlled reactor，MCR）等几种类型。随着大功率电力电子器件制造技术快速发展，SVC 从早期的 SSR 过渡到 TCR-TSC 方式，并成为 SVC 主流实用技术。表 5-1 比较了几种 SVC 的性能。其中，TCR 动态响应时间最短并能够实现连续可调，但是运行时会产生大量谐波；TSC 动态响应时间较 TCR 较长，不能实现连续调节，但不会产生谐波；MCR 的优点在于运行维护简单，但其响应时间较长。为了结合 TCR 和 TSC 两者的优点，避免各自存在的缺点，目前常用的 SVC 为 TCR＋TSC 型。

表 5-1　　几种 SVC 性能的比较

类型	TCR	TSC	MCR
无功输出	连续，感性/容性	级差，容性	连续，感性/容性
动态响应时间	10～20ms	20ms	60ms 以上
产生谐波量	有	无	小
吸收谐波能力	好	无	好

下面就 TCR、TSC 以及二者的组合装置简单描述一下其工作原理。

（1）晶闸管控制电抗器。如图 5-7 所示，TCR 通过控制与电抗器串联的双向晶闸管的导通角，以便控制流经电抗器的电流波形，从而实现一个连续可调的电抗器，从而可以产生可变的感性/容性无功功率。

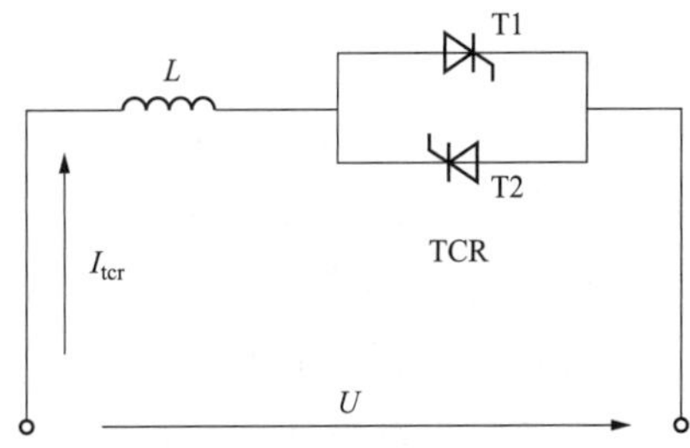

图 5-7　晶闸管控制电抗器结构

（2）晶闸管投切电容器。为了解决电容器组频繁投切的问题，TSC 装置应运而生。如图 5-8 所示，TSC 通过晶闸管的导通和关断控制电容器的投切，从而达到改变向系统发出无功功率的大小。使用串联电抗器的目的是限制操作暂态过电压，抑制晶闸管导通时的涌流。实际应用的 TSC 是通过控制电容器的导通数量来调节电纳的，也就是改变电容器的无功补偿量。

（3）混合型静止补偿器（TCR＋FC；TSC＋TCR）。由于单独的 TCR 只能吸收无功功率，而不能发出无功功率，为了解决此问题，可以将固定电容器（fixed capacitor）与 TCR 配合使用构成无功补偿器。这种类型的补偿器反应速度快，灵活性大，目前在输电系统和工业企业中应用最为广泛。我国广东江门变电站采用的 SVC 是瑞士 BBC 公司生成的 TCR＋FC 型的 SVC，其控制范围为±120Mvar。TSC 补偿器可以很好地补偿系统所需的无功功率，如果级数分得足够细化，基本上可以实现无级调节。但 TSC 对于抑制冲击负荷引起的电压闪变，单靠电容器投入电网的电容量的变化进行调节是不够的，所以 TSC 装置一般与电感相并联，其典型设备是 TSC＋TCR 补偿器。这种补偿器均采用三角形连接，以电容器作为分级初调，以电感相控细调，三次谐波不能流入电网，同时又设有 5 次谐波滤波器，大大减小了谐波。1979 年我国平顶山至武汉凤凰山 500kV 变电站引用的进口无功补偿设备就是 TSC＋TCR 型。

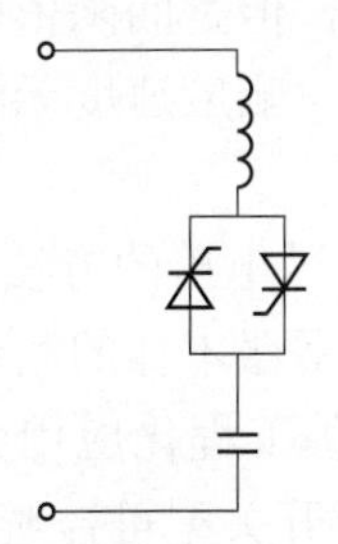
图 5-8　晶闸管投切电容器结构

世界上第一台 SVC 由美国 GE 公司制造，于 1977 年在 Tri-State GT 系统投入运行。到

2011 年，世界上已投运的高压 SVC（以 TCR 为主）已超过 1000 套，中国广东江门、郑州小刘、东北沙窝、湖南云田和武汉凤凰山等 500 kV 变电站也有 6 台投运。2012 年 4 月，由普瑞科技设计、施工的中国某部队科研试验新区 220kV 输变电工程中的两套 10kV SVC 成套装置，全部一次性成功投运。2016 年 7 月 18 日，在埃塞俄比亚 500kV HOLETA 变电站，由南瑞继保成套设计和供货的 0～900Mvar 可调容量 PCS-9580 SVC 系统，通过用户验收并成功投运，该 SVC 系统是目前世界上已投运的可调容量最大的 SVC 系统之一。

总体而言，SVC技术已经比较成熟，经过几十年的发展，不仅将SVC用于输电系统的电压控制，也用于配电系统的补偿和控制，还用于电力终端用户的无功补偿和电压控制。未来SVC装置的需求主要体现在电网建设领域、风电建设领域、电气化铁路和冶金、煤矿、化工等领域。伴随着电网建设投资的不断加大，能源互联网的不断发展，智能电网的技术要求不断提高，SVC装置的应用领域将更为广阔。

5.1.6 可控避雷器

可控避雷器是一种具有控制功能的新型避雷装置，它通过动态改变金属氧化物避雷器的伏安特性来限制过电压。其结构包括避雷器本体和可控开关。避雷器本体又进一步分为受控部件和固定部件，这两部分串联组成了避雷器主体，可控开关并联在受控部件两端从而形成了可控部件。

可控避雷器控制原理是通过开关动作，改变避雷器电阻片的投入数量，从而使避雷器的伏安特性曲线发生改变，起到保护设备的目的。因此，避雷器在系统正常运行时，荷电率低，可靠性高，使用寿命长；在系统存在过电压时，能够大幅度降低操作过电压。因此可控避雷器逐渐成为目前传统限制过电压保护装置替代品的热门选择，同时比金属氧化物和加装合闸电阻断路器这种方式更加可靠，对高压输电系统中过电压保护装置的发展有重要的作用。

在 20 世纪 60 年代，欧洲、美国和日本等国家对 1000kV 特高压输电技术进行了广泛的研究。为了满足电力系统对其高电压等级的需求，研制了一种可以限制操作过电压和雷电过电压的避雷器，缺点是采用了自然击穿间隙，由于自然击穿间隙的放电存在不可控性，可能达不到限制过电压的目的。在 20 世纪 90 年代中期，日本科研人员提出了一种带开闭器的避雷器，这种避雷器的结构是将避雷器分成固定部分和受控部分，但是间隙依旧为自然击穿间隙，仍存在着放电不稳定的问题，并且开闭器均为机械开关，响应速度无法满足特高压输电系统中关于操作过电压限制的要求。

2007 年中国电科院率先在国内提出了使用可控避雷器限制特高压过电压的方法，并分别就开关型和晶闸管阀型可控避雷器进行了一系列研究，包括可控避雷器本体的测试方法及过电压特性等，其中开关型可控避雷器研究较为深入，目前已具备工程化应用条件。2017 年中国电科院和平高集团开展产研协同攻关，研制了特高压交流开关型可控避雷器，该设备采用电力电子开关控制避雷器保护特性，在满足可靠性的条件下，可深度抑制操作过电压，取消断路器合闸电阻，显著提高了工程经济性；提出的避雷器可控比配置方案和控制策略，满足了合闸及重合闸过电压限制要求，整体达到国际领先水平。

2018 年，随着白鹤滩-江苏的特高压混合级联式直流输电工程核准建设，为满足特高压混合级联式直流输电工程系统需要，由全球能源互联网研究院、中国电科院等研究机构联合许继集团、南瑞集团、西电集团及相关厂家开展高压直流输电可控避雷器的研究。有效地解决了特高压混合级联式直流输电工程受端交流较严重故障时的功率盈余问题，降低了电压源换流器（VSC）的过压、过流水平，特别是降低了极端故障工况下VSC的电压、电流耐受水平。提高了系统故障穿越能力。

白鹤滩—江苏工程中采用的直流可控避雷器并联在400kV直流母线上，用来抑制瞬时性故障引起的VSC系统过压问题。单极系统拓扑图如图5-9所示。

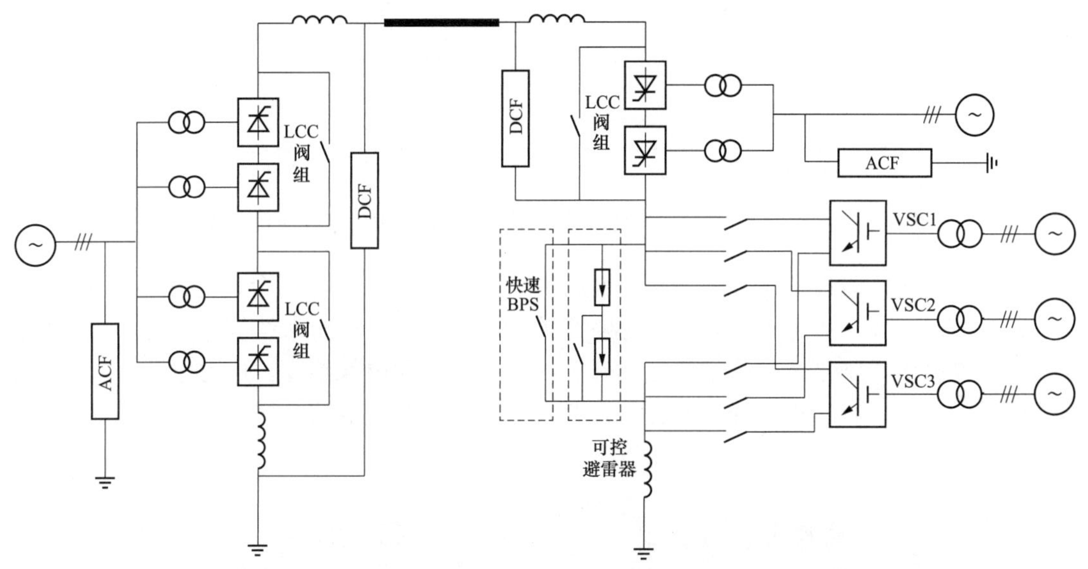

图5-9　白鹤滩—江苏直流输电工程单极系统拓扑结构示意图

当直流母线电压过高时，避雷器动作吸收盈余功率，并能维持直流母线电压。当直流母线电压降低至避雷器的动作电压后，避雷器自动退出。技术方案采用“晶闸管触发开关＋快速机械开关＋旁路开关”，如图5-10所示，主要包括避雷器本体、晶闸管触发开关、快速机械开关、旁路开关、匹配电阻、电流测量装置及控保系统等，其中，避雷器本体包括固定元件和受控元件两部分。匹配电阻R1并联连接在避雷器固定元件两端，晶闸管触发开关、快速机械开关和旁路开关三者并联连接在避雷器受控元件两端。

其工作原理为：当系统出现故障，400kV母线上的电压超过阈值时，控制系统给晶闸管触发开关、快速机械开关和旁路开关下发合闸指令。接收到合闸指令后，晶闸管触发开关可在100μs内导通，快速机械开关可在5ms时间内导通，旁路开关则在30ms内导通。因此，电流先流经晶闸管开关，由于三种开关的通态阻抗不同，晶闸管开关最大，快速机械开关次之，旁路开关最小，所以电流从晶闸管回路转移到快速机械开关，最后转移到旁路开关。当系统故障消失，400kV母线上的电压恢复到正常运行值后，控制系统给快速机械开关和旁路开关下发分闸指令。接收到分闸指令后，快速机械开关和旁路开关分断流过避雷器固定元件的泄漏电流，从而完成整个动作过程。

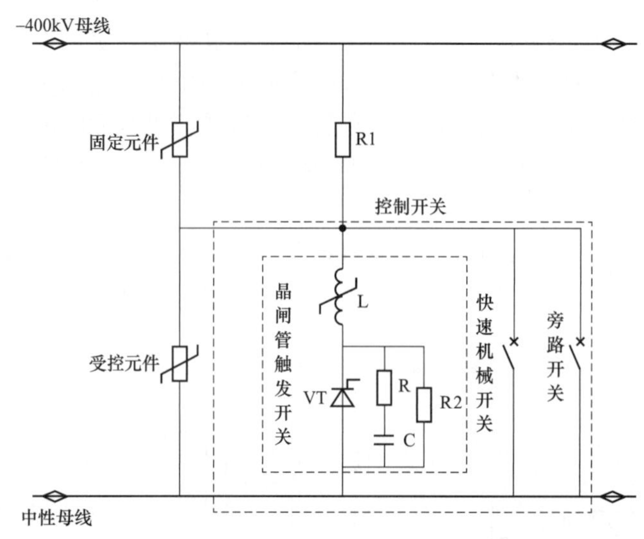

图 5-10 “晶闸管触发开关＋快速机械开关＋旁路开关”可控避雷器原理图

直流可控避雷器设备典型外观如图 5-11 所示，主要包括支撑平台、电力电子开关、电阻器、避雷器本体、快速机械开关、旁路开关、通流回路、均压系统等。其中，支撑平台分别用于提供避雷器本体和晶闸管触发开关的结构支撑和电气绝缘。电力电子开关、电阻器、避雷器本体、快速机械开关和旁路开关是组成可控避雷器的电气功能部件。通流回路主要由导电母排和管母线组成，实现设备主通流连接。

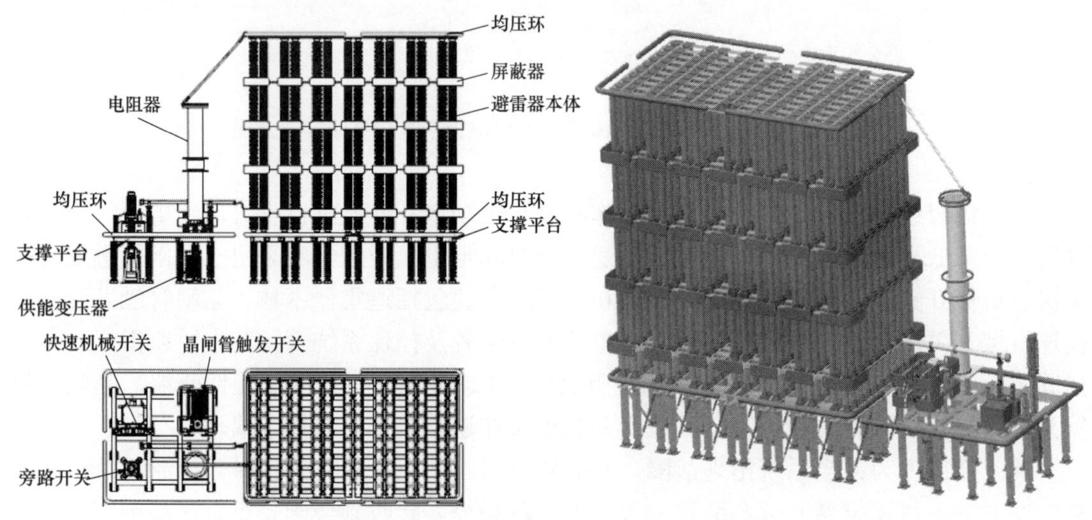

图 5-11 可控避雷器外形及三维示意图

5.1.7 变压器隔直装置

变压器隔直装置，又称为变压器中性点隔直装置，是为抑制直流输电系统大地回线运行时，流过变压器中性点的直流分量而专门设计的新型设备。

我国的发电资源与负荷中心分布不均，为了提升长距离输电的效益，减少输电损耗，降低输电运行成本，直流输电技术应运而生。直流输电给我们带来益处的同时也带来了潜在的威胁，在特殊情况下直流电流流过大地，造成接地极周围变电站内中性点直接接地的主变产生较为严重的直流偏磁现象。如大亚湾核电站发现主变压器不时出现噪声异常及增大的情况，三峡—龙政的直流输电启动调试导致江苏电网出现明显的直流电流；其他电厂、变电站也有类似现象发生。研究发现，高压直流输电大地回线单极运行时，产生的接地极电流会导致其附近的变压器出现直流偏磁。

变压器直流偏磁是指变压器的磁势和磁通中出现直流分量，导致变压器铁芯半周磁饱和，以及由此引起的一系列电磁效应，是变压器的一种非正常工作状态。变压器直流偏磁现象对变压器本身和其所处的电网有极大的危害，可能导致变压器噪声和振动加剧、电压波形畸变、产生谐波、变压器无功损耗增加、继电保护系统故障等问题。直流偏磁电流大小与许多因素有关，诸如接地极与中性点变压器直线距离、地理地质条件、土壤电阻率、架空线路和变压器直流电阻、区域电网拓扑网络等。

抑制变压器直流偏磁主要有三种方法，具体如下：

（1）注入反向电流。通过注入电流，改变变压器中性点的电位。在中性点并联接入一个可控的直流电源，在变电站接地网与站外接地极之间注入直流电流，以此改变变压器中性点的电位，起到了限制直流电流流入变压器中性点的目的。使用这种方法不用在原变压器处串接外部设备，确保了变压器中性点能够可靠接地，同时对站内保护装置的整定没有任何影响。

（2）中性点串接电阻法。将小电阻串入变压器中性点与地网之间，通过该电阻对流过中性点对直流大小进行限制。这种方案结构简单、成本较低，并且不需要电源，具有一定的优势。但是该方法只是对直流大小进行限制，并不能将直流消除，直流偏磁现象没有根治。

（3）中性点串接电容法。将电容器接入变压器和地网之间，利用电容器不通直流的特点进行隔直。

串联电容可完全阻断变压器中性点与大地之间的直流通路，所以加装隔直电容成为抑制直流偏磁的常见选择。其具体实现方法为：在接地极入地电流来临时，投入隔直电容，防止直流电流进入变压器绕组；在入地电流消失后，把隔直电容退出，重新实现中性点的金属接地。电容隔直装置由隔直电容器、速合开关、晶闸管、整流桥等组成。隔直电容器为隔离直流支路，通过速合开关实现快速投入，晶闸管和整流桥为隔直装置的过压保护支路，如图 5-12 所示。

目前已有部分直流隔直装置在工程中应用，主要功能为当主变中性点直流电流超过了设定限值并达到时限时，装置能自动由直接接地状态转为隔直工作状态。

直流隔直装置典型设计方案如下：装置内部装设旁路开关，具备两种工作状态：直接接地状态和隔直工作状态。直接接地状态：旁路开关闭合，保证主变中性点直接接地。隔直工作状态：旁路开关开断，使电容器接入变压器中性点，起到隔离流过变压器中性点直流电流的作用。

控制模式分为“手动”和“自动”两种控制模式。手动模式：指装置在直接接地状态时，当中性点直流电流超过设定值时能够向监控终端发出越限告警，运维人员能够通过手动操作切换到隔直工作状态；在隔直工作状态下当电容器两端电压低于下限设定值或变压器中性点的交流电流超过上限设定值时，装置能够向监控终端发出越限告警，运维人员能够通过手动操作将装置切换到直接接地状态。自动模式：指装置在直接接地状态时，当中性点直流电流超过设定值时，装置能够自动切换到隔直工作状态；在隔直工作状态下当电容器两端电压低于下限设定值或变压器中性点的交流电流超过上限设定值时，装置能够自动切换到直接接地状态。在此模式下可以通过设定电流或电压定值，使装置长期工作在“隔直工作状态”。

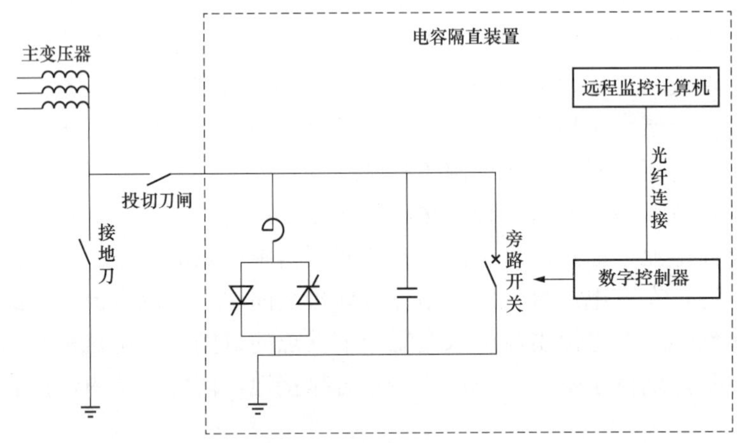

图 5-12　电容型隔直装置模型

目前在广东和贵州电网的部分变电站，投入了采用中性点串接电容法的变压器隔直装置，在成本和使用上达到了一定的效果，虽然直流隔直装置在工程中能有效地解决直流偏磁现象，但尚未大规模投入实际工程，存在以下两个问题。一是电容隔直装置的配置问题，串联绕组中若仅在部分变压器接入电容搁置装置，在抑制这些变压器直流偏磁的同时其他变压器会引起其他变压器偏磁电流超标。但如果在所有变压器上接入电容隔直装置，那么投入成本将会有巨大的提升。所以，如何更好地配置直流隔直装置将是一个技术难点。二是直流隔直装置的投切整定和保护逻辑问题，投切整定值不合理或保护逻辑不成熟会导致装置拒动、误动，不但没有一直偏磁电流反而会影响系统整体的正常运行。

我国直流输电正处于迅猛发展的阶段，对直流隔直装置的研究将会逐步深入。随着能源互联网中交直流互联需求不断增多，直流隔直装置必将得到更广泛的应用。

5.1.8　特高压换流阀

特高压换流阀是特高压直流输电工程中实现交直流电力转换的关键设备。通常，直流输电需要将送端的交流电变换为直流电，通过直流线路进行传输，在接收端将直流电变换为交流电，并入接收端电网。由于直流输电的传输容量大，电压高，要实现这种电力变换，需要有换流阀这种高电压、大容量的换流设备。换流阀是构成直流输电回路的最关键、最核心、最重要的一次主设备，称为直流输电系统的“心脏”，换流阀设备约占换流站成套设备总造价的 22%～25%。

从技术路线上，特高压换流阀分为常规晶闸管换流阀和柔性直流输电用的 IGBT 换流阀两种，下面分别介绍这两种换流阀。

（1）常规晶闸管换流阀。该阀的核心开关器件是晶闸管，属于半控型器件，通过门极控制信号只能控制其开通，不能控制其关断，依赖交流电压自然反向来实现晶闸管的关断。除晶闸管外，还有阻尼电容、均压电容、阻尼电阻、均压电阻、饱和电抗器、晶闸管控制单元等零部件，组成结构主要有双重阀结构和四重阀结构。为方便生产制造和现场安装，晶闸管换流阀由多个阀段组成，每个阀段中有 7～15 个晶闸管串联压接，并包括阻尼电容、水冷器管路、电阻、散热器等辅助设备。晶闸管阀一般采用悬吊式安装方法，现场以组件为单位进行吊装。

截至 2021 年，晶闸管换流阀的最高额度电压达到±1100kV，最高额度电流 6250A。图 5-13 为许继集团为±800kV 哈密南—郑州特高压直流输电工程中州换流站提供换流阀核心设备，图 5-14 为换流阀中晶闸管组件。

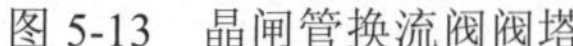

图 5-13　晶闸管换流阀阀塔

图 5-14　晶闸管组件

采用半控型晶闸管换流阀的传统直流输电技术又称电网换相换流器高压直流输电（line commutated converter based high voltage direct current，LCC-HVDC）已经非常成熟，在大容量远距离输电以及异步电网互联等领域得到了广泛应用。但是由于 LCC-HVDC 系统不能自关断，存在逆变站换相失败、不能对无源或弱交流系统供电、不能调节无功功率等缺陷，在一定程度上制约它的发展。

（2）IGBT 换流阀。随着技术的进步，新一代直流输电技术采用全控型电力电子器件代替晶闸管，采用电压源型换流器替代电流源换流器，这种新型直流输电技术具有可独立控制无功功率、可自主换相、可为无源孤岛供电等优点，近年来得到了越来越多的关注。理论研究和工程应用效果均表明，该技术在新能源并网、孤岛送电、城市电网增容改造等领域具有明显的优势。我国将这种新型高压直流输电技术称为“柔性直流输电技术”，ABB 公司将其命名为轻型直流输电（HVDC Light），西门子公司称为新型直流输电（HVDC-Plus）。

我国柔性直流输电工程均采用模块化多电平换流器（MMC）技术路线，其电气拓扑结构如图 5-15 所示。

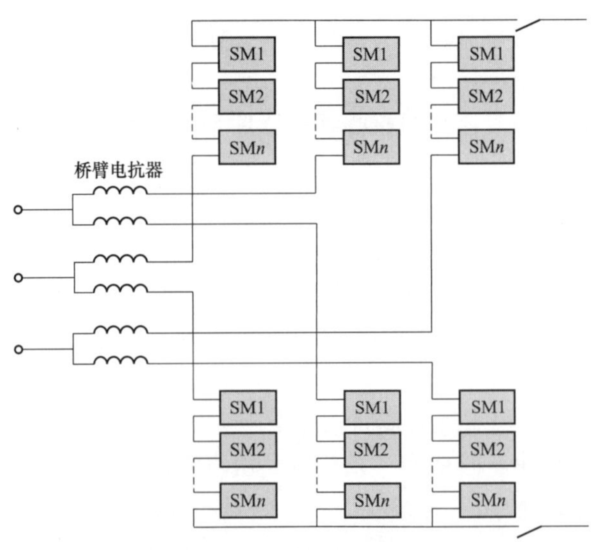

图 5-15　主电路拓扑结构示意图

MMC 中所串联的子模块完全相同，使其可扩展性强，容易实现冗余控制。通过模块级联实现多电平，其串联的模块个数由换流器的额定功率、电压等级和开关器件的通流耐压能力决定。如图 5-15 所示，换流器每相的上、下桥臂各有 N 个子模块，在不考虑冗余的情况下，可以输出 $N+1$ 个电平，整个换流器总共 $6N$ 个子模块。为抑制相间环流，MMC 每桥臂中都串接一个桥臂电抗器。当直流母线发生短路故障时，电抗器能够对交流冲击电流起到一定的抑制效果，可以有效地保护电力电子开关器件。当直流侧电压一定时，通过对模块的投切控制，可以使得交流侧输出给定的三相正弦波；若交流侧电压一定时，通过控制亦可以实现直流侧电压稳定。

MMC 子模块完全相同，模块化程度很高，非常易于实现冗余设计。工程应用中，为增强系统运行可靠性，减少停运时间，每桥臂都配置一定数量的冗余子模块，冗余子模块可以取代运行中发生故障的同一桥臂的子模块，不影响系统运行。

为节约成本，工程应用中一般采用半 H 桥结构的子模块，其结构如图 5-16 所示。电力电子开关器件一般采用 IGBT，也有采用 IEGT 或 IGCT 的，本文以 IGBT 子模块为例。IGBT 两端并联了直流电容，两个 IGBT 构成一个半 H 桥，每个 IGBT 反并联一个二极管。通过改变子模块中 IGBT 的门极控制信号 T_1、T_2 可以实现子模块不同工作状态的切换。此外每个子模块的进线端设有晶闸管和旁路开关 S，用于模块故障后的旁路保护。电阻 R 称为均压电阻，MMC 充电时，R 可使得各模块之间的阻值基本一致，实现模块间的电压均衡。

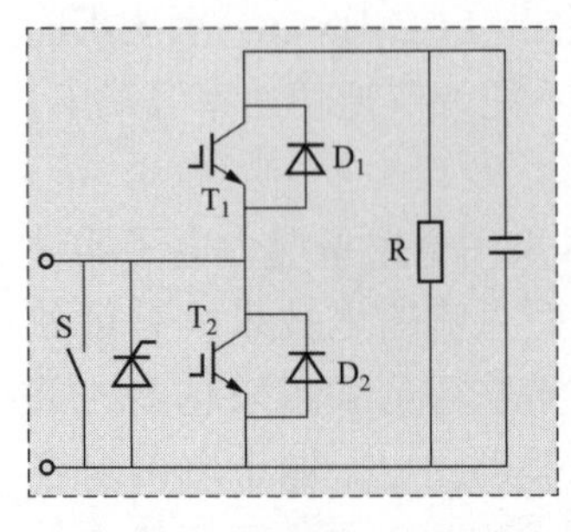

图 5-16　子模块拓扑结构

如图 5-17 所示是柔直直流换流站阀厅阀塔图片，如图 5-18 所示是柔直直流换流阀的子模块。

目前我国已建成舟山五端、南澳三端、厦门背靠背、渝鄂背靠背、张北四端直流电网、乌东德送电广东广西直流输电工程等多个柔性直流输电工程，其中乌东德工程中的龙门换流站中采用的 IGBT 换流阀通过串联达到额定电压±800kV，额定电流 3000A，输送容量 5000MW，是目前世界上电压最高，输送容量最大的柔性直流输电换流阀。

图 5-17　IGBT 换流阀工程现场

图 5-18　IGBT 换流阀的子模块

5.1.9　海底光缆

随着国家能源发展政策的调整，海上风电已经成为我国清洁能源开发的一个重要领域，而我国海洋面积相当于陆地面积的三分之一，拥有 1.8 万 km 的海岸线。根据加快发展海上风险产业的相关规划，各地相应调整了海上风电布局。调整后，以广东省为例，《广东省海上风电发展规划（2017～2030）》提出：到 2030 年底，广东省的这一建设的规划规模为 3000 万 kW。如此庞大的海上风电装机容量规模将带来可观的海底光缆需求。

海底光缆以其容量大、通信质量高、成本低和安全可靠等优势，不仅完全取代了原有的海底通信电缆，也逐步取代了卫星通信，迅速成为最主要的国际通信手段。目前，海底光缆通信业务量约占国际通信业务量的 90%。

随着光纤传输技术的不断进步，海底光缆的通信技术得到飞速发展，近 30 年来，其商用系统已经历了四代，各代海底光缆系统的特点见表 5-2。

表 5-2　各代海底光缆系统特点

项目	第一代（1985～1990 年）	第二代（1991～1993 年）	第三代（1994～1997 年）	第四代 1997 年以后
光纤类型	1310nm，G652	1550nm，G654	1550nm，G653	G655
损耗（db・km^{-1}）	0.4	0.22	0.18	0.01
速率	280MB/s	560MB/s	2.5～5GB/s	10GB/s～10TB/s
制式	PDH	PDH	SDH	SDH、DWDM
中继方式	光-电-光	光-电-光	全光 EDFA	全光 EDFA
中继距离（km）	50～70	70～100	100～300	＞3000
典型系统	TPC-3、TAT-8	TPC-4、TAT-9/10/11	TPC-5/6、TAT-12/13	CH-US、C2C、APCN2

四代海底光缆的发展情况如下：①第一代海底光缆在 1985 年出现，其光纤工作波长为 1310nm，采用常规 G652 光纤，传输速率为 280MB/s，中继距离为 50～70km，终端使用

PDH 设备。②1991 年第二代海底光缆出现了。其光纤工作波长改用 1550nm 窗口，使用 G654 损耗最小的光纤，中继距离达到 70～100km，系统传输速率上升至 560MB/s。③1994 年海底光缆进入了第三代，同步数字传输系统（SDH）得到了应用，由掺铒光纤放大器（EDFA）取代了传统的电再生中断器，G653 色散位移光纤（DSF）自愈环技术等一系列新技术的应用，使海底光缆技术进入到一个崭新的阶段，系统传输速率上升到 2.5～5GB/s。④1997 年后，随着密集波分复用（DWDM）技术的应用，第四代海底光缆系统应运而生。由于采用了非零色散位移光纤、前向纠错技术等技术，海底光缆在系统容量和传输质量等方面又有了一次新的飞跃。目前，传输速率达到 TB/s 级的系统已经商业化了。

作为“信息高速公路”的海底光缆网络，容量越大、速率越高、其安全性能就越显得更为重要，海底光缆网络的安全性主要取决于网络的“自愈”能力和海底光缆自身的结构强度及安全系数。

第一、二代海底光缆为点对点（P to P）的结构模式，其结构简单，在技术上也容易实现。但一旦系统发生故障，系统本身就处于完全中断的状态而无法“自愈”使通信不能继续进行。从第三代海底光缆出现后，大型国际海底光缆系统开始采用具有“自愈”功能的环形结构模式（C to C）。当环形结构网络中任何两点间的通信发生故障时，网络保护设备（NPE）仅用几百 ms 的时间就可以完成通信电路的恢复工作。

历经了 30 年的发展，全球海底光缆建设的累计总长度已超过 100 万 km，形成了覆盖全球海底，连接 170 余个国家和地区的国际海底光缆网络系统。海底光缆在传输、施工、维护、监测和路由调查等技术领域均取得了长足的进步。其市场与行业结构亦发生了深刻的变化。

除了传统的国际海缆通信系统，海缆在智慧海洋、海洋、油气、海底观测、军事国防等领域的应用也推动全球海缆市场的发展。年需求量 5 万～7 万 km，增长率 5%～6%。海底光缆通信系统由海底光缆、水下中继器、分路器和传输终端设备组成。海底光缆按应用类别区分，分无中继短距离系统和有中继的中、长距离系统。无中继系统适用于大陆与近海岛屿，岛屿与岛屿间的通信，采用光放大技术，目前无中继系统最长距离可达 450～500km；中继海底光缆通信系统适合于沿海大城市之间的跨洋国际通信。

海底光缆结构设计要求海缆能承受敷设的水深压力（目前最深可达 8km），具有纵向水密性，可以承受海缆布放、埋设和打捞维修时张力，并抵抗船网、钩锚及水流的冲击；克服氢损、潮气等因素引起的光纤传输损耗的波动，并保证在规定的系统寿命期限内，具有较好的传输损耗稳定性。海缆设计的准则是对缆中光纤进行安全、可靠、全面的保护，用于海底的光纤比陆地光缆所用的光纤有更高的要求：损耗低、强度高、制造长度长，而且要求光缆 25 年寿命期间内光性能稳定、可靠。

2005 年，美国国家安全局改装的吉米·卡特号核潜艇下水，该潜艇最引人注目的特殊功能就是能进行海底光缆窃听。该潜艇装备有能够进行海底窃听的特殊挂舱，可以将海底光缆用特殊设备拖进挂舱，然后剥开光缆进行窃听，将窃听来的数据送入潜艇内的巨型计算机中进行解码、破译、记录，从中找出有用的情报。这使得海底光缆的安全问题变得严峻起来，因此，开展光缆防窃听技术研究，特别是针对最复杂的海底光缆通信线路，对国防信息安全传输意义重大且非常紧迫。

关于海缆的反窃听问题，实际上包含两方面内容，一方面当海缆遭遇窃听时，我方能够及时发现，另一方面是开发可以避免窃听的海底光缆。防窃听技术主要是利用光缆中的通信光纤作为传感媒质，采用光纤干涉技术，探知光纤在非正常外力的作用下受到微扰，参数变化情况，实现光纤遭到窃听时的高灵敏度监测，达到链路防窃听的目的。国内已有单位在开展这方面的研究，难题是如何将外界的背景噪声与真正的窃听区分开来。

5.1.10　海底电缆

海底电缆指敷设在江、河、湖、海水底的电缆，它的发展历史超过百年，最初用于向近海的灯塔等设备供电，现在海底电缆主要用于海岛与大陆或海岛之间，陆地与海上风场、海上钻井平台之间的电网连接、通信连接，短程江河跨越等等。其功能也由单纯的电力电缆、通信电缆发展到现在的能同时进行电力和通信传输的光电复合电缆。

海底电力电缆是海底输电工程中最重要的设备之一。海底电力电缆跨越海峡、江河，连接国际、国内区域电网。以平衡电力供需，进行电力贸易，或用以连接近海岛屿与大陆电网，提高独立岛屿电网运行的可靠性和稳定性。随着直流输电技术的进步，海底电缆输电工程选择直流电压输电方式以实现跨海域电网互联，已逐步被各国电力建设认同。

直流海底电力电缆最主要的电缆类型为黏性浸渍纸绝缘电缆、充油电缆和交联聚乙烯（Cross linked polyethylene，XLPE）绝缘电缆。

（1）浸渍纸绝缘电缆分为黏性油浸渍纸绝缘电缆和不滴流油浸纸电缆，分别用于不大于 45kV 和 500kV 的直流回路，且只限安装于水深 500m 以内的水域。

（2）充油电缆的工作场强可达普通油浸纸电缆的 2 倍，所以超高压、大容量的海底电缆多采用充油电缆。它的电气强度高，线损小，输送容量大，可将电缆长期允许运行温度由 80℃提高到 85℃，可用于高达 1000kV 的交流和±600 kV 的直流输电。

（3）交联聚乙烯绝缘（XLPE）海底电缆发展于 20 世纪 80 年代，多数用于 220kV 及以下电压等级，与充油电缆相比，XLPE 电缆具有以下优点：①XLPE 电缆是固体绝缘，不需复杂的充油系统，不需要检测油位、控制油压，运行费用低；②XLPE 电缆没有铅护套，弯曲半径小、质量轻，可生产、敷设的长度更长，且在敷设安装和运输时都要比充油电缆简单；③XLPE 海底电缆的电气性能和机械性能也都优于充油电缆。

交流海底电缆由于电容电流按电缆长度正比增大，在电缆允许载流量限制下电缆线路长度受限。实际交流海缆系统为提高传输电流和减少线路的无功功率，抑制线路中间和末端电压过分升高，在线路末端和中间（如有可能，如两段海缆的中间岛屿）需装置并联电抗器补偿。海底电缆线路长度还受电缆制造长度和工厂软接头是否开发应用的限制。对充油海底电缆线路长度还受到供油距离的限制。对于必须采取线路中间无功补偿，而无法安装并联补偿的海底电缆线路就只有采用直流海底电缆输电。一般 110～220kV 交流海底电缆最大长度为 70km。直流海底电缆没有如交流海缆因电容电流限制线路长度和由于无功功率过大引起线路末端和中间电压过分升高因而必须采用无功补偿的限制的问题，如直流黏性浸渍纸绝缘海底电缆线路长度已达 580km。

直流海底电缆输电相比于交流海底电缆输电具有直流输电所有的优点。包括以下几点：

①线路电流和功率调节比较容易，可实现不同频率或相同频率交流系统间非同步连线，没有系统稳定问题；②交流输电有要求沿线安装并联电抗器以补偿电缆线路无功消耗及避免末端或电缆线的中间电压升高的问题，采用直流海底电缆就无此困难；③柔性直流系统用XLPE 电缆由于运行时不经受直流电压极性反转，绝缘中空间电荷积聚效应减轻，耐受直流电压和雷电冲击性能提高。电缆可以采用较高设计电场强度，从而减薄绝缘厚度，减小电缆结构尺寸和重量；④除上述直流系统的特点以外，直流电缆本身相比交流电缆具有明显的优势。在相同的电缆类型、导体截面和敷设安装条件下，直流电缆比交流电缆具有大得多的载流量、输电容量和低得多的运行损耗以及允许的线路长度远超过交流电缆。

与常规直流输电工程相比，海缆工程直流输电方式的优势：①减少海缆工程施工量 1/3，海缆路由占用海床空间少 1/2；②以海水做接地极回路时，节省陆地接地极投资；③可实现隔离海域两端电力系统故障，避免互联电网大面积停电；④海缆输送容量大、损耗小，海水散热快，海缆绝缘热老化损坏程度降低。与此同时，海缆工程直流输电方式也有其固有的缺陷：①海缆两端换流设备投资大，电能损耗大；②换流站需设无功补偿；③产生谐波电流会干扰海底通信设备；④单极运行时对海底设备产生电腐蚀。

以直流输电技术实现跨海域电网互联，其海缆输送容量大、损耗小，海水散热快，海缆绝缘热老化损坏程度降低，因此，已成为世界各国海底电缆输电工程建设的主流。随着电力电子器件控制技术的突破，直流换流站 IGBT、IGCT 等元件构成电压源型换流技术、可控关断器件和脉宽调制技术（PWM）的应用以及瞬间实现有功和无功的控制，使得柔性直流输电在向无源网络供电方面具有优势。同时，柔性直流输电技术应用于海底电缆输电工程，克服了传统直流输电工程固有的缺陷，使其在海底电缆输电工程项目中具备了更为广泛的应用空间和优选条件。

5.1.11 隔离式断路器

断路器的作用是切断和接通负荷电路，以及切断故障电路，防止事故扩大，保证安全运行。断路器组成上一般由触头系统、灭弧系统、操作机构、脱扣器、外壳等构成。当短路时，大电流（一般 10～12 倍）产生的磁场克服反力弹簧，脱扣器拉动操作机构动作，开关瞬时跳闸。当过载时，电流变大，发热量加剧，机构中的双金属片变形到一定程度推动机构动作（电流越大，动作时间越短）。也有电子型的，使用互感器采集各相电流大小，与设定值比较，当电流异常时微处理器发出信号，使电子脱扣器带动操作机构动作。

在传统的敞开式变电站中，断路器和隔离开关是相互独立的设备，需要各自的安装空间。隔离式断路器将隔离功能与断路器集成为一体，从而无须单独安装两套设备。IEC 于2005 年发布了隔离式断路器标准 IEC 62271-108：2005 High-voltage switchgear and controlgear-Part 108： High-voltage alternating current disconnecting circuit-breakers for rated voltages above 52 kV。

采用隔离式断路器，可以减少变电站内一次设备的数量，减少变电站空间与土地占用，优化变电站纵向尺寸，降低工程成本。同时，由于原本裸露在空气中的隔离开关触头被集成至灭弧室内，隔离式断路器的检修维护量较小，供电可靠性大幅提高。图 5-19 所示为在变电站运行的隔离式断路器。

与传统断路器相比，隔离式断路器在瓷柱式断路器基础上，集成了接地开关和电子式电流互感器。设备上部为灭弧室，中间为电子式电流互感器，下部为支柱瓷套及框架。基于传统的 SF_6 断路器，将隔离开关的功能集成至断路器的灭弧室内，当触头在分闸位置时，可实现隔离开关的功能，结合了传统断路器与隔离开关的双重功能。

图 5-19　在变电站运行的隔离式断路器

根据 CIGRE 等研究机构对各国电网在运隔离式断路器运行情况的统计分析，将断路器和隔离开关集成为隔离式断路器后，大大降低了断路器的维护时间与故障率。隔离式断路器直接取代传统的断路器，隔离开关组合的解决方案，会明显缩小变电站的占地面积，减少维护工作以及因维护造成的停电，从而提高变电站利用率。在保持原有利用率基础上简化了线路系统图的结构。同时采用隔离时断路器后可降低变电站的建设总投资。停电成本和维护成本的降低也会使整个运行成本也随之降低。

目前，在国外厂家中，ABB、西门子、阿尔斯通这 3 家公司均有隔离式断路器产品，其中，ABB 公司是最早进行隔离式断路器相关研究的公司，目前已实现了从 72.5～550kV 各电压等级的应用。2000 年，世界上第一台隔离式断路器在瑞典正式挂网使用。2012 年，已累计有 1370 余台隔离式断路器投运于超过 25 个国家的电网，其每年投运数量呈快速上涨趋势。

2013 年，国家电网公司首批 6 座新一代智能变电站示范工程建设全面完成，是隔离式断路器在国内智能变电站建设中的首次应用。武汉建设的新一代智能变电站—未来城变电站，采用了西安西高开关有限公司生产的 ZCW9-126（L）/T3150-40 交流隔离式断路器，是应用 SF_6 气体作为绝缘和灭弧介质的敞开式开关设备，其集成了隔离式断路器、接地开关、电子式电流互感器以及智能组件等，主要用作智能变电站电力设备和输电线路的控制、保护和测量。2015 年，国网安徽省电力有限公司研制完成隔离断路器带电自动化检修平台，首创隔离断路器带电检修技术和“零打扰”全景网络实测方法，实现变电站网络状况在线检测，保障全站网络信息准确、可靠，并在 110kV 未来城变电站进行实际操作试验。2016 年，国家电网首座 500kV 新一代智能变电站正式开工建设，创新应用了智能隔离断路器、电子互感器、预制舱式二次组合设备等智能化设备，变电站围墙内占地面积、全站建筑面积分别较可研方案减少 14%、23.76%，可以实现安全可靠、技术先进、造价合理的建设目标。同年，中国电科院成功攻克隔离式断路器关键技术，集成了接地开关、纯光纤电流传感器、智能化模块、实时在线检测装置，提升了国产隔离式断路器的国际竞争力，并将相关技术应用于 330kV 陕西富平、220kV 安徽团山、220kV 株洲攸东等输变电工程新一代智能变电站，为新一代智能变电站的建设提供重要技术支撑。

隔离式断路器作为新一代智能变电站的关键设备，具有整体维护周期长、维护量小、设备高度集成、占地少等特点，隔离式断路器的特点更适用于简单接线方式，将为能源互联网建设提供经济可靠的智慧变电站设备解决方案，也是今后电气设备的一个发展方向。

5.1.12 智能高压设备

高压设备一般指高压一次设备，通常包括高压开关设备和非开关设备。开关设备有断路器、熔断器、隔离开关、GIS 组合电器、开关柜等；非开关设备有变压器、互感器、母线、避雷器等。智能高压设备是含传感器的高压一次设备与智能组件的结合体，它具有测量数字化、控制网络化、状态可视化、功能一体化和信息互动化等特征。智能控制和状态可观测是高压设备智能化的基本要求，其中运行状态的测量和健康状态的监测是基础。

智能高压设备可由 3 个部分构成：①一次高压设备本体，一次设备具备高可靠性，外绝缘采用复合材料，并与运行环境相适应，智能化所需各种传感器、执行器与一次设备本体采用集成化设计；②传感器或控制器，内置或外置于高压设备本体；③智能组件，通过电缆或光纤等与传感器或/和执行器相连接，通过传感器或控制器，与高压设备形成有机整体，实现与宿主设备相关的测量、控制、计量、监测、保护等全部或部分功能。

智能化高压设备具有以下技术特征：①测量数字化。对高压设备本体或部件进行智能控制所需要的设备参量进行就地数字化测量，测量结果可根据需要发送至站控层网络或过程层网络。②控制网络化。对有控制需求的设备或设备部件实现基于网络的控制。如变压器冷却器、有载分接开关，开关设备的分、合闸操作等。③状态可视化。基于自监测信息和经由信息互动获得的设备其他信息，以能源互联网其他相关系统可辨识的方式表述自诊断结果，使设备状态在电网中是可观测的。④功能一体化。在满足相关标准要求的情况下，智能高压设备可进行功能一体化设计。⑤信息互动化。包括与调度系统交互和与设备运行管理系统互动。

智能高压设备主要有三类，具体如下：

（1）智能变压器。智能变压器能够在智能系统环境下，通过网络与其他设备或系统进行交互的变压器。其内部嵌入的各类传感器和执行器能够在智能化单元的管理下，保证变压器在安全、可靠、经济的条件下运行。

智能变压器具有以下主要功能：①变压器智能化单元；集成主 IED 和测量 IED 功能，含冷却装置智能监控，有载开关智能监控，铁芯接地电流监测，变压器振动监测；②变压器智能化诊断单元：集成主 IED 功能，含铁芯接地电流监测，变压器振动监测；③变压器智能化测控单元：集成测量 IED 功能，含冷却装置智能监控，有载开关智能监控：④局部放电监测单元可连接超高频、超声或脉冲电流传感器；⑤冷却装置智能控制箱含电控元件（继电器、接触器等），带本地控制器。

（2）智能高压开关。高压开关正在向智能化方向发展，许多中、高压断路器以及 GIS 智能化程度的不断提高，将使供电可靠性提高、监测能力增强、恢复供电加快、运行维护更经济、方便。并能及时、有效、自动地完成各种功能控制。

（3）智能高压断路器。智能高压断路器在原来的真空断路器上添加了过电流继电器、检测用电流互感器以及各种传感器，使断路器具备了自诊断功能及传输功能，构成了集监视、通信、控制和保护为一体的智能单元，从而强化了断路器的功能，提高了可靠性。

近年来国外已有多种智能高压开关投入市场，典型的有东芝公司 C-GIS 和 ABB 公司的 EXK 型智能 GIS，它们都采用了先进的传感器技术和微型计算机处理技术，使整个组合电器的状态监测与二次系统运行在一个计算机监控平台上。在国内，总体来说，智能高压开关方面的研究起步较晚，2009 年，国家电网公司启动了智能电网建设，加快了国内智能高压开关设备的研制步伐。智能高压开关设备已在西开电气、平高集团实现产业化，其解决方案为通过在一次设备附近或继电器小室保护屏上加装智能单元设备以实现一次设备智能化。通过智能高压开关设备关键技术及工程应用研究，形成了国家及行业技术标准。2013 年 10 月～2016 年 11 月，智能高压开关设备已经在我国 28 个省市 605 座智能变电站的 5710 个间隔推广应用，满足了智能变电站建设的需要，有力地支持了能源互联网建设。智能高压开关设备具备的顺序控制、智能连锁等功能特点极大地提升了电网的智能化水平，高压开关操作的时效性、可靠性和安全性得到验证，应用情况良好。

高压设备在不断向智能化方向推进。目前国内外大型企业，都在深入开展特高压开关设备核心技术与关键部件的技术研究，结合智能电网、数字电站、配网自动化等的建设，大力推进高压设备的智能化发展。然而智能高压设备也存在着一些需要解决的问题。①传感器的抗干扰问题；②智能化设备的可靠性问题；③智能化设备的试验方法和试验标准问题。智能高压设备的可靠性、稳定性、整体技术性能还需要时间验证。

5.1.13　直流断路器

直流断路器是用于开断直流回路的断路器。与交流断路器不同，直流断路器采用了电力电子器件，可用于直流系统运行方式转换或故障的切除。随着直流输电系统规模的不断扩大，其输送电的容量与电压等级也不断升高，直流电网故障隔离的方法中，配置直流断路器是最可靠的方法。按照设备组成不同，高压直流断路器可分为三类，即机械式、全固态电力电子式以及混合式直流断路器。

机械式直流断路器是在交流断路器的研制成果参考其中机械开断的思路，通过人工制造电流过零点、强迫电流过零法或限制电流降到足够小的范围从而实现电流开断，应用于各种直流开断的拓扑中。瑞士 BBC 公司于 20 世纪 80 年代研制的自激震荡型机械式直流断路器。1985 年，日立公司研制出 250kV/8kA 直流断路器；90 年代初，东芝公司研发出 ±500kV/35kA 金属回路转换断路器用于直流系统。90 年代中期，三菱公司研制±500kV DC GIS 并挂网测试。

随着电力电子技术不断进步，固态直流断路器也逐渐兴起。20 世纪 70 年代出现了采用晶闸管关断的固态直流断路器；80 年代随着 GTO、IGBT 等全控型器件的诞生，使固态直流断路器所用器件有了新的选择。90 年代，随着 ABB 和日本三菱的集成栅极晶闸管等新型大功率器件的问世，为固态直流断路器拓扑提供了更多的选择余地。

为充分利用机械开关通态压降小和电力电子器件关断速度快的优势，混合型直流断路器成为当前研究热点。混合型直流断路器可通过机械开关和电力电子器件的合理组合得到。2012 年底，ABB 公司研发的混合型直流断路器通过样机试验，采用高速机械开关与 IGBT 先串联再并联的拓扑，用于 320kV 直流输电系统中，5ms 之内断流能力达 9kA。2013 年，阿尔斯通公司研发出可在 2.5ms 内关断超过 3kA 电流的混合型直流断路器，采用机械开关与电感、电容和电力电子器件构成的振荡电路串联再与电力电子器件并联的拓扑。2016 年国家电网智能电网研究院和许继集团研制的 200 kV/15 kA/3 ms 混合式直流断路器于在舟山多端柔直工程投运，是世界首个投入工程应用的混合式高压直流断路器。

在张北四端柔直电网工程中，共配置16台断路器500kV直流断路器。某型号500kV/25KA/3ms的混合式高压直流断路器拓扑如图5-20所示。主支路由一组快速机械开关和少量IGBT二极管模块级联构成的电力电子开关组成，用于导通系统运行电流和转移故障电流；转移支路由大量二极管、IGBT模块级联的电力电子开关组成，用于关断各种暂稳态工况下电流；耗能支路由多个金属氧化物电阻器（Metal Oxide Varistor，MOV）单元串联构成，用于抑制断路器暂态分断电压和吸收感性元件储存能量。

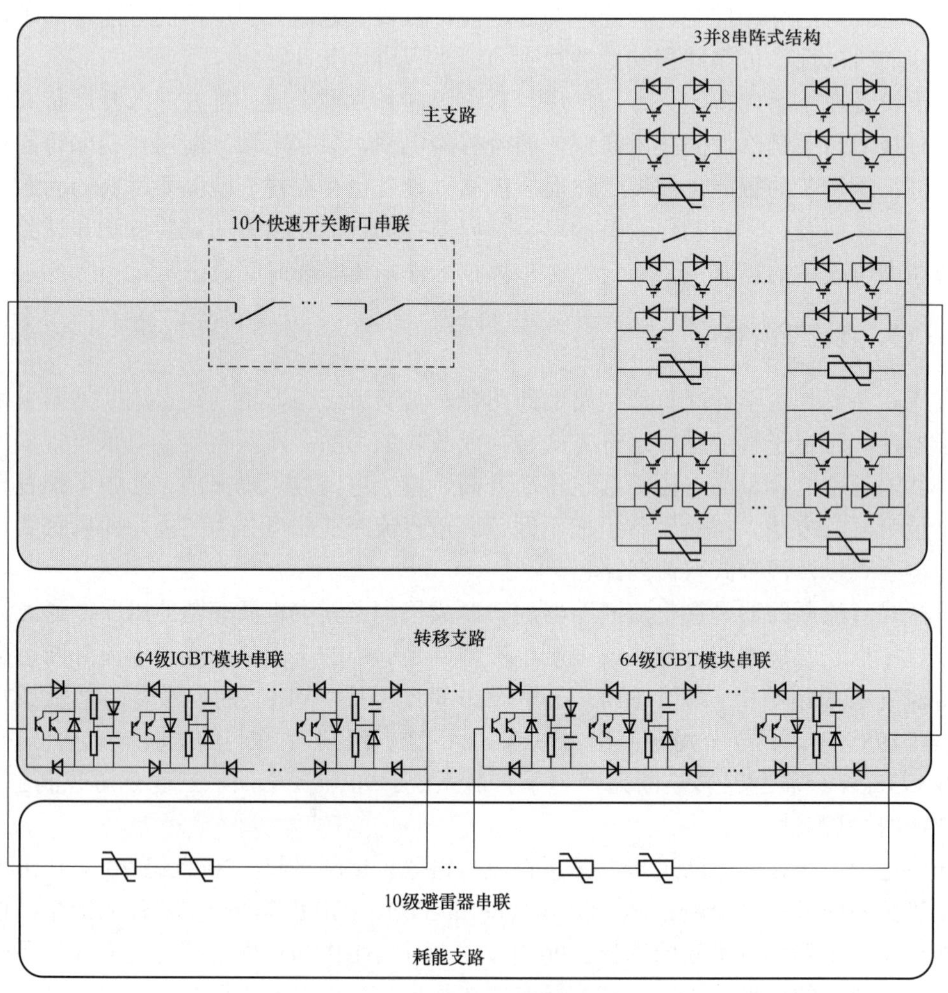

图 5-20　500kV 混合式直流断路器拓扑原理图

该混合式高压直流断路器有以下特点：①全电流范围内，快分均能在 3ms 范围内快速分断任意电流；慢分均能在 10ms 内分断任意电流。②主支路电力电子开关采用矩阵式模块设计，配置冗余度高，显著提升了主支路电力电子开关的导通和电流转移能力，保证了断路器整体可靠性。③模块阻尼回路设计可实现快速重合下，模块导通后电容电压在数毫秒内由峰值下降至零，符合柔性直流电网故障快速清除与系统快速恢复的应用需求。

④快速机械开关 10 断口真空串联，无弧分断，有利于提升断口绝缘建立速度，可靠性高，易于维护。⑤MOV 采用 10 级串联设计，任意一组失效，直流断路器仍具备完成本次分断能力。

直流断路器阀塔分别包括了主支路半导体组件、转移支路半导体组件、高速机械开关组、耗能 MOV 组、光 CT、通流母排、冷却水管、均压屏蔽结构件、漏水检测装置、供能系统组件、阀塔支架、光缆/纤及附属支撑件等。采用模块化、分层、分功能区域设计思路实现支撑式双列阀塔结构集成设计，如图 5-21 和图 5-22 所示。

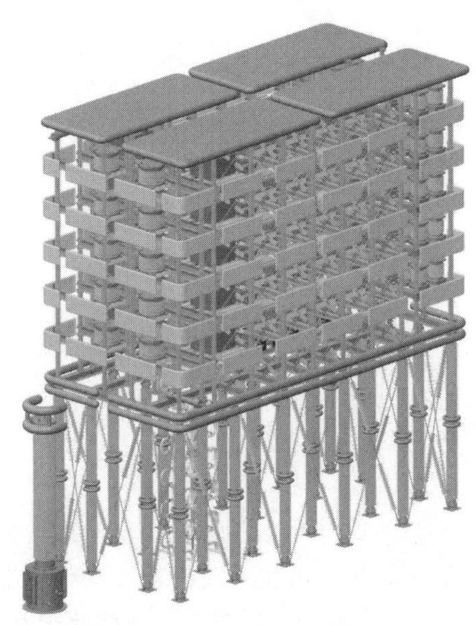

图 5-21　500kV 直流断路器三维图

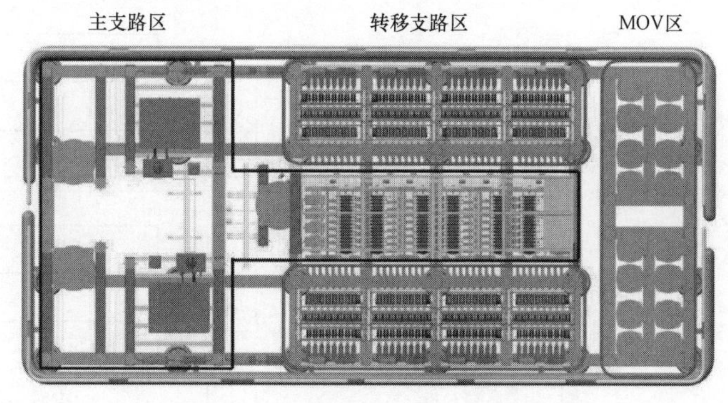

图 5-22　500kV 直流断路器平面布置示意图

5.1.14　电子式互感器

互感器是电力系统中测量电压和电流的基础计量设备。随着电力系统电压等级的提高，传统的电磁式互感器因其铁磁饱和，绝缘结构复杂，造价高，体积庞大而难于满足系统安全运行的要求。同时，随着系统的测量和保护设备朝着智能化、微机化的方向发展，互感器已无须输出大功率信号。基于电子技术、计算机技术、光纤通信技术和新材料科学的进步发展，新型的电子式互感器应运而生，并逐步替代传统电磁式互感器。

电子式互感器是由连接到传输系统和二次转换器的一个或多个电压或电流传感器组成，用以传输正比于被测量的量，供给测量仪器、仪表和继电保护或控制装置。其原理框图如图 5-23 所示。与常规互感器相比，电子式互感器具有可以消除磁饱和现象、对电力系统故障响应快、消除铁磁谐振、绝缘性能优良、动态范围大、频率响应范围宽等优点，是智能变电站的关键装备元件，它的测量精度和运行稳定性直接影响到变电站乃至电网的安全稳定运行。

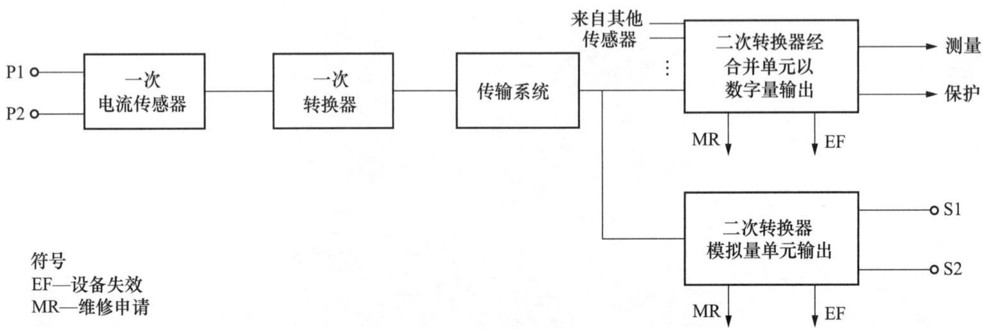

图 5-23　电子式互感器的原理框图

电子式互感器通常可分为有源型和无源型两种。若一次转换器是电子部件，需要一次电源供电，则称此类互感器为有源电子式互感器；若一次传感器是光学原理的，光纤传输系统可以直接将光测量信号送出，无须一次转换器，则称此类互感器为无源电子式互感器。电子式互感器的分类如图 5-24 所示。

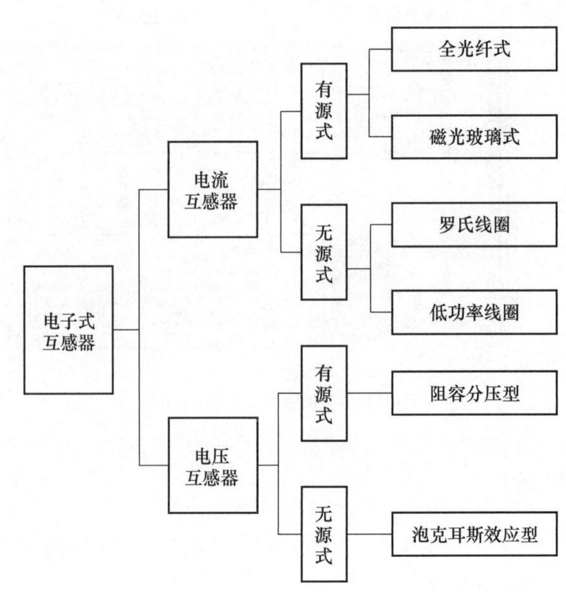

图 5-24　电子式互感器分类

有源电子式互感器技术相对较为成熟，其技术性能已基本可以满足实用化要求，国内目前建设的智能变电站使用的互感器绝大部分为有源电子式互感器，但其一次转换器的电子电路需要供电电源，且工作在复杂的电磁环境下，维护比较困难，这是有源电子式互感器存在的一些客观问题。相比之下，无源电子式互感器则避免了这些缺点，尤其在高电压等级和电磁环境恶劣的情况下，其优势更为明显，业界普遍认可无源电子式互感器是未来互感器的技术发展方向。

随着技术的日趋成熟，电子式互感器已在不同电压等级的部分变电站中得到了应用。ABB 公司作为国际上提供标准化光学电流和电压传感设备的领先者之一，已研制出多种电子式互感器如磁光电流互感器（magneto-optic current transducer，MOCT）、电光电压互感器（electro-optic voltage transducer，EOVT）等。日本三菱公司的伊丹工厂制造的 6.6kV/600A 的组合式光学零序电流、电压互感器，在日本中部（Chubu）电力公司的配电网中安装，并进行了长期户外运行试验。以电子式互感器和面向通用对象的变电站事件（generic object oriented substation event，GOOSE）应用为主的智能变电站技术将成为欧洲乃至美国等国家今后发展的重点。

2009 年以来，随着智能变电站建设的推进，电子式互感器技术在中国取得了快速发展。在 220kV 及以上变电站中，电子式互感器逐步获得认可，并小批量投入运行。已经投运的陕西延安 750kV 智能变电站、吉林长春南 500kV 智能变电站、江苏西泾 220kV 智能变电站等试点工程中全面应用了各种类型电子式互感器。2013 年，南方电网深圳首座数字化程控变电站——110kV 赛格变电站建成投产，并应用各类电子式互感器设备。2018 年 1 月，江苏省首套客户端数字化计量关口在线监测系统在扬州进出口加工区的荣德变电站投入运行。系统投运后，将实时比对电子式互感器与传统电磁式互感器、数字化电能表与传统电能表、数字化电能计量装置与传统计量装置的各环节误差与整体误差，并将误差比对的数据、视频监控数据实时上传至国网江苏省电力有限公司以及国网扬州市供电公司的后台监控系统，可以共同参与数字化计量和分析，为今后国家电网推进数字化电能贸易结算提供重要的工程实践。截至 2019 年 12 月，国家电网有限公司 110kV 以上交流系统电子式电流互感器投运数量为 6609 台，电子式电压互感器投运数量 1907 台，在运电子式互感器大多应用于 110kV 和 220kV 变电站。随着电网容量扩大，变电站向数字化、信息化和集约化方向发展，以罗氏线圈、传感光纤、低功率线圈、同轴电容等新产品为代表的电子式互感器得到了快速发展。

5.1.15　电动汽车充放电设备

电动汽车的充放电设备包括：交流充电桩、直流充电机、车载充放电管理终端。

（1）交流充电桩。交流充电桩是指安装于公共场所和居民小区停车场或充电站内、与交流电网连接、为电动汽车车载充电机提供交流电源的供电装置。交流充电桩采用传导方式为具有车载充电机的电动汽车提供人机交互操作界面及交流充电接口，具备测控保护、运行状态监测、故障状态监测、充电分时计量、历史数据记录和存储功能。交流充电桩由桩体、电气模块、计量模块三部分组成，桩体包括外壳和人机交互界面，电气模块包括充电插座、供电电缆、电源转接端子排、安全防护装置等，计量模块包括电能表、计费管理

图 5-25　交流充电桩

系统、读写装置等。充电桩的工作电压（AC）为：380/220V ±15%，额度输出电流（AC）为：32A（七芯插座），额定频率为 50Hz。交流充电桩为带有车载充放电机的小型电动乘用车服务，它们分散地安装在低压配电网中，能够与充放电管理系统及电动汽车进行通信，可实时掌握电网运行状态与电动汽车储能状态，智能控制车载充放电机进行合理充放电操作。例如，在电网低谷时段或电动汽车有刚性充电需求时，为电动乘用车车载充放电机提供交流电源，为车载动力电池充电；而在电网高峰时段且电动汽车车载动力电池电能富余时，车载充放电机通过交流充电桩为电网供电。交流充电桩如图 5-25 所示。

（2）直流充电机。直流充电机是指采用直流充电模式为电动汽车动力蓄电池总成进行充电的装置。公交、环卫、邮政等社会公共服务用车具有城市区域行驶、停车场地固定、行驶路线固定、行驶里程相对稳定等特征，适宜在停车场所建设集中充放电站。由于社会公共服务用车车载电池容量大，充电功率也很大，因此将采用地面直流充电机对其进行充电操作。直流充电机如图 5-26 所示。

（3）车载充放电管理终端。车载充放电管理终端放置在电动汽车中，用于对行驶中或者充电中的电动汽车电池储能状态进行实时监控，用户可以通过终端显示屏掌握电池的储能情况。车载充放电管理终端如图 5-27 所示。

图 5-26　直流充电机

图 5-27　车载充放电管理终端

车载充放电管理终端可以与交流充电桩或者直流充电机就储能状态、电网状态等进行信息交互，在电网低谷时段或者当电动汽车需要充电时，控制充电装置为电动汽车充电；在电网高峰时段并且电动汽车电池的电能富足时，可以控制电动汽车通过交流充电桩或者直流充电机反向为电网供电。

根据美国能源部替代燃料数据中心的统计，截至 2021 年 3 月，美国公共充电桩数量突破 10 万个。此前美国政府公布的 2 万亿美元基建计划，其中 1740 亿美元投向了美国电动汽车市场，主要用于强化电动汽车供应链、为消费者购买美国本土生产的电动汽车提供抵税优惠、与地方政府一起到 2030 年在全美安装 50 万个电动汽车充电桩、完成联邦政府车队和美国 20%校车“油换电”的目标。

“十三五”期间，我国电动汽车充电桩数量逐年上升，其中公共充电桩由 5.8 万台上升至 80.7 万台，私人充电桩由 0.8 万台上升至 87.4 万台。2020 年公共充电桩中，交流充电桩占比 61.67%，直流充电桩占比 38.33%。截至 2020 年 12 月底，全国充电基础设施累计数量为 168.1 万台，其中，公共充电桩数量为 80.7 万台，同比增长 56.4%；私人充电桩（随车配建充电设施）数量为 87.4 万台，同比增长 24.3%。

作为物联网感知终端，电动汽车充放电设备的信息互动发展方向有助于形成可查询、预约、支付及远程操控的运营模式。电动汽车充放电设备作为能源互联网的入口，其建设发展已不单单是“建桩”，更是“建网”，通过与 5G、特高压、大数据中心、人工智能、工业互联网等其他“新基建”的有机融合，将打通汽车、能源、交通、互联网等产业，构建起全新的数字化社会的骨架。

5.1.16　能源控制器

能源控制器（energy control and monitoring terminal unit，ECU）是安装在低压台区的智能化采集与控制终端，可实现客户侧和配电侧计量与感知设备的灵活接入，具有数据采集、智能费控、时钟同步、精准计量、有序充电、用能管理、回路状态巡检、户变关系识别、停电事件上报等功能。

2014 年，国家电网用电信息采集系统“全覆盖、全采集”建设目标基本实现，新的业务需求呈现多样化发展趋势，存在采集终端功能与需求不匹配、通信方式单一的问题，传统采集终端已无法承载各地区的差异化需求，为此，国家电网有限公司启动了模组化终端预研项目。2015 年，由国网营销部在研究成果“模组化终端硬件结构”的基础上，提出基于统一操作系统开展模组化终端软件设计。2016 年，国网营销部组织编制的采集 2.0 终端分技术报告中，提出了硬件模组化、统一操作系统、统一终端软件平台的思路和方案，并提出了 800M 主频及 4G 存储空间的相关指标。2018 年，国网营销部组织业内主流设备厂家开展了统一终端软件平台的研讨，提出“软件 App 化、软件定义终端”的思路。2019 年，正式提出“能源控制器”的概念。结合容器技术提出了统一操作系统、硬件接口层、基础 App、边缘计算 App、高级业务 App 和其他 App 的整体软件框架方案。2020 年，能源控制器形成了用电信息采集业务升级后的量产产品。

终端外观结构示意图如图 5-28 所示，终端外观结构示意图中的 1～5 槽位功能模组为典型配置示意。终端计量误差可通过光电设备对有功、无功脉冲输出灯进行脉冲采集。

能源控制器原理框图如图 5-29 所示。系统整体电源由 AC/DC 单元提供，共包括两部分，其中一部分直接给交采板计量单元供电，另一部分再通过电源管理单元输出 5V 及 3.3V 给核心板、主板及模块供电。主板外设包括点阵液晶、百兆以太网、ESAM、USBHUB、蓝牙模块、功能模组（4G、控制、遥信、485、载波等，模块通过 USB 与主板进行通信）、

USB 调试口等，其中遥信跟 RS-485 模块采用隔离 DC/DC 方案设计，主板与交采板之间通过串口进行通信。

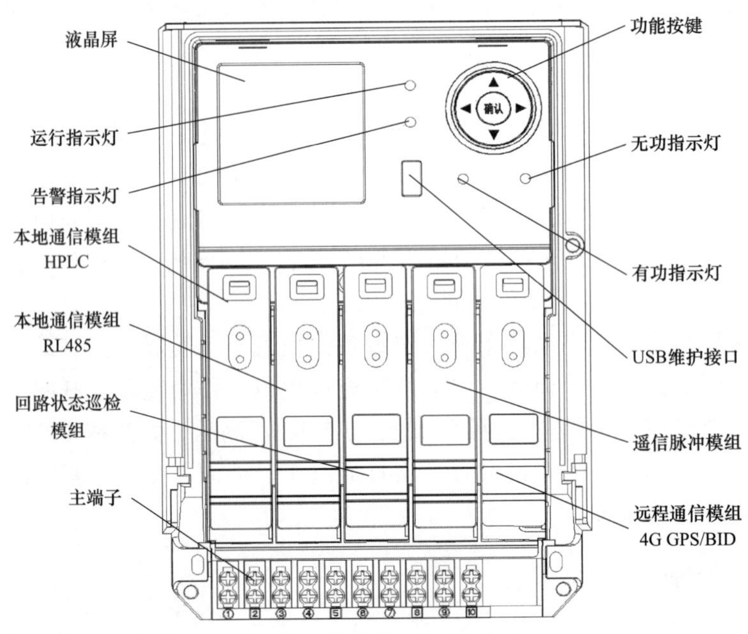

图 5-28　能源控制器终端外观结构示意图

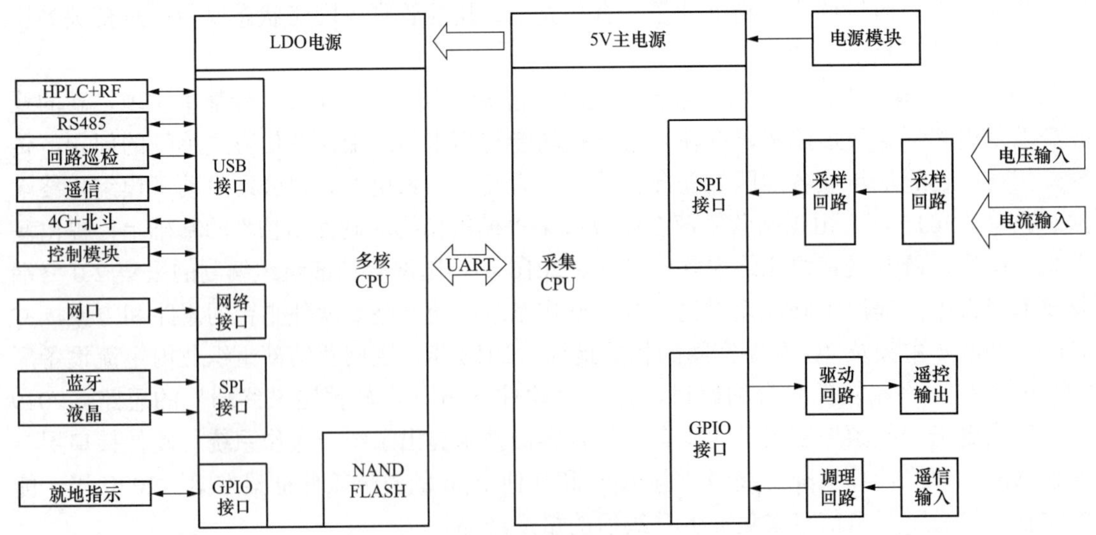

图 5-29　能源控制器原理框图

能源控制器的软件分系统层和应用层，系统层包括统一嵌入式操作系统、硬件驱动、系统接口层、硬件抽象层，操作系统通过系统接口层为应用层提供系统调用接口，通过硬件抽象层提供硬件设备访问接口；应用层包括各类 App，App 包括基础 App、边缘计算 App、高级业务 App 以及其他 App，App 之间通过消息总线进行数据交互。App 分类架构见图 5-30。

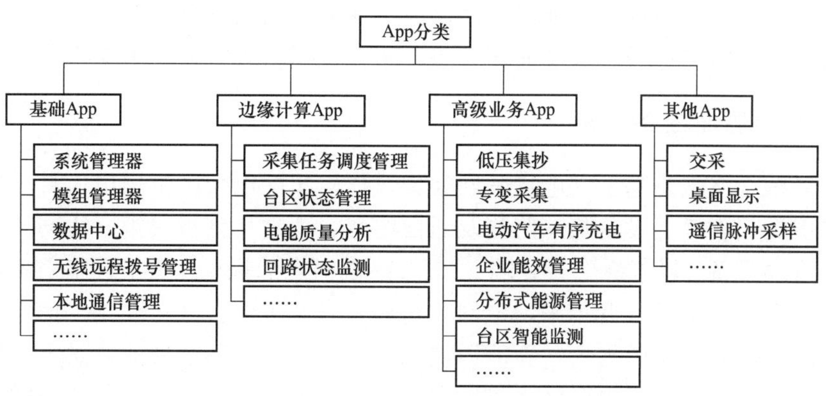

图 5-30　App 分类架构

能源控制器可实现数据采集、数据处理、参数、控制、事件、数据传输、时钟及定位等基本功能，本地功能以及能源控制器运行维护、自我安全防护、台区智能监测、电能质量分析、低压侧用电管理、无功补偿、分布式能源管理、多元化负荷管理、能效管理等高级应用功能。终端可灵活配置 RS-485 通信模块、CAN 通信模块、遥信脉冲模块、直流模拟量采集模块、回路状态巡检模块等多种功能模块，满足传统用电信息采集、公共事业数据采集、分布式电源接入与监控、充电桩数据采集、需求侧数据采集、企业能效监测、智能家居应用等业务需求，并依托智慧物联体系"云管边端"架构，具备信息采集、物联代理及边缘计算功能，支撑营销、配电及新兴业务，满足高性能并发、大容量存储、多采集对象需求，集配电台区供用电信息采集、各采集终端或电能表数据收集、设备状态监测及通讯组网、就地化分析决策、协同计算等功能。

能源控制器根据应用场景分成公变和专变，根据应用场景可配备不同的功能模块形成对应的设备。如公变标配 HPLC 模块、远程通信模块、回路巡检模块、遥脉模块、RS-485 模块；专变标配控制模块、远程通信模块、回路巡检模块、遥脉模块、RS-485 模块。

能源控制器可以用于台区的测量、边缘计算。在用电信息采集系统具有普遍应用，在低压居民台区，以变压器为中心，以居民用户为末端节点，基于 HPLC 载波技术形成台区能源控制网络，实现台区计量、变压器监测、环境量采集、分支/表箱设备采集、居民用户电能、水、气、热能计量数据采集，以及台区负荷控制及优化，在工商业用户，除了计量与采集外，更多的是用于企业负荷控制与能效管理。除此之外，还可用于电动汽车有序充电、分布式能源管理、电能质量分析等。针对以上的方案，在北京等多地进行了试点。在北京选取的典型小区有 5 栋楼，600 多户，180 个车位，原有 24 个充电桩。试点工作在这个小区里面新建了 30 个充电桩，对原有 24 个充电桩进行改造，加装了能源控制器。本小区电动汽车日常的负荷曲线峰值集中在晚上 9～11 点，谷值在 5～6 点，峰谷差 500kW，小区运行了有序充电模式以后，峰谷差降低到 250kW，降低峰谷差达到 58%，实现了削峰填谷的成效。

相比传统的电力终端设备，能源控制器赋予了更多智能化的功能，在原有的用电信息采集功能基础上，将大数据、边缘计算、人工智能等技术应用到终端中，围绕电动汽车有序充电与分布式能源、居民家庭智慧用能、商业楼宇与工业企业能效监测、区域供水供热供电多能供应等典型应用场景，能源控制器成了面向物联网平台与感知单元之间的智慧神经中枢，为创建智慧能源服务系统的新业态、新模式提供有力的技术支撑。

5.1.17 台区智能融合终端

台区智能融合终端是基于配电物联网架构设计，集配电台区供用电信息采集、各采集终端或电能表数据收集、设备状态监测及通信组网、就地化分析决策、协同计算等功能于一体的台区终端设备（以下称融合终端）。融合终端概念的提出，源于近年来配电网发展过程中所遇到的多样化需求。近年来，电网公司逐步开展老旧台区自动化、信息化改造。然而，在低压配电网规模不断扩大，新能源接入等新兴需求不断涌现的背景下，传统低压配电网管理体系已无法满足配电台区大量数据处理和功能实现的要求。与此同时，物联网技术理念与配电网深度融合，形成一种新型的配电网形态——配电物联网，为解决低压配电台区内部精益化运维提供了新的解决思路。融合终端正是配电物联网架构下智能配电台区各项业务的终端设备载体。

融合终端支撑营销、配电及新兴业务，硬件采用平台化设计，支持边缘计算框架，能够以软件定义的方式实现功能灵活扩展。融合终端由多核 CPU、电源模块、通信模块、存储模块、就地指示模块、交流采样模块等硬件模块构成。核心 CPU 通过与“枢纽 OS”协同，统筹调度采集、通信、存储、计算和控制功能，涉及融合终端的所有硬件功能模块。融合终端原理框图如图 5-31 所示。

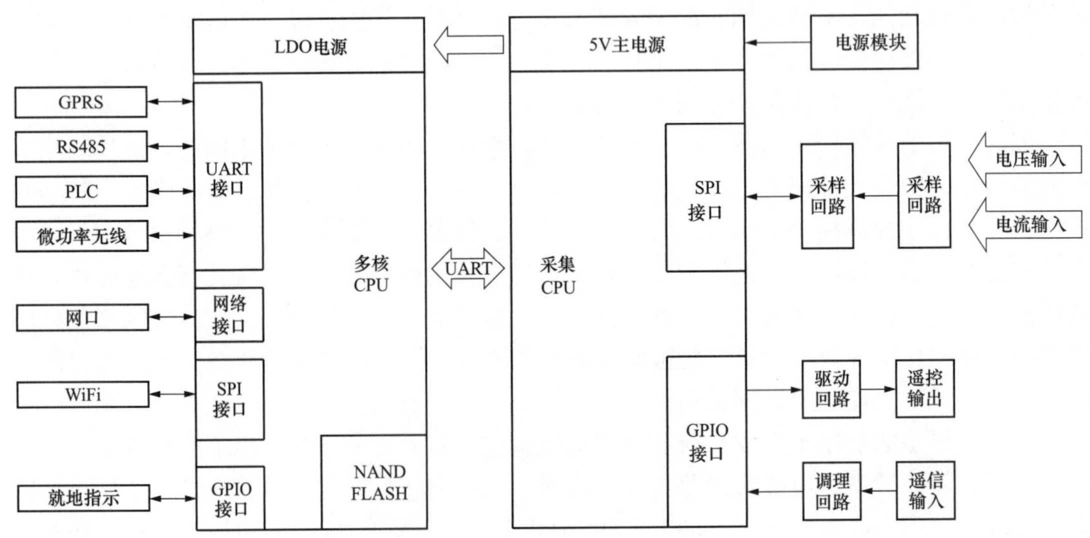

图 5-31 台区智能融合终端原理框图

按照传统配电网业务范围划分，现场终端设备划分上却属于两个独立的业务门类，面向相同的业务构建了两套独立的终端设备。随着低压配电网新兴需求的涌现，对传统的配变监测终端和用采终端业务进行融合设计的思路应运而生。物联网架构、平台化设计等新技术的发展，为研发融合终端提供了技术的可行性，同样，也实现终端硬件复用，业务独立，提高终端设备利用率。

作为智能配电台区的核心设备，融合终端主要实现以下 3 项功能：①配电网数据采集。融合终端能够获取配电台区内所有设备的相关运行状态和数据，包括低压配电网电气参数、环境参数、开关状态，以及用户侧电量、充电桩、光伏发电等用户侧数据。②配电台区数据处理。融合终端可实现数据业务的就地化处理，例如台区线损计算、台区故障研判等功能。③独立支持营销、配电两类业务。融合终端实现了两类业务的隔离与支持，并提供了更为开放的应用场景支持。

融合终端作为物联网架构下的边缘计算设备，与传统配电终端具有较大区别，主要体现为“硬件平台化”与“功能 App 化”两个方面：①硬件平台化。融合终端基于“国网芯”设计，搭载自主研发的“枢纽 OS”操作系统，为基于操作系统的软件开发奠定了基础。②功能 App 化。融合终端结合面向具体需求开发的 App，形成了以“微应用”为基本单元的功能实现。融合终端 App 无须经过主站即可在本地实现预制功能。

融合终端是配电台区与主站系统实现信息交互的桥梁，在配电物联网架构中所处位置如图 5-32 所示，融合终端向下通过 RS-485 和 HPLC 等通信方式采集配电网低压设备和电表信息；向上通过 4G 和以太网等通信方式，实现与用采和配电两类业务主站的对接。

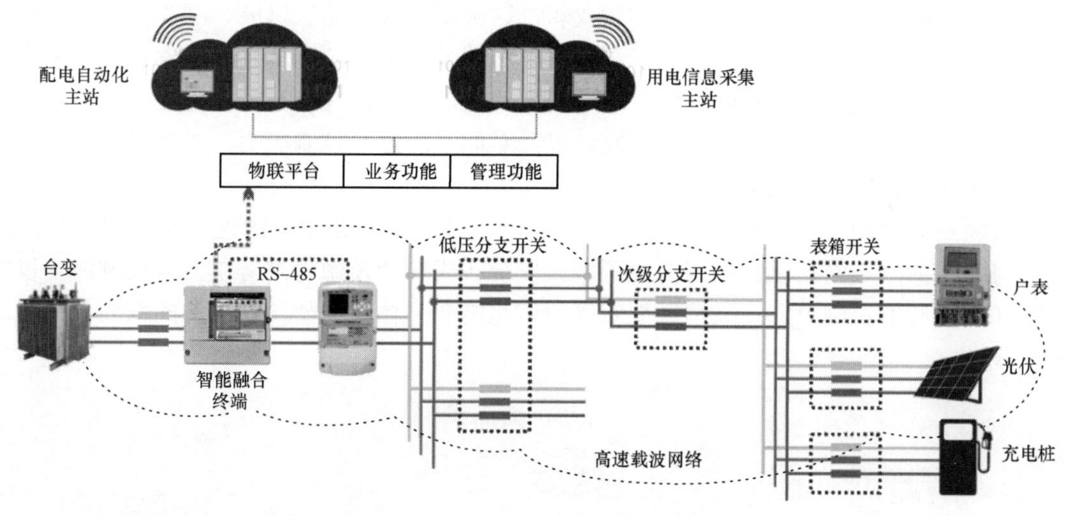

图 5-32　融合终端在配电物联网位置

随着融合终端在国内各地低压配电网的逐步应用，新技术与新架构的优势日益凸显。在老旧小区低压配电网改造过程中，融合终端通过与末端传感器交互，实现了线路拓扑自动生成，解决了老旧台区台账缺失，线路拓扑人工梳理困难等问题；台区线损治理方面，融合终端通过定制 App，实现了线损异常的本地处理和实时监测，缩短了业务响应时间；台区状态感知方面，融合终端通过蓝牙方式对塑壳断路器监测与遥控，实现了台区精益化管理；新能源设备接入方面，融合终端实现了对电动汽车充电桩的柔性控制，以及对光伏发电设备的统一接入，实现了低压配电网的业务升级。

国网陕西省电力有限公司在台区更换融合终端后，实现了设备部对低压配电台区停电情况的实时感知，由传统的用采系统与配网系统的每日交互停电事件，升级为分钟级采集和故障精准定位，提升了低压配电网的运维品质。

伴随能源互联网技术的蓬勃发展，融合终端作为基于物联网框架开发的智能终端，与能源互联网体系架构高度适配，主要体现在以下两方面：①支持泛在互联。融合终端“功能 App 化”的设计方式，对多样化设备接入创造了便利条件，降低了设备接入门槛。②实现多源协同。多源协同是能源互联网的典型特征，多套能源转化设备之间的协同工作，对能源数据的监测、处理和应用均提出了更高的要求。融合终端具备的“边缘计算”能力和“就地化”业务实现方式，完整适配了多源协同过程中的各项技术要求。

5.1.18 能源路由器

能源路由器可以实现不同能源载体的输入、输出、转换、存储，是能源互联网的核心装置。虽然关于能源路由器还没有权威统一的定义，但普遍公认它有以下几个特点：①即插即用；②强大的电气调控能力，包括交直流电压控制、控制电能量流动、输入输出隔离、电能质量提升、无功补偿等；③基于信息融合的智能控制能力；④具有强大的通信网络功能。⑤自愈性。此外，部分研究还认为能源路由器应该具有一定的能源存储能力。

作为应用最为广泛的二次能源，虽然电能已能够实现规模化的远距离配送，但是传统电网对于能源自由流动的控制能力仍然较弱，这限制了太阳能、风能、潮汐能等可再生能源的接入，限制了用户侧需求响应资源参与电网调节，也限制了基于市场规律的发用电各方的自由交易。能源路由器就是解决这一问题的关键设备，它具有加强电能与信息资源的融合，支撑和促进能源网络的广泛互联，提升对能源的调节控制能力，以及提高电网的可靠性、兼容性和经济性的重要意义。

能源路由器的典型网络示意如图 5-33 所示，基于能源路由器的能源互联网是信息能源相互融合的广域网，以大电网为主干网，以分布式能源及微电网等单元为局域网，以能源路由器为智能控制单元，采用开放对等的信息能源一体化框架实现能源的双向传输和动态平衡。

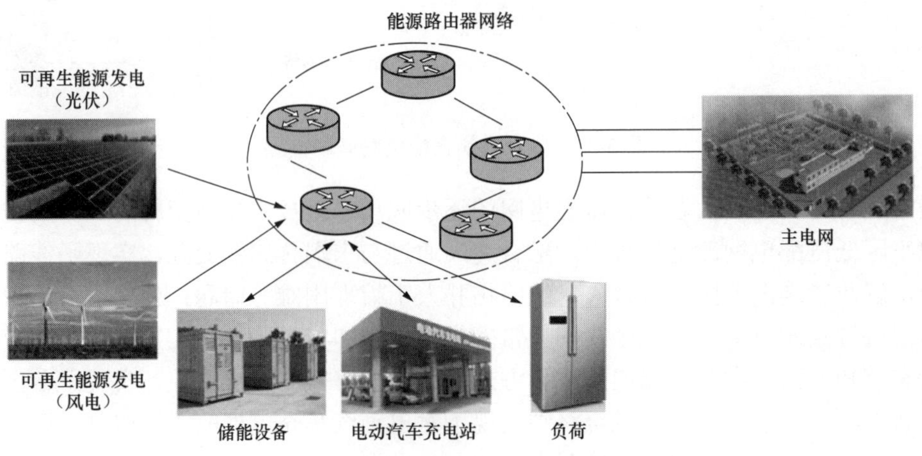

图 5-33 能源路由器的典型网络示意图

能源路由器可以为各种交流、直流的输入、输出提供灵活的统一通用接口，适应分布式能源的即插即用，其核心模块是电力电子换流器模块，其典型拓扑结构如图 5-34 所示。能源局域网交流线路通过 AC/DC 交流输入接口并入主电网，AC/DC 交流接口和 DC/DC 直流接口共同支撑直流母线的电压，并形成能源局域网直流线路。DC/DC 直流接口一般接入储能电池单元，从而提供能源路由器网络虚拟惯量所需要的调节功率。

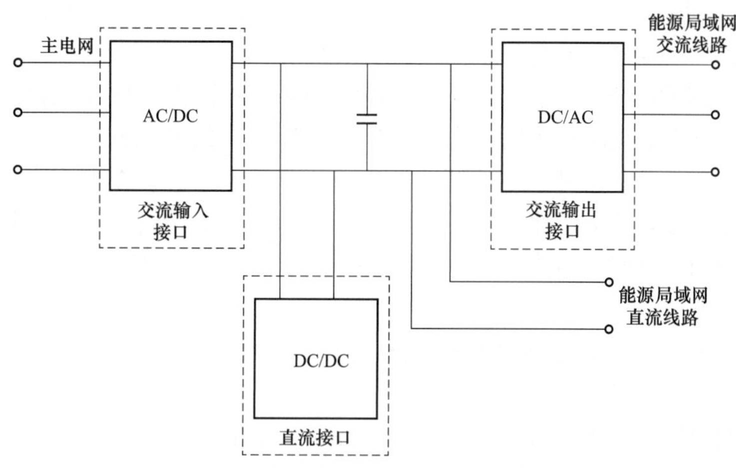

图 5-34　能源路由器模块拓扑结构

在能源互联网中，能源路由器的主要任务是调整能量的流动和进行实时的信息传递。为了保证能源网络的运行效率，需要对能源路由器进行能量管理。能源路由器系统能量管理信息流的示意图如图 5-35 所示。

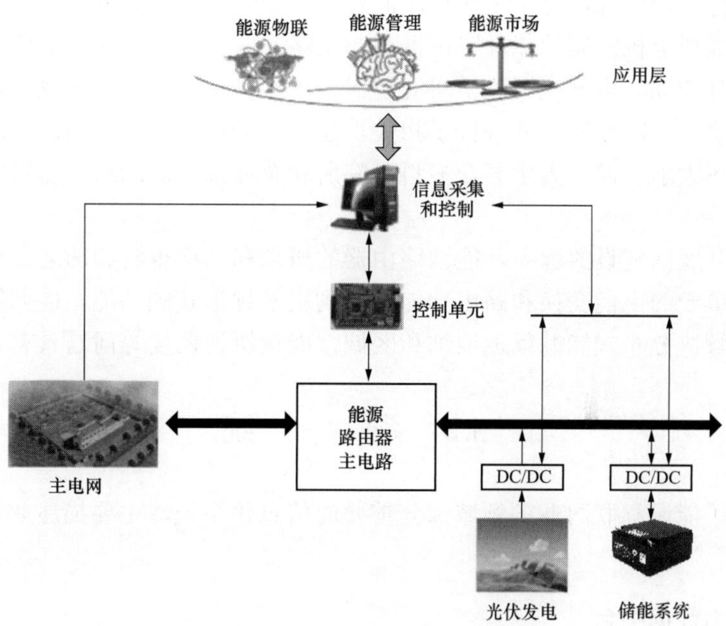

图 5-35　能源路由器系统的信息流

能源路由器的前身可以追溯 20 世纪 70 年代的高频链式变压器，在电力变压器两端采用半导体器件，实现了单输入/单输出的电能变换。后来发展到基于电力电子器件的固态变压器（也有称智能变压器）。

2007 年，苏黎世联邦理工学院在“未来能源网络愿景”项目中第一次明确提出了未来能源网络中的两类关键设备：能源路由器和能源内部互联器（energy interconnector），并基于这两类设备，实现风能、光能、电能、气等多种能源的混合传输，从而协同优化不同形式能源应用于生产、传输、消费等多个环节。

2008 年，美国北卡罗来纳大学的 FREEDM 的项目将固态变压器比作未来能源网中的路由器，作为未来能源互联网组网形态的基础，支撑多向的电能流动，使得每个电力用户既可以是能源的消费者，也可以是能源的供应者。其基本理念是在电力电子、高速数字通信和分布控制技术的支撑下，建立具有智慧功能的革命性电网构架吸纳大量分布式能源，通过综合控制能源的生产、传输和消费各环节，实现能源的高效利用和对可再生能源的兼容。

同时期的许多其他面向未来能源研究和应用项目中，能源路由器都是其中的关键设备，如德国联邦经济技术部启动的“E-Energy”创新计划、日本政府提出的建设“数字电网”计划、欧洲启动了未来智能能源互联网（FINSENY）项目等。美国杰里米 • 里夫金（Jeremy Rifkin）于 2012 年发布中文版《第三次工业革命：新经济模式如何改变世界》，描绘了新的、充满活力的能源互联网，能量路由器是其中的核心设备。

能源路由器在国内也引起广泛关注和研究。2014 年 7 月国家电网公司董事长刘振亚在美国 IEEE 会议上发表署名文章，提出构建全球能源互联网的设想，能源路由器是成为其中的关键设备，并且在北京延庆启动了能源互联网示范工程。2015 年以来，中国电科院对能源路由器进行长期研究，提出了交直流混合、工频隔离、交直流模块化的能源路由器电路结构和基于虚拟电机控制的能源路由器控制策略，并对含能量路由器的能源集线器进行了设计。2016 年以来，南方电网科学研究院提出了一种基于电力电子变换器的模块化多接口的能源路由器主回路结构，并进行了相关功能仿真分析。此外，国网上海市电力公司、上海大学、清华大学、湖南大学等众多科研院所和企业都对能源路由器进行了相关研究、设计和验证。

随着能源互联网建设的深入，能源路由器的概念和结构也将会随之发生更多的变化，其功能也将由单一的电能变换和路由功能扩展到更多种形式的功能。能源路由器的研究和应用对于有效解决分布式能源就地消纳和区域性能量协调调度等问题具有重大的意义。

5.2 系　　统

本节选择了能源互联网业务领域部分重要的信息化系统，主要描述业务系统的构建和应用。

5.2.1 电力数据中台

数据中台是各类数据资源的汇聚中心、数据资产转化中心、数据价值发掘中心，满足横向跨专业、纵向不同层级的数据共享、分析挖掘和融通需求。它是一个可持续“让数据用起来”的机制，是一种数字战略和组织形式，是一套不断将数据变成资产并服务于业务的体系。

“数据中台”理念最先由阿里巴巴于 2015 年提出，对标国外的“Data Lake”（数据湖）。出现的目的是为了使阿里生态系统中的各个板块（淘宝、天猫、盒马、支付宝……）能做到数据的实时互联互通，对数据价值做到最大化的挖掘利用。2018 年腾讯数据中台论再次使其成为热点。随着我国数字经济的蓬勃发展，阿里巴巴、腾讯、百度、京东、苏宁等互联网企业接连引入中台机制，中国企业数字化转型推动数字中台行业规模不断扩大。

在互联网时代，企业需要快速响应、挖掘、引领用户需求，此时，借助平台的力量是企业生存、发展的关键因素。多年以来，不少企业已经建立了“前台＋后台”的平台化架构。前台是企业的最终用户直接使用或交互的系统，比如用户直接使用的网站、手机 App、微信公众号等都属于前台。后台是面向运营人员的配置管理系统，比如财务系统、产品系统、客户管理系统等。后台为前台提供了一些简单的配置。

随着数字业务的快速发展，前台和后台就像是两个转速不同的齿轮，前台要快速响应用户需求，看重的是快速迭代，转速越快越好；而后台却是越稳定越好，转速也越慢越好。此时，前台、后台“齿轮匹配不平衡”的问题逐步显现出来。为了更好地响应用户，中台应运而生。中台就像是在前台、后台之间添加的“变速齿轮”，中台匹配了前台与后台的速率，是前台与后台的桥梁。

建设数据中台的目的是：①解决数据的“集、存、通、用”难题；②提升数据资源价值和数据创新能力；③快速地响应业务需求，为各类应用提供数据交换共享和数据分析能力；④打造城市数字孪生体，全面赋能惠民服务、生态宜居、社会治理、产业发展等领域，推进数据治理体系及智慧城市建设。

在企业前台和后台之间搭起桥梁，通过连接业务场景和技术组件，实现敏捷的前台和稳定的后台，避免数据墙、部门墙冲突隔阂，运用微服务等技术手段，为前台提供可复用的公用能力，支持前台小成本快速创新迭代，是支撑企业数字化转型的重要举措。充分发挥企业中台服务的可重用、被滋养、助创新、敢试错的作用，中台建设不仅仅降低了技术成本、更是公司资源汇聚、交叉引流，实现技术的创新和管理模式的转变，带动公司管理效率提升。数据中台的作用示意图如图 5-36 所示。

电力数据中台建设和运营面临的问题更为严峻。在数据中台出现之前，国家电网有限公司系统范围内缺乏统一的数据资源管理体系和运营机制，给数据中台的统一建设造成巨大困难。目前，数据中台的建设已经大力推进公司数据资源厘清，逐步实现公司范围内的数据资产整合赋能。

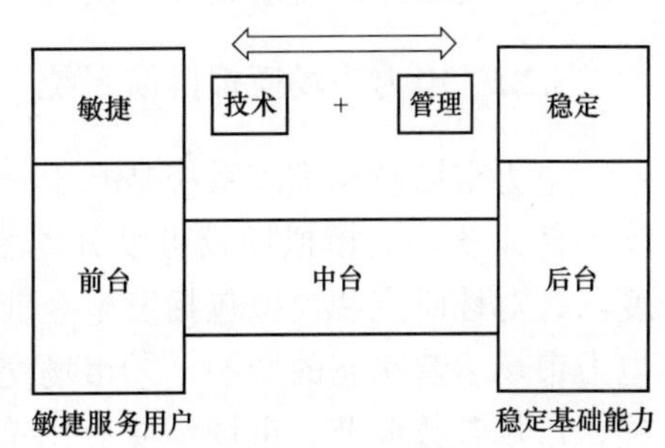

图 5-36　数据中台作用

国网企业中台基于国网云构建，是企业级能力共享平台，与云平台、物管平台共同组成数字化平台，沟通能源互联网信息支撑体系核心基础设施，统驭公司强大的后台资源，通过提炼，形成公共资源共享能力，实现能力跨业务复用、数据全局共享，形成“强后台，大中台，活前台”架构体系，支持快速、灵活搭建前端应用，支撑业务快速发展、敏捷迭代、按需调整。电力数据中台在电力物联网整体架构中的定位如图 5-37 所示。

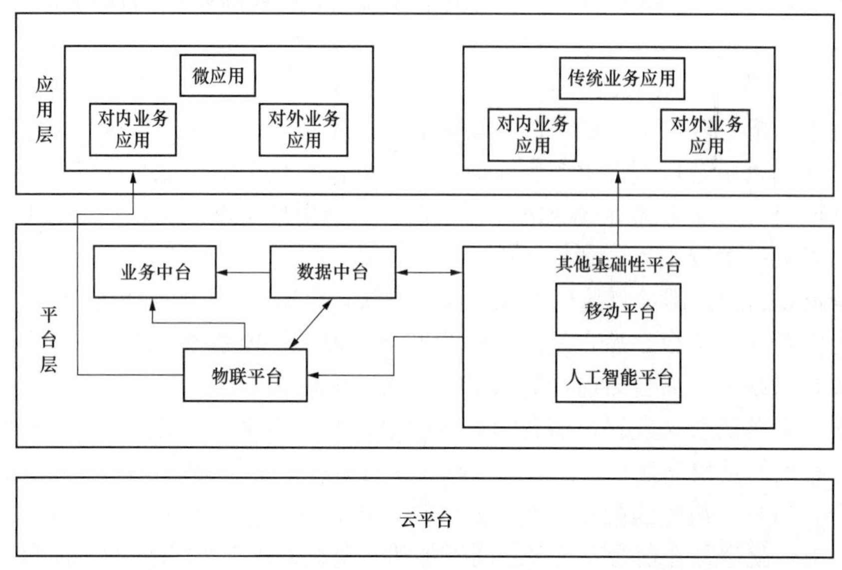

图 5-37　电力数据中台总体定位

电力数据中台具有数据行业性明确、承接的数据量更大等特点。中台的数据主要来源于总部及各网省业务产生的相关电力业务数据，与互联网企业相比，行业性更明确。未来，随着能源互联网建设的深入，数据中台的价值必将得到全面彰显，促使基于数据中台的人工智能技术全面在电网得到应用，极大地降低电能服务的营销和运营成本，通过低成本的采集通信控制和智能化分析，使得原来大量无法触及的电能服务成为可能。

数据中台在智慧城市都得到初步应用。长沙市大数据中心通过数据中台建设，在解决信息孤岛、数据烟囱、业务响应慢、数据质量差、数据利用率低等方面取得了一定成效。数据中台还处于新生状态，存在诸多不足，数据中台的建设也不是一蹴而就、一劳永逸的，必须经历一个持续的、不断完善和发展的过程。因此，要想数据中台建设有成效、达到预期效果，就必须从顶层设计出发。

5.2.2　电力市场模拟推演系统

电力市场模拟推演系统是基于一定的仿真模型，对电力市场的运行进行模拟和推演的软硬件系统。其模拟场景可以分为 3 个方面：①市场主体行为模拟。从电力市场成员角度，针对性研究和模拟包括发电企业、大用户、售电公司在内的市场成员行为策略以及对电力市场运营状态的影响。②市场交易运营模拟。从市场交易运营角度，研究市场规则设置、市场参数调节、市场环境变化等情况下的市场运营状态，对市场运营效益和风险做出评估。③电网调度运行模拟。从电网调度运行角度，研究电力市场环境下电力供需平衡、电网运行方面的安全裕度与风险。在具体实现中，依据设计方案的不同可以有不同的功能模块，但总体上覆盖电力市场环境配置、交易组织和申报、交易出清、交易执行、结算和结果分析评估的流程。通过电力市场模拟推演，有助于提前发现市场设计中可能存在的问题，为电力市场日常运营决策提供量化依据，为各类成员逐步熟悉电力市场提供工具支持。

典型系统功能架构如图 5-38 所示。系统主要包括以下关键功能模块：①基础环境生成模块，主要用于生成基础的电网模型和电力市场模型，例如电网发电资源和负荷分布模型、输电线路模型、各类电力市场主体模型、电力市场交易规则模式等。②电网运行模拟模块，主要用于实现发用电变化及电网平衡情况的仿真运行。③市场运行模拟模块，主要用于实现市场信息发布、交易组织、交易执行、交易出清、交易结算乃至市场后评估模拟等功能。④市场成员模拟模，主要用于实现市场成员的基础条件、交易策略、参与交易行为的模拟。⑤市场配置模块，主要用于实现对电力市场规则、市场运营模式、市场运营时序、市场主体情况等的配置管理。

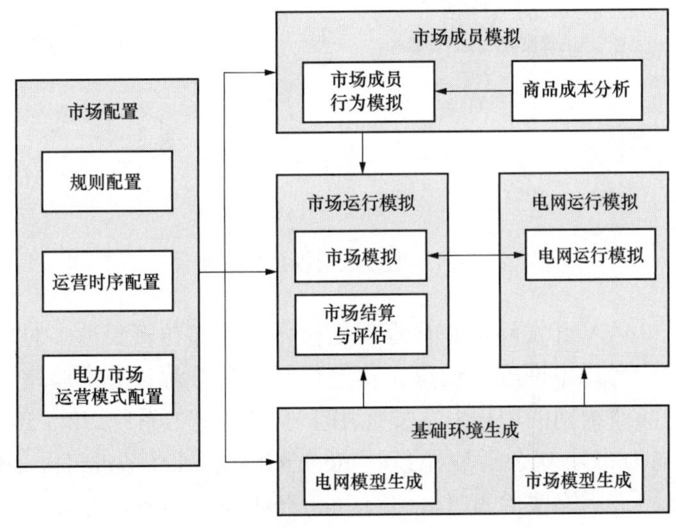

图 5-38 电力零售市场模拟推演系统功能架构

电力市场模拟推演系统的各类功能需要基于一定的计算机软硬件系统完成。随着信息通信技术的进步，具体实现方案也不断演化。图 5-39 中展示了一种基于云计算理念，遵循面向服务的设计原则，采用 B/S 及 C/S 混合应用模式的电力市场模拟推演平台架构平台。

其主要包括基础设施层（基础硬件资源及其管理）、公共服务平台层（提供文件、数据库、模型、图形以及相关调度和算法支撑服务）、应用层（遵循相关电力应用安全管理分区的规定提供相关应用服务）和人机终端层（可分为浏览器和 C/S 客户端两类），并在各层贯通系统管理和安全防护体系。

各类电力市场的模拟和仿真系统，长期以来一直是电力市场研究和建设的有力工具。其中部分有代表性的系统包括：①Powerweb 电力市场仿真系统。由美国康奈尔大学研究团队采用 MATLAB/ Perl/Java/SQL 开发，能够模拟日前市场中多种出清机制下的发电侧市场节点电价，并进行人机交互，来模拟市场开放结构下的电力市场。②基于代理的电力系统建模（agent-based modeling of electricity systems，AMES）。美国爱荷华州立大学跨学

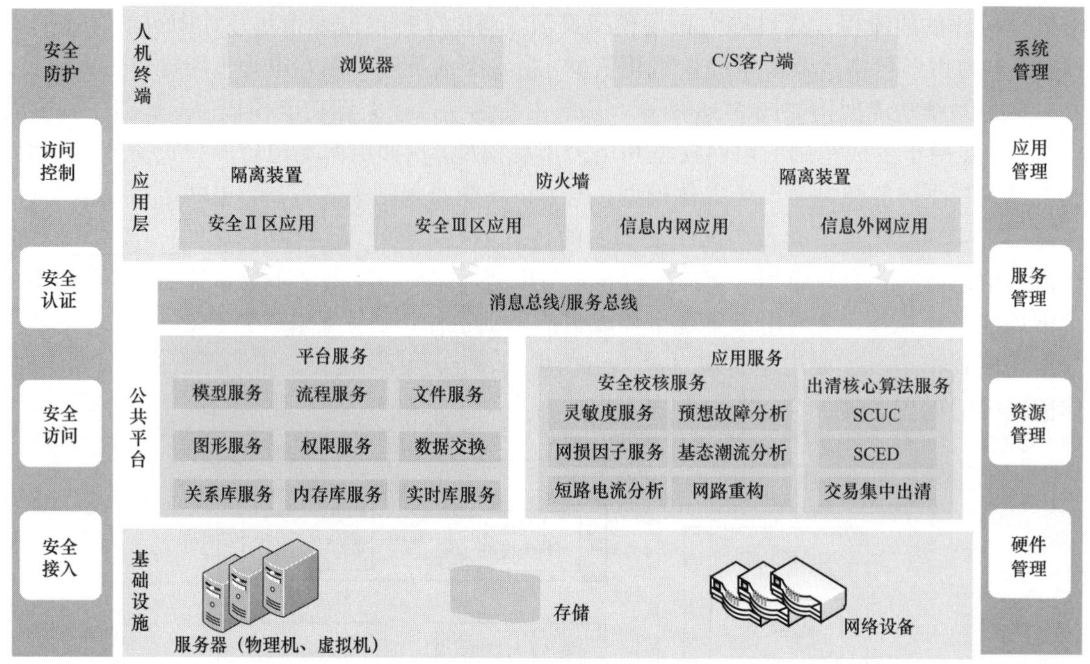

图 5-39　电力市场模拟推演平台

科小组开发，基于 JAVA 开发环境和代理建模技术，能够仿真日前多时段电力市场出清过程，并在出清过程中考虑电网安全约束。其定位是一种开源计算实验室，目的是研究、教学和训练，而不是商业级别的用途，主要适用于小中型电力系统、2～500 个节点的电力市场运营模拟。③电力市场复杂适应系统（electricity market complex adaptive systems，EMCAS）。由美国阿贡国家实验室（argonne national laboratory，ANL）研制，该系统能够仿真所有参与电力市场的实体，包括消费者、发电公司、输电公司、配电公司、大用户、独立系统运营商或区域输电组织以及监管机构的行为，可实现基于节点边际电价的多时段出清计算。④PLEXOS 集成电力模型。由澳大利亚的 PLEXOS 公司开发的一个电力市场仿真软件，为电力市场建模仿真提供集成、易用而稳健的分析框架。其使用了先进的数学规划和随机优化技术，并结合最新的用户界面和数据处理方法，为全球发电公司、输电系统运营商、电力市场运营者等各类客户提供市场分析服务。⑤Gridview 能量市场模拟及分析平台。由 ABB 公司开发，该系统的重要功能之一是分析电网扩容的经济性，为电网规划提供决策支持。其中的市场模拟仿真程序通过执行安全约束机组组合（safety restraint unit combination，SCUC）和安全约束经济调度（security constraint economic scheduling，SCED）来模拟开放电力市场的运行，并可以通过一种时序的方法来模拟一周到数年的运行情况。⑥电力市场运营技术实验室。由国家电网有限公司建设，该实验室包括总分部及 28 家网省公司的电力市场交易运营的数据与实验环境，定位于市场推演评估、新技术验证、系统软件测试和实务培训演练，建立了全景实验环境和电力市场模拟推演平台。⑦其他系统。国外的例如意大利 DESPOT 平台、挪威的 JPMSP 系统等，国内华中科技大学、东南大学等都进行过相关设计和开发。2008 年，国家电网有限公司西北电网公司和西安交通大学、华南理工大学共同开发了“西北电力市场综合模拟系统”等。

随着电力市场改革的推进，中国电力市场模拟推演系统需要在以下方面加强研究：①加强多市场联动模拟，包括批发市场与零售市场联动、中长期市场与现货市场联动、电能量市场与辅助服务市场联动等。②加强对差异性市场规则和环境的适应性。③适应能源互联网的发展。

5.2.3　智能电网调度控制系统

智能电网调度控制系统，也称为智能电网调度技术支持系统，是传统能量管理系统的扩展，是调度自动化系统的升级和集成，是面向智能电网、适应特高压远距离传输、新能源大规模接入、分布式电源即插即用、电动汽车广泛应用的新一代电网调度控制系统。智能电网调度控制系统有广义和狭义两种含义：广义的智能电网调度控制系统泛指智能电网环境下的适应特高压、清洁能源发展，广泛应用各类最新信息通信技术的调度控制系统；狭义的智能电网调度控制系统专指国家电网公司 2009 年以后组织开发的系列化电网调度控制系统。

传统电网调度自动化系统经历了从专用型到通用型、从集中式到分布式以及功能从简单到复杂的发展过程。20 世纪 60 年代中期，电力工业界逐步采用计算机技术，提升了调度监视和变电站远动技术水平，形成了 SCADA 系统。20 世纪 70 年代早期形成了 SCADA/AGC 系统，后来逐步发展成为能量管理系统（energy management system，EMS）。20 世纪 80 年代，出现了调度主机双机热备用系统，特点是基于通用计算机和集中式的 SCADA/EMS，部分 EMS 应用软件开始实用化。20 世纪 90 年代开始转向基于开放式计算机操作系统、图形系统及网络系统的分布式 EMS。这一时期，中国的 CC-2000、SD-6000 和 OPEN2000（后升级为 OPEN3000）系统，都取得了长足的进步，达到国际领先水平。

进入 21 世纪后，面对电网规模不断扩大、重大自然灾害和网络攻击风险不断加剧的现实，对电网调度提出了实现大范围经济调度、加强各个专业系统之间的交互和协同以及大容量、高实时性、统一性和综合性的要求。国家电网公司于 2009 年开始启动 D5000 智能电网调度控制系统的技术研发，2011 年在省级公司陆续上线、推广，截至 2020 年底，D5000 系统已广泛应用，涵盖了国家电网全部 32 个省级以上主调和备调系统，以及众多地调。该智能电网调度控制系统的总体技术路线是：立足安全性高的软硬件，采用多核计算机集群技术提高系统运行可靠性和处理能力，采用面向服务的体系结构（service-oriented architecture，SOA）提升系统互联能力，将原来一个调度中心内部的 10 余套独立的应用系统，横向集成为由一个基础平台和四大类应用（实时监控与预警、调度计划、安全校核和调度管理）构成的电网调度控制系统，如图 5-40 所示。

同时，纵向实现国、网、省三级调度业务的协调控制，支持实时数据、实时画面和应用功能的全网共享，如图 5-41 所示。该智能电网调度控制系统，集成了公共信息平台、能量管理系统 EMS、配电网管理系统 DMS、广域监测预警系统 WAMS 等，摆脱了原来各个专业系统独立发展、难以协同的局面，提高了特大电网的可观测性和控制性，提升了多调度中心协同运行和在线安全预警的能力，提高了电网运行经济性和新能源消纳能力，显著增强了电网调度抵御重大自然灾害和集团式网络攻击的能力。

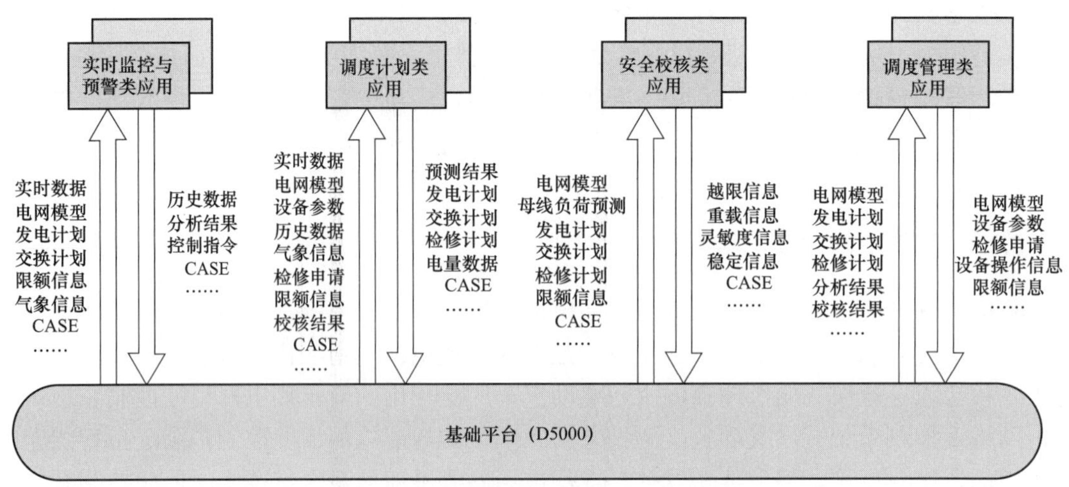

图 5-40　智能电网调度控制系统架构

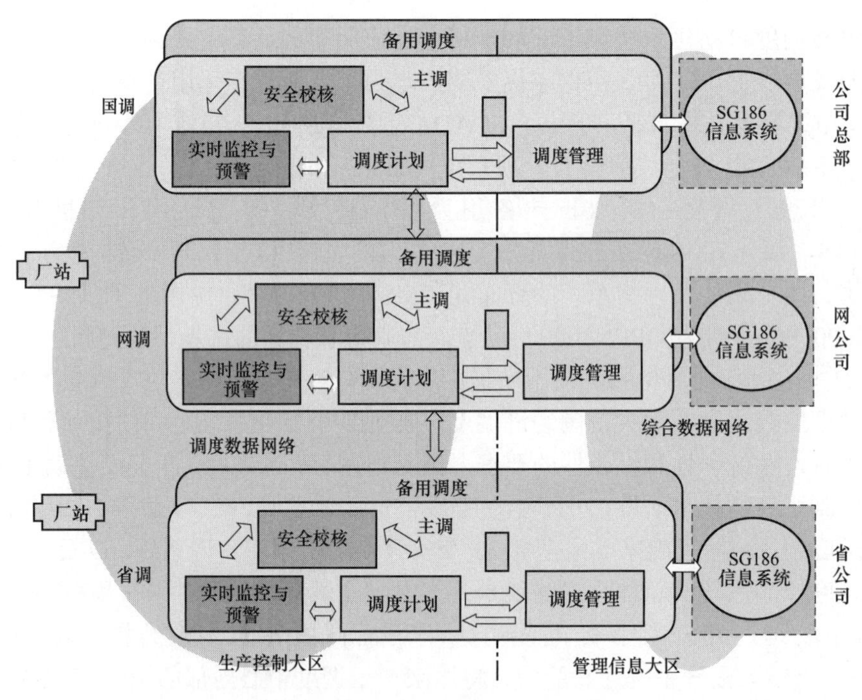

图 5-41　多级调度和应用协同架构

随着大电网一体化控制、清洁能源全网统一消纳、源网荷储协同互动以及电力市场化运行新形势的出现，电力系统的结构形态和系统特性均正在发生重大变化，对电网调度控制系统提出等新的需求。近年来，以“云大物移智链”为代表的信息通信技术得到飞速发展，客观上也为电网调度控制系统的更新发展创造了条件。2017 年初，在 D5000 成果和经验基础上，结合能源互联网发展需求和最新的 IT 技术成果，国家电网有限公司提出研发新一代调度技术支持系统，截至 2020 年底，已初步完成研发，正在逐步试点推广。该系统的总体技术路线是：面向强互联大电网，基于互联网思维，综合运用云计算、大数据等成熟适用的信息网络技术及其理念，以“物理分布、逻辑统一”为指导思想，将物理分布在各级调度的子系统，通过广域高速通信网络构成一套逻辑上统一的大系统，突破传统的独立建设、就地使用模式的局限，统一为各级调度提供服务。这里的“物理分布、逻辑统一”是指采集控制分布、分析决策集中且实时性要求高的采集控制类功能面向当地，分析决策优化类功能面向全网。整个大电网调度控制系统由分析决策中心、模型云平台、分布式监控子系统等主要部分构成，如图 5-42 所示。其中分析决策中心和模型云平台全网集中部署，监控系统按电网管辖范围分布部署于各级调控中心。其采用的关键技术包括：以中心异地多活、高速并行计算框架等为代表的信息通信基础支撑技术；以大电网“模型云”构建、数据高效流处理和快速状态估计；主子站广域协同处理和故障诊断等为代表的按需建模与广域数据分布式处理技术；以源荷模型及优化计算方法、多目标经济运行域生成、多维度实时评估及自主优化等为代表的大电网智能调度控制技术；以在线安全风险评估、安全风险态势感知与前瞻预警、预防控制智能优化决策、三道防线和系统保护协同校核等为代表的大电网一体化在线安全风险防控和智能决策技术等。

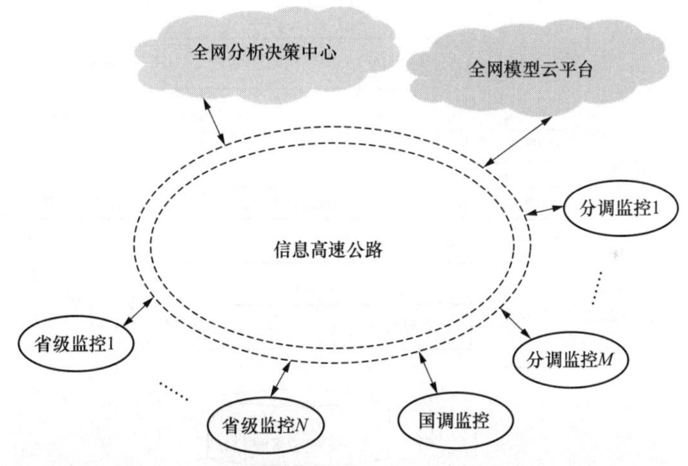

图 5-42　新一代智能调度控制系统一体化架构

未来智能电网调度控制系统根据电网发展和信息网络技术的演进还将不断发展，可能的重点突破方向包括：信息安全和防护技术应用；人工智能等最新技术成果的应用；源网荷储协同优化调度技术提升；大电网集中调度决策与分级管理的协调机制等。

5.2.4　调度员培训仿真

调度员培训仿真（dispatcher training simulator，DTS）是用于培训电网调度员的计算机数字仿真系统，是电力系统仿真和调度自动化的结合，它通过建立实际电力系统的数学模型，再现各种调度操作和故障前后的系统工况，并将模拟的结果送到仿真的电力系统控制中心，为调度员提供一个不影响实际系统运行的身临其境的调度环境。

一个典型的 DTS 系统结构示意图如图 5-43 所示，它主要包括四个部分：电力系统模拟子系统（power system model，PSM）、教员控制子系统、SCADA/EMS 仿真子系统、数据库管理子系统。其主要功能组成分别如下：①PSM 子系统包括电力系统仿真模型生成和仿真算法求解功能，能够模拟实际的电力系统的运行状况，即电力系统网络及各种设备的静态和动态响应。其中，电力系统仿真模型包括网络模型、负荷模型、变压器模型、发电机模型、继电保护和自动装置模型和外网等值模型等，仿真算法求解功能包括网络拓扑分析、节点优化、稳态潮流计算、故障计算、暂态过程计算、动态全过程仿真计算、操作处理方法等技术内容。②教员子系统包括培训教案制作、培训过程控制和培训综合评估等部分，它提供故障的设置，可进行暂停、恢复、快照、恢复初态、恢复事故前的状态、重放等功能。③SCADA/EMS 仿真子系统（也称图形支撑系统），实现与实际运行的 SCADA/EMS 风格一致的模拟，部分实际应用中进一步要求 DTS 能够实现与实际运行 SCADA/EMS 系统共享厂站图、系统图等图形文件。④数据库管理子系统是 DTS 数据管理的中心，也为 DTS 其他核心模块提供了数据通信的平台。DTS 数据库设计方案一般采用磁盘数据库与实时共享库相结合的办法，例如用磁盘数据库管理维护模拟 EMS 数据库、图形库和培训教案库，而用实时共享库仿真实际 SCADA 实时数据库。

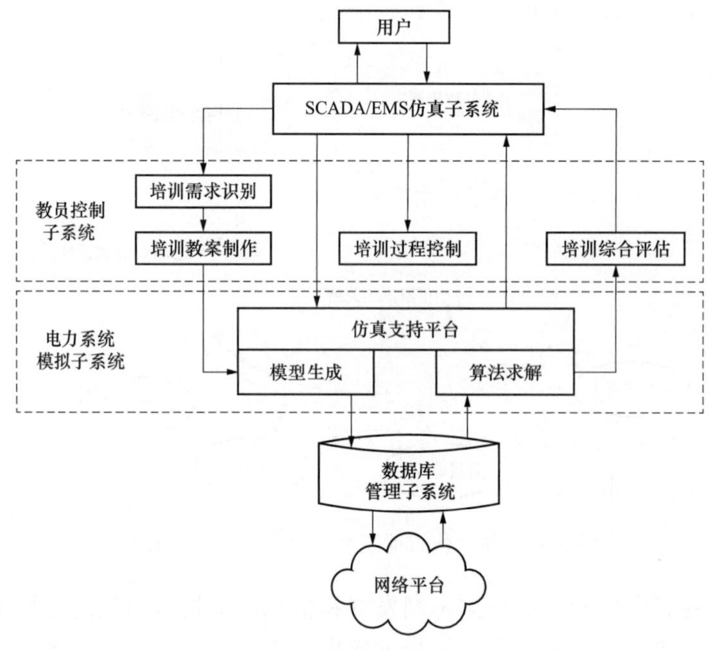

图 5-43　DTS 系统结构示意图

自 1973 年 Wisscosin 公司在 EMS 软件设计时首次提出调度员培训仿真的概念以来，经过近 30 年的研究、开发和应用，DTS 系统已在国内外广泛应用。随着电网互联的加速、用电需求的攀升和电力市场改革的深化，电网调度管理格局发生了重大变化，不断给电网仿真培训技术提出了新需求和新挑战，DTS 系统也持续发展。

1978 年美国 EPRI 组织了第一次电力系统 DTS 研讨会，之后 DTS 在国外迅速推广，此后美国控制数据公司（CDC），控制系统公司（SCF），能源系统控制公司（ESCA）等公司先后开展了 DTS 的研发和生产，日本、法国以及瑞典等国也相继进入 DTS 领域。20 世纪 90 年代开始又将动态仿真、面向对象等技术引入 DTS，使其达到成熟。

中国 DTS 的研究从 20 世纪 80 年代末开始，经过 20 多年的发展，逐步从理论走向实际应用，并成了一个产业。DTS 的使用首先从东北、华北和华东三大区域电网调度开始，然后逐渐推广到各区域电网调度、省电力公司调度和大中型地级市或县电力公司调度，此外电力培训中心和大学电力专业也有应用。2008 年，华北电网的网、省、地三级 DTS 互联系统工程正式投入试运行，该项目实现了网调及所辖各省电力公司调度的电网模型、图形和运行数据的自动拼接与整合，形成覆盖全华北 220kV 及以上电网（包括部分必要的 110kV 电网）的全网大模型，极大地提高了电网分析计算精度。整合后的模型与数据不仅用于 DTS 演习，还可用于能量管理系统、在线稳定计算和动态安全预警等系统，从而全面提高电网实时在线分析能力。近 10 年来，随着特高压联网工程的建设和发展、清洁能源渗透率的逐步提高，智能电网调度控制系统逐步向大电网一体化协同调度方向发展，这同时也对 DTS 提出了加强模型和数据综合管理、大范围跨地区联合演习等要求，传统的 DTS 系统不论是在资源和技术上都难以满足要求。云计算等新兴 ICT 技术的快速发展为 DTS 系统演进提供了有力支撑。近年来，随着国、分、省电力调控中心电力调控控制云平台的发展，DTS 系统也开展了基于云架构的尝试，并在福建电力调控中心进行了探索应用。

基于云计算模式的典型 DTS 体系架构如图 5-44 所示。该系统可分为 3 层：基础设施即服务层（IaaS）主要由服务器、存储设备、网络设备以及多种类型的数据库以及相应的平台管理软件组成，是整个系统的实际运行载体，为上层调控仿真系统各场景提供计算、存储、网络服务。软件平台即服务层（PaaS）由分布式模型管理、图形管理、场景管理、协同计算、变电站信号规范化处理、仿真模型快速构建及处理、多场景的分布式实时数据处理以及安全管理等服务构成，是整个仿真系统的应用支撑平台。IaaS 层和 PaaS 层共同构成了调控云平台。应用层包括电力系统仿真、继电保护仿真、自动装置仿真、数据采集仿真、监控光字仿真等调控核心业务模拟仿真功能。

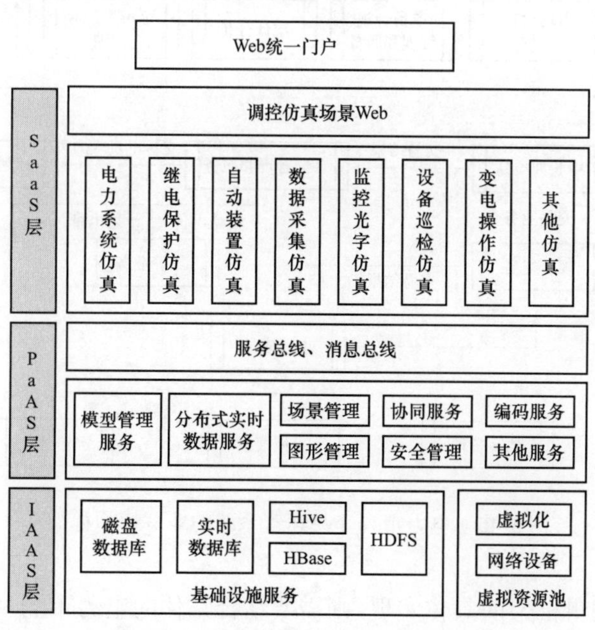

图 5-44　基于云计算的 DTS 体系架构

在实际应用中，基于云计算模式的 DTS 系统能够在满足调度安全分区管理规定的前提下，整合各级调度资源，充分利用了调控云平台上集中的全电网模型数据、资源的虚拟化及弹性扩张能力等优势，实现大电网一体化协同调度联合演习。

5.2.5 电力市场交易运营系统

电力市场交易运营系统是基于电力系统及电力市场理论，应用计算机、网络通信、信息处理技术，满足电力市场运营规则要求，为电力市场运营提供信息化、自动化和智能化支撑的技术支持系统。它是保证电力市场“公开、公平、公正”交易和稳定可靠运作的技术基础，是保障电力市场交易规则正确贯彻实施的主要技术手段。随着全世界电力市场的发展，电力市场交易运营的工作量和复杂度呈指数级上升，电力市场交易运营系统的重要性也越发凸显。

电力市场交易运营系统需要贯彻所对应的电力市场规则，虽然不同的电力市场其规则有差异，但大致还是包括基础支撑服务（例如档案管理、电网模型管理、电力市场模型管理等）、市场成员服务（例如市场成员注册、注销等）、市场交易（例如中长期市场交易、现货市场交易、容量交易等）、合同管理（例如合同生产、合同查询等）、计划管理（例如发电计划管理、用电计划管理等）、结算管理（例如批发市场结算、零售市场结算等）、综合性分析管控（例如市场合规管理、市场运营分析等）以及接受上级监管（例如市场管理委员会的管控）等基本业务，其典型业务模型框架如图 5-45 所示。

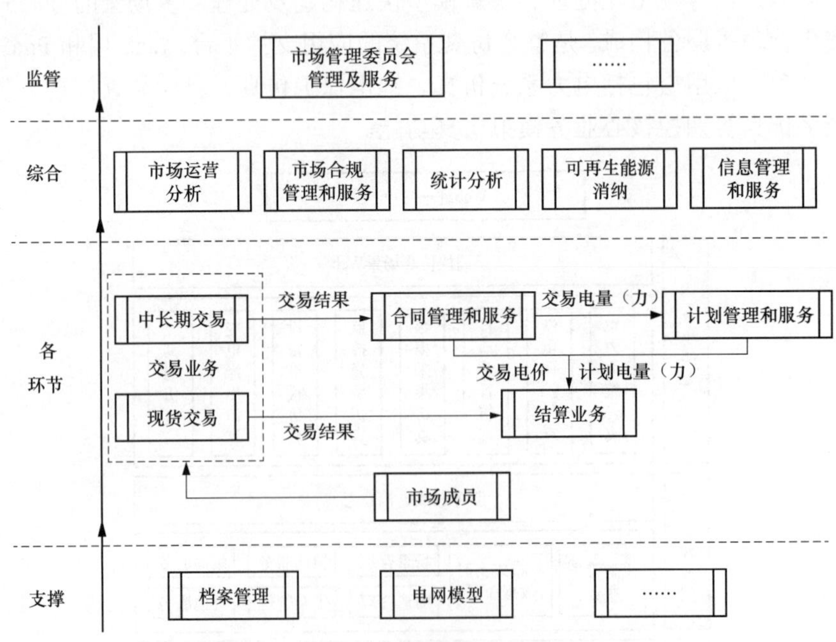

图 5-45 电力市场交易运营系统的业务模型框架

对于内在业务逻辑框架的具体实现，则需要结合具体的电力市场规则和相关 ICT 技术。典型的基于云架构的电力市场交易运营系统技术架构如图 5-46 所示。

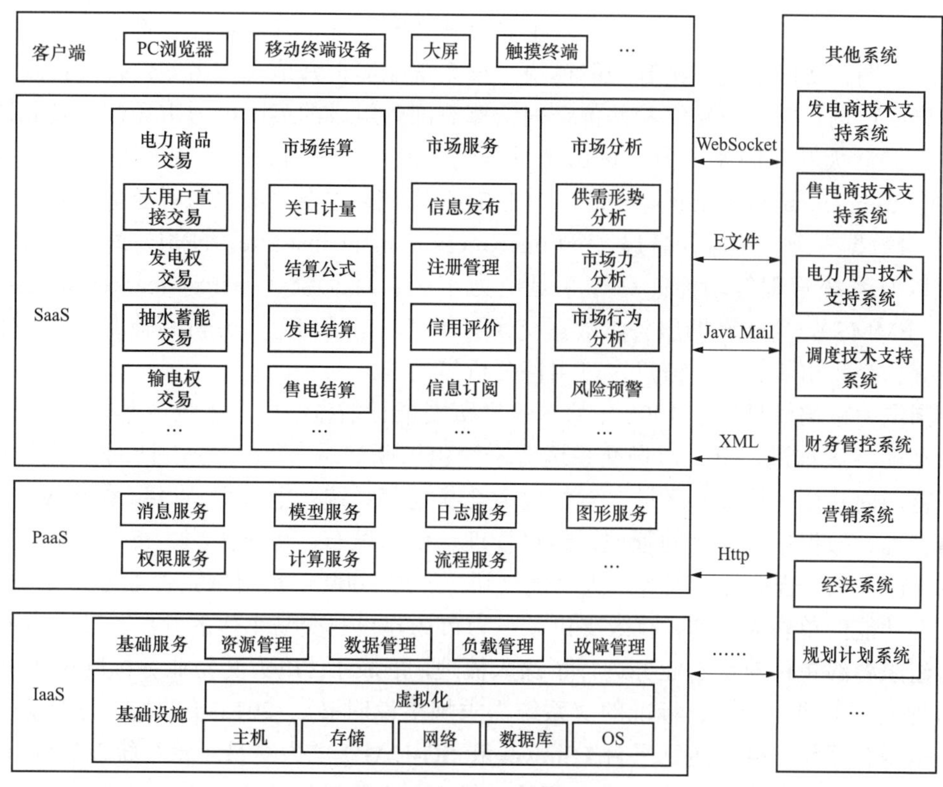

图 5-46 基于云架构的电力市场交易运营系统技术架构

该架构基于云计算技术，分为 IaaS（基础设施即服务）层、PaaS（平台即服务）层、SaaS（软件即服务）层和客户端。其中：IaaS 层主要提供对基础硬软件设施的管理和虚拟化服务；PaaS 层提供信息传递、模型管理、日志管理、图形支撑等基础平台服务；SaaS 层提供商品交易、市场结算、市场服务、市场分析等 4 大类电力市场应用服务；客户端支持浏览器、大屏、移动终端、触摸终端等多种类型，与其他各类系统交互支持 WebSocket、Http、XML、E 文件等接口。

由于电力市场模式、结构、商品类型和交易规则的差异，目前尚不存在全球通用的电力市场交易运营系统实现。实际形成的相关国际标准也比较少，其中最重要的国际标准如 IEC 62325 电力市场通信框架，也区分不同市场模式分别定义了欧洲式和美国式市场子集。

电力市场在国外发展较早，但是由于电力市场模式的差异，其交易运营系统的具体实现也各有特点：①美国 PJM 的 AC2（advanced control center）平台是一个典型的成功范例。AC2 建设之初就引入可视化（virtualization）和分区（partitioning）等技术，通过一整套软硬件资产和资源的集成，实现了功能强大、运行安全、维护方便、投资节省、规划系统的新一代控制中心。建成后的系统通过两个同时在线运行的控制中心互为备份，提高了系统可靠性；通过采用开放、模块化的软件架构，达到了集成先进的技术、减少运维费用的目的，并提升了系统灵活性。AC2 有力支撑了 PJM 日前市场和实时市场，在满足负荷需求的同时，通过市场化方式实现了对发电机组的经济调度。②英国电力交易运营系统由电力交易所使用，以互联网方式进行 24h 连续交易，提供包括电力交易、出清和合同提交等服务，支持完全电子化的双边盲拍交易过程，主要包括合同管理、订单管理、价格出清、用户设置、市场视图、实时动态运维等功能模块。该系统能够很好地支持由差价合同市场、日前市场、调度市场、联营体结算和差价合同结算等部分组成的英国电力市场模式及其监管体系设计。③澳大利亚国家电力市场信息系统包含两个子系统：一个是信息传输支持系统（market settlement and transfer solution，MSATS）系统，主要完成参与者业务交互（B2B 业务）、计量数据管理、国家计量局（national measurement institute，NMI）站数据管理、报告管理以及系统管理等功能；另一个是电力市场管理系统（energy market management system，EMMS），完成辅助服务、数据交换、调度，市场信息、分析和辅助决策、市场预测、结算、交易出清、市场信息，可用性分析等功能。

中国电力市场最早始于 1998 年原国家经贸委推行的省级电力市场改革试点，随着电力市场改革的持续推进，电力市场交易运营系统也不断演进。“十一五”期间在国家电网公司经营范围内建成了国家、区域、省级电力交易运营系统（电力交易运营系统 V1.0），具备交易管理、数据申报、合同管理、结算管理、信息发布、市场预测、市场分析、市场监视、系统管理和综合业务管理等十大功能模块，经过 2009 年实用化完善工作，实现了电力交易核心功能的单轨制运作，有效支撑了电力市场建设与交易工作的开展。2012 年国网交易中心组织各级单位对交易业务进行了深入梳理，形成了《电力交易业务标准说明书》，并在此基础上，形成了统一、标准的《系统需求规格说明书》。2013 年开始，逐步完成了基于国家电网公司统一开发运行平台（Stower 和 SG-UAP）电力交易运营系统 V2.0 的研发和上线工作。“十三五”期间，在中台思想的指导下，借鉴互联网企业系统设计思路，开始了包括公共组件、出清中心、合同中心、结算中心、用户中心、信用中心、消息中心、统计分析中心的新一代电力交易平台建设。目前正在各地试点上线运行。

2021 年 11 月 22 日，国家电网有限公司在国家发改委、国家能源局的指导下，总结跨区域省间富余可再生能源现货交易（以下简称“富余可再生能源现货交易”）试点经验，正式印发《省间电力现货交易规则（试行）》。规则的印发标志着我国构建“统一市场、两级运作”的电力市场体系又迈出了坚实的一步，是中国电力现货市场建设的重要里程碑。目前，省间电力现货交易试运行准备工作正在有序开展。

5.2.6 电力管廊综合管理系统

电力管廊综合管理系统是综合运用状态感知、网络通信、信息处理等技术，对电力地下管线实施监控的管理平台，实现智能环境监测预警、管线监测预警、有害气体自动处理、自动报警、防爆、井盖防盗等功能，提高地下管线安全管理效能，减少各类事故的发生，提升电力管廊的综合管理水平，保障电力系统安全稳定运行。

随着城市建设的发展，电力设施的建设面临土地资源紧缺、路面反复开挖、架空线网密集、管线事故频发等问题，建设电力管廊有助于解决上述问题。传统电力管廊多以直埋敷设为主，各专业管道埋设位置错综复杂，管道信息及地理位置信息自动化获取手段薄弱，且管廊内部湿度大、凝露重、通风差、磁场强、系统多、数据杂，日常运维困难，一旦出现问题，对城市的正常运转的安全性、稳定性就会造成严重、复杂的影响。近年来，为了尽量减少或避免传统管道直埋敷设带来的一系列问题，电力管廊智慧化管理需求愈发迫切，电力管廊综合管理系统成为电力管廊建设的标配。随着现代信息技术的发展，将 BIM、GIS、IOT 等技术引入电力管廊的综合管理中，将全面推进电力管廊智慧化发展的步伐。

电力管廊综合管理系统包括多种现场采集子系统，用于采集和传输不同种类的管廊信息；管理平台，用于接收所述管廊信息，并对所述管廊信息进行处理，将处理结果反馈给相应的应用子系统；所述应用子系统根据所述处理结果进行相应的操作。电力管廊综合监控系统如图 5-47 所示。

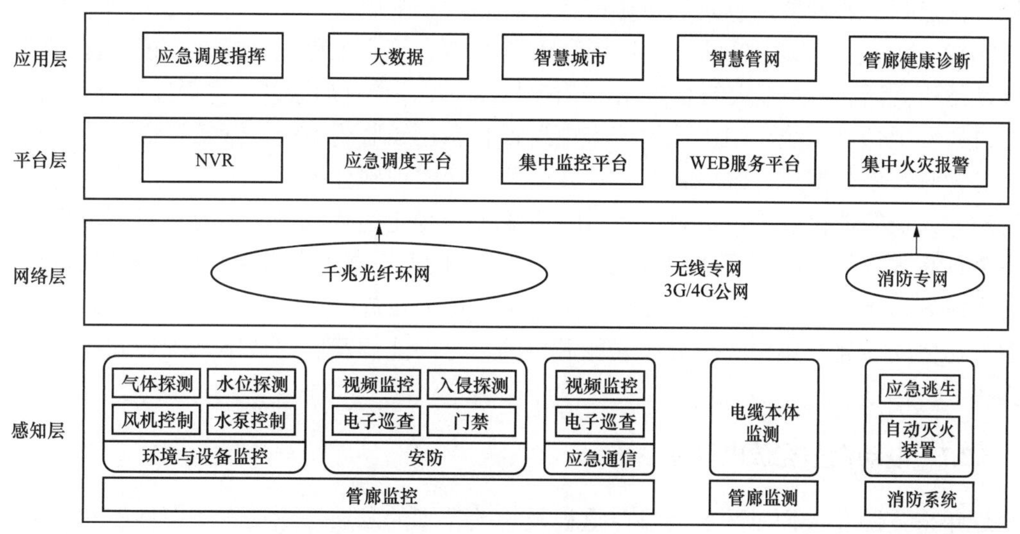

图 5-47　电力管廊综合监控系统

电力管廊综合管理系统在技术上基于微服务架构，在感知层，通过传感器实现对环境、电力、给水、通信、能源等数据的采集；在网络层，提供有环网光纤、无线通信等可靠传输；在平台层，通过集中监控平台，集成环境与设备监控系统、安全防范系统、预警与报警系统等模块，实现系统的分布式应用和纵向深入；在应用层，实现电力管廊管理用户的互联互通，同时，由于政府管理部门和相关管线单位（给水、燃气、通信、供热）的本专业管线运行信息会影响到管廊本体安全，因此在应用层要对其提供通信接口，以实现信息的共享和联动。通过发挥各个子系统功能，使离散的数据有序化，提升运行质量，增强运维安全。

电力管廊综合管理系统在应用架构上一般包含电力电缆监测（缆线温度、接头温度、护套环流、动态载流量、接地电流、局部放电）、隧道环境与设备监控（环境、设备、入侵报警、视频监控、人员定位、电控井盖/门禁、应急通信等）、消防系统（火灾自动报警、消防联动控制、防火门监控）、结构监测（沉降、塌方）等众多子系统。①电力电缆监测方面。电缆负荷一旦过载，线芯温度将急剧上升，加速绝缘老化，甚至发生热击穿。需要实时监测电缆的运行状态和运行环境（缆线温度监测、接头温度监测、动态载流量监测、接地电流监测、局放监测等），实现对电缆负荷进行快速调度和调整，确保电缆的运行安全。②环境与设备监控方面。通过在管廊防火分区内布设硫化氢、氧气、甲烷、温湿度、液位等传感器，实现对管廊环境内有害气体、含氧量、温湿度实时监测；对积水坑水位实时监测，实现对风机、水泵、照明等控制设备进行联动控制。同时提供对电控井盖/门禁、管廊入侵、人员定位、应急通信、运维巡视、视频监控等多种辅助管理服务。③消防监测方面。在管廊内设置光纤测温探测器和烟感探测器，消防联动控制装置分别与探测器、手动报警按钮、警铃以及管廊视频监控系统、管廊排风系统等附属设备配套使用，当光纤测温探测器或烟感探测器发生报警时，火灾报警主机通过消防联动控制装置使相关设备执行相应的动作。④结构监测方面，需要对管廊的沉降情况进行连续监测，及时对管廊结构沉降和变形趋势做出判断和预警，有效保障城市综合管廊的安全运营。

2019 年 9 月，苏通 1000kV 交流特高压 GIL 综合管廊工程正式投运，该工程的控制大脑就是结构灵活、功能强大的智慧化、智能化的管廊综合管理系统，将通过光纤监测系统、配电设备安全预警系统、GIL 伸缩节带电运行状态在线监测系统、管廊轨道自动巡检车辆系统等，对管廊数据进行统一管理、在线监测、智能识别分析，实现设备诊断全过程自动化处理和人员智能化管控，全面提升 GIL 管廊安全稳定运行水平。电力管廊综合管理系统作为一种高效集约型的空间结构智能化管理平台，极大提高了电力管廊空间发展的容错率，有效缓解城市迅速发展带来市政交通压力和提升电力设施的数字化管理水平，为加快构建能源形态协同转化、集中式与分布式能源协同运行的能源互联网数字基础设施提供了有力的支撑。

5.2.7 电动汽车充放电管理系统

近年来，随着人们对环保的日益重视及相关技术的发展，电动汽车在性能和经济性方面逐渐接近甚至优于传统燃油汽车，并开始在世界范围内逐渐推广应用。电动汽车能源供给设施是电动汽车产业链中的重要环节，具有构成设备数量多、地点分散等特点，如何进行有效的电动汽车充放电管理成为一个亟须解决的问题。

针对上述问题，电动汽车充放电管理系统一方面可以通过充放电设备与电动汽车进行通信，另一方面与能源互联网通信，根据电动汽车自身和电网状态以及双方需求来控制电动汽车的充放电操作。电动汽车充放电管理系统可以统一调度管理同一停车区域内的交流充电桩和集中充放电站内的直流充电机。

电动汽车充放电管理系统是对电动汽车充放电过程进行监测、控制和管理的自动化系统，该系统由区域充放电监控中心、充电站本地管理系统、小区充电设施、电动汽车车载充电系统等部分构成，主要实现用户互动服务、充电站设备管理、充电过程实时监控、车载充电装置管理、充电网络通信管理、支付交易管理等功能。电动汽车充放电管理系统如图 5-48 所示。

电动汽车充放电管理系统的功能如下：

（1）用户互动服务。指通过人机界面与用户互动，使用户可以随时了解电动汽车及电网的状态信息，进行充放电操作，动态执行充放电策略，实现合理优化的双向电能流动。用户可远程登录到区域监控中心查询充电站的综合信息，如距离最近的充电站、下一个充电站或者指定充电站的位置信息、服务内容信息和忙闲状态，由区域监控中心为用户选择最便利的充电站。时间充裕的车主可以选择在停车场的充电桩进行慢速充电，也可以到大型充电站获得快速充电服务（10～20min 即可充电到 80%），或者到换电站更换电池组。

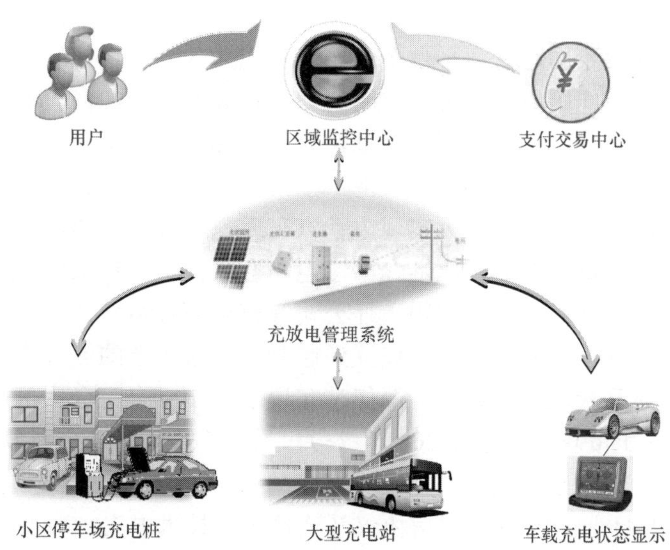

图 5-48　电动汽车充放电管理系统

（2）充电站设备管理。指对充电站设备的电压、电流等运行状态数据进行实时采集、监测和管理。

（3）充电过程实时监控。充电过程实时监控是指对充电过程中的电压、电流、电池荷电状态等相关数据进行实时采集、监控。

（4）车载充电装置管理。指对车载电池管理系统（battery management system，BMS）电压、电流、电池荷电状态等相关数据进行实时采集、监测和管理。

（5）充电网络通信管理。充电网络通信管理指向充放电设备发送控制命令，统筹调度充放电操作，与充放电设备通信以及与电池管理系统 BMS 通信，了解车辆（电池）当前状况，确定适合充电还是放电，同时与能源互联网相关系统实时通信，获取电网当前运行状态，为电动汽车充放电操作提供依据。

（6）支付交易管理。支付交易管理指通过支付交易中心，对用户的充电行为进行收费，并对用户向电网卖电行为进行支付。

电动汽车充放电管理系统通常由三个子系统构成，包括：数据采集系统、网络地理信息系统（Web geographic information system，Web GIS）、发卡充值系统。数据采集系统采用 CAN 通信协议，实时采集电动汽车的位置信息和发动机的数据信息，在 5G 通信技术的支持下，把车载远程监控终端采集的数据发送到远程监控系统中心。远程监控系统将数据分类存放在系统的数据库中，可以实时监控管理汽车的行驶状态、车辆故障以及车辆的 GPS 定位等。用户在客户端通过浏览器或手机 App 就可以实时监控和管理电动汽车。网络地理信息系统是指管理中心（内网）与互联网（外网）相连，外网程序可通过访问 Web 服务器的接口与内网进行数据交互的系统。通过系统共享数据，管理中心可以统一管理，也可以给相关管理人员指定不同区域管理权限，通过互联网实现分布式管理。发卡充值系统分布在城市各网点，为车主提供充值服务。

针对当前电动汽车领域良好的发展趋势，汽车厂商、电网公司、石油石化公司、电气设备公司、通信网络公司等纷纷布局充电设施建设，但依然存在车桩之间、充电站（桩）与充电管理平台之间、不同运营商平台之间无法实现高效的信息共享等亟须解决的问题。中国电力企业联合会组织国内各相关单位制定 GB/T 18487.1—2015《电动汽车传导充电系统　第 1 部分：通用要求》等 5 项国家标准，该系列标准规定了充电基础设施信息交换体系架构，统一了信息接口的通信协议，实现了不同充电运营企业、不同区域的充电服务设施以及第三方平台间的信息互联，为实现电动汽车充电基础设施的信息服务和充电服务互联互通奠定了基础。标准发布后，相继在国家电网有限公司、特来电新能源有限公司、万帮充电设备有限公司、普天新能源有限责任公司等充电服务运营商推广应用。该标准自发布实施以来对促进电动汽车充电设施互联互通起到了非常重要的促进作用，青岛特来电新能源有限公司以该系列标准为基础，近两年来实现了与 200 多家合作伙伴的互联互通，显著提升了运营效率和市场绩效。2020 年 7 月，国家电网有限公司联合中电联、日本 CHAdeMO 协议会、日本东京电力共同发布《电动汽车 ChaoJi 传导充电技术白皮书》，全面阐述 ChaoJi 充电系统设计思路、通信协议及连接组件技术方案，启动中国国家标准制定、修订与 ChaoJi 产业发展路线研究，标志着新一代充电技术迈向标准制定和产业应用新阶段。ChaoJi 充电系统整体解决方案，支持 900kW 的充电功率，未来可实现充电 10min 行驶 400km 的快速充电目标。

电动汽车充放电管理系统能够契合电动汽车用电对移动性和多样性的要求，有利于充电网络建设的统一规划，促进充电服务产业规范有序发展，发挥规模效益，降低运营成本，对形成区域内电动汽车充电业务及功能的互联互通、实现统一化管理有着重要的意义。

5.2.8　路灯充电桩一体化

随着电动汽车的发展，充电桩建设数量也需要不断增长。充电桩为电动汽车提供电能供应，是电动汽车系统工程的重要组成部分。充电桩按充电方式划分为交流充电桩、直流充电桩、交直流一体充电桩。据公安部交管局统计，截至 2020 年 12 月，全国新能源汽车保有量达 492 万辆，车和桩的数量比约为 3.0:1，与国家指导规划的 1:1 预期还有一定距离。

充电桩的推广面临诸多问题：①空间制约问题。城市土地空间受到制约，小区、公共场所的停车位有限，无法提供更多的安装地点。②建设成本问题。由于充电桩的建设需要重新敷设电力线路，受到土建成本的制约。③用电安全问题。小区物业通常不接受充电桩安装，主要考虑小区变压器现有容量无法承受快速增长的充电负荷所带来的安全隐患、充电桩安装需要足够大的变压器容量所带来的成本等。同时，高耗能路灯的节能改造势在必行，路灯充电桩一体化方案采用 LED 路灯替换高压钠灯，可节省 60%变压器容量，在路灯杆上安装交、直流充电桩，不仅能够满足电动汽车充电需求，还可同时解决城市道路照明能耗高、电动汽车推广难、充电难等问题。

节能路灯充电桩是指在路灯杆上嫁接电动汽车“充电桩”，对路灯进行供电的同时，为电动汽车提供充电服务的充电桩设施。路灯充电桩一体化改造在一定程度上能够缓解充电桩所面临的上述问题。除了实现基本的照明功能外，灯杆上集成有各类传感设备，通过通信模块将各类传感设备采集的信息传输至智慧城市管理平台，为城市监管者提供管理决策依据。市政路灯充电桩一体化方案如图 5-49 所示。

市政路灯充电桩一体化设备兼顾市政路灯和电动汽车充电桩，一方面能以高光效和低能耗的模式为城市道路提供照明，另一方面能够为电动汽车提供直流充电服务。低压直流供电网络为整个系统提供多输入多输出的电力能源配置平台，为电源系统和一体化设备等用电系统提供有效连接，具有良好的可靠性和稳定性；无线通信网络为系统提供可靠、高速的通信保障，能有效支持控制指令、一体化设备在线状态监测、视频监控等大量数据的实时传输，节约通信成本。主站监控系统利用无线通信模块接收来自一体化设备的实时监测信息，包括路灯开关状态、充电桩工作状态、视频监控等数据。电源系统利用市电集中整流，同时利用风电、光伏太阳能等分布式能源提供直流电源，此外可以将路灯充电桩一体化设备视为分布式储能设施为电网供能。

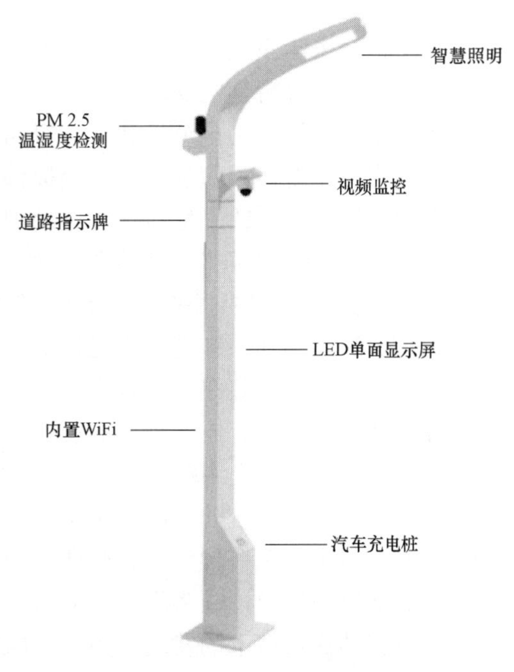

图 5-49　市政路灯充电桩一体化示意图

在澳大利亚于 2019 年在悉尼中西部地区建设的路灯充电桩一体化智能改造试点中，充电桩的充电功率可达到标准的家用充电桩功率。目前，首批 20 根智能路灯杆已开始在悉尼布莱克敦安装，可以为电动汽车免费充电。该智能路灯杆是澳大利亚充电网络供应商 JET Charge 与 Ene.Hub 公司联手设计、生产并安装。每根路灯杆造价在 3 万美元左右。除了提供照明和充电功能外，智能路灯杆还装有监控摄像头和 Wi-Fi 热点。

2020 年 3 月在浙江舟山投运的“5G＋智慧路灯充电桩”可集照明、5G 通信、新能源汽车充电、视频录制、信息交互等功能于一体，并且安装了新能源汽车车牌智能识别系统，车主可以电话预约充电车位，现场通过二维码扫描进入 App 完成启动充电与电费支付，充电期间还可体验 5G 高速上网。灯杆集成的视频语音交互系统，使车主和充电桩监控中心之间实现可视双向语音连线，实现客服在线答疑。

2020 年 10 月，江苏省扬州市江都区建设了 52 个“5G 智慧路灯”，同时在灯杆部署了充电桩。与一般灯杆照明设施相比，“5G 智慧路灯”灯杆除了有路灯，还附装电子灯箱、电子显示屏等构件。新型 LED 灯具在照明亮度提升的同时，还可通过 NB-IoT 模组接入 5G 网络，实现照明设施平台化管理，在平台制定节能计划可有效节省用电。除此之外，智能停车模块具备停车与充电自动计费功能，车主通过扫二维码缴费，真正实现一站式停车服务。

路灯充电桩一体化的推广实施，能够助力于同时解决城市道路照明能耗高、电动汽车推广难、充电难的问题，有利于创新型国家的建设和战略性新兴产业的发展，有利于为电网的削峰填谷和用户的需求响应奠定良好基础，对于实现节能环保、高效低碳新型城市的建设具有重要的意义。

5.2.9 用电信息采集系统

用电信息采集系统是支持千万数量级用户数据采集、数据管理、对外数据提供及基于采集数据的统计分析功能的准实时采集系统，可以实现用电信息的自动采集、计量异常监测、电能质量监测、用电分析和管理等功能。用电信息采集系统是提供智能用电管理、服务的技术支持系统，为管理信息系统提供及时、完整、准确的基础用电数据。

对用户用电信息的采集最早可追溯到20世纪80年代末，为缓解供电紧张局面，实现“拉户不拉路、移峰填谷”等需求侧管理功能，国内开始研究基于无线电通信的负荷监控系统，第一套无线负荷监控系统于1989年在郑州投入运行。该无线负荷监控系统使用230MHz无线通信信道，初期系统使用变送器加脉冲采集的方式采集电能信息，每个城市一般安装几百台左右，且仅安装在负荷较大的电力用户。

随着计算机技术、电子技术的发展，20世纪90年代后期机电一体表和全电子式电能表开始应用，现场采集终端开始使用RS485总线进行电能信息的采集。随着用电紧张局面的缓解，负荷监控系统的功能定位也发生了变化，逐步演变为负荷管理系统，增加了远程抄表、有序用电、负荷预测、预付费等功能，采集范围也从大用户扩展到厂站、公用配电变压器和低压小用户，成为供电企业营销业务的三大支持系统之一。

随着移动通信技术的发展，短信、GSM、GPRS、CDMA等公网通信方式开始在负荷管理系统中应用，2002年以后公网通信方式被普遍应用。2004年修订负荷管理通信规约时，增加了厂站、公用变压器的电能信息采集内容和对公网信道的支持，电能采集走上了标准化道路。2010年，国家电网公司发布了2009版电力用户用电信息采集系统系列标准。2013年，国家电网公司发布了2013版电力用户用电信息采集系统系列标准。

用电信息采集系统主要由主站、通信信道、采集终端、智能电表等部分组成，采集的对象包括大型专用变压器用户、中小型专用变压器用户、三相一般工商业用户、单相一般工商业用户、居民用户和公用配电变压器考核计量点等，同时也可以将关口计量、分布式电源接入、充放电与储能接入等计量点信息纳入采集的范围。

用电信息采集系统主要功能包括：数据采集、数据管理、终端管理、档案管理、控制、自动抄表、任务执行、费控管理、有序用电管理、用电情况统计分析、异常用电分析、电能质量数据统计分析、运行维护管理、权限和密码管理等。用电信息采集系统的构成及与其他系统的交互关系如图5-50所示。

2020年上海市依托分布式存储及大数据架构将1000余万户用电客户的电量数据采集入库时间提速到20min。与原采集系统相比，新系统除了电量数据采集入库时间大幅缩短近3h外，还因前置配置的数据清洗模型，使采集成功率与数据采集质量均有所提高。这有利于后续利用这些数据提升线损合理率、降低现场抄表人工成本等。

用电信息采集系统是能源互联网的重要组成部分，是能源互联网下营销自动化和双向互动应用的核心，是支撑新型营销业务的基础，是营销业务纵向一体化管理应用的关键。用电信息采集系统可以实现抄表及电费结算的智能化，提高电网企业的营销科技水平，并能指导用户科学合理用电，为智能用电服务提供有力的技术支持。

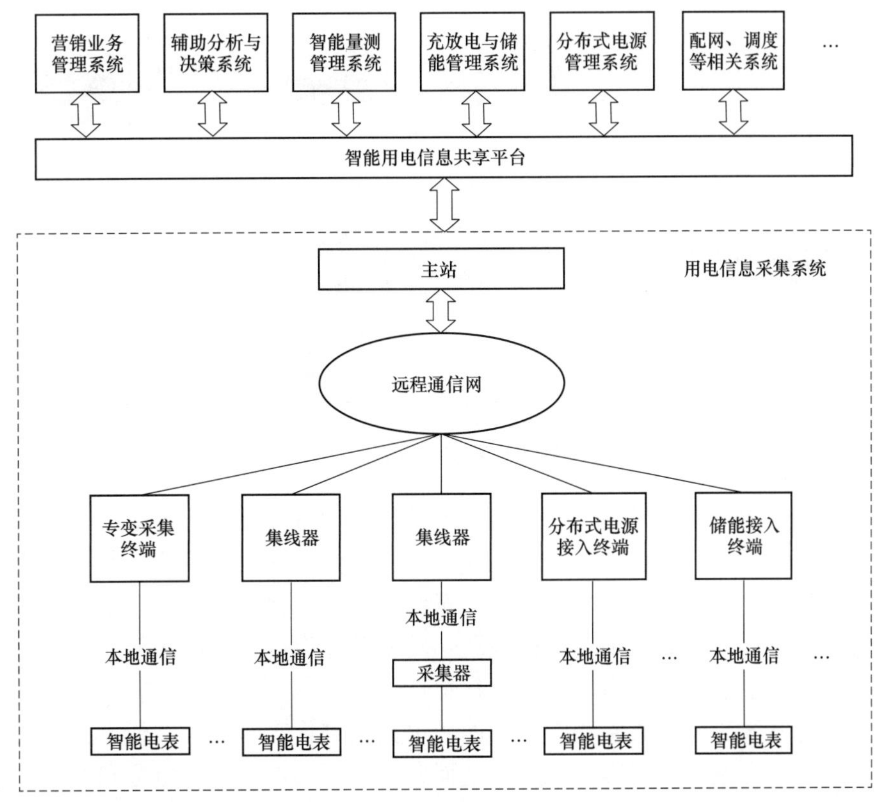

图 5-50　用电信息采集系统的构成及与其他系统的交互关系

5.2.10　智能防窃电系统

智能防窃电系统是依托 AMI，采用智能终端、大数据分析、移动通信等先进技术，对用电异常、窃电行为进行实时监控和记录的智能化软硬件平台。

防窃电技术是指电力企业在供电过程中，针对各类窃电行为，依法采取技术手段实行防范措施及提供法律依据的技术。防窃电技术手段主要包括常规型防窃电技术和智能型防窃电技术两类：①常规型防窃电技术是直接在计量装置（如计量表、互感器及二次回路、计量箱等）和非计量装置（如低压线路、变压器等）上进行的防窃电改造技术；②智能型防窃电技术以用电信息采集系统所采集的用户电能表数据为基础，采用现代高压测量技术、无线传感技术，通过用户变压器一次侧和二次侧实时功率的对比，而实施的智能化监测和分析技术。国家电网有限公司全面建设的电力用户用电信息采集系统内采集了大量的用电数据及用电状态信息，当前的研究工作着力于对现有的海量数据进行深度挖掘和有效利用，建立用户窃电分析模型，实现可疑用电用户的甄别，通过安装智能防窃电系统（软件），实现终端用户窃电的精准定位，提高用电信息采集系统防范、查处窃电的针对性和有效性。

智能防窃电系统主要由以下部分组成：数据采集器、带有无线数据接收功能的现场终端设备、用户计量多功能表、系统主站等。智能防窃电系统如图 5-51 所示。

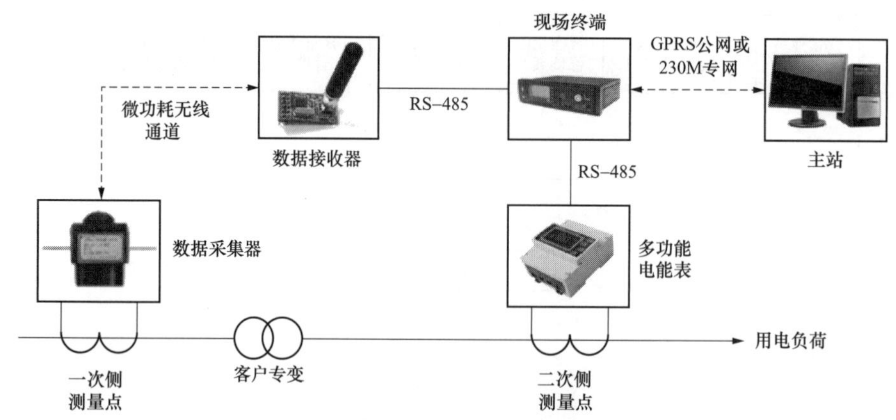

图 5-51　智能防窃电系统结构图

数据采集器直接套/串接在客户变压器一次侧电力线上，用于采集、处理、存储一次侧的三相电流，并经无线信道将数据发送到变压器二次侧的数据接收器。数据接收器通过通信接口将电流数据传输到现场终端设备。现场终端完成一次侧功率和二次侧电能表功率的数据进行实时比对，并形成功率对比曲线。当功率差值超过设定的限值时，可以进行异常告警，并可通过用电信息采集系统进行全程记录。

智能防窃电系统通过一次侧和二次侧的用电数据进行实时比对，使电力公司在第一时间发现用户的异常用电，并能实时跟踪，进而帮助进行用户窃电的定位和取证。智能防窃电系统可以发现并防止用户以下窃电行为：私自改动计量表计、分流计量回路、更换计量回路设备、绕越计量表计和计量回路。

智能防窃电系统的优势总结如下：①采集设备安装在一次侧，全密封，无接点，用户无法破坏。②全天 24h 实时自动监控，报警及时，节约人力物力、财力。③与现有负荷管理系统无缝连接，投资少，见效快。④迅速准确地锁定窃电嫌疑人，证据准确确凿。⑤减少电力的非正常损耗，为供电公司挽回巨额损失。

美国每年因窃电行为而造成的经济损失高达 40 亿美元，而随着能源价格的上涨与巨大的电能使用量，欧美国家越来越重视防窃电技术的发展。美国理想工业公司的 SureTest 线缆探测仪可以有效地发现和防止窃电，有助于加强用电治理，有效地防止供电企业的利益和国家财产遭受损失。

2013 年，国家电网公司在窃电高发行业和重点地区开展专项稽查，实施“反窃电”行动，查处窃电案件 38309 件，追补电费 3.6 亿元。国网湖北省电力有限公司开展防窃电稽查，增收 5881 万元。2017 年，国家电网有限公司成功追缴因窃电产生的电费及违约金高达 6.87 亿元。2020 年，追缴因窃电产生的电费及违约金高达 35.3 亿元。

5.2.11　计量一体化生产调度平台

随着国家电网有限公司加快推进采集系统建设，大规模安装应用智能电能表，对计量检定工作的质量效率提出了更高的要求。国家电网有限公司系统现有的计量管理模式，客观上造成了管理标准、技术标准、工作标准不一致，标准设备配置参差不齐，生产和仓储设施建设差异大，统一配送范围受限，资源相对分散，工作效率较低，运营成本较高等现实问题，难以保证检定标准和检定结果的高度一致，难以满足智能电能表快速推广应用的需求，难以满足公司“集团化运作、集约化发展、精益化管理、标准化建设”的更高要求。同时，各省、自治区、直辖市由于受经济发展不平衡、地理环境条件差异大、人口数量及分布不均等因素影响，造成各省公司计量工作流程不统一，计量检定结果不一致；计量授权为省市县多级授权，虽然已取得阶段性成果，但投入的人力、物力大，承受的阻力和压力多，制约了公司计量整体授权工作的开展。

计量一体化生产调度平台涉及的业务主要包括两大部分：一部分包括生产管理、生产监控、生产分析业务，另一部分包括生产维护类、管理类业务。计量生产调度管理平台技术架构图如图 5-52 所示，主要由客户端、展现层、业务逻辑层、设备驱动层、信息层及与其他系统的接口组成，其中信息层采集了计量生产管理平台的检定数据、地理信息、仓储数据、设备资产、采集数据、物流数据、供应商信息等；设备驱动层通过视频监控、条形

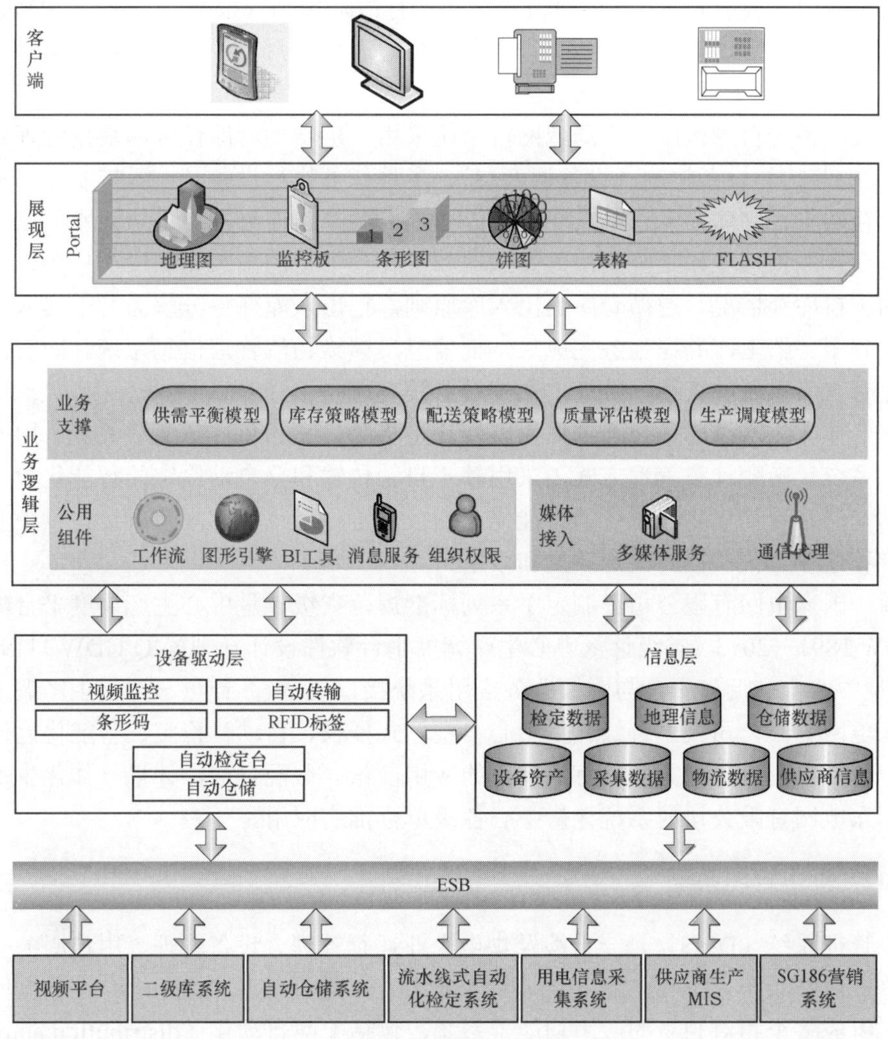

图 5-52　计量生产调度管理平台技术架构图

码及 RFID 标签，实现了计量设备自动检定，自动传输及自动仓储；业务逻辑层实现了生产调度、质量评估等支撑业务；计量生产调度平台还需要实现和“SG186”营销系统、用电信息采集系统等通过接口实现数据共享和交互，与供应商生产管理信息系统（management information system，MIS）系统进行连接，从而实现计量资产的全寿命周期管理。

自动化检定流水线采用无人工干预的自动化检定作业方式使检定与质量监督分离，确保了计量准确、公平和公正。自动化检定流水线系统包含单相智能电能表自动化检定系统、三相智能电能表自动化检定系统、用电信息采集终端自动化检测系统、低压电流互感器自动化检定系统等系统，这些系统依据不同产品数量检定规模，可以柔性地进行布局设计，每个系统可视为一个相对独立的系统，但在物理上与智能化仓储无缝接驳，管理上与计量生产调度管理平台相连，系统具备检定、检测结果自动处理、随机存储、查询及检测报告等功能。系统具备实现与营销信息系统的数据交换，自动实现数据上网，系统具备检定数据在本地的自动保存及通过网络进行保存的功能。系统对校验过程的状态参数自动进行检查并与历史或出厂验收记录比较，对流水线的运行故障预判或报警，实现真正的状态维护。每一工位自动进行数理统计，统计工位的累计校验表数、月校表数、平均误差和平均校验用时。

智能表库系统自身构成一个局域网，系统采用三层结构，即任务和数据管理（库存管理层）、集中监控和设备控制（设备调度层）、多种任务执行设备（设备控制层）数据服务器存放库存数量、立库信息、出入库任务等数据，各个工作终端通过访问服务器上数据库实现数据交换。管理工作站采集出入库终端和工作台下达的出入库和输送任务，根据仓库数据库的物料库存情况，遵循仓库的出入库原则，把出入库任务分解为若干出入库操作任务，记录到服务器上，并在任务完成后，把信息反馈给物流管理信息系统。同时，管理工作站还兼有立库系统的查询、统计、系统设置等功能。

计量一体化生产调度平台通过优化整合计量资源，统筹 SG186 营销系统、用电信息采集等现有系统，转变计量管理方式，采用基于自动传输和全自动检定的智能化检定技术、基于自动仓储和现代化物流系统的智能化仓储技术等先进手段，规范省级计量中心的具体建设标准和建设方案，提高检定质量和效率。

目前，国家电网有限公司已制定了系列标准规范省级计量中心生产调度平台的建设，如 Q/GDW 1891—2013《省级计量中心生产调度平台软件设计导则》、Q/GDW 11195—2014《省级计量中心生产调度平台与营销业务应用系统接口规范》，计量一体化生产调度平台在实现国家电网有限公司关于省级计量中心“整体式授权、自动化检定、智能化仓储、物流化配送”的基本建设目标方面，有着广泛的应用前景。截至目前，计量一体化生产调度平台已在国家电网有限公司的系统计量中心各级单位推广应用。

5.2.12 配电管理系统

配电管理系统（DMS）是一个涉及供电企业运行管理、设备管理、用户服务等各个方面的计算机网络系统。DMS 以配电自动化实时环境、地理信息系统、综合性数据库系统等为基础，组成多个相对独立的应用功能子系统，包括配网自动化（distribution auto，DA）、配电工作管理（distribution work management，DWM）、故障投诉管理（trouble complaint management，TCM）、自动作图（automated mapping，AM）和设备管理（facilities management，FM）、负荷管理（load management，LM）、配网分析系统（deep analysis system，DAS）等。以实现配电网的管理自动化，优化配网运行、提高供电可靠性、为用户提供优质服务。

关于电网老化基础设施的问题已经出现很长时间，现在推动电网转变的市场力量比以往更加迫切。公共设施面临着提高能源输出方法和利用率的诸多挑战——控制室系统的集成、消费者需求、可再生能源发电的环境压力以及供电的安全性。能源互联网的开发不仅将改变电网建设方式，还会对电网管理方式产生重大影响。今后人们用电受到实时定价信息影响时，对网络管理和控制系统的新需求将应运而生。管理配电网需要灵活的 IT 解决方案和了解控制中心运行工作流程的熟练技术支持人员。

DMS 是近年来配电系统（110kV 及以下）的应用子系统组成。基础平台提供系统运行所需的硬件环境和操作系统以及与其他系统的接口服务；应用子系统由实时控制、配电网络分析以及在研究生态环境下用于规划目的的若干功能模块组成。所有这些功能模块彼此之间既相互联系又相对独立，可以随着逐步发展的配电网络的运行要求而不断扩充或改变。DMS 提供各种专业功能，帮助调度员增强对配电网的管理、提高配电网运行的自动化程度。DMS 功能包括：配电网监控和数据采集 SCADA、配电网自动化 DA、控制室管理、故障投诉电话管理 TCM 以及各种高级应用软件。DMS 架构图如图 5-53 所示。

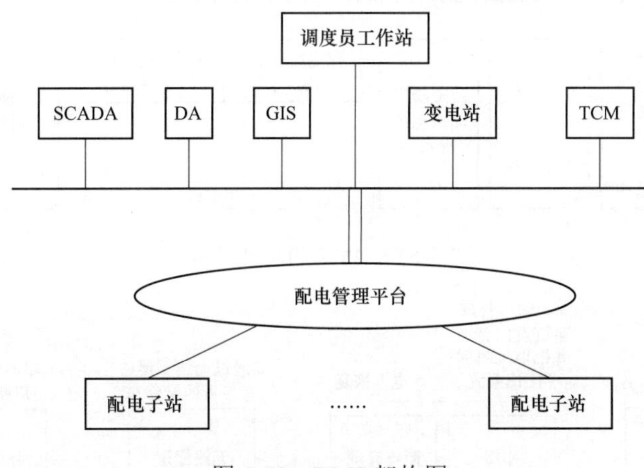

图 5-53 DMS 架构图

DMS 的功能结构如图 5-54 所示，图的上半部分表示数据源部分，这是 DMS 工作的基础；图的下半部分表示各种应用功能，部分功能需要地理信息系统（GIS）平台。其中，EMS 为能量管理系统，MIS 为管理信息系统。

（1）配电网数据采集和监控 SCADA。配电网 SCADA 是配电网的监控和实时信息获取系统，它对配电网络进行实时数据采集、网络监控，并对网络中所发生的事件进行顺序记录和报警处理；具有数据存档及历史报表、网络计算等功能；涉及大量的数据，同时也需根据系统的变更实行动态管理，以便与不断变化的网络及其元件的实际状态保持一致。

（2）配电网自动化 DA，包括：①变电站综合自动化系统。变电站综合自动化系统可实现：开关的远方控制、保护定值的远方调整、远方和就地操作控制的相互切换、变电站数据的采集、预处理和链接、自动电压无功控制以及变电站事件顺序记录（sequence of event，SOE）、自诊断监视、通信等各项功能。②馈线自动化。馈线自动化包括馈线开关设备的远程控制、配电网络状态的监控测量、含有馈线自动化软件的网络控制系统及其通信。③需方管理。需方管理可实现负荷测量与控制、远方读表及电能计费等功能，峰谷电价的分时计费还可促使工业大用户避开高峰用电，以减轻对电网的压力，提高电网运行的经济效益。④控制室管理。控制室管理是运行管理中的一项核心内容，它具有全图形人机界面，根据采集到的各项数据分析计算，进行动态网络着色与线路追踪。⑤故障投诉管理。对各类故障投诉电话进行登记管理，一方面依据处理情况自动编写故障处理报告供调度员查询，对未能及时处理的投诉电话备案在册，定时呼唤处理直至恢复供电；另一方面与相关信息管理系统相结合，加强与用户的沟通，取得用户的理解、依赖与支持。⑥高级应用软件。高级应用软件依据供电方的需要开发，包括负荷建模和负荷校准、负荷预报、网损最小化、网络优化、企业资讯管理、网络规划等。综合以上功能，对配电管理系统的工作流程表述如图 5-55 所示。

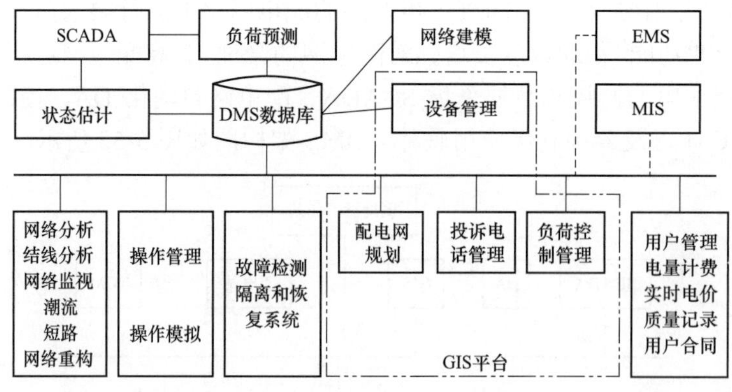

图 5-54　DMS 的功能结构

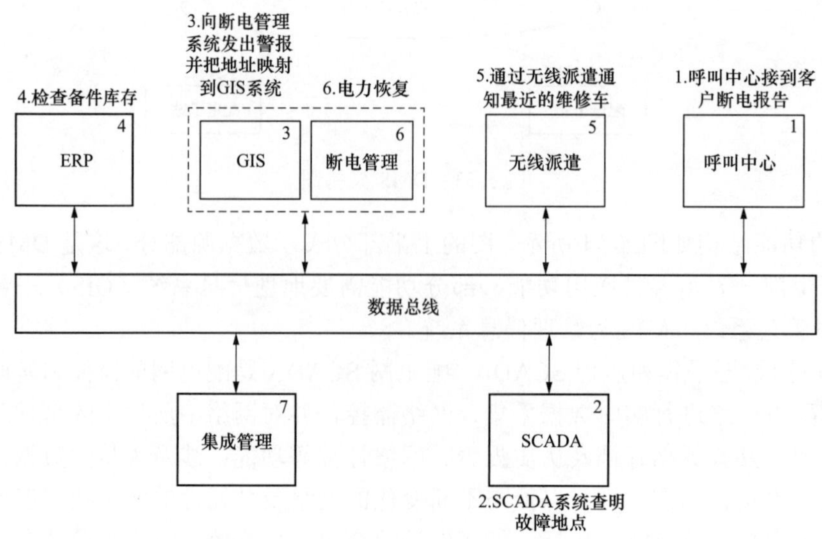

图 5-55　配电管理系统工作流程

可见，DMS 完成了从变电、配电到用电过程的监视，控制和管理的综合自动化，对配电网实现了全面的自动化管理。但如今，随着各种类型的新能源发电不断接入电网，我国的配网侧变得越来越复杂，为了维持电网的稳定运行，电力系统对于配网的需求侧管理也提出了更高的要求，要求配电管理系统可以实现用户侧电力设备的实时动态监测，负荷特性分析，负荷预测，负荷管理等功能，从而提高供电服务质量，促进电能科学分配，并为用户侧参与需求响应做好基础。所以说强化配电管理系统，尤其是强化配电管理系统中的需求侧管理，是实现“双碳”目标，构建新型电力系统的重要任务。

5.2.13　综合能源系统

综合能源系统（intergrted energy system，IES）是指在一定区域内利用先进的物理信息技术和创新管理模式，整合区域内煤炭、石油、天然气、电能、热能等多种能源，实现多种异质能源子系统之间的协调规划、优化运行，协同管理、交互响应和互补互济的新型一体化的能源系统，在满足系统内多元化用能需求的同时，能够有效地提升能源利用效率、促进能源可持续发展。

IES 是在当今能源行业已经形成的煤、油、气、电行业的基础上，利用多能互补、能源梯级利用理论，进一步提升能源利用效率，有效控制能源消费，有效应对能源需求激增、环境污染等问题而提出的。2001 年，美国提出了 IES 发展计划，目标是促进分布式能源和冷热电联供（combined cooling heat and power，CCHP）技术的推广应用以及提高清洁能源使用比重。2007 年，美国颁布了能源独立和安全法，以立法形式要求社会主要供用能环节必须开展综合能源规划；加拿大关注的重点是社区级综合能源系统（integrated community energy system，ICES）的研究与建设；欧洲同样很早就开展了 IES 相关研究，并最早付诸实施。各国除了在欧盟框架下统一开展 IES 相关技术研究外，还根据自身需求开展了大量更为深入的有关综合能源系统的研究，德国哈慈山区是 RegModHarz 综合能源项目主要实施的地区，由两个风电场、一个生物质发电、两个光伏电站构成，发电能力高达 86MW。该项目实施的目标是和抽水蓄能电站的有机结合，调和分布式太阳能、生物能、风能以及其他可再生能源设备的生产，进而最大程度地发挥出可再生能源联合循环的作用；2015 年 4 月创新英国在伯明翰成立“能源系统弹射器”（energy systems catapult，ESC），每年投入 3000 万英镑，用于支持英国的企业重点研究和开发 IES。英国曼彻斯特大学集成用户监控终端开发了综合能源电/热/气/水系统与用户交互平台，缓解了该地区传统能源系统带来的能量损失问题。日本由于其能源严重依赖进口，因此成为最早开展 IES 研究的亚洲国家。在政府大力推动下，日本各界对 IES 开展了广泛研究（如 NEDO 倡导开展的智能社区和智能微网研究）。2009 年 9 月日本政府公布了其 2020、2030 年和 2050 年温室气体的减排目标，并认为构建覆盖全国的 IES，实现能源结构优化和能效提升，同时促进可再生能源规模化开发，是实现这一目标的必经之路。在日本政府的大力推动下，日本主要的能源研究机构都开展了此类研究，并形成了不同的研究方案，截至 2017 年，日本智慧社区联盟（JSCA）已开展了近 150 个智能社区的综合能源项目。

我国已通过“973”计划、“863”计划、国家自然科学基金等研究计划，启动了众多与 IES 相关的科技研发项目，并与新加坡、德国、英国等国家共同开展多项 IES 国际合作，内容涉及基础理论、关键技术、核心设备和工程示范等多个方面。相较于传统的单一的能源系统，IES 具有以下优势：运行灵活可靠，系统效率高；拓展性强，可添加其他系统模块，以满足不同用户需求。

根据系统整体规模大小可将 IES 分为用户级、区域级和跨区域级三类。用户级 IES 的能源网络之间由智能用电系统、分布式/集中式供热系统、供水系统等网络耦合而成，以需求响应、负荷预测、电动汽车等技术为核心，能源网络间存在深度耦合，适用于工厂、学校、建筑等单一主体区域；区域级 IES 由智能配电系统、中低压天然气系统、供热/冷/水系统等供能网络耦合互连组成，起到能源传输、分配、转换、平衡的“承上启下”作用，其以主动配电网、混合储能、能源转换等技术为核心，能源系统之间存在较强耦合，适用于城市园区、独立供电区、城市等多主体区域；跨区级 IES 以大型输电、气等系统作为骨干网架，主要起能源远距离传输的作用，其以柔性直流传输、先进电力电子、信息物理系统等技术为核心，能源系统之间的互动受制于管理、运行、市场等因素，适用于未来城市级的能源供用方式。

IES 架构如图 5-56 所示，系统一般由管控平台进行统一优化调度管理，系统架构主要由供能网络（如供电、供气、供冷/热等网络）、能源交换环节（如 CCHP 机组、发电机组、锅炉、空调、热泵等）、能源存储环节（如储电、储气、储热、储冷等）、终端综合能源供用单元（如微网）和大量终端用户共同构成，最终形成包含生产、耦合、输送、存储、交易的完整 IES。

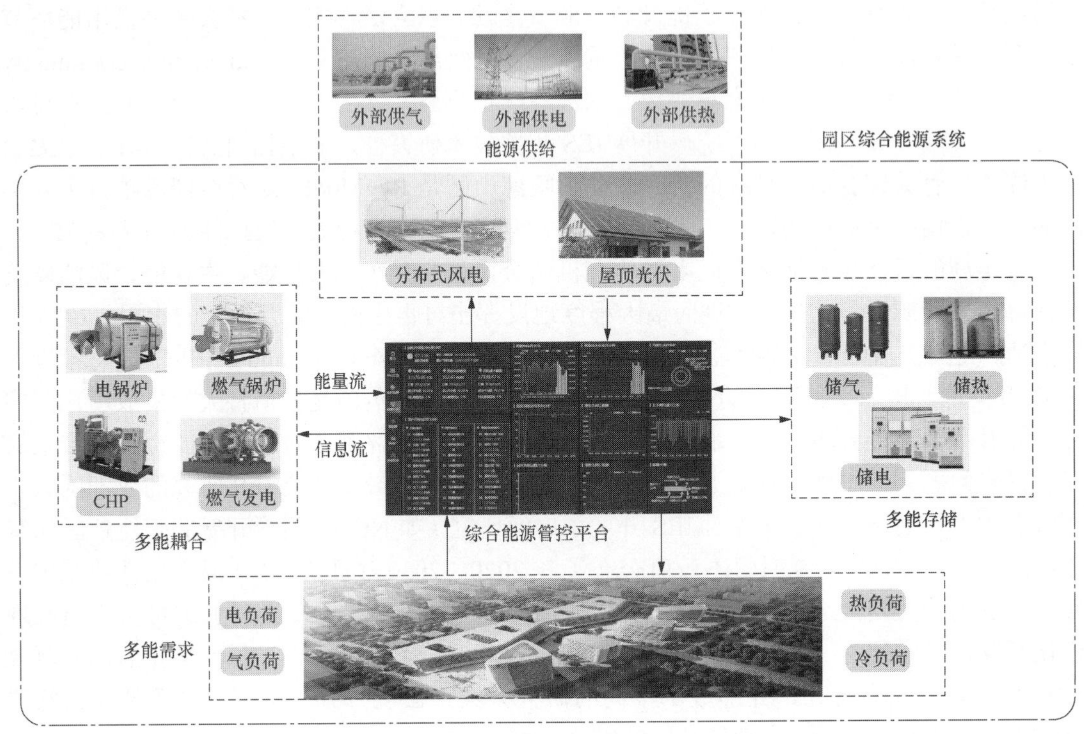

图 5-56　综合能源系统架构

IES 以电力系统、天然气系统、热力系统为典型代表，上述系统的耦合与互动既是 IES

中典型物理现象，也是 IES 在不同区域级别的关键组件，较为热门的能源耦合组件有电力—天然气耦合组件、电-热耦合组件等。

（1）电力—天然气耦合组件。用户级的电力—天然气耦合组件主要体现在以微型燃气轮机为代表的设备，包括燃气轮机环节、天然气系统、电力系统及负荷侧的电/气/冷/热负荷，它将天然气的高品位能量发电，低品位能量进行供热供冷适合于分布式能源供应系统；区域级和跨区域级的电力—天然气耦合组件主要载体是燃气轮机和电驱动压缩机，作为电力网络与天然气网络连接的纽带，燃气轮机在电力系统中作为发电机，在天然气网络中则可视为负荷。

（2）电—热耦合组件。用户级的电—热耦合组件与民众生活息息相关，主要以热水器、空调等温控负荷的形式存在，完成电热之间能量转换；在区域级和跨区域级 IES 中，热能主要有两种供应途径：一是采取集中供热的方法，即以热水或蒸汽作为热介质，通过热水管网中的输热干线、配热干线和支线送达到用户，其热源包括热电站、工业废热、地热等；二是通过用户端的储能设备、产能设备，进行热能供应。

IES 在我国已有广泛应用，其中南方电网燃气轮机冷电联供微网系统是中国第一个冷电联供微网系统，系统装机容量 600kW，供电量 570kW，最大制冷量 1081kW，分布式供能系统的电冷比达到 0.4 以上，能源利用效率可达 75%。上海迪士尼度假区应用了 GE 的分布式能源技术，该技术提供冷、热、电和压缩空气四联供，天然气燃烧发电然后将废热分成三部分：一部分转化为蒸汽，为园区中的娱乐设施提供动力支持；一部分用于水加热，提供给厨房和酒店等；最后一部分废热为化学反应制冷提供反应条件，实现制冷。度假区采用能源梯度利用模式，有效降低能源损耗，最大限度对能源进行利用，一次能源的利用率达 80%以上。

未来 IES 将以能源互联网纽带，实现供气系统、冷热系统与电力系统等集成，在横向角度可实现电力、燃气、供热等一体化多能互补，纵向角度可实现源网荷储全环节高度协调与灵活互动、集中化与分布式相互结合的能源网络。不论是单一的电力互联，还是能源领域演变产生的创新商业模式，或者是互联网思维与技术对能源工业的改造升级，都是 IES 中的不同发展阶段中的应有要素。

5.3 设　　施

设施通常是多系统及设备的集成，是基于能源互联网应用环境的各种技术、设备、系统实现的载体，是保障能源互联网可靠运行的物质基础。

5.3.1 直流换流站

直流换流站是指在直流输电系统中，为了完成将交流电变换成直流电或者将直流电变换为交流电的转换，并达到电力系统对于安全稳定及电能质量的要求而建立的站点。其中，将交流电变换为直流电的站点称之为整流站，将直流电变换为交流电的站点称之为逆变站。直流换流站是直流输电交直流转换的重要枢纽节点，能够保障直流输电系统的有效运行，为电力行业的可持续发展起着重要作用。

直流输电是目前世界上电力大国解决高电压、大容量、远距离送电和电网互联的重要手段，也是解决新能源并网和消纳问题的有效技术手段之一。相对于交流输电，直流输电因架空线路结构简单、造价低廉、损耗较小、输送能力强、输送容量大，没有功角和频率稳定问题；但直流换流站具有设备多、运行费用高等特点，因此适用于远距离大容量输电。具体的直流输电技术有特高压直流输电技术、柔性直流输电技术和多端直流与直流电网技术。根据直流换流站作用的不同可将其分为三类：特高压直流输电换流站、柔性直流输电换流站和背靠背直流换电站。其中，特高压直流输电换流站和柔性直流输电换流站的本质区别在于换流器种类的不同，前者换流器使用的是耐压能力好的晶闸管组成的换流阀，后者使用的是控制性能好的 IGBT；而背靠背换流站将整流站和逆变站合并到一个换流站内，在同一个地方完成整流和逆变，其主要目的就是将两个交流电网隔离，有效隔断互联的交流同步电网间的相互影响，限制短路电流等，区别于上述直流换流站为了传输大容量电力的目的，背靠背换流站仅仅是用于电网的安全稳定控制。

直流换流站一般可分为四个区域，分别为交流开关场区域、换流变压器区域、阀厅控制楼区域和直流开关场区域。交流开关场的主要设备有无功补偿装置、交流滤波器、交流测量装置、避雷器、交流开关设备、交流母线和绝缘子；换流变压器区域主要设备是换流变压器以及灭火系统；阀厅控制楼区域主要设备包括换流装置、换流阀冷却设备、通信设备以及控制保护设备；直流开关场区域的设备有平波电抗器、直流滤波器、直流测量装置、避雷器、冲击电抗器、耦合电容器、直流开关设备、直流母线和绝缘子。直流换流站的布置示意图如图 5-57 所示。

图 5-57　直流换流站布置示意图

直流输电根据换流站的数目是 2 个、3 个或更多，可分为双端直流输电和多端直流输电。目前的输电工程多为双端直流输电系统，即由送端直流换流站、受端直流换流站和两站之间的直流输电线路构成。

双端直流输电系统的构成原理图如图 5-58 所示。直流换流站主要由换流变压器、换流器、平波电抗器、交流滤波器、直流滤波器、控制保护系统、接地极线、接地极和站间通信系统组成。每个部分功能如下所述：①换流变压器，主要功能为电压配合、隔离以及限流等；②换流器，是换流变电站的核心部位，主要负责换流与控制系统配合，由晶闸管或 IGBT 换流阀等控制；③平波电抗器，作用是滤波和防止电流断续等；④交流滤波器，有滤波和无功补偿作用；⑤直流滤波器，有无源和有源两种，起到滤波功能；⑥控制保护系统，作用是为换流器提供触发信号以控制整个直流输电系统；⑦接地极与接地极线：固定直流侧电位、改变直流侧运行方式、提高运行的可靠性；⑧站间通信系统，起着信息传导的作用，为变电站控制提供基础。

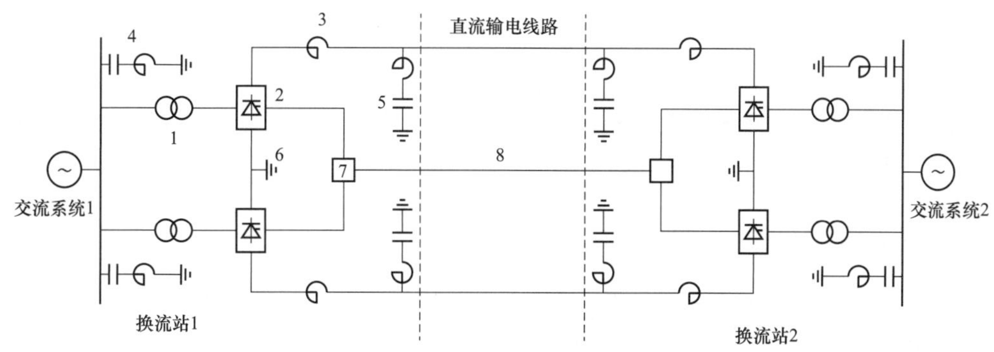

图 5-58　双端直流输电系统的构成原理图

1—换流变压器；2—换流器；3—平波电抗器；4—交流滤波器；5—直流滤波器
6—接地极；7—控制保护系统；8—站间通信系统

自 1954 年瑞典哥特兰岛直流输电工程投运以来，世界各国已有上百个现代工业化直流输电工程建成投运。随着材料科学、微电子技术、制造工艺等的不断发展，直流换流站一、二次设备有了长足进步。直流输电核心设备换流器经历了汞弧阀—晶闸管—可控关断器件（GTO、IGBT）的发展过程。换流器器件水平由最初的 1kV/200A 提高到 8kV/4kA；换流变压器从最初的 20MVA 发展到 607.5MVA；直流控制保护系统由集成电路发展到工控机。

截至 2020 年底，我国累计新建直流换流站 86 座，其中柔性直流输电工程换流站共 16 座，背靠背直流换流站共 6 座。目前柔直输电工程和特高压输电工程电压等级最高的分别为张北柔直输电工程和吉泉特高压工程，其中，张北柔直输电工程电压等级最高达到 ±500kV，容量达到 3000MW；吉泉特高压电压等级达到±1100kV，容量达到 12000MW。

为解决目前我国间歇式清洁能源大规模、远距离消纳面临的问题，推动能源互联网先进输电技术研发，直流换流站技术也将不断完善和升级。当前直流换流站的关键技术主要集中在特高压直流输电中换流阀的设计、柔性直流输电中的换流器拓扑技术和容量提升技术、直流电网技术等方面。

5.3.2　智慧变电站

智慧变电站是采用可靠、经济、集成、节能、环保的设备与设计，按照采集数字化、接口标准化、分析智能化的技术要求而构建的新型变电站。智慧变电站应用智能高压设备、自主可控新一代二次系统、主辅一体化监控、远程智能巡视等先进技术，建设状态全面感知、巡视机器替代、作业安全高效的变电站，为集控站及调度自动化系统提供数据及业务支撑。

2004 年，IEC 61850 变电站自动化标准开始在国内变电站推广应用，行业内对采用这一标准的变电站统称为“数字化变电站”。GB/T 30155—2013《智能变电站技术导则》作为智能变电站顶层设计，对智能变电站的发展思路和建设理念提出了系统性要求，为今后智能变电站的发展建设提供了指导。2021 年，国家电网有限公司组织编制了智慧变电站系列技术规范。

智慧变电站坚持“安全可靠、问题导向、科学分级、标准先行”的基本原则，研究以主设备、智能组（部）件和智能监测装置构成的智能设备，提高变电设备的自检、自测、自校能力，使其具备状态自我感知、实时诊断、主动预警等功能，实现变电设备的智能化，保障电网安全稳定运行。

智慧变电站与以往变电站相比，主要差别体现在三个方面：①按照本质安全、先进实用、面向一线、运检高效的建设思路，遵循有利于电网更安全、设备更可靠、运检更高效、全寿命成本更优的建设原则，全面应用表计数字化远传、主辅设备全面监控、倒闸操作一键顺控、远程智能巡视等关键技术，试点应用新技术，提升设备智能化水平和运检质效，支撑集控站建设，推动设备管理数字化转型。②具有采集数字化、接口标准化、分析智能化的技术特征。③全面支撑远方集中监控业务，满足无人值班、设备集中监控的业务需求，满足调度端、集控站端接入需求。

智慧变电站系统结构如图 5-59 所示，各层内部及各层之间采用高速网络通信。整站主要由智能高压设备、二次系统、辅助系统组成。

（1）智能高压设备优先采用具备“一体化设计、防火耐爆、本质安全、状态感知、数字表计、免（少）维护、绿色环保”等特征的标准化设备，并综合考虑变电站重要程度、状态感知技术成熟度、使用要求以及经济性进行差异化配置。智能高压设备主要包括智能变压器、智能高压开关设备（智能组合电器、智能断路器、智能隔离开关、智能空气柜、智能充气柜）、智能互感器、智能避雷器，由高压设备本体、智能组（部）件、传感器和智能监测终端组成。

（2）二次系统符合自主可控新一代变电站二次系统技术规范中装置类、站控系统、通用类等系列规范的相关技术要求，按照“自主可控、安全可靠、先进适用、集约高效”的技术原则，推进新设备、新技术应用，提升二次系统可靠性和智能化水平。二次系统采用分层、分布、开放式体系架构，分为过程层、间隔层及站控层：①过程层设备主要包括采集执行单元，支持或实现电测量信息和设备状态信息的采集和传送，接受并执行各种操作和控制指令；②间隔层设备主要包括测控装置、继电保护装置、安全自动装置、计量装置、智能故障录波装置等，实现测量、控制、保护、计量等功能；③站控层设备主要包括主辅一体化监控主机、综合应用主机、实时网关机、服务网关机等，完成数据采集、数据处理、状态监视、设备控制、智能应用、运行管理和主站支撑等功能。

（3）辅助设备按照“一体设计、数字传输、标准接口、远方控制、智能联动、方便运维”等要求进行设计，全面提升辅助设备管控能力。辅助系统分为传感器层、数据汇聚层和站控层。①传感器层设备主要包括变压器、断路器、隔离开关、避雷器、电流/电压互感器等一次设备及其所属的智能监测终端，以及火灾消防变送器、安全防范探测器、动环系统传感器、无人机、机器人、固定视频、无线传感器等，支持或实现设备状态信息和运

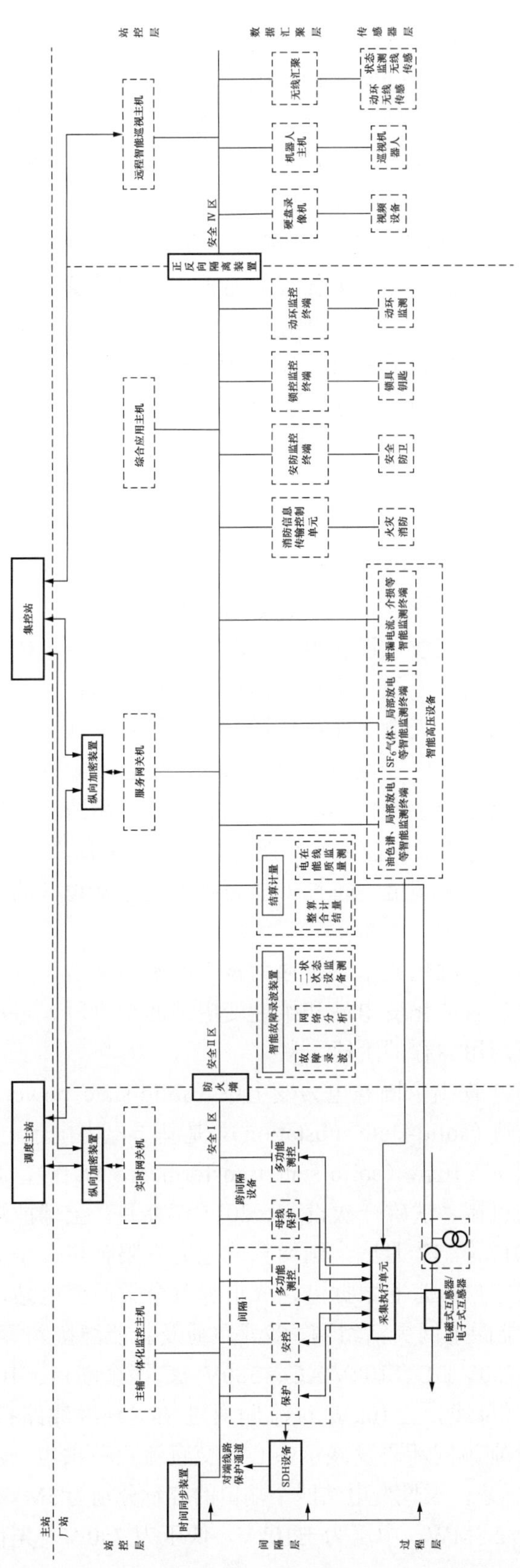

图 5-59　智慧变电站系统结构示意图

行环境信息的采集和传送，接受并执行各种操作和控制指令；②数据汇聚层设备主要包括消防信息传输控制单元、安防、动环监控终端、机器人主机、硬盘录像机、安全接入网关等，实现数据汇集、规约转换、控制和网关等功能；③站控层设备主要包括主辅一体化监控主机、综合应用主机、远程智能巡视主机、实时网关机、服务网关机等，完成数据采集、数据处理、状态监视、设备控制、智能应用、运行管理和主站支撑等功能。

截至 2020 年底，国家电网有限公司已试点建成 12 座智慧变电站，应用表计数字化远传、主辅设备监控、倒闸一键顺控、远程智能巡视等多项关键技术，解决了运维人员主辅设备监控能力缺失、低效重复性工作繁杂等诸多问题，为集控站与数字化班组建设打下坚实基础，有效推动了变电设备智能升级。但是在建设过程中，还存在技术配置不规范、设备选型无参照、调试验收不全面等问题，影响智慧变电站建设成效和推广进度，亟待相关规范尽快发布。

5.3.3 柔性变电站

柔性变电站是基于电力电子技术、信息通信技术的新一代变电站。在技术上，柔性变电站以电力电子技术、控制保护技术、信息通信技术以及先进计算技术等融合为特征；在设备形态上，设备功能高度集成，设备界限逐渐模糊；在角色定位上，其不仅是能量传输节点，而且是电网调控节点，还是一个负荷调控节点；在运行方式上，变电站既可以接入大电网并网运行，亦可以脱离大电网而孤立运行；在信息交互上，变电站可以作为接收和执行信息的节点，也可以实现电气设备与信息的深度融合。柔性变电站以电力电子技术改造现有的智能变电站，具备能量转换、潮流控制、调频、系统稳定控制、电能质量控制等综合控制功能，能提高新能源接纳能力，增强电网运行的灵活性、稳定性和电能质量水平。同时，柔性变电站具有“一机多能”特性，显著减少变电站设备的种类和数量，降低变电站的占用面积和备品备件数量。

随着电力电子技术、自动化技术以及通信技术的不断发展，变电站先后经历了自动化变电站、数字化变电站、智能化变电站和柔性变电站四个阶段。目前正处于智能化变电站深化与柔性变电站示范应用并存的阶段。

美国 EPRI 于 2006 年提出了固态电力变电站（solid-state power substation，SSPS）的概念，也称为固态变电站（solid-state substation），是基于电力电子一次设备的新型变电站，由电力电子变压器或固态变压器（solid-state transformers，SSTs）、固态开关等电力电子设备代替了传统变电站的机械、铁磁一次设备。2015 年 9 月，全球能源互联网研究院提出了柔性变电站的概念。2017 年 12 月底，国网冀北电力有限公司、全球能源互联网研究院、南瑞集团等在河北省张家口市张北数据港建成世界首个柔性变电站，即小二台 10kV 柔性变电站，能有效满足智能配电网灵活组网、多元负荷及新能源接入等需求，如图 5-60 所示。该站具备±10kV DC、750V DC、10kV AC、380V AC 四个端口。10kV 交流侧接入 110kV 云计算变电站的 10kV 母线，±10kV 直流侧通过架空绝缘线路接入光伏直流升压站，750VDC 和 380V AC 分别为创新研发展示中心的交直流负荷供电。考虑工程实践、设备制造水平及远期负荷转供需求，柔性变电站四个端口的容量分别为 5MVA/5MW/5MW/2.5MVA，光伏直流升压站容量为 2.5MW，中压为±10kV，低压为 750 V。光伏发电接入光伏直流升压站，将直流电送入柔性变电站，即可通过数据中心实现就地消纳，也可通过柔性变电站10kV AC 端口接入配电网上网消纳。光伏直流就地消纳能使损耗降低近 2%。

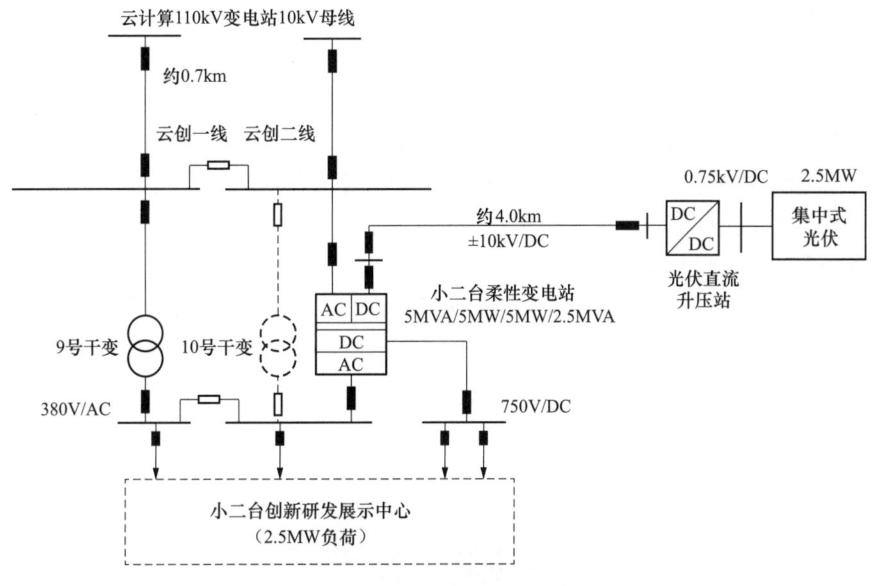

图 5-60　小二台柔性变电站的示意图

张北交直流配电网及柔性变电站示范工程的控制分两层，即系统控制层和设备控制层。系统控制层包含柔性变电站和光伏直流升压站两套控制系统以及站域控制，具备与配电网自动化系统交互的功能，主要包括设备启停控制、运行方式管理、能量管理及潮流优化控制等功能，配合实现配电网整体的优化运行。设备层接收系统控制层指令，实现具体设备的控制与监视，实现开关控制、储能（超级电容器）控制、多端口电力电子变压器控制、光伏升压站控制，主要包括外环电压控制、内环电流控制、基于电压偏差的主从控制、控制模式转换、故障穿越、单个换流站并网控制等。

多端口电力电子变压器的核心是换流阀，如图 5-61 所示为采用 2 层 2 排结构的横向阀塔。阀塔为三接口换流装置，分别有 10kV 交流三相进线接口、±10kV 高压直流出线接口、

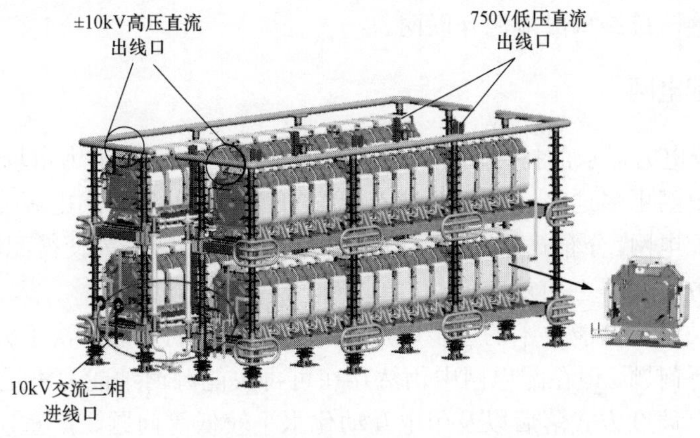

图 5-61　柔性变电站阀塔三维示意图

750V 低压直流出线接口。阀塔由上下两个桥臂组成，上下桥臂成对称布置，每个桥臂包含两层相互串联的 28 个子单元，层与层之间采用绝缘子支撑，共 56 个子单元。阀塔整体占用面积 6.724m×3.979m，阀塔高度为 3.39m，整体结构简洁，安装、运维简便。

柔性变电站阀塔有许多个子单元阀结构组成。如图 5-62 所示，该子单元由 A、B、C 三相高压侧功率模块、高频隔离变压器、低压侧功率模块、冷却水路、连接铜排、环氧支架、通信光缆等组成，结构设计将三相四端子高频变压器放置于环氧支架中，三相高压侧功率模块分别位于环氧支架的前、顶、后部，低压侧功率模块位于环氧支架的底部。高、低压侧功率模块与高频变压器间通过铜排连接。高、低压侧功率模块与环氧支架，环氧支架与高频变压器之间通过螺栓连接进行固定。该子单元整体结构为环型布置，通过合理地设计其载荷支撑、绝缘隔挡保证高压侧功率模块相间、高/低压侧功率模块之间具有足够的电气绝缘强度，同时也减小子单元体积；环氧支架材料采用具有良好的机械性能及电气性能的环氧材料，能满足换流阀的动、静态载荷需求。

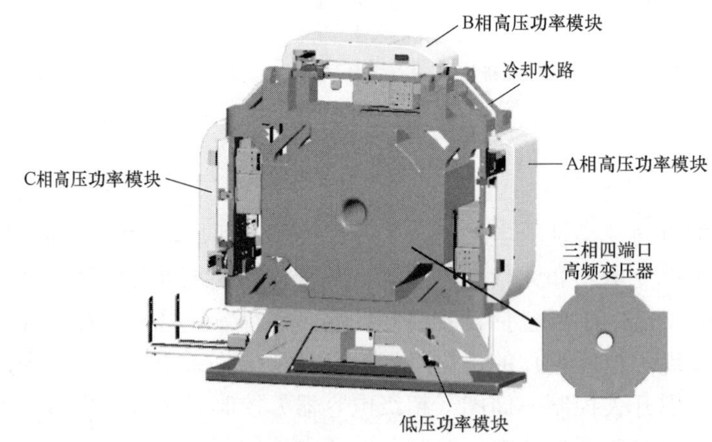

图 5-62　柔性变电站阀塔子单元

柔性变电站是能源电力信息输送和转换的关键节点，它把各个电网中的源荷连接起来，对能量走向进行分配，最小可以安装在每个家庭，最大可以到安装到输电网，它们之间通过电网络连接，最终构成能源互联网。

5.3.4　主动配电网

近年来，随着电力需求的持续增长、传统化石能源的短缺与电力市场的逐步开放，“双碳”背景下要求电网更多地将清洁能源纳入系统的运行中，分布式电源尤其是可再生能源开始规模化接入配电网。分布式能源在配电网中渗透率的不断提高使得配电网的规划方式、运行方式和控制方式变得更加复杂。

分布式发电技术、储能技术的进步以及电力电子技术的发展解决了分布式能源在中压配电网的并网运行问题，但在配电网中仍然存在可再生能源消纳能力不足、一次网架薄弱、自动化水平不高、调度方式落后以及用电互动化水平较低等问题，严重制约了可再生能源的高度渗透，不利于能源结构的优化调整。针对此现状，CIGRE 配电及分布式发电（C6）

技术委员会提出了“active distribution network”，即主动配电网的概念，旨在解决大规模间歇式可再生能源的配电网兼容性和优化一次能源结构等问题。主动配电网概念的提出促使配电网形态从传统配电网向主动配电网不断发生转变，如图 5-63 所示。

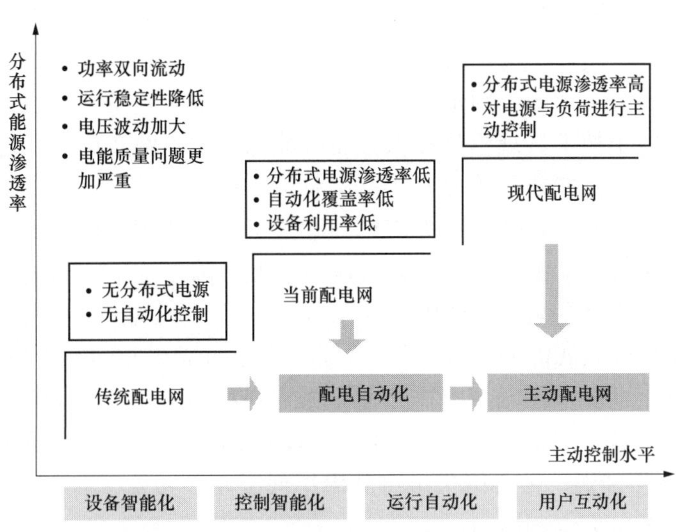

图 5-63 传统配电网—主动配电网形态转变

2008 年，CIGRE 正式提出主动配电网的定义：“主动配电网是可以综合控制分布式能源、柔性负载和储能的配电网，可以使用灵活的网络构架实现潮流的有效管理，分布式能源在其合理的监管环境和接入准则基础上承担对系统一定的支撑作用”。由于目前在世界范围内对运营商和分布式能源拥有者还缺乏一定的激励机制以及适当的监管环境，主动配电网的概念也需要不断地进行完善。主动配电网的技术理念将系统运行中的信息价值及电网与用户之间的互动能力提升至一个新高度，强调在整个配电网层面内借助主动网络管理（active network management，ANM）实现对各类可再生能源的主动消纳及多级协调利用，最终促进电能的低碳化转变及电网资产利用效率的全方位提高。

相比于注重客户端电网的微电网而言，主动配电网更加注重是由电力企业管理的公共配电网。主动配电网采用自上而下的设计理念，同时关注区域内的自主控制（如微电网）和全网范围内的最优协调，是一种可以兼容微电网及其他新能源集成技术的开放体系结构。

主动配电网是未来智能配电网技术发展的高级阶段。目前，欧美国家正积极开展对其相关技术的研究。欧盟已经在丹麦、西班牙以及英国等地深入开展了主动配电网技术研究及示范工程建设，其中包括欧盟 FP6 主导的 ADINE 示范工程等。2012 年，中国围绕“863”计划课题“主动配电网的间歇式能源消纳及优化技术研究与应用”开始对主动配电网及其相关技术领域进行研究。目前主动配电网相关技术领域已经开始涉及综合规划技术、全局优化能量管理技术、智能测量技术、非常态运行下的故障隔离与恢复技术等诸多内容。

主动配电网的推广应用能提升电网对资产的利用效率并加强电网对分布式能源的接纳能力。目前，主动配电网的广泛应用还需要依赖于通信技术、计算机技术、电力电子技术的创新和进步。同时，为了更好地实现主动配电网的交互机制，电力市场还需要进一步放宽监管、拓展交易范围，在电网管理者、系统运行人员、供电用户以及能源供应商之间找到一个平衡点，使得未来的主动配电网发展为一个开放、公平和绿色的配电网。

国内在密切跟踪主动配电网技术前沿的同时也在积极进行试点示范工程建设。2012 年，“863”项目课题“主动配电网的间歇式能源消纳及优化技术研究与应用”在广东省电网进行试点。2014 年立项的“863”项目“多源协同的主动配电网运行关键技术研究及示范”也分别在佛山、北京、贵阳、厦门进行试点。

（1）广东省电网的主动配电网示范点选择佛山市三水区 4 条馈线线路，利用先进的信息、通信以及电力电子技术对规模化接入分布式能源的配电网实施主动管理，能够自主协调控制间歇式新能源与储能装置等分布式发电单元，积极消纳可再生能源并确保网络的安全经济运行，实现配电网兼容及应用大规模间歇式可再生能源，提升绿色能源利用率，优化一次能源结构。实现主动配电网在正常工况下以及故障工况下的消纳与协调控制能力的验证，并作为间歇性能源在配电网消纳中的示范，保证 5.5MWp 间歇式能源及 1.1MWh 储能系统的接入，实现间歇式能源 100%消纳，实现供电可靠率 99.99%以上。

（2）北京电网主动配电网示范点选择北京未来科技城，系统最大负荷超过 200MW，建设 220kV 变电站 2 座，110kV 变电站 5 座，10kV 变电站 30 座；示范工程完成后可实现 100%全额消纳可再生能源，核心区供电可靠率不低于 99.999%，并且具备提供无电压暂降和短时中断的高品质电力定制能力。

（3）厦门市电网的主动配电网示范点选择福建海西厦门岛，系统最大负荷超过 120MW，清洁能源 3 类。CCHP 机组不低于 150MW、垃圾焚烧发电不低于 2MW、多点接入光伏发电总量不低于 60kW、电动汽车集中充放电站容量不低于 5MW、移动式储能车规模不小于 1MW/2MWh。福建海西厦门岛示范工程完成后可实现 100%全额消纳可再生能源，核心区供电可靠率不低于 99.99%。

（4）贵州省电网的主动配电网示范点选择贵阳市清镇红枫供电区域，建成集水电、风电、光伏、CCHP、储能、电动汽车充电设施的主动配电网集成示范工程。主动配电网全局运行决策系统实现示范区内 8 个分布式电源协调控制和 100 个用户用电终端监控管理。示范区核心区域供电可靠率达 99.99%，示范区分布式能源渗透率能达到 30%。

2017 年 12 月，苏州启动主动配电网综合示范工程建设。按照“主动规划、主动感知、主动控制、主动响应、主动参与、主动服务”的建设思路，国网江苏省电力有限公司开展高可靠性配电网应用示范工程、基于“即插即用”技术的主动配电网规划应用示范工程、基于柔性直流互联的交直流混合主动配电网技术应用示范工程、适应主动配电网的网源荷（储）协调控制技术应用示范工程、高电能质量配电网应用示范工程等 5 个子项目的建设。2018 年 10 月 10 日，苏州主动配电网综合示范工程顺利投运。2020 年 10 月，国网河北省电力有限公司在河北雄安新区召开科技创新大会，会上首次公布了《雄安新区数字化主动配电网建设方案》。按照方案，雄安新区将建设国际领先数字化主动配电网，打造能源互联网示范区。雄安新区数字化主动配电网将以输电、变电、配电和用户侧智慧感知为手段，可实现信息互通共享，依托数字经济创造新的价值。依托先进智能物联感知技术和大数据分析技术，供电企业可全面实现用户服务全线上，精准跟踪并满足用户需求。依托能量路由器、分布式能源监测终端等智能物联感知设备，深化 5G 等技术应用，打通能源数据共享接口，可实现客户侧数据信息精准感知、高效汇聚，支撑综合能源业务开展。

5.3.5　直流配电网

直流配电网是相对于交流配电网而言的，指的是在配电网中以直流母线供给负荷为主的电能供给网络。与交流配电网相比，直流配电网具有提高供电容量、减小线路损耗、改善用户侧电能质量、隔离交直流故障，以及可再生能源灵活、便捷接入等一系列优点。目前交流配电网最大的优势在于电压变换十分容易，在线路保护方面，交流系统也比直流系统成熟得多。现有配电网面临着直流负荷发展迅速、供电可靠性需求提高、新能源发电发展迅速和电能质量治理需求四大挑战，给直流配电网的发展带来了巨大的机遇。

典型的直流配电网基本构成如图 5-64 所示。然而，要实现以直流母线供给负荷为主导的配电方式还面临着诸多挑战，有很多关键技术问题需要解决。

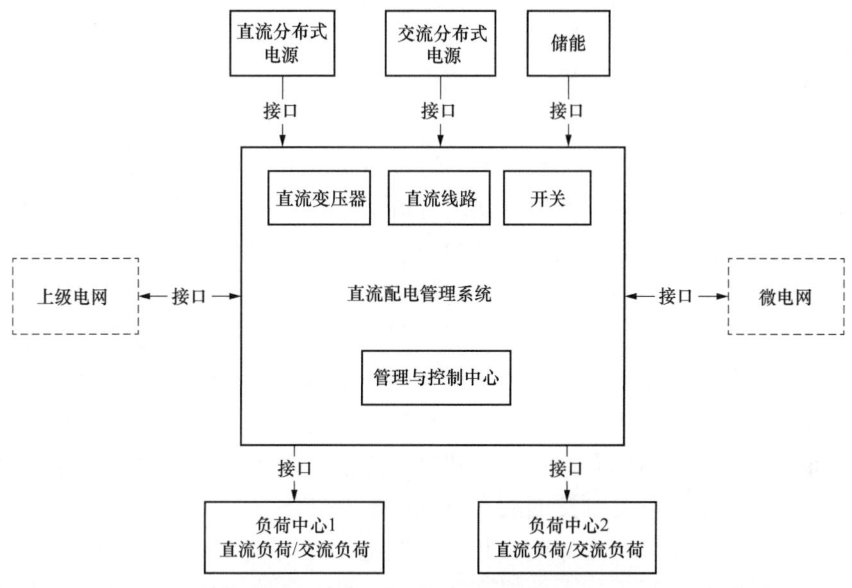

图 5-64　直流配电网的基本构成

（1）直流配电网系统架构。由于配送的电能形式根本不同，直流电的配送网络与传统三相交流电的配送网络有很大区别。构建合理的网络是直流配电系统发展的首要目标。需要从整个配电系统全局出发，综合考虑网络对分布式电源的接纳能力、电能配送能力、供电可靠性、网络建设和运行的成本，以及安全性等多方面因素。

（2）直流配电网电压等级的选取。从电压等级选取的角度看，直流配电网包含多个电压等级。电压等级决定了供电范围和供电能力、电气绝缘和与保护设备的配合、系统的经济性和可靠性等因素。从另一个角度而言，电压等级的确定本身还涉及序列标准化问题，这将直接关系到系统规划、设备生产，以及系统运行等诸多方面。

（3）直流配电网的控制。对直流配电系统而言，直流电压控制和均流控制最为基本。维持稳态和暂态工况下系统直流电压稳定，是直流配电系统控制的首要任务。将直流配电网中的控制技术按单元级、微网级到配网级可归结为 3 类，依次为电力电子变换器的基本控制、多源协调控制、多端多电压等级配电网络的运行控制。

（4）直流配电网的保护。直流配电网的保护是直流配电网安全运行的关键问题。相比交流配电网，直流配电网的系统架构、工作模式等均有不同，因此传统的交流配电网保护方案并不完全适合直流配电网系统。目前，关于直流配电网保护技术的研究方向主要包括直流配电网的保护设备、直流配电网的接地方式、直流配电网的故障诊断与处理方法等。

2003 年，美国北卡罗来纳大学以直流舰船配电系统为例探讨了直流配电应用于工业系统时的机遇和挑战。2007 年，美国弗吉尼亚理工大学电力电子系统中心提出了可持续建筑计划（sustainable building initiative，SBI），主要为未来住宅和楼宇提供电力，该中心于 2010 年将 SBI 发展为可持续建筑与微电网（sustainable building and nanogrids，SBN）。整个系统具有两个电压等级的直流母线 DC380V 和 DC48V，分别给不同等级的负载供电。2004 年，日本东京工业大学等机构就提出了基于直流微电网的配电系统构想，并实现了一套 10kW 直流配电系统样机。2007 年，日本大阪大学提出了一种低压双极型结构的直流配电系统，并对其基础特性进行了研究。欧洲的意大利、英国、瑞士等国家也开始侧重于新型功率变换技术用以接入未来大量的分布式电源的研究工作。2015 年，国家“863”课题“配电网交直流互联与控制关键技术”也开始在直流配电网及其相关技术领域进行深入研究。2018 年 12 月，珠海唐家湾三端柔性交直流混合柔性配电网工程成功投运。2019 年开始建设的苏州吴江同里的全国首个“中低压直流配电网示范工程”，已取得重大进展。

未来配电网的形态将是多个电压等级构成多层次环网状、交直流混联、具备统一规范的互联接口、基于复杂网络理论灵活自组网的架构模式。直流配电网是未来能源互联网的基本支撑环节，以柔性直流技术为代表的配电网也会是未来的发展趋势。目前，国内外都在积极开展直流配电网的相关技术研究工作和工程实践。直流配电网是能源互联网应用亟须突破的方向，其易于可再生能源接入的特点是推动能源互联网发展的重要因素。从发展趋势来看：①直流配电网面向有高可靠性和高电能质量需求的大功率交流电力用户、变频负荷、直流负荷等，提供可定制性的高质量供电解决方案，减少变换环节；②直流配电网为大容量电动汽车充电站、电池储能站和光伏发电站等提供直流并网接口，减少电压变换环节，减少设备投资和运行损耗，并提高系统可靠性；③直流配电网为直流或交流的微电网提供并网接口，提高微电网系统运行的可靠性，并且满足交流微电网的谐波治理、无功补偿和能量反送需求。

5.3.6 微电网

微电网是由分布式电源、储能装置、负荷和监控、保护装置等关键设备汇集而成的小型发配电系统。微电网是相对传统大电网的一个概念，是指多个分布式电源及其相关负载按照一定的拓扑结构组成的网络，并通过静态开关关联至常规电网。将分布式电源以微电网的形式接入配电网，被普遍认为是利用分布式电源有效的方式之一。IEC 在《2010～2030 应对能源挑战白皮书》中明确将微电网技术列为未来能源链的关键技术之一。

微电网具有并网运行和孤网运行（或独立运行）两种不同的运行模式。并网运行是指微电网接入公共电网并列运行；孤网运行是指微电网与公共电网断开连接，只依靠自身内部的分布式电源来提供稳定可靠的电力供应来满足负荷需求。

微电网的构成可以很简单，但也可能比较复杂。一个微电网内还可以含有若干个规模相对小的微电网，微电网内分布式电源的接入电压等级也可能不同，也可以有多种结构形式。按照接入配电系统的方式不同，微电网可分为用户级、馈线级和变电站级微电网。微电网结构如图 5-65 所示。

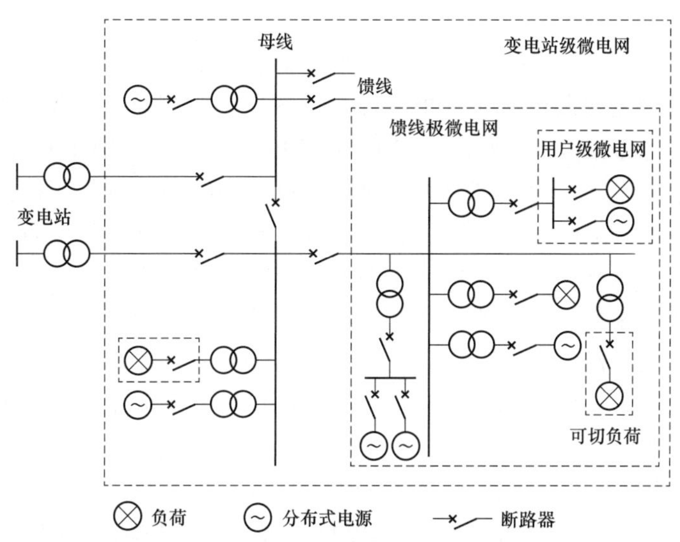

图 5-65　微电网结构示意图

用户级微电网与外部配电系统通过一个公共连接点连接，一般由用户负责其运行及管理；馈线级微电网是指将接入中压配电系统某一馈线的分布式电源和负荷等加以有效管理所形成的微电网；变电站级微电网是指将接入某一变电站及其出线上的分布式电源及负荷实施有效管理后形成的规模较大的微电网。后两者一般属于配电公司所有，是智能配电系统的重要组成部分。

近年来，在欧美、日本等微电网发展较早的国家陆续建立了多个微电网实验平台，并开展了相关的示范工程应用。美国电力可靠性技术解决方案联合会（CERTS）最早提出微电网概念，CERTS 在其微电网概念报告中，对微电网的主要思想和关键性技术问题进行了详细的描述，引入了使用电力电子技术的控制方法并形成了特色的对等控制思想，具有代表性的工程有 2001 年威斯康星大学麦迪逊分校微电网示范工程，2005 年北部电力微电网第一示范工程等。

欧洲所有的微电网研究计划都围绕着可靠性、可接入性、灵活性三方面来考虑。电网的智能化、能量利用的多元化等将是欧洲未来电网的重要特点。目前欧洲在微电网分布式电源模型建立、本地黑启动、基于代理的控制、孤岛互联等取得了一定的研究成果；相继建设了一批微电网示范工程，例如希腊基斯诺斯岛微电网示范工程、英国埃格岛微电网示范工程。日本是亚洲研究和建设微电网较早的国家，日本拥有全球最多的海岛独立电网，因此发展集成可再生能源的海岛微电网，替代成本高昂、污染严重的内燃机发电是日本微电网发展的重要方向和特点。日本基于本国的资源和负荷需求情况，在可再生能源发电方面投入了非常大的研究力量，在利用微电网整合多种可再生能源的研究方面建立了示范工程。在日本的微电网示范工程中，新能源的渗透率不断提高，同时与热电联产设计理念相结合，以更好地实现环境友好和能源高效利用。微电网在全球范围内发展迅速，中国、韩国、新加坡以及部分南美与非洲国家和地区也相继建立了微电网实验平台，近期建设的微电网平台多呈现出结构复杂、电源类型多样、控制和能量管理功能更完善等特点。

2015 年 7 月中国国家能源局发布《关于推进新能源微电网示范项目建设的指导意见》，明确了我国微电网的主要发展方向。2017 年，国家发展改革委、国家能源局颁布《推进并网型微电网建设试行办法》（发改能源〔2017〕1339 号），同年 GB/T 34129《微电网接入配电网测试规范》正式发布，为国家大力推进能源供给侧结构性改革、积极推进并网型微电网建设、促进并规范微电网健康有序发展有着重要的意义。2018 年 5 月，中国首个远海岛屿智能微电网在三沙永兴岛建成，使永兴岛的供电能力提高 8 倍。永兴岛智能微电网既可以孤立运行，也可以多能互补，不仅能实现光伏等清洁能源 100%利用，未来还可以灵活接入波浪能、可移动电源等多种新能源。同时，通过海底光纤相连，永兴岛智能微电网还可以接受 400 多公里外的海南岛电力指挥中心的调控，供电可靠性达城市电网水平。永兴岛智能微电网是微电网在海岛应用的一个范例，将为海岛供电提供可复制的建设模式。2020 年 6 月，国网山东电科院在院区内建设的省内首个“新能源分布式发电及微电网示范工程”建成，其由风力发电、光伏发电、柴油发电机、混合储能系统、阻性可调负载、交直流电动汽车充电桩和配用电设备组成，形成风、光、柴、储、辅为一体的多能互补微电网工程，为该院区提供清洁、绿色、稳定的电能，实现了“绿水青山，节能增效”。2021 年 6 月，由国网宁德供电公司建设的福建省首个渔排“风光储微电网”示范项目在福建宁德市正式投运。该项目采用宁德时代储能电池，集光伏发电、风力发电、储能、数字能源管理系统等技术为一体，适合多种多能互补场景应用。微电网系统可实时监测各能源子系统的运行情况，进行源网荷储优化协调控制，将实现海上渔排不间断供电，推动清洁能源走进“海上田园”，巩固、扩大宁德海上养殖综合整治成果。

未来微电网的结构将趋于复杂，交直流混合型微电网的形式将更为多见，由多个用户级的微电网组成公共微电网并网的情况将成为常态。对用户，微电网除了提供电能外，充分发挥其供冷、供热、供气（氢气、合成天然气等）的能力，将进一步提高终端能源的利用效率；对电网，随着电力市场的完善、需求侧响应技术的发展，微电网将更多地参与配电网的调度，提供多种辅助服务。上述问题都将对未来微电网的规划设计、优化运行、控制保护等多方面提出新的要求，有待进一步研究与探索。随着微电网技术的成熟和发展，微电网将不再局限于实验平台和示范工程，将会在实际应用中发挥更大的价值。

5.3.7 智能配电台区

传统配电台区是直接面向电力用户的基础供电单元，主要实现电能的变换、分配、监测、保护、控制、计量、无功补偿等功能。智能配电台区将传统配电台区的高压侧保护装置、配电变压器、低压综合配电箱等进行优化集成设计，并划分为高压配电模块、配电变压器模块、低压配电模块三个部分。智能配电台区依据不同的需求进行组合式衔接，且可在工厂进行预制安装，如图 5-66 所示。

（a）

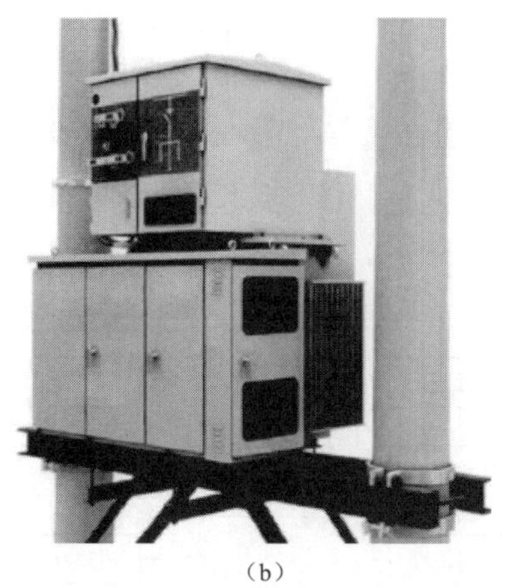

（b）

图 5-66　配电台区

（a）传统型；（b）智能型

根据实际使用条件、电气方案、配电变压器容量、结构组合方式等，一般可将智能配电台区建设方案型分为横向集成型、纵向集成型、组合三种。横向集成型智能配电台区将配电变压器和低压配电模块横向集成，通过底框水平固定，主要适用于线路走廊紧张、交通流量较大、经济发展水平较高的供电区域；纵向集成型智能配电台区的变压器模块和低压配电模块通过变压器横担垂直固定，构成纵向集成式结构，主要适用于农村人口密度较小、线路走廊交通量不大的供电区域；组合型智能配电台区以配电变压器为中心，与高压配电模块、低压配电模块紧密布置，构成组合型结构，主要适用于经济发展水平高、供电可靠性要求高、树线矛盾突出、对环境具有特殊要求的供电区域。

智能配电台区系统由数据采集与存储、数据分析与管理两大功能模块组成。数据采集与存储模块由终端设备、数据采集模块、实时历史数据库等部分组成，可实现数据采集、上传，数据存储以及实时数据监测等功能；数据分析与管理模块实现台区信息监测、电能质量监控、台区异常报警、配变监测分析、用电信息采集管理等功能。

智能配变终端作为配电台区监测、保护与控制的核心设备，可对配电变压器、进出线开关、剩余电流动作保护器、智能电能表等设备的运行信息以及用户用电信息进行采集，实现对低压配电网的运行状态、设备状态、环境状态的掌握和评估，提供配电变压器计量总表监测、剩余电流动作保护器监测、状态监测、负荷管理、动态无功补偿/三相不平衡治理/谐波治理、安全防护、互动化管理、资产管理、视频监视、环境监测和分布式电源接入管理等功能。

配电物联网主站与智能配变终端是台区管理系统的关键节点，通过协同互动，可实现配电台区的“数据全采集、状态全感知、业务全穿透”，并借助 App 等平台提供低压配用电设备信息精准管控、精益化运维、电能质量运行指标分析等服务。为实现系统资源的合理规划和调整，智能配电台区采用边缘计算与云端协同的管控方式，云边协同系统架构如图 5-67 所示。系统采用分层部署，边缘侧具备一定的自主决策能力，云平台则负责大数据分析与延伸应用。

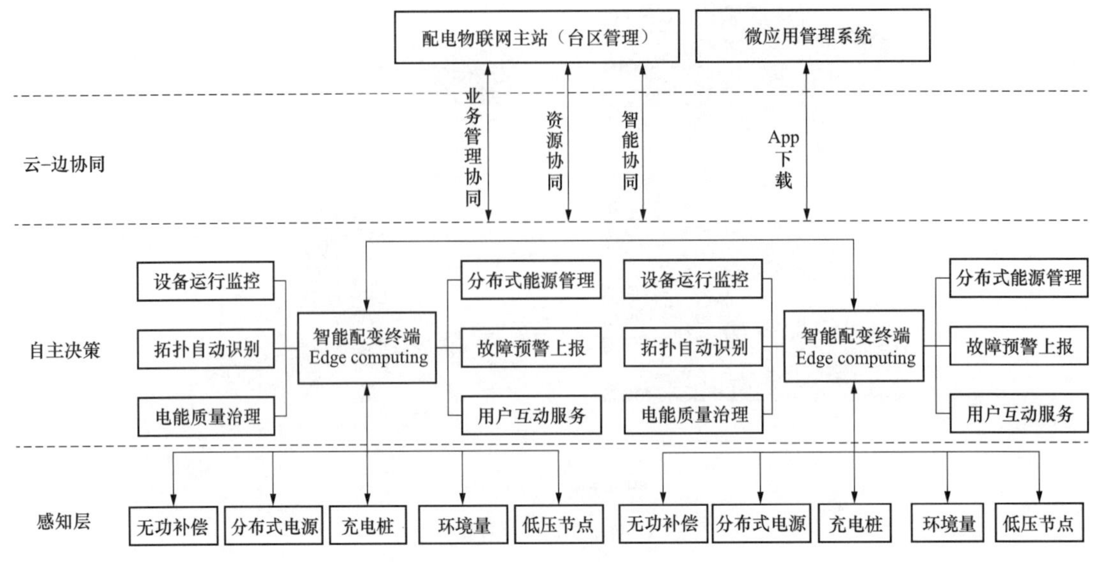

图 5-67　智能配电台区云边协同架构

2020 年 7 月，陕西省汉中市台区智能化改造试点建成投运，首台基于云编排 App 开发技术、营配源端同步感知的台区智能融合终端成功挂网运行。此次试点台区为标准化柱上台区，包含 1 个变压器、3 路出线、2 个分支箱、8 个表箱、90 个用户。台区安装智能融合终端、智能断路器、智能微断、温度传感器等智能传感设备，采用 IP 化 HPLC/RF 双模通信，应用云编排 App 可实现低压台区侧、线路侧和客户侧营配源端数据同步采集和高级应用的边缘计算。

当前，国家电网有限公司组织北京、山东、上海、江苏、浙江、福建、宁夏等 7 家单位开展物联网架构下的智能配电台区管理试点应用，通过业务与管理双通道与配电物联网主站交互，针对性地开展了多个 App 的开发和审核评价，实现故障延判从分钟级提升为秒级、台区全景监测、低压设备快捷互通、云化主站弹性扩展、边缘计算就地决策；提升对配电变压器信息的全面掌控，推动配电物联网技术的应用落地。

5.3.8　配电物联网

配电物联网是传统工业技术与物联网技术深度融合产生的一种新型电力网络运行形态。配电物联网通过设备间的全面互联、互通、互操作，实现配电网运行、状态及管理全过程的全景全息感知、互联互通及数据智能应用，支撑配电网的数字化运维，满足配电网精益化管理需求，支撑能源互联网快速发展，实现安全可靠、经济高效、清洁友好、开放共享的目标。配电物联网具备设备广泛互联、状态全面感知、应用灵活迭代、决策快速智能和运维便捷高效的特征。

配电物联网作为一种新兴技术，将充分发挥其架构优化和灵活性的技术优势，满足配电网多样化需求。除提升配电网的智能化管控外，还将促成新颖的应用模式。配电物联网将全面构建配电台区及低压配电网的能源自治生态体系，可实现台区能源自治与电能质量优化、线损实时分析与区域综合降损、新能源灵活消纳与运行智能控制等，对内为电网规划建设、生产运行、电力营销、企业管理、供电服务提供数据支撑和平台化服务，对外满足用户多元化需求，为电力用户、分布式能源、新能源汽车、政府及社会提供数据共享和增值服务。

建设配电物联网以配用电领域为导向，以价值创造为核心，将“云大物移智链”等先进信息通信技术融入配电侧的各个环节，实现配电网的数字化、信息化和智能化，为规划建设、生产运行、电力营销、企业管理、供电服务提供平台支撑，有效提升配电网在电力与客户之间供电服务的枢纽能力，实现公司与客户及其他主体间的信息互动、数据共享与价值共享，支撑能源互联网的建设在配电领域的全面落地。通过对配电网中低压设备的全域识别及设备间广泛互联，实现配电网的全面感知、数据融合和智能应用，其系统架构如图 5-68 所示。

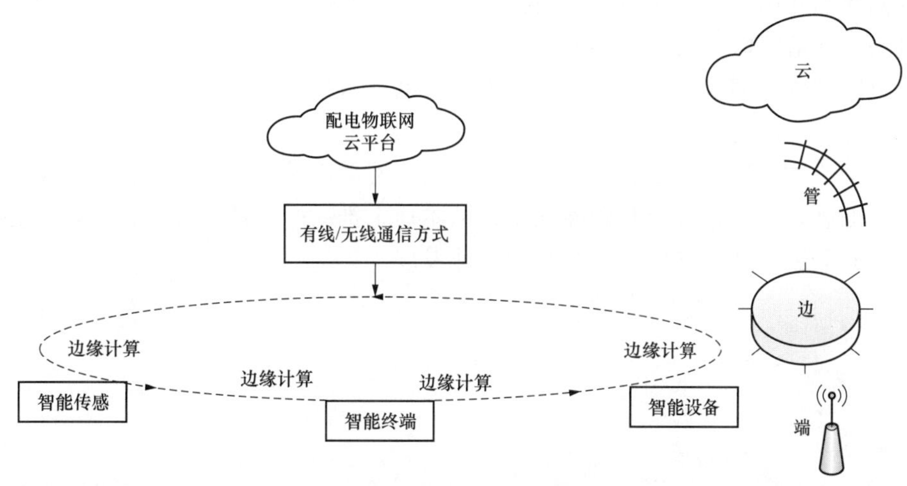

图 5-68　配电物联网架构

配电物联网系统架构可划分为“云管边端”四大核心层级。其架构充分考虑了配电网设备覆盖广，布点多，但同时又具有一定的汇聚性，管理上呈树状的特征，其中：

（1）“云”层采用“物联网平台＋业务微服务＋大数据＋人工智能”的技术架构，实现海量终端连接、系统灵活部署、弹性伸缩、应用和数据解耦、应用快速上线，满足业务需求快速响应、应用弹性扩展、资源动态分配、系统集约化运维等要求。

（2）“管”层采用“远程通信网＋本地通信网”的技术架构，通过通信通道 IP 化、物联网协议、物联网信息模型，实现通信网络自组网、设备自发现自注册、资源自描述，支撑边端设备的即插即用，满足配电业务处理实时性和带宽需求。

（3）“边”层采用“统一硬件平台＋边缘操作系统＋App 业务应用软件”的技术架构，融合网络、技术、存储、应用核心能力，通过边缘计算技术提高业务处理的实时性，降低云主站通讯和计算的压力，通过软件定义终端，实现电力系统生产业务和客户服务应用功能的灵活部署。

（4）“端”层采用“通用硬件平台＋轻量级物联网操作系统＋设备业务应用软件”的技术架构，实现配电网的运行状态、设备状态、环境状态以及其他辅助信息等基础数据的采集，并执行决策命令或就地控制，同时完成与电力客户的友好互动，有效满足电网生产活动和电力客户服务需求。

目前，国内配电物联网的建设与应用已进入快速发展阶段。2017 年起，国网宁波供电公司已完成余姚、海曙、东部新城、梅山国际物流产业集聚区等区域的 427 个配电物联网智能台区建设。配电网的各级节点安装了智能配变终端和低压线路监测单元，实现台区“配变—分支—表箱”电气拓扑自动辨识，配网状态全感知和信息融会贯通，形成“终端全物联，电网一张图”。2019 年 7 月 24 日，基于边缘计算的配电物联网网格边缘代理系统在江苏苏州试点应用，可自动调节数万千瓦量级可控负荷，具备故障预知、故障定位、线损管理、状态检测、用户用能分析等功能。同年，国家电网有限公司在天津、上海、青岛、南京、杭州等地也开展了一系列配电物联网示范区工程建设。2020 年 8 月 17 日，国内首个配电物联网线路在国网山东省电力公司投入运行，能够做到在 0.2s 内完成故障区间判断、隔离以及恢复非故障区间供电等功能。

将配电网与物联网深度融合，构建配电物联网技术体系，可满足用户多元化用能服务需求，支撑能源互联网快速发展。配电物联网引入“云大物移智链”等新技术和新理念，构建以配电网、物联网深度融合为导向的配电物联网创新技术体系与灵活业务架构，实现配电网的全面感知、数据融合和智能应用，从本质上推动配电环节业务模式、服务模式和管理模式不断创新，全力支撑能源互联网快速发展。

第六章　能源互联网与智慧生态

在全球新一轮科技革命和产业变革中，互联网理念、先进信息技术与能源产业深度融合，正在推动能源互联网新技术、新模式和新业态的兴起，进而推动能源电力市场开放和产业升级，营造开放共享的能源互联网智慧生态体系，发展储能和电动汽车应用、智慧用能和增值服务、绿色能源灵活交易、能源大数据服务应用等新模式和新业态。本章从行业应用和综合应用两个方面，描述了能源互联网相关应用场景和智慧生态的发展状况。

6.1　行业应用场景

6.1.1　智慧电厂

智慧电厂指的是通过信息化、网络化技术实现全电厂范围内各控制系统、控制设备互联互通；通过虚拟化技术实现电厂的三维虚拟可视化；综合运用大数据、智能优化控制、智能决策支持等智能化技术手段，最终实现电厂全生命周期内的企业资产最优分配、生产质量最优控制、经济效益与社会效益的最优实现。

在 20 世纪 70 年代，电厂进入到自动化阶段，呈现出智慧电厂的雏形。21 世纪，电厂进入数字化阶段。电厂通过原始数据的积累，与电厂分散控制系统（distributed control system，DCS）、监控信息系统（supervisory information system，SIS）、企业资源计划（enterprise resource planning，ERP）、管理信息系统（management information system，MIS）等系统集成，形成庞大数据池。通过对收集到的数据进行系统分析，电厂自动判断是否需要对设备进行启停等操作。2018 年智慧电厂概念被正式提出，通过对传统电厂基建、生产运行、设备维护和物料管理等方面，实现数据的采集、分析和判断，智能的调控设备的运行参数和仓储物料等生产物资的采购、数据存储，使电厂能够高效、低碳和安全的运行，这是智慧电厂建设的初衷。

智慧电厂整体架构如图 6-1 所示。

智慧电厂结构图如图 6-2 所示。相较于传统电厂，智慧电厂管理方法发生转变，由分散的系统向一体化融合升级；应用模式发生转变，由专业的厚重的管理系统向工业 App 微服务转变；建设模式发生转变，由封闭平台逐步向可持续、开放的平台转变；体验发生转变，单纯的 PC 端应用向智能、丰富的新体验转变。

智慧电厂主要包括构建全生命周期数据集成平台，构建生产信息一体化管控平台、三维数字化移交、三维可视化人员定位、智能终端等五个方面。

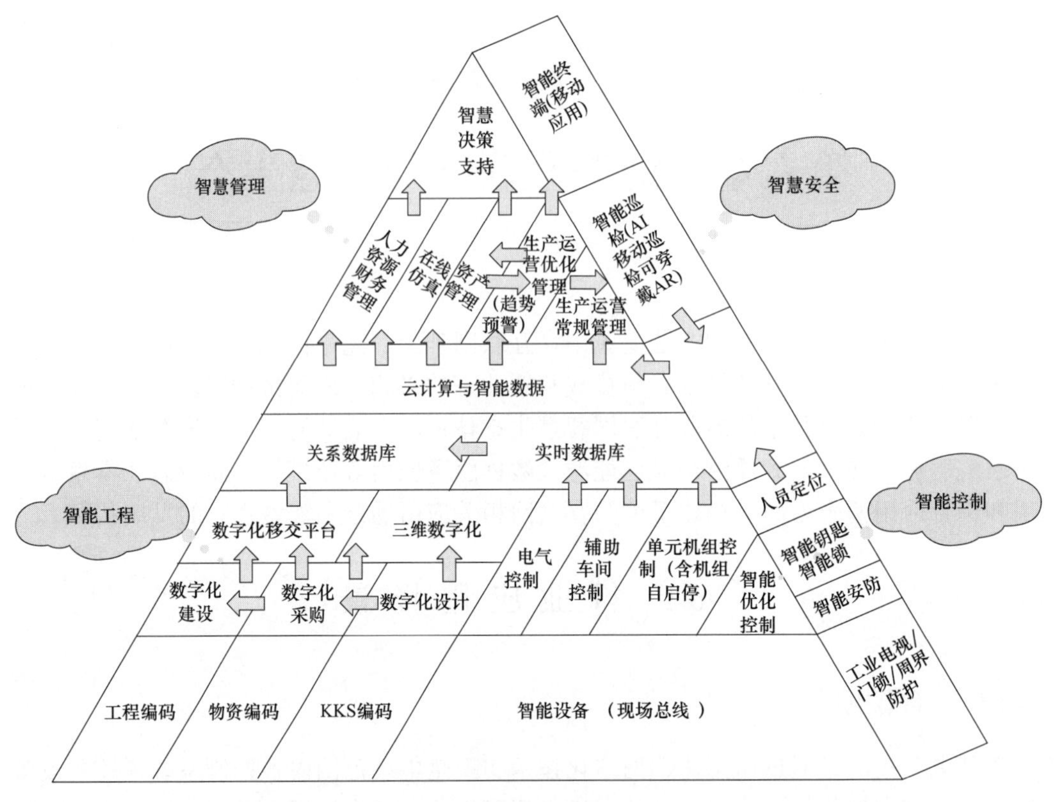

图 6-1　智慧电厂整体架构

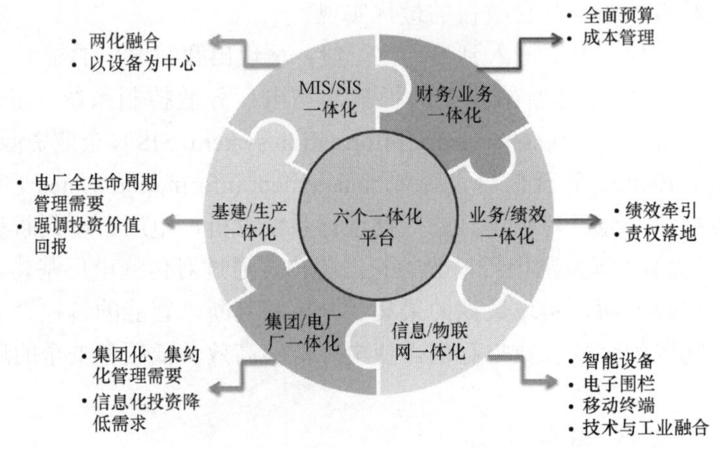

图 6-2　智慧电厂结构图

（1）全生命周期数据集成平台包括电子档案、工程数据管理、生产管理以及资产管理等系统。虚拟电厂还能实现信息交互，将平台各个数据相连接，并对各个不同文档进行编号，再统一由数据集成管理平台统一存储、分类、集成，再将生产信息发送给一体化管控平台。

（2）生产信息一体化管控平台，通过 MIS、SIS 一体化，能够实时掌握设备的运行情况，并实时对设备进行分析，以提高设备的可靠性。通过实现电厂知识、财务信息的一体化，从而使电厂各项业务都能达到协调、统一，为电厂的信息化管理奠定坚实的基础，促进电厂的健康发展。

（3）三维数字化移交作为智慧电厂建设的基础措施，在智慧电厂基建过程中，由于其工程规划设计、采购、运输、预制、施工、安装、调试、移交以及运行维护等几个环节缺乏信息沟通和共享机制，通过三维数字化移交，能够建立统一的展现平台，并利用三维可视化技术，可以将真实线路等信息展示出来，从而实现线路建设效果，进而将三维设备模型、施工信息、设计参数等信息统一的数据与展现平台，随工作一同进行移交。三维数字化的应用，不仅是以先进的信息技术帮助工程本体的移交管理，还是提高电厂管理水平的重点平台，为智慧电厂的建设提供扎实的信息化技术。

（4）三维可视化人员定位平台，对整个电厂人员进行定位展示时，并利用人员定位基站以及所佩戴的定位标签来实现对整个生产区域人员活动轨迹的监控与管控，再运用三维模型从不同视角对厂区进行智能巡检展示。此外，借助三维可视化人员定位系统，进行工作人员监控的三维可视化，以便工作人员对故障进行判断，从而实现高度智能管控一体化平台。

（5）智能终端可采用掌上电脑（personal digital assistant，PDA），智能可视安全帽来补充仪表测量外的环境因素数据，而对于一些存在高危险区，可通过工业机器人进行巡视工作，并配置红外温感探测设备，以便对电气出现的热故障进行监测。

2018 年以后，华能集团、中国电力投资集团、大唐集团、国电集团、华电集团等五大发电集团陆续开展智能化应用与管理的结合，依托云计算技术的发展以及在新能源远程运行方面的经验，将电厂数据汇总到区域公司，在区域公司由统一的运维人员进行维护，在降低投资和运营成本的同时，为区域公司对标、决策和数据上送提供技术支持。国家能源集团泰州电厂为推进智慧电厂的建设，引入了“5G＋超带宽技术（ultra wide band，UWB）”双网一体化人员定位管理解决方案，实现电厂建设安全目标，打造首个“5G＋UWB”智慧电厂建设的新示范应用。晋能控股集团从生产、安全、燃料、经营四大板块出发，构建智慧电厂平台，利用生产实时数据，自动完成机组性能分析，改变机组运行方式提供依据，达到节能降耗的目的。

我国作为全球最大的热电生产和消费国，热电产业 CO_2 排放量占我国 CO_2 总排放量的 42%，是碳排放重点管控行业。运用先进科技大幅提高热电系统生产效率，大力推广智慧电厂，减少煤炭消耗，降低碳排放，不但是我国碳达峰重要路径，也是我国能源战略安全的重要保障。电厂从自动化向智慧化转型升级是建设能源互联网的基础，能够对海量的热电厂数据进行整合，形成热电数字孪生系统，提高能源和资源的利用率，承担更多保护环境和服务社会的功能。智慧电厂不仅可以成为电厂参与市场经济的资本，也是新时代生态环境建设和经济社会发展对电力企业的要求。

6.1.2　智慧交通

智慧交通系统（intelligent transport system，ITS）是将信息、通信、控制、计算机网络等高新技术有效地综合运用于地面交通管理体系，从而建立起一种大范围、全方位发挥作用的交通运输管理系统。智慧交通系统是在智能交通的基础上依托“云大物移”等信息通信技术，融合设施建设、路况监控、物流监测、电子收费、停车服务、应急指挥等业务信息，信息通信提供实时交通数据下的交通信息服务。智慧交通系统大量使用数据模型、数据挖掘等数据处理技术，体现了智慧交通的系统性、实时性、信息交流的交互性以及服务的广泛性。近年来，我国交通运输规模持续扩大，截至2020年年末，全国公路通车里程、高速公路里程分别达到519.81万km、16.10万km，稳居世界第一。随着交通运输网络规模越来越大，构成越来越复杂，促进了智慧交通技术的快速发展。

2017 年，交通运输部印发《印发推进智慧交通发展行动计划（2017—2020 年）》来推动智慧交通技术的推广应用，截至 2020 年底在以下方面达到了相应的计划目标：①在基础设施智能化方面。推进建筑信息模型（building information modeling，BIM）技术在重大交通基础设施项目规划、设计、建设、施工、运营、检测维护管理全生命周期的应用，基础设施建设和管理水平大幅度提升。②在生产组织智能化方面。实现重点客运枢纽、物流园区智能运输装备和自动装卸机具大量应用，交通运输企业的信息化管理和安全生产水平大幅度提升。③在运输服务智能化方面。丰富交通出行、旅客票务、交通支付等在线服务。“互联网＋”物流取得明显进展，物流组织效率进一步提高，物流成本进一步降低。④在决策监管智能化方面。跨行业、跨区域协同的交通运输运行监测、行政执法和应急指挥体系基本建成，基于大数据的决策和监管水平明显提升。

目前，公路智能交通技术主要应用在高速公路监控系统、收费系统、安全保障系统等，已经开发生产了车辆检测器、可变情报板、可变限速标志、紧急电话、分车型检测仪、监控地图板等多种专用设备，并制定了一系列标准和规范。另外，各省的交通主管部门和测绘部门也在陆续完善公路管理电子地图。高速公路电子不停车收费（electronic toll collection，ETC）系统是在我国公路系统中得到广泛应用的又一项智能交通新技术。

我国在 ITS 领域的研究起步较晚，但随着全球范围智能交通系统研究的兴起，目前，我国明显加快了对智慧交通技术研究的步伐。2016 年，国家发展改革委交通运输部联合发布《推进“互联网＋”便捷交通　促进智能交通发展的实施方案》，国家的总体框架明确近期将以三个系统（智能运输服务系统、智能运输管理系统、智能决策支持系统）、两个支撑（智能交通基础设施、标准和技术）、一个环境（宽松有序发展环境）作为主要发展内容，在基础设施建设、产业发展、运行服务和技术应用等多个方面进行了详细的安排，同时覆盖了城市交通、公路、铁路、航空、水运。国家的总体框架不仅对 ITS 的开发和应用做出了安排，还特别注意推动智能交通前沿技术研发和对新兴战略产业支持，如新一代国家交通控制网、车路协同、智能汽车、列车自动运行、综合枢纽协同、高速宽带无线互联和高速无线局域网等。2017 年，国务院印发了《“十三五”现代综合交通运输体系发展规划》，智能交通已经成为我国交通运输建设和发展的重要方面，成为带动全面提高交通运输服务水平和安全水平的重要手段，成为实现交通运输现代化的重要支撑。2019 年，《政府工作报告》提出“两年内基本取消高速公路收费站任务”，ETC 新增用户大涨。根据交通运输部网中心统计数据，截至 2019 年 12 月，全国 ETC 用户累计达到 2.04 亿，2019 年新增 ETC 用户 1.27 亿。根据交通运输部统一部署，自 2020 年 1 月 1 日 0 时起，取消全国高速公路省界收费站，各类通行费减免等优惠政策均依托 ETC 系统实现。

6.1.3 智慧物流

物流是在空间、时间变化中的商品等物质资料的动态状态。因此，很大程度上物流管理是对商品、资料的空间信息和属性信息的管理。智慧物流是指通过智能软硬件、物联网、大数据等智慧化技术手段，实现物流各环节精细化、动态化、可视化管理，提高物流系统智能化分析决策和自动化操作执行能力，提升物流运作效率的现代化物流信息从而分析信息做出决策，使商品从源头开始被实施跟踪与管理，实现信息流快于实物流。

智慧物流利用集成智能化技术，使物流系统能模仿人的智能，具有思维、感知、学习、推理判断和自行解决物流中某些问题的能力。智慧物流在流通过程中获取信息从而分析信息做出决策，使商品从源头开始被实施跟踪与管理，实现信息流快于实物流。智慧物流可通过RFID、传感器、移动通信技术等让配送货物自动化、信息化和网络化。

2009 年，IBM 提出了建立一个面向未来的具有先进、互联和智能三大特征的供应链，通过感应器、RFID 标签、制动器、GPS 和其他设备及系统生成实时信息的“智慧供应链”概念，紧接着“智慧物流”的概念由此延伸而出。与智能物流强调构建一个虚拟的物流动态信息化的互联网管理体系不同，“智慧物流”更重视将物联网、传感网与现有的互联网整合起来，通过以精细、动态、科学的管理，实现物流的自动化、可视化、可控化、智能化、网络化，从而提高资源利用率和生产力水平，创造更丰富社会价值的综合内涵。

智慧物流平台应基于“云大物移智链”信息通信技术，建立开放、透明、共享的物流信息平台，为物流企业、电子商务企业、贸易企业、第三方物流服务商、供应链服务商等各类企业提供一体化的物流服务解决方案，从而达到物流服务一体化、物流过程可视化、物流交易电子化、物流资源集成化、物流运作标准化、客户服务个性化的设计目标。从宏观的物流产业管理到中观的物流供应链管理，再到微观的物流业务管控，各层面的物流业务有所不同。针对我国智慧物流的发展现状及相关企业对智慧物流信息平台的需求，智慧物流信息平台根据各层面的业务特点将其合理科学地按一定层次组织在一起，形成了智慧物流信息平台业务体系。智慧物流信息平台的业务体系，主要从智慧物流产业管控、智慧物流供应链管理以及智慧物流业务综合运营三个层面进行构建，具体如图6-3所示。

国外智慧物流发展时间较长，亚马逊公司从成立至今经历了 20 年的发展，同时也是引领电商仓储物流发展的 20 年。亚马逊公司在业内率先使用了大数据，人工智能和云技术进行仓储物流的管理，创新地推出预测性调拨、跨区域配送、跨国境配送等服务。亚马逊智能物流技术的最大特点是应用了智能机器人技术。机器人作业颠覆传统电商物流中心作业“人找货、人找货位”模式，通过作业计划调动机器人，实现“货找人、货位找人”的模式，整个物流中心库区无人化，各个库位在机器人驱动下自动排序到作业岗位。机器人系统作业效率要比传统的物流作业提升 2～4 倍，机器人每小时可跑 48.28032km，准确率达到 99.99%。

在当前形势下，加快现代物流体系尤其是智慧物流建设，对应对疫情下的经济发展挑战，以及建立以国内大循环为主体、国内国际双循环相互促进的新发展格局具有重要的战略意义。目前国家出台智慧物流鼓励政策，预计后期国家将出台一系列政策，支持智慧物流产业发展。

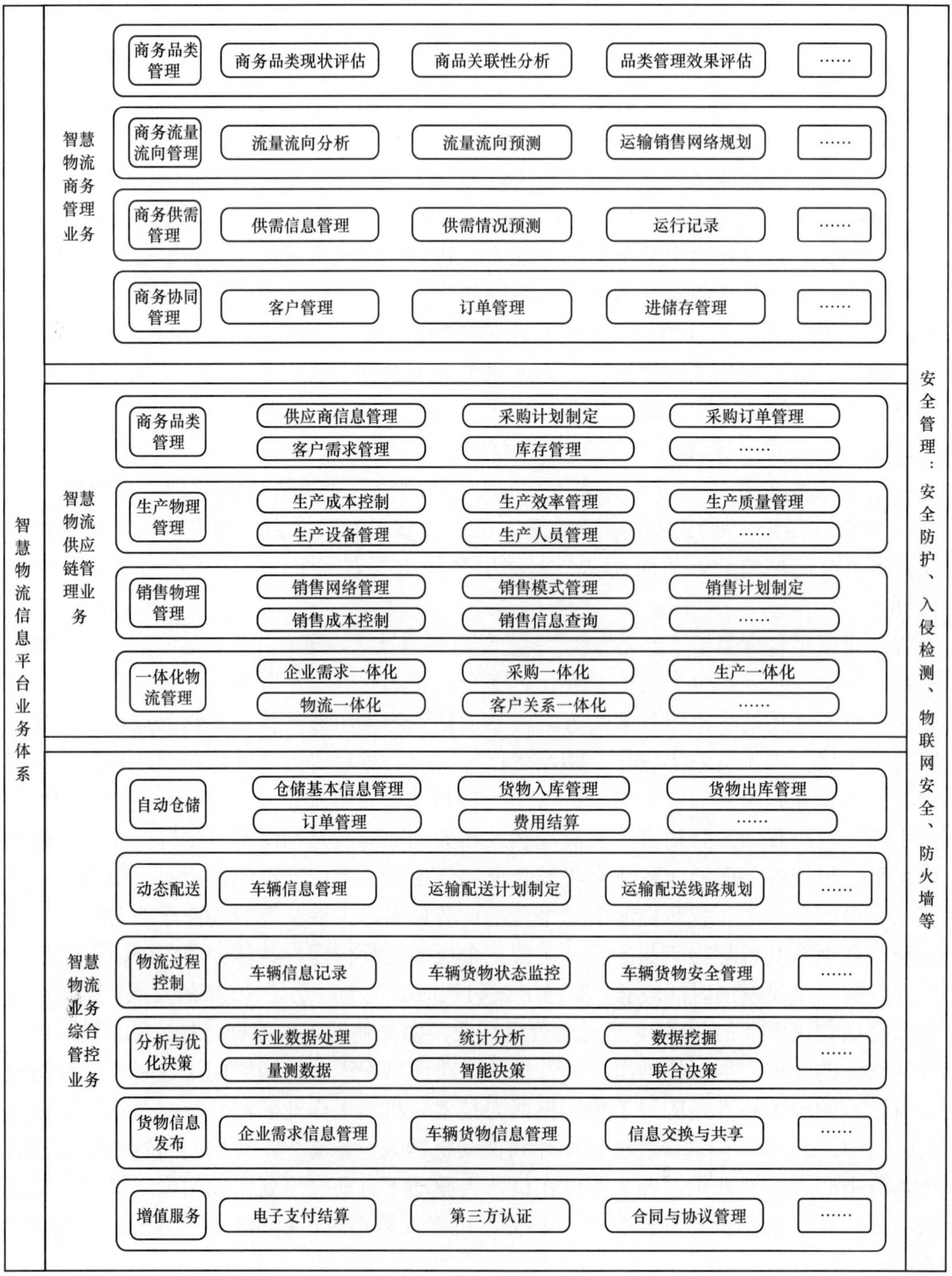

智慧物流信息平台业务体系

- 智慧物流商务管理业务
  - 商务品类管理：商务品类现状评估；商品关联性分析；品类管理效果评估；……
  - 商务流量流向管理：流量流向分析；流量流向预测；运输销售网络规划；……
  - 商务供需管理：供需信息管理；供需情况预测；运行记录；……
  - 商务协同管理：客户管理；订单管理；进储存管理；……
- 智慧物流供应链管理业务
  - 商务品类管理：供应商信息管理；采购计划制定；采购订单管理；客户需求管理；库存管理；……
  - 生产物理管理：生产成本控制；生产效率管理；生产质量管理；生产设备管理；生产人员管理；……
  - 销售物理管理：销售网络管理；销售模式管理；销售计划制定；销售成本控制；销售信息查询；……
  - 一体化物流管理：企业需求一体化；采购一体化；生产一体化；物流一体化；客户关系一体化；……
- 智慧物流业务综合管控业务
  - 自动仓储：仓储基本信息管理；货物入库管理；货物出库管理；订单管理；费用结算；……
  - 动态配送：车辆信息管理；运输配送计划制定；运输配送线路规划；……
  - 物流过程控制：车辆信息记录；车辆货物状态监控；车辆货物安全管理；……
  - 分析与优化决策：行业数据处理；统计分析；数据挖掘；量测数据；智能决策；联合决策；……
  - 货物信息发布：企业需求信息管理；车辆货物信息管理；信息交换与共享；……
  - 增值服务：电子支付结算；第三方认证；合同与协议管理；……

安全管理：安全防护、入侵检测、物联网安全、防火墙等

图 6-3　智慧物流信息平台业务

智慧物流的作用包括以下六个方面：①降低物流成本，提高企业利润。②加速物流产业的发展，成为物流业的信息技术支撑。③为企业生产、采购和销售系统的智能融合打基础。④使消费者节约成本，轻松、放心购物。⑤提高政府部门工作效率，助于政治体制改革。⑥促进当地经济进一步发展，提升综合竞争力。

智慧物流信息系统是一个跨度较大的系统，但是在实际应用过程中，存在较多的问题，离不开合理的管理运作。智慧物流信息系统涵盖的行业较多，通过运输将商业、科学、商务、政府等多个行业联系到了一起，是一种综合的智慧物流体系。其涉及的范围较广，包含的技术也较多，与传统物流相比，在实施的时候存在较大的难度。此外，智慧物流体系行业处于新兴发展阶段，技术规范、操作规范、法律法规都还不健全，距离全面深入市场还有一段距离。

6.1.4　智能家电

智能家电就是在传统家电的基础上引入了微处理器、传感器、智能控制、嵌入式系统、信息通信等技术后形成的具有自动监测故障、自动测量、自动控制、自动调节以及与远方控制中心通信等功能家电产品。

智能家电最早起源于 20 世纪 80 年代中期的美国，大量采用电子技术的家用电器面世标志着智能家电的问世。国外智能家电使用的比率远远高于国内的使用率，大多数家庭接入了各种智能设备，其中智能安防产品在智能产品中占比最大。例如在德国，几乎每个住宅里面都装有智能烟雾报警器，当检测到周围中煤气或其他有害气体超过正常值时，会自动启动报警系统。国外智能家电行业的前景一直处于一个乐观的状态，尤其在 Nest 被 Google 收购之后，智能家电设备成了人们更加关注的焦点，其中 Nest 智能温控器在智能家居行业更是家喻户晓。这款智能产品可以通过收集和分析数据，对用户的习惯进行智能识别，从而主动调节用户舒适的室内温度状态。

国内智能家电起步较晚，直到 2000 年起，国内才开始涌现智能家电生产研发企业。早期的国内的美的、容声、小天鹅等家电厂商主要利用模糊控制技术实现简单智能化操作，如通过饭量检测来确定煮饭时间的电饭煲；通过室温和设定温度的差值来调节制冷送风的变频式空调；通过检测衣物量来确定洗涤剂、用水量和洗涤时间的全自动洗衣机等。基于神经网络算法的家电克服了早期智能家电不具备了“自适应”学习缺点，从而提高了家电的智能化水平，如三洋 7kg 波轮洗衣机，以衣物洗净度为目标，具备用户使用习惯记忆、自动编程记忆等自学习功能。随着互联网和通信技术的发展，智能家电产品开始从单体的智能化向多台家电的网络化、远程化和信息化方向发展。2011 年 3 月，创维集团有限公司推出了搭载 Android 操作系统的酷开智能 3D 电视 E96RS 系列，支持网页浏览、网页视频点播、下载安装第三方应用程序及智能操控等功能，实现了平板电脑与智能家电的完美结合。一直以来，智能家用电器的系统架构、终端接口、个人信息保护等问题，制约着智能家电市场的发展进程。2018 年以来，国家相继发布了 GB/T 28219《智能家用电器的通用技术》、GB/T 36432《智能家用电器系统架构和参考模型》和 GB/T 40979《智能家用电器个人信息保护要求和测评方法》等一系列的国家标准，进一步规范了我国智能家电的技术要求。以冰箱为例，智能化发展是目前的主要趋势，但由于缺乏相应的规范和统一的标准，很多产品实际上只能实现用手机远程控制等基础功能，并不能给予用户主动调温、定制菜谱等更好的智能体验。由海尔主导制定的智能电冰箱标准 GB/T 37877—2019《智能家用电器的智能化技术 电冰箱的特殊要求》对冰箱在智能化功能要求、性能要求、智能化指标评测等方面进行了规范。

海尔 U-home 智能家电系统是新一代网络家电产品的代表如图 6-4 所示，它通过家庭户内网络和传感器，实现了所有家电的信息采集和联网，并通过家庭网络中心实现家庭网、传输网和服务网的融合，用户在远方通过手机或电脑就能实现对所有家用电器的控制，还可实现家庭能耗监测和能效管理等功能，扩展了智能家电的应用范围，为家庭带来了全新的生活体验。

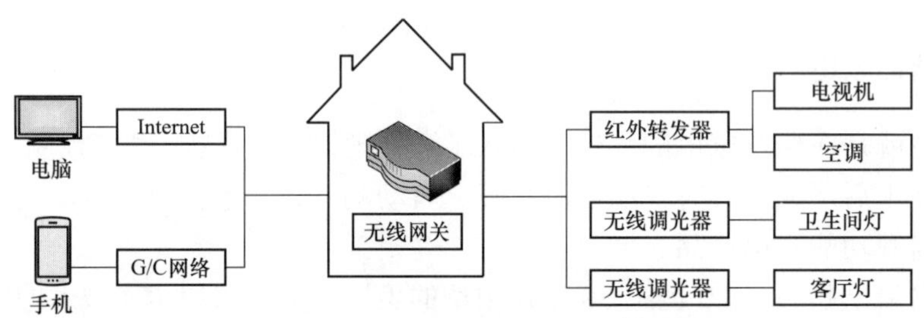

图 6-4　海尔 U-home 智能家电系统

智能家电的功能大致可有以下几种：

（1）远程控制。远程控制指在家中，可以通过遥控器、墙上的控制面板、家庭移动终端或者家庭智能终端实现对家电的控制；不在家的时候，也可以很方便地通过电话、手机或者互联网来控制家电。

（2）远程查询。远程查询指通过远程的电脑、电话、手机，可以查询家电的工作状态，如空调、热水器等是否关闭。

（3）统一管理。统一管理指可以实现对家电的集中统一控制与管理，科学分配电力，实现分时供电，合理调配大功率电器的协调运行。

（4）自我检测。自我检测指可以实现故障信息自动诊断，并反馈到服务中心的计算机系统中，使厂家能立即为用户提供远程或上门服务。

（5）生活模式控制。生活模式控制指家电可以根据主人的生活规律和生活习惯，自动启停、自动改变运转状态，从而简化操作，方便人们的日常生活。

（6）自动更新。自动更新指家电可以自动完成软件的更新。例如，洗衣机和微波炉都可以从网上下载最新的洗涤程序和烹饪程序。

（7）人工智能。人工智能指在家电网络化和信息化的基础上，加入人工智能技术，可以简单模拟人的思维活动。例如，洗衣机内置了芯片，可以分辨衣料，判断洗衣粉的用量。

随着信息网络技术的发展，智能家电产品替换传统家电成为必然趋势，另一方面，随着智能设备平均价格的下降，智能家电产品在家电市场中将体现出更多的优势与应用价值，也将激发消费者更强烈的消费需求。随着通信技术在智能家电中的广泛应用，远程操作成为智能家电应用价值较高的功能，用户可以通过手机App来操控冰箱、空调、热水器等家电，促使智能化家电产品成为家电市场发展的主流产品。同时要加快实现智能家电的互联互通，开展智能家电互联互通方向相关的测试认证，保障智能家电互联互通的安全，促进行业互联互通的发展。

6.1.5　智能家居

智能家居是以住宅为平台，综合利用布线技术、网络通信技术、安全防范技术、自动控制技术、音视频技术将家居生活有关的设施集成，构建高效的住宅设施与家庭日常事务的管理系统，提升家居安全性、便利性、舒适性、艺术性，并实现环保节能的居住环境。与普通家庭相比，智能家居由原来的被动静止结构转变为具有能动智慧的工具，提供全方位的信息交互功能，帮助家庭与外部保持信息畅通，优化人们的生活方式，帮助人们有效安排时间，增强家庭生活的安全性，并且节省能源。

智能家居的概念起源很早，但一直没有具体的建筑案例出现，直到 1984 年美国联合科技建筑系统公司（United Technologies Building System Co.，UTBS）将建筑设备信息化、整合化概念应用于美国康涅狄格州 Hartford 的城市广场大厦时，才出现了首栋的“智能型建筑”，从此揭开了全世界争相建造智能家居的序幕。我国智能家居行业起源于 1994 年，整个行业还处在一个概念熟悉、产品认知的阶段，这时没有出现专业的智能家居生产厂商，只有深圳有一两家从事美国 X-10 智能家居代理销售的公司从事进口零售业务，产品多销售给居住国内的欧美用户。智能家居产业链主要分为上游技术层、中游家居系统服务商、下游家居单品制造商以及底层销售渠道。其中，上游涉及的产品包括基带芯片、传感器、Wi-Fi 模组等；中游涉及的服务商包括华为、腾讯、阿里云、苹果等；下游智能家居单品制造商主要包括欧瑞博智能家居、施耐德电气、云丁科技、美的、松下电器等；销售端涉及天猫、京东、小米商城、苏宁易购等。截至 2020 年底，智能家居的产品市场主要有智能空调、智能冰箱、智能洗衣机、智能照明、智能遮阳、智能门锁、家用摄像头、运动与健康监测等。从目前的市场份额来看，智能家电类产品的市场最高，智能空调、智能冰箱和智能洗衣机市场份额之和高达 71.71%，而价格相对较低的智能锁、家用摄像头等产品市场增速较快。

智能家居系统由物联网关、安防监控、家庭路由器、服务器、用户终端等部分组成，如图 6-5 所示。其中，各个家居硬件设备通过主控模块进行集成控制，其主控模块和无线模块通过通信协议建立连接，构成物联网关部分。另外，智能家居还可通过各个摄像头集成组成安防监控部分，对家居环境实现监控。家庭路由器借助移动或 Wi-Fi 网络与物联网关、安防监控部分建立连接。将硬件设备及安防监控数据传送至服务器，服务器通过因特网与家庭路由器建立连接，家庭用户终端则通过移动网或 Wi-Fi 与服务器建立连接。最终家庭用户接收到系统的各个模块的数据，并可对设备进行查看和控制。

智能家居的功能十分丰富，其中最重要的是控制功能。无论是在家中，还是在路上或办公室，都能用手机、PDA、笔记本电脑或家中的智能交互终端，对家里的空调、窗帘、灯具、音响等家居设备进行控制。

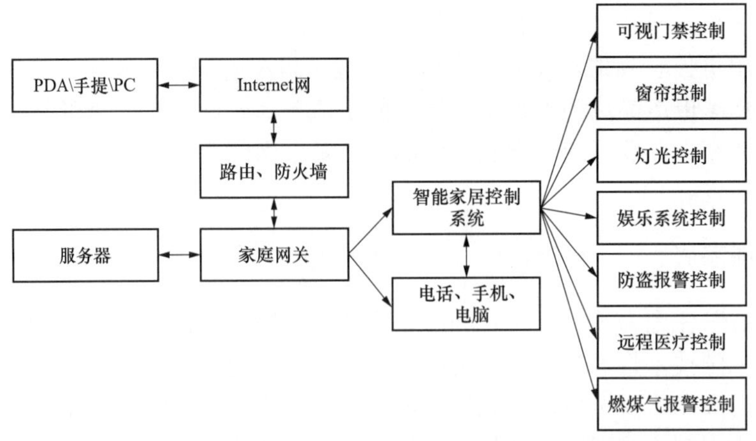

图 6-5　智能家居系统架构图

智能家居还具有安防功能。在你离家的时候，如果家中有陌生人闯入，监控图像就会传输到用户的手机，同时会报告给小区的物业值班室；当家中出现火情或煤气泄漏时，告警信息会马上通知到你的手机，同时也马上报告给火警或煤气公司等。用户还可以通过手机、PDA、电脑以及家庭交互终端获取小区物业等部门提供的各种增值服务。总之，智能家居的应用将使人们享受到高科技带来的舒适、惬意、时尚的现代化数字生活。

一直以来，通信协议不统一、设备之间不互联、用户交互体验差等因素，制约着智能家电市场的发展进程。近年来，国家质检总局、国家标准委批准发布了 GB/T 35043—2017《物联网智能家居 图形符号》、GB/T 35134—2017《物联网智能家居 设备描述方法》、GB/T 39189—2020《物联网智能家居 用户界面描述方法》和 GB/T 39190—2020《物联网智能家居 设计内容与要求》4 项智能家居系列标准，有助于智能家电设备的远程控制、互动以及家电之间的互联互通，有利于加快推动我国智慧家居系列产品的产业化，为我国物联网技术在智能家居领域的广泛普及和推广提供标准化保障。

智能家居的未来发展必须同智能电网相结合，在我国，智能电网的建设有其根本需求，将对整个住宅的各种智能化设施服务，在对电力方面进行服务的过程中，还可以对智能家居的网络形成渗透作用。使用智能电网的用户，如果同时也在享受智能家居的服务，那么他的需求就是两者之间可以建立有效的紧密通信，能够对智能家居与智能电网相结合的各种信息进行统筹之后，进行实际的有效管理。

6.1.6　智慧铁路

智慧铁路是一种新型的铁路交通解决方案，通过智能系统的集成运用，在提高速度的同时保证了新交通工具的安全性、稳定性和舒适性。智能铁路拥有列车调度指挥系统、铁路客票发售与预订系统、铁路运输管理信息系统、铁路办公信息系统等。其中，铁路运输管理信息系统又包括货票制票系统、列车预确报系统、车站综合管理系统、货运营销与生产管理系统、集装箱管理系统、大节点追踪系统及运输调度信息系统等，这些系统结合全球定位系统、天气预报系统、实时路人信息、交通信号系统等来共同完成铁路的智能监控和管理。

智慧铁路的概念早在20世纪90年代末就已提出。在北美和欧洲，很多铁路沿线的固定基础设施通过射频识别电子标签RFID，帮助识别轨道车辆、检测声音信号、热量和车轮摩擦，并且能够对铁路各个区段的车头、车厢、铁轨、隧道、桥梁和车站进行监控。

智慧铁路系统的基础是数以百万计的传感器。智慧铁路系统通过在火车的关键组件上安装传感器和智能装置，可实时采集列车运行信息及现场信号设备状态信息，实现对列车运行的实时追踪、实时调整和集中透明指挥，并对可能出现的危险情况发出警报，防患于未然；通过射频识别能够把从摄像头所收集到的影像数据进行智能分析和筛选，协助发现潜在危机，从而节省大量的人力资源成本；在客户服务问题上，则可以通过数据的智能化汇总和处理，实现旅客通过手机等移动设备购票、接收提示信息、预留座位的功能，让旅客的乘车体验更加愉悦；对于货运来说，货运站和所有车务段范围内可实现微机编制货票，并通过网络上报给铁路信息中心；利用专用无线宽带通信网络，构建列车高速移动通信网，满足了列车语音和视频业务和旅客互联网服务的需求；利用路局、铁道部建立的确报信息库，可为相关部门提供一系列统计、分析及查询功能，并实现信息共享。

智慧铁路对发展中国家尤其是人口众多的中国来说是非常重要的，这是因为铁路运输是发展中国家的主要运输方式，通过智慧铁路系统的建设，推动高速铁路和客运专线的发展。“十二五”期间，我国建设了以光纤数字系统和铁路数字移动通信系统（global system for mobile communications-railway，GSM-R）为主体，并与其他信息传输方式协调统一的传输体系；建立了基于 GSM-R 的中国铁路综合移动通信技术体系；建设了高速宽带数字传送网络及接入网，发展铁路专用通信和应急通信。同时，还建立了智能化、网络化的调度通信系统，逐步建成新一代调度集中控制系统（centralized traffic control system，CTC），发展了以主体化机车信号为基础，以实施列车超速防护为重点的中国列车运行控制系统（chinese train control system，CTCS）。2017年，国家铁路局发布《铁路标准化“十三五”发展规划》，规划要求形成完善的适应不同铁路运输方式的标准体系，保障智能铁路的快速发展。武广高铁的运营和京沪高铁的开通，已经对航空客运带来了巨大的冲击，虽然目前高速公路和飞机还占据了相当大的份额，但一千公里的距离已经印证了高速铁路较航空有着无可比拟的优势。未来几年，充分利用信息技术来提升铁路的技术和经营水平，是智能铁路发展的重要方向。通过将铁路的发展与区域经济的发展紧密结合起来，使智能铁路成为经济成长、科技创新的助推器。

2020年8月，国铁集团发布了《新时代交通强国铁路先行规划纲要》，系统地展示了我国未来智慧铁路系统的总体架构，围绕铁路5G技术、大数据中心建设，精心描绘新时代铁路通信发展蓝图，构建新时代智能铁路通信技术体系，充分发挥铁路通信网，特别是5G网络的全覆盖、大带宽、高可靠和低时延的技术优势，贴近业务、用户和应用，打造人、物与数据之间的智能联接平台，赋能智慧铁路系统建设。在“发展自主先进的技术装备技术体系”“提升基础设施装备技术水平”“以新型基础设施赋能智慧发展”等方面，明确提出加强5G通信网络、大数据、区块链、物联网等新型基础设施的建设和应用，丰富应用场景，延伸产业链条，统筹推进铁路新一代移动通信专网建设，构建泛在先进、安全、高效的现代铁路信息基础设施体系。以推进新一代信息技术与铁路深度融合、赋能赋智为牵引，打造现代智慧铁路系统。

6.1.7 智慧港口

智慧港口是以现代化基础设施设备为基础，以云计算、大数据、物联网、移动互联网、智能控制等新一代信息技术与港口运输业务深度融合为核心，以港口运输组织服务创新为动力，以完善的体制机制、法律法规、标准规范、发展政策为保障，能够在更高层面上实现港口资源优化配置，在更高境界上满足多层次、敏捷化、高品质港口运输服务要求的，具有生产智能、管理智慧、服务柔性、保障有力等鲜明特征的现代港口运输新业态。

在1994年召开的世界智能交通系统大会中，港口作为智能交通系统的一个重要组成部分，智慧港口开始成了研究的热点。到2008年11月，IBM在美国纽约首次提出了“智慧港口”的概念。

智慧港口的作用是：①实现港口运作电子化、网络化、无纸化和自动化，降低港口运作成本，提高服务效率和港口经济效益；②实现港口与船公司、铁路、公路、场站、货代、仓储等港口相关服务企业的无缝连接，通过信息平台实现信息集成和共享，优化供应链管理，提高服务水平；③提高港口管理和决策水平，优化港口运作流程和生产组织，提高港口服务质量；④实现港口与海关局、海事局、进出口商品检验等口岸单位的信息一体化，提高“大通关”效率和口岸部门服务水平；⑤搭建港口运作市场信息服务平台，拓展港口运作市场交易、金融、保险等配套服务功能；⑥实现港口运作信息资源的整合，为实施智慧港口和智能交通系统规划提供支持。

建设智能化港口，必须要加强自主创新、集成创新，加大港作机械等装备关键技术、自动化集装箱码头操作系统、远程作业操控技术研发与推广应用，积极推进新一代自动化码头、堆场建设改造。建设基于5G、北斗、物联网等技术的信息基础设施，推动港区内部集卡和特殊场景集疏运通道集卡自动驾驶示范，深化港区联动。智慧港口覆盖对外服务、港口行政服务、生产管理、现场智能作业、口岸监管、金融服务等全方位信息化、自动化和智能化。实现了从客户到港内各部门及第三方相关业务单位的全流程一体化、自动化。智慧港口业务布局如下图6-6所示。

为了支撑智慧港口的建设，各国纷纷大力推广港口的信息化建设，部分国家还构建了电子数据交换（electronic data interchange，EDI）服务系统，支撑港口运输的智能化。荷兰的鹿特丹港已经大规模运用射频识别技术（RFID）来标识货物，并完全采用计算机系统控制货物的装卸；同时，该国所采用的国际运输信息系统（international transport information system，INTIS）的成功推广，实现了贸易和运输的网络化和自动化，使得其在智慧港口的发展方面处于世界领先水平。安特卫普港的SEAGHA作为比利时的EDI系统，能够与信息和控制系统、铁路系统、航空系统等进行连接，实现港口、铁路、航空等部门的电子数据交换。美国新奥尔良港运用其EDI服务系统，能够实现船只的网上泊位申请、危险货物查询、货物状态查询、电子信箱等功能，初步实现了港口的智能化。中国上海港已经开始运用全自动装船机和卸船机，实现了港口散货堆场无人自动化操作，同时还研制了一种新型散货装卸载工艺系统，实现了散货堆场的无人自动化操作，并且在国内首次将虚拟样机技术和虚拟实现技术协同仿真引入港口机械设计，为上海建设第一个全自动散货码头示范基地奠定了基础。2012年7月，国家发展改革委及财政部同意将集装箱海铁联运物联网应

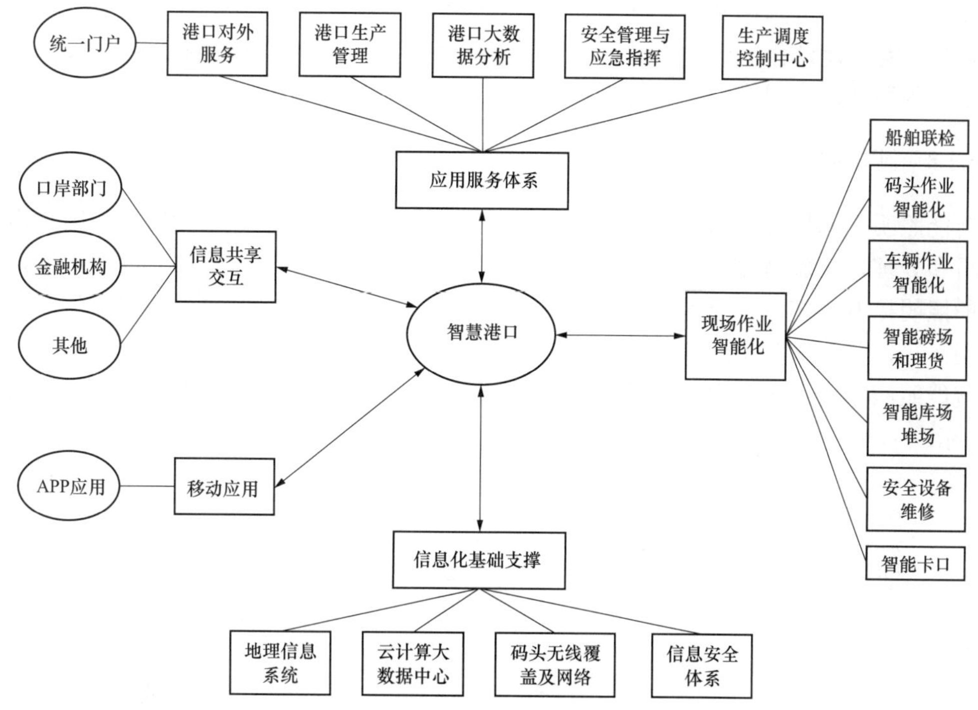

图 6-6 智慧港口业务布局图

用示范工程列为国家物联网重大应用示范工程，重点围绕连云港—阿拉山口沿线地区、大连—东北地区、青岛—郑州及陇海沿线地区、天津—华北西北地区、深圳—华南西南地区、宁波—华东地区等六条海铁联运示范通道，利用自主物联网技术，开展海铁联运物联网应用示范工程建设，提高业务协同水平和服务效能，探索建立铁路、水运业务衔接联动机制，实现港口、铁路集装箱联运全过程物流信息的无缝衔接。2015 年，大连、天津、青岛、连云港、宁波和深圳为代表的六条集装箱铁水联运示范通道的集装箱铁水联运箱量达到 153.5 万标箱，比 2010 年增长 68%。香港以及新加坡港也在智慧港口的装载无人化、信息网络化、物流自动化等方面做出了贡献。随着人工智能的发展，港口也不断由信息化朝着智能化发展，2017 年 12 月，上海洋山深水港四期码头建成，标志着全球单体最大的全自动码头，也是全球综合自动化程度最高的码头投入使用。洋山港采用了全自动化智能设备，码头配置的 36 台吊桥、120 台轨道吊和 130 台自动引导车可以根据系统指令执行工作，而工程师为自动引导车编写了二十万条代码，在地下埋藏了六万多根磁钉，确保自动引导车能够根据事实、装载信息和路况选择出最优的路线，甚至自动引导车会根据电量自行到充电站进行充电，全自动化模式不仅减少了人工的投入，还极大地提高了工作效率。洋山港是我国唯一一个所有设备都是我国独立研发的，码头、桥吊、自动引导车、轨道等等也都属于中国制造，在多个方面打破了欧美国家的垄断，拥有了完全独立自主的知识产权。

智慧港口紧随智能交通、智能物流发展的脚步，提高了交通运输和物流运输的效率，也有助于国民经济的发展。未来智慧港口的发展将更深入地利用信息技术，尤其是物联网技术，增强基础设施能力，建设一体化的信息平台，制定港口运作标准体系，拓宽港口服务功能。推动智慧港口的数字化转型、智慧升级，做到引导自动化集装箱码头、堆场库场改造，推动港口建设养护运行全过程、全周期数字化，加快港站智能调度、设备远程操控、智能安防预警和港区自动驾驶等综合应用。

6.1.8 智能照明

智能照明是利用计算机、网络通信、自动控制等技术，通过对环境信息和用户需求进行分析和处理，实施特定的控制策略，对照明系统进行整体控制和管理，以达到预期照明效果的照明控制系统。对于智能照明有很多不同的名称叫法，比如“智慧照明”和“自适应照明”等，其含义基本一样。

智能照明系统一般由发光光源、电源、控制器、管理系统构成。系统架构及组成如图6-7所示。

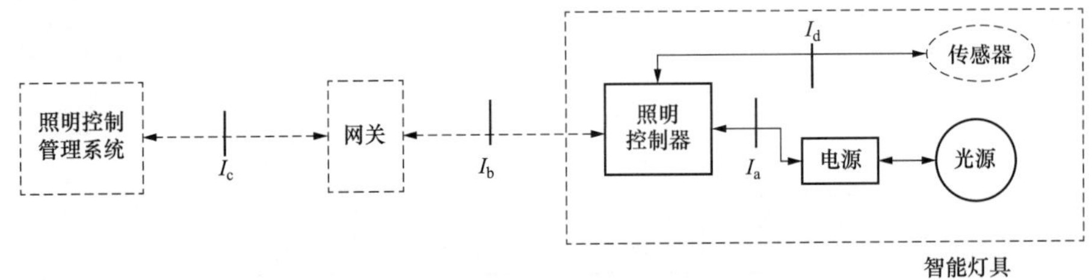

图 6-7　智能照明系统架构和组成

智能照明系统主要包括以下组成部件：①照明控制器。照明控制器也称为单灯控制器，接收照明控制集中管理系统或网关的命令对灯具进行控制，或根据传感器的信息，对灯具进行控制，并记录灯具运行状况，通告灯具故障。②传感器。传感器探测环境信息，比如光照度、亮度、温度、人车流量，CO/CO_2 等，反馈给控制系统，控制系统根据环境对系统进行控制。传感器可以连接在照明控制器上，也可以连接到网关上。③网关。网关也称为路由器或集中控制器（网关），其担负着连接照明控制器和照明控制器系统的连接任务。④照明控制管理系统。照明控制集中管理系统可以对照明设备、服务和网络进行管理。照明集中控制系统主要功能包括：设备控制、场景编程、定时预约、设备关联、策略制定、数据采集和存储、报表分析、故障告警以及可视化界面等。⑤照明电源。照明电源提供市电的光源所用的电流电压的转换功能，并提供用电安全防护功能。⑥光源。光源是智能照明中的发光单元，有多种发光光源，比如白炽灯、荧光灯、高压钠灯、HID 灯、LED 灯，由于技术的发展，现在大规模使用的是 LED 灯。

LED 灯的节能、寿命长、环境友好等特性，决定了它是理想的替代光源，而且是智能照明系统的最佳搭档。智能照明广泛应用在智能家居、智能楼宇、智能景观照明和智能道路照明中，应用场景不一样，照明灯具的形态会不同，以智能家居中的智能照明为例，广泛使用的是智能 LED 灯具，其集成了 LED 光源、电源和照明控制器，其通过无线协议直接或通过网关连接到手机或开关上进行控制。其组成如图 6-8 所示。

通过手机 App 或面板或语音音箱进行控制，在智能家居照明中，可以选择不同的照明模式，适应不同的生活场景：

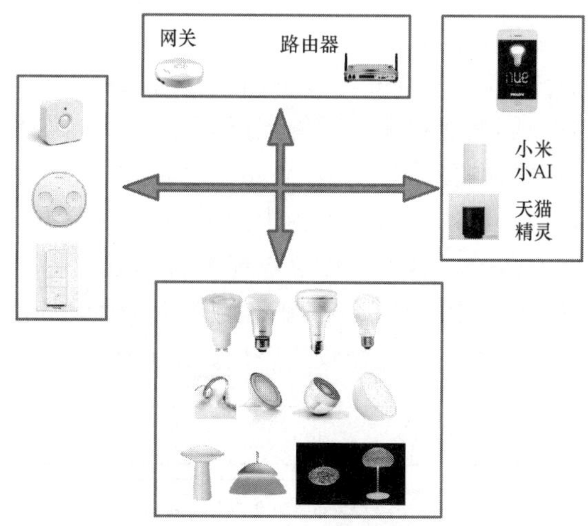

图 6-8　智能家居照明

（1）“专注”模式，灯泡将会调整到特定模式以及亮度帮助您专注及警觉。这样的灯光配方我们已经在国外的学校中经过测试，证实它确实有助于孩子集中注意力。

（2）“活力”模式，您所有选中的灯泡将带给您明亮且充满活力的灯光。它将有助于您提振状态，非常适合于当您的状态处于低谷的时候。

（3）“阅读”模式，您所有选中的灯泡将会切换到适合阅读的模式，让灯光的亮度恰到好处。简单地按下按钮，让阅读变得愉悦。

（4）“放松”模式，您所有选中的灯泡将会发出柔和、温馨的灯光。它是繁忙一天的解药，是您翘起二郎腿放松的很好借口，定时器的功能使您可以让灯光缓慢变化。

（5）“唤醒”模式，用它可以让照明进入清晨唤醒的状态，以愉悦的方式将您唤醒而不像恼人的闹钟那样惊醒您。

（6）“睡眠”模式，也可以使用定时器让您的灯光缓缓关闭，帮助您自然入睡。

也可以通过时间表控制，简单地让灯泡在预设的时间点亮，例如当您回家时，家中的灯泡已经亮起来欢迎您的归来。能通过网络浏览器远程控制家中的灯光是一件多么有意思的事情。这也意味着照明可以成为您的家庭守护者。也许您需要加班晚归，但是您希望看起来您在家里，只需通过屏幕菜单打开您的灯泡。或者您外出度假，您也可以通过网络控制灯泡使您的家看起来您从未离家。

6.2　综合应用场景

6.2.1　氢能利用

氢能利用的价值在于可为各种关键性的能源挑战提供应对策略，即为多种能源之间的物质与能量转换提供解决方案。氢能利用可以实现大规模、高效可再生能源的消纳，在不同行业和地区间进行能量再分配，充当能源缓冲载体提高能源系统韧性，同时还能降低交通运输过程中以及工业用能领域中的碳排放。此外，氢能可以代替焦炭用于冶金工业降低碳排放，以及降低建筑采暖的碳排放。

根据中国氢能联盟的预计，到 2030 年，中国氢气需求量将达到 3500 万吨，在终端能源体系中占比 5%。到 2050 年氢能将在中国终端能源体系中占比至少达到 10%，氢气需求量接近 6000 万吨，可减排约 7 亿吨 CO_2，产业链年产值约 12 万亿元。2020 年 12 月，氢能被写入国务院新闻办公室发布的《新时代的中国能源发展》白皮书，白皮书提出加速发展制氢、储氢和用氢等产业链技术装备，促进氢能燃料电池产业链发展，这对我国氢能生态圈的建设具有重大意义。“十四五”规划亦明确我国将积极布局氢能产业，并部署了一批氢能重点专项任务。近年来国家层面氢能政策整理如图 6-9 所示。

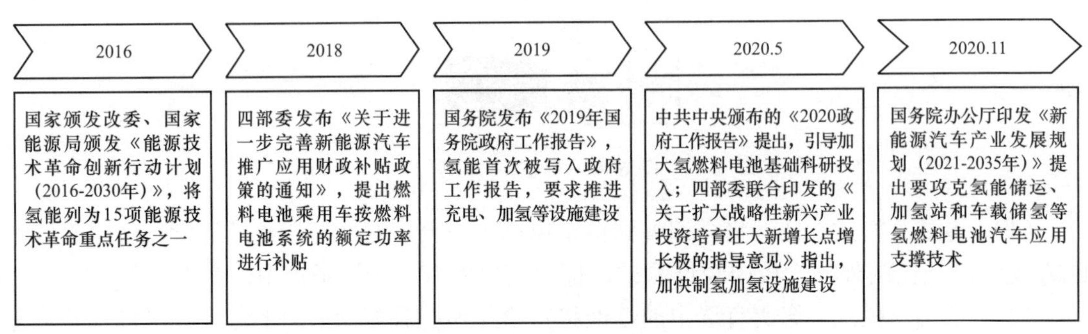

图 6-9　2016—2020 年国家层面氢能政策

日本、德国、美国、韩国等 20 余个发达国家近几年均制定了氢能发展战略，其目标均是 2030 年后实施氢燃料电池汽车商业规模化应用，总应用规模超过 1000 万辆。国外能源企业如英国石油、壳牌、道达尔等也布局加氢站和可再生能源制氢业务。国际氢能委员会乐观预测，到 2050 年氢能将承担全球 18%能源需求。

当前氢能源的制取主要有以下几种方式：①电解水制氢，其制取的氢气纯度可达 99.7%；②以煤炭、天然气为代表的化石能源重整制氢；③以焦炉煤气、氯碱工业为代表的工业副产提纯制氢；④利用可再生能源制氢。其中，制氢过程按照碳排放强度可分为灰氢（煤制氢）、蓝氢（天然气制氢）、绿氢（电解水制氢、可再生能源）。氢能产业发展初衷是零碳或低碳排放，因此灰氢、蓝氢将会逐渐被基于可再生能源的绿氢所替代，绿氢是未来能源产业的发展方向。

但当前氢能存储和运输尚存在较大的发展空间，氢能源的储存主要有：①高压气态储氢技术，是目前最普遍、最常用的储氢方式；②液态有机储氢，以高储氢量、安全性好、循环性能好等优势在众多的储氢方式中脱颖而出，是现阶段全球研发的重点；③固体储氢法，由于安全性高、储氢密度高，从而成为新一代储氢技术液态与固态存储氢气的技术距离商业应用仍有不少距离。氢能源的运输方式主要有：①高压气态输氢主要有长管拖车运输和管道运输两种方式，当前长管拖车运输设备产业在国内较为成熟是近距离运输的主要方式，管道运输是实现氢气大规模、长距离输送的方式；②液态输氢可以满足运输量大的要求液氢槽罐车运输在国外应用较为广泛，国内目前仅用于航天及军事领域；③有机液体输氢在储氢密度和储运便利性上兼具优势，但存在催化剂成本和效率难以兼容、装置复杂等问题，并不是氢气的主流运输方式；④目前对于固体储氢材料的研究还处于探索和改进阶段，其原料成本也较高，实现规模化的运输仍然面临着挑战。

氢能作为一种清洁高效的绿色能源，可作为终端能源应用于电力行业，如氢燃料电池用于轻型汽车、公共汽车等不同类型车辆；亦可基于不同的燃料电池技术实现分布式发电、小规模家用热电联产。此外，氢能可以作为二次能源载体用 于消纳可再生能源，氢气还常用于化工等领域。氢能应用体系分为三种：以燃料电池为核心的电力应用、作为能源载体的氢能应用、氢气在化工生产中的应用。氢能应用体系分类如图 6-10 所示。

图 6-10　氢能应用体系分类

截至 2020 年 10 月，国务院国资委监管的 96 家央企中，开展氢能相关业务或布局的中央企业有 26 家，数量占比为 27%。工业能源领域已有超过 10 家大型能源央企涉及氢能业务布局。中国石化提出将氢能全产业链作为新能源发展的核心业务，锚定建设中国第一大氢能公司，大量布局建设供氢中心和加氢站等。国家电投集团布局主要集中在利用集团可再生能源制氢，以及燃料电池全产业链的研发两方面。国家能源集团布局从氢到加氢站的氢能利用全产业链，并开展氢燃料电池的研制与开发。中船重工旗下的 718 所布局利用可再生能源弃电制氢技术、氢气隔膜压缩机等加氢设备；712 所布局船用燃料电池系统解决方案。东方电气布局燃料电池、储氢容器等。中车集团布局氢燃料电池客车、氢能源有轨电车，燃料电池动力系统集成及核心辅机，燃料电池系统核心部件等。宝武集团与中核集团布局核能—制氢—冶金耦合技术。

随着可再生能源装机快速增长以及用户侧负荷的多样性变化，电网面临诸多问题与挑战。在碳中和目标下，氢能作为新兴零碳二次能源得到快速发展，为能源互联网发展带来了难得的机遇。

（1）利用可再生能源发电制氢，促进可再生能源消纳。我国可再生能源发展领先全球，水、风、光装机量均为世界第一，随着大规模可再生能源的快速发展，其运行消纳问题会进一步显现，利用可再生能源制氢可有效提升我国可再生能源消纳水平。

（2）利用氢储能特性，实现电能跨季节长周期大规模存储。而氢储能具有储能容量大、储存时间长、清洁无污染等优点，能够在电化学储能不适用的场景发挥优势，在大容量长周期调节的场景中，氢储能在经济性上更具有竞争力。

（3）利用氢能电站快速响应能力，为新型电力系统提供灵活调节手段。基于 PEM（质子交换膜）的电解水制氢装备具有较宽的功率波动适应性，可实现输入功率秒级、毫秒级响应，同时可适应 10%～150%的宽功率输入，为电网提供快速调峰调频服务。

（4）推动跨领域多类型能源网络互联互通，拓展电能综合利用途径。氢能作为灵活高效的二次能源，在能源消费端可以利用电解槽和燃料电池，通过电氢转换，实现电力、供热、燃料等多种能源网络的互联互补和协同优化，推动分布式能源发展，提升终端能源利用效率。

6.2.2 智慧城市

智慧城市是指把新一代信息技术充分运用在城市中各行各业的城市信息化高级形态，能够实现信息化、工业化与城镇化的深度融合，有助于缓解“大城市病”，提高城镇化质量，实现精细化和动态管理，并提升城市管理成效和改善市民生活质量。智慧城市充分运用信息通信技术来感知、分析、整合城市运行核心系统的各项关键信息，进而对包括民生、环保、公共安全、城市服务、工商业活动在内的各种需求做出智能响应，为人类创造更美好的城市生活。

智慧城市源于 2008 年由 IBM 提出的“智慧的地球”理念。2010 年，IBM 正式提出了“智慧的城市”愿景，希望为世界和中国的城市发展贡献自己的力量。IBM 经过研究认为，城市由关系到城市主要功能的不同类型的网络、基础设施和环境六个核心系统组成，包括组织（人）、业务/政务、交通、通信、水和能源。这些系统不是零散的，而是以一种协作的方式相互衔接，而城市本身则是由这些系统所组成的更大系统。

2009 年，美国迪比克市与 IBM 合作，建立了美国第一个智慧城市。IBM 通过物联网技术，在迪比克市一个有 6 万居民的社区里将各种公用资源（水、电、油、气、交通、公共服务等）连接起来，监测、分析和整合各种数据，以做出智能化的响应，更好地服务市民。

智慧城市的理念是通过普遍的感知将城市生活中的各种设施中形成庞大物联网，进而通过云计算的方式对各种信息进行数据融合和挖掘，然后向城市居民提供智能化优质服务，使得城市管理和服务带更富有预见性、创造性、协作性，高效和科学。为此，智慧城市需要打造泛在的物联网络、信息交换网络以及公共服务平台，从技术角度来说，总体体系架构具体包括感知层、通信层、数据层及应用层 4 个部分，具体如图 6-11 所示。

2012 年住房和城乡建设部先后公布了三批国家智慧城市试点名单，共计 290 个试点城市。中国的智慧城市方案是围绕城乡一体化发展、城市可持续发展、民生核心需求为关注点，将先进信息技术与先进的城市经营服务理念进行有效融合，通过对城市的地理、资源、环境、经济、社会等系统进行数字网络化管理，对城市基础设施、基础环境、生产生活相关产业和设施的多方位数字化、信息化的实时处理与利用，构建以政府、企业、市民三大主体的交互、共享平台，为城市治理与运营提供更简捷、高效、灵活的决策支持与行动工具，为城市公共管理与服务提供更便捷、高效、灵活的创新应用与服务模式。从而推进现代城市运作更安全、更高效、更便捷、更绿色的和谐目标。在 2020 年 11 月，国家信息中心发布《全光智慧城市白皮书》，首次提出了全光智慧城市的发展理念，通过阐述 5G（第五代固定宽带网络）技术演进与技术优势，加速全光基础设施的部署升级，以高质量联接构筑城市智慧，推动基于智慧城市的创新应用场景。白皮书指出智慧城市的发展呈现出两大趋势：一是智能的联接化，即智慧城市将加速信息网络空间与实体空间的结合，并融合数字孪生构建一个立体化的城市载体，连接城市每个人、每个家庭、每个组织，构建“光联万物”的新时代；二是联接的智能化，指通过更高品质的联接打通和解决数据关联性被割裂的问题，基于联接支撑城市数据的融合，实现城市智能化能力的提升，已经成为智慧城市发展的主流趋势。

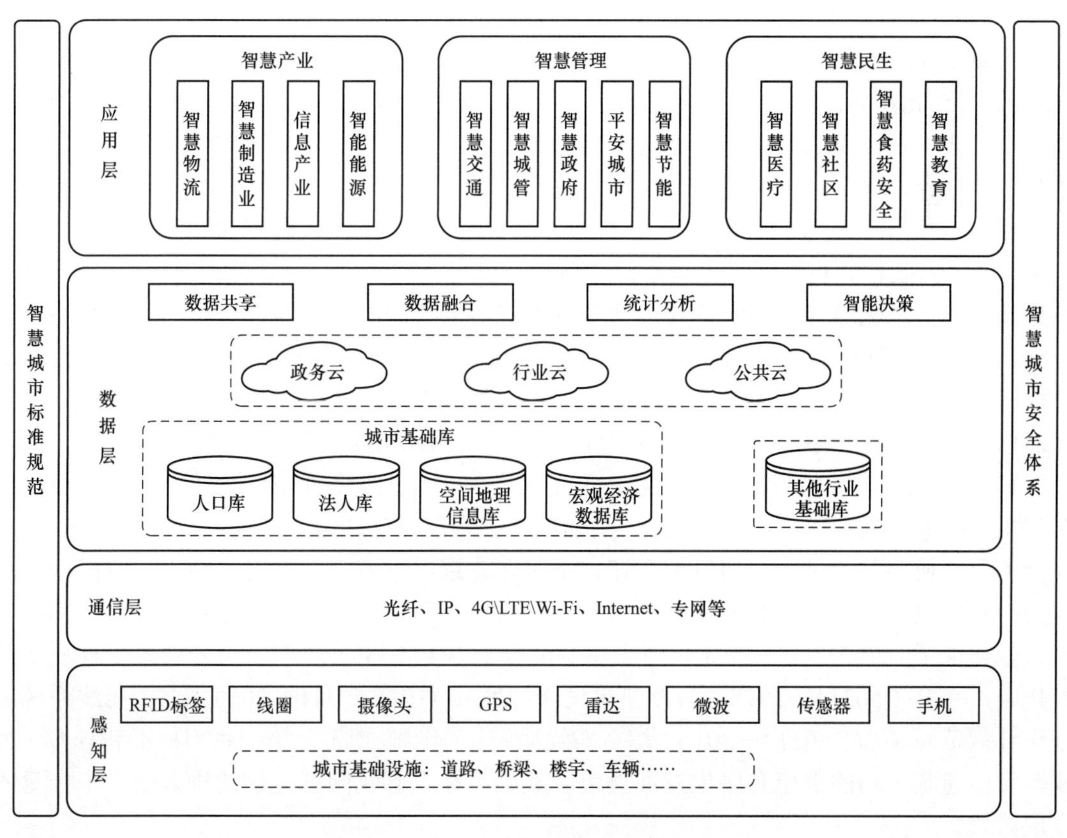

图 6-11　智慧城市体系架构

伴随“双碳”目标的提出，在未来很长一段时间之内，绿色技术与以互联网、大数据为代表的数字化技术的深度融合将是中国实现低碳转型发展的一个关键 的前沿领域。基于城市转型升级的视角，目前，智能化、数字化转型正成为驱动产业绿色化、实现“双碳”目标的重要引擎。深化拓展以建筑信息模型（BIM）、城市信息模型（CIM）、地理信息系统（GIS）优化升级步伐。

“双碳”目标的实现以及能源互联网的建设离不开城市发展理念与管理模式的不断创新。提升城市创新能力是解决当前中国城市发展过程中所面临的紧迫环境与生态问题的关键所在，在低碳城市的建设过程中起着不可或缺的作用。城市创新能力转型升级的主要手段体现在智慧城市建设与城市数字化水平的增强方面。智慧城市是运用物联网、云计算、大数据、空间地理信息集成等信息技术，促进城市规划管理与服务智慧化的新理念和新模式。数字化技术则是智慧城市建设的主要技术手段，互联网等数字化技术正在逐渐改变城市基础设施以及其他基本服务的管理模式，无疑为企业在绿色低碳转型时代创造了诸多机遇。

6.2.3 智能楼宇

楼宇智能化是传统建筑与信息化技术结合的产物，智能楼宇是其表现形态。智能楼宇是指综合计算机、信息通信等方面的先进技术，使建筑物内的电力、空调、照明、防灾、防盗、运输设备等协调工作，以实现建筑物自动化（building automation，BA）、通信自动化（communication automation，CA）、办公自动化（office automation，OA）、安全自动化（security automation，SA）和消防自动化（fire automation，FA）的建筑。将这 5 种功能结合起来的建筑也称为 5A 建筑，智能化楼宇就是由这 5 种功能外加结构化综合布线系统、智能楼宇综合管理信息系统组成。

1984 年美国诞生了世界上第一座智能化楼宇，即位于康涅狄格州 Hartford 的城市广场大厦，通过安装计算机设备、数据通信线路、程控交换机等，实现了数据通信、电子函件、信息查询等信息化服务。同时，通过计算机系统对大楼的所有空调、给排水、配电系统、防火、保安设备进行自动控制，使大厦功能发生质的飞跃。日本于 1985 年 8 月在东京青山完成了本田青山大楼，有人称之为日本的第一幢智能大厦。青山大楼的管理、办公自动化和通信网络等设备是运用本田与 IBM 合作开发的“HARMONY”综合办公系统。

1989 年建成的北京发展大厦可以认为是国内第一座大型智能楼宇，并在此后短短几年时间里，相继建成了深圳的地王大厦（1996 年）、北京西客站等一大批高标准的智能大厦。我国的智能楼宇起步虽晚，但发展迅速，不仅在北京、上海、深圳等大城市，智能楼宇已成为高档大厦、星级宾馆和豪华社区等的必配设施，即便在乌鲁木齐这样边远的西部中型城市也出现了智能大厦。近年来，国家相继出台了 GB 50339—2013《智能建筑工程质量验收规范》、GB/T 50314—2015《智能建筑设计标准》、GB/T 50311—2016《综合布线系统工程设计规范》、GB/T 50312—2016《综合布线系统工程验收规范》等一系列标准和规范，为我国智能建筑市场的健康有序地发展奠定了基础，标志着我国智能建筑进入了一个全新的发展阶段。

智能楼宇综合管理信息系统技术架构如图 6-12 所示。系统总共分为感知层、接入层、传输层、平台层和应用层五个部分。感知层主要指接受智能楼宇系统统一管理的各种终端设施，包括动力设备（空调、新风、排风、排水、电梯等）、信息感知及采集设备（环境传感器、音视频设备）和控制设备等。传输层主要指由楼宇驻地网、互联网（或专线）及移动通信网组成的智能楼宇数据传输和通信管理网络。

2010 年国家电网公司在第二批智能电网试点工程中安排了“智能楼宇”试点建设项目。“智能楼宇”试点建设项目的主要思路是在原有建筑智能化建设的基础上，建设设备能耗数据采集、配电自动化系统、分布式电源、电动汽车充电设施，并通过建设能效综合管理平台对楼内原有各独立的子系统进行集成，实现一体化监控及能效综合管理；基于用电的智能楼宇建设以覆盖楼宇的通信网络为基础，构建统一的能效综合管理平台，对楼宇配电、

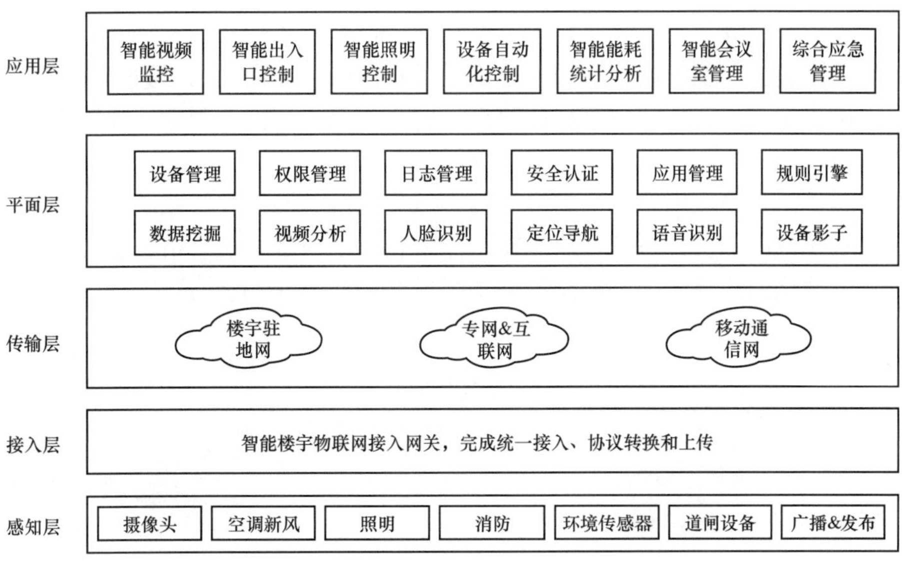

图 6-12 智能楼宇综合管理信息系统技术架构图

楼宇分布式能源、楼宇用能设备等进行数据采集并分析，同时与原有的动力照明、消防指挥、安保监控协调、管理和整合，为用户提供舒适便捷、清洁环保、安全可靠的楼宇环境，提高用户的能源使用效率。2014 年，国家电网公司“智能楼宇能效综合管理技术研究与应用”项目通过验收，项目首次建立大型楼宇系统性的节能监测方法体系，提出了楼宇典型用能系统空调、供配电、电动汽车等典型用能系统的能效监测与分析方法，提出并制定了与智能楼宇能效管理相关的四项企业标准，对电力企业进一步开展智能楼宇建设提供了理论依据，对正在开展试点建设的单位具有指导意义。通过近几年来系统的良好运营，建筑性能逐步得到优化，获得内部最优配置的规划，适应一些不可预测的变化，大幅降低了楼宇的使用能耗，与建设初期相比，每年节约电能 20%～30%。

智能楼宇以物联网手段为技术支撑，解决实时数据链路、安全基础、互通渠道、资源共享、信息获取、共性与个性化服务、优化技术支撑等问题，其中智慧安全消防管理组成以安防监控、消防联网、环境监测等为一体的信息管理平台，全面提高公共建筑的安全管理水平和应急处理效率。通过智能楼宇建设，为楼宇接纳新能源的使用，实现节能降耗、污染减排，完成能效综合管理提供支撑；同时，引导用户科学、合理用电，主动参与需求响应，提高电网设备使用效率，充分展示能源互联网经济高效、节能环保的效果。

6.2.4 智慧校园

智慧校园是利用计算机、网络、通信等技术以及科学规范的管理对校园内的教学、科研、管理和生活服务等信息资源进行整合、集成和全面的数字化，以构成统一的用户管理、统一的资源管理和统一的权限控制；通过组织和业务流程再造，推动学校进行制度创新和管理创新，最终实现教育信息化、决策科学化和管理规范化。

智慧校园的历史可追溯到 20 世纪的数字校园。国外的数字校园起源于 1990 年美国克莱蒙特大学教授 Kenneth Green 发起并主持的一项名为“信息化校园计划”的大型科研项目；我国高等学校大规模的信息化建设大多从 20 世纪 90 年代开始。“面向 21 世纪教育振兴行动计划”中提出，要利用信息技术来推进教育的改革，我国的“数字校园”就是在这一理念上提出来的。在随后的数字校园建设过程中，数字校园的理念逐步扩充和完善，最终演变为智慧校园。

智慧校园包括很多应用系统，如网络基本服务系统、网络教学系统、管理信息系统、办公自动化系统、图书管理系统、决策支持系统、电子商务系统、宿舍服务系统、信息服务系统以及个性化门户等。智慧校园的基本组成结构如图 6-13 所示。

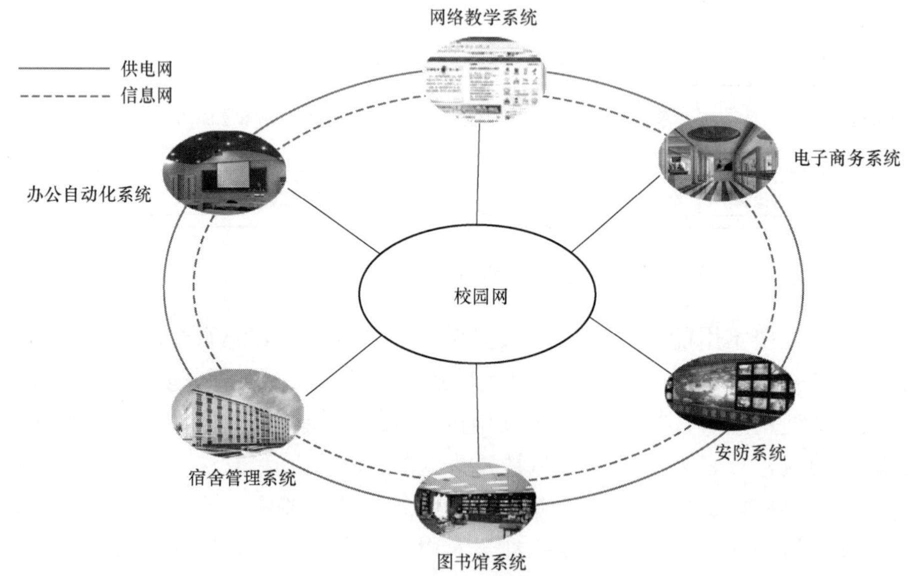

图 6-13　智慧校园的基本组成结构

智慧校园整体架构模型包括感知层、数据层、网络层、应用层。

（1）感知层可以通过摄像头或其他类型的感应系统来感知学校内的学生和教师等，无论是人还是物体都可以在系统内部的信息传递过程当中被识别。

（2）数据层则负责数据的整体挖掘，并可以将所采集到的信息进行综合化智能分析，依靠智慧校园系统当中的巨量结构化数据与非结构化数据，将其保存在数据库当中提供给用户进行参考和使用，并且围绕社交平台来统计用户的数据需求和数据喜好，为保障用户体验提升服务质量创造有利条件。

（3）网络层则实现物联网和校园网等网络之间的联通，为不同类型的应用提供网络条件，加速信息获取进程。

（4）应用层负责智能决策和服务，定制学工信息管理系统或其他类型的业务系统，都能帮助师生获取智能化服务，最大程度完成资源共享，建立更加完善的安全维护体系和风险评估体系。

智慧校园利用互联网综合无线传感器技术，在多个方面进行了综合保障。例如，在图书馆设计层面，物联网技术能够对射频识别技术进行充分应用，区别图书馆的不同标签，从而满足图书的借阅功能；从安全程度来看，构建智能化的安全防护系统至关重要，门禁系统采用的是人脸识别技术来精确记录每个学生的信息，全方位对校园展开无死角监控避免人为监控盲区。

经过近 20 年的发展，智慧校园行业仍处于发展初期。这一时期市场增长率很高，需求高速增长，技术渐趋定型，产业特点、产业竞争状况及用户特点已经明朗，产品品种以及竞争者数量增多。自从 2018 年国家教育部发布《教育信息化 2.0 行动计划》，是我国教育信息化从 1.0 时代迈入 2.0 时代的开端，是由“专用资源服务”向“大资源”服务的转变。在教育信息化 2.0 年代，教育信息化将作为教育系统性革新的内生变量，支撑引领教育现代化开展，推进教育理念更新、形式革新、系统重构，为智慧校园的成长提供了有利的土壤。教育部于 2018 年 2 月公式了《教育部第一批教育信息化试点优秀单位名单》，具体的有北京师范大学第二附属小学的“智慧校园促进师生发展模式探索”等 29 家具体试点学校。

将现代项目管理理论和“互联网＋”技术优势应用于高校智慧校园的建设环节当中，能够满足高校智慧校园的整体要求和发展趋势，在基础网络方面做好载体规划和服务模式调节，在运维管理和各类应用方面提供数据支持和信息支持，控制高校在网络建设环境中的不同决策，提升系统部署效率并降低服务成本。

6.2.5　智能园区

园区通常指诸如经济技术开发区或工业园区等独立区域，园区主要为产业或技术发展聚集而设立的城市区域，可包括工业区、科技研发区和居住区等功能区。而智能园区则是在园区的基础上，采用先进的信息技术和自动化技术对园区的电网基础设施和自动化系统进行改造，使之成为具有低碳节能、供电可靠、友好互动等特征的智能园区。

智能园区根据国家鼓励清洁能源利用、发展低碳经济、促进节能减排的要求，提升园区智能用电管理水平，满足园区企业用电服务多样化、智能化的需求，实现园区用电信息采集、设备状态监控、电能质量监测、需求侧管理、微网管理等功能；通过智能用电互动系统进行数据信息和电力资源的融合，为园区内工业企业提供用电业务、定制电力、能效管理、新能源接入、园区公共信息等增值服务。

智能园区以用电信息采集、95598、营销业务应用等电力业务系统为支撑，以智能用电互动服务系统为基础，通过园区应用模块满足业务和服务需求，以互动终端、手机、95598 网站等互动化手段，实现营销业务、需求响应、电动汽车充电管理、分布式电源管理、微电网和储能管理、电能质量监测、能效管理等功能。智能园区总体架构如图 6-14 所示。

按照需求侧管理的要求，在电网侧建设需求侧管理中心，在智能园区配置集中监控系统；采集监测园区内的分布式电源、电锅炉、空调、电动汽车充电、各类可中断负荷以及其他可以动态调度的需求侧资源，研究以经济激励和价格机制调度园区发电资源，实现清洁能源发电有序并网，电动汽车充电及储能装置有序管理。

园区用能管理系统是智能园区的重要技术支撑平台。该系统主要采集、处理园区企业用户的用能数据，并通过通信网络将数据传送到电网企业的感知互动系统，实现园区企业的能耗分析、能效测评、需求侧管理等功能，同时通过与营销业务系统、配电自动化系统、95598 互动平台等的数据融合，还可满足企业用户的业务应用及各种增值服务的需求。园区用能管理系统按照“数据集中化、业务标准化、服务个性化”的建设原则，在园区企业部署用能服务系统的智能交互终端，用于采集用户用电设备的能耗数据信息，通过通信网络将数据汇总到电网企业感知互动综合服务系统平台，结合平台上的各种业务和服务模块提供用能信息分析、企业能效评测、能源管理、园区公共服务等个性化服务，满足用户远程办理营销业务的需求。

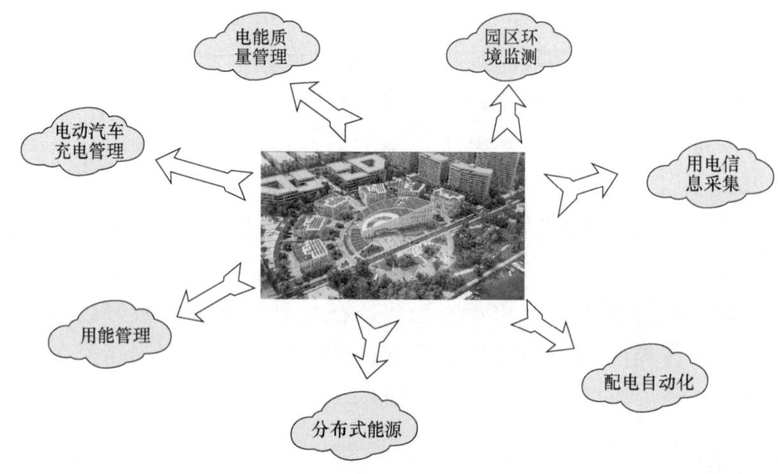

图 6-14 智能园区总体架构图

甘肃智能园区建设一期用户覆盖白银 17 家、兰州 3 家，共 20 家企业，于 2012 年建成。甘肃智能园区系统为电力企业、节能服务公司、园区管理机构及企业用户提供丰富的应用服务，主要包括用电监测、设备控制、智能互动、能效分析、有序用电、基础信息维护等功能。山东智能园区建设从 2011 年 9 月 30 日开始试运行，该园区能源管理系统实现了与 24 家企业的业务信息互动，共建成 992 个采集点，满足企业分类用能分析以及负荷管理的基础数据采集要求。2016 年，上海崇明智能电网综合示范工程成效显著，用户可以通过应用软件，与电网进行友好互动，实现家用电器远程操控，通过控制终端的耗能分析，帮助用户了解不同时段用电比例，用户根据峰谷时段不同电价，合理用电，节约电能。对于电网系统来说通过与用户互动可以减少电网设备投资、削峰填谷、实现负荷可调可控。山西省太重智能高端装备产业园区于 2021 年正式开工，聚焦“六新”突破，以 5G、云计算、大数据、人工智能等新技术为支撑，形成六大系列新装备，打造智能设计、智能制造、智能产品、智能服务新业态。

智能园区可以满足工业用户多样化的用电服务需求，实现园区内供电智能可靠性提升、电能质量的协调配置及调度、园区工业用户入网评估和电能质量事故评估及分析，利用互联网将智慧运用到各个方面，从而采用便捷的流程提高工作效率，提升工业园区供电质量和服务品质，建立面向工业用户的智能用电服务体系。

第七章 能源互联网示范应用

能源互联网示范应用，是检验能源互联网相关技术和设备的可靠性、适用性与经济性的关键手段，是实现能源互联网技术落地应用的重要环节。本章介绍了5个综合示范工程和7个专业示范工程，其中，综合示范工程是基于区域或城市能源互联网项目，主要展示能源互联网技术及设备在多环节多专业方面的集成应用和实效；专业示范工程主要侧重能源互联网技术和设备在专业技术领域的实证和效益。

7.1 综合示范工程

7.1.1 海南智能电网综合示范项目

2019年，海南省政府和南方电网共同编制了《海南智能电网2019～2021年建设方案》，目的是推动海南智能电网综合示范省的建设。海南智能电网综合示范省将覆盖全省范围内发、输、变、配、用各环节，在2019～2021年三年累计投入530.4亿元（包括海南电网投资200亿元、联网二回工程投资9亿元、昌江核电二期等电源项目投资321.4亿元）。《海南智能电网2019～2021年建设方案》提出，通过推进“75111”工程，即：7个省域系统工程项目、5个综合示范项目、1个数字电网平台、1个智能电网实验室和1个智能电网论坛，全面提升海南电网自动化、智能化水平，强化电网对海南自贸区（港）建设的支撑能力。为打造具有典型示范意义的区域智能电网综合示范项目，海南电网公司选择了5个发展定位高、供电要求高、社会影响大、示范作用好的区域，开展综合示范项目建设，具体内容如下：

（1）海口江东新区近零碳智慧新城和智能电网综合示范项目。建设40MW分布式光伏发电项目，配套建设储能装置1200kWh，建设冷源能源站、地/水/空气源热泵超过800MW。加快建设东营等区内110kV及以上变电站，按照主动配电网标准建设灵活可靠的10kV及以下电网，建设一批智能配电房。初步规划建设500km供热/冷、供气管网，建设约200个热/冷、气调压站。建设1000台分散充电桩（群）和100座独立占地的城市快充站，打造江东新区“一公里”充电圈。大幅提高江东新区分布式清洁能源占比，实现区内用能服务高度融合智联，用户用能体验显著提升，有力支撑江东新区建设成为世界一流的近零碳新城和全球领先的生态CBD。

（2）博鳌乐城低碳智慧能源与智能电网综合示范区项目。建设分布式光伏发电项目

30MW，分布式储能项目 17MWh；融合观光需求建设太阳能风电一体化路灯 100 套。采用智能化标准建设乐城、朝阳等 2 座 110kV 变电站，采用机器人巡检等技术，实现输变电设备的智能化运维。建设灵活可靠的 10kV 配网结构，试点应用电缆线路在线监测技术，实现分布式光纤测温、接头测温、局放监测等功能。面向 100 户专家公寓，部署智能用电及智能家居设备，并试点建设“三表集抄”“四网合一”、需求侧响应项目。建设电动汽车充电桩 200 余个，实现公共停车场电动汽车充电桩比例不低于 80%。以万泉河生态绿廊为中心，建设两座能源站，制冷装机冷容量合计 300MW。实现区内每年减排二氧化碳 9.5 万吨，推动博鳌地区旅游、休闲、疗养、居住品质的整体提升，树立低碳智慧能源与智能电网的新形象、新标杆。

（3）三亚中央商务区高可靠供电综合示范项目。结合三亚中央商务区市政规划，开展屋顶光伏、分布式电储能等能源项目建设，打造全面覆盖的电动汽车充电基础设施网络，着重提升区域内重要用户的供电保障能力。建设崖城—鸭仔塘 II 回等重要高压项目，推动区域变电站智能化改造，打造坚强主网结构；加强 10kV 配电网建设，建设智能分布式配电自动化，实现 10kV 配电网“$N-1$”不间断供电；全面推进在线监测、故障定位、智能配电房等项目建设，试点建设低压智能台区，提升区内电网供电可靠性和服务水平。区内变电站全部完成智能化改造，全面实现输电线路遥控可视化调度，客户年均停电时间降至 30min 以内。

（4）琼海博鳌智慧用能综合示范项目。建设分布式光伏、燃气冷热电多联供分布式电源、分布式电储能、蓄冷等能源项目，加快推进电能替代，提升区内能源综合利用效率。充分利用区内培兰、福田、潭门等现有 110kV 变电站供电能力，高标准建设 10kV 配网结构，建设智能配电房和低压智能台区，全力提升琼海博鳌核心区供电保障能力。推进智能用电、光储充一体化互动充电站等项目建设，开展新型综合能源服务。区内能源综合利用效率明显高于全省平均水平，力争实现区内主要酒店集中供冷，电动汽车充电基础设施服务半径不超过 1 公里。

（5）西沙可再生能源局域网综合示范项目。开展海岛能源的综合利用，研究并开展光能、波浪能、柴油发电机余热等多种能源的利用，提高离岛综合能源利用效率。完善能源网络设施，加强岛内 10kV 网架结构，提高供电可靠性。将现有调度管理系统改造升级为区域综合能源管控系统，实现能源的统一调配。提升海岛智慧用能水平，开展需求侧管理，建设覆盖岛内生活、商业、公共设施等用能服务体系。区内可再生能源装机占比超过 23%，每年减少柴油消费量约 550 吨，供电可靠性大幅提升，同时预留 LNG 发电船、波浪能发电船并网接口，为后续多种能源“即插即用”奠定基础。

“十四五”期间，海南电网公司将紧密结合《智慧海南总体方案（2020～2025 年）》发展目标，全力推进智能电网综合示范省建设，高标准、高质量融入智慧海南建设，计划投资约 270 亿元提质升级海南智能电网，并明确了海南智能电网建设“三步走”的目标：即在 2021 年基本建成安全、可靠、绿色、高效的省域智能电网，在 2025 年全面建成智能电网综合示范省，在 2035 年实现海南电力营商环境达到世界一流水平，加快建成海南特色的世界一流企业，为全面融入和服务海南自贸港建设注入发展新动能。

7.1.2　江苏同里综合能源示范小镇

江苏同里综合能源示范小镇（下称同里示范小镇）集聚了新能源发电、储能、多能互补等能源领域先进技术与理念，于 2018 年 10 月正式投入运营。同里示范小镇依照“以电网为平台、再电气化为核心、多能协同互补”的理念，完成了从能源供应、能源配置、能源替代，到能源管控各个环节的充分探索，打通了智慧能源从开发到消费的每一个环节，实现了智慧能源实践从“点”到“线”的突破。

在能源供应环节，同里示范小镇充分利用区域内可再生资源，在小镇内设置光伏板、风力发电机、地源热泵等设备，构建了一个由光、电、热、冷共同构成的多能互补系统，为用户提供绿色能源。此外，高温相变光热发电系统集太阳能光热发电、高温相变储热、综合能源供应等多种技术与功能于一体，综合能源利用效率高达 43.5%，还能实现太阳能的友好可控应用。同里示范小镇的能源布局等效图如图 7-1 所示。系统的负荷主要包括集成式多功能路灯装置、多功能绿色电动汽车充电站、以及大量分布的建筑群，建筑群内的负荷主要包括空调、照明以及其他的电器负荷。系统中储能以及能源路由器（节点 6、15）用于释放存储多余的电能以及进行系统中交直流的转换。

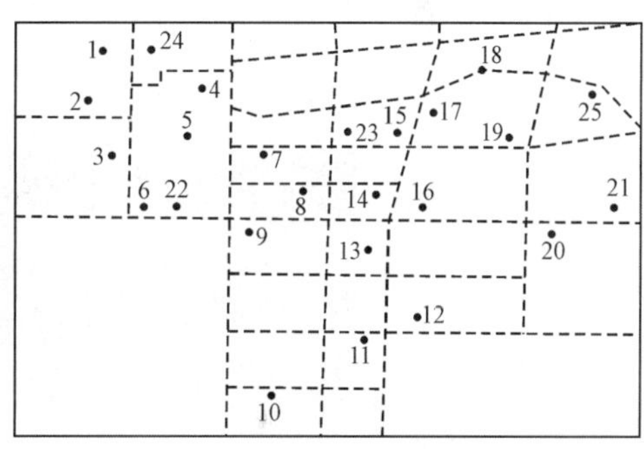

图 7-1　同里示范小镇的能源布局等效图

在能源配置环节，以微电网路由器为核心的交直流混合配电网起到了关键作用。小镇内的多种能源通过交直流混合配电网进行智能配置，实现灵活接入、互相耦合，保障了能源系统的高效运行，解决了分布式电源和多元化负荷电能转换环节多、影响电网稳定性等问题。通过使用交直流混合配电网，小镇内能源利用效率整体提升了 6%。同里示范小镇的配电网结构如图 7-2 所示。交流网络和直流网络之间通过电压源换流器 VSC 连接。由于新能源发电装置、储能等接入交流配电网需采用 AC/AC 或 DC/AC 变换器与主网连接，需要跟踪主网的频率与电压相位以实现电网安全稳定运行，而频率与电压相位等信息在直流配电网中不复存在，因此直流配电网对各种类型的新能源发电装置、储能等的接纳性更强。

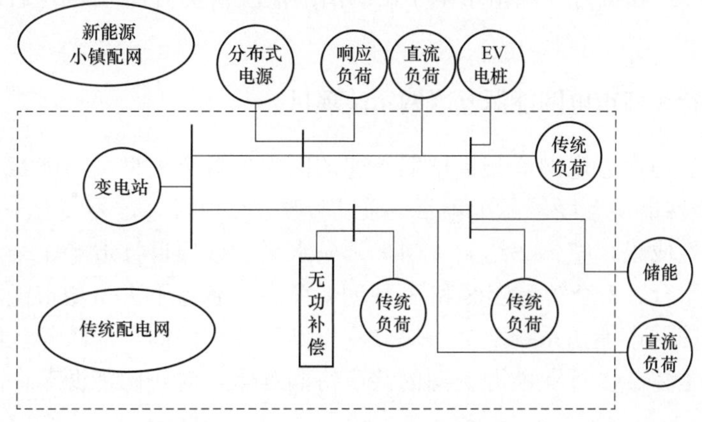

图 7-2　同里示范小镇配电网结构

在能源消费环节，“三合一”电子公路和无人驾驶游览车最引人注目，如图 7-3 所示。电子公路表面采用新型透明混凝土柔性材料铺设，游览车集无人驾驶、路面光伏发电、路下无线充电三项功能于一体。电子公路的动态无线充电效率国内领先，达到 85%以上，为无人驾驶车辆进行动态充电，有效促进车、路和交通环境的智能协同。建设的绿色充换电站由光伏发电、充电、换电等系统组成，可为公交车、乘用车提供全自动换电和快速充电服务，绿色充换电站顶的光伏电板还可实现站能源“自发自用”，并对退役电池实现梯次利用。此外，同里示范小镇项目部对小镇内同里湖嘉苑住宅进行被动式低能耗改造，采用外保温、光伏瓦与建筑一体化安装等多项技术，将能源利用效率提升了 40%，建筑节能率达到 90%以上。

图 7-3 “三合一”电子公路和无人驾驶游览车

同里示范小镇的“指挥部”名为源网荷储协调控制系统。同里示范小镇以“区域协同互补、微网分布自律、终端双向互动”为宗旨，设计友好、互动、可接入的能源管控平台，通过信息采集、动态监控、高效利用、集中管理，实现冷热电多种能源的协调配置，并覆盖生产、输配、消费各环节，提升整个微能源网络多能耦合、协调管控的能力。能源管控平台通过对电网侧、配电侧和用户侧三方的监测、分析、智能判断，让电网运行得更聪明、更安全。截至 2019 年 5 月，同里示范小镇的清洁能源消费占比 15%左右，清洁能源就地消纳率为 70%。

7.1.3 面向特大城市电网能源互联网示范项目

2019 年 5 月，由南方电网广州供电局承建的国内外首个大型城市能源互联网示范工程“面向特大城市电网能源互联网示范项目”通过验收，经项目鉴定委员会一致认为：该项目取得了重大原创性成果，整体上达到了国际领先水平。该项目打造了 1 个“互联网＋”智慧能源综合服务平台、3 个智慧园区和 3 种创新业态，涵盖了大型城市能源互联网的核心要素，推动了我国城市能源系统从“条块分割”到“共享协同”的跨越，解决了大型城市能源互联网中多主体、多行业能源资源的共享协同难题，对我国能源革命战略具有重要意义。

城市发展需要能源，但传统城市各种能源和应用之间是孤立和割裂的：电缆只传输电力，路灯只用于照明，蓄电池退役了只能报废，太阳能、冷气，热电各不相干。这种模式效率低下，大大耗费了自然资源和社会资源。而“互联网＋”智慧能源项目就是以突破传统城市能源生态中的壁垒为目标，构建了大型城市能源互联网资源共享协同机制，并实现工程应用。

项目总体架构：“1＋3＋3”，即 1 个智慧平台＋3 个智慧园区＋3 个创新业态，涵盖了特大城市能源系统的核心元素。

（1）1 个“互联网＋”智慧能源综合服务平台。通过平台整合，满足不断涌现的住宅小区、工业园区、微网、储能、分布式光伏等综合能源智慧管理的多样化需求，提供多种能源优化组合方案和综合能源服务，实现智慧用能，提升能源使用效率，推动区域产业转型升级。

（2）3 个智慧园区。从化明珠工业园多元互动示范区、中新知识城高可靠示范区、南沙高可靠性低碳微电网。明珠工业园通过多能流综合规划、多元互动、协调控制与智能调度，提高一次能源综合利用效率，提高可再生能源就地消纳率，峰值负荷减少 20%。中新知识城实现了四网融合、三表集抄全面覆盖，通过信息物理融合有力推动广州智慧城市的建设。南沙微电网，在极端天气情况下可为核心负荷高可靠性供电一周以上。

（3）3 个创新业态。电动汽车示范、通信基站闲散储能示范、智慧路灯示范。电动汽车智能充电管控装置，实现配变削峰填谷和有序充电，提升配变利用率。通信基站闲散储能解决城中村重过载问题，提高闲置电池资产利用效率。智慧路灯是充电桩和路灯合二为一的产物，具备 60kW 充电功率，充电快，实用性强，为新能源车充电难等问题提供了很好的解决思路，此外还可以在路灯基座的触摸屏上查阅路况、连接 Wi-Fi，搜索城市信息，完美诠释了“一杆多用”的资源共享发展思维，如图 7-4 所示。

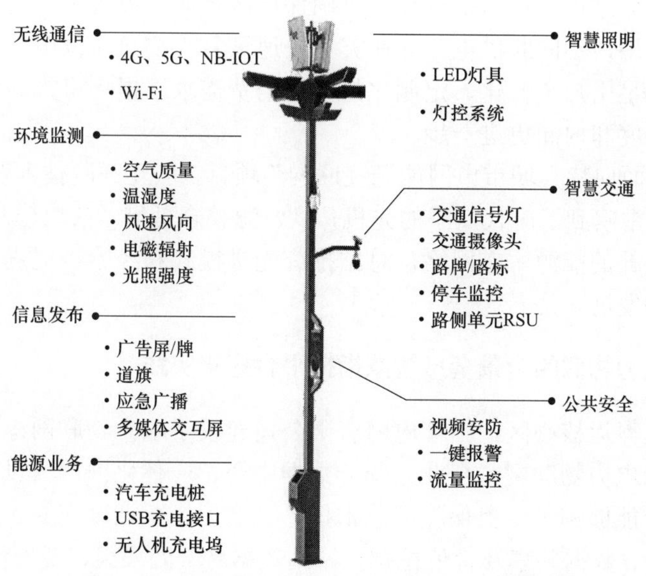

图 7-4　广州城市电网“一杆多用”示意图

该项目意在打通传统城市能源生态中的壁垒，力促多种能源综合利用，形成协同互补的能源生态。

（1）多种能源综合利用。广州城市能源对外依存度高，本地能源自给率只有35%。作为华南地区负荷最密集的城市之一，用电峰谷差非常大，低谷负荷只占高峰负荷的35%。广州铁塔公司旗下就有2万多个通信基站，机房里配有超过400MWh的备用电池储能资源。这些储能全寿命周期可充放电500次，实际平均只用到4～6次。5G到来后，基站功耗、布点密度将为4G的3～4倍，根据测算，仅广州可利用的储能将可达到8000～10000MWh。

广州供电局与广州铁塔公司合作“通信基站闲散储能示范”项目，在保证基站应急用电和安全的基础上，利用电池剩余容量30%～50%开展电网调峰服务。通过软件定义能量交换机及云平台进行储能资源的数字化、虚拟化处理，实现退役电池无拆解情况下的均衡充电、拓扑结构自动重构等。最大范围为电网削峰填谷，提高社会资源利用率。这一部分资源也会通过数字能量交换系统转化为新型网络资产，依托云储能管控平台开展大规模分布式电池能量管控服务，届时可以调度云储能系统参与调峰、调频、备用等辅助服务市场。

（2）协同互补的能源生态。从化明珠工业园多元互动示范区选在一个传统园区。项目包括屋面分布式光伏发电、CCHP分布式电源、生物质发电、储能系统、园区综合能量管理系统及分布式用户负荷监控终端和用户能量管理子站。项目可再生能源装机容量大于等于46MW，一次能源综合利用效率大于80%。在这个系统中关一台传统电制冷空调的同时，会开一台溴化铝制冷（用热蒸汽制冷）的空调，用户的用冷需求并没有减少，只是换了一种能源供应形式。

南沙高可靠性智能低碳微电网有一套强大的自动控制系统，当检测到外电网发生故障，就会自动切换为微电网供电，可实现50ms内非计划性并网转孤网无缝切换、四种并网/孤网运行方式（并网模式、孤网模式、并转孤、孤转并）智能切换、孤网运行一周、黑启动等核心任务目标。通过该试点示范建设，可确保该区域面对灾害时迅速与大电网解列，形成孤网，保障重要用户不间断供电，并在灾后快速恢复重要负荷供电，具有黑启动能力。同时，该项目可满足用户个性化、定制化的能源消费需求，提炼可推广的商业模式，将使智能电网的建设深度和内涵更进一步。

广州供电局“面向特大城市电网能源互联网”项目，从互联网技术发展和“万物互联、共享共赢”的理念中嗅到了时代赋予的先机，以资源整合抵御“条块分割”，建立了多种能源优化组合协调互补的能源生态网络，总结推广先进模式和经验，促进了我国能源互联网产业的健康、有序发展。

7.1.4 基于电力物联的全景全息智慧指挥平台应用实践

在张家口崇礼奥运核心区，国家电网有限公司建设了电力物联网综合示范及全景全息智慧指挥平台。以电力物联网、全业务统一数据中心、一体化国网云以及相关业务系统为基础，该指挥平台能够满足冬奥保障应急指挥、生产运维、调度交易、客户服务等业务需要，支撑业务协同、数据共享及价值挖掘，做到数据“一处采集、处处使用”，实现冬奥保障全景实时感知、动态可控、智能分析预警、多级协同指挥、移动智能交互，支撑“绿色冬奥”智慧指挥和全景展示，为全业务电力物联网推广提供典型经验。

基于电力物联网的全景全息智慧指挥平台，立足保电、面向未来，是公司电力物联网建设的典型实践，具备三大核心功能。一是应急指挥，针对重大活动保电，满足保电期间现场指挥部的工作需要，用于现场指挥部值守人员开展保电信息监测、专业协同指挥；实现冬奥场馆应急指挥中心数据共享，保障各级指挥体系高效运转、专业衔接顺畅有序；针对常态化工作，可满足日常生产抢修等一线工作需求。二是物联网建设成果展示，具备应用快速构建、需求快速响应的扩展能力，可配合各专业进行物联网示范工程创新成果展示，呈现物联网的阶段建设成效。三是跨专业数据融合，围绕电网运行、设备运维、客户服务等主题场景，实现设备相关信息全景感知、人和物广泛连接，可充分借鉴中台思想，逐步实现跨专业的流程贯通和数据融合应用，深度挖掘数据价值。

（1）感知层以全面感知为基础，提高保电区域终端设备感知能力。围绕保电范围内的所有设备和客户，开展信息全面感知建设，加强跨专业统筹，提升设备数字化、智能化水平和客户感知能力，实现输、变、配各环节设备状态数据、相关客户信息的全面感知，推动全业务数字化。

（2）网络层以全业务连接为标准，提高终端网络连接能力。以全面支撑各种智能终端广泛接入为抓手，利用无线公网等多种通信资源，建设“有线＋无线、公网＋专网”的终端通信接入网，提高终端通信网络覆盖率，提升网络带宽，增强网络资源调配能力和安全接入管控能力，实现全时空广泛连接。

（3）平台层以平台共享为核心，提高数据共享服务能力。遵循“一平台、一系统、多场景、微应用”建设思路，针对专项保电工作，进一步优化业务流程，贯通全业务链条，构建覆盖多业务部门的数据模型和服务标准体系，支撑数据和业务实时一致、开放共享，实现全业务范围、全数据类型、全时间维度数据的统一管理、集成和服务，全面提升信息化平台共享服务能力。

（4）应用层构建了全景感知、异常发现、智慧指挥、应急处置的闭环管控流程。包含了环境感知、嵌入式计算、网络通信和网络控制等系统工程，使物理系统具有计算、通信、精确控制、远程协作和自治功能。利用数字孪生理念，在信息空间中构建监测实体的数字镜像，在微观层面上实现核心区域供电场景的原型再现，在宏观层面上实现电网运行的动态模拟，完成数字镜像与监测实体的同步映射，实现监测实体的全要素数字化和虚拟化、全状态实时化和可视化。

截至目前，全景全息智慧指挥平台在历次重大活动供电保障任务中成功应用，实现了保电任务动态更新、电网运行状态在线监测、保电指令快捷下达、人员物资可视化调配、故障抢修实时管控以及现场疑难远程诊，在保电实战决战中发挥了重要作用，助力省市供电公司圆满完成保电目标。

7.1.5　浙江嘉兴城市能源互联网综合试点示范项目

2019 年 8 月，全国首个城市级能源互联网示范项目浙江嘉兴城市能源互联网综合试点示范项目通过浙江省能源局验收。该示范项目于 2017 年 3 月入选国家能源局首批“互联网＋”智慧能源项目。该核心示范区位于尖山新区（黄湾镇），实现可再生能源的 100%接入与消纳，实现清洁能源、高效电网、低碳建筑、智慧用能、绿色交通的广泛开放互联，实现电网侧与消费侧的绿色共享。

海宁尖山新区占地面积 30km^2，是嘉兴地区光伏产业集聚的高新技术园区，区域内有 220kV 安江变电站与 110kV 尖山变电站 2 个电源点。其中，尖山变位于新区中央，承担了尖山新区大部分负荷，2016 年夏季用电高峰期间，其最大负荷 95.78MW。供区内已并网光伏容量 175MW，近期规划再接入 40～50MW。示范点的地理位置见图 7-5。

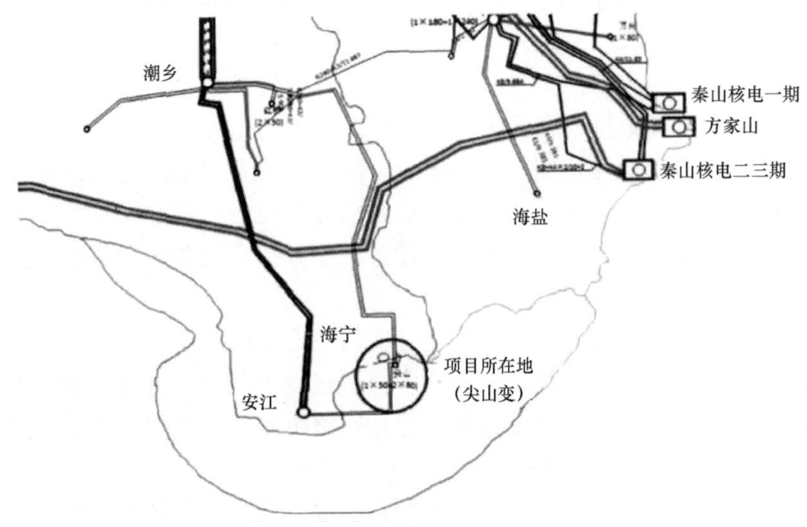

图 7-5　示范点位置示意图

大规模分布式光伏的接入明显改变了尖山新区的电网运行特性。首先，由于分布式光伏的大规模、高密度接入，配电网潮流分布难以预测，尖山配电网倒送情况频繁，配电网调控难度增加。其次，大量分布式光伏发电出力抬升电网整体电压，降低电压裕度，极易造成电压越限，使得配电网稳定控制更加复杂。分布式光伏电源的大规模接入也对尖山新区电网电能质量、保护配置产生了影响。随着光伏容量的进一步增加，电网面临的运行压力也日益增大，因此亟须对配电网采取主动控制与管理措施，以应对上述问题。

试点工程整体框架分为 4 个子项：基于高密度分布式电源的柔性互联技术应用示范；高可靠性供电的交直流混合配电网示范；集中式与分布式储能应用示范；基于状态感知和数据挖掘的网源荷储协调控制技术应用示范。

子项一基于高密度分布式电源的柔性互联技术应用示范总体结构如图 7-6 所示。工程将 1 号主变压器下辖 10kV 凤凰线与倒送情况严重的 3 号主变压器下辖 20kV 富江线采用柔性直流技术互联。直流母线电压为 10kV，换流器采用 MMC 拓扑，额定容量为 10MW。通过柔性直流互联，1 号主变压器下辖区域和 3 号主变压器下辖区域可以实现潮流灵活控制和功率互济。

为进一步提高园区内关键负荷供电的可靠性，子项二高可靠性供电的交直流混合配电网示范以多端口电力能量路由器为核心，构建 1 个高可靠性供电的交直流混合配电网，其结构见图 7-7。图中包括四端口电力能量路由器 2 套；分别由 2 个能量路由器的 1 个端口引出单母分段结构的直流配电系统 1 套，分段间采用混合式直流断路器；分别由 2 个能量路由器的 1 个端口引出单母分段结构的交流配电系统 1 套，分段间采用交流断路器。交流区域二包含储能元件，构成 1 个可独立运行的低压交流微电网。

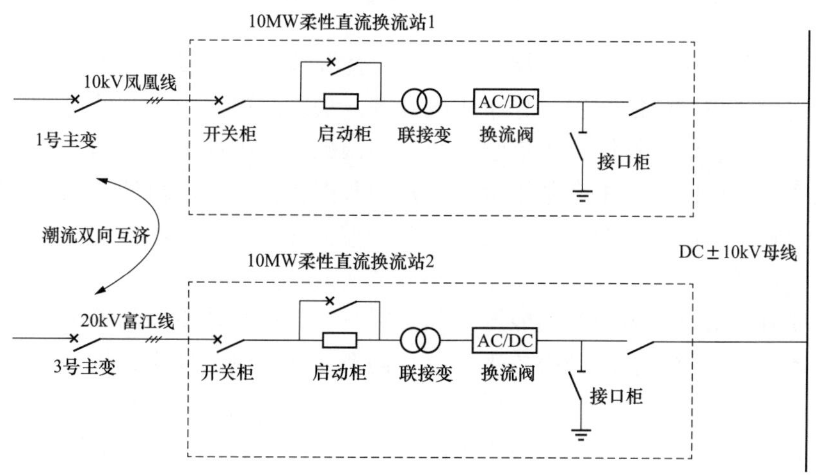

图 7-6 柔性互联技术应用示范总体架构

该项目试点的关键设备电力能量路由器，是我国首台碳化硅能量路由器，可多端口实现中压直流、低压直流、低压交流的能量互联，代表着我国在该领域的最新技术，满足用户对不同种类优质电源的需求。

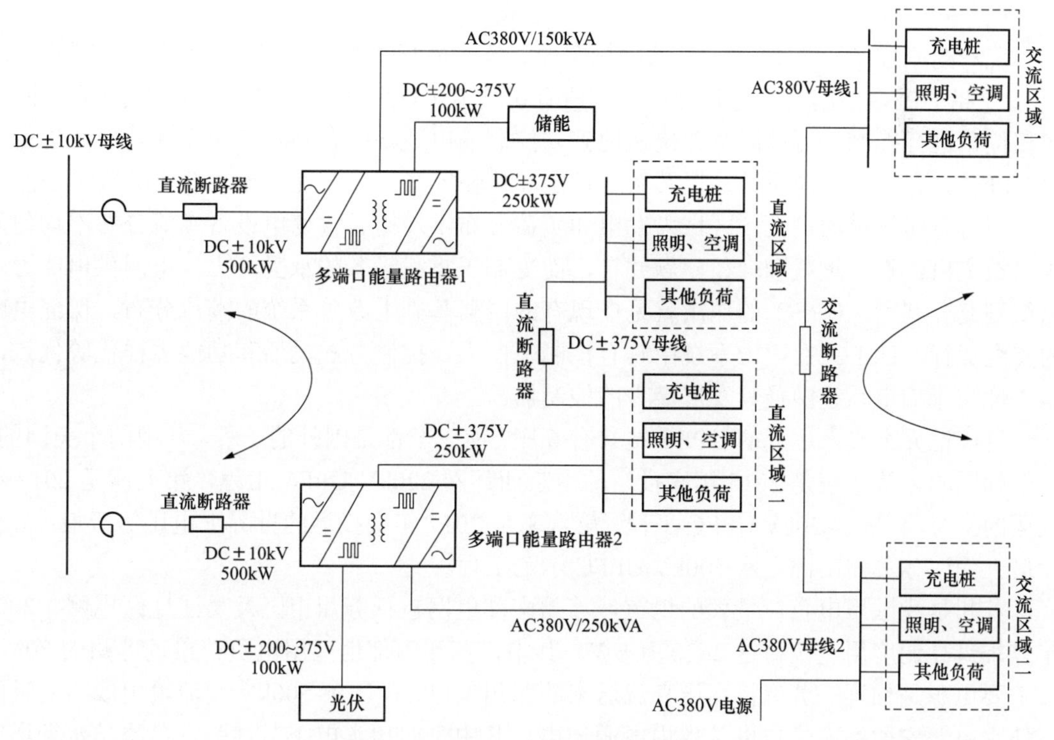

图 7-7 交直流混合配电网示范示意图

子项三为集中式与分布式储能系统在主动配电网中应用示范。工程中将配置 3 种类型的储能系统：兆瓦级集中式储能系统、光储一体化系统、分布式储能系统。这 3 种储能系统的应用可有效促进可再生能源消纳、平抑可再生能源波动、提高系统的供电可靠性与供电质量。

前面 3 个子项中引入了大量可控元件，如柔性互联装置、多端口电力能量路由器、微电网、集中式与分布式储能装置、分布式电源等，加之配电网中原有的有载调压变压器、并联电容器，全系统的可控性大大增强。为了协调配电网中的多种可调资源，实现对配电网的主动管理，子项四建设 1 套基于状态感知和数据挖掘的网源荷储协调控制系统，作为整个工程的大脑。控制系统的目标主要有 3 个：最大化分布式电源消纳；提高供电质量；减少网络损耗，降低运行成本。

该示范项目打造以电为中心的能源交互配置平台、以数据驱动的城市能源互联网资源配置机制与体系，支撑综合能源服务平台及其创新服务机制与体系建设，最终形成“低碳节能、信息共享、供需互动”的海宁模式。据介绍，在每天能源需求高峰时段，城市能源互联网的储能设备能够由储能状态转为供能状态，还能够通过负荷感知功能的智能电能表、智能化能效管理系统等指导用电行为、协调各类用能设施，提高工厂与建筑能效。

7.2 专业示范工程

7.2.1 苏南 500kV 统一潮流控制示范工程

统一潮流控制器（UPFC）是功能最全面、技术最复杂的柔性交流输电装置。所谓“统一”，是指 UPFC 能同时或选择性地控制所有影响输电线路潮流的参数，即能对电压、阻抗和相位角进行控制，可以同时并快速地独立控制输电线路中有功功率和无功功率，这就使得 UPFC 具有提高电能质量、提升系统稳定和传输容量，以及优化无功功率配置等功能。

随着电网规模的扩大，区域内发电和负荷分布不均衡、输变电设备潮流分布不均匀问题日益突出，设备重载和轻载问题并存，而受制于重载设备的承受能力，电网供电能力难以得到充分利用。UPFC 的作用就是在现有的网架基础上改善系统的潮流分布，保证电网的安全运行。UPFC 在电力系统中具有控制范围大、控制方式灵活和功能多样化等优点，是柔性交流输电系统中最具发展潜力的控制器。

目前世界上投入运行的 UPFC 站共有 6 座，前三个都是国外的工程，其中两个美国的，一个韩国的，第四座是 2015 年底投运的南京西环网 220kV UPFC 工程，第五座是 2017 年投运的上海蕴藻浜 220kV UPFC 工程，第六座是 2017 年底投运的世界上电压等级最高、容量最大的江苏苏州南部电网 500kV UPFC 示范工程。

苏州是我国用电负荷最大的地市，苏州南部电网包括苏州市区及吴江地区电网，2020 年夏季最高调度用电负荷达 2620 万 kW。其中，苏州南部地区用电负荷接近苏州的 70%，其主要电源是锦屏—苏南特高压直流送来的四川水电，及三条 500kV 交流输电线路受进的三峡水电、安徽淮南煤电以及省内电源送电。其中，四川水电季节性强，冬季枯水期送电大幅减少，造成苏州南部电网三条 500kV 电力通道无法保持均衡利用，容易发生“一半过载堵塞、一半空置浪费”的现象。

该工程的投运，相当于给苏州南部电网加装了一个“智能导航系统”，实现了电能的“无人驾驶”。冬季枯水期，四川来的水电锐减，电力的主线路 500kV 梅木线将处于过负荷状态，地区将面临停电风险；安装 UPFC 后，它可以像电网的智能导航系统一样，将电网电能由自由分布状态转变为精确受控状态，智能匹配三条交流通道输电功率，实现了电能的最优分布，提升苏南地区供电能力 130 万 kW。相比新建输电线路等传统解决“拥堵”的方式，节约投资达 6 亿元。当苏南地区出现大范围电网故障时，UPFC 可以提高 3 条交流线路输送功率总和，最大限度缩小事故造成的停电范围。此外，UPFC 还可有效维持苏南地区电压水平，提高电网安全稳定运行水平。苏南 500kV UPFC 示范工程正式投运，在世界范围内首次实现 500kV 电网电能流向的灵活、精准控制，最大可提升苏州电网电能消纳能力约 130 万 kW。工程攻克了大量技术难点，研制了世界上电压等级最高、容量最大的独立式串联变压器，世界上电压等级最高的自冷式交流式晶闸管阀组。

苏南 500kV UPFC 示范工程的投运，一是提高苏州电网清洁能源消纳能力；二是保障苏州南部电网安全稳定运行；三是提升工程投资效率。传统解决输电通道“拥堵”的办法是，新建输电通道和变电站、增容改造现有线路，但由于线路途经无锡、苏州市区，不仅实施难度高、投资大，而且电网运行面临安全风险。与新增输电通道的方案相比，UPFC 工程可节省投资约 6 亿元，同时不增加短路电流。四是推动技术创新和产业升级。国家电网有限公司柔性交流输电技术已经走在世界最前列，建设苏州南部电网 500kV UPFC 工程，将智能调控技术运用于现有 500kV 电网，可以提升输电能力、安全稳定运行水平，提高对特高压交直流电网的承接能力和支撑作用。同时，苏南电网 500kV UPFC 工程将显著提高电网的整体科技含量，推动我国电网从传统电网向安全、高效、经济、清洁的现代电网的升级和跨越，为柔性交流输电技术在我国的大规模推广起到很好的示范作用。

7.2.2 新能源虚拟同步机示范工程

高比例新能源是新型电力系统的发展方向，预计到 2035 年，新能源装机将超过煤电，成为我国第一大电源。随着常规同步机占比不断降低，电力系统的物理特性正在发生深刻的变化，系统的惯量和短路容量持续下降，频率和电压调节能力不断减弱，极易发生类似 2019 年英国“8•9”大停电的事故。提升新型电力电子设备对电网支撑能力，保障系统的安全稳定运行，是新能源电力系统的重大基础性课题。

虚拟同步发电机（virtual synchronous generator，VSG）技术可使并网逆变器模拟同步发电机运行特性。具体而言，主要通过模拟同步发电机的本体模型、有功调频以及无功调压等特性，使并网逆变器从运行机制和外特性上可与传统同步发电机相比拟。VSG 本质是通过控制逆变器模拟同步发电机的工作原理，从而获得类似同步发电机的运行特性。VSG 因集成了同步发电机的优点而备受青睐，其在现代电力系统中的应用也将日益广泛。应用这种先进的控制技术，能使风机、光伏发电设备更加智能，具备频率自适应能力，提供电网暂态稳定支撑能力，实现清洁能源友好并网。在当前同步发电机组仍占主导的电网中推广虚拟同步机技术，一是有助于将清洁能源有效地融入电网，提高自身的生存能力；二是有助于改善现有并网技术对电网的“负作用”，规避潜在的电网安全问题。

考虑现有的应用场景不同，虚拟同步机分为清洁能源虚拟同步机与负荷虚拟同步机。

清洁能源虚拟同步机包括风机虚拟同步发电机、光伏虚拟同步发电机和储能虚拟同步机，如图 7-8 所示。

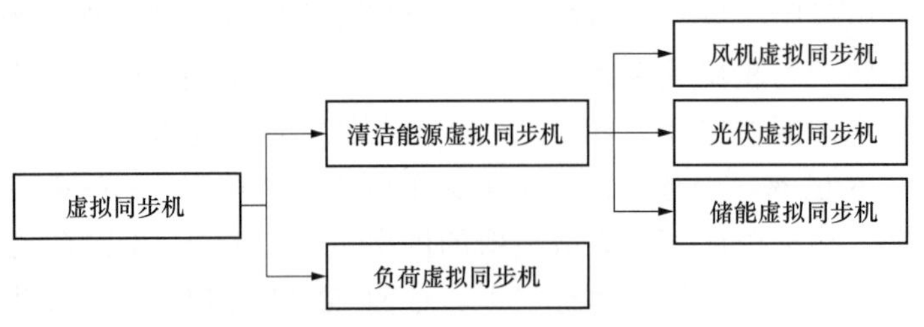

图 7-8　虚拟同步机技术分类

光伏虚拟同步发电机由逆变器及电池储能单元组成，安装在光伏阵列的直流汇集出口处。与常规光伏相比，需要将传统逆变器控制算法进行升级，并增加储能单元。风机虚拟同步发电机惯量的模拟主要靠风机叶轮转动惯量实现。与常规风机相比，仅需对控制软件进行升级。风机虚拟同步机拓扑图如图 7-9 所示。储能虚拟同步机通常采用电站式技术路线。虚拟同步机的储能单元容量根据其模拟惯性大小以及参与系统一次、二次调频的需求决定。

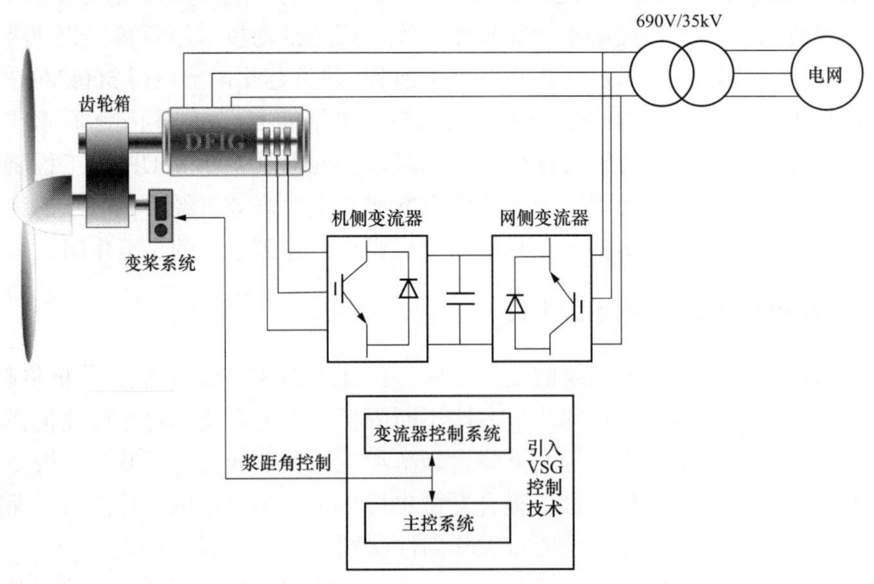

图 7-9　风电虚拟同步机拓扑

负荷虚拟同步电动机包括采用虚拟同步机技术的各类用电设备，例如含整流器的电动汽车充电桩、变频设备、电子产品等。负荷虚拟同步电动机通过升级各种电器设备的整流装置，使其能够根据电网频率和电压的变化实时控制负荷功率，实现源—荷动态供需平衡。例如：电动汽车充电桩、电气设备的整流器，可根据电网频率和电压变化实时调整负荷功率，满足电网调频和调压等需求，并且有望显著提升负荷故障穿越能力。

2016 年 12 月 27 日，最后一台具有虚拟同步机功能的光伏单元在张北国家风光储示范电站成功并网调试，标志着世界首个虚拟同步机示范工程投入实验运行。本次并网运行的虚拟同步机为 24 台光伏虚拟同步机、5 台风电虚拟同步机，总容量共计 2.2 万 kW。

示范工程的运行突破了虚拟同步机主动支撑关键技术。提出了自适应惯量支撑与一次调频协同控制策略、适应三相电压不平衡等复杂工况下的无功电压支撑控制策略、考虑暂态稳定运行边界约束的阻尼优化控制策略，从有功支撑持续性、复杂工况适应性和并网稳定性三个维度，实现了虚拟同步机从“被动调节”到“自主运行”的转变。同时，自主研制了虚拟同步机系列成套装备。突破了虚拟同步机拓扑设计、载荷约束和大功率电压源并联集成等难题，成功研制出含风电、光伏、储能及负荷侧虚拟同步机在内的26款装备，填补了兆瓦级新能源虚拟同步机和负荷侧虚拟同步机国际空白。暂态电压支撑响应时间可达20ms，一次调频响应时间可达100ms，性能指标处于国际引领地位。最后，攻克了虚拟同步机组网运行技术。发明了虚拟同步机异构机群协调运行技术，提出了基于虚拟同步机的新能源电站自启动技术，建立了“控制器—单机—电站”多维互补的试验检测手段。

目前，该技术首次在天津和江苏实现了源侧和负荷侧虚拟同步机在配电网的应用。同时，该技术应用到国内外百余个新能源电站和电动汽车充电站，装机容量超过200万kW，实现了我国电力电子装备并网技术的自主创新，对保障新型电力系统安全稳定运行和国家能源安全新战略实施具有重要意义。

7.2.3　张北柔性变电站及交直流配电网示范工程

配电网直流化是未来发展的重要趋势。城市配电网电缆化率的快速提升、分布式电源直流接入的迫切需求以及数据中心等新兴直流负荷的快速发展，给配网直流化发展提供了强劲动力。发展新一代变电站技术，支撑交直流混合配网构建，已成为配电技术领域的研究热点和竞争制高点。柔性变电站，以电力电子技术为核心，具有交直流多端口，端口参数独立调节，功率灵活调配，故障和电能质量扰动相互隔离，集成度高、运行灵活、兼容性好。以其为枢纽站构建交直流混合配电网，可满足用户和电源的定制化需求。

图7-10所示为柔性变电站结构，具有多个端口，中压交流10kV连接大电网，中压直流±10kV接入集中式光伏发电站，低压直流750V母线可以灵活接入储能和分布式新能源等电源，也可以经过直流变换器接入各种电压等级的直流负荷或经逆变成工频交流电为交流用户供电，其智能化潮流控制能实现电能在不同电压等级的交、直流端口间“按需分配”，从而实现绿色能源优先供电，自主选择能量流向选择、可再生能源就地消耗或并网，同时保障重要负荷的供电可靠性。

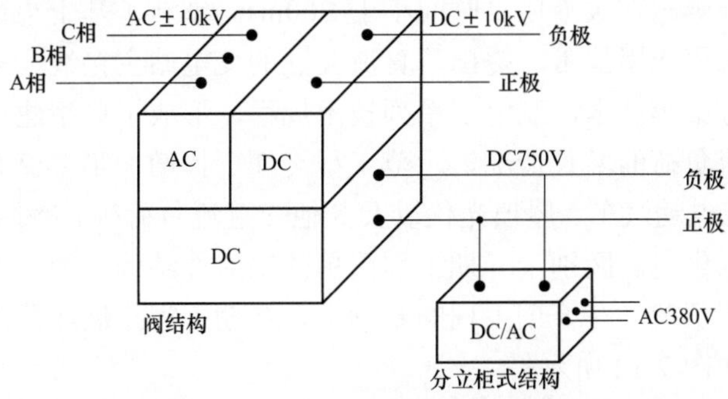

图7-10　柔性变电站结构示意图

2018 年 12 月 26 日，张北柔性变电站及交直流配电网示范工程一期工程完成全部试验和试运行考验，标志着世界首个基于柔性变电站的交直流配电网正式投入商业运行。示范工程含光伏直流升压站一座、柔性变电站一座，工程用于阿里巴巴数据中心供电。示范工程一期工程拓扑如图 7-11 所示。

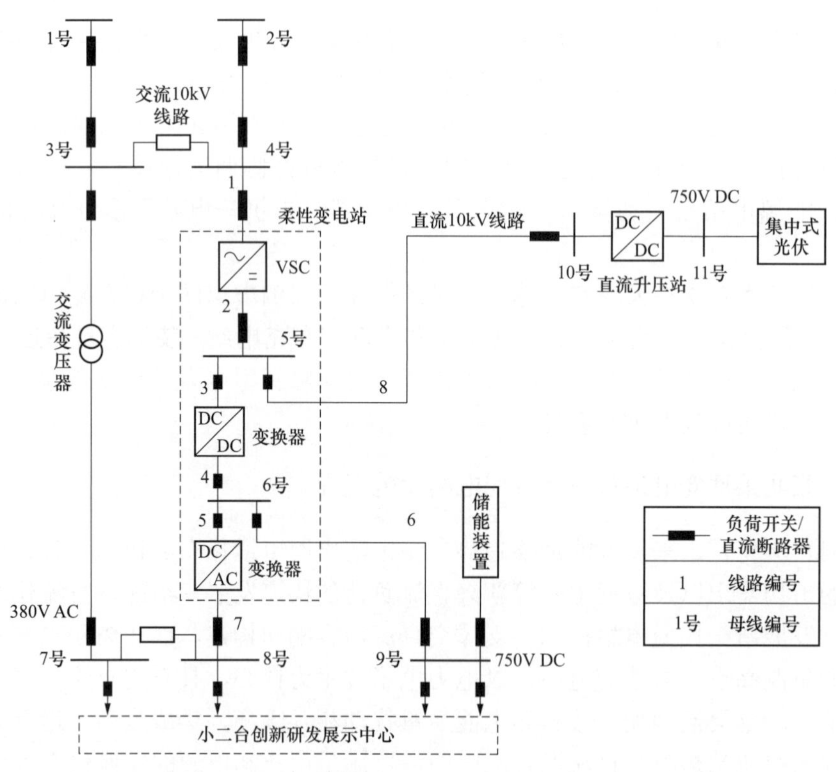

图 7-11　示范工程一期工程拓扑

示范工程首创了交直流电网互联和直流并网换流器主电路拓扑。换流过程无须电容支撑，换流阀体积降低 77.4%；实现多种电压变换和故障电流开断功能的一体化集成，无须直流断路器，简化了设备配置。创新了柔性变电站分区故障隔离与快速恢复技术。提出直流故障快速识别、站外故障隔离与快速恢复、负荷侧故障恒电流穿越等技术，有效解决了不同设备间保护配合难题，故障恢复时间小于 200ms。创新了基于柔性变电站的交直流混合配网系统集成和工程应用技术。提出了直流互联的变电站主接线、多换流器电磁干扰抑制、系统保护配置方案等技术，制定了系列技术规程，形成了典型建设方案。

根据当地交直流负荷的增长情况，示范工程终期工程增加第二座柔性变电站：城北柔性变电站，接入当地电动汽车、屋顶光伏以及其他交直流负荷等。终期工程主要通过 10kV 母线对配电网络进行供电。区别于一期工程简单的辐射性结构，为了提高供电可靠性，同时容纳更多的交直流负荷，在一期工程的基础上，终期工程拓展成两端型网络拓扑。示范工程终期工程拓扑如图 7-12 所示。

以柔性变电站取代传统变电站，利用其中柔性设备可以动态调节有功，提供无功支撑，打破了原有配电系统只能通过负荷被动分配潮流的模式和单一配电模式，柔性变电站的低压侧能提供交流 380V、直流 750V 和 240V 等电压形式，服务器等直流负荷可直接选择直流供电。柔性变电站低压侧直流母线可以灵活接入储能、分布式电源和交直流负荷，进一步可实现主动配电网以及即插即用电源接口，也会成为能源路由器的重要组成部分。世界首个交直流混合配电网示范工程，依托自主研制出的 10kV/±10kV/±375V/400V/5MVA 柔性变电站和±10kV/±375V/2.5MW 直流升压站核心装备，正在推进冬奥专区、河北邯郸等工程；形成了交直流混合配电网典型方案，创新了扶贫光伏就地消纳新模式，社会效益显著。

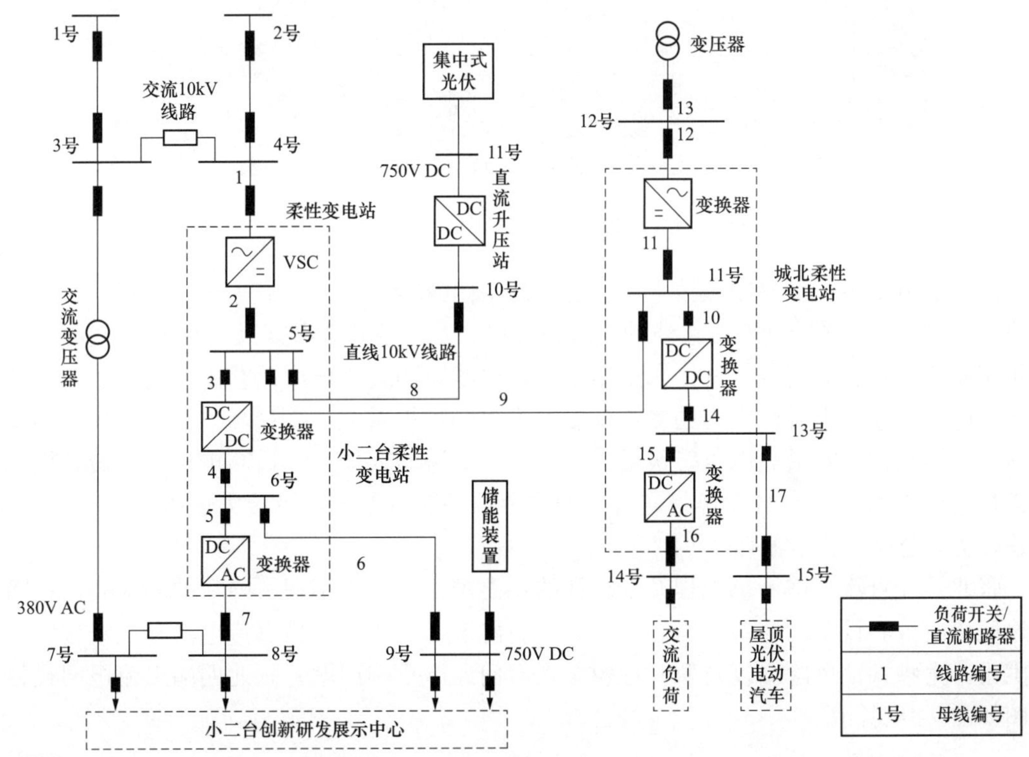

图 7-12　示范工程终期工程拓扑

7.2.4　张北柔性直流电网试验示范工程

2020 年 6 月 29 日，±500kV 张北柔性直流电网试验示范工程正式投入运行。满载张北坝上“风光”的绿电由此送往北京，点亮 2022 年北京冬奥会场馆，助力奥运史上首次实现 100%清洁能源供电。张北柔直工程是世界上电压等级最高、输送容量最大的柔性直流电网工程，核心技术和关键设备均为国际首创，创造了 12 项世界第一。

张北柔直工程在运张北（中都）、康保（康巴诺尔）、丰宁（阜康）和北京（延庆）4 座换流站，额定电压±500kV，总换流容量 900 万 kW，输电线路长度 666km。其中，张北、康保为送端，丰宁为调节端，北京为受端。张北、康保接有风电场、光伏电场，丰宁利用抽水蓄能调节电量，为北京提供清洁电能，如图 7-13 所示。

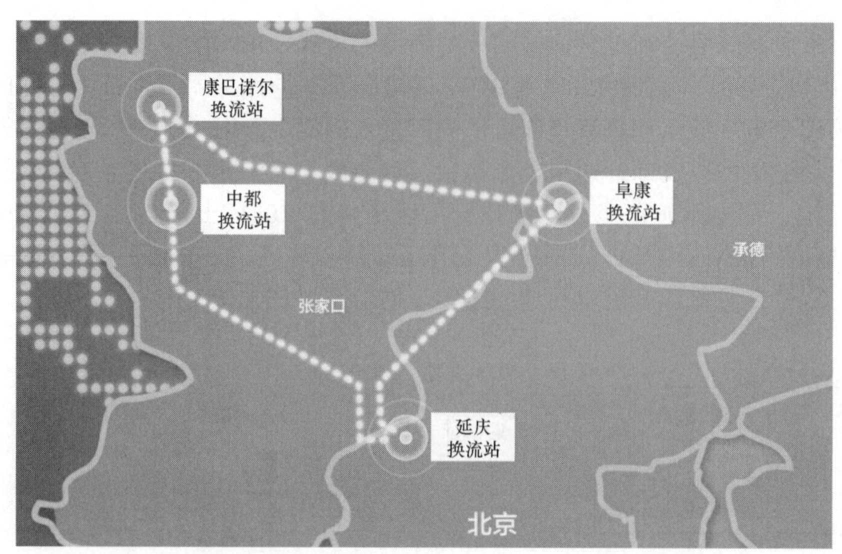

图 7-13　张北柔直工程环形直流电网示意图

工程采用了多项世界领先技术，创造了 12 项世界第一，包括：①采用真正具有网络特性的直流电网；②采用真双极接线的大规模风电、光伏孤岛送出直流电网工程；③实现风、光和储能多能互补的直流电网；④采用架空输电线路的直流电网；⑤中性线采用金属回线的直流电网；⑥基于直流电网的多维度多要素控制保护系统；⑦最高电压等级最大容量的柔性直流换流站；⑧最高电压等级最大开断能力直流断路器；⑨最高电压等级最大换流容量柔性直流换流阀；⑩最大容量交流耗能装置；⑪最高电压等级最大输送能力直流电缆；⑫最大功率全控可关断器件。

张北柔性直流电网示范工程系统设计的主要难点在于：工程故障穿越要求高、故障发展速度快而核心设备的暂态应力水平受限；新能源孤岛接入双极直流电网存在双极协调控制困难、宽频振荡风险高以及暂时性盈余功率问题严重等问题。张北四端直流电网设计原理图如图 7-14 所示。

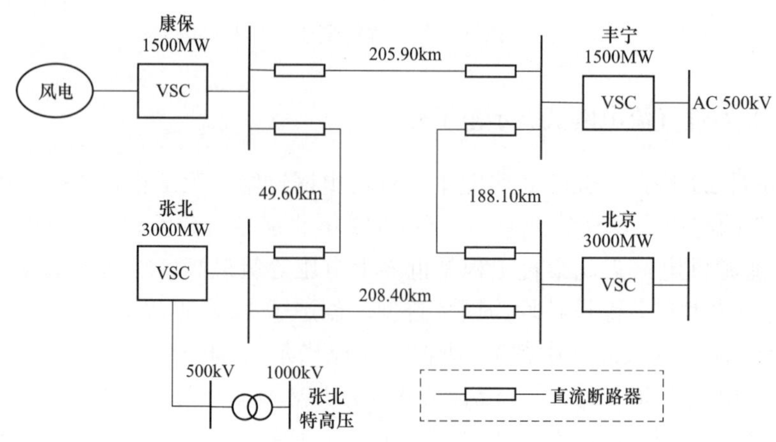

图 7-14　直流电网设计原理图

针对张北柔性直流电网示范工程系统设计的主要难点，采用如下方案：

（1）通过采用新型三次谐波注入策略、直流电网电抗的最优化配置方法、基于接地电阻的续流快速衰减方法，有效提升了换流阀和直流断路器的电流适应性，解决了弱器件过流能力下无法兼顾设备安全性和故障穿越能力的问题。张北工程采用的基于半桥子模块的模块化多电平换流器拓扑结构如图 7-15 所示，为了减小故障对交直流电网的影响，发生故障时，仅允许近端换流器闭锁，故障远端换流站维持直流电压，保证直流电网持续运行，一旦故障清除，闭锁换流站可以在短时间内解锁，恢复正常运行。

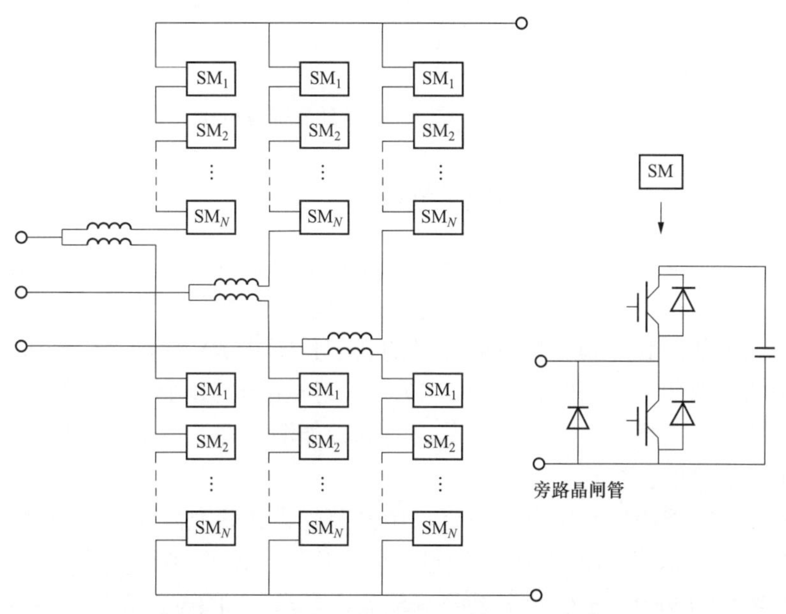

图 7-15 基于半桥子模块的模块化多电平换流器拓扑结构

（2）通过采用子模块动态平均工作电压策略、新型阀控不平衡快速保护策略、阀本体过压保护的动态过压定值策略，有效提升了换流阀的电压适应性，解决了弱器件过压能力下换流阀桥臂整体旁路和过压击穿风险大的问题。

（3）针对大规模新能源孤岛方式接入双极直流电网，提出了双极 V/f 下垂控制、大规模新能源场站宽频阻抗特性获取方法、基于交流耗能装置的盈余功率解决方案，解决了大规模新能源孤岛接入双极直流电网的传统控制稳定性问题、宽频振荡问题和暂时性盈余功率问题，提高了新能源并网的可靠性。

张北柔性直流电网示范工程采用半桥模块化多电平换流阀，通过在直流架空线路两侧配置 535kV 直流断路器实现如雷击等线路故障的清除。工程研制了 500kV 柔直换流阀和模块级联混合式直流断路器，并创新提出了以绝缘试验和运行试验为骨架的电气试验方案。在运行试验中，分断试验（见图 7-16）用于验证高压直流断路终止系统最大故障电流能力，是断路器试验技术研究的核心。

在工程送端容量最大的换流站——张北 500kV 柔直换流站，GIS 开关场、换流站阀厅和主控室等站内主要设备均为世界首台首套。张北柔直工程投运后，北京和张家口赛区冬奥场馆用的绿电将有约 50%从这里输送出去，工程每年可向北京地区输送约 141 亿 kWh 的清洁能源，大约相当于北京市用电量的十分之一，每年节约标准煤 490 万 t，减排二氧化碳 1280 万 t。

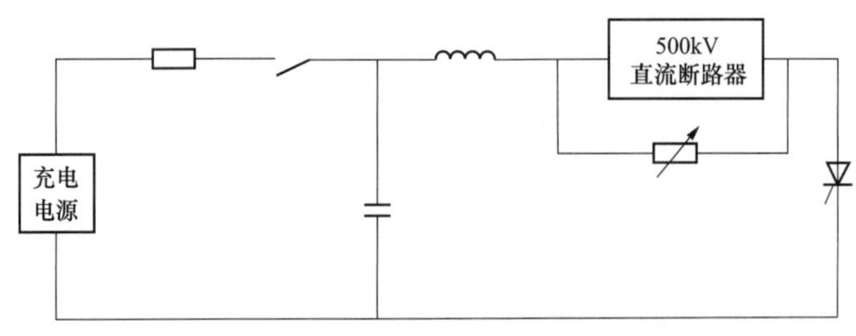

图 7-16 500 kV 断路器分断试验拓扑

7.2.5 上海电力大学新能源微电网示范项目

上海电力大学临港校区新能源微电网示范项目是全国首批 28 个新能源微电网示范项目之一，该示范项目是集技术前瞻性、展示性并集教学与科研功能于一体的示范性工程，将成为学校开展新能源利用和绿色校园建设的教学科研共享平台，是学校未来一体化绿色智慧校园建设的重要环节。同时，作为 2017 年 5 月批准的 28 个新能源微电网示范项目中首个完成的校园内示范项目，其建设经验将对高校能源管理、节能改造以及运营管理模式创新提供一个可借鉴的新标杆。

该项目由国网节能服务有限公司投资，国网节能设计研究院 EPC，工程于 2018 年 4 月开工，9 月 20 日试运行，12 月 18 日通过验收。项目建设了 10 栋公寓楼空气源热泵辅助太阳能热水系统、约 2MW 光伏发电系统（单晶、多晶、BHPV、高效组件等多种组件）、300kW 风力发电系统、1 套混合储能系统（150kW×2h 铅炭电池、100kW×2h 磷酸铁锂电池及 100kW×10s 的超级电容），49kW 光电一体化充电站以及一体化智慧路灯；通过智慧能源管理系统，实现建筑能效管理、综合节能管理和“源网荷储充”协同运行。该综合能源系统，具体如下：

（1）分布式光伏发电系统：分布于全校 21 栋建筑屋面及一个光电一体化充电站车棚棚顶，安装总装机容量 2061kW。光伏组件采用单晶、多晶、BHPV、PERC、切半、叠片等多种组件形式，供应清洁电力的同时，为学校师生免费提供了研究新能源技术的场所。

（2）风力发电系统：采用一台 300kW 水平轴永磁直驱风力发电机组，与光伏发电系统、储能系统组成微电网系统。

（3）储能系统：系统配置有容量为 100kW×2h 的磷酸铁锂电池、150kW×2h 的铅炭电池和 100kW×10s 的超级电容储能设备。三种储能设备与学校的不间断电源相连，一并接入微网系统。

（4）太阳能＋空气源热泵热水系统：分布于 10 栋公寓楼屋面，为了提高能效，每栋楼采用空气源热泵及太阳能集热器组合形式，33 台空气源热泵满负荷工作运行，晴好天气充分利用太阳能，全天可供应热水 800 余吨，保证全校 10000 余师生的生活热水使用需求。

（5）智能微网：通过采用光伏、风力等发电及储能技术，智能变压器等智能变配电设备，结合电力需求侧管理和电能质量控制等技术，构建智能微网系统，实现用电信息自动采集、供电故障快速响应、综合节能管理、智慧办公互动、新能源接入管理。在切断外部电源的情况下，微电网内的重要设备可离网运行 1～2h。

（6）综合能源智慧管控系统：目前，该系统主要监测风电、光伏、储能、太阳能＋空气源热泵热水系统的运行情况，实现与智能微网、智能热网、校园照明智能控制系统及校园微网系统的信息集成及数据共享，满足学校对新能源发电、园区用电、园区供水等综合能源资源的动态实时监控与管理，通过对数据分析与挖掘，实现各种节能控制系统综合管控，是整个项目的智慧大脑。其系统架构图如图 7-17 所示。

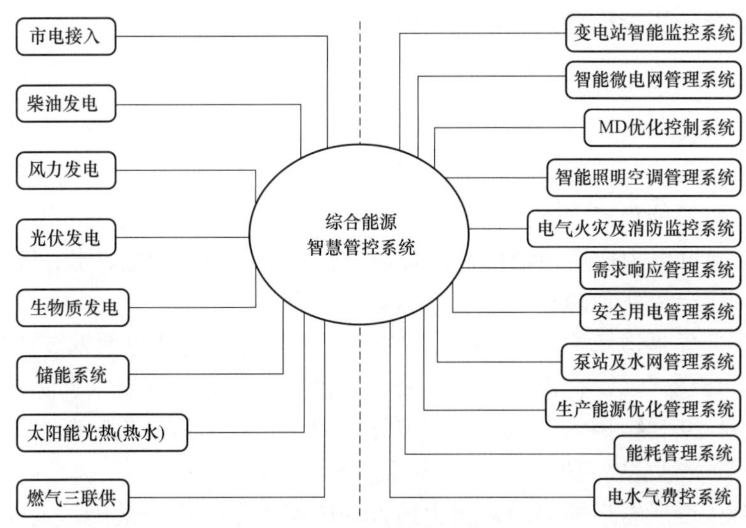

图 7-17　综合能源智慧管控系统架构图

智慧能源管控系统通过 2017 个检测点上万个传感器对新能源发电、校区用电等综合能源的实时监控与管理。通过对资源利用情况进行统计、分析、比较、评估和审计，为决策者提供实时数据，并根据管理者要求，实现节能模式。具体实现功能如下：①通过校区建筑多维度能耗对标，实现建筑节能考核，并提供相关用能建议。②通过各项能耗数据，及同比、环比或者任意时段能耗对比分析出用能特征和规律。③通过水平衡分析发现异常，锁定漏水范围，提高检测和维修效率。④通过能耗限额设置，实现能耗超标或异常等报警，并分析异常原因。

该项目打造了国内先进的综合能源微电网示范工程，可再生能源渗透率达到 55.9%，预计每年减少 CO_2 排放量 2243t 和 SO_2 排放量 67t，供电可靠性达到 99.99%，学校能耗比同规模校园降低 25%。示范项目与上海电力大学临港新校区同步建设，避免了后期改造带来的诸多问题，节约了相关的潜在投入。①实用，从微电网从实验室走向日常校园的生产生活。②光热/光伏/风电多能互补，加上高效率的能源管理模式，打造了国内先进的绿色低碳智慧校园。③结合学校的电力学科特色，能源系统可以为教学和科研提供平台。④为国内其他高校建设绿色低碳智慧校园提供蓝本进行推广复制，具有一定的示范引领作用。

与此同时，项目也存在一些不足或是可以改进的地方：①就当地的新能源资源禀赋而言该项目并不占优势。上海光伏属于三类资源区，风力属于四类资源区。因光伏补贴退坡等政策，光伏系统的盈利性将受到一定影响。另外，该区域风资源由于受周边防风林影响，风速平均只有 6m/s 左右，导致运行效率较低，盈利性较差。建议通过采用新技术对光伏、风力发电系统进行优化，进一步提高其发电效率。②综合能源管控平台功能需结合用户侧需求进一步完善。需加强需求侧响应功能，同时加强各种用能分析、负荷预测及协调运行等。目前，监测系统已接入监测点 2017 个，后期将增至 6000 个，应充分利用采集的监测数据做好大数据分析，优化用能。

7.2.6 多表合一用能信息采集示范工程

电、水、气、热均为人民日常生活必不可少的公共服务能源产品，涉及的计量设备主要包括电能表、水表、燃气表和热力表，统称为“民用四表”“多表合一”就是由一个数据平台采集电、水、气、热等数据。依托智能电能表和用电信息采集系统覆盖广泛的采集终端和通信资源，将智能电能表、智能水表、智能燃气表、智能热力表融为一体，进行集中抄表。仪表数据通过电力通信通道传输到管理平台，建立起一套电、水、气、热收费缴费、信息发布、查询平台，实现跨行业用能信息资源共享。

2015 年，国家发展改革委、国家能源局发布《关于促进智能电网发展的指导意见》(发改运行〔2015〕1518 号)，提出“数据集采、平台集成、设施复用、资源共享”的指导原则，2016 年 2 月 29 日，国家发改委、国家能源局、工业和信息化部联合印发《关于推进“互联网＋”智慧能源发展的指导意见（发改能源〔2016〕392 号)》提出：“推动能源与信息通信基础设施深度融合”的要求，极大地推动国网“多表合一采集”工程进程，同时，带动水、气、热分行业集抄建设后发力提速。电、水、气、热等“多表合一”信息采集是贯彻落实国家“互联网＋”发展战略部署，推进节能减排、新旧动能转换和智慧城市建设的重要举措。

2015 年，国网山东省电力公司在国家电网系统率先启动了“多表合一”用能信息采集示范工程建设工作，在对全省全部 170 家供水企业、136 家燃气企业、282 家热力企业开展广泛调研的基础上，选取济宁、潍坊、威海、青岛四地市进行试点。目前，国网山东省电力公司已与 50 余家水、气、热企业达成了初步合作意向，2017 年 9 月 12 日，国网山东省电力公司主编的 3 项“多表合一”标准通过了山东省住建厅、山东省质监局组织的标准审查，成为山东省地方标准，标志着山东省率先构建形成全国首个“多表合一”信息采集省级地方标准体系。到 2017 年，全省“多表合一”客户数量超过 62 万户，每天上传、分析、应用数据超过 2000 万条。

2015 年 9 月，国网江西省电力有限公司在鹰潭市开始“多表合一”试点建设；2017 年 6 月，国网“多表合一”抄收系统全国首家在鹰潭上线，“多表合一”抄收系统与供水、燃气公司业务系统互联互通，实现了水、电、气表数据的采集、交互及共享，验证了“三单合一”“一单式交费”功能。2017 年 10 月 29 日，“电 e 宝”App 水、电、气“一单式交费”内测成功，11 月 10 日正式上线运行。截至 2017 年 11 月 27 日，鹰潭市累计完成智能水表改造 8

万余户、智能气表改造210户，并全部接入国网用电信息采集系统。2017年底，该系统在通过了国家电网公司的正式验收。2015年以来，国网江苏公司开始试点推广电、水、气“多表合一”新型电能表，到2018年，“多表合一”用户已经超100万，规模为全国最大。

2016年，中国电科院牵头制定的系列标准T/CEC 122《电、水、气、热能源计量管理系统》等6项标准正式发布，主要规范了电、水、气、热能源计量管理系统的架构、功能要求、设备要求、通信协议、试验方法等内容。该系列标准已在26个省（市）的部分地区进行了试点应用，涉及160多万户。通过统一的技术标准体系实现电、水、气、热等“多表合一”信息采集，将促进系统、设备间互联互通，降低系统建设投资及运行维护成本，实现了良好的社会综合效益，提升了公共服务的集约化、智能化水平。

“多表合一”后，将原有的人工抄表升级为远程自动抄表，居民可以对自家的电、水、气、暖使用情况进行实时了解，“多表合一”用户将来还能享受到“一卡缴费”的便利。“多表合一”既充分体现了服务智慧城市建设、满足客户智能用能需求的建设目标，又做到了协同跨行业发展，节约全社会资源，实现了用能信息采集的安全、可靠、准确和实时，对能源互联网下能源信息融合发展具有重要的指导意义。

7.2.7　江苏大规模源网荷友好互动系统示范工程

“江苏大规模源网荷友好互动系统示范工程”是国家能源局公布的首批“互联网”智慧能源（能源互联网）55个示范项目之一，是示范项目中“基于灵活性资源的能源互联网示范项目”2个之一。项目由国网江苏省电力有限公司申报，2016年8月启动，目标是“变革电网互动模式，将传统单一的源随荷动模式转变为‘源随荷动、荷随网动’的友好互动模式，建立全时间尺度大规模源网荷友好互动技术体系”。项目于2019年5月正式通过验收。江苏大规模源网荷友好互动系统遵循电力系统实时平衡规律，从电网事故应急处置、需求侧管理等控制要求出发，应用计算机、光纤、4G通信技术，提升发电响应效率，细化可中断负荷控制类型，实现了“电源—电网—负荷”三者之间的友好互动和快速协调，提升了电网运行弹性，保障了电网安全、可靠、高效运行。

江苏大规模源网荷友好互动系统根据大电网发生严重故障下负荷紧急控制的不同要求，分为毫秒级精准切负荷系统和秒级精准切负荷系统。针对频率紧急控制要求，毫秒级控制系统第一时限快速切除部分可中断负荷，可有效抑制电网频率下降；根据需求侧管理目标，秒级控制系统第二时限切除部分可中断负荷，解决电网潮流越限和系统备用不足等问题，实现发用电平衡。

秒级精准切负荷网络分为营销控制大区网络和管理信息大区网络。其中，营销控制大区网络实现用户侧电网安全指令的秒级响应，构建用户侧至主站端负控快速响应系统的传输通道。管理信息大区网络则实现与现有信息网的逻辑隔离，分配专用的网络流量资源，用于支撑主站端负控采集系统与用户侧负荷终端用电信息等数据的可靠传输。

秒级精准切负荷网络架构设置采用主站层、核心（汇聚）层、接入层及终端层4个层次。控制指令等数据信息经核心（汇聚）层传输，在主站层秒级精准切负荷系统及终端层大用户控制终端之间交互。

江苏电网秒级精准切负荷系统网络节点分布如表7-1所示，网络构架如图7-18所示。

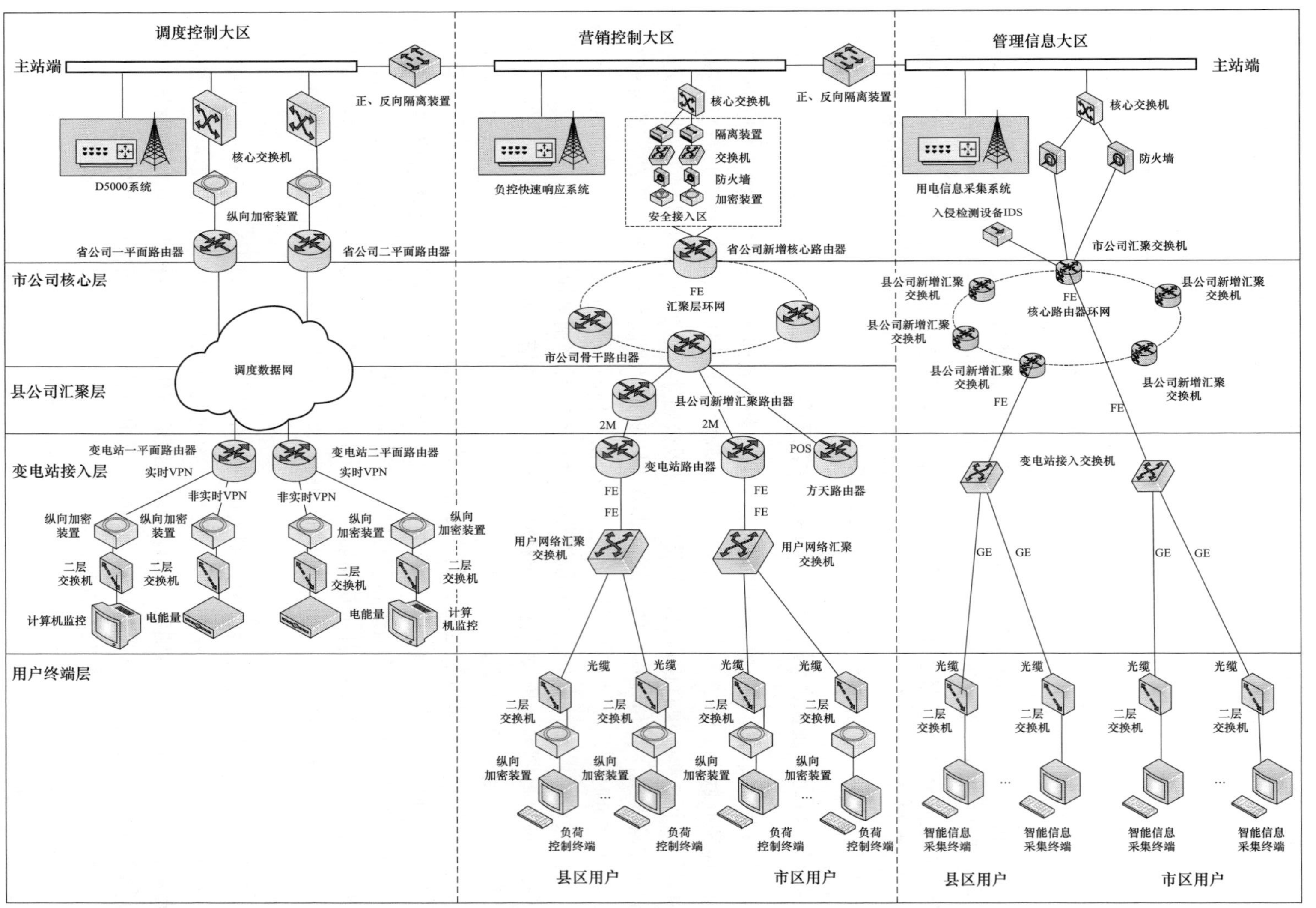

图 7-18 江苏电网秒级精准切负荷系统网络构架示意

表 7-1　　江苏电网秒级精准切负荷系统网络节点分布

<table>
<tr><th>网络层级</th><th>营销控制大区</th><th>管理信息大区</th></tr>
<tr><td>主站层</td><td>省公司调度主站</td><td>省公司调度主站</td></tr>
<tr><td>核心层</td><td>13 个地市公司</td><td rowspan="2">13 个地市公司及下辖县公司</td></tr>
<tr><td>汇聚层</td><td>地市公司下辖县公司（苏州、南京、徐州）</td></tr>
<tr><td>接入层</td><td>接入变电站</td><td>接入变电站</td></tr>
<tr><td>终端层</td><td>大用户</td><td>大用户</td></tr>
</table>

毫秒级精准切负荷网络则提出了一种适应大规模、多类型负控终端毫秒级响应的分层分区网络构架。骨干层采用基于同步数字体系（synchronous digital hierarchy，SDH）光传输网的 2M 专用通道通信，接入层采用专用光纤、无线 4G、光电实时转换等多种通信接入技术，实现了普通工业用户、燃煤电厂可中断辅机、翻水站、储能电站等多类型可中断负荷的可靠接入，解决了海量负控终端接入的困难和难以毫秒级响应控制命令的难题。

毫秒级精准切负荷网络采用分层分区结构设计，架构设置采用控制中心站、控制主站、控制子站及控制终端 4 个层次，如表 7-2 所示。控制中心站与江苏省调 D5000 智能电网调度控制系统、华东协控总站等进行信息交互。

表 7-2　　江苏电网毫秒级精准切负荷系统网络节点分布

网络层级	具体地点
调度主站及总站层	华东网调、江苏省调、华东协控总站
中心站层	1 座控制中心站（苏州）
主站层	4 座控制主站（淮安、泰州、苏州、南京）
子站层	12 座控制子站（12 个地市各 1 座、苏州 4 座）
终端层	大用户、储能电站、翻水站、燃煤电厂

源网荷友好互动系统建设中，最大难点在于如何协助用户将可中断负荷细分并接入源网荷友好互动系统。为此，江苏电力深入研究用户侧各类负荷特性，挖掘可中断负荷价值，将空调、照明、工业非连续性生产负荷纳入可中断负荷范围，该类负荷中断不会对用户生产生活造成实质影响。

2017 年 5 月，项目组进行了锦苏直流实切验证，人工闭锁直流 303 万 kW。共有 233 户用户参与了实切验证，江苏精准切负荷系统动作准确率 100%，245ms 内切除全部参与签约用户，共计 25.5 万 kW，与华东频率控制系统一起迅速填补了锦苏特高压直流闭锁造成的有功功率缺失，验证了大规模源网荷友好互动系统保障大电网安全的有效性。

在 2018 年春节期间，基于需求响应子系统，江苏电力组织国内最大规模“填谷”需求响应，单次最大提升低谷用电负荷 168 万 kW，3 日累计提升低谷用电负荷 928 万 kW，促进新能源消纳 7424 万 kWh。2018 年 10 月 1～3 日，江苏电力开展国内首次通过竞价模式的填谷电力需求响应，在凌晨和腰荷两个时段的平均响应负荷分别达到 59.68 万 kW 和

79.93 万 kW，最大提升低谷用电 142 万 kW，通过竞价方式节约激励资金 67.5 万元。

截至 2018 年底，三期试点工程资金总投资 14.6 亿元，可获经济效益达 453.66 亿元，其中直接经济效益（新增售电效益）2.33 亿元，间接效益（包括可避免容量成本、可避免输配电网成本）达 451.33 亿元。截至 2019 年，在负荷控制领域，江苏省已完成工业用户源网荷改造 1726 户，完成非工空调改造 2715 户，居民主动需求响应改造 20.8 万户；在负荷控制能力提升方面，实现秒级可中断负荷 376 万 kW，毫秒级可中断负荷 260 万 kW。

参 考 文 献

[1] 刘振亚．智能电网技术［M］．北京：中国电力出版社，2010.

[2] 曹军威，杨明博，张德华，等．能源互联网—信息与能源的基础设施一体化［J］．南方电网技术，2014，8（4）：1～10.

[3] 董朝阳，赵俊华，文福拴，等．从智能电网到能源互联网：基本概念与研究框架［J］．电力系统自动化，2014，38（15）：1～11.

[4] 孙宏斌，郭庆来，潘昭光，等．能源互联网：驱动力、评述与展望．电网技术，2015，39：3005～3013.

[5] 刘振亚．全球能源互联网［M］．北京：中国电力出版社，2015.

[6] 周孝信，曾嵘，高峰，等．能源互联网的发展现状与展望［J］．中国科学：信息科学，2017，47（02）：149～170.

[7] 孙宏斌．能源互联网［M］．北京：科学出版社，2020.

[8] 别朝红，王旭，胡源．能源互联网规划研究综述及展望［J］．中国电机工程学报，2017，37（22）：6445～6462.

[9] 张晶，王伟，李彬，等．智能电网 200 问第二版［M］．北京：中国电力出版社，2020.

[10] 清华大学能源互联网创新研究院．2021 国家能源互联网发展年度报告［R］．北京：清华大学能源互联网创新研究院，2021.

[11] 王益民．坚强智能电网技术标准体系研究框架［J］．电力系统自动化，2010，34（22）：1～6.

[12] 郑重．国际与欧盟新能源标准化组织现状［J］．大众标准化，2013（11）：53～54.

[13] National Institute of Standards and Technology．NIST framework and roadmap for smart grid interoperability standards，release 3.0［R］．Gaithersburg：National Institute of Standards and Technology，2014.

[14] 马君华，张东霞，刘永东，等．能源互联网标准体系研究［J］．电网技术，2015，39（11）：3035～3039.

[15] 中国电力科学研究院．智能电网用户接口信息交互研究技术报告［R］．北京：中国电力科学研究院，2016.

[16] 张晶，李彬，戴朝波．全球能源互联网标准体系研究［J］．电网技术，2017，41（7）：2055～2063.

[17] 张晶，胡纯瑾，于海玉，等．能源互联网重点领域标准国际化布局研究［J］．供用电，2021，38（7）：3～8.

[18] 李明，黄荣，刘星恒，等．我国智慧能源产业标准化工作现状［J］．中国质量与标准导报，2017（06）：62～65.

[19] 李彬，吴倩，张晶，等．全球能源互联网标准体系构建的方法论［J］．电力信息与通信技术，2017，15（03）：1～6.

[20] 李彬，张洁，田世明，等．智能电网用户域标准化最新进展及发展趋势［J］．电力建设，2018，39（3）：12～22.

[21] 张晶，代攀，吴天京，等．新一代智能电网技术标准体系架构设计及需求分析［J］．电力系统自动

化，2020，44（09）：12～20.
[22] 宋泽林. 氢能源利用现状及发展方向 [J]. 石化技术，2021，28（05）：69～70、32.
[23] 程一步，王晓明，李杨楠，等. 中国氢能产业 2020 年发展综述及未来展望 [J]. 当代石油石化，2021，29（04）：10～17.
[24] 秦晓辉，毕天姝，杨奇逊. 基于广域同步量测的电力系统扰动识别与定位方法 [J]. 电网技术，2009，33（12）：35～41.
[25] 方勇杰. 美国“9•8”大停电对连锁故障防控技术的启示 [J]. 电力系统自动化，2012，36（15）：1～7.
[26] 易俊，卜广全，郭强，等. 巴西“3•21”大停电事故分析及对中国电网的启示 [J]. 电力系统自动化，2019，43（2）：1～6.
[27] 刘振亚. 特高压交直流电网 [M]. 北京：中国电力出版社，2013.
[28] 郭剑波，卜广全，赵兵，等. 提升电网安全稳定和运行效率的柔性控制技术 [R]. 2014.
[29] 胡兆庆，董云龙，王佳成，等. 高压柔性直流电网多端控制系统架构和控制策略 [J]. 全球能源互联网，2018，1（04）：461～470.
[30] 崔阳，张扬帆，王晓声，等. 风电集群接入柔直互联多区域协同调频策略 [J]. 全球能源互联网，2019，2（1）：44～52.
[31] 王炳辉，郝婧，黄天啸，等. ±500 kV 柔直电网与新能源和常规发电机组的协调控制研究 [J]. 全球能源互联网，2018，1（4）：471～477.
[32] 吴林林，徐曼，刘辉，等. 新能源集群经柔直送出孤岛系统电压优化控制策略 [J]. 全球能源互联网，2018，1（2）：112～119.
[33] 王潇，刘辉，胡小宝，等. 基于等效电路阻尼稳定性判据的风电经柔性直流并网振荡风险与影响因素分析 [J]. 全球能源互联网，2018，1（1）：48～55.
[34] 汤涌，印永华. 电力系统多尺度仿真与试验技术 [M]. 北京：中国电力出版社，2013，63（3～5）：151～159.
[35] De Mello F P，Feltes J W，Laskowski T F，et al. Simulating fast and slow dynamic effect in power systems [J]. Computer Applications in Power IEEE，1992，5（3）：33～38.
[36] 宋新立，汤涌，刘文焯，等. 电力系统全过程动态仿真的组合数值积分算法研究 [J]. 中国电机工程学报，2009，29（28）：23～29.
[37] 朱艺颖. 电力系统数模混合仿真技术及发展应用 [J]. 电力建设，2015，36（12）：42～47.
[38] 李春艳，孙元章，陈向宜，等. 西欧“11•4”大停电事故的初步分析及防止我国大面积停电事故的措施 [J]. 电网技术，2006（24）：16～21.
[39] 杭丽君，闫东，胡家兵，等. 电力电子系统建模关键技术综述及展望 [J]. 中国电机工程学报，2021，41（09）：2966～2980.
[40] 鞠平，沈赋，陈谦. 新背景下电力系统的建模思路 [J]. 南方电网技术，2016，10（03）：32～34、4.
[41] 陈辰，简季，杨鑫，等. 面向输变电工程三维设计模型整合研究 [J]. 计算机技术与发展，2021，31（06）：181～185.
[42] 王沐雪，王紫叶，陈语柔，等. 三维设计在输变电工程中的应用 [J]. 通信电源技术，2019，36（05）：

81～83.

[43] Yuhong W, Zhen R, Quanzha L. Wavelets Selection for Commutation Failure Detection in HVDC System [C]. Tencon IEEE Region 10 Conference. IEEE, 2007.

[44] 陈国平，王德林，裘愉涛，等．继电保护面临的挑战与展望［J］．电力系统自动化，2017，41（16）：1～11、26.

[45] 李平，朱海波，杜超，等．架空输电线路防雷措施研究［J］．通讯世界，2019（8）：328～329.

[46] Ishii M, Kawamura T. Multistory transmission tower model for lightning surge analysis [J]. 1EEE Transactions on Power Delivery, 1991, 6 (3): 1327～1336.

[47] Armstrong H R, Whitehead E R. Field and analytical studies of transmission line shielding [J]. IEEE Transactions on Power Apparatus and Systems, 1968, Pas～87 (1): 270～279.

[48] Eriksson A J. An improved electrogeometric model for transmission line shielding analysis [J]. IEEE Transactions on Power Delivery, 1987, 2 (2): 871～886.

[49] 周磊，郑建钢．500kV 紧凑型线路覆冰舞动及非同期摇摆的防治措施［J］．华中电力，2012，25（1）：29～32.

[50] 张立春，朱宽军．输电线路覆冰舞动灾害规律研究［J］．电网与清洁能源，2012，28（09）：13～19、24.

[51] 李新民，朱宽军，李军辉．输电线路舞动分析及防治方法研究进展［J］．高电压技术．2011，37（2）：484～490.

[52] Fleming P H, Popplewell N. Wind Tunnel Studies on the Galloping of Lightly-Iced Transmission Lines [C] ASME 2010 3rd Joint US-European Fluids Engineering Summer Meeting collocated with 8th International Conference on Nanochannels, Microchannels, 2010: 155～164.

[53] Hu J, Yan B, Zhou S, et al. Numerical investigation on galloping of iced quad bundle conductors [J]. IEEE Transactions on Power Delivery, 2012, 27 (2): 784～792.

[54] Lou W, Lv J, Huang M F, et al. Aerodynamic force characteristics and galloping analysis of iced bundled conductors [J]. Wind & Structures An International Journal, 2014, 18 (2): 135～154.

[55] 葛宝明，王祥珩，苏鹏声，等．电力变压器的励磁涌流判据及其发展方向［J］．电力系统自动化，2003（22）：1～5、30.

[56] 张东英，杨俊威，黄建阳，等．操作票任务自动生成通用方法［J］．电力系统自动化，2018，42（24）：169～174.

[57] Abe T, Goto H, Mizutori T, Matsuki N. An expert system for generating switching sequences at substations [P]. Artificial Intelligence for Industrial Applications, 1988. IEEE AI '88 , Proceedings of the International Workshop on 1988.

[58] Zhang Z Z, Hope G S, Mallik O P. A Knowledge Based Approach to Optimize Switching in Substations [J]. IEEE Transactions on Power Delivery, 1990, 5 (1): 103～109.

[59] Schulz Noel N, Wollenberg Bruce F. Incorporation of an Advanced Evaluation Criterion in an Expert System for the Creation and Evaluation of Planned Switching Sequences[J]. IEEE Transactions on Power Systems, 1997, 12 (3): 1167～1176.

[60] 王泽辉．基于专家系统的智能开票方法研究［D］．华北电力大学，2019.

[61] 谷月雁，司刚，刘清瑞．智能变电站中顺序控制的功能分析与实现［J］．电气技术，2011，(01)：58～62．

[62] 申磊，申光，季金豹，等．智能变电站一键顺控技术研究与应用［J］．供用电，2018，35（12)：43～49．

[63] 阮羚，谢齐家，高胜友，等．人工神经网络和信息融合技术在变压器状态评估中的应用［J］．高电压技术，2014，40（3)：23～28．

[64] 彭宁云，文习山，舒翔．模糊神经网络在变压器故障诊断中的应用［J］．高电压技术，2004，30（5)：14～17．

[65] 王楠，律方成，刘云鹏，等．基于粗糙集理论与模糊 Petri 网络的油浸电力变压器综合故障诊断［J］．中国电机工程学报，2003，23（12)：127～132．

[66] Boczar T，Cicho A，Borucki S．DiagnoStic Expert System of Transformer Insulation Systems using the Acoustic Emission Method［J］．IEEE Transactions Oil Dielectrics&Electrical Insulation，2014，21（2)：854～865．

[67] 熊浩，孙才新，张昀，等．电力变压器运行状态的灰色层次评估模型［J］．电力系统自动化，2007，31（7)：55～60．

[68] 杨丽徙，于发威，包毅．基于物元理论的变压器绝缘状态分级评估［J］．电力自动化设备，2010，30（6)：55～59．

[69] 张哲，赵文清，朱永利，等．基于支持向量回归的电力变压器状态评估［J］．电力自动化设备，2010，30（4)：81～84．

[70] 王浩．变压器风险评估系统研究与实现［D］．保定：华北电力大学，2015．

[71] 王锡凡，王秀丽，滕予非．分频输电系统及其应用［J］．中国电机工程学报，2012，32（13)：1～6、184．

[72] 王锡凡，刘沈全，宋卓彦，等．分频海上风电系统的技术经济分析［J］．电力系统自动化，2015，39（03)：43～50．

[73] 王秀丽，张小亮，宁联辉，等．分频输电在海上风电并网应用中的前景和挑战［J］．电力工程技术，2017，36（01)：15～19．

[74] 刘晋维．地区电网及用户保护定值在线校核与预警系统的研究［D］．华北电力大学，2018．

[75] 马丽萍，焦彦军．电力系统继电保护在线校验系统的研究［J］．陕西电力，2011，39（01)：41～44．

[76] 葛耀中．自适应继电保护及其前景展望［J］．电力系统自动化，1997（09)：42～46．

[77] 钱华，张良．新一代地区电网 DTS 系统中的继电保护仿真［J］．电力系统及其自动化学报，2002（04)：72～75．

[78] 杨胜春，王力科，张慎明，等．DTS 中基于定值判断的继电保护仿真［J］．电力系统自动化，1998（08)：30～32、37．

[79] 黄超，李银红，陶佳燕，等．基于整定逆过程的保护定值在线校核原则［J］．电力系统自动化，2011，35（12)：59～64．

[80] 单体华．继电保护设备状态检修研究与实现［D］．华北电力大学，2012．

[81] 张珂斐，郭江，肖志怀．模糊综合评价和改进证据理论相融合的变压器状态评价方法研究［J］．武汉大学学报（工学版)，2016，49（02)：279～284、314．

[82] 李佳运. 基于不确定性理论的继电保护状态评估方法研究 [D]. 广西大学，2020.

[83] 李明芸，江秀臣，赵子玉，等. 组合电器中微水含量在线监测实验研究 [J]. 高电压技术，2004，30（3）：32，33.

[84] 陈振生. GIS 高压电器 SF_6气体密度、湿度及泄漏检测技术 [J]. 电器技术，2007（04）：16～20.

[85] 汤义勤. GIS 微水在线监测系统的应用与研究 [D]. 浙江：浙江大学，2011.

[86] 张丽娟，张天河，赵航. GIS 设备漏气故障常见原因分析及防范措施 [J]. 山东电力技术，2018（1）：71～74.

[87] Hermann Koch. GIS 气体绝缘金属封闭开关设备原理与应用 [M]. 北京：机械工业出版社，2017（04）：4951.

[88] 庄建煌，柯敏，秦伟. 高压电气设备中 SF_6气体密度和微水的在线监测方法研究 [J]. 计算机测量与控制，2013，21（8）：2065～2067.

[89] 季严松，王承玉，杨韧，等. SF_6气体分解产物检测技术及其在 GIS 设备故障诊断中的应用 [J]. 高压电器，2011，47（2）：100～103.

[90] 李天友，黄超艺，蔡俊宇. 配电带电作业机器人的发展与展望 [J]. 供用电，2016，33（11）：43～48.

[91] 刘一涵. 纪坤华，傅晓飞，等. 配网带电作业机器人技术发展现状述评 [J]. 电力与能源，2019，40（04）：446～451、470.

[92] 梁竞雷，黄智刚，江日鑫，等. 基于复杂线路环境下的带电作业机器人绝缘技术研究 [J]. 数字通信世界，2018（01）：228～229.

[93] 吴轲，张建伟，华栋，等. 高压带电作业机器人的现状和发展 [J]. 电子技术与软件工程，2018（09）：97～98.

[94] 蒋昀宸，樊绍胜，陈骏星溆. 带电作业智能新技术及其应用现状 [J]. 湖南电力，2018，38（05）：1～4.

[95] 程宇也. 基于人工神经网络的短期电力负荷预测研究 [D]. 浙江大学，2017.

[96] 栗风永，杨洋. 基于智能技术的电力系统负荷预测技术研究进展 [J]. 上海电力大学学报，2020，36（04）：379～385.

[97] 张超，王哲，李泉，等. 纯电动汽车无线充电技术研究现状与发展趋势 [J]. 内燃机与配件，2021（09）：203～205.

[98] 吴理豪，张波. 电动汽车静态无线充电技术研究综述（上篇）[J]. 电工技术学报，2020，35（06）：1153～1165.

[99] 吴理豪，张波. 电动汽车静态无线充电技术研究综述（下篇）[J]. 电工技术学报，2020，35（08）：1662～1678.

[100] 谭泽富，张伟，王瑞，等. 电动汽车无线充电技术研究综述 [J]. 智慧电力，2020，48（04）：42～47、111.

[101] 苏宏业，周泽，刘之涛，等. 电动汽车智能动态无线充电系统的研究现状与展望 [J]. 智能科学与技术学报，2020，2（01）：1～9.

[102] 王建辉. 智能无线充电的技术及其应用 [J]. 数字技术与应用，2020，38（08）：54～57.

[103] 张晶，张松涛，陈宋宋，等. 智能电网需求响应互动业务信息建模 [J]. 供用电，2019（3）：68～

75.

[104] 王磊．新能源电动汽车换电站发展与应用研究［J］．中国设备工程，2021（17）：244～246.

[105] 岳凯凯，马文源，袁蜀翔，等．电动汽车换电模式发展现状及趋势综述［J］．时代汽车，2021（10）：66～67.

[106] 王启越，罗运俊，宋瑞，等．新能源汽车充换电技术应用浅析［J］．汽车实用技术，2021，46（16）：195～197.

[107] 徐筝，孙宏斌，郭庆来．综合需求响应研究综述及展望［J］．中国电机工程学报，2018，38（24）：7194～7205、7446.

[108] 赵宏大，祁万春，杨俊义，等．PON 在配电通信网中的应用分析［J］．电气应用，2013，32（S2）：369～373.

[109] 赵洋，赵晓红，任天成，等．5G 通信在电力系统中的应用［J］．山东电力技术，2020，47（10）：6～10.

[110] 夏旭，朱雪田．5G 在能源互联网应用的分析和思考［J］．中兴通信技术，2019，25（06）：29～33.

[111] 张蓓．当能源互联网遇上 5G 技术［J］．上海节能，2019（05）：342～344.

[112] 刘友波，王晴，曾琦，等．能源互联网背景下 5G 网络能耗管控关键技术及展望［J］．电力系统自动化，2021，45（12）：174～183.

[113] CHENG Wenchi，ZHANG Xi，ZHANG Hailin. Statistical-QoS driven energy-efficiency optimization over green 5G mobile wireless networks［J］．IEEE Journal on Selected Areas in Communications，2016，34（12）：3092～3107.

[114] 黄孟丹，肖纯，杨芷宁，等．GIS 设备发热研究进展［J］．高压电器，2020，56（12）：24～33.

[115] 蒋钢．气体绝缘金属封闭开关设备的特点、原理及运行［J］．水电站设计，2007（02）：29～31.

[116] 李禹生，杨巧妮．ZF11-252（L）型气体绝缘金属封闭开关设备结构原理［J］．电气时代，2007（02）：72～73.

[117] 谢超，何平．800kV 特高压直流穿墙套管故障分析［J］．中国电力，2015，48（07）：27～30.

[118] 黎卫国，张长虹，夏谷林，等．±800kV 直流穿墙套管介损超标原因分析及改进措施［J］．高压电器，2015，51（09）：169～176.

[119] 刘杉，宋胜利，卢理成，等．±800kV 特高压直流穿墙套管故障分析及设计改进［J］．高电压技术，2019，45（09）：2928～2935.

[120] 潘国洪，朱华艳．±800kV 直流穿墙套管安装和现场试验关键技术研究［J］．高压电器，2013，49（02）：98～102.

[121] 张晋寅，韦晓星，夏谷林，等．南方电网直流穿墙套管运行特性分析［J］．电瓷避雷器，2019，4（04）：230～236.

[122] 刘津濂．UPFC 的潮流调节特性及控制策略研究［D］．浙江大学，2020.

[123] 刘国静，祁万春，黄俊辉，等．统一潮流控制器研究综述［J］．电力系统及其自动化学报，2018，30（12）：78～86.

[124] 徐青源．级联 H 桥 STATCOM 直流侧电压平衡控制研究［D］．中国矿业大学，2018.

[125] 朱罡．电力系统静止无功补偿技术的现状及发展［J］．电力电容器，2001（04）：31～34.

[126] 徐川．级联式 STATCOM 控制策略研究［D］．天津理工大学，2020.

[127] 雷杰．应对直流连续换相失败的 SVC 控制策略优化［D］．南京师范大学，2020.

[128] 田广青．江门变电站静止补偿器的谐波测试及分析［J］．电力建设，1993（03）：33～37.

[129] 梁志勇．静止无功补偿设备运行综述［J］．电力电容器，1997（02）：41～45.

[130] 孙月娇．特高压可控避雷器关键技术研究［D］．哈尔滨理工大学，2019.

[131] 陈秀娟，陈维江，沈海滨，等．特高压输电系统操作过电压柔性限制方法［J］．高电压技术，2007，33（11）：1～5.

[132] 潘文，王畅．海底光缆全球市场需求分析［J］．现代传输企业专栏，2019（01）：15.

[133] 陈亮．漫谈海底光缆［J］．现代通信，2004，（4）：13～15.

[134] 崔尧．新一代海底光缆的技术特点［J］．电信工程技术与标准化，1999，（1）：27～30.

[135] 毕东瀛．中美海底光缆波分复用系统及其传输质量［J］．广东通信技术，1999，（2）：22～25.

[136] 叶银灿．海底光缆工程发展［J］．海洋学研究．2006，24（3）：1～10.

[137] Bachmann B，Mauthe G，Ruoss E，et al．Development of A 500kV air blast HVDC circuit breaker［J］．IEEE Transactions on Power Apparatus and Systems，1985，104（9）：2460～2466.

[138] 郑占锋，邹积岩，董恩源，等．直流开断与直流断路器［J］．高压电器，2007，42（6）：445～449.

[139] 胡杰，王莉，穆建国．直流固态断路器现状及应用前景［J］．电工文摘，2010（02）：48～51.

[140] 魏晓光，杨兵建，贺之渊，等．级联全桥型直流断路器控制策略及其动态模拟试验［J］．电力系统自动化，2016，40（1）：129～135.

[141] Meyer C，Kowal M，De Doncker R W．Circuit breaker concepts for future high-power DC-applications［C］．Industry Applications Conference，2005 Fourtieth IAS Annual Meeting．Conference Record of the 2005．IEEE，2005，2：860～866.

[142] 曾庆禹．电力系统数字光电量测系统的应用及效益分析［J］．电网技术，2001，25（5）：6～11.

[143] 孟焕平，龙海珊，肖建平，等．电动汽车有序充电系统研究与应用［J］．建筑电气，2021，40（06）：22～26.

[144] 张帆，杨志，李文娟，等．基于数据中台的电力数据报表模型研究与应用［J］．电力大数据，2020，23（10）：63～69.

[145] 张翠翠，徐敏，孙佳丽，等．面向电力行业的数据中台建设规范研究与应用［J］．现代计算机，2021（17）：96～99、113.

[146] 侯晓玲．数据中台在智慧图书馆中的应用构想［J］．电子技术与软件工程，2021（13）：179～180.

[147] 王智，尹长林，许文强．智慧城市背景下数据中台的研究与设计［J］．网络安全和信息化，2021（07）：29～35.

[148] 史连军，邵平，张显，等．新一代电力市场交易平台架构探讨［J］．电力系统自动化，2017，41（24）：67～76.

[149] 黄杰，薛禹胜，文福拴，等．电力市场仿真平台的评述［J］．电力系统自动化，2011，35（9）：6～13.

[150] 杨争林，曹帅，郑亚先，等．电力市场全景实验平台设计［J］．电力系统自动化，2016，40（10）：97～102.

[151] 黎小林，周保荣，赵文猛，等．电力市场仿真平台建设的关键问题与功能设计［J］．南方电网技术，2018，12（12）：23～29.

[152] VALE Z，PINTO T，PRACA I，et al. MASCEM：electricity markets simulation with strategic agents [J]. IEEE Intelligent Systems，2011，26（2）：9～17.

[153] TRRIGO P，MARQUES P，COELHO H. TEMMAS：The electricity market multi-agent simulator [C] // Bio-Inspired Systems：Computational and Ambient Intelligence，International Work-Conference on Artificial Neural Networks，June 10-12，2009，Salamanca，Spain，Berlin：Springer，2009：569～576.

[154] 邵丽琴，管晓宏，高峰. 基于 net 平台的电力市场仿真系统的实现 [J]. 电网技术，2004，28（13）：60～64.

[155] 王玉荣，魏萍，李庆昌，等. 电力市场仿真和培训系统的设计及实现 [J]. 电力系统自动化，2007，31（12）：97～100.

[156] 陈皓勇，王锡凡，王秀丽，等. 基于 Java 的电力市场竞价实验平台设计、实现及应用 [J]. 电力系统自动化，2004，28（17）：22～26.

[157] 史寅玉. 智慧管廊应用前景浅析 [J]. 建筑工程技术与设计，2016，000（027）：2409-2409，2405.

[158] 张月香. 基于 Genius World 的智慧管廊管理系统建设初探 [J]. 城市勘测. 2018，（z1）. 107～110.

[159] 田文文. 基于互联网的管廊信号采集与执行控制系统 [D]. 北京交通大学，2018.

[160] 翁玉峰，张立新. 基于 BIM 的综合管廊管理平台建设及研究 [J]. 公路. 2018，63（09）：203～209.

[161] 曹茂春，张春光. 智慧校园建设探讨 [J]. 智能建筑与城市信息，2015，（12）：75～78.

[162] 江洋. 基于 CPS 的智慧管廊监控系统设计与应用 [D]. 安徽理工大学，2018.

[163] 蔡宏宇. 多数据融合技术的管廊智慧化研究 [J]. 自动化与仪器仪表，2018（01）：157～159、162.

[164] 蒋波. 城市地下综合管廊入侵监测系统的研究及设计 [D]. 西安科技大学，2019.

[165] 童翎. 提高特高压直流换流站可靠性的技术应用及研究 [D]. 华北电力大学，2015.

[166] 梁旭明，张平，常勇. 高压直流输电技术现状及发展前景 [J]. 电网技术，2012，36（04）：1～9.

[167] 江道灼，郑欢. 直流配电网研究现状与展望 [J]. 电力系统自动化，2012，36（08）：98～104.

[168] 王丹，毛承雄，陆继明，等. 直流配电系统技术分析及设计构想 [J]. 电力系统自动化，2013，37（08）：82～88.

[169] ALEX H，MARIESA L C，GERALD T H，et al. The future renewable electric energy delivery and management system：the energy internet [J]. Proceedings of the IEEE，2011，99（1）：133～148.

[170] KAKIGANO H，MIURA Y，ISE T. Low-voltage bipolar-type dc microgrid for super high quality distribution [J]. IEEE Transactions on Power Electronics，2010，25（12）：3066～3075.

[171] BRENNA M，TIRONI E，UBEZIO G. Proposal of a local DC distribution network with distributed energy resources [C]. 2004 11th International Conference on Harmonics and Quality of Power. New York，USA：IEEE，2004：397～402.

[172] MAGUREANU R，ALBU M，PRIBOIANU M，et al. A DC distribution network with alternative sources [C]. Mediterranean Control Association. Mediterranean Conference on Control and Automation. Athens，Greece：Mediterranean Control Association，2007：1～4.

[173] BIFARETTI S，ZANCHETTA P，WATSON A，et al. Advanced power electronic conversion and control

system for universal flexible power management [J]. IEEE Transactions on Smart Grid，2011，2（2）：231～243.

[174] 赵彪，赵宇明，王一振，等. 基于柔性中压直流配电的能源互联网系统 [J]. 中国电机工程学报，2015，35（19）：4843～4851.

[175] 吕军，栾文鹏，刘日亮，等. 基于全面感知和软件定义的配电物联网体系架构 [J]. 电网技术，2018，42（10）：3108～3115.

[176] 吕军，盛万兴，刘日亮，等. 配电物联网设计与应用 [J]. 高电压技术，2019，45（06）：1681～1688.

[177] 王小辉，陈岸青，李金湖，等. 基于能源大数据中心的数据商业运营模式研究 [J]. 供用电，2021，38（04）：37～42.

[178] 王磊. 能源大数据中心建设运营思路研究 [J]. 中国新技术新产品，2021（03）：126～128.

[179] 黄安妮，郑俊明，凌涵钧. 基于 SDN 技术的电力数据中心传输时延测试研究 [J]. 电网与清洁能源，2020，36（04）：60～65.

[180] 沈沉，贾孟硕，陈颖，等. 能源互联网数字孪生及其应用 [J]. 全球能源互联网，2020，3（01）：1～13.

[181] 万黎升，刘晓江，曹洋. 新基建背景下的电力数据中心研究展望 [J]. 江西电力，2021，45（02）：10～13.

[182] 应建军. 智慧电厂数据中台建设与应用研究 [J]. 信息记录材料，2021，22（06）：234～235.

[183] 叶珍. 智慧电厂的建设探析 [J]. 绿色科技，2020（24）：225～226.

[184] 王潇鹏. 智慧电厂建设问题与实施构想 [J]. 电气技术与经济，2020（06）：7～8、11.

[185] 蔡晖，陈倩，刘宇，等. 苏州同里新能源小镇的交/直流混合配电网潮流计算方法研究 [J]. 电力电容器与无功补偿，2020，41（02）：110～115.

[186] 宋伟，陶勇，梁华敏. 交直流混合配电网典型接线与运行方式研究 [J]. 电器与能效管理技术，2021（04）：16～23.

[187] 章雷其，汪湘晋，徐珂，等. 基于柔性互联的源网荷储协同主动配电网设计研究 [J]. 供用电，2018，35（01）：28～33.

[188] 郭铭群，梅念，李探，等. ±500kV 张北柔性直流电网工程系统设计 [J/OL]. 电网技术，2021，45（10）：4194～4204.

[189] 束雯静，曹庭嵩，曹顾逸，等. 输变电设备防污闪治理研究 [J]. 电力设备管理，2021（01）：29～31、34.

[190] 蔡巍，赵媛，胡应宏，等. 张北柔性直流电网变电站能耗装置系统仿真研究 [J]. 高压电器，2020，56（12）：212～220.

[191] 刘晨阳，王青龙，柴卫强，等. 应用于张北四端柔直工程±535kV 混合式直流断路器样机研制及试验研究 [J]. 高电压技术，2020，46（10）：3638～3646.

[192] 丁涛，牟晨璐，贺元康，等. 西北地区清洁供暖政策现状与典型案例分析（二）：典型案例与经济性分析 [J]. 中国电机工程学报，2020，40（16）：5126～5136.

[193] 杜晓磊，郭庆雷，吴延坤，等. 张北柔性直流电网示范工程控制系统架构及协调控制策略研究 [J]. 电力系统保护与控制，2020，48（09）：164～173.

［194］刘浩，赵伟，黄松岭．“四表合一”集抄系统建设综述［J/OL］．电测与仪表：1-7［2021-09-09］．http：//kns.cnki.net/kcms/detail/23.1202.TH.20210426.1529.002.html．

［195］杨鑫，钱君霞，徐春雷，等．大规模源网荷友好互动系统网络建设方案研究［J］．浙江电力，2018，37（10）：25～30．

［196］徐杰彦．面向校园的综合能源服务示范项目应用研究［J］．电力需求侧管理，2019，21（04）：72～76．

［197］封红丽．上海电力大学微电网示范项目成效调研［J］．电器工业，2019（11）：50～53．